FLORIAN KARCHER / GERMO ZIMMERMANN (HG.)

HANDBUCH MISSIONARISCHE JUGENDARBEIT

BEITRÄGE ZUR MISSIONARISCHEN JUGENDARBEIT
(BMJ-REIHE)

Die Beiträge zur missionarischen Jugendarbeit (BMJ) werden herausgegeben vom Institut für missionarische Jugendarbeit der CVJM-Hochschule in Kassel.

www.cvjm-hochschule.de

MIX
Papier aus verantwortungsvollen Quellen
FSC® C014138

Dieses Buch wurde auf FSC©-zertifiziertem Papier gedruckt.
FSC (Forest Stewardship Council ©) ist eine nicht staatliche, gemeinnützige Organisation, die sich für eine ökologische und sozialverantwortliche Nutzung der Wälder unserer Erde einsetzt.

Bibliografische Information der Deutschen Nationalbibliothek

Die Deutsche Nationalbibliothek verzeichnet diese Publikation in der Deutschen Nationalbibliografie; detaillierte bibliografische Daten sind im Internet über http://dnb.d-nb.de abrufbar.

Umschlaggestaltung: Andreas Sonnhüter, www.sonnhueter.com, unter Verwendung zweier Abbildungen von ©William Perugini, Iakov Kalinin (shutterstock.com)
DTP: Breklumer Print-Service, www.breklumer-print-service.com
Verwendete Schrift: Sabon, Frutiger
Gesamtherstellung: FINIDR, s.r.o.
Printed in Czech Republic
ISBN 978-3-7615-6286-4 Print
ISBN 978-3-7615-6287-1 E-Book
ISBN 978-3-7615-6260-4 E-PDF

www.neukirchener-verlage.de

VORWORT

Ein Grundwort kirchlichen Lebens kehrt zurück: Mission. Lange Zeit verdrängt, vielleicht sogar verdächtigt, oftmals verschwiegen, gewinnt es neu an Bedeutung.

Wer dächte da nicht zurück an Leipzig 1999, jene EKD-Synode, die mehr Wirkung gezeigt hat, als wahrscheinlich die Synodalen damals selbst erwartet haben. Mit dieser Synode ist eine Erneuerung des missionarischen Bewusstseins verbunden: das neue Bewusstsein, wie dringend und wichtig die werbende Verkündigung und der Wille zum Wachstum für die Kirche im 21. Jahrhundert sind. Leipzig 1999 hält fest, dass eine Kirche, die nicht missioniert, krank, und zwar „herzkrank“ ist.

In der Kundgebung der Leipziger Synode werden inhaltliche Bestimmungen vorgenommen, die für Mission und Evangelisation als Sache der ganzen Kirche gelten sollen:

Mission ist zuerst durch das Evangelium bestimmt: „Gott hat uns eine Botschaft anvertraut, die die Mühseligen und Beladenen erquickt und die Starken davor bewahrt, sich von Leistung und Erfolg ein erfülltes Leben zu versprechen. Diese Botschaft wollen wir weitersagen, mit dieser Botschaft werden wir gebraucht.“

Mission hat ein von Gott gesetztes Ziel: Sie will Menschen gewinnen, sie sucht ohne Druck nach freier Zustimmung von Menschen, damit sie getauft werden, zum Glauben finden und Glieder der christlichen Kirche werden. Von dieser Konversion spricht die zweite inhaltliche Bestimmung: „Gott will, dass allen Menschen geholfen werde und sie zur Erkenntnis der Wahrheit kommen. Wir müssen die Ziele, die wir uns bei unserem missionarischen Handeln setzen, am Willen Gottes messen.“

Kurzum: „Weitergabe des Glaubens und Wachstum der Gemeinden sind unsere vordringliche Aufgabe, an dieser Stelle müssen die Kräfte konzentriert werden.“ In Leipzig 1999 bekannte sich die evangelische Kirche in Deutschland zu ihrem missionarischen Mandat in unserem Land. Und: Dieses Mandat wird durch die Botschaft gekennzeichnet, die uns anvertraut ist, durch das von Gott gesetzte Ziel, Menschen liebevoll zu gewinnen.

Seither sind Themen wie wachsende Kirche, missionarische Gemeindeentwicklung, missionarische Bildungsangebote, klares Zeugnis evangelischer Identität oder Mission im eigenen Land nicht mehr von der kirchlichen Tagesordnung wegzudenken. Die missionarischen Herausforderungen prägen die kirchlichen Reformbemühungen. Und das ist nicht nur in der evangelischen Kirche zu beobachten, sondern in ähnlicher Weise auch in der römisch-katholischen Kirche, in einigen Freikirchen und in der Gemeinschaftsbewegung.

In besonderer Weise hat auch evangelische Jugendarbeit an diesem missionarischen Grundauftrag der Kirche teil. Mit Kindern und Jugendlichen den christlichen Glauben zu erfahren, zu leben und mit ihnen an einer tragfähigen persönlichen Glaubenspraxis zu arbeiten, ist Auftrag evangelischer Jugendarbeit. Das spezifische Setting evangelischer Kinder- und Jugendarbeit von freiwilligem, selbstbestimmtem Engagement, selbstentdeckendem Lernen, den Möglichkeiten, existenziellen Lebensfragen im Kreis der Gleichaltrigen vertrauensvoll und von Mitarbeitenden unterstützt nachgehen zu können, ermöglicht die Vermittlung von Glaubensinhalten in Anknüpfung an die Lebens- und Sprachwelt junger Menschen. Ihnen bietet sich ein vertrauter Raum, in dem sie sich mit der Bedeutung christlichen Glaubens für das persönliche Leben auseinandersetzen können.

Dass sich die missionarischen Herausforderungen im Bereich der Jugendarbeit wie in einem Brennglas konzentrieren, ist offenkundig. Alle soziologischen Studien weisen auf einen dramatischen Abbruch religiöser Sozialisation in der jüngeren Generation hin. Evangelische Bildung und Erfahrungsdimensionen des Glaubens herkömmlicher kirchlicher Arbeit erreichen vielerorts Jugendliche nicht mehr. Dringend müssen innovative und vielfältige Formen der Jugendarbeit entwickelt werden.

Diese Herausforderungen stehen allerdings nicht nur als große Aufgabe vor Gemeinde, Kirche und Jugendarbeit. Bei genauerer Beobachtung kann man wahrnehmen, wie viel Neues schon aufbricht, ausprobiert wird und sich bewährt. In Jugendkirchen, bei sportmissionarischer Jugendarbeit, bei musikalischen Aktionen und bei christlichen Projekten in der Schule werden neue Wege erprobt. In mancher Hinsicht ist missionarische Jugendarbeit Vorreiter für neue Entwicklungen missionarischer Formate.

In dem vorliegenden Handbuch finden sich sowohl missionstheologische und pädagogische Grundsatzüberlegungen als auch viele Hinweise für die Praxis missionarischer Jugendarbeit. Gründliche Reflexion der Praxis verbinden sich mit Allgemeinverständlichkeit, von der sowohl der hauptamtliche als auch der ehrenamtlich Tätige in der christlichen Jugendarbeit Gewinn haben wird.

Mit diesem Handbuch ist ein beachtlicher Auftakt zur neuen Buchreihe „Beiträge zur missionarischen Jugendarbeit“ gemacht. Man darf auf die folgenden Arbeiten in der Reihe gespannt sein.

Oberkirchenrat Dr. Erhard Berneburg,
Generalsekretär der Arbeitsgemeinschaft Missionarische Dienste

INHALTSVERZEICHNIS

EINLEITUNG IN DAS HANDBUCH MISSIONARISCHE JUGENDARBEIT

Florian Karcher, Germo Zimmermann

Der Anlass – Missionarische Jugendarbeit im Aufbruch

Missionarische Jugendarbeit befindet sich im Aufbruch. In den vergangenen Jahrhunderten ist die Praxis der missionarischen Jugendarbeit immer wieder herausgefordert gewesen, die aktuellen gesellschaftlichen Veränderungsprozesse ernst zu nehmen und zu prüfen, wie sie ihrem Sendungsauftrag hin zu jungen Menschen nachkommen kann. Dennoch scheinen die gegenwärtigen Herausforderungen der postmodernen Multioptionsgesellschaft, die durch Individualisierung, Globalisierung und Pluralisierung gekennzeichnet ist, größer bzw. weitreichender als alle anderen zuvor. Für die Praxis vor Ort bedeutet das, neue Antworten auf veränderte Lebenslagen zu finden. Junge Menschen dort zu erreichen, wo sie im 21. Jahrhundert anzutreffen sind – mit ihren Problem, Sorgen und Nöten, aber auch mit ihren Fragen, Hoffnungen und Sehnsüchten.

Auch im wissenschaftlichen Diskurs ist dieser Aufbruch zu beobachten: Nachdem missionarische Jugendarbeit hier lange Zeit nur am Rande bearbeitet wurde, und es zu Konzepten, Theorien und Praxis des missionarischen Handelns so gut wie keine wissenschaftliche Reflexion gab, entstehen derzeit punktuell Promotionen, Habilitationen und kleinere Forschungsarbeiten zu Themen und Fragen missionarischer Jugendarbeit. Ebenso bieten Hochschulen in (privater) Trägerschaft von missionarischen Jugendverbänden und Werken Studiengänge in der Schnittmenge von Sozialer Arbeit und Religionspädagogik bzw. Theologie an und bringen sich mit ihrem Deutungshorizont in den wissenschaftlichen Diskurs ein.

Dabei ist die Frage des missionarischen Handelns nicht unumstritten. In gesellschaftlichen und innerkirchlichen Diskussionen wurde und wird deutlich, dass Mission einerseits zwar zum Kernauftrag der Kirchen gehört, andererseits der Begriff an sich jedoch historisch und gesellschaftlich kritisch betrachtet wurde, ja kritisch betrachtet werden muss: Denn wenn mit „Mission“ Imperialismus, Intoleranz und Vereinnahmung assoziiert werden, ist ein obsoletes Missionsverständnis im Blick. In diesem Handbuch plädieren wir für ein umfassendes, mehrdimensionales Missionsverständnis, das neben dem missionarischen auch den sozial-diakonischen Auftrag ins Zentrum des Handelns rückt. Insofern muss immer inhaltlich bestimmt werden, was gemeint ist, wenn von Mission die Rede ist (vgl. Karcher/Zimmermann „Was ist missionarische Jugendarbeit?“ in diesem Band).

Ziel und Zielgruppe

Das Ziel dieses ersten Bandes in der Reihe „*Beiträge zur missionarischen Jugendarbeit*“ (BMJ) im Neukirchener Verlag besteht darin, eine erste theoretische und gleichzeitig praxisnahe Aufarbeitung der Grundfragen und Herausforderungen missionarischer Jugendarbeit – aber auch ihrer Formen und Konzepte – zu liefern. Unser Anspruch ist es, den aktuellen Diskussions- und Erkenntnisstand dieses Ansatzes von Jugendarbeit widerzuspiegeln und in entsprechende Konzepte einzuführen. Gleichzeitig wollen wir ebenfalls die aktuellen Herausforderungen missionarischer Jugendarbeit aufzeigen. Durch diese doppelte Perspektive haben wir gleichermaßen die Praxis als auch die Wissenschaft im Fokus:

- Der *Praxis* möchten wir die Möglichkeit bieten, das eigene (missionarische) Handeln fachlich und methodisch adäquat zu begründen, damit eine Weiterentwicklung ihrer selbst auf Basis der religions- und sozialpädagogischen Theorien im ersten Teil dieses Handbuchs ermöglicht werden kann.
- Ebenso möchten wir uns in den *wissenschaftlichen Diskurs* einbringen und das Konzept der missionarischen Jugendarbeit auf theoretischer Ebene reflektieren und für die Wissenschaft anschlussfähig machen. In dieser Perspektive suchen wir den fruchtbaren Dialog mit angrenzenden Themengebieten und anderen Ansätzen bzw. Konzepten der Jugendarbeit.

Deshalb richtet sich unser Handbuch sowohl an *haupt-* als auch *ehrenamtliche Praktiker/-innen* der Kinder- und Jugendarbeit, die die eigene Arbeit fachlich reflektieren wollen und Formen und Konzepte für die missionarische Jugendarbeit entwickeln. Darüber hinaus sind *Wissenschaftler/-innen* im Blick, die im Feld oder angrenzenden Disziplinen wissenschaftlich arbeiten, forschen und lehren. Überdies zählen auch *Studierende* an missionarischen Ausbildungsstätten und (Fach-)Hochschulen sowie Personen in Fort- und Weiterbildungen zur Zielgruppe dieses Handbuchs. Um diesem Spagat gerecht zu werden, haben wir uns bemüht, ein fachlich hohes Niveau und gleichzeitig eine allgemeine Verständlichkeit in den Beiträgen zu gewährleisten.

Dabei verfolgen wir mit diesem Handbuch einen *interdisziplinären Ansatz*. So werden Autor/-innen unterschiedlicher wissenschaftlicher Disziplinen, wie etwa der Theologie, Psychologie, Geschichtswissenschaften, Medienpädagogik, Erziehungswissenschaften, Sozialen Arbeit usw., vereint und bringen ihre jeweiligen Deutungsperspektiven ein. Überdies sind die Beiträge – neben den Autor/-innen aus der Wissenschaft – auch von

Praktiker/-innen der Jugendarbeit geschrieben und allein schon deshalb unterschiedlich in Vorgehensweise, Stil und Sprache. Mit dieser bewusst sehr heterogenen Autor/-innenenschaft hoffen wir beiden Zielgruppen gleichermaßen gerecht werden zu können und einen Beitrag für das Gros der missionarischen Jugendarbeit zu liefern.

Die Fragen der missionarischen Jugendarbeit kennen keine konfessionellen Grenzen – was eint, ist der gemeinsame Auftrag, die Botschaft des Evangeliums jungen Menschen zu vermitteln und vorzuleben. Daher vereint dieses Handbuch ebenso Autor/-innen aus der katholischen und evangelischen Kirche wie auch solche aus den evangelischen Freikirchen. Mit diesem überkonfessionellen Ansatz wollen wir bewusst unterschiedliche theologische Standpunkte in den Diskurs einbringen und innerkirchlich eine kritische Auseinandersetzung fördern.

Gliederung des vorliegenden Bandes

Das Handbuch gliedert sich in drei Teile:

- Im *ersten Teil* setzen sich die Autor/-innen mit den zentralen *Grundlagen* missionarischer Jugendarbeit auseinander. Dabei geht es um Begriffsklärungen, eine historische Einordnung sowie um eine theologische bzw. sozialwissenschaftliche Grundlegung des Themas.
- Im *zweiten Teil* werden aktuelle *Herausforderungen* missionarischer Jugendarbeit präsentiert und diskutiert. Hier explizieren die Autor/-innen die gegenwärtigen gesellschaftlichen Entwicklungen, die eben auch die missionarische Jugendarbeit betreffen, und entwickeln Perspektiven zum Umgang und zur Gestaltung in der Praxis.
- Der *dritte Teil* zeigt dann verschiedene Konzepte und Formen als „*good practice*“ der missionarischen Jugendarbeit auf, sodass unterschiedliche Arbeitsbereiche und deren Ansätze und Methoden aufgezeigt und kritisch reflektiert werden.

Auch wenn mit diesem Handbuch der Versuch unternommen wurde, einen möglichst breiten Überblick zur Theorie und Praxis der missionarischen Jugendarbeit zu geben, können wir keinen Anspruch auf Vollständigkeit erheben. Über die Themen dieses ersten Bandes hinaus ergeben sich zahlreiche Grundfragen und Herausforderungen – wie etwa die Fragen um Inklusion in der Jugendarbeit, um das Thema Flüchtlinge etc. –, die hier aus Platzgründen nicht bearbeitet werden konnten. Dennoch hoffen wir mit diesem Handbuch einen ersten Beitrag zur Bearbeitung des Themas zu leisten und sind gespannt auf kritische Rückmeldungen aus Wissenschaft und Praxis.

Dank der Herausgeber

Mit der Begründung der Reihe *„Beträge zur missionarischen Jugendarbeit"* (BMJ) im Neukirchener Verlag haben wir als Herausgeber des ersten Bandes auf vielfältige Weise Unterstützung erfahren, für die wir an dieser Stelle einzelnen Personen namentlich danken möchten.

Zunächst sind wir *Lena Carstens* (studentische Mitarbeiterin am Institut für missionarische Jugendarbeit der CVJM-Hochschule Kassel) zum Dank verpflichtet. Sie hat das gesamte Projekt von Beginn an als Publikationsassistentin begleitet. Durch ihr außerordentliches Engagement und ihre Unterstützung in organisatorischer, formaler und auch inhaltlicher Hinsicht ist diese Publikation erst möglich geworden.

Darüber hinaus danken wir allen *Autor/-innen*, die – meist neben vielen anderen Aufgaben ihres Dienstes in Wissenschaft und Praxis – ihre Kompetenz und vor allem auch Zeit in die vielfältigen Beiträge investiert haben. Danke, für alles fristgerechte Einreichen der Beiträge, für jedes kreative Mitdenken, für inhaltliche Diskussionen und das Ringen um eine für die heterogene Zielgruppe angemessene Wortwahl.

Einen wesentlichen Beitrag zur Qualität des Handbuchs haben auch die *Lektor/-innen* geleistet, denen wir für die inhaltlichen Rückmeldungen und Überarbeitungen herzlich danken: *Dieter Braun, Andreas Getfert, Karsten Hüttmann, Ursel Luh-Maier* und *Prof. Dr. Ulrike Treusch. Dr. Dr. Roland Werner* gilt hier ein besonderer Dank, da er in der „heißen" Endphase des Lektorats nochmals inhaltliches wie auch stilistisches Feedback gegeben hat.

Wir danken der *Neukirchener Verlagsgesellschaft* für die Bereitschaft, eine Reihe zur missionarischen Jugendarbeit in das Programm aufzunehmen. Ebenso danken wir für die Begleitung bei der Konzeption und Umsetzung dieses Handbuchs (hervorzuheben sei an dieser Stelle *Ruth Atkinson*).

Unser Dank gilt darüber hinaus auch unseren *Familien*, die uns bei diesem zeit- und arbeitsaufwendigen Projekt unterstützt und motiviert haben.

Zuletzt bedanken wir uns bei allen *ehren- und hauptamtlichen Mitarbeiter/-innen* in der missionarischen Jugendarbeit: Danke, dass ihr mit viel Engagement die Sache des Evangeliums vorantreibt und euch für junge Menschen einsetzt! Euch sei dieses Buch gewidmet, in der Hoffnung, dass die theologische, pädagogische, theoretische und konzeptionelle Diskussion als auch Praxis der missionarischen Jugendarbeit durch dieses Handbuch nachhaltig bereichert wird.

Kassel, im September 2015
Florian Karcher und Germo Zimmermann

II GRUNDLAGEN

WAS IST MISSIONARISCHE JUGENDARBEIT? ZIELE, LEITLINIEN UND DIMENSIONEN

Florian Karcher, Germo Zimmermann

Für die Arbeit konfessioneller Träger von Jugendarbeit gibt es viele (Selbst-)Bezeichnungen. So wird bspw. von evangelischer Jugend, katholischer Jugendpastoral, (frei-)kirchlicher Jugendarbeit oder christlicher Jugendverbandsarbeit gesprochen, um nur einige zu nennen. Allen Bezeichnungen ist eins gemeinsam: sie definieren Jugendarbeit über Zugehörigkeit. Auch wenn einige der Bezeichnungen mit bestimmten Inhalten verknüpft sind, sagen sie zu allererst etwas darüber aus, welcher Kirche, Konfession oder geistlichen Strömung Jugendarbeit zugehörig ist. Auch wenn offensichtlich ist, dass z. B. katholische Jugendpastoral und christliche Jugendverbandsarbeit inhaltlich-konzeptionell sehr unterschiedlich sind, lassen diese Bezeichnungen in der Regel keine Rückschlüsse auf das konkrete Konzept der Jugendarbeit zu, welches sich hinter dem „Label" verbirgt.

An den Begriff der „missionarischen Jugendarbeit" muss jedoch anders herangegangen werden. Hinter ihm verbirgt sich keine Beschreibung von Zugehörigkeit, auch wenn das in manchen Köpfen anders ist. Missionarische Jugendarbeit ist eben nicht die Jugendarbeit der besonders frommen, der christlich-konservativen oder evangelikalen Gemeinden und Werke, sondern der Begriff beschreibt ein Konzept und eine Ausrichtung von Jugendarbeit, ganz gleich, ob diese dabei von einem freikirchlichen Werk, einem christlichen Jugendverband oder einer evangelischen oder katholischen Kirchengemeinde verantwortet wird. Missionarische Jugendarbeit muss inhaltlich gefüllt werden und ist als Begriff zunächst überkonfessionell zu verstehen. Gleichzeitig kann missionarische Jugendarbeit durchaus konfessionell geprägt sein und als konzeptionelle Beschreibung zusammen mit den auf Zugehörigkeit ausgerichteten Selbstbezeichnungen stehen: Die evangelische Jugend einer Kirchengemeinde kann missionarische Jugendarbeit sein. Daher ist oft missionarische Jugendarbeit „mit-gemeint", wenn z. B. von kirchlicher Jugendarbeit die Rede ist. Die beiden Ebenen Zugehörigkeit und Konzept führen so immer wieder zu Unschärfen, Schnittmengen und begrifflichen Vereinnahmungen.[1] Alternativ kann vom missionarischen

---

[1] Auch im vorliegenden Handbuch tauchen unterschiedliche Begrifflichkeiten auf. Dies ist unvermeidbar, wenn z. B. von Studien oder Konzepten aus dem Bereich kirchlicher Jugendarbeit Rückschlüsse auf das Konzept missionarischer Jugendarbeit gezogen werden sollen. Die Begriffe sind daher bei der Lektüre zwar nicht synonym, aber eng verwandt zu verstehen.

Handeln in der Jugendarbeit gesprochen werden. Insofern besteht für missionarische Jugendarbeit ein doppelter Vergewisserungsbedarf, denn sie steht im Spannungsfeld zwischen theologischer Herkunft bzw. Begründung einerseits und sozialpädagogischen Ansprüchen als Jugendarbeit andererseits (vgl. Domsgen 2013: 285).

Wenn also in diesem Beitrag[2] von missionarischer Jugendarbeit die Rede ist, dann geht es darum, ein Konzept zu beschreiben und dessen Ziele, Leitlinien und Dimensionen zu beleuchten. Wir möchten damit den Versuch wagen, das, was seit Jahrzehnten oder Jahrhunderten in verschiedenen Kirchen und Werken in Deutschland bereits praktiziert wird, auf theoretischer und praktischer Ebene zu reflektieren, um damit den Begriff, aber vor allem auch das Konzept der missionarischen Jugendarbeit zu schärfen. Wind unter den Segel bekommt dieser Versuch durch die Tatsache, dass der Missionsbegriff zumindest innerhalb der Kirchen und teilweise auch in der Gesellschaft wieder salonfähig geworden ist und nicht (mehr) sofort mit Imperialismus, Intoleranz und Vereinnahmung assoziiert wird und auf diese Weise einem modernen Missionsverständnis entspricht (vgl. Stettner 1999: 11).

1. Ziele oder: Wozu missionarische Jugendarbeit?

In dem viel zitierten Impulspapier „Kirche der Freiheit“ (EKD 2006) heißt es: „Mission [wird] als glaubenweckendes Ansprechen der Menschen in der eigenen Gesellschaft als Aufgabe der ganzen Kirche anerkannt, die in allen kirchlichen Handlungsfeldern zur Geltung kommen muss“ (EKD 2006: 17). Mission wird hier als Querschnittsaufgabe allen kirchlichen Handelns verstanden. Um es noch pointierter zu sagen: Kirche sein heißt, missionarisch zu sein. Bezogen auf ein umfassendes Verständnis von Kirche im Sinne von ekklesia[3] stellt missionarische Jugendarbeit diesen zentralen Aspekt in den Vordergrund und hat daher die Intention, junge Menschen zum Glauben einzuladen. Sie leistet damit einen Beitrag dazu, diesen wichtigen Auftrag der Kirche für die Zielgruppe der Kinder und Jugendlichen ernst zu nehmen.

---

[2] Wir danken Dr. Wolfgang Ilg und Dr. Dr. Roland Werner für ihre konstruktiven Rückmeldungen zu diesem Beitrag

[3] Der griechische Begriff ekklesia (ἐκκλησία) meint wörtlich „die Herausgerufene“ und wird häufig mit Kirche oder Gemeinde übersetzt, meint aber vor allem auch die weltweite, konfessionsübergreifende Gemeinschaft der Christen als Gottesvolk.

1.1 Missionarische Jugendarbeit verwirklicht den Sendungsauftrag der Kirche(n)

Theologisch begründet sich dieser Sendungsauftrag in einer Vielzahl von biblischen Texten, besonders zentral ist dabei der sog. Missionsbefehl in Mt 28. Dieser Auftrag ist in den unterschiedlichen Kirchen, Werken und Verbänden in den Bekenntnisschriften, Grundtexten und Leitbildern über die Jahrhunderte und Konfessionen hinweg immer wieder neu formuliert und interpretiert worden. So heißt es z. B. in der „Pariser Basis", der Grundlage der weltweiten CVJM-Arbeit, dass es Ziel der CVJM-Bewegung ist, „das Reich ihres Meisters [Jesus Christus] unter jungen Menschen auszubreiten" (Roll 2008: 263; www.cvjm.de). Dieses Sendungsbewusstsein kann unterschiedlich ausgeprägt sein, ohne dass sich etwas am generellen Sendungsauftrag der Kirche(n) ändert. Gesandt zu sein beinhaltet zwei wesentliche Bewegungen, die besonders für die missionarische Jugendarbeit relevant sind. Sendung geschieht immer *von* jemandem. Sendung ist nicht aus sich selbst heraus, sondern hat stets einen Ursprung. Im christlichen Sinne ist dieser Urspung Gott, der sich in Jesus Christus offenbart hat. Mission ist daher zuallererst Gottes Mission (*missio Dei*) und er selbst das Subjekt dieser. Kirche, und mit ihr die missionarische Jugendarbeit, ist mit in diese Mission hineingenommen und in diesem Sinne Gesandte. Gott ist der Sendende und damit auch Urheber der Sendungsbotschaft. Die Botschaft der umfassenden und versöhnenden Liebe Gottes, das Evangelium, ist Inhalt der Sendung und daher auch zentrale Richtschnur für den Sendungsauftrag der Kirche(n).

Wenn missionarische Jugendarbeit also ernst macht mit diesem Auftrag, dann wird sie genau diese Botschaft in den Vordergrund stellen müssen. Es ist ihre Aufgabe das Evangelium in Wort und Tat zu bezeugen. Dieses Bezeugen ist jedoch nicht nur im Bezug zum Ursprung der Sendung, sondern hat gleichzeitig und gleichrangig den Adressaten der Sendung im Blick. Sendung ist als zweite Bewegung eine Sendung *hin* zu jemandem. Sie bezieht sich auf die Lebenswelt, die Lebensumstände und die Kultur derer, zu denen die Kirchen im Sinne der *ekklesia* gesandt ist. Im Zusammenhang mit den kirchlichen Veränderungsprozessen im angelsächsischen Raum und der auch in Deutschland Fuß fassenden Fresh Expressions-Bewegung („Fresh X"), wird in diesem Zusammenhang von „missional church" gesprochen. „Gemeint ist: Im Bemühen darum, dem Evangelium von Jesus Christus in Wort und Werk glaubhaft Ausdruck zu geben, müssen Kultur und Evangelium in jeder Generation und Kultur miteinander in Beziehung gebracht werden" (Härtner 2014: 4). Im Blick auf missionarische Jugendarbeit bedeutet dies, dass stets die Lebenswirklichkeit und die Kultur junger Menschen von zentraler Bedeutung für das missionarische Handeln sind. *Für das Verständnis von missionarischer Jugendarbeit muss unbedingt betont werden, dass diese Hinwendung zu jungen Menschen nicht Mittel zum*

Zweck oder Methode sein darf, sondern sich theologisch vom Sendungsauftrag herleitet und in unmittelbarem Zusammenhang mit der Sendungsbotschaft steht. Die Botschaft von der umfassenden Liebe Gottes verliert an Glaubwürdigkeit, wenn sie nicht die ernst nimmt, an die sie adressiert ist. Denn eine „Wortverkündigung, die die Augen vor sozialer Not, vor Gewalt und Ungerechtigkeit [insbesondere junger Menschen] verschließt, wäre auf dem Hintergrund des Neuen Testamentes eine Karikatur" (Berneburg 2007: 6). Die meisten Missionskonzepte – so auch die Autoren dieses Beitrags – folgen heute diesem umfassenden Missionsverständnis.

1.2 Missionarische Jugendarbeit übernimmt sozialpädagogische Verantwortung

Die Hinwendung zum jungen Menschen als Adressaten der missionarischen Jugendarbeit ist neben der theologischen Fundierung auch aus einer sozialpädagogischen Perspektive begründet. Als Jugendarbeit in Vereinen, Jugendverbänden und Kirchengemeinden ist missionarische Jugendarbeit aus sozialpädagogischer Perspektive ein Angebot, das junge Menschen in der Entwicklung zu eigenständigen Persönlichkeiten fördernd unterstützen will, um auf diese Weise zu einem gelingenden Leben beizutragen. Dabei ist eine Orientierung an den Jugendlichen als Subjekte, mit ihren Fragen, Ideen, Interessen und Problemlagen in deren Lebenswirklichkeit und Kultur unumgänglich. Insofern begründet sich missionarische Jugendarbeit eben auch aus den Strukturprinzipien, Zielen und rechtlichen Rahmenbedingungen der Kinder- und Jugendhilfe im SGB VIII (vgl. Zimmermann „Missionarische Jugendarbeit in Kirchen und Jugendverbänden" in diesem Band). Thole (2013: 229) definiert Kinder- und Jugendarbeit „als sozialpädagogisches Handlungsfeld, das

1) bildungs-, nicht unterrichtsbezogene und nicht ausschließlich berufsbildende, freizeit- und erholungsbezogene, soziale, kulturelle und sportliche,
2) mehr oder weniger pädagogisch gerahmte
3) und von freien und öffentlichen Trägern, Initiativen und Arbeitsgemeinschaften
4) an Kinder und Jugendliche adressierte Angebote der nicht schulischen Pädagogik umfasst."

Dieses sozialpädagogische Handlungsfeld der Kinder- und Jugendarbeit ist im SGB VIII in den §§11 Jugendarbeit und 12 Jugendverbände geregelt. Innerhalb der Jugendhilfe in Deutschland ist die Jugendarbeit traditionell der Bereich, „in dem anknüpfend an den Interessen von Kindern und Jugendlichen Aktivitäten verwirklicht werden, die von ihnen selbst mitbestimmt und mitgestaltet werden, sie zu einer eben solchen Selbstbestimmung befähigen und zu gesellschaftlicher Verantwortungsübernahme sowie zu sozialem Engagement anregen und hinführen", wie Jordan/Maykus/Stuckstätte (2012: 127) verdeutlichen. Im vorliegenden Beitrag – wie auch im gesamten Handbuch – wird Jugendarbeit im engeren Sinne, also ohne die Felder der Jugendsozialarbeit und die Angebote des erzieherischen Kinder- und Jugendschutzes, betrachtet. Kennzeichnend für die Jugendarbeit sind verschiedene Strukturprinzipien. Sturzenhecker nennt als Charakteristika der Jugendarbeit eine systematische Fokussierung auf Freiwilligkeit der Teilnahme, Offenheit für alle jungen Menschen, das Fehlen formaler Machtmittel und Chancen auf demokratische Partizipation, Diskursivität und das Beziehungsangebot sowie eine bestimmte institutionelle Rahmung im Verein, Jugendverband oder der Kirchengemeinde (vgl. Sturzenhecker 2007: 20). Darüber hinaus werden häufig ebenfalls Gruppen-, Lebenswelt-, Sozialraum- und Werteorientierung sowie als weiteres Prinzip die bereits erwähnte Subjektorientierung, die einen ganzheitlichen Ansatz verfolgt, genannt (vgl. Ilg, 2013: 7 ff.).

Seit jeher gelten die zwei großen institutionellen Typen der Jugendverbandsarbeit (Böhnisch/Gängler/Rauschenbach 1991) und der Offenen Kinder- und Jugendarbeit (Deinet/Sturzenhecker 2013) mit ihren Aktivitäten und Angeboten sowie den Freizeitmaßnahmen der Kinder- und Jugenderholung oder den internationalen Jugendbegegnungen als das zentrale Einstiegsfeld für jugendliches Engagement:

> „Die Jugendarbeit setzt ihrer Konzeption nach mit ihren freiwilligen, niedrigschwelligen Angeboten an den alltäglichen Bedürfnissen, den Freizeitinteressen sowie den selbst gewählten Bildungswünschen der Heranwachsenden an. Sie will ihnen mit unterschiedlichen Möglichkeiten der aktiven Teilnahme, der Mitgestaltung und Verantwortungsübernahme eine breite Palette von Gelegenheiten für Entwicklungs-, Sozialisations- und Bildungsprozesse eröffnen, die sich von anderen gesellschaftlichen Institutionen, vor allem der Schule, grundlegend unterscheiden" (Düx 2011: 332).

Damit ist die Kinder- und Jugendarbeit neben Eltern und Peers sowie der Schule eine der drei großen Sozialisationsinstanzen, die zur gesellschaftlichen Partizipation, sozialen Integration und einer erfolgreichen Entwicklung von Jugendlichen beitragen kann. Aus dieser Perspektive gilt: Wer missionarische Jugendarbeit betreibt, muss sich notwendigerweise auch diesen übergeordneten sozialpädagogischen Zusammenhang bewusst machen und erkennen, dass das missionarische Handeln untrennbar mit dem sozialpädagogischen Handeln verbunden ist.

1.3 Missionarische Jugendarbeit nimmt den christlichen Bildungsauftrag wahr

Neben dieser Sozialisationsfunktion wird der Jugendarbeit aber auch eine weitere für die Gesellschaft relevante Bildungsfunktion zugesprochen (vgl. Voigts 2015: 23). Bereits in den ersten theoretischen und konzeptionellen Überlegungen Ende der 1920er-Jahre wurde Kinder- und Jugendarbeit als Bildungsort verstanden (vgl. Thole 2013: 232). Dies gilt auch für die konfessionelle Jugendarbeit, die von ihrem Selbstverständnis, ihrer Tradition und der Praxis her ihr Handeln als Bildungsprogramm versteht, bei dem Bedingungen geschaffen werden, in denen selbstbestimmte Bildungsprozesse – auf freiwilliger Basis – angestoßen werden.

In der aktuellen theoretischen Diskussion hat sich weitgehend die Unterscheidung zwischen formalen, non-formalen und informellen Feldern des Lernens und des Erwerbs von Bildung durchgesetzt (vgl. BMFSFJ 2005: 94 ff.). Die Kinder- und Jugendarbeit setzt mit ihren Angeboten überwiegend im Feld der non-formalen und informellen Bildung an (Schulz/Cloos 2010). Dabei liegen ihre Schwerpunkte auf der religiösen, sozialen, emotionalen, politischen, physischen und kognitiven Bildung. Im Unterschied zu Lern- und Bildungsorten wie der Schule stehen bei den Lernangeboten der Kinder- und Jugendarbeit überwiegend das erfahrungs- und handlungsbezogene Lernen in der Praxis im Vordergrund. Mit den vielfältigen Schulungs-, Seminar- und Fortbildungsangeboten stehen Ehrenamtlichen überdies wichtige Bildungsveranstaltungen zu Verfügung, die spezifisches Wissen und Fertigkeiten vermitteln (vgl. Corsa 2013: 15). Diese Bildungsofferten realisieren sich in der Kinder- und Jugendarbeit als kulturelle, soziale, identitätsbezogene und religiöse Bildung und ermöglichen die Aneignung von sozialem, kulturellem und religiösem, auch aber symbolischem Kapital, wie sie „andernorts in dieser Spezifität nicht ausgebildet werden können“ (Thole 2013: 233; vgl. Bourdieu 1992; Höss 2007: 176). Diese Bildungsprozesse, die in den Alltag der Kinder- und Jugendarbeit genuin eingewoben sind, stehen auch im Interesse der missionarischen Jugendarbeit (s. u.).

Im Kontext der evangelischen Kirche wird Bildung umfassend „als *Zusammenhang von Lernen, Wissen, Können, Wertbewusstsein, Haltungen (Einstellungen) und Handlungsfähigkeit im Horizont sinnstiftender Deutungen des Lebens*“ zu verstehen gesucht (EKD 2005: 66; Herv. i. O.). Corsa hat acht Dimensionen des Bildungshandelns in der evangelischen Jugend herausgearbeitet, die ebenfalls für die missionarische Jugendarbeit fruchtbar gemacht werden können. Er markiert: „Den nachfolgenden acht Dimensionen liegt ein christliches Bildungsverständnis zugrunde, das den Menschen in seiner biblischen Ganzheitlichkeit wahrnimmt“ (Corsa 2004: Abs. 2).

1) Entfaltung und Entwicklung eigener Fähigkeiten („Leben als Gabe“)
2) Experimentieren („Leben als Werden“)
3) Erproben und Herausbilden sozial konstruktiven Verhaltens („Unvollkommenes und gebrochenes Leben“)
4) Aneignung von Welt („Freiheit zur Individualität“)
5) Erwerb ethischer Kompetenzen („Leben braucht Orientierung“)
6) Erwerb von Alltags- und politischen Kompetenzen („lebenspraktische Kompetenzen in der Zivilgesellschaft“)
7) Erwerb sozialer Kompetenzen („Leben in Beziehungen“)
8) Religiöse Bildung („Leben in Beziehung zu Gott“)

Ein solches mehrdimensionales Bildungsverständnis ist stets „orientiert an biblischen Grundlagen und einer demokratischen Gesellschaft“ und stellt eine Herausforderung in fachlicher und persönlicher Hinsicht für die Mitarbeitenden missionarischer Jugendarbeit dar (Corsa 2004: Abs. 2). Bildung ist deshalb, auch theologisch betrachtet, keine Nebensache, sondern ist untrennbar mit dem Anliegen missionarischer Jugendarbeit und der ihr inneliegenden Spannung zwischen missionarischem und sozialpädagogischem Handeln begründet (vgl. Schweitzer 2006: 31). Bildung trägt entscheidend dazu bei, dass junge Menschen verantwortete Entscheidungen treffen können. Nicht zuletzt deshalb, weil missionarische Jugendarbeit auch zu verantworteten Entscheidungen einladen will, muss Bildung ihr ein hohes Anliegen sein.

1.4 Resümee: Was ist missionarische Jugendarbeit?

Das Konzept der missionarischen Jugendarbeit ist, wie oben dargestellt, sowohl theologisch als auch pädagogisch begründet: Mission geschieht hier in enger Verbindung mit verantwortetem pädagogischem Handeln. Das Ziel missionarischer Jugendarbeit besteht insofern nicht allein darin, junge Menschen mit dem Evangelium zu erreichen, sondern sie in ihrer Persönlichkeitsentwicklung zu unterstützen und ihnen zu helfen, in allen Lebensbereichen (eben auch in Fragen der Religion) selbstständige und mündige Personen zu werden. Für diese Mündigkeit ist Bildung unabdingbar.

Wenn missionarisches Handeln den ganzen (jungen) Menschen in den Blick nimmt, dann ergibt sich daraus die Notwendigkeit, ihm nicht nur bei Glaubens- und Sinnfragen, sondern auch in allen anderen Lebensfragen zu begleiten. Andersrum gilt: Gerade weil das Evangelium im Kontext missionarischer Jugendarbeit als befreiend und förderlich erfahren wird, darf eine solche Jugendarbeit diese Perspektive nicht aus dem Blick verlieren und Jugendlichen die frohe Botschaft nicht vorenthalten. Es geht darum, dass die Erfahrung von Einzigartigkeit, von Versöhnung und Freiheit, die in der Begegnung mit dem Jesus Christus gemacht werden kann, sich positiv auf das Leben junger Menschen auswirkt und dann auch in die Gesellschaft hineinwirken kann, denn in dieser Gottesbegegnung „entstehen Durchblicke, ungewöhnliche Durchblicke, Durchblicke, die Orientierung gewähren: Orientierung von oben her für das Leben ganz unten“ (Jüngel 2003: 126).

In der missionarischen Jugendarbeit gehören also Bildung und Evangelium genauso zusammen wie Offenheit und Glaubenseinladung; sind missionarisches Handeln und sozialpädagogisches Handeln untrennbar miteinander verbunden und dienen sich gegenseitig auch als Korrektiv. Diese Verbindung ist dabei nicht nur zweckorientiert, etwa, weil das eine das andere braucht bzw. ergänzt, sondern jeweils inhaltlich begründet. *Unter missionarischer Jugendarbeit werden in diesem Handbuch Formen von Jugendarbeit verstanden, die auf der Basis freiheitlich-demokratischer Werte, sozialpädagogischer Verantwortung und auf der Grundlage des Evangeliums Jugendliche zum christlichen Glauben einladen wollen und darin sowohl eine positiv lebensverändernde Wirkung für junge Menschen und für die Gesellschaft als auch einen biblischen Auftrag sehen.*

Das Missionarische an der missionarischen Jugendarbeit ist folglich das glaubenweckende Ansprechen von jungen Menschen und demnach Mission kein Containerbegriff für alle möglichen christlichen Programmatiken. Der Fokus liegt eindeutig auf der Einladung zum Glauben (vgl. Berneburg 2007: 6). So formuliert Corsa: „Begründung und Grundthema kirchlicher Kinder- und Jugendarbeit ist, mit jungen Menschen den christlichen Glauben zu erfahren, zu leben und mit ihnen an einer tragfähigen persönlichen Glaubenspraxis zu arbeiten“ (Corsa 2013: 14).

2. Leitlinien oder: Was macht missionarische Jugendarbeit aus?

Das Zusammenspiel aus Offenheit, Freiwilligkeit, Selbstorganisation, Gruppen- sowie Subjektorientierung kennzeichnet die Eigenheit der Jugendarbeit (s. o.). Diese Prinzipien gelten uneingeschränkt auch für die missionarische Jugendarbeit. Die konzeptionelle Verschränkung von Jugendarbeit und missionarischem Handeln stellt missionarische Jugendarbeit vor besondere Herausforderungen und machen klare (weitere) Leitlinien notwendig, an denen sich die Angebote orientieren können.

2.1 Missionarische Jugendarbeit ist von einer respektvollen Haltung gekennzeichnet

Missionarisches Handeln in der Kinder- und Jugendarbeit ist herausgefordert, sich den Bedingungen einer pluralistischen und multireligiösen Gesellschaft zu stellen. Daraus folgt die Notwendigkeit, eine Haltung zu entwickeln, die der Tatsache gerecht wird, dass junge Menschen die Möglichkeit, aber auch das Recht haben, aus verschiedenen Weltanschauungen, Ideologien und Religionen wählen zu können. Eine solche respektvolle Haltung ist nicht nur Sachzwang, sondern entspricht der Botschaft des Evangeliums selbst. Missionarisches Handeln soll „im Einklang mit den Prinzipien des Evangeliums [...], in uneingeschränktem Respekt vor und Liebe zu allen Menschen" geschehen (Mission:Respekt 2011: 1). Wie dieser Respekt konkret werden kann, macht das Dokument „Das christliche Zeugnis in einer multireligiösen Welt" (Mission:Respekt 2011), das gemeinsam vom Ökumenischen Rat der Kirchen, dem Päpstlichen Rat für den interreligiösen Dialog und der weltweiten Evangelischen Allianz verantwortet wird, deutlich. Die hier genannten Grundlagen und Prinzipien sind gerade für Mission unter jungen Menschen von Bedeutung. Besonders hervorzuheben sind dabei der Verzicht auf Täuschung, Zwangsmittel und Gewalt jeglicher Art. Jugendliche befinden sich in einer herausfordernden Lebensphase und sind daher für Formen der Manipulation besonders anfällig und gleichzeitig in ihrer Persönlichkeitsentwicklung verwundbar. In diese Unsicherheit junger Menschen hinein darf missionarische Jugendarbeit die Botschaft des Evangeliums bezeugen, gerade auch aus dem Verständnis heraus, dass diesem eine stärkende und verändernde positive Kraft innewohnt, ohne dabei die Unsicherheit der Jugendlichen auszunutzen. Missionarische Jugendarbeit hat sich also von jeglichen Formen der Manipulation, wie Gruppenzwängen, Massenphänomenen oder Indoktrinationen, zu distanzieren und sich von allen fundamentalistischen Tendenzen abzugrenzen. Sie befähigt Jugendliche vielmehr, die Inhalte der christlichen Verkündigung kritisch zu reflektieren und hinsichtlich ihrer Glaubwürdigkeit und individuellen Relevanz zu prüfen (Karcher 2015: 176). Dazu gehört dann auch das Akzeptieren von Ablehnung oder einer Entscheidung für eine andere Religion oder Weltanschauung. Theologisch korrespondiert diese respektvolle Haltung mit dem Wissen darum, dass eine echte Glaubensentscheidung, im Sinne einer Bekehrung, niemals von Menschen herbeigeführt werden kann, sondern stets Wirken Gottes durch den Heiligen Geist ist (vgl. Mission:Respekt 2011: 2; vgl. Gebhardt in diesem Band). Aus diesem Grund gilt auch für die missionarische Jugendarbeit: „Religionspädagogisches Arbeiten muss daher heute damit rechnen, dass die Teilnehmenden sich als Subjekte begreifen, die sich mit den religionspädagogischen Inhalten kritisch auseinandersetzen. Es kann nicht erwartet werden, dass die Lernenden fertige Inhalte akzeptieren oder für sich übernehmen. Diese müssen ihre Plausibilität und Relevanz für das Leben der Subjekte jeweils erweisen" (Pohl-Patalong 2013: 14). Missionarische Jugendarbeit muss also die Spannung aushalten zwischen dem Wahrheitsanspruch des Evangeliums einerseits und der subjektiven Entscheidung junger Menschen über dessen Relevanz für ihr Leben. In dieser Spannung darf sie mit dem Wirken Gottes rechnen und sich nicht zu Methoden der Beeinflussung verleiten lassen.

2.2 Lebenswelten und Milieus junger Menschen

Spätestens seit dem achten Jugendbericht der Bundesregierung (BMfJFG 1990) gehört die Lebensweltorientierung zu den zentralen Paradigmen der Jugendhilfe, also auch der Jugendarbeit. Nach Grunwald und Thiersch betont die „Lebensweltorientierung [...] die Vielfalt der im Alltag zu bewältigenden Aufgaben und Probleme" (Grunwald/Thiersch 2001: 1137), macht also deutlich, dass – im Kontext der Jugendarbeit – Jugendliche in höchst unterschiedlichen Lebenssituationen stecken. Dies betrifft ihre sozio-kulturelle Einbindung ebenso wie ihr Alltagserleben und ihre individuellen Problemlagen. Auf diese unterschiedlichen Wirklichkeiten weist auch die neue Milieuforschung hin. Die aktuelle Sinus-Milieu-Studie im Bereich der Jugendlichen identifiziert sieben unterschiedliche Milieus, in denen Jugendliche heute leben (Calmbach et al. 2012). Der Milieuansatz ist der Versuch, verschiedene Lebenswelten anhand demografischer Eigenschaften zusammenzufassen und so auch erfassbarer zu machen. Sowohl das Konzept der Lebensweltorientierung als auch der Blick auf die Milieus machen vor allem deutlich: *Die* Jugend gibt es nicht. Wir haben „es heute klassen-, schicht- und milieuspezifisch übergreifend mit einer Vielzahl und Vielfalt [...] globaler Jugendkulturen zu tun" (Ferchhoff 2007: 61). Dieser Ausdifferenzierung jugendlicher Lebenswelten muss sich auch missionarische Jugendarbeit stellen. Missionarische Jugendarbeit ist dabei herausgefordert, nicht nur Jugendliche in ihrer Lebenswelt zu erreichen oder für konkrete Milieus attraktiv zu sein, vielmehr muss sie darum bemüht sein, die Botschaft, die sie vermitteln möchte, nicht allgemein zu verkündigen, sondern in den Lebenswelten und Milieus junger Menschen zu plausibilisieren. Sie muss in der Lage sein, auf konkrete Alltagsfragen junger Menschen Antworten zu geben und die Relevanz des Evangeliums in deren Lebenssituationen zu verdeutlichen. Allgemeingültige Phrasen oder vorgefertigte Antworten gehen an der Wirklichkeit junger Menschen vorbei. Konkret: Der Kernsatz mancher evangelistischer Verkündigung „Jesus Christus ist für dich am Kreuz gestorben" geht am Verständnis- und Lebenshorizont der allermeisten Jugendlichen vorbei, wenn er nicht im Lebenskontext junger Menschen verortet wird. Eine solche „losgelöste" Botschaft hat für sie sonst meist keine Relevanz und ist im Grunde nicht verstehbar. Vielmehr ist missionarische Jugendarbeit herausgefordert, gemeinsam mit Jugendlichen zu erarbeiten, welche Bedeutung Jesus Christus und dessen Kreuzestod in ihrer Lebenswelt hat, und muss, um relevant zu sein, Anknüpfungspunkte in dieser finden. Daraus ergibt sich, dass missionarische Jugendarbeit sich auf den Weg zu jungen Menschen machen muss (Geh-Struktur), um ihren Alltag und ihre Lebenswelt adäquat ernst zu nehmen. Dies ist auch theologisch zu begründen. „*missio Dei*“ bedeutet, dass Gott sich zuerst auf die Welt und die Menschen zubewegt hat, und ist damit auch die Begründung der Geh-Struktur einer missionarischen Jugendarbeit. Das bedeutet für die missionarische Jugendarbeit ein Aufsuchen junger Menschen in ihren Lebenswelten, um ihre Fragen und Sorgen zu teilen, ihnen ohne Vorurteile zu begegnen und offen zu sein auch für neue, vielleicht fremde, Lebensentwürfe, ohne diese unkritisch bejahen zu müssen.

Darüber hinaus betonen Thiersch und Grunwald, dass Lebenswelt stets erfahrene Wirklichkeit ist, also in Gänze nur subjektiv erfassbar ist (vgl. Grunwald/Thiersch 2004: 20). Um diese zu rekonstruieren, ist daher das Gespräch mit und der Einbezug von Jugendlichen in der missionarischen Jugendarbeit unerlässlich. Sie sind die Experten ihrer eigenen Lebenswelt und ihrer Milieus (vgl. Karcher 2013: 119) und nur mit ihnen gemeinsam können relevante Formen von missionarischer Jugendarbeit entwickelt werden.

2.3 Missionarische Jugendarbeit ermöglicht demokratische Partizipation und Mitgestaltung

Missionarische Jugendarbeit ist daher grundlegend verbunden mit dem Anspruch der Partizipation im Sinne einer Mitgestaltung und -bestimmung an den Inhalten, Formaten und Rahmenbedingungen der jeweiligen Jugendarbeit vor Ort und verfolgt damit einen Beitrag zu demokratischer Bildung und Erziehung. Dabei zeigen Studien, dass Beteiligungsstrukturen für die Jugendlichen eine relevante Grundlage ihres Engagements in der Kinder- und Jugendarbeit sowie der Übernahme gesellschaftlicher Verantwortung bieten (vgl. Düx et al. 2008). Denn ohne wirkungsvolle und demokratische Mitbestimmungsmöglichkeiten oder das Vorhandensein von selbstbestimmten Freiräumen zur Realisierung eigener Ideen und Vorstellungen bleibt die Idee der Partizipation eine Farce. Damit ist das Prinzip der Partizipation eng verbunden mit dem der Subjektorientierung und dem des Engagements. Denn ehrenamtliches Engagement „ermöglicht nicht nur entscheidende Mitbestimmung, sondern auch den Erwerb von Organisations- und Leitungskompetenz sowie von Kenntnissen demokratischer Spielregeln und Verfahrensweisen“ (Corsa 2013: 17).

Daher ist missionarische Jugendarbeit in konzeptioneller Hinsicht in ihren Strukturen und Angeboten von einer starken Ehrenamtlichkeit gekennzeichnet. Das Engagement von jungen Menschen für junge Menschen ist ein zentrales Merkmal von Partizipation. Insbesondere die Organisationsform des Vereins setzt demokratische Beteiligung voraus, insofern bestehen vielfältige Optionen auf Partizipation, Mitbestimmung und Engagement innerhalb der Jugendarbeit – und das nicht nur lokal und national, sondern eben auch international. Dennoch ist das freiwillige Engagement in der Praxis sozial ungleich verteilt. So prägt bspw. die Jugendverbandsarbeit – auch aufgrund ihrer Geschichte – insbesondere junge Menschen aus bildungsnahen Schichten oder bürgerlichen, meist bildungsbürgerlichen Kreisen. Neben dieser Bildungs- und Beteiligungsherausforderung unterliegt das Ehrenamt gegenwärtig einem Wandel, der als Strukturwandel des Ehrenamtes vom „alten Ehrenamt“ (geprägt durch dauerhafte und verbindliche Bindung an die Organisation und altruistische Motive der Engagierten) zum „neuen Ehrenamt“ (gekennzeichnet durch eine „biografische Passung“) diskutiert wird (vgl. Zimmermann 2014: 16 ff., 24 ff.).

Für die Akteure missionarischer Jugendarbeit bedeuten diese inhärenten Beteiligungsstrukturen bzw. die Entscheidung, unter den Bedingungen solcher Beteiligungsstrukturen zu arbeiten, die Abgabe von Gestaltungsmacht an Kinder und Jugendliche – auch in religiösen Fragen –, wenn Partizipation als „echte Beteiligung“ und nicht als Alibi-Teilnahme oder Dekoration realisiert werden soll (vgl. Sünker/Swiderek 1997: 23 f.). Dabei ist der Begriff der Teilhabe grundlegend für die Bestimmung dessen, was Partizipation kennzeichnet, denn „Teilhabe an Entscheidungen führt zum Teilhaben an und zum Teil werden von Gesellschaft. Wer Kinder und Jugendliche zum integralen Bestandteil der Gesellschaft machen will und sie nicht als Randgruppe sieht, muss ihnen Gestaltungsmacht zubilligen, muss sie beteiligen“ (Grein/Piotta 2008: 7). Dies gilt dann auch für die Kirche in doppelter Perspektive (i. S. d. Institution als auch der *ekklesia*): Wenn Jugendliche Teil der Kirche sein sollen, muss ihnen auch hier Teilhabe und echte Mitgestaltung ermöglicht werden.

2.4 Missionarische Jugendarbeit arbeitet ressourcenorientiert und ermöglicht „Youth Empowerment"

Teil der biblischen Botschaft ist es, dass Gott Menschen mit Gaben ausgestattet hat (vgl. Mt 25,14-30; Röm 12; 1Kor 12). So nimmt missionarische Jugendarbeit das in den Blick, was Kinder und Jugendliche an Gaben, Talenten und Fähigkeiten „mitbringen“, und schaut weniger auf das, was sie (noch) nicht können. Auch diese Ausrichtung ist wieder aus ihrem

Anliegen selbst heraus begründet: Wenn missionarische Jugendarbeit sich als Mitwirken am Reich Gottes versteht, dann hat sie die Aufgabe, jungen Menschen zu helfen, ihre Fähigkeiten zu entdecken und zu entfalten, weil diese Geschenk des Schöpfergottes sind, in dessen Namen sie zum Glauben einlädt. Sie fokussiert daher die Ressourcen und Möglichkeiten von Kindern und Jugendlichen – in ihrer Verkündigung, aber eben auch in ihren Formen. Ressourcenorientierung ist dabei mehr als Gabenorientierung. Während Gabenorientierung meint, dass vorhandene Stärken aktiv eingebracht werden sollen, richtet sich ein ressourcenorientierter Blick auf jene Potenziale und Möglichkeiten von Jugendlichen, die noch nicht ausgeschöpft werden, sowie auf Fähigkeiten, die sie noch nicht entdeckt haben. Jugendarbeit hat nun die Aufgabe, Jugendliche dabei zu begleiten, diese Ressourcen zu entdecken und zu nutzen. Sie stellt dabei zuallererst sichere soziale und physische Räume zur Verfügung, in denen Jugendliche dieses Entdecken und Ausschöpfen selbstbestimmt tun können, und gibt dabei punktuell Hilfestellung. Sie hat nicht selbst die Verantwortung für das Entdecken der Potenziale, sondern sie schafft zuallererst Möglichkeiten dafür und traut jungen Menschen etwas zu. Das Prinzip der Ressourcenorientierung geht davon aus, dass junge Menschen normalerweise und unter den richtigen äußeren Bedingungen in der Lage sind, sich selbst in ihrer Persönlichkeits- und Glaubensentwicklung zu entfalten (vgl. Meier 2010: 41).

Als christliche Jugendarbeit darf sie damit rechnen, dass in der Begegnung mit dem dreieinigen Gott kreative Kraft freigesetzt wird. Konkret: Dort, wo Jugendlichen sichere Entfaltungsmöglichkeiten gegeben werden und eine Gottesbegegnung ermöglicht wird, entsteht eine besondere Dynamik zur Aktivierung ihrer eigenen Ressourcen.

In diesem Zusammenhang ist der Begriff des „Youth Empowerment“ zu nennen, der im internationalen Kontext der Jugendarbeit verwendet wird und zum Ausdruck bringt, dass junge Menschen befähigt werden sollen, ihre Gaben und Fähigkeiten zu entdecken und dann für sich selbst, aber auch zum Wohle anderer selbstbestimmt einzusetzen, um sich so persönlich weiterzuentwickeln und Veränderungen – auch in Kirche und Gesellschaft – zu gestalten (Cooper et al. 2011).

Ressourcenorientierung fordert missionarische Jugendarbeit zugleich heraus, ihre Angebote unabhängig von sozialer Herkunft, Bildungsbiografie und körperlichen oder geistigen Fähigkeiten zu gestalten.

2.5 Missionarische Jugendarbeit ermöglicht und handelt in Beziehungen

Missionarische Jugendarbeit handelt überdies zutiefst beziehungsorientiert, wie Ilg am Beispiel von Jugendfreizeiten herausarbeitet: „Die besondere Qualität der Jugendarbeit zeigt sich an der pädagogischen Ausrichtung und der Beziehungsorientierung gemeinnütziger Angebote“ (Ilg 2013: 14). Diese Beziehungsorientierung meint in der Praxis sämtliche Bemühungen und Aktivitäten, die zur Herstellung und Weiterführung eines persönlichen Kontakts zu den jungen Menschen eingebracht werden. Sie ist gleichermaßen Voraussetzung und Begleiterscheinung der Jugendarbeit und schafft Räume, damit autonome Individuen sich in Gruppen und Freundschaftsbeziehungen erleben können und Gemeinschaft erfahren (vgl. Schröder 2013: 427). Dabei ist der Begriff der „Beziehungsarbeit“ nicht unumstritten, steht er häufig doch unter dem Verdacht einer „Kuschelpädagogik“, die eine inhaltliche Auseinandersetzung mit pädagogischen Zielen zu vermeiden sucht. Für die missionarische Kinder- und Jugendarbeit ist dieser Vorwurf aus konzeptioneller Perspektive jedoch nicht haltbar, da ein Handeln in Beziehungen und die Reflexion darüber, wie mit den Jugendlichen in Kontakt getreten wird, grundlegend für die Qualität der Arbeit in der Praxis sind. Darüber hinaus ist die Beziehungsorientierung zentral, um jungen Menschen in herausfordernderen Lebenssituationen (Pubertät, Armut etc.) durch die Beziehungen „Halt“ zu geben, denn „[d]iese Funktion können die Eltern für Jugendliche in der Ablösephase nicht mehr so ausfüllen wie zu Zeiten der Kindheit. Von den Gleichaltrigen kann die Funktion nur bedingt übernommen werden, denn die gleich Gesinnten und ähnlich Fühlenden sind von eigenen Verunsicherungen erfasst und deswegen nur begrenzt in der Lage, Halt und Rückhalt zu bieten“ (Schröder 2013: 428). Damit dies aber gelingt, gilt es, tragfähige Beziehungen herzustellen, die durch Verlässlichkeit und Authentizität geprägt sind und auf diese Weise kontinuierliche Begleitung, Förderung und Unterstützung bieten (vgl. Zimmermann 2014: 262). Neben der Perspektive einer Ermöglichung von Gemeinschaftserfahrungen, Freundschaften und Beziehungen der Teilnehmenden untereinander ist die Perspektive der Hauptamtlichen zu unterscheiden: Sie gestalten Beziehungen zunächst im Kontext ihres professionellen pädagogischen Handelns und nehmen dazu eine eher unpersönliche Rolle ein (hier: die des/der hauptamtlichen Jugendleiters/Jugendleiterin), ist in gewisser Weise austauschbar und „hat auch dann noch Bestand, wenn die Rollen mit verschiedenen Personen besetzt werden“, etwa bei einem Stellenwechsel (Böhle et al. 2012: 187). Darüber hinaus sind Hauptberufliche in der missionarischen Jugendarbeit aber auch darauf angewiesen, dass sie von jungen Menschen als authentisch und nahbar empfunden werden, sodass sie in spezifischer Weise als Person gefordert sind. Nicht zuletzt ist das missionarische Anliegen zuallererst eine persönliche Motivation und intendiert daher auch eine persönliche Haltung. Daher enthält eine professionelle Beziehung in der missionarischen Jugendarbeit neben der austauschbaren Rollenbeziehung unweigerlich Elemente einer persönlichen Beziehung. Das gilt insbesondere für Jugendliche, die aus instabilen Lebenskontexten stammen oder die in ihrem Leben keine guten Erfahrungen mit Erwachsenen gemacht haben (Delmas 2009; Zimmermann 2014). Insofern sind Hauptberufliche herausgefordert, eine Beziehung zu den Jugendlichen aufzubauen, die durch ein ernsthaftes und glaubwürdiges Interesse an der Lebenssituation und den Fragen der Jugendlichen geprägt ist, indem sie sich mit ihren Fragen, Antworten, Werten und Erfahrungen in die Beziehung einbringen. „Erfahrungen zeigen, dass vor allem persönliche Beziehungen und das Gemeinschaftsgefüge einer Gruppe sowie die Lebensweltbezogenheit und die biografische Relevanz der Glaubensinhalte bedeutsam im Sinne des missionarischen Anliegens sind" (Kißkalt 2013: 418).

3. Dimensionen oder: Wie arbeitet missionarische Jugendarbeit?

Im Folgenden wird der Versuch unternommen, das Handeln missionarischer Jugendarbeit in der Praxis in einem mehrdimensionalen Ansatz zu erfassen. Diese Dimensionen beschreiben verschiedene Schwerpunkte, die die missionarische Jugendarbeit kennzeichnen. Sie orientieren sich an den Aufgaben der Kirche, die in der Praktischen Theologie bzw. Kirchentheorie klassischerweise in vier Grunddimensionen erfasst werden: *martyria* (Zeugnis), *koinonia* (Gemeinschaft), *leiturgia* (Gottesdienst) und *diakonia* (Dienst). Bubmann hat der klassischen Vierteilung die Dimension der *paideia* (Erziehung/Bildung) hinzugefügt und dafür plädiert, dieses Quintett weniger sektoral als vielmehr dimensional zu verstehen (vgl. Fermor 2014: 7). In diesem Sinne beschreiben die fünf Begriffe nicht einzelne Handlungsfelder oder Methoden, sondern weisen vielmehr darauf hin, dass Kirche in ihrem gesamten Handeln jede Dimension, wenn auch in unterschiedlicher Ausprägung, berücksichtigen sollte (vgl. Bubmann 2004: 110 ff.). Er sieht darin einen „Perspektivwechsel weg vom Handlungsfeld (sektorales Denken) hin zum dimensionalen [...] Denken: Alle zentralen Berufsgruppen in der Kirche (TheologIn, PädagogIn, MusikerIn, DiakonIn, Verwaltungskräfte) haben alle Dimensionen der Kommunikation des Evangeliums bzw. der kirchlichen Aufgaben im Blick. Sie tragen also alle Verantwortung für *leiturgia, martyria, paideia, koinonia* und *diakonia*, allerdings in unterschiedlicher Weise und Intensität sowie mit verschiedenen Schwerpunkten" (Bubmann 2006: 61). Die so für die Gemeindepädagogik fruchtbar gemachten Grunddimensionen sollen in diesem Beitrag auf die missionarische Jugendarbeit bezogen werden. Für das Verständnis dieses mehrdimensionalen Ansatzes der Praxis missionarischer Jugendarbeit ist zu betonen, dass die Dimensionen eine gleichwertige Bedeutung haben und zueinander im Verhältnis stehen bzw. sich aufeinander beziehen und deshalb auch nicht gegeneinander ausgespielt werden dürfen. In dieser Interdependenz beschreibt jede Dimension das konkrete Handeln missionarischer Jugendarbeit unter einem besonderen Gesichtspunkt (vgl. Abbildung 1).

Abbildung 1: Grunddimensionen missionarischer Jugendarbeit

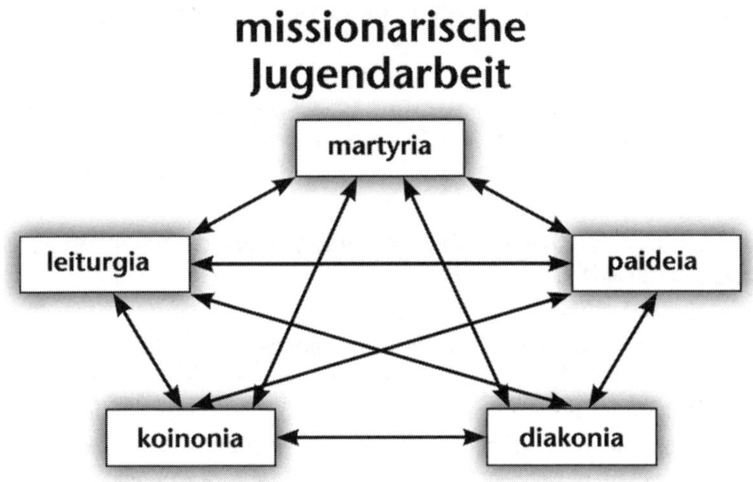

Quelle: Eigene Darstellung in Anlehnung an Bubmann 2006

3.1 martyria: Missionarische Jugendarbeit bezeugt das Evangelium von Jesus Christus

Die erste Dimension missionarischer Jugendarbeit *martyria* (μαρτυρία) meint die umfassende Verkündung und Verbreitung des Evangeliums von Jesus Christus. Als zentrale, aber keineswegs einzige Form der Kommunikation des Evangeliums gehört die Verkündigung, im Sinne einer Wortverkündigung (vgl. Engemann 2014: 18), fest zur Praxis der missionarischen Jugendarbeit. Ob als Predigten in Jugendgottesdiensten, Andachten in Gruppenstunden oder evangelistischen Ansprachen im Rahmen von Jugendevangelisationen, spielt die mündliche Verkündigung in vielen Angeboten missionarischer Jugendarbeit nach wie vor eine große Rolle.

Verkündigung in der Jugendarbeit zeichnet sich besonders dadurch aus, dass sie in den allermeisten Fällen Laienverkündigung ist und so eine ganz besondere Rolle für die reformatorische Forderung nach dem Priestertum aller Glaubenden innerhalb der Kirche einnimmt. Auch wenn theologisch ausgebildetes Personal im Rahmen von Jugendarbeit gelegentlich zu Wort kommt, so sind es doch oftmals die jungen Ehrenamtlichen oder die Adressaten der Jugendarbeit selbst, die hier verkündigen. Es ist kaum gewagt, die These aufzustellen, dass in keinem anderen Bereich des kirchlichen Handelns der Anteil der ehrenamtlichen Verkündigung so hoch ist wie in der Kinder- und Jugendarbeit. Die Gefahr einer theologischen Unschärfe, ja sogar Missinterpretation der biblischen Botschaft, ist hier grundsätzlich gegeben. Gerade deshalb ist die theologische Ausbildung und Qualifikation der Ehrenamtlichen von großer Relevanz (vgl. *paideia*). Im Unterschied zu hauptberuflichen Fachkräften kann die ehrenamtliche Verkündigung Jugendliche aufgrund der hohen Nähe zu deren Lebenswelt besser erreichen und ist daher in vielen Fällen für die Jugendlichen verständlicher. Aus diesem Grund ist die Laienverkündigung innerhalb der missionarischen Jugendarbeit zu stärken und der Wert dieser lebensnahen Verkündigung dem theologischen Anspruch voranzustellen, ohne diesen prinzipiell nicht aufzugeben.[4] Dieser Ansatz schlägt sich bspw. in dem religionspädagogischen Konzept der Jugendtheologie wieder (Schlag/Schweitzer 2012). Auch kann auf die konzeptionelle Weiterentwicklung des Jugendevangelisationsformats JesusHouse (www.jesushouse.de) verwiesen werden: Hier wurde das Konzept von einer Zentralveranstaltung hin zu zusätzlichen lokalen Veranstaltungen unter Einbeziehung örtlicher Jugendarbeiten und Gemeinden weiterentwickelt, um einerseits einen höheren Lebensweltbezug und andererseits mehr Einbeziehungsmöglichkeiten für die Jugendlichen zu erreichen.

Die Formen der Wortverkündigung in der missionarischen Jugendarbeit sind vielfältig und reichen vom Erzählen biblischer Geschichten über Lied- oder Gegenstandsandachten hin zu exegetischen Auslegungen (Bibelarbeiten) oder evangelistischen Zuspitzungen (sog. Aufrufen). Ihre inhaltliche Ausrichtung ist in vielen Fällen dem und der Verkündiger/-in überlassen und richtet sich nur in manchen Fällen an Vorgaben (z. B. Pläne für den Kindergottesdienst). In anderen Fällen sind die Jugendlichen in die Themenwahl einbezogen. Die subjektive Themenwahl birgt die Gefahr einer eklektischen Auswahl und führt, wie in der Praxis beobachtet werden kann, manchmal zu einer thematischen Einseitigkeit. Das

[4] Hier sei aber auch auf die Gefahren mangelnder theologischer Reflexion hingewiesen, wodurch es auch zu manipulierenden Falschaussagen und Missbrauch kommen kann. Deswegen muss schon hier auf Bildungsauftrag der missionarischen Jugendarbeit und die entsprechenden Praxisformen hingewiesen werden. Sie zielen auch auf eine theologische Grundbildung und grundlegende homiletische Kompetenzen Ehrenamtlicher ab.

Bezeugen des Evangeliums kann aber auch unabhängig von Themen und biblischen Texten in Form von Lebenszeugnissen und Erfahrungsberichten geschehen. Zudem finden viele kreative Methoden der Auseinandersetzung mit dem biblischen Zeugnis in der missionarischen Jugendarbeit ihren Platz.[5]

Punktuell ist eine Überbetonung dieser Praxisform missionarischer Jugendarbeit zu beobachten. Nicht nur deshalb ist an dieser Stelle auch auf die Grenzen hinzuweisen: Auch wenn es partizipative Formen gibt, ist Wortverkündigung didaktisch sehr einseitig und hebt sich so von vielen anderen Aktivitäten innerhalb der Jugendarbeit, die stärker auf Interaktion ausgerichtet sind, ab. Wortverkündigung steht somit in der Gefahr, von Jugendlichen als langweilig oder aufgesetzt empfunden zu werden. Sie muss daher gut in das Gesamtsetting der entsprechenden Angebote eingebunden werden. Nur so können ihr hoher Wert und ihre Stärke zum Tragen kommen. Sie bietet die Möglichkeit, Jugendlichen in kurzer Zeit kompakt das Evangelium zu bezeugen und die christliche Botschaft zu vermitteln. Ansprechend gestaltet können junge Menschen so zum Nachdenken oder dazu gebracht werden, einen eigenen Standpunkt zu entwickeln bzw. eine Entscheidung für den christlichen Glauben zu finden. Entscheidend dürfte dabei sein, ob junge Menschen den Inhalt und die Form der Verkündigung als passend zu den anderen Aspekten missionarischer Jugendarbeit in Haltung und Praxis erleben.

3.2 koinonia: Missionarische Jugendarbeit schafft Räume für Beziehung und Gemeinschaft

Die zweite Dimension missionarischer Jugendarbeit *koinonia* (κοινωνία) bedeutet soviel wie Gemeinschaft durch Teilhabe und fokussiert all jene Bestrebungen, die Räume und Settings schaffen, in denen Beziehung gestaltet und Gemeinschaft erfahrbar werden. Die Gemeinschaft einer Gruppe bzw. das Beziehungsnetzwerk innerhalb einer solchen stellt für viele Jugendlichen den zentralen Wert von Jugendarbeit dar. Zu diesem Ergebnis kam die Studie „Jugendliche als Akteure im Verband" der Arbeitsgemeinschaft evangelischer Jugend (aej) für den Bereich der dort organisierten Verbände (vgl. Fauser/Fischer/Münchmeier 2006). Dies entspricht zutiefst den entwicklungspsychologischen Bedürfnissen Jugendlicher.

Auch wenn vielerorts ein Rückgang der „klassischen Jugendgruppe" empfunden wird, suchen Jugendliche Gemeinschafts- und Beziehungserfahrungen und kommen nach wie vor zu den Angeboten missionarischer Jugendarbeit, denen es gelingen muss, diesem Bedürfnis mit attraktiven

[5] Z. B. die Bibelleseinitative „Liest du mich?", www.liest-du-mich.de

Formen der Vergemeinschaftung zu begegnen (vgl. Fauser 2008). Und auch hier korrespondiert ein pädagogisches Interesse mit der Intention des Evangeliums. Auch wenn die frohe Botschaft sich zunächst an den Einzelnen richtet, vollzieht sie sich immer in Gemeinschaft bzw. zielt auf diese ab. Der Glaube an Jesus Christus macht aus vormals Fremden eine Gemeinschaft der Glaubenden, also Kirche, die sich dann, neben der globalen Dimension, in örtlichen Gemeinden und Gruppen manifestiert. Kommunikation des Evangeliums geschieht eben auch durch Zugehörigkeit, Annahme und Beziehung (Zimmermann 2014: 152 ff.). Dabei sind folgende Aspekte für die Praxis missionarischer Jugendarbeit zentral:

1) *Erleben von Offenheit und Anerkennung*
   Die Angebote missionarischer Jugendarbeit sollten sich dadurch auszeichnen, dass sie generell offen sind und junge Menschen, die sich dafür interessieren, dort Anerkennung in unterschiedlicher Weise erfahren (Zimmermannn, 2014). Die Spannung liegt darin, einerseits Gemeinschaftserfahrungen zu ermöglichen, die einen geschützten Raum bieten, andererseits auf Barrieren und Exklusion zu verzichten, indem u. a. niedrigschwellige Zugangsmöglichkeiten eröffnet werden. Denn die Erfahrung, ausgeschlossen zu sein, lässt sich mit der Botschaft des Evangeliums nicht vereinbaren.
2) *Verbindlichkeit ohne Enge*
   Über Jahrzehnte war missionarische Jugendarbeit von langfristigen, teilweise jahrelangen verbindlichen Gruppenstrukturen gekennzeichnet. Der Teen- oder Jugendkreis war für viele Gemeinden und Gemeinschaften die Keimzelle und das Zentrum der Jugendarbeit. Die Stärke dieser Gruppen lag und liegt vor allem in der Verlässlichkeit und der Verbindlichkeit der Gruppenbeziehung. Jugendliche erfahren in solchen Strukturen, dass konkrete Werte (hier sei auf die Stimmigkeit zum Inhalt der Verkündigung hingewiesen) gelebt werden, und erfahren so Halt und Orientierung. Missionarische Jugendarbeit muss darauf hinwirken, dass die durch sie gebildeten Gemeinschaften nicht nur Zweckgemeinschaften sind, sondern für Jugendliche einen geschützten Raum zur Persönlichkeits- und Glaubensentwicklung bieten. Diese Erfahrungen können auch in kurzfristigen, aber intensiven Gruppenerfahrungen (z. B. auf Freizeiten und in Projekten) oder in loseren Zusammenhängen etabliert werden.
3) *Leben verbindlicher (seelsorgerlicher) Beziehungen*
   Wie in Kap. 2.5 entfaltet, gehört die Beziehungsarbeit zum Wesen missionarischer Jugendarbeit. In der festen Überzeugung, dass Glaube und Persönlichkeit sich dialogisch entwickeln, brauchen junge

Menschen Gegenüber, mit denen sie an ihren Lebensfragen arbeiten können. Diese Gegenüber können sowohl Peers, aber auch Ehren- und Hauptamtliche sein, die sich als Gesprächspartner zur Verfügung stellen. Seelsorge im weitesten Sinne spielt für missionarische Jugendarbeit eine große Rolle. So bietet der Jugendverband „Entschieden für Christus“ (EC) zahlreiche seelsorgerliche Angebote an und bildet Ehrenamtliche für diesen Bereich aus (www.ec-seelsorge.de).

Zentral ist in allen Fällen die Authentizität der Beziehung. Auch wenn Beziehung ein Medium der Evangeliumsverkündigung sein kann, darf sie nicht als Zweck für diese vereinnahmt werden. Beziehung ist in allererster Linie Beziehung und kann als solche Evangelium bezeugen und zur Sprache bringen. „Dazu gehören Konzepte der Freundschaftsevangelisation, die auf absichtslose Freundschaftsbeziehungen setzt und dabei den eigenen Glauben ins Spiel bringt“ (Corsa/Freitag 2008: 201).

Eine besonders intensive Gemeinschaftserfahrung bieten Angebote des gemeinschaftlichen Lebens, die zunehmend in missionarischer Jugendarbeit gemacht werden. Beispielsweise können Jugendlichen in sog. „Wochen des gemeinsamen Lebens“ mitten in ihrem Alltag verbindliche Gemeinschaft und geistliches Leben erfahren, indem sie für einen begrenzten Zeitraum gemeinsam z. B. im Gemeindehaus oder einer Privatwohnung leben. Aber auch für langfristige Formen solcher Gemeinschaft gibt es Angebote. Viele Träger bieten jungen Menschen in sog. Jahresteams eine, meist über ein Jahr, langfristigere Möglichkeit, christliche (Lebens-)Gemeinschaft zu erfahren. Beispiele dafür sind das JUMP-Team des CVJM-Baden, bei dem ein Jahresteam sportmissionarische Akzente in Gemeinden und Jugendarbeiten setzen soll,[6] oder das Konzept von dem Jahresteam des Wörnesberger Anker, welches inhaltliche und organisatorische Aufgaben des christlichen Lebens- und Schulungszentrums übernimmt.[7] Besonders sei auf das Konzept „Y-Home“ des CVJM Nürnberg hingewiesen: Hier können bis zu elf minderjährige Flüchtlinge gemeinsam mit ehrenamtlich Mitarbeitenden im CVJM-Haus wohnen und neben der im Vordergrund stehenden Hilfe zur Stabilisierung und Förderung zu einem selbstständigen Leben christliche Gemeinschaft erfahren.[8]

---

6 Vgl. www.cvjmbaden.de/website/de/cb/fsj_bfd/jump (Abruf 02.09.2015)

7 Vgl. www.ankernetz.de/junge-erwachsene/jahresteam.htm (Abruf 02.09.2015)

8 Vgl. www.cvjm-nuernberg.de/vereine/kornmarkt/international/wg-fuer-junge-fluechtlinge (Abruf 02.09.2015)

3.3 leiturgia: Missionarische Jugendarbeit bietet Räume für geistliche Erfahrungen

Die dritte Dimension missionarischer Jugendarbeit *leiturgia* (λειτουργία) bedeutet öffentlicher Dienst im Sinne von Gottesdienst und liturgischem Handeln und meint solche Angebote und Formen, die spirituelle Erfahrungen ermöglichen. Missionarische Jugendarbeit zeichnet sich heute dadurch aus, dass bei der Begleitung von jungen Menschen und der Vermittlung des Evangeliums individuelle und kollektive Erfahrungen im Vordergrund stehen. Zentrale Glaubensaspekte oder lebensbewältigende Kompetenzen sollen nicht vermittelt, sondern durch „zweckfreie Feier, Rituale, Kultur und Gottesdienste“ (Fermor 2014: 11) erfahrbar und angeeignet werden.

Die Dimension der *leiturgia* bezieht sich auch auf das missionarische Handeln: Gott soll in der missionarischen Jugendarbeit nicht nur gepredigt, also kognitiv erklärt werden, sondern er soll vor allem erfahrbar sein. „Christliche Jugendarbeit hat Räume, eben auch Erfahrungsräume für die Begegnung mit dem Gott Israels und der Christenheit zu öffnen, auf dem Weg in diese Räume hilfreich zu begleiten und darin einzuführen“ (Freitag 2004: 8). Unter dem Stichwort Spiritualität sollen junge Menschen die Möglichkeit bekommen, den christlichen Glauben auf unterschiedliche Weise zu erfahren und anhand konkreter Erfahrungen zu reflektieren. Die Ausprägungen und Formen der Spiritualität können dabei sehr unterschiedlich sein und sind eng verknüpft mit der jeweiligen geistlichen Prägung der Verbände und Gemeinden.

Theologisch reflektiert muss hier auf die Rolle des Heiligen Geistes hingewiesen werden. In der Folge des Sendungsauftrags (s. o.) darf missionarische Jugendarbeit damit rechnen, dass Gott sich nicht nur in der Begegnung mit seinem Wort, sondern auch im Wirken des Heiligen Geistes im Rahmen ihrer Angebote und der Gemeinschaft erfahrbar macht und heilsam Jugendlichen begegnet. Spirituelle Erfahrungen in der missionarischen Jugendarbeit lassen sich also weder erzwingen noch inhaltlich, z. B. in Sinne von Lernzielen, planen (vgl. Pohl-Patalong 2013: 15 f.).

Missionarische Jugendarbeit greift deshalb auf Methoden und Formen zurück, die es jungen Menschen ermöglichen, solche Erfahrungen zu machen, und sinnlich-erlebbare Elemente enthalten. So spielen erlebnispädagogische Elemente ebenso eine Rolle wie musisch-kulturelle Ausdrucksformen. Auch traditionelle liturgische Praktiken, wie z. B. die Taizé-Gesänge, haben hier ihren Ort. Zudem kann missionarische Jugendarbeit auf neuere religionspädagogische Konzepte zurückgreifen, die ein stärker erfahrungsbezogenes religiöses Lernen in den Vordergrund stellen. Als Entwicklung der letzten Jahre muss zudem auch auf die Lobpreiskultur hingewiesen werden, die in vielen Bereichen der missionarischen Jugendarbeit eine Rolle spielt. Im hingebungsvollen Singen (Anbetung) eingängiger Lieder mit einfachen Texten und vielen Wiederholungen soll eine Begegnungsmöglichkeit mit dem dreieinigen Gott geschaffen werden und dieser besonders im Wirken des Heiligen Geistes erfahren werden.

Als Bereich, in dem sich die Dimension der *leiturgia* deutlich entfaltet, sind die in der missionarischen Jugendarbeit häufig stattfindenden Jugendgottesdienste, besonders aber auch die Jugendkirchen und -gemeinden,[9] zu nennen. Hier werden Jugendlichen inhaltliche und auch physische Räume zur Verfügung gestellt, um eigene Formen der Spiritualität, auch in Gottesdiensten, zu entwickeln.

3.4 diakonia: Missionarische Jugendarbeit stellt sich selbstlos in den Dienst der Welt

Als vierte Dimension ist die *diakonia* (διακονία) als Dienst am Menschen jene Perspektive, in der die praktizierte Nächstenliebe und der selbstlose Dienst für die Welt im Vordergrund stehen (Braune-Krickau/Ellinger 2010). Das sozial-diakonische bzw. diakonisch-missionarische Handeln verweist in unserem mehrdimensionalen Ansatz auf die enge Verbindung von Wort und Tat, die in der missionarischen Jugendarbeit konzeptionell untrennbar sind, in der Praxis jedoch nicht immer gemeinsam verwirklicht werden. „Mission und Diakonie sind von der Botschaft Jesu her untrennbar miteinander verbunden. Dabei ist Mission nicht dasselbe wie Diakonie, umgekehrt lässt sich missionarisches Handeln ohne diakonische Existenz nicht denken“ (Lausanner Verpflichtung §5; Berneburg 2007: 9). Die beiden Begriffspaare sind in der Vergangenheit häufig als Gegensatz verstanden worden und auf Grundlage unterschiedlicher theologischer Überzeugungen mit einem Schwerpunkt auf dem einen (diakonisch) oder anderen (missionarisch) verwirklicht worden. In der Gegenwart werden sie „aber nicht mehr alternativ, sondern einander ergänzend verstanden“ (Cares/Schalla 2013: 309). *diakonia* beschreibt „diejenige Praxis, die dem integrierenden und inkludierenden Aspekt der *koinonia* dient“ (Fermor 2014: 8). Deutlich wird der Anspruch eines solchen diakonischen Handelns in der Jugendarbeit bspw. in dem „Beschluss zu den Zielen und Aufgaben der kirchlichen Jugendarbeit“ der Würzburger Synode der katholischen Kirche von 1975, in der es u. a. heißt:

> „Maßstab für christliches Handeln ist die selbstlose Hinwendung Jesu zu den Menschen, in der die Hinwendung Gottes zum Menschen endgültig sichtbar geworden ist. Darum muss Jugendarbeit der Christen selbstlo-

[9] Eine Übersicht zahlreicher Jugendkirchen und -gemeinden verschiedener christlicher Konfessionen findet sich auf www.jugendkirchen.org

> ser Dienst an den jungen Menschen und an der Gestaltung einer Gesellschaft sein, die von den Heranwachsenden als sinnvoll und menschenwürdig erfahren werden kann. Ihr Ziel ist nicht Rekrutierung, sondern Motivation und Befähigung, das Leben am Weg Jesu zu orientieren. (...) Deshalb gehört der Dienst an der Welt zu ihrem Wesen, denn darin vollzieht sie ihren Auftrag und beglaubigt ihn. Wo die Kirche selbstlos der Welt und den Menschen dient, dient sie zugleich Gott" (Gemeinsame Synode der Bistümer in der Bundesrepublik Deutschland 1976: 293 f., 297).

Dieser Auftrag vollzieht sich in der missionarischen Jugendarbeit in unterschiedlicher Weise. Als ein Beispiel kann die diakonische „pack's"-Initiative des CVJM genannt werden, bei der sich Ortsvereine und -gruppen in fünfzehn unterschiedlichen Projekten und Kooperationen für sozial benachteiligte Jugendliche in Deutschland engagieren (www.cvjm-packs.de). So verfolgt etwa die Ausbildungs-Initiative im CVJM-Kreisverband Siegerland das Ziel, sozial benachteiligte Jugendliche in einem Mentoring-Programm durch ehrenamtliche Coaches im Übergang von der Berufsfindung bis zum erfolgreichen Abschluss der Ausbildung zu begleiten. „Damit möchte der CVJM erreichen, dass die Jugendlichen (...) auch in den Höhen und Tiefen der gesamten Ausbildungszeit" begleitet werden (Schreiber, 2012: 93). Für die ausbildenden Betriebe und Unternehmen ermöglicht die Initiative eine konsequente Stärkung der Jugendlichen, die im Alltagsgeschäft oftmals nicht möglich wäre (vgl. Huster/Zimmermann 2013: 103).

Ein weiteres Beispiel diakonischer Jugendarbeit ist das Jumpers-Netzwerk (www.jumpersnetz.de). Die Abkürzung steht für „Jugend mit Perspektive" und hat es sich zur Aufgabe gemacht, christlich-soziale Projekte in sozialen Brennpunkt-Stadtteilen zu gründen, um den Selbstwert und die Lebensperspektiven von Kindern und Jugendlichen aus prekären Lebenslagen zu fördern. Darüber hinaus bietet das Netzwerk die Chance zum fachlichen Austausch und zur Weiterbildung. Derzeit werden 62 christlich-soziale Werke und Projekte miteinander vernetzt, damit das gemeinsame Anliegen in Politik und Gesellschaft zur Sprache kommt und Impulse aus der Praxis geteilt werden.

3.5 paideia: Missionarische Jugendarbeit fördert non-formale Bildungsprozesse

Die Dimension *paideia* (παιδεία) fokussiert die Bildungsangebote und -prozesse der missionarischen Jugendarbeit und ist als Querschnittsdimension zu verstehen, die allen anderen Dimensionen innewohnt, denn es gilt: „Spiritualität braucht für ihre Entfaltung immer auch Bildung" (Fermor 2014:

13). Als non-formaler Bildungsort sind die Angebote zur Aus-, Fort- und Weiterbildung innerhalb der christlichen Kinder- und Jugendarbeit äußerst vielfältig. Neben Schulungsprogrammen zum Erwerb der Jugendleiter-Card (Juleica)[10] sind dies Tagesseminare und Fachtagungen zu spezifischen Angeboten und Formaten der missionarischen Jugendarbeit. Hier werden jugendarbeitsspezifisches Fachwissen, Fertigkeiten und Kompetenzen erworben, die für die Praxis der missionarischen Kinder- und Jugendarbeit grundlegend sind. So gilt die Jugendleiter-Ausbildung vielerorts als Grundlage für ein Engagement. In Grund-, Aufbau- und Leiterkursen werden Ehrenamtliche für ihre Aufgabe qualifiziert und erhalten die Chance, sich kontinuierlich weiterzubilden. Dabei stehen neben rechtlichen und z. T. technischen Lehrinhalten insbesondere die theologischen und pädagogischen Themen im Mittelpunkt. Auf diese Weise erhalten Ehrenamtliche für ihre Aufgaben in der Praxis ein grundlegendes theologisches Basiswissen im Blick auf die Entstehung der Bibel, die geschichtliche Entwicklung der Kirchen und eine christliche Glaubenspraxis in Liedern, Gebeten und Liturgie. Gemäß dem Anspruch, das „Priestertum aller Glaubenden" (vgl. 1Petr 2,9f.) verwirklichen zu wollen, werden überdies grundlegende homiletische Kompetenzen vermittelt. Darüber hinaus ist die Angebotspalette breit gefächert und reicht von musischen Angeboten über kulturelle Seminare bis hin zu Kursen zur politischen oder theologischen Weiterbildung im In- und Ausland. Seit Einführung der Jugendleiter-Card (Juleica) im Jahr 1998 wurden insgesamt etwa 300.000 Juleicas ausgegeben, aktuell sind etwas mehr als 100.000 Ehrenamtliche Inhaber einer gültigen Juleica. Ein Großteil davon ist in den Kirchen und konfessionellen Jugendverbänden tätig (vgl. Pothmann/Sass 2011: 5).

Dezidiert missionarische Bildungsangebote werden von den Kirchen sowie freien Werken und Verbänden in Ergänzung zur Juleica-Schulung angeboten. Ein Blick in einschlägige Bildungsportale dieser Anbieter zeigt Seminare wie „Biblische Geschichten kreativ erzählen", „Verkündigungsseminar – Die gute Botschaft weitergeben, aber wie?", „Fresh X – Kurs", „Theologische Fortbildung: Christsein in einer multireligiösen Welt", „Stille suchen im Kloster", „Verkündigung ToGo", „Erlebnispädagogik in 45 Minuten" oder „Lobpreisseminar".[11] Im evangelischen Studienzentrum Jo-

[10] Die Jugendleiter/-in-Card (Juleica) ist der bundesweit einheitliche Ausweis für ehrenamtliche Mitarbeiter/-innen in der Jugendarbeit. Sie dient zur Legitimation und als Qualifikationsnachweis der Inhaber/-innen. Zusätzlich soll die Juleica auch die gesellschaftliche Anerkennung für das ehrenamtliche Engagement zum Ausdruck bringen, vgl. www.juleica.de/uploads/media/juleica_infos_02.pdf (Abruf: 28.08.2015). Weitere Informationen: www.juleica.de

[11] www.ejw-bildung.de, www.gjw-jahresprogramm.de und www.cvjm-bildung.de

sefstal gibt es seit mehreren Jahren eine Ausbildung zum „Spirituellen Begleiter von Jugendlichen“, die den Teilnehmenden „Methodenkompetenz für Frömmigkeitsformen und spirituelle Erfahrungsräume in der gruppen- und projektbezogenen Arbeit mit jungen Menschen“ vermittelt.[12] Neben diesen non-formalen Bildungsofferten haben die Ehrenamtlichen die Chance, in der Praxis der missionarischen Jugendarbeit auf informellem Wege verschiedene Kompetenzen zu erwerben.

Auch in dieser Dimension stehen Erfahrungen im Vordergrund der Bildungsprozesse. Dabei möchte missionarische Jugendarbeit Erfahrungen ermöglichen, bei denen Jugendliche sich selbst und ihre Potenziale entdecken, sich als selbstwirksam erleben und soziale Anerkennung erfahren. Dazu schafft sie kreative Experimentierräume in einem geschützten Rahmen. Neben einzelnen Formen der missionarischen Jugendarbeit, die solche Erfahrungen besonders ermöglichen, wie etwa die TEN SING-Arbeit, die durch ihren musisch-kulturellen Ansatz besondere Möglichkeiten zur Entfaltung und Erprobung von Gaben und Fähigkeiten gibt (vgl. Erkenberg/Konstantinidis in diesem Band), vollzieht sich diese Dimension vor allem in der niedrigschwelligen Möglichkeit zur ehrenamtlichen Mitarbeit. In den allermeisten Fällen ist die ehrenamtliche Mitarbeit – teilweise auch noch sehr junger Jugendlichen – wichtiger Bestandteil des Konzepts und bietet eine passende Möglichkeit für solche Erfahrungen.

Eine besondere Verbindung von Bildung und missionarischem Handeln weisen sog. Glaubenskurse auf, die es auch zahlreich für den Jugendbereich gibt. Hier sollen junge Menschen in die Grundlagen des Glaubens eingeführt werden, aber eben nicht nur auch der Sachebene, sondern mit einer zum Glauben einladenden Grundhaltung. Besonders an dieser Stelle muss missionarische Jugendarbeit sich vor Augen führen, dass Glaube grundsätzlich nicht gelernt werden kann, Bildung aber einen Beitrag dazu leisten kann, dass Glaube geweckt wird (vgl. Schweitzer 2006: 32).

3.6 Die fünf Dimensionen missionarischer Jugendarbeit als Analyseinstrument

In diesem Handbuch vereinen wir unterschiedliche Perspektiven auf die missionarische Jugendarbeit in Deutschland. Innerhalb dieser Vielfalt ist den spezifischen Angeboten und Konzepten gemein, dass sie sich anhand des oben vorgestellten mehrdimensionalen Ansatzes verorten lassen. Unschärfen lassen sich gewiss nicht vermeiden und je nach Angebot vor Ort fällt die eine oder andere Dimension mehr oder weniger ins Gewicht. Dennoch vermag dieser multiperspektivische Ansatz missionarischer Jugendar-

---

12 http://www.josefstal.de/kurse/sprituellebegleitung/ (Abruf: 28.08.2015)

beit, die verschiedenen Arbeitsformen und Angebote der Praxis[13] anhand der jeweiligen Dimensionen zu analysieren, um im Sinne einer Standortbestimmung für sich zu überprüfen, welche der genannten Dimensionen nicht oder nur marginal erfasst werden. Am Beispiel einer missionarischen Freizeitarbeit ließe sich diese Analyse idealtypisch und bei allen Unterschiedlichkeiten in der Praxis wie folgt in einem Netzdiagramm darstellen (vgl. Abbildung 2).

Abbildung 2: Analyse zur missionarischen Freizeitarbeit

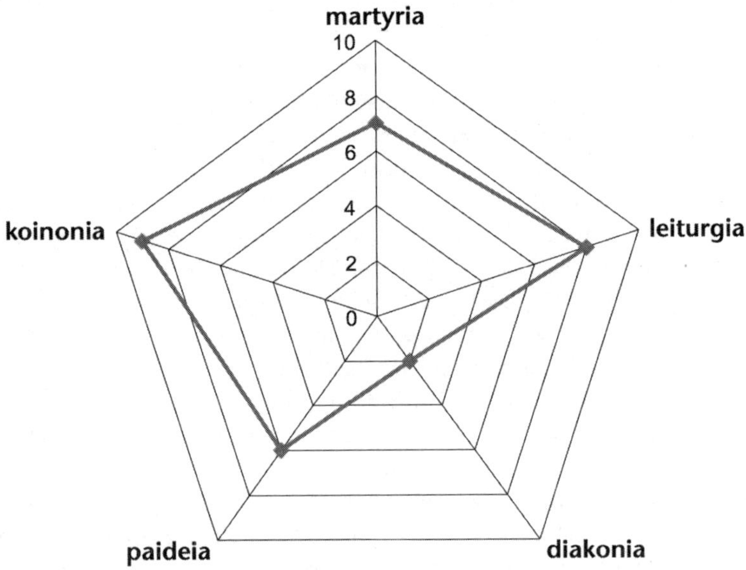

Quelle: Eigene Darstellung

- *martyria*: Innerhalb einer missionarischen Freizeitarbeit ist der Anteil der verkündigenden Elemente in Andachten, Bibelarbeiten, Predigten oder dem gemeinsamen Bibellesen vergleichsweise hoch. Meist begleiten biblische Erzählungen oder Leitfiguren thematisch-inhaltlich das Freizeitgeschehen.
- *koinonia*: Das Erleben einer intensiven, teils herausfordernden, Gemeinschaft in Freizeiten ist kennzeichnend für dieses Angebot missionarischer Jugendarbeit. Dementsprechend wird die Freizeit für viele Teilnehmende und Jugendgruppen als das „Highlight des Jahres“ empfunden.

[13] Eine Übersicht zu den Arbeitsformen missionarischer Jugendarbeit findet sich bei Zimmermann in diesem Band.

- *leiturgia*: Das Feiern von Festen, Ritualen und Gottesdiensten, der gemeinsame Lobpreis, die Gebetsgemeinschaft oder die Feier des Abendmahls stellen neben kulturellen Angeboten den besonderen Wert von Angeboten dar, die Räume für spirituelle Erfahrungen innerhalb der missionarischen Jugendarbeit eröffnen.
- *diakonia*: Die diakonische Dimension ist innerhalb der Freizeitarbeit häufig – wenngleich dies von Freizeit zu Freizeit unterschiedlich sein mag – nur marginal ausgeprägt. Diakonisches Handeln kann am ehesten noch in der Ermöglichung von kostengünstigen oder -freien Teilnahmemöglichkeiten für ökonomisch benachteiligte Jugendliche oder in spezifischen, im Programm verankerten Aktionen der Freizeitgruppe am jeweiligen Freizeitort gesehen werden.
- *paideia*: Die Bildungsdimension bezieht sich innerhalb der missionarischen Freizeitarbeit im Wesentlichen auf das informelle Lernen im Miteinander und geschieht sozusagen „nebenbei". Dabei bieten die kulturellen, sozialen, sportlichen, technischen und verkündigenden Programmangebote vielfältige Möglichkeiten des informellen Bildungserwerbs.

4. Fazit: Missionarische Jugendarbeit zwischen Leidenschaft und Professionalität

Bei der Auseinandersetzung mit missionarischer Jugendarbeit wird vor allem deutlich, wie heterogen und unterschiedlich dieses gemeindepädagogische Handlungsfeld ist. Es ist kaum möglich, all dass, was in zahlreichen Gemeinden, Werken, Verbänden und Vereinen in der Praxis geschieht, adäquat zu erfassen.

Erkennbar wird jedoch, dass an den meisten Stellen die verschiedenen Angebote das Ringen um theologische Verantwortung einerseits und sozialpädagogische Verantwortung andererseits eint. Vor dem Hintergrund des mehrdimensionalen Ansatzes kann nun die Unterschiedlichkeit der Angebote missionarischer Jugendarbeit mit den je verschiedenen Schwerpunktsetzungen innerhalb des Quintetts erklärt werden. Insofern ist diese Heterogenität als Ergänzung zu verstehen. Cares und Schalla betonen, dass Jugendarbeit als Handlungsfeld in einer Spannung steht: „Missionarische und sozialdiakonisch-politische Konzepte der Jugendarbeit sind in den vergangenen Jahrzehnten oft als Gegensätze verstanden worden und waren immer wieder Ausgangspunkt erheblicher Konflikte [...]. Auf der einen Seite wird Jugendarbeit als christliche Lebensäußerung der Kirche verstanden, die Anteil am Verkündigungsauftrag der Kirche hat und darin auch ihre wichtigste Aufgabe sieht. Demgegenüber steht die sozialdiakonische Ausrichtung von Gemeinde und Jugendarbeit, die den gesellschaftspolitischen Auftrag der Kirche stärker betont. Die Grundpositionen haben sich bis heute nicht geändert, werden aber nicht mehr alternativ, sondern einander ergänzend verstanden" (Cares/Schalla 2013: 309).

Missionarische Jugendarbeit ist daher herausgefordert, immer wieder selbstkritisch die eigene konzeptionelle Ausrichtung zu analysieren und dort, wo innerhalb der Grunddimensionen Defizite erkannt werden, den Schulterschluss mit anderen Akteuren in diesem Bereich zu suchen oder selbst darauf hinzuwirken, dass bspw. die diakonische Dimension stärker integriert wird (vgl. das Beispiel der missionarischen Freizeitarbeit). Andererseits muss sie aber auch die eigene Begrenzung akzeptieren. Darin besteht eine Chance für Kooperationen.

Betrachtet man missionarische Jugendarbeit jedoch als Ganzes, so ergibt sich für dieses Handlungsfeld vor dem Hintergrund der hier ausgeführten Darstellungen zudem der Bedarf von Weitentwicklung in konzeptioneller, theoretischer als auch praktischer Sicht.

1) Mit Blick auf die fünf Grunddimensionen lässt sich feststellen, dass missionarische Jugendarbeit einen klaren Nachholbedarf im Bereich der *diakonia*, des Dienstes für die Welt hat. Missionarisches Handeln vollzieht sich nicht nur im Wort oder einer christlichen Binnengemeinschaft, sondern auch in der Tat und den Hinwendungen zu denen, die das Evangelium sogar zuallererst im Blick hat, nämlich die Armen, Schwachen, Marginalisierten und Hilfsbedürftigen unserer Gesellschaft. Angesichts sozialer Not in Deutschland und den Flüchtlingsströmen aus Armuts- und Kriegsgebieten ist missionarische Jugendarbeit gefordert, Konzepte zu entwickeln, die Kindern und Jugendlichen in diesen prekären Situationen eine (Lebens-)Hilfe sind (vgl. Huster in diesem Band).
2) Um Kindern und Jugendlichen wirksame Angebote unterbreiten zu können und den Sinn und Zweck bestehender Arbeitsformen zu aktualisieren, ist es zwingend notwendig, dass missionarische Jugendarbeit stärker in den Fokus religionspädagogischer und sozialwissenschaftlicher Forschung rückt. Missionarische Jugendarbeit muss sich professioneller Konzeptentwicklung und wissenschaftlicher Überprüfbarkeit stellen, um zum einen ihrem Auftrag gerecht zu werden und zum anderen transparent zu machen, was sie zu leisten vermag. Dieses Handbuch möchte einen ersten Beitrag dazu leisten. Nur so kann missionarische Jugendarbeit auch diskurs- und anschlussfähig zu anderen Formen der Jugendarbeit sein, von deren Erkenntnissen profitieren und eigene Defizite minimieren.

3) Auch wenn missionarische Jugendarbeit an manchen Orten mit Partnerorganisationen im Ausland vernetzt ist, ist derzeit die internationale Perspektive an vielen Stellen noch nicht ausreichend ausgeprägt. Insofern gilt es, die internationale Perspektive und das globale Lernen zukünftig (wieder) zu stärken. So könnte missionarische Jugendarbeit in Theorie wie Praxis von den Entwicklungen anderer Länder profitieren und ein wechselseitiger Austausch entstehen. Zudem ist das Eingebunden-Sein in eine weltweite Gemeinschaft auch aus theologischer Perspektive relevant.

Abschließend muss darauf hingewiesen werden, dass missionarische Jugendarbeit immer abhängig ist von der Begeisterung und Leidenschaft für die Sache des Evangeliums und für junge Menschen. Sie ist kein Konzept, das rein methodisch umgesetzt werden kann, sondern zuerst eine Frage der persönlichen Haltung. Wer von der Liebe Gottes selbst nicht grundsätzlich angesprochen ist, wird mit dieser Form von Jugendarbeit nichts anfangen können und sollte auch nicht in solche Formate gedrängt werden. Dort jedoch, wo aus Freiheit und persönlicher Überzeugung der Sendungsauftrag von Einzelnen und Gruppen glaubhaft gelebt wird, kann das Konzept der missionarischen Jugendarbeit ihr fruchtbares Wirken entfalten. Daher gilt für missionarische Jugendarbeit das, was Berneburg für Mission an sich konstatiert:

> „Mission ist eine Frage der Begeisterung. Nötig sind begeisterte Menschen. Begeistert für das Evangelium, begeistert für Jesus Christus, begeistert für die Sache der Mission. Wir haben Anteil an der Missio Dei. Wir erwarten das Handeln Gottes. Der in diese Welt gekommen ist, um seine Menschen zu suchen und zu erretten. Wenn wir Anteil haben an der Sendung Gottes, kann unsere Mission klar und ernsthaft sein und zur Nachfolge einladen und zugleich frei von jedem Krampf und jedem Druck. Im Vertrauen auf Gottes Vollmacht und Sendung lassen wir uns in seine Mission hineinnehmen“ (Berneburg 2007: 10).

Diese Grundhaltung ist dann die Voraussetzung für die Entwicklung einer professionellen Perspektive, die in verschiedenen fachspezifischen Ausbildungen, Studiengängen und Weiterbildungen erworben werden kann[14]

[14] Neben anderen, für theologische und sozialpädagogische Handlungsfelder qualifizierenden, Bildungseinrichtungen haben sich einige Ausbildungsstätten und (Fach-) Hochschulen in der Konferenz missionarischer Ausbildungsstätten (KMA) organisiert, die eine fachlich fundierte und zugleich geistlich motivierte Ausbildung für diesen Bereich anbieten. Weitere Informationen dazu und auch eine Liste der dort organisierten

und für Fachkräfte in diesem Bereich absolut notwendig ist. Auch wenn missionarische Jugendarbeit zunächst aus Überzeugung geschieht, darf sie keinesfalls auf gesicherte Methoden und Konzepte und Professionalität verzichten.

Literatur

Berneburg, Erhard (2007): Zum missionarischen Auftrag der Arbeitsgemeinschaft Missionarische Dienste (AMD). Vortrag bei der AMD-Delegiertenversammlung, 23. Mai 2007 in Hofgeismar. Online unter: http://www.a-m-d.de/fileadmin/amd_upload/AMD/EB20070523.pdf (Abruf: 24.07.2015).

BMfJFG (1990) = Bundesministerium für Jugend, Familie, Frauen und Gesundheit: Achter Jugendbericht. Bericht über Bestrebungen und Leistungen der Jugendhilfe. Bonn.

BMFSFJ (2005) = Bundesministerium für Familie, Senioren, Frauen und Jugend: 12. Kinder- und Jugendbericht: Bericht über die Lebenssituation junger Menschen und die Leistungen der Kinder- und Jugendhilfe in Deutschland. Köln: Bundesanzeiger.

Bourdieu, Pierre (1992): Ökonomisches Kapital Kulturelles Kapital Soziales Kapital. In: Bourdieu, Pierre (Hrsg.): Die verborgenen Mechanismen der Macht: Schriften zu Politik & Kultur 1. Hamburg: VSA-Verlag. S. 49–79.

Böhle, Andreas et al. (2012): Beziehungsarbeit unter den Bedingungen von Freiwilligkeit und Zwang. In: Soziale Passagen. Jg. 4 (2). S. 183–202.

Braune-Krickau, Tobias/Ellinger, Stephan (Hrsg.) (2010): Handbuch diakonische Jugendarbeit. Neukirchen-Vluyn: Neukirchener Verlagsgesellschaft.

Böhnisch, Lothar/Gängler, Hans/Rauschenbach, Thomas (Hrsg.) (1991): Handbuch Jugendverbände. Weinheim/München: Juventa-Verlag.

Bubmann, Peter (2004): Gemeindepädagogik als Anstiftung zur Lebenskunst. In: Pastoraltheologie. Jg. 93. S. 99–114.

Bubmann, Peter (2006): Der gemeinsame Dienst und die Vielfalt der Ämter. In: Deutsches Pfarrerblatt 2006 (2). S. 59–81.

Calmbach, Marc/Thomas, Peter Martin /Borchard, Inga/Flaig, Bodo (2012): Wie ticken Jugendliche? 2012. Düsseldorf: Haus Altenberg.

Cares, Mike/Schalla, Thomas (2013): Evangelische Jugendarbeit als Gemeindejugendarbeit und kirchlich-gemeindliches Handlungsfeld. In: Kaiser, Yvonne/Spenn, Matthias/Freitag, Michael/Rauschenbach, Thomas/Corsa, Mike (Hrsg.): Handbuch Jugend. Evangelische Perspektiven. Opladen: Verlag Barbara Budrich. S. 307–312.

Cooper, Charlie/Fitzsimons, Annette/Hope, Max/Russell, Keith (2011): Empowerment and Participation in Youth Work. Exeter (UK): Learning Matters.

Corsa, Mike (2004): Bildung – Eine Herausforderung für Mitarbeiter(innen) der evangelischen Jugend? Kernaspekte zum Bildungsanspruch der evangelischen Jugend. In: das baugerüst. Jg. 56 (2). Online unter: www.ejb.de/index.php?id=367 (Abruf 28.08.2015).

Einrichtungen findet man unter www.ekd.de/studium_bildung/studium/gemeindepaedagogik/missionarische_ausbildungsstaetten.html (Abruf 27.08.2015)

Corsa, Mike (2013): Kirchliche Jugendarbeit. In: Rauschenbach, Thomas/Borrmann, Stefan (Hrsg.): Enzyklopädie Erziehungswissenschaft Online. Fachgebiet: Jugend und Jugendarbeit, Organisationsbezogene Aspekte der Jugendarbeit. Weinheim/München: Juventa-Verlag.

Corsa, Mike/Freitag, Michael (2008): Lebensträume – Lebensräume. Bericht über die Lage der jungen Generation und die evangelische Kinder- und Jugendarbeit, vorgelegt der 7. Tagung der 10. Synode der EKD vom 2. bis 5. November 2008 in Bremen. Online unter: www.ekd.de/download/aej_bericht_2008.pdf (Abruf 27.08.2015).

Deinet, Ulrich/Sturzenhecker, Benedikt (Hrsg.) (2013): Handbuch Offene Kinder- und Jugendarbeit. Wiesbaden: Springer VS.

Delmas, Nanine (2009): „... da bin ich langsam, wie soll ich sagen, klüger geworden ...“ – Qualität und Wirkungen Mobiler Jugendarbeit. In: Lindner, Werner (Hrsg.): Kinder- und Jugendarbeit wirkt. Wiesbaden: VS-Verlag für Sozialwissenschaften. S. 213–226.

Domsgen, Michael (2013): Begründungsperspektiven Evangelischer Arbeit mit Jugendlichen. In: Kaiser, Yvonne/Spenn, Matthias/Freitag, Michael/Rauschenbach, Thomas/Corsa, Mike (Hrsg.): Handbuch Jugend. Evangelische Perspektiven. Opladen: Verlag Barbara Budrich. S. 285–289.

Düx, Wiebken/Prein, Gerald/Sass, Erich/Tully, Claus J. (2008): Kompetenzerwerb im freiwilligen Engagement. Wiesbaden: VS-Verlag für Sozialwissenschaften.

Düx, Wiebken (2011): Gesellschaftliches Engagement von Kindern und Jugendlichen. In: Forschungsjournal Neue Soziale Bewegungen. Jg. 24 (3). S. 65–70.

EKD (2005) = Evangelische Kirche in Deutschland (Hrsg.): Maße des Menschlichen. Evangelische Perspektiven zur Bildung in der Wissens- und Lerngesellschaft. Eine Denkschrift des Rates der Evangelischen Kirche in Deutschland. Gütersloh: Gütersloher Verlagshaus.

EKD (2006) = Evangelische Kirche in Deutschland (Hrsg.): Kirche der Freiheit. Perspektiven für die evangelische Kirche im 21. Jahrhundert. Online unter: www.ekd.de/download/kirche-der-freiheit.pdf (Abruf 29.07.15).

Engemann, Wilfried (2014): Kommunikation des Evangeliums. Anmerkungen zum Stellenwert einer Formel im Diskurs der Praktischen Theologie. In: Michael Domsgen/Bernd Schröder (Hrsg.): Kommunikation des Evangeliums. Leipzig: Evangelische Verlagsanstalt.

Fauser, Katrin/Fischer, Arthur/Münchmeier, Richard (2006): Jugendliche als Akteure im Verband: Ergebnisse einer empirischen Untersuchung der Evangelischen Jugend. Opladen: Barbara Budrich.

Fauser, Katrin (2008): Gemeinschaft aus Sicht von Jugendlichen. Opladen: Budrich UniPress Limited.

Ferchhoff, Wilfried (2007): Jugend und Jugendkulturen im 21. Jahrhundert. Lebensformen und Lebensstile. Wiesbaden: VS-Verlag.

Fermor, Gotthard (2014): Gemeindepädagogik Perspektiven und Herausforderungen. Vortrag vor der Mitgliederversammlung des Comenius-Instituts am 28.03.2014. Online unter: www.comenius.de/biblioinfothek/open_access_pdfs/Vortrag-Fermor-MV-2014.pdf (Abruf: 28.08.2015).

Freitag, Michael (2004): Jugendliche und Spiritualität – eine bestreitbare Bestandsaufnahme und Annäherungen. Online unter: www.evangelische-jugend.de/fileadmin/user_upload/aej/Glaube_und_Leben/Downloads/11_01_21_Jugendliche_und_Spiritualitaet.pdf (Abruf 25.08.2015).

Gemeinsame Synode der Bistümer in der Bundesrepublik Deutschland (1976) (Hrsg.): Beschlüsse der Vollversammlung. Offizielle Gesamtausgabe I. Freiburg: Herder.

Grein, Daniel/Piotta, Hanna (2008): Beteiligung von Kindern und Jugendlichen Utopie oder Realität. In: Deutscher Bundesjugendring (Hrsg.): Partizipation in Jugendverbänden. Berlin: DBJR. S. 5–12.

Grunwald, Klaus/Thiersch, Hans (2001): Stichwort Lebensweltorientierung. In: Otto, Hans-Uwe/Thiersch, Hans (Hrsg.): Handbuch der Sozialarbeit/Sozialpädagogik. Neuwied: Luchterhand-Verlag.

Grunwald, Klaus/Thiersch, Hans (2004): Praxis Lebensweltorientierter Sozialer Arbeit: Handlungszugänge und Methoden in unterschiedlichen Arbeitsfeldern. Weinheim/München: Juventa-Verlag.

Härtner, Achim (2014): Die Kirche der Zukunft eine Beteilugungkirche. Online unter: www.ejwue.de/fileadmin/wup/upload/ejw-Konvent_2014_Beteiligungskirche_Prof._Achim_Haertner.pdf (Abruf 04.08.2015).

Höss, Tilman (2007): Kapital, Feld, Habitus und sozialer Raum: Pierre Bourdieu für Anglisten. In: Zeitschrift für Anglistik und Amerikanistik. Jg. 55 (2). S. 173–189.

Huster, Ernst-Ulrich/Zimmermann, Germo (2013): Sozialmanagement zur Stärkung endogener regionaler Entwicklungspotentiale. Der Beitrag von Kirche und Diakonie in ländlichen Bereichen. In: Goerge, Wolfgang (Hrsg.): Existenzgründung unter regionalökonomischer Perspektive. Lengerich: Pabst Publishers. S. 100–107.

Ilg, Wolfgang (2013): Jugendarbeit – Grundlagen, Prinzipien und Arbeitsformen. In: Rauschenbach, Thomas/Borrmann, Stefan (Hrsg.): Enzyklopädie Erziehungswissenschaft Online. Fachgebiet: Jugend und Jugendarbeit, Organisationsbezogene Aspekte der Jugendarbeit. Weinheim/München: Juventa-Verlag.

Jordan, Erwin/Maykus, Stephan/Stuckstätte, Eva (Hrsg.) (2012): Kinder- und Jugendhilfe. Weinheim/Basel: Beltz Juventa.

Kißkalt, Michael (2013): Missionarische Jugendarbeit. In: Kaiser, Yvonne/Spenn, Matthias/Freitag, Michael/Rauschenbach, Thomas/Corsa, Mike (Hrsg.): Handbuch Jugend. Evangelische Perspektiven. Opladen: Verlag Barbara Budrich. S. 417–420.

Jüngel, Eberhard (2003): Ganz werden. Theologische Erörterungen V. Tübingen: Mohr Siebeck Verlag.

Karcher, Florian (2013): Jugendkultur und Religionspädagogik am Beispiel evangelischer Jugendkirchen in Deutschland. Bielefeld: Universitätsbibliothek Bielefeld. Online unter: http://d-nb.info/1050577191/34 (Abruf 27.08.2015).

Karcher, Florian (2015): Jugendkultur, Religion und Fundamentalismus. Religiosität Jugendlicher heute und ihre Anfälligkeit für Fundamentalismus. In: Eppler, Wilhelm (Hrsg.): Fundamentalismus als religionspädagogische Herausforderung. Göttingen: V&R unipress. S. 163–178.

Meier, Sibylle (2010): Entwicklung einer ressourcenorientierten Haltung. In: Möbius, Thomas/Friedrich, Sibylle (Hrsg.): Ressourcenorientiert Arbeiten: Anleitung zu einem gelingenden Praxistransfer im Sozialbereich. Wiesbaden: VS-Verlag.

Mission:Respekt (2011): Das christliche Zeugnis in einer multireligiösen Welt. Online unter: www.missionrespekt.de/fix/files/Christliches-Zeugnis-Original.pdf (Abruf 17.08.2015).

Pohl-Patalong, Uta (2013): Religionspädagogik. Ansätze für die Praxis. Göttingen: Vandenhoeck & Ruprecht.

Pothmann, Jens/Sass, Erich (2011): Juleica-Report 2011. Reinheim: Druckerei Lokay e. K.

Roll, Dieter (2008): Christlicher Verein junger Menschen (CVJM). In: Betz, Hans Dieter/Browning, Don/Janowski, Bernd/Jüngel, Eberhard (Hrsg.): Religion in Geschichte und Gegenwart: Handwörterbuch für Theologie und Religionswissenschaft. Tübingen: UTB. S. 263–264.

Schlag, Thomas/Schweitzer, Friedrich (2012): Jugendtheologie. Grundlagen Beispiele kritische Diskussion. Neukirchen-Vluyn: Neukirchener Theologie.

Schreiber, Karsten (2012): Ein Mentoring-Programm für Auszubildende. Das Projekt pack's beim CVJM-Kreisverband Siegerland. In: vom Schemm, Burkhard (Hrsg.): Perspektiven schaffen. Praxiserprobte Konzepte für die Arbeit mit benachteiligten Jugendlichen. Neukirchen: Neukircher Verlagsgesellschaft, S. 93–97.

Schröder, Achim (2013): Beziehungsarbeit. In: Deinet, Ulrich/Sturzenhecker, Benedikt (Hrsg.): Handbuch Offene Kinder- und Jugendarbeit. Wiesbaden: Springer VS. S. 427–431.

Schulz, Marc/Cloos, Peter (2010): Kinder- und Jugendarbeit und Bildung. In: Rauschenbach, Thomas/Borrmann, Stefan (Hrsg.): Enzyklopädie Erziehungswissenschaft Online. Fachgebiet: Jugend und Jugendarbeit, Konzeptionelle Ausrichtung der Jugendarbeit. Weinheim/München: Juventa-Verlag.

Schweitzer, Friedrich (2006): Religionspädagogik. Gütersloh: Gütersloher Verlagshaus.

Stettner, Maria (1999): Missionarische Schülerarbeit. München: Utz.

Sturzenhecker, Benedikt (2007): Kinder- und Jugendarbeit ist erfolgreich. In: FORUM für Kinder- und Jugendarbeit. Jg. 22 (1). S. 18–23.

Thole, Werner (2013): Kinder- und Jugendarbeit. In: Kaiser, Yvonne/Spenn, Matthias/Freitag, Michael/Rauschenbach, Thomas/Corsa, Mike (Hrsg.): Handbuch Jugend. Evangelische Perspektiven. Opladen: Verlag Barbara Budrich. S. 229–235.

Voigts, Gunda (2015): Kinder in Jugendverbänden. Eine empirische Untersuchung zu Strukturen, Konzepten und Motiven im Kontext der gesellschaftlichen Debatten um Inklusion. Opladen: Barbara Budrich.

Sünker, Heinz/Swiderek, Thomas (1997): Partizipation hat Konjunktur. Kinderpolitik, Kinderrechte und Partizipation von Kindern. In: Arbeitsgemeinschaft für Jugendhilfe (Hrsg.): Partizipation von Kindern und Jugendlichen. Dokumentation einer Fachtagung der AGJ am 2./3. Dezember 1996 in Köln. Bonn: Eigenverlag.

Zimmermann, Germo (2014): Anerkennung und Lebensbewältigung im freiwilligen Engagement. Eine qualitative Studie zur Inklusion benachteiligter Jugendlicher in der Kinder- und Jugendarbeit. Bad Heilbrunn: Verlag Julius Klinkhardt.

WAS IST „MISSION"? GRUNDZÜGE EINER THEOLOGIE DER MISSION FÜR DIE JUGENDARBEIT

Rüdiger Gebhardt

Wer gegenwärtig das Wort „Mission" in den Mund nimmt, macht sich verdächtig: Soll hier jemandem etwas übergestülpt werden, womöglich gegen seinen oder ihren Willen? Geht es gar um die Wiederbelebung einer längst überwundenen Tradition von Kolonialisierung und Zwangschristianisierung? Können von „Mission" nicht nur Fundamentalisten sprechen, die sich im Besitz einer allein selig machenden Wahrheit wähnen, und ist eine solche Haltung im Zeitalter von Pluralismus und Postmoderne nicht gänzlich obsolet? Schließlich: Gilt dies alles nicht sogar in besonderer und zugespitzter Weise im Kontext von Jugendarbeit, wenn die Jugendzeit als eine Phase der Orientierung und der ergebnisoffenen Suche nach Identität verstanden wird?

Diesen Fragen muss sich stellen, wer heute „missionarische Jugendarbeit" betreiben und verantworten will. Im Folgenden soll dies geschehen, indem 1. Erträge der Missionstheologie bis heute in den Blick genommen und vor diesem Hintergrund 2. Grundzüge einer biblisch fundierten Missionstheologie entfaltet werden, indem 3. die Rahmenbedingungen für einen zeitgemäßen Missionsbegriff einbezogen und 4. zusammenfassend ein tragfähiger Begriff von „Mission" für die Jugendarbeit vorgeschlagen wird.

1. Erträge der Missionstheologie

Henning Wrogemann hat „Missionstheologien der Gegenwart" in einem umfassenden Lehrbuch dargestellt (Wrogemann 2013). Das Werk trägt der Einsicht Rechnung, dass „Mission" in jüngerer Zeit vor allem in ökumenischem und interkulturellem Kontext thematisiert wird. Wrogemann spricht von „Missionstheologien" programmatisch im Plural, da von *der Missionstheologie gegenwärtig nicht mehr die Rede sein könne. Gleichwohl lassen sich in der Geschichte der Disziplin wesentliche Stationen und Meilensteine identifizieren, von denen einige im Folgenden kurz skizziert werden:*

a) Nachdem im angelsächsischen Raum bereits Mitte des 19. Jahrhunderts „Missionstheologie" betrieben wurde (z. B. bei der „Union Missionary Convention in New York 1854), gilt in Deutschland *Gustav Warneck* (1834–1910) als Vater der Missionswissenschaft im Sinne einer eigenen theologischen Disziplin. Seiner Zeit entsprechend verstand er unter „Mission“ schwerpunktmäßig die weltweite Bekehrung von Nichtchristen. „Mission“ definiert er wie folgt: „Unter christlicher Mission verstehen wir die gesamte auf die Pflanzung und Organisation der christlichen Kirche unter Nichtchristen gerichtete Thätigkeit der Christenheit“ (Warneck 1892: VIII). Obwohl Warneck Mission in diesem Sinne asymmetrisch als Verkündigung des Evangeliums an „die Heidenvölker“ versteht, enthält seine Missionstheologie bereits dialogische Elemente: „Der Missionar muss die Heiden verstehen, bevor sie ihn verstehen“ (Warneck 1892: 120). Dabei habe er an „die Funken des Lichts und der Wahrheit“ anzuknüpfen (Warneck 1892: 124), die er in der fremden Religiosität vorfinde. Auch soziale Missstände wie Sklaverei und Unterdrückung von Frauen seien im Kontext der Mission anzuprangern. Vor allem diese letzteren Aspekte – das dialogische und das soziale Anliegen – haben für das Missionsverständnis bleibende Bedeutung.

b) Als Pendant zu diesem Verständnis von „Äußerer Mission“ entstand ebenfalls im 19. Jahrhundert der Begriff der *„Inneren Mission“*, den insbesondere *Johann Hinrich Wichern* (ebenfalls nach angelsächsischen Vorbildern) entwickelt und in diakonische Praxis umgesetzt hat. Dabei halfen christlich motivierte Fürsorge und Liebestätigkeit, soziale Probleme der durch die Industrialisierung verarmten Bevölkerung zu bekämpfen. Zugleich sollte den entkirchlichten Menschen in ganzheitlicher Weise das Evangelium vermittelt werden. Auch dieses Anliegen aus der Entstehungsgeschichte der Diakonie in Deutschland hat bis heute nichts von seiner Relevanz verloren, nötigt es doch zu bedenken, dass Mission nicht nur durch Worte, sondern ebenso durch Taten und Strukturen geschieht und dass sich die missionarische Aufgabe auch in einem Land mit hohem christlichen Bevölkerungsanteil bzw. in einem volkskirchlichen Kontext stellt.

c) Nachdem – spätestens seit dem Zweiten Weltkrieg – die problematische Verquickung von Mission mit Kolonialismus und Imperialismus ins allgemeine Bewusstsein getreten war, rückten die dialogischen Elemente ins Zentrum der missionstheologischen Reflexion. Insbesondere der Ökumenischen Bewegung war an einer Öffnung der Mission zum Dialog gelegen, zu einer Form der Kommunikation also, die auf gegenseitige Verständigung zielt. Dieser Ansatz wurde unter anderem von dem Heidelberger Religions- und Missionswissenschaftler *Theo Sundermeier* weiterentwickelt. Für ihn ist der Respekt gegenüber allem Fremden die Voraussetzung für Mission. Daraus leitet er sein Konzept der *Konvivenz* ab: „Unsere gemeinsame Geschöpflichkeit, unser aller Gegründetsein im Schöpferwillen Gottes, ist die Basis für die Suche nach der Konvivenz, die sich als Bereitschaft zur wechselseitigen Hilfe konkretisiert" (Sundermeier 1999: 22). Die ideale Gelegenheit zur Begegnung sei dementsprechend das gemeinsame *Feiern* (vgl. Sundermeier 1999: 24).

d) Seit der Weltmissionskonferenz in Willingen 1952 vorherrschend ist das Verständnis von Mission als „Missio Dei": Nicht die Kirche ist das Subjekt der Mission, sondern Gott selbst. Wie Gott der Vater Jesus Christus in die Welt sendet, so sendet dieser seine Jüngerinnen und Jünger zum Zeugnis und Dienst am Nächsten. Dementsprechend ist auch das Wesen der Mission aus dem Wesen Gottes und seiner liebevollen Selbsthingabe für andere abzuleiten. Daraus folgt „dienende Mission", wie *John Stott*, einer der bekannten Theologen der Lausanner Bewegung, dies nennt, also die Verbindung von Evangelisation als Ausbreitung der Botschaft von Jesus Christus, mit dem Einsatz für Menschenwürde, Freiheit, Gerechtigkeit und Frieden. Der Missionsauftrag sei, so Stott, „eine neue und dringliche Dimension" des Liebesgebots (Stott 1974: 64). Um sich diesem Missionsverständnis explizit anzuschließen und es von dem in der Öffentlichkeit weitgehend negativ konnotierten Begriff „missionarisch" abzugrenzen, verwenden seit den 1990er-Jahren nicht wenige Missionswissenschaftler und Praktiker, die der Lausanner Bewegung nahestehen, stattdessen das Adjektiv „missional". In jüngerer Zeit hat vor allem David J. Bosch dieses Missionsverständnis aufgenommen und weitergeführt. Er beschreibt Mission als Teilhabe von Christen an der Sendung Jesu Christi und Fortsetzung der Inkarnation im Zeugnis der Gemeinde. Sie umfasse Diakonie ebenso wie Evangelisation (Bosch 2012).

e) „Das Thema Mission wird *en vogue*" (Wrogemann 2013: 383) – so überschreibt Wrogemann in seiner Überblicksdarstellung der missionsgeschichtlichen Entwicklung in Deutschland die Epoche seit 1999 – ausgelöst durch jene EKD-Synode, bei der Eberhard Jüngel die Mission als „Herzschlag und Atem der Kirche" bezeichnet hat (Jüngel 1999: 15). Dass „Mission" seitdem in aller Munde ist, ändert freilich nichts daran, dass Stellenwert und Bedeutung von Mission theologisch kontrovers diskutiert werden. Als exemplarisch kann hier eine Debatte in den Jahrgängen 2002/03 der Zeitschrift „Pastoraltheologie" gelten, die Eberhard Hauschildt in seinem Grundsatzbeitrag „Praktische Theologie und Mission" dokumentiert hat (Hauschildt 2007: 499–502). Auslöser war ein Aufsatz von Hans-Jürgen Abromeit (2002: 126–136), in dem er die These vertrat, die Themen Mission, Evangelisation und Gemeindeaufbau sollten in der theologischen Ausbildung stärkere Berücksichtigung finden. Dem widersprachen im Folgenden mehrere Praktische Theologen, vor allem, indem sie dem Begriff „Mission" die Begriffe „Kommunikation" und „Wahrnehmung" gegenüberstellten: So sei die missionarische Kompetenz der kommunikativen Kompetenz unterzuordnen (vgl. Kähler 2002: 144). Weiterhin wird „statt Mission und Evangelisation die genaue empirische Wahrnehmung von Religion und Kirche in der Moderne“ (Kretzschmar 2002: 328) gefordert. Reiner Knieling hat in dieser Kontroverse zu Recht vor den falschen Alternativen gewarnt (vgl. Knieling 2003: 287–299): Genaue Wahrnehmung gehe allen missionarischen Aktivitäten voraus. Und ebenso gelte: Mission ist ihrem Wesen nach (wechselseitige) Kommunikation.

f) Henning Wrogemann selbst entwirft in Band 2 des „Lehrbuchs Interkulturelle Theologie/Missionswissenschaft“ nach seiner gründlichen Darstellung zahlreicher „Missionstheologien“ sein eigenes Verständnis von Mission als „oikomenischer Doxologie“. Dabei geht es ihm um „geistliche Grundlagen christlicher Mission“ (Wrogemann 2013: 405): Das Lob Gottes soll als Kraftquelle der Mission wiederentdeckt werden. Mission sei dann „das Geschehen der Verherrlichung Gottes durch das Lebenszeugnis der von Gott versöhnten, erlösten und befreiten Kreaturen“ (Wrogemann 2013: 424). Dass nicht zuletzt Martin Reppenhagen – bis vor Kurzem Stellvertreter von Michael Herbst am Institut zur Erforschung von Evangelisation und Gemeindeentwicklung der Universität Greifswald (IEEG) – sich dieses Verständnis zu eigen macht (vgl. Reppenhagen 2015: 49), mag als Beleg für dessen integrative Kraft gelten.

g) Die gegenwärtige missionstheologische Debatte ist insgesamt von der Überwindung früherer Konfliktlinien gekennzeichnet. Dazu haben nicht zuletzt Wolfgang Huber und Heinrich Bedford-Strohm als Ratsvorsitzende der Evangelischen Kirche in Deutschland beigetragen. Beide haben wiederholt für Mission als unverzichtbare Dimension von Kirche plädiert. Mission, so Bedford-Strohm jüngst in einer Predigt über Mt. 28,16-20, bedeute schlicht, von Gott „zu erzählen, in der Liebe zu Gott und zu den Mitmenschen zu leben, Salz der Erde und Licht der Welt zu sein. Und deswegen ist Mission eine völlig unverzichtbare Dimension der Kirche und des Christseins“ (Bedford-Strohm 2015: 3). Dies wird auch in offiziellen Verlautbarungen der Evangelischen Kirche in Deutschland immer wieder bekräftigt, zuletzt im Grundlagentext des Rates der EKD mit dem Titel „Christlicher Glaube und religiöse Vielfalt in evangelischer Perspektive“. Mission, so heißt es hier, sei der „Ausdruck dafür, dass sich die Christenheit nicht selbst genügt, sondern ihrem Gott entspricht, indem sie sich den Menschen zuwendet […]. Ob *Mission* gelingt, entscheidet sich nicht allein am guten Willen derer, die sich für sie in besonderer Weise berufen fühlen. Sie ist *Sache der ganzen Kirche*“ (EKD 2015: 54).

h) Bei allen Bemühungen um einen missionstheologischen Konsens sollte jedoch nicht verschleiert werden, dass es nach wie vor unterschiedliche

Auffassungen darüber gibt, welches Ziel Mission in volkskirchlichem Kontext hat. Thies Gundlach, Vizepräsident des Kirchenamtes der EKD, betont in seiner Interpretation der V. Kirchenmitgliedschaftsuntersuchung (KMU V) unter dem Titel „Mission für die Vielen“: „Eine evangelische Volkskirche muss [...] in ihrer missionarischen Ausrichtung auch und gerade die Menschen in ihrer Halbdistanz, ihrer Unbestimmtheit, in ihrer Institutionsskepsis ansprechen und stabilisieren können“ (Gundlach 2015: 4). Bei Michael Herbst heißt es hingegen: „Wir sollten uns [...] endlich von der Illusion verabschieden, Kirchenmitgliedschaft in freundlicher Distanz sei auf Dauer eine tragfähige, gleichberechtigte christliche Existenzweise. [...] Ziel von Mission ist Konversion. Anders gesagt: Es ist unser Ziel, dass Menschen das Evangelium als ‚Lebensmacht‘ (Max Weber) ergreifen und sich der Gemeinschaft der Christen verbindlich anschließen“ (Herbst 2006: 181). Was gilt nun? Sollen die (Halb-)Distanzierten in ihrer Distanz stabilisiert oder durch Konversion aus ihr herausgelockt werden? Sollen distanzierte Kirchenmitglieder so bleiben, wie sie sind – oder sollen sie sich verändern? Tobias Faix entscheidet sich in dieser Frage von seinem transformatorischen Ansatz her so, dass er sagt: *Beide* müssen sich verändern und ihre Distanz verlassen – die Person, die das Evangelium hört, in all ihren Bezügen, aber auch die Verkündigenden, die Gemeinde vor Ort und die Kirche, indem sie zur „missionalen Kirche“ oder zur „Emerging church“ wird (Faix 2014: 445 f.).

i) Unter dem Titel „Christliches Zeugnis in einer multireligiösen Welt“ haben im Jahr 2011 der Ökumenische Rat der Kirchen, der Päpstliche Rat für den Interreligiösen Dialog und die weltweite Evangelische Allianz ein missionstheologisches Grundsatzpapier verabschiedet, das einen weitgehenden ökumenischen Konsens formuliert. In der Präambel heißt es: „Mission gehört zutiefst zum Wesen der Kirche. Darum ist es für jeden Christen und jede Christin unverzichtbar, Gottes Wort zu verkünden und seinen/ihren Glauben in der Welt zu bezeugen. Es ist jedoch wichtig, dass dies im Einklang mit den Prinzipien des Evangeliums geschieht, in uneingeschränktem Respekt vor und Liebe zu allen Menschen“ (Mission:Respekt 2011: 1). Diese Prinzipien werden im Folgenden näher bestimmt: Es geht u. a. um das Handeln in Gottes Liebe, um Taten des Dienens und der Gerechtigkeit, Ablehnung von Gewalt, um den Schutz von positiver und negativer Religionsfreiheit und um gegenseitigen Respekt und Solidarität (vgl. Mission:Respekt 2011: 2–4). Dieser Konsens bildet eine solide Grundlage für ein – auch ökumenisch belastbares – Missionsverständnis. Schließlich:

k) eine terminologische Beobachtung: In einigen neueren missionstheologischen Veröffentlichungen ist der Begriff „Mission“ durch den biblischen

Begriff der „Sendung“ ersetzt worden. Der Sendungsbegriff eignet sich zumindest als Ergänzung zum Missionsbegriff. Er ist zum einen unbelasteter, zum anderen kann er sowohl einen Vorgang bezeichnen, durch den jemand einen Auftrag erfüllt, als auch den Inhalt des Auftrags bzw. der Botschaft. In diesem Zusammenhang wird auch in säkularen, etwa wirtschaftlichen Zusammenhängen zunehmend von „Sendung“ (und dann sogar wiederum von „Mission“) gesprochen, die jemand als Individuum oder Körperschaft bzw. Unternehmen hat.

2. Biblische Grundzüge einer Missionstheologie

In der Geschichte der Missionstheologie ließen sich einige Stationen identifizieren, an denen Erkenntnisse gewonnen wurden, hinter die eine Missionstheologie in Zukunft nicht mehr zurückfallen sollte. Dazu gehört die Einsicht, dass alle denkbaren missionarischen Aktivitäten ihren Ursprung im Handeln Gottes, genauer: in seiner *Sendung, haben. Wie diese Sendung näher zu beschreiben ist, kann nach evangelischem Verständnis nur aus der biblischen Überlieferung erhoben werden. Dies soll im Folgenden geschehen.*

a) Als den Aposteln Petrus und Johannes vom Hohen Rat verboten wird, das Evangelium zu verkündigen, antworten sie gemäß der Überlieferung von Apg. 4,20: „Wir können’s ja nicht lassen, von dem zu reden, was wir gesehen und gehört haben.“ Dies besagt zweierlei im Blick auf das hier vorausgesetzte Verständnis von Verkündigung: Zum einen geht es um die *Bezeugung* von etwas persönlich Erlebtem und Erfahrenem. Zum anderen *können* diejenigen, denen die Erfahrung zuteil geworden ist, nicht anders, als davon zu erzählen, weil sie davon so erfüllt sind. Das Motiv dafür besteht offenbar darin, dass das Erlebte als derartig wichtig, faszinierend oder großartig empfunden wird, dass auch andere daran teilhaben sollen. Paulus fasst dies in 2Kor 5,14 in die Worte: „Denn die Liebe Christi drängt uns“. Diesen Geist sollten alle Formen christlicher Mission atmen.
b) Ebenfalls im 2. Korintherbrief erinnert Paulus daran, dass Sendung sich in gewissem Sinne *immer* ereignet, nicht nur dort, wo sie ausdrücklich intendiert wird. In 2Kor 3,2f. schreibt er an die Gemeinde: „Ihr seid unser Brief, in unser Herz geschrieben, erkannt und gelesen von allen Menschen! Ist doch offenbar geworden, dass ihr ein Brief Christi seid, durch unseren Dienst zubereitet, geschrieben nicht mit Tinte, sondern mit dem Geist des lebendigen Gottes, nicht auf steinerne Tafeln, sondern auf fleischerne Tafeln, nämlich eure Herzen.“ Paulus erinnert die Gemeindeglie-

der mit der Brief-Metapher daran, dass sie faktisch für andere Menschen immer eine Botschaft sind, auch wenn sie dies nicht beabsichtigen oder wenn es ihnen nicht bewusst ist. Dies kann zur Folge haben, dass das Verhalten eines Menschen seine intendierte Botschaft konterkariert, oder – im besseren Falle – dass bereits sein Verhalten eine deutliche, zumindest aber eine die Botschaft unterstützende Sprache spricht. Das damit berührte Thema der *Glaubwürdigkeit* dürfte gerade für die Jugendarbeit von ausschlaggebender Bedeutung sein. Denn Jugendliche brauchen zur Orientierung nicht nur Botschaften, sondern Botschafter, mit denen sie sich identifizieren oder auseinandersetzen können.

c) Sendungsaufträge an die Jüngerinnen und Jünger Jesu finden sich vor allem im Umfeld der Ostererzählungen. Hier kommt einer Aussage des auferstandenen Christus aus Joh 20,21 besondere Bedeutung zu: „Wie mich der Vater gesandt hat, so sende ich euch." Verbunden mit dieser Sendung ist auch die Vollmacht, Sünden zu vergeben oder zu behalten (V. 22). Bemerkenswert ist an diesem Sendungsauftrag vor allem seine Zuordnung zur Sendung Jesu Christi durch den Vater. Der Vergleich („Wie...so") ist dabei sowohl im Sinne einer Zu- und Unterordnung als auch im Sinne einer inhaltlichen Charakterisierung der Sendung zu verstehen: Die Jüngerinnen und Jünger (und dementsprechend die Kirche) sind *nicht* die Selbsterschließung Gottes in der Welt, sondern sie sind gesandt, um die Selbsterschließung Gottes in Jesus Christus zu bezeugen. Zugleich ist die Selbstoffenbarung Gottes in Christus – in inhaltlicher und methodischer Hinsicht – Orientierungsrahmen und Maßstab für die Sendung seiner Jüngerinnen und Jünger: Unsere Mission ist demnach aus der Mission Jesu abzuleiten.

d) Worin besteht diese Mission? Dies ist dem Neuen Testament als Ganzem zu entnehmen, aber auch verdichteten Zusammenfassungen wie der Antrittspredigt Jesu in Nazareth (Lk 4,18f.): Ihr zufolge ist Jesus gesandt „zu verkündigen das Evangelium den Armen; zu predigen den Gefangenen, dass sie frei sein sollen, und den Blinden, dass sie sehen sollen, und den Zerschlagenen, dass sie frei und ledig sein wollen, zu verkündigen das Gnadenjahr des Herrn". Die Mission Jesu besteht folglich darin, an die Ränder zu gehen, den Armen, Gefangenen, Kranken und Verlorenen nahe zu sein, neues Leben zu bezeugen, zu befreien, zu heilen, zu transformieren, Glauben zu wecken, Liebe zu üben, Hoffnung zu schenken (ähnlich: Mt 11,4-6 par. Lk 7f., 22f.). Oder kürzer: Die Mission Jesu – und mithin die Mission seiner Nachfolgerinnen und Nachfolger – ist es, Leben von Menschen zu verwandeln. Wie kommt es aber zu dieser Verwandlung?

e) Im 2. Korintherbrief beschreibt der Apostel Paulus seine „Mission" als ein Versöhnungsgeschehen zwischen Gott und Mensch. Ausgangspunkt für dieses Geschehen ist die Selbsterschließung Gottes in Jesus Christus: „Gott war in Christus und versöhnte die Welt mit sich selbst" (V. 19). Das Entscheidende an der Versöhnung ist also (in Kreuz und Auferstehung Jesu Christi) bereits geschehen. Zugleich wird deutlich: Zu einer echten Versöhnung gehören immer zwei: einer, der vergibt, und einer, der sich vergeben lässt. Einer, der die Hand zur Versöhnung ausstreckt, und einer, der in die ausgestreckte Hand einschlägt. Die Sendung der „Missionare" besteht nun darin, dass sie zu „Botschaftern an Christi Statt" werden, indem sie bitten: „Lasst euch versöhnen mit Gott!" (V. 20). Das Evangelium wird demnach so kommuniziert, dass zum einen bezeugt wird, was von Gott her bereits geschehen ist, und zum anderen so, dass Menschen *eingeladen* bzw. *gebeten* werden, dies an sich geschehen zu lassen. Beides – sowohl der Modus der Bitte, die dem Gebetenen ein Anliegen vorträgt, ihm aber zugleich Freiraum lässt, als auch der passivische Charakter des Zulassens bzw. Geschehen-Lassens – gehört zu einem christlichen Verständnis von Mission wesenhaft dazu. Damit sind zugleich die Voraussetzungen benannt, die gegeben sein müssen, damit es zu einer Verwandlung bzw. Neukonstituierung der Person kommen kann: „Ist jemand in Christus, so ist er eine neue Kreatur; das Alte ist vergangen, siehe, Neues ist geworden" (V. 17).

f) Die Sendung Jesu und die Einladung, sich versöhnen zu lassen, ist freilich nicht nur auf Jesu irdisches Wirken, sondern – in einem theologisch umfassenderen Sinn – auf seinen Weg der Entäußerung (Kenosis) und Inkarnation zu beziehen. Der Christus-Hymnus (Phil 2,5-11) fasst diesen Weg brennpunktartig zusammen und betont, dass die Mission Dienst („nahm Knechtsgestalt an"), Angleichung („ward den Menschen gleich und der Erscheinung nach als Mensch erkannt"), Erniedrigung („erniedrigte sich selbst") und Gehorsam („ward gehorsam bis zum Tode, ja zum Tode am Kreuz") einschließt. Dementsprechend geht es auch für die Gesandten Jesu darum, mit den Menschen zu *leben*, zu denen sie sich gesandt wissen, an *ihren* Orten und in *ihren* Lebenszusammenhängen. Es geht darum, ihnen im Geist Jesu zu *dienen* und ihnen – in Wort und Tat – die Liebe Gottes zu bezeugen. Gerade im Jugendbereich geht es darum, „den Jugendlichen ein Jugendlicher zu werden", jugendgerechte Formen für die Bezeugung des Evangeliums zu finden. Bei dieser Form der *Angleichung* die Grenze zur *Anbiederung* nicht zu überschreiten, gehört zu den besonderen Herausforderungen missionarischer Jugendarbeit. In den Zusammenhang des Gehorsams und der Kreuzesnachfolge gehört auch der Vergleich, dass Jesus seine Jüngerinnen und Jünger sendet „wie Lämmer mitten unter die Wölfe" (Lk 10,3). Hier wird nicht nur deutlich, was Mission nach christlichem Verständnis ist, sondern auch, was sie *nicht* ist: Sie ist in der Regel keine Erfolgsgeschichte und auch keine Strategie zur Erhaltung und Entwicklung der Kirche oder überkommener Formate.

g) Das Sich-versöhnen-Lassen mit Gott bzw. das Neue-Kreatur-Werden wird im Neuen Testament und in der ganzen christlichen Tradition als „Glauben" bzw. „Vertrauen" gekennzeichnet. Wie kommt es aber zum „Glauben"? Aufschlussreich für diese Frage ist das sog. „Petrusbekenntnis". Auf die Frage, für wen seine Jünger Jesus halten, antwortet Simon Petrus: „Du bist Christus, des lebendigen Gottes Sohn!". Daraufhin betont Jesus: „Selig bist du, Simon, Jonas Sohn; denn Fleisch und Blut haben dir das nicht offenbart, sondern mein Vater im Himmel" (Mt 16, 16f.). Das bedeutet: Die entscheidende Glaubenserkenntnis, dass Jesus der Christus und Gottes Sohn ist, kann ein Mensch nicht von sich aus gewinnen; vielmehr muss ihm diese durch das offenbarende Wirken Gottes zuteilwerden. Dieses erleuchtende und Glauben weckende Handeln Gottes in einem Menschen wird im weiteren Verlauf des Neuen Testaments (so etwa Joh 3,8; 16,7-9; Apg 10,44-47) und in großen Teilen der theologischen Tradition dem *Heiligen Geist* zugeschrieben. Dabei handelt es sich um eine für das Missionsverständnis grundlegende Einsicht, weil sie menschliches und göttliches Handeln in das angemessene Verhältnis setzt: Aufgabe der Christen ist es, das Evangelium möglichst einladend zu bezeugen und appetitlich zu präsentieren. Dass es im menschlichen Herzen aber Glauben weckt, liegt hingegen allein im Verfügungsbereich des Heiligen Geistes, kann also vom Bezeugenden *nicht bewirkt*, sondern nur *erhofft* und von Gott *erbeten* werden. Jeder Versuch, das menschliche Herz durch Anwendung von manipulativen Mitteln oder die Ausübung von Druck zu beeinflussen, scheidet deshalb im missionarischen Kontext aus. Angemessen und zulässig ist allein liebevolles und werbendes Einladen, das dem Gegenüber alle Freiheit lässt, die Einladung anzunehmen oder abzuschlagen.

h) Für ein biblisches Verständnis von „Mission" ist schließlich die Sendung der Jüngerinnen und Jünger durch Jesus einzubeziehen, wie sie im sog. „Missionsbefehl" (Mt 28, 19f.) zusammengefasst ist: „Gehet hin und machet zu Jüngern alle Völker: Taufet sie auf den Namen des Vaters und des Sohnes und des Heiligen Geistes, und lehret sie halten alles, was ich euch befohlen habe." In dieser Formulierung verbinden sich fünf Dimensionen des Auftrags von Christinnen und Christen miteinander:

- Es geht darum, Jüngerinnen und Jünger Jesu zu gewinnen (wörtlich: zu „verjüngern"). Dabei ist das Element der Freiheit immer mitzudenken: Der Ruf bzw. die Einladung in die Jüngerschaft kann angenommen oder (wie etwa vom sog. „reichen Jüngling", Mk 10,17-27) abgelehnt werden.

- Dieser Auftrag bezieht sich auf „alle Völker". Der Horizont von Mission ist demnach unbegrenzt. Niemand soll oder kann von der Kommunikation des Evangeliums ausgeschlossen werden.
- Dass Menschen zu Jüngerinnen und Jüngern werden, soll durch das Sakrament der Taufe veranschaulicht und erfahrbar werden.
- Eine weitere Dimension von Mission ist die *Lehre* im Sinne einer ganzheitlichen Bildung, die den ganzen Menschen in seiner Beziehung zu Gott, zu sich selbst, zum Mitmenschen und zur Welt sieht.
- Zuletzt geht es auch um das Halten der Gebote, die im Doppelgebot der Liebe gipfeln und damit in der gleichen Dringlichkeit die Gottesbeziehung wie die soziale Verantwortung des Menschen thematisieren.

3. Rahmenbedingungen für einen zeitgemäßen Missionsbegriff

Wenn der hier zu entwickelnde Missionsbegriff für die missionarische Jugendarbeit in der gegenwärtigen Lebenswelt tragfähig sein soll, sind dabei mindestens folgende Rahmenbedingungen dieser Lebenswelt zu berücksichtigen:

a) Der gegenwärtigen Gesellschaft sind in jüngerer Zeit unterschiedliche Etiketten aufgeklebt worden: Da ist von der „Multioptionsgesellschaft" die Rede (Gross), von der „Risikogesellschaft" (Beck), von der „Erlebnisgesellschaft" (Schulze), von der spätmodernen (Hauschildt/Patalong) oder postmodernen Gesellschaft (Inglehart). In der Schnittmenge dieser Analysen lassen sich drei Megatrends ausmachen, in denen sich viele andere Entwicklungen bündeln lassen: *Individualisierung*, *Globalisierung* und *Pluralisierung*. Diese Megatrends sind untereinander verbunden und wirken wechselseitig aufeinander ein. Dabei ist der Pluralismus-Begriff im vorliegenden Zusammenhang von besonderer Bedeutung.

b) Im Blick auf die Lebenswelt von Jugendlichen spielt die *Multioptionsgesellschaft* eine besondere Rolle. Jugendliche wählen heute nicht nur aus einer Fülle von Medien- und Technikangeboten, sondern sie wählen aus unüberschaubaren Angeboten Outfits, Freunde, Berufe, ethische und politische Optionen und Lebensstile. Die Vielzahl der Optionen erweist sich als durchaus ambivalent: Permanente Wahlmöglichkeit führt zu Optionsstress und zu Orientierungslosigkeit. Und bei all den Entscheidungen, die zu treffen sind, stellt sich natürlich auch die Frage nach den *Kriterien*: Warum entscheide ich mich denn für A und nicht für B? (Nicht nur) Jugendliche sind damit vielfach überfordert. Zugleich entsteht eine neue Sehnsucht nach Orientierung und Werten. Entscheidend wird sein, ob wir in dieser Situation in der Lage sind, die christliche Botschaft so zur Sprache zu bringen, dass sie als Orientierungshilfe wahrnehmbar wird. Ob sie sich als ermutigende Antwort erweist auf die Herausforderungen der Lebenswelt und ob sie die Sehnsucht der Menschen stillen kann nach „irgendwas, das bleibt", also nach tragfähigen Werten. Gerade junge Menschen sind für eine solche Orientierungshilfe durchaus offen, wenn sie sich ihnen als Antwort auf ihre Fragen plausibel erweist.

c) Es wird kaum bestritten, dass wir es in unserer Gesellschaft nicht zuletzt in religiöser Hinsicht mit einer pluralistischen Situation zu tun haben. Michael Herbst spricht in diesem Zusammenhang wiederholt und zutreffend vom „Abend der christentümlichen Gesellschaft". Was ist damit gemeint? Unter „christentümlicher Gesellschaft" versteht Herbst einen Kulturraum, in dem sich der christliche Glaube in nahezu allen Gesellschaftsbereichen als prägend und formgebend erweist: Das Christentum ist Teil einer umfassenden kulturellen Wirklichkeit, wie sie sich z. B. im Schulgebet, anlässlich von großen Festen, bei der Vereidigung eines Präsidenten oder im privaten Bereich etwa bei Gebeten zu Mahlzeiten am häuslichen Tisch zeigt. Die so charakterisierte christentümliche Gesellschaft hat sich in langen und tief greifenden Prozessen bis hin zu einem weitgehenden Traditionsabbruch nahezu aufgelöst und existiert allenfalls noch in Restbeständen. Zugespitzt zeigt sich diese Situation in unserem Kontext in Ostdeutschland. Hier gilt in vielen Landstrichen Konfessionslosigkeit als Normalfall.

d) Der Abend der christentümlichen Gesellschaft ist nicht zwangsläufig der Abend des christlichen Glaubens. Er ist lediglich der Abend einer über viele Jahrhunderte vorherrschenden Gestalt des christlichen Glaubens. An deren Stelle tritt keineswegs nichts. Was sich jedoch massiv zeigt, sind die Folgen von Individualisierung und Globalisierung im Sektor des Religiösen: Hier gibt es Menschen, die ohne jede kirchliche Kontakte aufgewachsen sind, die aber für solche Kontakte durchaus aufgeschlossen sind, ebenso wie religiöse Patchwork-Identitäten, die sich aus sehr verschiedenen Bestandteilen zusammensetzen und bei denen neben christliche Elemente problemlos etwa fernöstliche oder esoterische treten können. Weiterhin ist damit zu rechnen, dass Menschen in der Gegenwart ihre Kenntnisse über den christlichen Glauben zunehmend den *Medien* (vor allem Fernsehen und Internet) entnehmen, wodurch oft eine Mischung aus mehr oder weniger zutreffenden Thesen, Skandalgeschichten und Vorurteilen entsteht.

e) Einen Zustand partieller „Religionslosigkeit" diagnostizierte bereits Dietrich Bonhoeffer (2005 [1944]: 305–308), sah darin allerdings einen Vorteil, weil das Evangelium (so im Anschluss an Karl Barth) etwas grundlegend anderes sei als Religion. Religion lenke die menschlichen Erwartungen an die Gottesbeziehung in eine falsche Richtung von Metaphysik und Heilsegoismus. Wenn diese Diagnose zutrifft, wäre die Situation am Abend der christentümlichen Gesellschaft als Chance und Herausforderung zu begreifen, den christlichen Glauben in authentischer und alltagsbezogener Weise neu zu bezeugen.

f) Vieles von dem, was für die gegenwärtige gesellschaftliche Situation zutrifft, gilt für das Segment von Jugendlichen noch einmal in zugespitzter Weise. Auch hier hat es in den vergangenen Jahren verschiedenste Versuche von Etikettierungen (wie die Generation X oder Y – „why“ – oder die „pragmatische Generation“) gegeben. Es ist aber nicht damit zu rechnen, dass wir es (wie manche Jugendstudien suggerieren) alle paar Jahre mit einer völlig neuen Generation von Jugendlichen zu tun haben. Stattdessen gilt: „Die zentralen Lebensfragen und damit auch die Fragen, auf die Jugendliche im Bereich von Religion eine Antwort erhoffen können, bleiben auch langfristig gleich. […] Jugendliche müssen unter jeweils veränderten Rahmenbedingungen Strategien und Verhaltensmuster entwickeln, die ihnen ermöglichen, durchs Leben zu kommen und ihre (Lebens-)Räume zu finden, in denen sie ihre (Lebens-) Träume verwirklichen können“ (Freitag 2015: 86). Insofern ist Jugend als „ein offener Such- und Experimentierraum“ (Helsper 2013: 23) zu verstehen.

g) Bringt man die allgemeine gesellschaftliche Situation mit den spezifischen Herausforderungen des Jugendalters zusammen, so erscheint es im Blick auf ein angemessenes Missionsverständnis besonders wichtig, dass eine einladende Bezeugung des Evangeliums von Jesus Christus mit einem konsequenten Sich-Einlassen auf die Lebenswelt der Jugendlichen verbunden wird. Oder – um es mit den Worten der Kirchentheorie der Praktischen Theologen Uta Pohl-Patalong und Eberhard Hauschildt zu sagen: Die Herausforderung besteht darin, „Orientierung anzubieten in dem Wissen, dass die [christliche] Botschaft eine von vielen […] Weltsichten darstellt, für die es gute Gründe geben muss“ (Pohl-Patalong/ Hauschildt 2013: 65).

4. Was ist „Mission“?

Aus den Erträgen der Missionstheologie (1), aus den Grundzügen biblischer Missionstheologie (2) und den Rahmenbedingungen für einen zeit- und jugendgemäßen Missionsbegriff (3) sollen nun Kriterien für ein zukunftsfähiges Missionsverständnis abgeleitet und ein Begriff von „Missi-

on" vorgeschlagen werden, der sich für eine „missionarische Jugendarbeit" als tragfähig erweisen kann.
Folgende Kriterien lassen sich aus (1) – (3) für ein tragfähiges Missionsverständnis ableiten:

- Mission ist im Sinne der „Missio Dei" als „Sendung Gottes" zu verstehen (1d).
- Voraussetzung und Maßstab dieser Sendung ist die Sendung Jesu Christi in die Welt (2c, 2d, 2f, 3g).
- Mission ist „Kommunikation des Evangeliums", und zwar nicht im Sinne einer „Einbahnstraßen-Kommunikation", sondern im Sinne von Dialog, Wechselseitigkeit und Konvivenz (1a, 1c, 1e, 2b, 3b).
- Die missionarische Kommunikation hat den Charakter des Bezeugens von etwas persönlich Verkörpertem und Erfahrenem (2a, 2b, 3e).
- „Mission" erschöpft sich nicht in Verkündigung, sondern umfasst die Bezeugung des Evangeliums in Wort und Tat. Sie hat insofern auch dienenden Charakter (1a, 1b, 1d, 2d, 2h).
- Mission ist eine unverzichtbare Dimension von Kirche (1g).
- Mission geschieht in der Hoffnung, dass Glauben geweckt wird und Menschen mit Gott versöhnt werden (2e, 2g, 2h).
- Mission lockt aus der Distanz. Sie verwandelt die Gesendeten und die, zu denen gesendet wird, samt ihrer Umgebung (1h, 2d, 3e).
- Diese Mission zu erfüllen, bedeutet: Gott zu loben (1f).

Auf diesem Hintergrund schlage ich folgenden Missionsbegriff vor:

Mission ist die Sendung Gottes zur Bezeugung des Evangeliums in Wort und Tat. Sie geschieht in der Hoffnung, dass Menschen (bzw. Jugendlichen) gedient, Glauben geweckt, Leben verwandelt und darin Gott geehrt wird.

Literatur

Abromeit, Hans-Jürgen (2002): Auf die missionarischen Herausforderungen des kirchlichen Alltags vorbereiten. Was sich in der Ausbildung der Pfarrerinnen und Pfarrer ändern muss. Initiativkreis „Kontextuelle Evangelisation im gesellschaftlichen Wandel". Ergebnisse eines Hearings in Hanstedt am 2./3. Februar 2001. In: Pastoraltheologische Informationen. Jg. 22 (1/2). S. 126–136.

Bedford-Strohm, Heinrich (2015): Predigt zum 250-jährigen Kirchweihjubiläum der Kirchengemeinde Memmingen/Steinheim am 12. Juli 2015. Online unter: www.bayernevangelisch.de/www/landesbischof/downloads/ELKB_Landesbischof_Predigt_Memmingen-Steinheim_2015-7-12.pdf (Abruf 27.07.2015).

Bonhoeffer, Dietrich (2005): Widerstand und Ergebung. Hrsg. von E. Bethge. Gütersloh: Gütersloher Verlagshaus. Erstauflage 1944.

Bosch, David J. (2012): Mission im Wandel. Paradigmenwechsel in der Missionstheologie. Gießen: Brunnen-Verlag.

EKD (2015) = Evangelische Kirchen in Deutschland: Christlicher Glaube und religiöse Vielfalt in evangelischer Perspektive. Ein Grundlagentext des Rates der Evangelischen Kirche in Deutschland (EKD). Im Auftrag des Rates der Evangelischen Kirche in Deutschland herausgegeben vom Kirchenamt der EKD. Gütersloh: Gütersloher Verlagshaus.

Faix, Tobias (2014): Mission und Evangelisation. In: Kunz, Ralph/Schlag, Thomas (Hrsg.): Handbuch für Kirchen- und Gemeindeentwicklung. Neukirchen-Vluyn: Neukirchner Verlagsgesellschaft. S. 441–449.

Freitag, Michael (2015): Zeitgemäße Kommunikation des Evangeliums – oder „Jaget den Jugendkulturen nach"? In: Brennpunkt Gemeinde. Impulse für missionarische Verkündigung und Gemeindeaufbau 3/2015. S. 85–91.

Gundlach, Thies (2015): Mission für die Vielen. In: Brennpunkt Gemeinde. Impulse für missionarische Verkündigung und Gemeindeaufbau 1/2015. S. 2–5.

Hauschildt, Eberhard (2007): Praktische Theologie und Mission. In: Grethlein, Christian/Schwier, Helmut (Hrsg.): Praktische Theologie. Eine Theorie- und Problemgeschichte. Leipzig: Ev. Verlagsanstalt. S. 457–509.

Helsper, Werner (2013): Geschichte der Jugend. In: Kaiser, Yvonne/Spenn, Matthias/Freitag, Michael/Rauschenbach, Thomas/Corsa, Mike (Hrsg.): Handbuch Jugend. Evangelische Perspektiven. Opladen/Berlin/Toronto: Verlag Barbara Budrich. S. 17–24.

Herbst, Michael (2006): Mission im Plural. Herausforderungen für die Mission in der Postmoderne. In: theologische beiträge Jg. 37 (6). S. 173–184.

Jüngel, Eberhard (1999): Referat zur Einführung in das Schwerpunktthema. In: Reden von Gott in der Welt. Der missionarische Auftrag der Kirche an der Schwelle zum dritten Jahrtausend. Hrsg. vom Kirchenamt der EKD [22001]. Frankfurt am Main. S. 14–35.

Kähler, Reinhard (2002): Missionarische Kompetenz. In: Pastoraltheologische Informationen. Jg. 22 (1/2). S. 137–145.

Knieling, Reiner (2003), Wahrnehmung und Mission. In: Pastoraltheologische Informationen. Jg. 23 (1). S. 287–299.

Mission:Respekt (2011): Das christliche Zeugnis in einer multireligiösen Welt. Online unter: www.missionrespekt.de/fix/files/Christliches-Zeugnis-Original.pdf (Abruf 17.08.2015).

Pohl-Patalong, Uta/Hauschildt, Eberhard (2013): Kirche. Gütersloh: Gütersloher Verlagshaus.

Stott, John (1974): Die biblische Grundlage der Evangelisation. In: Alle Welt soll sein Wort hören. Lausanne-Dokumente. Neuhausen/Stuttgart: Hänssler. S. 60–84.

Sundermeier, Theo (1999): Mission und Dialog in der pluralistischen Gesellschaft. In: Feldtkeller, Andreas/Sundermeier, Theo (Hrsg.): Mission in pluralistischer Gesellschaft. Frankfurt: Verlag Otto Lembeck. S. 11–25.

Warneck, Gustav (1892): Evangelische Missionslehre. Bd. 1 (NA 2011). Berlin: Nabu-Press.

Wrogemann, Henning (2013): Missionstheologien der Gegenwart. Globale Entwicklungen, kontextuelle Profile und ökumenische Herausforderungen. Gütersloh: Gütersloher Verlagshaus.

GESANDT DURCH DEN AUFERSTANDENEN CHRISTUS – NEUTESTAMENTLICHE LEITLINIEN FÜR MISSIONARISCHE JUGENDARBEIT

Nils Neumann

1. Hinführung: Mission im Neuen Testament

Eine christliche Jugendarbeit, die sich selbst als missionarisch versteht, tut gut daran, sich auf die biblischen Grundlagen für ihre missionarische Ausrichtung zu besinnen (vgl. Stuhlmacher 1981: 107). Bei einem Blick in die Schriften des Neuen Testaments fällt zunächst jedoch auf, dass diese Texte noch keine fixierte Fachterminologie für die aktive Ausbreitung des christlichen Glaubens und deren Begründung kennen. Der in der heutigen kirchlichen Sprache geläufige Begriff „Mission" geht zurück auf das lateinische Wort *missio* („Sendung"). Wer sich also mit der „Mission" beauftragt weiß, versteht sich selbst als gesandt. Dieser Gedanke wiederum ist auch den Schriften des Neuen Testaments nicht fremd (vgl. Schille 1969: 321; Wucherpfennig 2003: 434). Zwar existiert in dieser sehr frühen Phase der Kirchengeschichte, in der die Texte entstehen, noch keine einheitliche Terminologie. Doch die Auffassung, dass die Glaubenden von Christus beauftragt und in die Welt gesandt sind, wird an vielen zentralen Stellen ausgesprochen (vgl. Hahn 1965: 155; Hengel 1971: 38).

Vielfach verwendet die griechische Originalsprache der neutestamentlichen Schriften in diesen Zusammenhängen das Wort *apostéllô* („senden"), das in gewisser Weise als Vorläufer des später sich herausbildenden lateinischen Fachbegriffs „Mission" gelten kann. Doch auch mit ganz anderer Begrifflichkeit können die Texte ausdrücken, dass die Glaubenden durch ihren Herrn in den Dienst gestellt und ausgesandt werden. Die aus dieser Beauftragung resultierende „missionarische" Tätigkeit wird auch wiederum mit sehr verschiedenen Bezeichnungen versehen. Da ist die Rede davon, dass die frühen Christen eine frohe Botschaft predigen (*euangelízô*), etwas verkünden (*kêrýssô*) oder lehren (*didáskô*) etc. (vgl. Burchard 1978; Pesch 1982: 14–15). Wer die neutestamentlichen Schriften also auf ihre Vorstellung von „Mission" hin untersucht, bekommt es mit einem vergleichsweise weiten Wortfeld zu tun. Das macht es erforderlich, an den unterschiedlichen Stellen ganz genau hinzusehen und zu fragen, wie genau eine Aussage über das „missionarische" Wesen des frühen Christentums im jeweiligen Kontext einer biblischen Schrift verstanden werden will.

2. Beobachtungen: Zentrale Aussagen des Neuen Testaments

Zu den Texten, die innerhalb des Neuen Testaments eine ausführlichere Vorstellung von der Sendung einzelner Personen oder der gesamten christlichen Gemeinschaft vertreten, zählen die Briefe des Paulus, das Matthäusevangelium, das sog. „lukanische Doppelwerk" (Lukasevangelium und Apostelgeschichte) sowie das Johannesevangelium. Sie alle sollen im Folgenden kurz anhand eines charakteristischen Textabschnitts zu Wort kommen. Grundsätzlich geht es dabei um die Klärung der bereits skizzierten Hauptfrage, wie genau das Wesen der „Mission" sich im jeweiligen Gesamtzusammenhang einer neutestamentlichen Schrift darstellt. Mehrere Aspekte dieser grundlegenden Fragerichtung lassen sich dabei unterscheiden: Wer beauftragt oder sendet hier eigentlich, und wer wird beauftragt bzw. gesandt? Wo liegen die Gründe für die Beauftragung? Müssen die Beauftragten irgendwelche Vorbedingungen erfüllen oder Qualifikationen mitbringen und – wenn ja – welche? An welche Zielgruppe werden die Gesandten verwiesen? Und wie genau gestaltet sich ihr Verhalten angesichts des empfangenen Auftrags?

Da die ausgewählten neutestamentlichen Textabschnitte des Paulus, des Matthäus, des Lukas und des Johannes recht verschiedenen Bereichen des Neuen Testaments angehören, ist damit zu rechnen, dass nicht unbedingt jeder der genannten Frageaspekte auch in jedem beliebigen Textabschnitt ausführlich beantwortet wird. Insgesamt soll sich aber in der Summe doch ein möglichst umfassendes Bild von neutestamentlichen Vorstellungen über „Mission" ergeben.

2.1 Paulus (Gal 1,11-24)

Die Briefe des Paulus sind die ältesten uns erhaltenen Dokumente des frühen Christentums. In ihnen wird besonders deutlich, wie sehr frühchristliche Theologie situationsbezogen angelegt ist. Paulus sieht sich mit konkreten Problemen konfrontiert und entwickelt sein theologisches Denken in Auseinandersetzung mit genau diesen sich ihm stellenden Schwierigkeiten. Der Galaterbrief entsteht in der Mitte der 50er-Jahre n. Chr. (vgl. Schnelle 2007: 113). In diesem Schreiben schlägt Paulus einen besonders strengen Tonfall an, da er mit den Gemeinden in Galatien in eine scharfe Auseinandersetzung geraten ist. Paulus selbst hatte den Menschen in Galatien den christlichen Glauben verkündigt, und infolge dessen sind Gemeinden entstanden. Dem Text des Galaterbriefs lässt sich nun entnehmen, dass in Galatien nach der Abreise des Paulus noch andere christliche Missionare aufgetreten sind, die eine von der Theologie des Paulus teilweise abweichende Lehre vertreten (vgl. Gal 1,6; 3,1). Die Menschen in Galatien stammen größtenteils aus einer nicht jüdischen Tradition und gehören damit aus jüdischer Sicht zu den „anderen Völkern" (gr. *éthnê*, „Heiden"). Paulus hat ihnen verkündigt, dass sie durch den Glauben an Jesus Christus gerecht werden und damit dem Gottesvolk angehören können. Die anderen Missionare predigen nun aber, dass der einzige Weg zum Heil über das Judentum führt und man deswegen nur als Jude wirklich Christ sein könne (vgl. Schnelle 2007: 120–121). Den Glauben an Jesus Christus bejahen sie, aber sie fordern von den Galatern, dass sie sich an das jüdische Gesetz halten, um dadurch erst zu richtigen – d. h. jüdischen – Christen zu werden. Mit dieser Botschaft finden die gegnerischen Missionare in Galatien guten Anklang. Mehrere Männer sind offenbar schon im Begriff, sich beschneiden zu lassen, um damit als Christen ihre Zugehörigkeit zum Judentum zu dokumentieren. Angesichts dessen geht Paulus auf die Barrikaden (vgl. 5,12). Seiner Ansicht nach versetzt allein der Christusglaube die Menschen in ein heilvolles Verhältnis zu Gott (3,26). Wenn die von Geburt her nicht jüdischen Christen in Galatien sich nun dem jüdischen Gesetz unterwerfen, wird das Heil nach der Ansicht des Paulus dadurch an eine zusätzliche Bedingung geknüpft und die Bedeutung des Glaubens geschmälert. Das kann Paulus nicht akzeptieren.

Es ist aufschlussreich, dass Paulus gleich am Beginn des Galaterbriefs auf seine Biografie zu sprechen kommt. Angesichts der komplexen theologischen Konfliktsituation hält er es für geboten, zunächst einmal seine eigene Person zu thematisieren. Um die Legitimation seiner Botschaft abzusichern, schildert er den Galatern, wie er von Jesus Christus zu seinem Dienst beauftragt worden ist (Gal 1,11-24). Dieser Textabschnitt ist auch unter missionstheologischer Perspektive von Interesse. Zunächst einmal fällt auf, dass Paulus hier den Weg beleuchtet, auf dem er seine Botschaft empfangen hat, die die galatischen Gemeinden von ihm kennen. Eine menschliche Instanz war dabei weder als Urheber noch als Vermittler beteiligt. Vielmehr nimmt Paulus für sich in Anspruch, das Evangelium direkt von oben erhalten zu haben, nämlich als eine „Offenbarung (*apokálypsis*) Jesu Christi" (V. 12). Die Formulierung lässt die Frage offen, ob Christus dabei als Ursprung oder als Inhalt der Offenbarung begriffen werden muss. Klarheit darüber, wie Paulus sich diesen Prozess vorstellt, bringt wenig später dann aber V. 16: Gott hat Paulus seinen Sohn offenbart (*apokalýptô*). Gott ist folglich der Offenbarer, Christus hingegen das Objekt des Offenbarungs-Vorgangs (vgl. Kasting 1969: 56). Als Inhalt der göttlichen Offenbarung ist das Evangelium (V. 11) also eine Botschaft, die Paulus nicht mit den Mitteln seines eigenen Verstandes erkennen konnte. Schon gar nicht hat er es sich selbst erdacht oder ist von einem anderen Menschen gelehrt worden (V. 12). Nein, Gott selbst hat es Paulus kundgetan. Dies ist das Wesen der Offenbarung:

Gott ermöglicht dem Menschen eine Einsicht, die diesem ohne Gottes Zutun verborgen bleiben müsste.

Was besagt diese Botschaft nun? Ihr Gegenstand ist Jesus Christus (V. 12) als der Sohn Gottes (V. 16). Bevor Paulus die göttliche Offenbarung erlebt hat, hielt er den christlichen Glauben für einen gefährlichen Irrtum, den es zu bekämpfen gilt (VV. 13.23). Nun aber erkennt Paulus: Jesus ist der Christus. Das griechische Wort *christós* bezeichnet hier den gesalbten und durch Gottes Autorität in sein Amt eingesetzten Messias. Dieser ist Jesus, der Sohn Gottes (V. 16). Und mehr noch: Wenn Jesus ihm auf diese Weise in der Offenbarung begegnen kann, dann ist für Paulus klar: Jesus ist mit seiner Kreuzigung nicht im Tod geblieben, sondern er lebt. Er ist auferstanden. An anderer Stelle macht Paulus dies besonders deutlich, wenn er sich nämlich in 1Kor 15,3-10 in die Liste der Auferstehungs-Zeugen einreiht (vgl. Kasting 1969: 59). In der Offenbarung Gottes begegnet Paulus dem auferstandenen Jesus und erkennt in ihm den Christus.

Gleichzeitig empfängt Paulus mit der und durch die Offenbarung aber auch eine persönliche Beauftragung von Gott. Die Formulierung, mit der er diese Beauftragung beschreibt, erinnert mit Absicht an bestimmte Wendungen der Hebräischen Bibel, in denen bekannte Propheten ihre Berufung durch Gott schildern (vgl. Jes 49,1; Jer 1,5). Indem er anmerkt, Gott habe ihn „von Mutterleib an ausgesondert“ (V. 15), stellt Paulus sich selbst also in eine Reihe mit den als Autoritäten anerkannten Propheten Jesaja und Jeremia (vgl. Pesch 1982: 62; Reinbold 2000: 164–165). Mit der Berufung zur Verkündigung einer göttlichen Botschaft verbindet sich hier außerdem die Nennung einer bestimmten Zielgruppe: Zu den „Völkern“ (gr. *éthnê*) soll Paulus gehen (V. 16), d. h. zu solchen Menschen, die nicht bereits von Geburt an als Juden zum Volk Gottes gehören (vgl. Bieder 1964: 30–31; Kasting 1969: 57–58; Zeller 1982: 175). Für den Juden Paulus bedeutet dies, dass er soziale bzw. kulturelle Grenzen überschreiten muss, um sich auf solche Menschen einzulassen, die ein anderes Gepräge aufweisen als er selbst. Ganz wichtig ist für Paulus dabei die Unabhängigkeit von menschlichen Autoritäten. Deswegen betont er, dass er nach seiner Berufung erst einmal nicht nach Jerusalem gegangen ist (V. 16–17), denn dort sitzen die leitenden Apostel der frühen christlichen Kirche. Nicht ihnen gegenüber sieht Paulus sich in der Verantwortung, sondern er unterstellt sich einzig und allein dem Willen Gottes und der Offenbarung Jesu Christi.

Mit diesem Akzent will Paulus sich gezielt von den Ansprüchen der galatischen Gegen-Missionare distanzieren. Er erreicht dies auch, indem er für sich den Titel eines „Apostels“ in Anspruch nimmt. Über die Jerusalemer Autoritäten sagt er, dass sie bereits „vor mir Apostel [waren]“ (V. 17), und impliziert damit, dass er inzwischen aber selbst auch unter die Apostel gezählt werden will (vorsichtiger Hahn 1965: 83), obwohl er Jesus zu Lebzeiten gar nicht gekannt hat und deswegen nicht auf die gleiche Weise wie die Zwölf zum Dienst beauftragt worden ist. Dennoch sieht Paulus auch sich selbst als *apóstolos*, d. h. als „Gesandten" Christi. Deutlich wird dies insbesondere auch an den Anfängen der paulinischen Briefe, wo er sich regelmäßig als „Apostel" vorstellt (neben Gal 1,1 auch 1Kor 1,1; 2Kor 1,1; Röm 1,1).

Die Konsequenz der Berufung besteht darin, dass Paulus fortan eine Nachricht an die „Völker" zu verkündigen hat. Der Inhalt dieser Botschaft ist der „Sohn Gottes" (V. 16) oder auch der „Glaube" an ihn (V. 23). Auffällig oft benutzt Paulus in diesem Zusammenhang den Begriff der „guten Botschaft" (gr. *euangélion*). Das Wort ist in der antiken Welt vor allem in politischen Zusammenhängen gebräuchlich: Wo ein Herrscher sich um das Wohlergehen seines Volkes kümmert und die Kunde von den Wohltaten des Herrschers bekannt gegeben wird, handelt es sich um ein „Evangelium". In diesem Sinne interpretiert Paulus auch Gottes Handeln an den Menschen: Als wohltätiger Herrscher handelt Gott zugunsten seines Volks. Deswegen häufen sich im Textabschnitt Gal 1,11-24 auch die Stichworte „Evangelium" (V. 11) und „evangelisieren" (VV. 11.16.23; vgl. Burchard 1978: 315–320).

2.2 Matthäus (Mt 28,18-20)

Eine neutestamentliche Textstelle, die im Zusammenhang mit dem Thema „Mission" besonders gern zitiert wird, findet sich in Mt 28,18-20. Diese Passage ist später als sog. „Missionsbefehl" bekannt geworden. Der Abschnitt bildet den Schluss des Matthäusevangeliums und trägt mehrere Züge, die für diese Schrift typisch sind. In der Rahmenhandlung erzählt der Evangelist Matthäus, der seinen Text in den 80er–Jahren des 1. Jahrhunderts verfasst (ähnlich auch Schnelle 2007: 265), wie der auferstandene Jesus den elf Jüngern erscheint – also dem Zwölferkreis minus Judas, da dieser Jesus zuvor verraten hat (V. 16). Als sie ihn erkennen, fallen die Elf vor Jesus zu Boden, um ihn zu verehren (V. 17). Danach ergreift Jesus das Wort. Seine kurze Rede beginnt mit dem Hinweis auf seine Vollmacht und endet mit der Zusage seines Beistands; gerahmt zwischen diesen beiden ermutigenden Aussagen steht der eigentliche Auftrag, den der Auferstandene den Jüngern erteilt.

Zu Beginn der kurzen wörtlichen Rede betont Jesus hier also seine „Vollmacht" (gr. *exousía*), die sich über Himmel und Erde erstreckt (V. 18; vgl. Schneider 1982: 85). Schon die Bemerkung, dass sie ihm „gegeben" wurde, sagt etwas über die Beschaffenheit dieser Vollmacht aus. „Vollmacht" ist etwas, das Jesus nicht aus sich selbst heraus besitzt. Es handelt sich vielmehr um eine verliehene Macht. Als Geber dieser Vollmacht kommt nur Gott infrage, auch wenn er hier nicht ausdrücklich genannt wird. Wer das Matthäusevangelium bis hierher gelesen hat, weiß bereits, dass Gott es ist, der Jesus bevollmächtigt und also mit Macht ausgestattet hat (vgl. Mt 21,23-27). Jesus ist bei Matthäus daher, wie auch in den anderen neutestamentlichen Evangelien, der von Gott legitimierte Sohn, durch den sich die himmlische Welt Gottes zu den Menschen hin öffnet (vgl. Baumbach 1967: 890). Als Auferstandener besitzt Jesus Vollmacht nicht nur auf Erden, sondern auch im Himmel (28,18).

Was das Matthäusevangelium von den anderen Evangelien unterscheidet, ist die besonders starke Betonung der Lehrtätigkeit Jesu. Zwar verknüpft auch das Markusevangelium bereits das Motiv von Jesu Vollmacht sowohl mit seiner Wundertätigkeit (Mk 11,27-33 par. Mt 21,23-27) als auch mit seiner Lehrtätigkeit (Mk 1,22 par. Mt 7,29). Jedoch platziert Matthäus die Bemerkung über Jesu Lehre in Vollmacht an einer Schlüsselstelle, nämlich am Ende der sog. „Bergpredigt", die es so nur im Matthäusevangelium gibt (Mt 5-7). Diese Textpassage gibt auch Aufschluss über die Lieblingsthemen der Lehre Jesu bei Matthäus: Jesus spricht hier besonders gern über Fragen der Lebensführung, also der Ethik: Da geht es um Töten (7,21), Ehebruch (7,28), Schwören (7,33) u. v. m. Dem entspricht es, dass die Anhänger Jesu „Jünger" (gr. *mathêtaí*) heißen (z. B. Mt 5,1; 28,16 u. ö.). Der griechische Begriff, dessen Wiedergabe als „Jünger" sich im christlichen Jargon eingebürgert hat, könnte sehr treffend auch mit „Schüler" übersetzt werden. Dies gilt besonders im Matthäusevangelium: Als Schüler werden die Jünger von ihrem Lehrer Jesus darüber unterwiesen, wie ein gelingendes Leben sich gestalten lässt.

Nach seiner Auferstehung nun beauftragt der Lehrer Jesus seine Schüler dazu, die Lehre zu bewahren und auszubreiten. Damit geht eine Wandlung in der Rolle der Jünger einher: Was sie zuvor von Jesus empfangen haben, sollen sie nun an andere weitergeben (28,19). An dem Imperativ „Geht und macht alle Völker zu Jüngern" ist dreierlei bemerkenswert. Zuerst macht die Anweisung es für die Jünger erforderlich, sich in Bewegung zu setzen. Dass die Völker von sich aus auf die Jünger zukommen sollten, um gelehrt zu werden, ist unwahrscheinlich. Deswegen müssen die Verkündiger sich auf den Weg begeben. Als zweites geht es eben darum, die Völker zu „schulen" oder „zu Jüngern zu machen" (gr. *mathêteúô*). So wie das Verhältnis zwischen Jesus und den Jüngern dadurch geprägt war, dass einer lehrte und die anderen lernten, soll es nun auch im Verhältnis zwischen den von Jesus gesandten Jüngern und den Völkern zugehen (vgl. Baumbach 1967: 890–891). Der dritte wichtige Punkt: Wie bei Paulus werden auch in Mt 28 die „Völker" (*éthnê*) als Empfänger der missionarischen Bemühungen genannt. Auch die Schüler Jesu bei Matthäus können sich folglich nicht auf die faule Haut legen. Ihre Sendung beschränkt sich nicht auf Israel, sondern sie beauftragt sie auch zur Verkündigung an den Nicht-Juden (vgl. Frankemölle 1982: 100; Hahn 1965: 109; Stuhlmacher 1981: 112) und nötigt sie somit, sich auf Menschen einzulassen und einzustellen, die einer für sie fremden kulturellen Gruppe angehören. Aus diesem Grund sind die Gesandten zuvor ja auch ausdrücklich zum „Gehen" aufgefordert worden.

Wie genau funktioniert das aber, Menschen aus allen Völkern zu Jüngern zu machen? Dies erläutert der matthäische Jesus in den folgenden Worten: Menschen werden dadurch zu Schülern, dass man sie tauft (V. 19) und lehrt (V. 20). Die Grammatik des Satzes lässt daran keinen Zweifel, dass die Tätigkeitsworte „taufen" und „lehren" als Entfaltung des voranstehenden „zu Jüngern machen" verstanden werden wollen (vgl. Baumbach 1967: 890–891; Schneider 1982: 87), denn auf den Imperativ „macht zu Jüngern" folgen im griechischen Text sodann zwei Partizipien, die sich wörtlich mit „taufend" und „lehrend" übersetzen ließen. Indem sie Taufe und Lehre empfangen, werden die Völker zu Jüngern. Dass Jesus die Taufe hier vor der Lehre nennt, könnte dafür sprechen, dass Matthäus die Eingliederung in die christliche Gemeinschaft, die sich in der Taufe vollzieht, als Vorbedingung für die Lehre versteht (so Baumbach 1967: 893; vgl. Hahn 1965: 104–105; dagegen Bieder 1964: 12). Aber auch wenn man hier keine zeitliche Abfolge, sondern eher ein sachliches Nebeneinander erkennen möchte, bleiben doch beide Aspekte wichtig: Durch die Aufnahme in die Gemeinde und durch die Unterweisung in der Lehre Jesu können Menschen zu Jüngern werden. Auf Matthäus geht die trinitarisache Taufformel „in dem Namen des Vaters und des Sohnes und des heiligen Geistes" zurück (V. 19), die bis heute weit verbreitet ist. Und die folgende Anweisung, die Völker zu lehren (V. 20), weist auch wiederum den bereits angesprochenen ethischen Schwerpunkt auf, denn in dieser Lehre geht es um das Tun, um das „Einhalten" dessen, was Jesus geboten hat (vgl. Kasting 1969: 36–37). Letztlich geht also auch die durch seine Gesandten vermittelte Lehre wiederum auf den Lehrer Jesus zurück.

Der Schlusssatz verheißt bei all dem die Nähe Jesu. „Siehe, ich bin unter euch an allen Tagen bis zum Ende der Weltzeit" (V. 20). Indem er seine Schrift genau mit dieser Aussage enden lässt, rahmt der Evangelist Matthäus seine Darstellung durch das Motiv des Beistands Gottes bzw. Christi. Denn ganz ähnlich hat das Matthäusevangelium auch bereits angefangen. Der Engel, der Josef die Geburt des Kindes ankündigt (Mt 1,23), zitiert an dieser Stelle das Wort aus Jes 7,14: „Sie werden ihn Immanuel nennen." Die Ankündigung bezieht der Engel unmissverständlich auf den noch ungeborenen Jesus, und er übersetzt den Namen „Immanuel" zutreffend aus dem Hebräischen mit „Mit uns ist Gott". Dass Gott den Menschen in Jesus nahekommt, ist bei Matthäus also ein charakteristischer Zug im Nachdenken über die Bedeutung Jesu. In der Bibelwissenschaft wird deswegen diesbezüglich oft von der „Immanuel-Christologie“ des Matthäusevangeliums gesprochen. Und genau dieser Gedanke schließt nun auch den Text ab: Nicht nur während seines irdischen Wirkens, sondern auch darüber hinaus versichert der auferstandene Jesus seinen Schülern, dass seine Nähe, die ja die Nähe Gottes ist, ihnen erhalten bleibt (vgl. Frankemölle 1982: 129).

2.3 Lukas (Apg 1,6-8)

Die Apostelgeschichte entsteht um das Jahr 90 (vgl. Schnelle 2007: 305). Der Evangelist Lukas, der zuvor bereits das Lukasevangelium geschrieben hat, verfolgt vermutlich nicht schon von Anfang an den Plan, ein zweibändiges Werk zu verfassen. Erst einige Zeit nachdem das Evangelium abgeschlossen ist, entscheidet er sich dazu, mit der Apostelgeschichte noch eine Fortsetzung folgen zu lassen. In ihr schildert er, wie die Impulse, die Jesus seinen Nachfolgern vermittelt hat, schließlich zur Entstehung und Ausbreitung der christlichen Gemeinschaft führen. Eine entscheidende Funktion kommt dabei der Abschieds-Szene zwischen dem auferstandenen Jesus und seinen Jüngern zu. Mit diesem Geschehen endet das Lukasevangelium (Lk 24,50-53) und beginnt die Apostelgeschichte (Apg 1,1-11). Doch während Jesus die Jünger im Lukasevangelium schlicht segnet, beschreibt die Apostelgeschichte in wörtlicher Rede eine Beauftragung Jesu an die Jünger (vgl. Schille 1969: 326).

Die Beauftragung findet sich eingebettet in einen Dialog zwischen Jesus und den Jüngern. Gegen alle Spekulationen darüber, wann Jesus nach seiner Himmelfahrt auf die Erde zurückkehren und sein Königreich endgültig etablieren werde, wehrt Jesus sich deutlich. Ihm geht es nicht so sehr um den Vorausblick auf das Ende der Zeit (Apg 1,6-7), sondern vielmehr um eine Instruktion der Jünger für die Zwischenzeit bis zu diesem Ende (V. 8). Dieser eine Vers (Apg 1,8) steckt voller lukanischer Lieblingsgedanken und ist darum zu Recht gelegentlich als „Programm“ der gesamten Apostelgeschichte bezeichnet worden (vgl. Hahn 1965: 115). Nicht zufällig beginnt Jesus seine Worte hier mit dem Hinweis auf den Heiligen Geist. Schon im Lukasevangelium nimmt der Geist eine zentrale Rolle ein (vgl. Lk 1,35; 4,18; 24,49). In der Apostelgeschichte ist er nun dafür zuständig, das Verhalten und die Worte der Apostel in Gottes Sinne zu leiten. Mit der bekannten Pfingst-Episode (Apg 2,1-4) empfangen sie den Geist und können durch sein Wirken nun missionarisch arbeiten und predigen (vgl. Bieder 1964: 26; Burchard 1978: 323; Kasting 1969: 42; Wucherpfennig 2003: 438). Als Kraft (gr. *dýnamis*) Gottes begleitet der Heilige Geist die Arbeit der Apostel und verleiht dieser so im buchstäblichen Sinn Dynamik. Wenn es darum geht, das Wirken des Geistes zu begreifen, bedient sich Lukas mit Vorliebe des Begriffs der *dýnamis* (neben Apg 1,8 z. B. Lk 1,35; 4,14; Apg 10,38).

Die Kraft des Geistes versetzt die Jünger in die Lage, Zeugen zu sein. Das griechische Wort *martýs* („Zeuge") erhält erst im Lauf der frühen Kirchengeschichte die Sinnkomponente des „Märtyrers", da manche Christinnen und Christen bereit sind, für ihr Zeugnis des Glaubens zu leiden oder gar zu sterben. Diese Assoziation verbindet sich bei Lukas aber noch nicht mit dem Begriff. Ein Zeuge ist für ihn jemand, der öffentlich etwas bekundet, das sie oder er miterlebt hat, und verbindlich darüber Auskunft gibt. Dies kann sowohl im Kontext einer Gerichtsverhandlung geschehen (einseitig Burchard 1978: 325) als auch in anderen Zusammenhängen. Wenn Jesus den Jüngern in Apg 1,8 also sagt, dass sie seine „Zeugen" sein sollen, ruft er sie schlichtweg dazu auf, ihre eigenen Erlebnisse anderen mitzuteilen. Als „meine" Zeugen, also Zeugen Jesu, sind die so Angesprochenen dazu aufgerufen, das weiterzugeben, was sie selbst an Taten und Lehren Jesu bis hin zu seiner Auferstehung und Himmelfahrt (vgl. Apg 1,1-2) miterlebt haben. Und tatsächlich werden die Apostel auch nicht müde, im weiteren Verlauf des Texts immer wieder zu betonen, dass sie sich als Zeugen Jesu Christi und insbesondere seiner Auferstehung begreifen (vgl. Apg 1,22; 2,32; 3,15; 4,33 u. ö.; vgl. Kasting 1969: 42–43; Kremer 1982: 147–148; vgl. auch Schneider 1982: 88).

Was dann geschieht, wenn die Apostel in der Kraft des Geistes als Jesu Zeugen fungieren, thematisiert der Schluss von Apg 1,8: Die Botschaft – und mit ihr die christliche Gemeinschaft – breitet sich aus. Der Ausgangspunkt liegt in Jerusalem, dem Schauplatz von Jesu Kreuzigung und Auferstehung. Jerusalem bleibt für die Apostelgeschichte dann auch das Zentrum der christlichen Kirche (vgl. Bieder 1964: 23). Doch von hier aus zieht die Botschaft immer weitere Kreise. Sie breitet sich über ganz Judäa und Samarien „bis an das Ende der Welt" aus. Und diese Ausbreitung ist durchaus brisant. Denn aufgrund des Zeugnisses der Apostel werden ganz unterschiedliche Menschen von der Botschaft erreicht, sowohl Juden als auch Nicht-Juden. Dass es Gottes Plan entspricht, dass plötzlich auch Menschen aus anderen Völkern zum Glauben kommen und Gottes Heil empfangen können, müssen auch die Apostel erst lernen. In einer Vision tut Gott Petrus seinen Willen kund, und sogleich ergreift Petrus die Gelegenheit beim Schopf, einen Nicht-Juden für den Glauben an Christus zu gewinnen (Apg 10; vgl. Hahn 1965: 115), der sich bereits zuvor für den Glauben an den Gott Israels interessiert hatte (Sänger 1998). Doch weil nun die christliche Gemeinschaft Menschen von unterschiedlicher kultureller und religiöser Herkunft integriert, entstehen Spannungen. Es muss erst ein Modus des gelingenden Zusammenlebens und -glaubens gefunden werden. Beim sog. „Apostelkonzil" (Apg 15) beraten sich die führenden Köpfe der christlichen Kirche in Jerusalem mit Paulus und treffen eine Entscheidung. Fortan ist die christliche Gemeinschaft also eine kulturell gemischte. Von Jerusalem ausgehend werden auch Menschen aus anderen Völkern erreicht. Sogar die Samaritaner, von denen Lukas weiß, dass sie unter religiöser Hinsicht extrem unbeliebt sind (vgl. Lk 10,25-37; 17,11-19), werden durch Jesus in die Sendung der Jünger eingeschlossen (vgl. Bieder 1964: 19).

2.4 Johannes (Joh 20,19-23)

Wie bei Matthäus und Lukas findet sich auch im Johannesevangelium eine explizite Beauftragung der Jünger durch den auferstandenen Christus. Durch mehrere eigene Schwerpunkte hebt sich aber die johanneische Darstellung von den bisher behandelten ab. Das Johannesevangelium entsteht vermutlich im letzten Jahrzehnt des 1. Jahrhunderts (vgl. Stuhlmacher 1981: 128; etwas später Schnelle 2007: 511) und damit als letztes der vier neutestamentlichen Evangelien. Der Autor des Johannesevangeliums geht davon aus, dass seine Leserschaft eines oder vielleicht sogar mehrere der anderen Evangelien kennt. Deren Inhalt setzt er voraus und erzählt besonders das ganz ausführlich, was er an den anderen Evangelien als ergänzungsbedürftig ansieht. Aus diesem Grund sind auch die eigenen Akzente von hoher Relevanz, die der Text in Joh 20,19-23 setzt.

Zunächst fällt der zweifache Friedensgruß ins Auge, den Jesus an die Gruppe der Jünger richtet (VV. 19.21). Der Wunsch „Friede mit euch" könnte als Übersetzung des hebräischen Grußes *shalom* zwar als schlichte Begrüßungs-Floskel verstanden werden. Jedoch zeigt sich an der Wiederholung der Wendung, dass ihr hier auch inhaltliche Bedeutung zukommt (vgl. Bieder 1964: 47–48). Das Wort „Frieden" verwendet der Johannes-Evangelist nur an wenigen Stellen, aber schon diese machen deutlich, dass das Motiv jeweils mit einem bestimmten gedanklichen Rahmen verknüpft ist. Neben den grußartigen Belegen in Joh 20 (20,19.21.26) kommt das Stichwort „Friede" noch in Joh 14,27 und 16,33 vor, und zwar auch wiederum im Munde Jesu. Beide Stellen gehen davon aus, dass der Abschied von Jesus die Jünger in eine Situation der Orientierungslosigkeit stürzen wird. Hinzu kommen sich anbahnende Konflikte, in die die Glaubenden aufgrund ihrer Überzeugung hineingeraten (vgl. Burchard 1978: 330–331). Weil die Jünger sich vor Auseinandersetzungen fürchten, haben sie die Türen des Hauses verschlossen, in dem sie sich aufhalten (V. 19). Und weil sie zweifeln, muss Jesus ihnen nach dem Gruß zuerst seine Wundmale als Belege seiner Auferstehung vorweisen (V. 20). Angesichts dieses emotionalen Cocktails aus Verwirrung, Furcht und Traurigkeit, den der johanneische Jesus bei seinen Jüngern vorhersieht, ist es angebracht, ihnen den „Frieden" zuzusagen. Dieser Friede impliziert damit innere Ruhe, Orientierung und Trost. Es ist nicht irgendein Friede, sondern Joh 14,27 und 16,33 binden den Frieden ausdrücklich an die Person Jesu zurück. Der Friede Jesu gibt den Jüngern

Halt, auch dann, wenn sie durch die Kreuzigung und die darauf folgenden Ereignisse körperlich von Jesus getrennt werden. In diesem Sinn ist auch der Friedensgruß in Joh 20,19.21 zu verstehen.

Passend dazu kommt hier dann auch der Heilige Geist ins Spiel (V. 22). Anders als andere neutestamentliche Autoren nennt der Johannes-Evangelist den Heiligen Geist häufig den „Parakleten" (gr. *paráklêtos*), d. h. „Tröster" (Joh 14,16.26; 15,26; 16,7). Die beschriebene Verunsicherung der Jünger angesichts des Fortgangs Jesu macht diesen Sprachgebrauch plausibel. Jesus rechnet damit, dass seine Jünger die Orientierung verlieren könnten, sobald er nicht mehr körperlich bei ihnen ist. Allen menschlichen Befürchtungen, dass die empfundene Abwesenheit Jesu es seinen Nachfolgern schwer machen könnte, weiterhin an ihn zu glauben, steuert das Johannesevangelium durch die Verheißung des „Trösters" entgegen. Während Jesus den Heiligen Geist im bisherigen Verlauf des Texts stets angekündigt hat (v. a. Joh 14-16), gibt er ihn nun aktiv an die Jünger weiter. Dies wird durch die Geste des Anhauchens gesagt (20,22). Dabei handelt es sich einerseits um ein Gedankenspiel, denn das griechische Wort *pneúma* („Geist") kann auch soviel wie „Lufthauch" bedeuten (vgl. Joh 3,8). Andererseits spielt das Johannesevangelium hier aber auch auf die Erzählung von der Schöpfung des Menschen an, dem Gott das Leben verleiht, indem er ihn anhaucht (Gen 2,7). So wie Gott den Menschen zu einem lebendigen Wesen erschafft, gibt Jesus seinen Jüngern Trost und Halt, indem er ihnen den Heiligen Geist verleiht.

Erst als Jesus den verzagten Jüngern die Wundmale seiner Kreuzigung zeigt, erkennen diese, mit wem sie es gerade zu tun haben. Dass Jesus es schafft, trotz der verschlossenen Türen den Raum zu betreten (V. 19), ist zwar spektakulär, weist ihn aber noch nicht eindeutig aus. An den Verletzungen seiner Hände und seiner Seite (vgl. Joh 19,34) erst identifizieren sie ihren Herrn Jesus zweifelsfrei. Hier begegnet ihnen der Gekreuzigte, allerdings quicklebendig. Wie auch in der folgenden Thomas-Episode (Joh 20,24-29) sehen die Jünger darin den eindeutigen Beleg für die Auferstehung Jesu. Sie gelangen zu einer christologischen Einsicht: Jesus ist auferstanden. Er ist der Gottessohn und „Herr" (gr. *kýrios*). Aus diesem Grund beginnen die zuvor noch zweifelnden Jünger nun, sich zu freuen (V. 20).

Die Erkenntnis verpflichtet. Das Johannesevangelium wimmelt von Bemerkungen, die Jesus als den von Gott gesandten Sohn darstellen (vgl. Joh 3,17; 5,36 u. v. m.). Seine eigene Sendung durch den Vater parallelisiert Jesus nun mit der Sendung seiner Jünger (20,21; vgl. Hahn 1965: 142). Indem er zwei verschiedene griechische Vokabeln für „senden" benutzt (*apostéllô* und *pémpô*), zeigt der Text an, dass die Sendung Jesu durch Gott nicht identisch mit der Sendung der Jünger durch Jesus ist. Aber das Zweite folgt aus dem Ersten. So wie Jesus seine Beauftragung vom Vater empfangen hat, empfangen die Jünger nun ihren Auftrag vom Auferstandenen (vgl. Bieder 1964: 40). Auch wenn hier gar nicht ausdrücklich die Rede von einer bestimmten Botschaft ist, die die Jünger predigen sollen, setzt das Johannesevangelium durch die Parallelisierung der Sendungen doch wieder einen christologischen Schwerpunkt: Jesus ist auferstanden, er ist der Sohn, der von Gott gesandt wurde. Im Lichte dieses Glaubens werden die Jünger von Jesus beauftragt.

Damit hängt auch die Sündenvergebung zusammen, zu der die Beauftragten hier explizit ermächtigt werden (V. 23). Sehr unmittelbar zieht das Johannesevangelium eine Verbindungslinie zwischen der Identität Jesu und den heilvollen Konsequenzen dieser Identität für die Glaubenden. Jesus ist „das Lamm Gottes, das die Sünde der Welt trägt" (Joh 1,29). Der Glaube an Jesus als den Sohn Gottes befreit die Menschen von ihren Sünden (vgl. 8,24; 19,9). Sachlich lässt sich daher die Sündenvergebung, wie Joh 20,23 sie beschreibt, nicht vom Christusglauben ablösen, zumal ja auch der gesamte Textabschnitt Joh 20,19-23 klar christologisch geprägt ist.

3. Intention: Die Wirkung der Texte auf ihre Leserschaft

Die vier vorgestellten Textabschnitte des Neuen Testaments beschreiben damit primär Erlebnisse, die einer Einzelperson oder einer Gruppe zu einem bestimmten in der Vergangenheit liegenden Zeitpunkt zuteil geworden sind. Paulus schildert seine eigene Berufung durch Gott, und die Evangelisten behandeln die Beauftragung der Nachfolger Jesu durch den Auferstandenen. Die antiken Erst-Leserinnen und -Leser der neutestamentlichen Texte werden somit auf der einen Seite über ein Geschehen informiert, das sie nicht unmittelbar selbst betrifft.

Auf der anderen Seite bieten die Texte ihrer Leserschaft aber auch an, sich selbst in dieses erzählte Geschehen mit hineinziehen zu lassen. In einer antiken Welt, die medial nicht so sehr von bewegten Bildern geprägt ist wie unsere moderne, können Erzähltexte eine besonders intensive Wirkung entfalten. Über die Effekte von Sprache denken im antiken Kontext insbesondere die Rhetoriker nach. Als Fachmann für die Redekunst (Rhetorik) verfasst zum Beispiel der römische Autor Quintilian ein mehrbändiges Lehrbuch, in dem er seinen Schülern vermitteln will, wie sich Sprache zielgerichtet einsetzen lässt. Quintilian ist Zeitgenosse der neutestamentlichen Evangelisten und kennt eine verbreitete rhetorische Technik, die er „Anschaulichkeit" nennt (vgl. Graf 1995: 143–149; Neumann 2011: 622–624). Wenn ein Redner oder Schriftsteller etwas erzählt und dabei beschreibt, was es in der erzählten Welt zu hören und zu sehen gibt, dann erzeugt er Anschaulichkeit. Diese führt dazu, dass das Publikum selbst innerlich das

Beschriebene sieht und in die erzählte Szene hineinversetzt wird (Quint., Inst. 8,3,61). Die Adressatinnen und Adressaten vergessen für einen Augenblick, dass ihnen eine Erzählung vorgetragen wird, und meinen, der beschriebenen Handlung selbst beizuwohnen. Quintilian wählt als Beispiel einen Boxkampf und sagt: Auch den tatsächlichen Zuschauern könne der Kampf nicht deutlicher vor Augen gestanden haben als denjenigen, denen der Redner diesen Kampf anschaulich erzählt (Inst. 8,3,63). Die Anschaulichkeit ermöglicht es dem Redner somit, sein Publikum sehr unmittelbar anzusprechen und dabei nicht nur ihr Denken, sondern auch ihr Fühlen zu aktivieren (Inst. 8,3,67-69).

Vor diesem Hintergrund erschließt sich auch eine Facette der Wirkweise biblischer Texte. Auch die besprochenen Abschnitte aus der Feder des Paulus, Matthäus, Lukas oder Johannes schildern ja Ereignisse und merken dabei ausdrücklich an, was die beteiligten Personen mit ihren Sinnen wahrnehmen: Paulus empfängt eine Offenbarung (Gal 1,12; vgl. 1Kor 15,6), und die Jünger sehen den auferstandenen Christus (Mt 28,17; Apg 1,3). In direkter Rede spricht der Auferstandene zu ihnen. Besonders ausgeprägt kommt die Sinneswahrnehmung im Johannesevangelium zur Geltung, da die Jünger Jesus hier nicht nur sehen und sprechen, hören, sondern sich evtl. auch tastend von seinen Kreuzigungs-Malen überzeugen können (Joh 20,20; vgl. 20,25.27). Bei aller Zurückhaltung gegenüber Verallgemeinerungen lässt sich folglich doch hinsichtlich der behandelten neutestamentlichen Textabschnitte sagen, dass auch sie zu einem gewissen Grad anschaulich gestaltet sind. Wenn dies stimmt, dann eignen sie sich dazu, ihren Adressatinnen und Adressaten eine Erfahrung der Unmittelbarkeit zu ermöglichen. Die sprachliche Präsentation der Texte lädt zum Miterleben ein. Die Lesenden können im Lektüreprozess eine Begegnung mit dem auferstandenen Christus erfahren und an der von ihm ausgehenden Sendung partizipieren. Damit beschränkt die Aussage der behandelten Textpassagen sich nicht darauf, Feststellungen über Vorgänge in der Vergangenheit zu treffen. Vielmehr können und sollen die Lesenden hier selbst auch direkt angesprochen werden.

4. Schlussfolgerungen: Leitlinien für die missionarische Jugendarbeit

Es hat sich gezeigt, dass die Schriften des Neuen Testaments durchaus unterschiedliche Blicke auf die Sendung der Glaubenden werfen. Die Verfasser der neutestamentlichen Texte schreiben in unterschiedlichen Situationen für unterschiedliche Zielgruppen und müssen dem entsprechend ihre Akzente setzen. Die vier besprochenen Textabschnitte aus dem Galaterbrief, aus dem Matthäus- und dem Johannesevangelium sowie aus der Apostelgeschichte gehören recht unterschiedlichen Milieus des frühen Christentums an. Bei aller Verschiedenheit dieser Schriften werden aber auch einige Grundlinien erkennbar, die die Texte miteinander verbinden (vgl. Reinbold 2000: 277). Sie eignen sich dazu, auch der missionarischen Arbeit unserer Gegenwart Impulse und Orientierung zu vermitteln. Von dezidierter Jugendarbeit kann im Neuen Testament natürlich nirgends die Rede sein. Es hat sich aber gezeigt, dass die neutestamentlichen Autoren durchaus von einer „Sendung" und insofern von einer „Mission" der christlichen Gemeinschaft wissen. Was dort allgemein für die missionarische Arbeit gilt, darf mit gutem Recht auch auf seine Gültigkeit für das konkrete Arbeitsfeld der missionarischen Jugendarbeit hin befragt werden. In Auswertung und Weiterführung der exegetischen Beobachtungen lassen sich nun die folgenden Leitlinien formulieren:

4.1 Die Begegnung mit Christus

Erstens: Die Sendung der Glaubenden gründet sich auf eine persönliche Begegnung mit dem auferstandenen Christus. Alle untersuchten Texte nehmen ganz deutlich eine nachösterliche Perspektive ein, das heißt: Sie sind getragen vom Glauben an die Auferstehung Jesu (vgl. Kasting 1969: 81). Ganz ausdrücklich ist es der Auferstandene, der Menschen in die Pflicht nimmt und sie beauftragt (vgl. Hahn 1965: 147; Hengel 1971: 33; Stuhlmacher 1981: 132). Mit anderen Worten: Nur, wer Christus kennt, kann auch von ihm gesandt, beauftragt werden. Die Gesandten sind also dem auferstandenen Christus begegnet und wissen daher: Dieser ist der von Gott autorisierte Sohn und Retter. Indem sie anschaulich von der Auferstehung und Sendung erzählen, beziehen die neutestamentlichen Texte ihre Leserschaft mit in das Geschehen ein. Die Erfahrung der Personen, von denen die biblischen Autoren schreiben, kann so zur eigenen Erfahrung der Leserinnen und Leser werden. Leben als Christ bedeutet, an den auferstandenen Christus zu glauben. Es bedeutet aber gleichzeitig auch, von ihm gesandt zu sein. Wer das griechische Wort *apóstolos* als „Apostel" im Sinne einer Amtsbezeichnung interpretiert (wie Kasting 1969: 71; Wucherpfennig 2003: 434), wird sich selbstredend davor hüten, vorschnell alle Glaubenden zu Aposteln zu erklären. Dass etwa Paulus und Lukas den Apostel als Träger eines herausgehobenen Amtes kennen, kann sicher nicht bestritten werden (vgl. Reinbold 2000: 32). Allerdings lassen die Begriffe *apóstolos* und *apostéllô*, die in den untersuchten Stellen vorkommen, sich auch unspezifischer als „Gesandter" und „senden" übersetzen. Dem entsprechend dürfen sich auch die Leserinnen und Leser der Texte zum Kreis derjenigen zählen, die der auferstandene Christus beauftragt.

4.2 Die Gegenwart von Christus

Zweitens: Der Auferstandene sagt den Gesandten seinen Beistand zu (vgl. Schneider 1982: 75). Die Beauftragten werden mit ihrem Auftrag nicht allein gelassen, sondern Jesus verspricht ihnen seine bleibende Nähe. Niemand muss hier also auf sich gestellt aus eigener Kraft etwas erreichen. Diesen Gedanken drücken Lukas und Johannes mit der Rede vom Heiligen Geist aus. In der Apostelgeschichte ist dieser Gottes wirksame Kraft (*dýnamis*), die die Glaubenden zur Verkündigung befähigt und die Ausbreitung der christlichen Botschaft an entscheidenden Stellen lenkt. Das Johannesevangelium akzentuiert dagegen eher den Aspekt des „Trosts", wenn es den Geist auch als *paráklêtos* bezeichnet. Die Jünger müssen trotz des Weggangs Jesu nicht zweifeln oder sich vor Konflikten fürchten, weil Gott, der Vater, und Jesus, der Sohn, ihnen im Parakleten weiterhin nahe sind. Im Matthäusevangelium schließlich drückt das Immanuel-Motiv etwas Ähnliches aus. Auch hier wird deutlich: Die Gegenwart Jesu hängt nicht von seiner körperlichen Präsenz ab. Deswegen endet diese Schrift mit der Versicherung seines Beistands. Unter dem Strich ist „Mission" damit Gottes eigenes Werk, das er mit den Gesandten vollbringt.

4.3 Die Bewegung der Christen

Drittens: Die Sendung verbindet sich mit einem Aufruf, sich auf den Weg zu machen. „Geht los", sagt der matthäische Jesus seinen Jüngern. Und in der Apostelgeschichte gibt Jesus sogar die geografische Bewegungsrichtung vor: Von Jerusalem über Judäa und Samarien bis an das Ende der Erde sollen die Jünger ihn bezeugen. Die frühchristliche Mission zeichnet sich somit durch ihre Geh-Struktur aus. Die Gesandten des Neuen Testaments können sich nicht in ihre noch gar nicht existenten Gemeindehäuser zurückziehen und sich auf der Erwartung ausruhen, dass sicherlich alle Interessierten herbeiströmen werden. Vielmehr müssen sie sich als *apóstoloi* selbst auf den Weg begeben. Diese Gegebenheit spiegelt sich in der lukanischen Rede vom Geist als *dýnamis*, die für das missionarische Wirken erforderlich ist. Dass diese Bewegung nach außen auch die Grenzen der eigenen Komfortzone sprengt, wird der nächste Punkt verdeutlichen. Klar ist jedenfalls schon einmal der vorausblickende Charakter frühchristlicher Mission: Mission findet dort statt, wo wir uns im Moment nicht schon befinden.

4.4 Die Unterschiedlichkeit der Menschen

Viertens: Die Adressaten der Sendung sehen die neutestamentlichen Schriften in Menschen, die anders sind und anders sein dürfen. Schon Paulus setzt sich für diesen Aspekt besonders ein. Als Verkündiger unter den „Völkern" weiß er sich besonders zu solchen Menschen gesandt, die von seiner eigenen kulturellen Prägung abweichen. Der Galaterbrief zeigt ungeschminkt, dass das Nachdenken über das Verhältnis von Christen aus dem Judentum und Christen aus den anderen Völkern für viel Zündstoff gesorgt und das frühe Christentum vor eine Zerreißprobe gestellt hat. Wie die Berufung des Paulus nach dem Galaterbrief, so beinhaltet auch der „Missionsbefehl" des Matthäusevangeliums die explizite Sendung zu den „Völkern". Und die Apostelgeschichte schließt nicht nur die ungeliebten Samaritaner in die Sendung der Jünger mit ein, sondern operiert sogar mit einem Denkhorizont, der sich bis an die „Enden der Erde" erstreckt (vgl. Hengel 1971: 36–37). So kommen in der frühen Kirche Menschen aus verschiedenen kulturellen Hintergründen zum Glauben an Jesus Christus. Dieser Glaube qualifiziert sie für die Mitgliedschaft in der christlichen Gemeinde. Das Ziel der Sendung besteht also nicht darin, dass alle gleich werden. Mit ihren unterschiedlichen Profilen können und sollen die verschiedenen Menschen dennoch Teil der großen christlichen Gemeinschaft sein. Es geht nicht darum, Uniformität herzustellen, sondern es geht darum, Menschen mit dem Evangelium zu erreichen (s. u.). Die neutestamentlichen Schriften stellen sich Christsein nicht individualistisch vor; im weiteren Kontext der besprochenen Stellen wird klar: Die Beauftragungen sind durch den Aspekt der Gemeinschaft geprägt (vgl. Wucherpfennig 2003: 445).

4.5 Die Pluralität von Inhalt und Methoden

Fünftens: Inhalt der Verkündigung ist Zeugnis, Lehre, Christusglaube und mehr. Hier setzen die untersuchten Schriftstellen sehr deutlich eigene Schwerpunkte. Gegen den klassisch gewordenen missionarischen Verkündigungsstil lutherischer Prägung, der die Vergebung der Schuld durch den Glauben predigt und das ewige Leben verheißt, ist aus neutestamentlicher Sicht nichts einzuwenden. Schließlich ermächtigt der johanneische Jesus seine Jünger doch gezielt zur Sündenvergebung. Jedoch geht die Botschaft der untersuchten Textabschnitte darüber noch weit hinaus: Paulus freut sich über die gute Nachricht, dass auch die Menschen aus den nicht jüdischen Völkern durch den Glauben zum Heil gelangen können. Matthäus lehrt eine gerechte Lebensführung nach dem Vorbild Jesu. Lukas lässt die Glaubenden ein Zeugnis von dem ablegen, was sie selbst mit Jesus erlebt haben. Und Johannes schließlich wirbt für den Glauben an die Gottessohnschaft und Sendung Jesu Christi. Die Vielfalt dieser allesamt missionarischen Tätigkeiten bewahrt vor jeder Engführung des „Missions"-Begriffs. Sie verunmöglicht es auch, dass eine bestimmte christliche Gruppe ihren Ansatz zur Mission als den einzig wahren hinstellen kann. Das frühe Christentum kann sich an dieser Stelle eine enorme Vielstimmigkeit leisten. Denn ihren gemeinsamen Grund haben alle missionarischen Aktivitäten ja (s. o. unter erstens) im verbindenden Glauben an den auferstandenen Christus und in der Sendung durch ihn.

Literatur

Baumbach, Günther (1967): Die Mission im Matthäus-Evangelium. In: Theologische Literaturzeitung. Jg. 92. S. 889–893.

Bieder, Werner (1964): Gottes Sendung und der missionarische Auftrag der Kirche nach Matthäus, Lukas, Paulus und Johannes (Theologische Studien 82). Zürich: EVZ-Verlag.

Burchard, Christoph (1978): Formen der Vermittlung christlichen Glaubens im Neuen Testament. Beobachtungen anhand von κήρυγμα, μαρτυρία und verwandten Wörtern. In: Evangelische Theologie. Jg. 38. S. 313–340.

Frankemölle, Hubert (1982): Zur Theologie der Mission im Matthäusevangelium. In: Kertelge, Karl (Hrsg.): Mission im Neuen Testament (Quaestiones Disputatae 93). Freiburg/Basel/Wien: Herder. S. 93–129.

Graf, Fritz (1995): Ekphrasis: Die Entstehung einer Gattung in der Antike. In: Boehm, Gottfried/Pfotenhauer, Helmut (Hrsg.): Beschreibungskunst Kunstbeschreibung. Ekphrasis von der Antike bis zur Gegenwart. München: Fink. S. 143–155.

Hahn, Ferdinand (1965): Das Verständnis der Mission im Neuen Testament (Wissenschaftliche Monographien zum Alten und Neuen Testament 13). 2. Auflage. Neukirchen-Vluyn: Neukirchener.

Hengel, Martin (1971): Die Ursprünge der christlichen Mission. In: New Testament Studies. Jg. 18 (1). S. 15–38.

Kasting, Heinrich (1969): Die Anfänge der urchristlichen Mission. Eine historische Untersuchung (Beiträge zur evangelischen Theologie 55). München: Chr. Kaiser Verlag.

Kremer, Jacob (1982): Weltweites Zeugnis für Christus in der Kraft des Geistes. Zur lukanischen Sicht der Mission. In: Kertelge (Hrsg.): Mission. S. 145–163.

Neumann, Nils (2011): Die Anschaulichkeit der Rede Jesu. Ein Beitrag zur Rhetorik der Bergpredigt. In: Senior, Donald (Hrsg.): The Gospel of Matthew at the Crossroads of Early Christianity (Bibliotheca Ephemeridum Theologicarum Lovaniensium 243). Leuven: Peeters. S. 621–636.

Pesch, Rudolf (1982): Voraussetzungen und Anfänge der urchristlichen Mission. In: Kertelge (Hrsg.): Mission. S. 11–70

Reinbold, Wolfgang (2000): Propaganda und Mission im ältesten Christentum. Eine Untersuchung zu den Modalitäten der Ausbreitung der frühen Kirche (Forschungen zur Religion und Literatur des Alten und Neuen Testaments 188). Göttingen: Vandenhoeck & Ruprecht.

Sänger, Dieter (1998): Heiden – Juden – Christen. Erwägungen zu einem Aspekt der frühchristlichen Missionsgeschichte. In: Zeitschrift für die neutestamentliche Wissenschaft und die Kunde der Älteren Kirche. Jg. 89. S. 145–172.

Schille, Gottfried (1969): Anfänge der christlichen Mission. In: Kerygma und Dogma. Jg. 15. S. 320–339.

Schneider, Gerhard (1982): Der Missionsauftrag Jesu in der Darstellung der Evangelien. In: Kertelge (Hrsg.): Mission. S. 71–92.

Schnelle, Udo (2007): Einleitung in das Neue Testament. 6. Auflage. Göttingen: Vandenhoeck & Ruprecht.

Stuhlmacher, Peter (1981): Weg, Stil und Konsequenzen urchristlicher Mission. In: theologische beiträge. Jg. 12 (3). S. 107–135.

Wucherpfennig, Ansgar (2003): Missionarische Kirche im Neuen Testament. Paulus, Lukas und die Pastoralbriefe als Stationen einer Entwicklung innerhalb des frühen Christentums. In: Geist und Leben. Jg. 76. S. 434–445.

Zeller, Dieter (1982): Theologie der Mission bei Paulus. In: Kertelge (Hrsg.): Mission. S. 164–189.

VOM HANDELN ZUM BEGRIFF? – EIN BEITRAG ZUR GESCHICHTE MISSIONARISCHER JUGENDARBEIT

Ulrike Treusch

Wer heute den Begriff „missionarische Jugendarbeit" in eine Suchmaschine eingibt, wird schnell fündig und stößt auf Netzwerke, die sich als Träger missionarischer Jugendarbeit verstehen, wie z. B. das netzwerk-m oder Arbeitsgemeinschaften Missionarische Jugendarbeit. Der Suchende findet Vereine und Werke, die sich dezidiert der missionarischen Jugendarbeit verpflichten, wie z. B. den CVJM-Gesamtverband mit einem entsprechenden Fachreferat und dem Wunsch: „CVJM will missionarische Jugendarbeit ausbauen"[1], aber auch Hinweise auf Schulungen und Studientage sowie Materialien zur Verfügung stellen. Missionarische Jugendarbeit hat eine deutlich wahrnehmbare Internet-Präsenz, die jedoch den Begriff inhaltlich meist nicht näher erklärt. Für die Personen und Gruppen, die missionarische Jugendarbeit umsetzen, scheint der Begriff klar bestimmt zu sein als eine oder die Form von Jugendarbeit, die junge Menschen zum christlichen Glauben einladen will. So versteht auch das vorliegende Handbuch missionarische Jugendarbeit Formen von Jugendarbeit, die auf der Basis freiheitlich-demokratischer Werte und auf Grundlage des Evangeliums Jugendliche zum christlichen Glauben einladen wollen und darin sowohl einen biblischen Auftrag als auch eine positiv lebensverändernde Wirkung für Jugendliche sehen.[2]

Wer jedoch einen Blick in die pädagogische oder theologische Fachliteratur wirft, wird feststellen, dass der Begriff „missionarische Jugendarbeit" erst ab den 1970er-Jahren verstärkt auftaucht, im Kontext der Diskussion um Konzepte evangelischer Jugendarbeit. Im Handbuch Jugend (2013) erhält „missionarische Jugendarbeit" bereits einen eigenen Artikel und wird hier durch das Ziel definiert, „dass Jugendliche zum christlichen Glauben eingeladen und zu einer existenziellen Glaubensentscheidung ermutigt werden" (Kißkalt 2013: 417). Dabei betont der Verfasser zu Recht: „Diese Zielsetzung findet sich in der Jugendarbeit aller Kirchen" (Kißkalt 2013: 417). Doch sieht er innerhalb dieser allgemeinen missionarischen Aufgabe eine explizit missionarische Jugendarbeit: „Ein explizit missionarisches

---

[1] Idea spektrum (2011): CVJM will missionarische Jugendarbeit ausbauen. Meldung vom 24.10.2011. Online unter: www.idea.de/frei-kirchen/detail/cvjm-will-missionarische-jugendarbeit-ausbauen-20487.html (Abruf 04.08.2015)

[2] Vgl. den einleitenden Beitrag von Karcher/Zimmermann in diesem Buch.

Anliegen und ein Verständnis von Mission, das auf eine individuelle Entscheidung für den christlichen Glauben besonderen Wert legt, findet sich im Bereich der Evangelischen Jugend vor allem in ausdrücklich missionarisch orientierten Jugendgruppen“ (Kißkalt 2013: 417). Damit bleibt eine gewisse Begriffsunschärfe: Wenn alle christlich-kirchliche Jugendarbeit ein missionarisches Ziel hat, inwiefern unterscheidet sich davon „ausdrücklich missionarisch orientierte“ Jugendarbeit in Konzeption, Formen und Methoden?

Der vorliegende Beitrag möchte zur Präzisierung des Begriffs „missionarische Jugendarbeit“ beitragen, indem er untersucht, wann und in welchem Kontext ein fester Begriff „missionarische Jugendarbeit“ entstand und was dieser in seiner anfänglichen Verwendung bezeichnete. Dabei wird zunächst (1) ein Blick auf die Entstehung missionarischer Jugendarbeit im 19. Jh. geworfen, da diese als missionarisches Handeln der ausdrücklichen Begriffsverwendung vorausgeht. (2) In einem zweiten Schritt wird im Kontext evangelischer Jugendarbeit in Deutschland zwischen 1945 und 1970 das erste Auftreten des Begriffs „missionarische Jugendarbeit“ untersucht, um (3) abschließend das Verhältnis von jugendmissionarischem Handeln und Begriff zu resümieren.[3]

1. Die Anfänge christlicher Jugendarbeit im 19. und beginnenden 20. Jh.

1.1 Jugendmissionarisches Wollen

Der Begriff „missionarische Jugendarbeit“ findet sich im 19. und beginnenden 20. Jh. noch nicht als feste Prägung. Doch kann im Blick auf die im 19. Jh. gegründeten Vereine und Verbände evangelischer Jugendarbeit durchweg von einem „missionarischen Wollen“ (Cordier 1925: 490) gesprochen werden. Denn „historisch gesehen haben so gut wie alle evangelischen Jugendverbände ihre Wurzeln in den Erweckungs- und Gemeinschaftsbewegungen des vergangenen Jahrhunderts; dies gilt für den CVJM ebenso wie für den EC, aber auch für die Schülerbibelkreise [...] und das frühere Mädchenwerk“ (Affolderbach 1982: 279).

Zwar finden sich Ansätze evangelischer Jugendarbeit bereits seit der Reformation in kirchlichen Angeboten wie dem Konfirmations- und Katechismusunterricht und ebenso erhielt die Jugendarbeit Impulse aus dem

[3] Der Beitrag beschränkt sich auf die evangelische Jugendarbeit in (West-)Deutschland als dem Kontext, aus dem der Begriff „missionarische Jugendarbeit“ unmittelbar hervorgeht. Die gezeigten Entwicklungen haben aber Parallelen in der katholischen Jugendarbeit und auch in christlicher Jugendarbeit in anderen europäischen Ländern.

Pietismus, z. B. durch für Jugendliche begründete Sozietäten, wie die von Pastor Meyenrock 1768 in Basel begründete, „die als erster offizieller Jünglingsverein in die Geschichte der kirchlichen Jugendarbeit eingegangen ist" (Deresch 1984: 47 f.) und der Einübung in den christlichen Glauben diente. Doch liegen die Wurzeln heutiger evangelischer Jugendarbeit im 19. Jh. Denn Jugendarbeit wird ein Anliegen, wo das Jugendalter seit der zweiten Hälfte des 18. Jh. als eigenständige Lebensphase (Reifezeit) verstanden wird und zugleich die gesellschaftlichen Entwicklungen des 19. Jh. (Industrialisierung, Pauperismus) dazu nötigen, spezifische Angebote für junge Menschen, zunächst in den Städten, zu machen (vgl. Jürgensen 1980: 9–32). Träger dieser Jugendarbeit sind sozial engagierte Männer und Frauen, oft ohne theologische Ausbildung, die aus christlicher Motivation und mit christlicher Zielsetzung Angebote für junge Menschen entwickeln. So gehen seit den 1820er-Jahren aus der Erweckungsbewegung Vereine hervor, wie z. B. das sozialdiakonische Angebot von „Sonntagssälen" oder die „Hilfsvereine für Jünglinge" (ab 1834 in Bremen und Hamburg), aber auch die stärker missionarisch akzentuierten „Missions-Jünglingsvereine" und entsprechende „Jungfrauen-Vereine". Im Blick auf die Zielgruppe Jugend wurden in den Vereinen soziale, gesellige und das Evangelium verkündigende Angebote gemacht. Evangelische Jugendarbeit hat damit eine doppelte (nicht zwei unterschiedliche) Wurzel in einer stärker sozialarbeiterisch und einer stärker religiös geprägten Form der Jugendarbeit, die sich durch ihre aus der Erweckungsbewegung kommenden Träger aber immer als Einladung zum christlichen Glauben versteht. Damit kann evangelische Jugendarbeit im 19. Jh. als missionarisch bezeichnet werden.

Mit dem Zusammenschluss von Vereinen kommt es in der zweiten Hälfte des 19. Jh. zur Bildung von zwei großen Jugendverbänden, die Teil einer europäisch-nordamerikanischen Bewegung, überkonfessionell und mit Kißkalt (2014: 417) „ausdrücklich missionarisch" orientiert sind: der ab 1882 aus den deutschen Missions-Jünglingsvereinen und Hilfsvereinen für Jünglinge hervorgehende Nationalverband der Jünglingsvereine (heute: CVJM-Gesamtverband e.V.), der ein Teil der weltweiten YMCA-Bewegung wird, und der Jugendbund für entschiedenes Christentum (EC, ab 1894), der aus der nordamerikanischen Christian-Endeavour-Society (1888) erwächst. Deren Satzung bzw. Selbstverpflichtung betont den missionarischen Auftrag. Die Jünglingsvereine übernehmen mit der „Pariser Basis" (1855) des Weltverbands der YMCA das Ziel, „solche jungen Männer untereinander zu verbinden, welche Jesus Christus nach der Heiligen Schrift als ihren Gott und Heiland erkennen, im Glauben und Leben seine Jünger sein und gemeinsam danach trachten wollen, das Reich ihres Meisters unter den jungen Männern auszubreiten" (Roll 2008). Im EC gilt das Bekenntnis: „Jesus Christus ist der Heiland der Welt. Seinem Ruf zur Umkehr und zum Glauben will ich folgen und es lernen, zur Ehre Jesu zu leben. Ich will jeden Tag Gottes Wort lesen und beten und treu an den Veranstaltungen des Jugendbundes teilnehmen".[4] Die missionarische Ausrichtung teilen auch die Schülerarbeit („Bibelkränzchen an höheren Schulen" (BK)) und Studentenarbeit (Deutsche Christliche Studentenvereinigung). Auch der erst 1919 erfolgte Zusammenschluss zum „Bund der Deutschen Mädchen-Bibel-Kreise" (seit 1971: Arbeitsgemeinschaft MBK. Missionarisch-biblische Dienste unter Jugendlichen und Berufstätigen e.V.) hat das dezidiert missionarische Anliegen, „das Evangelium von Jesus Christus, dem gekreuzigten, auferstandenen und wiederkommenden Herrn zu bezeugen, damit sie zur lebendigen Gemeinschaft mit ihm kommen und durch ihn Vergebung der Sünde und die Gabe eines neuen Lebens im Glauben empfangen" (Böhnisch/Gängler/Rauschenbach 1991: 874 f.).

Die Zielformulierungen dieser Jugendverbände und Werke teilen das für die Erweckungs- und Gemeinschaftsbewegung des 19. Jh. charakteristische Missionsverständnis (vgl. die Basis der Evangelischen Allianz, 1846). Grundlage ist das persönliche Bekenntnis zu Jesus Christus als Retter, aus dem heraus eine christus- und schriftzentrierte Frömmigkeit gelebt wird. Zu dieser gehört sowohl der Gemeinschaftscharakter (gemeinsames Einüben und Wachsen im Glauben in der Gemeinschaft der Christen) als auch das Weitergeben des Glaubens, wozu selbstverständlich auch die Wortverkündigung gehört. Dieses Missionsverständnis verbinden die Jugendverbände mit einer zielgruppenspezifischen Arbeit (Handwerksgesellen, Studenten, Schüler), die auch soziale Unterstützung, Bildungsarbeit und Angebote zur Freizeitgestaltung beinhaltet, was aber in den Dokumenten, in denen Bekenntnisgrundlage und Ziele der Arbeit bestimmt werden, nicht ausgeführt wird. Dabei war die Praxis der missionarischen Arbeit mit Jugendlichen prinzipiell offen in Methoden und Formen und konnte z. B. von den Jugendbewegungen zu Beginn des 20. Jh. (Wandervögel, Pfadfinder) Arbeitsformen übernehmen. Zugleich gab das formulierte theologische Ziel eine intensive Beschäftigung mit der Bibel und mit Fragen des christlichen Glaubens vor und konnten unter Umständen die sozial-geselligen Aktivitäten einer Gruppe in die Rolle der Vorarbeit und „uneigentlichen" Arbeit gegenüber der zentralen Verkündigung des Evangeliums gedrängt werden.

Die Werke verstehen missionarische Arbeit mit jungen Menschen als Bezeugen des Evangeliums Jesu Christi in Wort und Tat. In der Praxis der Arbeit der Jugendverbände, wie z. B. in den Jünglingsvereinen/CVJM, wurden soziale und religiöse Arbeit zusammengedacht, und in ihren Anfängen

[4] Seydel 1974: 91; vgl. EC-Weihestunde. Online unter: www0.ec-jugend.de/fileadmin/media/Material/EC-Weihestunde.pdf (Abruf 07.09.2015) oder www.ec-jugend.de (Abruf 05.08.015)

ist christliche Jugendarbeit und Jugendsozialarbeit nicht voneinander zu trennen. Doch betonen die Basis-Dokumente die persönliche Glaubensentscheidung und, davon ausgehend, das Weitersagen von diesem Glauben, während das soziale Handeln als Teil eines ganzheitlichen Missionsverständnisses wohl mitgedacht, aber nicht explizit formuliert wird.

Der Blick in die Entstehung evangelischer Jugendarbeit im 19. Jh. und erste Entwicklungen im 20. Jh. zeigt für den Begriff „missionarische Jugendarbeit“: Die exakte begriffliche Formulierung findet sich in den Anfängen evangelischer Jugendarbeit im 19. Jh. nicht. Jugendmissionarisches Handeln aber ist Ziel und Inhalt der aus der Erweckungsbewegung hervorgegangenen Jugendverbände (z. B. EC, CVJM), die in ihren Gründungsdokumenten dieses theologische Ziel formulieren und für deren Missionsverständnis die persönliche Beziehung zu Jesus Christus als Retter entscheidend ist. Damit sind diese Jugendverbände traditionelle Träger jugendmissionarischer Arbeit.

1.2 Ein Motto: „Missionsarbeit an der Jugend“

Im 19. Jh. waren die Vereine und freien Jugendverbände die wichtigsten Träger evangelischer Jugendarbeit. Anfang des 20. Jh. findet sich eine wachsende Vielfalt evangelischer Jugendarbeit, z. B. durch den Aufbau einer landeskirchlichen Jugendarbeit (Denkschrift zur kirchlichen Jugendpflege, 1917) und von Jugendabteilungen evangelischer Arbeitervereine (vgl. Jürgensen 1980: 33–66). Das missionarische Profil der freien Jugendverbände des 19. Jh. wird nicht nur von den neuen gesellschaftlichen Entwicklungen herausgefordert, sondern führt auch intern zu Spannungen.

Exemplarisch zeigen dies Spannungen innerhalb des Jungmännerwerks (CVJM): „Die Kritik läuft im wesentlichen auf zwei Punkte hinaus. Die sozialen Nöte seien nicht ausreichend im Blick; die Arbeit sei zu sehr eingeengt auf religiöse Fragen. Zum anderen wird gefordert, die Jugendarbeit sei zuerst und vor allem Sache der Gemeinde“ (Jürgensen 1980: 54). Diese lauter werdende Kritik führte dazu, dass sich aus dem Jungmännerwerk heraus im Jahr 1909 der Bund Deutscher Jugendvereine (BDJ) bildet, der eine „religiös gegründete, aber weltoffene Kulturbewegung zur Erneuerung des Volkes“ (Jürgensen 1980: 55) sein will.

Solche Anfragen an die Arbeit führen, insbesondere vor und nach dem Ersten Weltkrieg, zu einem dezidierten Festhalten an der missionarischen Zielsetzung. So betont das Jungmännerwerk die „Mission der Jugend an der Jugend“ (Bericht auf dem 53. Bundesfest des Westbundes 1901) und die „Missionsarbeit an der Jugend“ (1907) (Cordier 1925: 251; 253), versteht sich als „Jugendmissionswerk“ und ruft zur „Jugendmission in Berlin“ auf, zu der auch „großzügige Evangelisation“ gehört (Cordier 1925: 269). Erich Stange, ab 1921 Reichswart (Gesamtleiter) des Jungmännerwerks, benennt schließlich 1922 die „Evangelisation als Arbeitsprinzip“ und erläutert: „Wir verstehen darunter wahrhaftig mehr als nur eine Reihe jener jetzt leider schon zur Modesache gewordenen Veranstaltungen einer außergewöhnlichen Wortverkündigung [...] Evangelisation ist uns vielmehr ein die gesamte Arbeit der Gemeinde gestaltendes Arbeitsprinzip“ (Cordier 1925: 467).

Diese Aussagen sind nicht nur die unmittelbaren Vorläufer des festen Begriffs „missionarische Jugendarbeit“, sondern zeigen auch, dass als Charakteristikum der missionarischen Arbeit die Evangelisation, die verbale Verkündigung des Evangeliums, verstanden wird. Wo Evangelisation als Arbeitsprinzip verstanden wird, umfasst sie aber mehr als die Wortverkündigung und steht dann für die umfassende missionarische Jugendarbeit des CVJM in Wort und Tat.

Die Begriffe „Evangelisation“ und „Mission“ sowie die Frage nach der Bedeutung der verbalen Verkündigung des Evangeliums werden in den 1970er-Jahren zum Kernpunkt einer Diskussion um die Konzeption evangelischer Jugendarbeit, in der sich dann der Begriff „missionarische Jugendarbeit“ findet.

2. Missionarische Jugendarbeit zwischen 1945 und 1980

2.1 Evangelische Jugendarbeit bis in die 1960er-Jahre

Die Jugendarbeit von Kirchen und Verbänden erfährt durch Nationalsozialismus, Kirchenkampf und Zweiten Weltkrieg Einschränkungen und Veränderungen. Das erzwungene „Abkommen über die Eingliederung der evangelischen Jugend in die Hitlerjugend“ vom 19. Dezember 1933 führt zur Auflösung der evangelischen Jugendverbände und durch das Verbot geselliger und sportlicher Angebote außerhalb der Hitlerjugend zur Beschränkung der evangelischen Jugendarbeit auf die Beschäftigung mit der Bibel (Bibelarbeit) und zu einer stärkeren Anbindung an die Gemeinde vor Ort.

Nach 1945 nehmen einerseits die Jugendverbände die Arbeit wieder auf, andererseits besteht die gemeindliche Jugendarbeit weiter. Daneben entstehen in Reaktion auf die sozialen Nöte der Nachkriegszeit sozialarbeiterische Formen christlicher Jugendarbeit, wie z. B. das Christliche Jugenddorfwerk (CJD). Dies führt nach 1945 zu einer Vielfalt der Träger evangelischer Jugendarbeit. Ende 1949 schließen sich die Träger landeskirchlicher, freikirchlicher und verbandlicher evangelischer Jugendarbeit in der „Arbeitsgemeinschaft der evangelischen Jugend Deutschlands“ (AGEJD, ab 1971: aej) zusammen, deren Satzung das Ziel formuliert: „Die aej als Teil der Gemeinde Jesu Christi bekennt Jesus Christus als das eine Wort Gottes an alle Menschen. Sie verkündigt Christus durch Wort und Tat [...]“ (Böhnisch/Gängler/Rauschenbach 1991: 864).

Sowohl die evangelische Jugendarbeit der Kirchen als auch der Jugendverbände ist bis Anfang der 1960er-Jahre geprägt von einer Arbeit in festen Gruppen mit regelmäßiger Bibelarbeit. „Die regelmäßige Bibelarbeit galt mindestens bis Ende der fünfziger Jahre als das Kennzeichen evangelischer Jugendarbeit“ (Affolderbach 1981: 27 f.) und damit als Ausdruck des missionarischen Auftrags. „Die intensive Beschäftigung mit dem Text bedeutete persönliche Glaubensorientierung und eine gemeinschaftliche Verbindlichkeit zugleich“ (Schmucker 1994: 42).

Anfang der 1960er-Jahre kommt es vor dem Hintergrund abnehmender Teilnehmerzahlen in den Gruppen-Angeboten evangelischer Jugendarbeit, der Diskussion um gesellschaftliche Öffnung der Jugendarbeit und parallel zu den theologischen Auseinandersetzungen um die historisch-kritische Exegese zur Kritik an der Bibelarbeit als Zentrum evangelischer Jugendarbeit, sowohl durch Mitarbeiter als auch durch die jugendlichen Teilnehmer selbst. „Die Selbstbeschränkung der christlichen Gemeinde auf ihre Mitte war im Dritten Reich erzwungen und nach dem Kriege als Vermächtnis bewahrt worden. In der Konzentration auf die Mitte hatten sich die pietistische und neupietistische Gemeindefrömmigkeit und die theologische Schultradition der Dialektischen Theologie zusammengefunden. Dieser Konnex wurde nun mehr und mehr in Frage gestellt“ (Affolderbach 1981: 43).

Damit beginnt eine Diskussion, in der unterschiedliche Konzeptionen evangelischer Jugendarbeit sichtbar werden. Sie ist vor dem Hintergrund der wissenschaftlichen Bemühungen um eine Theorie der Jugendarbeit (vgl. Müller et al. 1964) zu sehen und führt auf der Ebene des Dachverbands, der AGEJD, zu einem Grundsatzgespräch im Mai 1964, zwischen 1963 und 1969 zu einer „schleichenden Polarisierung“ (Affolderbach 1982: 308) und in den Jahren 1970 bis 1974 zur sog. Polarisierungsdebatte innerhalb der Arbeitsgemeinschaft evangelischer Jugend (vgl. Affolderbach 1981: 51–57; Affolderbach 1982: 121–179; Affolderbach/Scheunpflug 2003: 119–125). Hier findet sich der Begriff „missionarische Jugendarbeit“ als Bezeichnung für eine Konzeption evangelischer Jugendarbeit.

2.2 Der Begriff taucht auf: Die Polarisierungsdebatte der 1970er-Jahre

Missionarische Jugendarbeit als Konzeptionsbegriff

Zur Frage „Was ist Jugendarbeit?“ legen vier junge Pädagogen 1964 Versuche zu einer Theorie der Jugendarbeit vor (vgl. Müller et al. 1964), in der insbesondere eine These C. Müllers in der evangelischen Jugendarbeit rezipiert wird, dass im Zentrum moderner Jugendarbeit nur „die an dieser Jugendarbeit teilnehmenden jungen Leute selbst“ (Müller et al. 1964: 19) stehen können. Aus der Frage heraus, wie moderne Jugendarbeit gestaltet werden soll, gibt die AGEJD eine empirische Studie evangelischer Jugendarbeit in der BRD in Auftrag. Mollenhauer (1969) kommt in seiner (Vor-)Studie zu einer kritischen Sicht der von ihm untersuchten Praxis evangelischer Jugendarbeit, da sie u. a. nicht an den Bedürfnissen der Jugend orientiert sei (vgl. Mollenhauer et al. 1969: 50) und nicht der Förderung der Mündigkeit der Jugendlichen diene. Dabei kritisiert die Studie insbesondere die Jugendarbeit mit dem Ziel der Verkündigung und Mission. Deren Zielformulierungen, so Mollenhauer, „bleiben in den meisten Fällen gebunden an einen geschichtslos begriffenen Auftrag christlicher Mission und Verkündigung, ohne sich konkret auf die gegebenen gesellschaftlichen Verhältnisse zu beziehen“ (Mollenhauer et al. 1969: 69).

Mollenhauers abschließende Hypothesen zur evangelischen Jugendarbeit sind pointiert formuliert und lösen heftige Diskussionen aus, insbesondere die These, dass die derzeitige evangelische Jugendarbeit kaum emanzipatorische Impulse gebe (Mollenhauer et al. 1969: 230), und die These: „Die theologischen Begründungen evangelischer Jugendarbeit sind Ausdruck bzw. nachträgliche Rechtfertigung pädagogischer Handlungsmuster bzw. des Sozialisationsmodus im ganzen“ (Mollenhauer et al. 1969: 238).

Mollenhauers Studie führt einerseits zur wissenschaftlichen Diskussion und Weiterführung seiner Thesen (Bäumler 1970; Giesecke 1971) sowie zu Versuchen einer theologischen Begründung evangelischer Jugendarbeit (Leschonski 1974; Affolderbach 1977; Deresch 1984). Andererseits führen seine Thesen auch zu einer Kontroverse, in der sich innerhalb der AGEJD v. a. die Vertreter der Jugendverbände und die der gemeindlichen Jugendarbeit gegenüberstehen. Denn die empirische Studie Mollenhauers zeigte, dass es zwei unterschiedliche Konzeptionen evangelischer Jugendarbeit gab, die in den nächsten Jahren als „emanzipatorische“ versus „missionarische/evangelistische“ Jugendarbeit bezeichnet werden.

Der Generalsekretär der AGEJD, Klaus Lubkoll, spricht diese beiden Konzeptionen in einem Vortrag vor der Oldenburger Synode am 1. Juni 1970 offen an: „Die Spannung zwischen einer stärker missionarischen und einer stärker diakonischen evangelischen Jugendarbeit, ich könnte auch sagen: zwischen den Konzepten pietistischer Gruppen und den Zielvorstellungen der ‚Offenen Arbeit‘ stellte noch vor zehn Jahren die entscheidende Alternative dar“ (Foitzik 2003: 73 f.).

Die Spannungen, die Lubkoll rückblickend konstatiert, führen auf der Mitgliederversammlung der AGEJD im November 1970 zur offenen Auseinandersetzung, als eine Thesenreihe („Thesen zur Zielsetzung evangelischer Jugendarbeit und zu deren Umsetzung in pädagogisches Handeln“; Affolderbach 1982: 123–129) von Heinrich-Constantin Rohrbach, Direktor des Burckhardthauses, das Konzept einer emanzipatorischen evangelischen Jugendarbeit formuliert. Die These „Der evangelische Charakter einer Jugendarbeit ist also nicht primär zu erkennen an einem spezifisch kirchlichen, religiösen oder biblischen Inhalt, sondern an dem Bemühen, in einer konkreten Situation Agape zu praktizieren" (Affolderbach 1982: 127), wird von den Vertretern der Verbände (CVJM, EC, MBK) und Freikirchen abgelehnt und mit Gegenthesen beantwortet.

Im Widerspruch zu Rohrbach betont Wolfhart Schlichting als Stellvertreter für den CVJM-Gesamtverband in der Mitgliederversammlung der aej im März 1971: „In diesem Sinn ist es das Hauptziel evangelischer Jugendarbeit, junge Menschen mit Jesus bekanntzumachen" (Affolderbach 1982: 136). Die Arbeitsgemeinschaft MBK ergänzt: „Im Sinne der Reformation [...] sehen wir in der verbalen Verkündigung [...] das für die Jugendarbeit Konstitutive" (Affolderbach 1982: 138). Schließlich formuliert eine gemeinsame Stellungnahme von CVJM, MBK und EC, der sich die Vertreter der freikirchlichen Jugendarbeit anschließen: „Das primäre Ziel evangelischer Jugendarbeit besteht darin, jungen Menschen zum Anschluß an die Person Jesu Mut zu machen. Aus der Verbindung mit ihm erwachsen Konsequenzen in Form missionarischer, diakonischer und gesellschaftspolitischer Aktivitäten" (Affolderbach 1982: 145). Die Vertreter der Jugendverbände und Freikirchen halten explizit fest an der missionarischen Zielsetzung und theologischen Begründung ihrer Jugendarbeit.

Damit stehen sich innerhalb der evangelischen Jugendarbeit zwei Konzeptionen gegenüber, die beide für sich beanspruchen, im eigentlichen Sinne evangelische Jugendarbeit zu sein: Die von den Verbänden und Freikirchen vertretene „traditionelle" Konzeption evangelischer Jugendarbeit hat das Ziel, junge Menschen zum Glauben an Jesus Christus einzuladen und sie im Leben im christlichen Glauben (Nachfolge, christliche Gemeinschaft, Bibellese) zu fördern. Dazu gehört auch „Hilfe zur Bewältigung des Lebens. Möglichkeit zu Spiel und Unterhaltung" (Leschonski 1974: 1 f.). Der christliche Glaube ist sowohl Motivation als auch Inhalt und Ziel der Jugendarbeit. Die zweite, stärker in der gemeindlichen Jugendarbeit der Landeskirchen vertretene Konzeption verfolgt das Ziel, aus christlicher Nächstenliebe heraus „mit Jugendlichen soziales Verhalten ein[zu]üben" (Affolderbach 1981: 52), und das Ziel der „Förderung der Emanzipation gegenüber Herrschaftsansprüchen" und wird daher auch als emanzipatorische Jugendarbeit bezeichnet. Die AGEJD/aej strengt ab 1971 einen Klärungsprozess im Blick auf die unterschiedlichen Konzeptionen an. Dabei sind die Begriffe für die jeweiligen Konzeptionen noch nicht fest. Doch wird „missionarische Jugendarbeit" in der Kontroverse ab 1971 zu einem Begriff für eine Konzeption evangelischer Jugendarbeit und damit auch zu einem Begriff, der positiv oder negativ konnotiert ist.

Das positive Aufgreifen des Begriffs: Bekenntnis zur missionarischen Jugendarbeit

Noch 1971 versteht der EC in einer Stellungnahme zur politischen Bildungsarbeit die eigene Arbeit als „missionarische Jugendarbeit" (Affolderbach 1982: 404).

Ein Bekenntnis zu einer ausdrücklich missionarischen Jugendarbeit ist auch die Gründung der Arbeitsgemeinschaft Jugendevangelisation (AGJE) am 6. Dezember 1971 in Wuppertal. Die verabschiedete „Basis" formuliert: Die AGJE ist „ein freier Zusammenschluß von Personen, die in der Jugendarbeit von Landes- und Freikirchen sowie in christlichen Jugendwerken tätig sind und sich um eine evangelistisch ausgerichtete Jugendarbeit bemühen. 2. Jugendevangelisation wird von den Mitgliedern der AG auf der Grundlage der biblischen Botschaft verstanden: a) als Verkündigung des Heils allein in Jesus Christus [...], b) als Ruf zur Umkehr und zur Nachfolge Jesu Christi [...], c) als Anleitung zum verbindlichen Leben in der Gemeinde Jesu Christi und in der Welt [...]. Von daher umfaßt Jugendevangelisation evangelistische Schwerpunktaktionen und kontinuierliche missionarische Jugendarbeit" (Affolderbach 1982: 380). Die „kontinuierliche missionarische Jugendarbeit" soll u. a. durch Veranstaltungen, Mitarbeiterschulung, Bereitstellung von Materialien geschehen.

In beiden Dokumenten wird der Begriff „missionarische Jugendarbeit" positiv für das eigene Selbstverständnis aufgenommen. Es fällt aber auf, dass in der Basis der AGJE die Begriffe „evangelistisch" und „Evangelisation" dominieren. Dies betont einerseits das ausdrückliche Bejahen der Wortverkündigung als Teil der Jugendarbeit, was von den Vertretern einer emanzipatorischen Jugendarbeit kritisiert wurde. Andererseits schien der Begriff „missionarisch", der zu dieser Zeit auch innerhalb des Ökumenischen Rats der Kirchen diskutiert wurde (vgl. Stettner 1999: 15–28; 41–50), nicht eindeutig genug die Zielsetzung der Jugendarbeit zu beschreiben. Dass „missionarisch" immer auch die verbale Verkündigung beinhaltete, wie umgekehrt „evangelistisch" als ganzheitliches missionarisches Handeln verstanden werden sollte, zeigt die „Theologische Erläuterung" (1973) der Basis der AGJE durch Jürgen Blunck: „Evangelisation wird den Dienst für die Welt in dreifacher Richtung aufzeigen: missionarisch, diakonisch, gesellschaftspolitisch" (Affolderbach 1982: 384). So kann, ebenfalls 1973, Ulrich Parzany auf einer Konferenz für Jugendarbeit im Rheinland zum Thema „Jugendevangelisation" konkret von „jugendmissionarischer Arbeit" (Affolderbach 1982: 385–387) sprechen.

Sind in der AGJE Einzelpersonen verbunden, die sich in den Dienst missionarischer Jugendarbeit stellen, so schließen sich 1974 nach gemeinsamen missionarischen Aktionen anlässlich der Olympischen Spiele in Deutschland (1972) und unter dem Einfluss der Lausanner Verpflichtung

(Lausanner Bewegung Deutschland (2000) [1974]: 5 „dass Evangelisation und soziale wie politische Betätigung gleichermaßen zu unserer Pflicht als Christen gehören") Werke zusammen, die sich der „missionarischen Jugendarbeit" verpflichten. Am 5. Dezember 1974 wird der Ring Missionarischer Jugendbewegungen (RMJ, seit 2012: netzwerk-m, www.netzwerk-m.de) gegründet aus zunächst acht Missionswerken und auf der theologischen Basis der Evangelischen Allianz. Die im RMJ zusammengeschlossenen Werke kooperieren mit den Jugendverbänden (EC, CVJM, SMD, MBK), die sich ebenfalls als Träger missionarischer Jugendarbeit verstehen.

Mit beiden Gründungen wird die „missionarische Jugendarbeit" nun auch institutionell verankert, doch nicht in einem Gegenüber zur aej, sondern als Teil dieses Dachverbands, in dem ab 1975 auch der RMJ Mitglied ist. Missionarische Jugendarbeit ist damit eine inhaltliche Konzeption, der innerhalb der aej andere Konzeptionen evangelischer Jugendarbeit gegenüberstehen. Im Selbstverständnis der Vertreter und Werke ist missionarische Jugendarbeit ganzheitlich: Sie bekennt sich zur verbalen Verkündigung des Evangeliums, beschränkt sich aber nicht auf diese, sondern bekennt sich zugleich zu einem ganzheitlichen Verständnis von Mission und Evangelisation.

Dem entspricht auch die weitere praxisbezogene Verwendung des Begriffs innerhalb der Verbände und Kreise, die jugendmissionarisch arbeiten. Hier finden sich v. a. Anleitungen zur Praxis missionarischer Jugendarbeit. So leitet 1976 Ulrich Parzany, erster Vorsitzender der AGJE und Leiter des Weigle-Hauses in Essen (1976–1984), ein breites Lesepublikum „zur evangelistischen Jugendarbeit" mit Wortverkündigung an (vgl. Parzany 1976: 9–32). Er betont, dass missionarische und soziale Jugendarbeit zusammengehören (vgl. Parzany 1976: 33–63), und fordert zugleich zum weltmissionarischem Weitblick in der Jugendarbeit auf (vgl. Parzany 1976: 65–93). Auch hier wird innerhalb der missionarischen Arbeit die evangelistische Wortverkündigung bejaht und betont. Innerhalb der verbandlichen Jugendarbeit bürgert sich der Begriff ein, sodass z. B. 1998 anlässlich des 150-jährigen Jubiläums des CVJM-Westbunds eine „Sammlung von Aufsätzen zur missionarischen Jugendarbeit" (Dickel/Noack 1998: 8) erscheint, die den Begriff in der Einleitung prominent nennt, aber inhaltlich nicht weiter diskutiert, sondern zwölf Beiträge aus der Praxis missionarischer Jugendarbeit folgen lässt. In den 1980er-Jahren finden sich auch im landeskirchlichen Kontext Überlegungen zur „Missionarischen Jugendarbeit in der Gemeinde" (Jaworski 1987) und Beispiele für „Missionarische Jugendarbeit in der Volkskirche" (Winterhoff/Völkner 1988).

Im Blick auf die Publikationen seit den 1970er-Jahren fällt jedoch auf, dass das ganzheitliche Selbstverständnis von „missionarischer Jugendarbeit" nicht zwingend der Außenperspektive auf missionarische Jugendarbeit entspricht, was sich auch in der Verwendung anderer Begriffe spiegelt.

Missionarische Jugendarbeit um 1970 in der Außenperspektive

Klaus Lubkoll spricht bereits 1970 von einem Konzept missionarischer Jugendarbeit und die Träger dieses Konzepts in der AGEJD übernehmen diesen Begriff. Auch der evangelische Theologe und Pädagoge Otto Seydel spricht von einem Konzept „missionarische Jugendarbeit“ und beurteilt dieses, aus der Perspektive eines emanzipatorischen Konzepts und Mollenhauer (1969) folgend, durchweg negativ (vgl. Seydel 1974: 92). Die im gleichen Jahr erschienene Arbeit von Heinz Leschonski beschreibt inhaltlich die missionarische Jugendarbeit, verwendet aber den Begriff nicht ausdrücklich. Er spricht vom „missionarischen Ansatz“ (Leschonski 1974: 3 f.; 38), „missionarischen Auftrag“ (Leschonski 1974: 106) und der „klassischen evangelischen Jugendarbeit“ (Leschonski 1974: 33; 45–49). Das „klassische Konzept“ im Gegenüber u. a. zum „Emanzipationskonzept“ (Obendiek 1970: 392) ist ein oft verwendeter Begriff. Er signalisiert aber, dass dieses Konzept als nicht mehr zeitgemäß empfunden wird und dass die missionarische Jugendarbeit um 1970 die Tradition unverändert fortzusetzen scheint. Dagegen spricht Affolderbach (1977: 234; 240) differenzierter vom „biblizistisch-pietistischen Typ“ der Bibelfrömmigkeit nach 1945, von der er die zeitgenössische „missionarisch-evangelistische“ (Affolderbach 1981: 55) unterscheidet, als deren entscheidendes Kriterium er die „persönliche Bindung an Jesus“ (Affolderbach 1981: 59) sieht.

Ohne die Begriffsgeschichte im Einzelnen weiter zu verfolgen, kann gesagt werden, dass sich der Begriff „missionarische Jugendarbeit“ innerhalb der Polarisierungsdebatte ab 1970 etabliert für ein Konzept evangelischer Jugendarbeit, das diskutiert wird.

2.3 Ein Konzeptionsbegriff etabliert sich (1974–1980)

Diese Diskussion findet einen vorläufigen Schlusspunkt auf der aej-Mitgliederversammlung im März 1974, auf der Werner Schanz, Leiter des Studienzentrums für evangelische Jugendarbeit in Josefstal, den emanzipatorischen Ansatz gegenüber „missionarischer Jugendarbeit“ (Affolderbach 1982: 157) noch einmal vorstellt, und Klaus Teschner, Direktor der Arbeitsgemeinschaft MBK, den Ansatz der missionarischen Jugendarbeit referiert (vgl. Affolderbach 1982: 153–173). Dabei spricht Teschner fast ausschließlich von einer „missionarisch-evangelistischen Jugendarbeit“, die „verkündigungsorientiert“ (Affolderbach 1982: 162) ist. Darin wird deutlich, dass der zu betonende, da umstrittene Punkt das Bejahen der verbalen Verkündigung des Evangeliums ist, der zum Bindestrich-Adjektiv „missionarisch-evangelistisch“ führt.

Trotz der unterschiedlichen Ansätze bemühen sich die Träger evangelischer Jugendarbeit ab 1974 um eine gemeinsame Praxis. Die Frage der unterschiedlichen Konzeptionen bleibt offen. Sie wird 1976 nochmals aufgegriffen in Klaus Teschners Überlegungen zu „missionarisch-biblischen Diensten“ und Bernd Hasslers zu „biblisch-missionarischer und politisch-sozialer Jugendarbeit“ (vgl. Hassler 1976; Teschner 1976). Auch die Referate im Jahr 1981 von Hartmut Bärend zur „Missionarischen Jugendarbeit“ (vgl. Bärend 1981: 109–126) und von Tilman Schmieder „zu einer Weiterführung des emanzipatorischen Ansatzes evangelischer Jugendarbeit“ (vgl. Schmieder 1981: 78–108) zeigen die Koexistenz zweier Konzeptionen, für deren eine sich der Begriff „missionarische Jugendarbeit“ verfestigt.

Bärend, zu dieser Zeit Direktor der Arbeitsgemeinschaft MBK, sieht den Gegensatz zwischen missionarischer und emanzipatorischer Jugendarbeit als überwunden an, insofern auch missionarische Jugendarbeit emanzipativ sei (Bärend 1981: 111). Doch hält er am sachlichen Vorrang der missionarischen Verantwortung fest. Denn Jugendarbeit, „die dem Evangelium verpflichtet ist, kann sich ebenfalls nicht anders darstellen, als daß sie missionarische Jugendarbeit ist [...] daß alle möglichen Gestaltungsformen christlicher Jugendarbeit dem missionarischen Dienst verpflichtet sind“ (Bärend 1981: 112). Missionarisches Handeln bedeutet für Bärend auch das „Eintreten für andere, das Teilen und Teilhaben lassen, bis ins Materielle hinein“, aber „Herzstück aller missionarischen Jugendarbeit“ ist für ihn der „Ruf zum persönlichen Glauben“ (Bärend 1981: 116 f.): „Ich bin durch meine Lebens- und Glaubensgeschichte der missionarischen Jugendarbeit verpflichtet [...] Warum? Weil ich vor rund 25 Jahren einen Anstoß aus Kreisen missionarischer Jugendarbeit bekommen habe, der [...] mein Leben geprägt hat. Wenn ich Ihnen sage, wie dieser Anstoß aussah, nenne ich Ihnen schon das Wesentliche über meine Sicht der missionarischen Jugendarbeit. Ein älterer Jugendmitarbeiter stellte mir damals die sogenannte ‚Knopflochfrage‘: ‚Kennst Du Jesus Christus als Deinen persönlichen Heiland?‘“ (Bärend 1981: 109)

Bärends persönliche Worte sind im Blick auf das Selbstverständnis missionarischer Jugendarbeit um 1980 erhellend: Missionarische Jugendarbeit wird als eine, ja die Konzeption evangelischer (als evangeliumsgemäßer) Jugendarbeit verstanden. Zur ihr gehört auch die verbale Einladung zum Glauben, die persönliche Ansprache des Jugendlichen und dessen Entscheidung für eine persönliche Beziehung zu Jesus Christus. Damit knüpft Bärends Bestimmung unmittelbar an die erwecklichen Ursprünge im 19. Jh. an.

Bärends Bestimmung missionarischer Jugendarbeit steht am Ende eines mehr als zehnjährigen Diskurses über die Konzeption evangelischer Jugendarbeit. Dieser Diskurs findet aber statt vor dem Hintergrund grundsätzlicher theologischer Auseinandersetzungen innerhalb der evangelischen Kirche(n) in Deutschland seit den 1960er-Jahren. Die Frage biblischer Hermeneutik, entzündet an den Thesen Rudolf Bultmanns und seiner Schüler, die Diskussion um das Missionsverständnis im Ökumenischen Rat der Kirchen und in der Lausanner Bewegung (vgl. Stettner 1999: 15–28; 41–50), aber auch um die gesellschaftliche Öffnung der Kirche prägen auch die evangelische Jugendarbeit und spiegeln sich in der Theorie-Diskussion.

Dieser Hintergrund erklärt manche Zuspitzung innerhalb der Debatte um die Konzeption evangelischer Jugendarbeit, wie z. B. die Fixierung auf die Schlagwörter „Emanzipation contra Evangelisation" (Schmieder 1981: 89). So betonen die Vertreter einer missionarischen Jugendarbeit in diesem Kontext wiederholt und nachdrücklich die Bedeutung der verbalen Verkündigung des Evangeliums, doch in „den Abschlußreferaten wurde deutlich, daß der Streit [...] wohl um unterschiedliche theologische Ansätze und pädagogische und sozialwissenschaftliche Folgerungen [ging], nicht aber um die Frage eines diakonischen, sozialen und politischen Engagements der Jugendarbeit, das beide Parteien bejahen" (Stettner 1999: 87). Spätestens mit den Impulsen der Lausanner Verpflichtung (1974) wird auch in den öffentlichen Äußerungen wieder verstärkt „die soziale Verantwortung missionarischer Jugendarbeit betont" (Affolderbach/Scheunpflug 2003: 139).

Das Eintreten für ein evangelistisches Verkündigen des Evangeliums vonseiten der Vertreter missionarischer Jugendarbeit war nicht nur in den 1970er-Jahren ein Streitpunkt, sondern spiegelt sich bis heute in der kritischen Beurteilung des damaligen Missionsverständnisses in der Fachliteratur wider: „Der Begriff des ‚Missionarischen' stand bis in die 1970er- und 1980er-Jahre für einen bestimmten Glaubens- und Sprachstil, der Menschen in manchmal bedrängender Weise mit dem Evangelium konfrontierte und sie zu einer Entscheidung herausforderte" (Kißkalt 2013: 418). Auch die Bezeichnung der missionarischen Jugendarbeit als „evangelikal" in der neueren Literatur hat eine oft kritische Konnotation. So spricht Christof Bäumler im Handbuch „Kirchliche Jugendarbeit in Grundbegriffen" (Affolderbach/Steinkamp 1985) von „missionarischer Jugendarbeit" mit „evangelikalen Frömmigkeitsmustern", die oft „mit einem Defizit an selbständiger Praxis christlicher Freiheit" einhergehen (Bäumler 1985: 241), und auch Martin Affolderbach kann von einer „missionarisch-evangelikalen Konzeption" (Affolderbach 1987: 104; vgl. Stettner 1999: 2) sprechen. Damit wird der Begriff missionarische Jugendarbeit mit der evangelikalen Bewegung verbunden, was insofern zutreffend ist, als die Träger missionarischer Jugendarbeit auch meist der Evangelischen Allianz angehörten und sich z. B. der RMJ (netzwerk-m) auf der Basis der Glaubenssätze der Evangelischen Allianz zusammenschloss. Doch trägt der diskutierte Begriff „evangelikal" für das inhaltliche Verständnis missionarischer Jugendarbeit wenig bei.

3. Missionarische Jugendarbeit: Abgrenzung und Profilbildung

Die Anfragen an Missionsverständnis und theologische Einordnung zeigen zugleich die Anfragen, die an Begriff und Inhalt missionarischer Jugendarbeit heute gestellt werden. Was trägt der Blick in die Begriffsgeschichte zu einer Antwort bei?

In aller Vorläufigkeit lässt sich festhalten, (1) dass missionarische Jugendarbeit historisch einerseits die Grundform christlicher Jugendarbeit ist, wie sie im 19. Jh. aus der Erweckungs- und Gemeinschaftsbewegung erwächst, andererseits ab den 1970er-Jahren zu einem Konzeptionsbegriff gegenüber konkurrierenden Konzeptionen evangelischer Jugendarbeit wird. (2) Damit dient der Begriff missionarischer Jugendarbeit zugleich einer Abgrenzung, z. B. von der emanzipatorischen Jugendarbeit, wie der Profilierung, z. B. im bewussten Bekenntnis zu einer missionarischen Jugendarbeit in den Jugendverbänden. (3) Inhaltlich steht der Begriff sowohl für ein Bejahen des verkündigenden Rufs zum Glauben und für die Pflege einer persönlichen Beziehung zu Jesus Christus als bleibendes Erbe der Erweckungs- und Gemeinschaftsbewegung als auch für ein ganzheitliches Missionsverständnis, zu dem soziales und gesellschaftspolitisches Handeln gehört. (4) Schließlich zeigt die Begriffsgeschichte, dass der Begriff „missionarische Jugendarbeit", wie er innerhalb der sie vertretenden Verbände und Werke klar zu sein scheint, mit seinen Inhalten immer wieder neu vermittelt werden muss. Erläutert werden muss dabei die theologische „Füllung" missionarischer Jugendarbeit ebenso wie das Verhältnis von missionarischer Zielsetzung und pädagogischem Handeln, von evangelistischer Verkündigung und christlich-sozialem Engagement.

Darin liegen die bleibenden Herausforderungen des Profilbegriffs „missionarische Jugendarbeit", der sich die Beiträge dieses Handbuchs stellen.

Literatur

Affolderbach, Martin (1977): Kirchliche Jugendarbeit im Wandel. Analysen zur Bibelfrömmigkeit. Mit einem Nachwort von Hermann Steinkamp (Gesellschaft und Theologie; Abt. Praxis der Kirche 26). München/Mainz: Chr. Kaiser/Matthias-Grünewald-Verlag.

Affolderbach, Martin (1981): Problemgeschichte der evangelischen Jugendarbeit nach 1945. In: Arbeitsgemeinschaft der Evangelischen Jugend (aej) (Hrsg.): Beiträge zur Geschichte und Konzeption evangelischer Jugendarbeit (aej-Studientext 19). Stuttgart: aej. S. 20–77.

Affolderbach, Martin (Hrsg.) (1982): Grundsatztexte zur evangelischen Jugendarbeit. Materialien zur Diskussion in Praxis, Lehre und Forschung. 2., überarbeitete Auflage. Stuttgart/Gelnhausen; edition aej/Burckhardthaus-Laetare Verlag.

Affolderbach, Martin/Steinkamp, Hermann (1985): Kirchliche Jugendarbeit in

Grundbegriffen: Stichworte einer ökumenischen Bilanz. Düsseldorf/München: Patmos-Verlag/Kaiser.

Affolderbach, Martin (1987): Ausschau nach neuen Perspektiven zur Konzeption evangelischer Jugendarbeit. In: Hanusch, Rolf/Lämmermann, Godwin (Hrsg.): Jugend in der Kirche zur Sprache bringen. Anstöße zur Theorie und Praxis kirchlicher Jugendarbeit. München: Chr. Kaiser Verlag. S. 91–107.

Affolderbach, Martin/Scheunpflug, Annette (2003): Die 70er Jahre, In: Schwab, Ulrich (Hrsg.): Geschichte der evangelischen Jugendarbeit. Teil 2. Vom Wiederaufbau zur Wiedervereinigung. Evangelische Jugend in der Bundesrepublik Deutschland 1945–1995. Hannover: Lutherisches Verlagshaus GmbH. Edition aej. S. 115–165.

Bärend, Hartmut (1981): Grundsätze missionarischer Jugendarbeit. In: Arbeitsgemeinschaft der Evangelischen Jugend (aej) (Hrsg.): Beiträge zur Geschichte und Konzeption evangelischer Jugendarbeit (aej-Studientext 19). Stuttgart: aej. S. 109–126.

Bäumler, Christof (1970): Zwischen Gemeinde und Gesellschaft. Erwägungen zu einer Voruntersuchung über die evangelische Jugendarbeit in der Bundesrepublik. In: Praxis Ecclesiae. Praktische Theologie als Hermeneutik, Katechetik und Homiletik im Dienste der Kirche (Studien zur Praktischen Theologie 9). München: Chr. Kaiser Verlag. S. 204–221.

Bäumler, Christof (1985): Konzeption und Theorie kirchlicher Jugendarbeit. In: Affolderbach, Martin/Steinkamp, Hermann: Kirchliche Jugendarbeit in Grundbegriffen: Stichworte einer ökumenischen Bilanz. Düsseldorf/München: Patmos-Verlag/Kaiser. S. 228–243.

Böhnisch, Lothar/Gängler, Hans/Rauschenbach, Thomas (Hrsg.) (1991): Handbuch Jugendverbände. Eine Ortsbestimmung der Jugendverbandsarbeit in Analysen und Selbstdarstellungen. Weinheim/München: Juventa-Verlag.

Cordier, Leopold (Hrsg.) (1925): Evangelische Jugendkunde. Bd. 1: Quellenbuch zur Geschichte der Evangelischen Jugend. Schwerin: Verlag Friedrich Bahn.

Deresch, Wolfgang (1984): Kirchliche Jugendarbeit. Wege zur personalen, sozialen und religiösen Identität. München: Chr. Kaiser Verlag.

Dickel, Christoph/Noack, Holger (Hrsg.) (1998): Update Jugendarbeit. Neukirchen-Vluyn: Aussaat Verlag.

Giesecke, Hermann (1971): Die Jugendarbeit. Grundfragen der Erziehungswissenschaft. München: Juventa-Verlag.

Foitzik, Karl (2003): Evangelische Jugendarbeit in den 60er Jahren – Zwischen Bibel und Gesellschaft, In: Schwab, Ulrich (Hrsg.): Geschichte der evangelischen Jugendarbeit. Teil 2. Vom Wiederaufbau zur Wiedervereinigung. Evangelische Jugend in der Bundesrepublik Deutschland 1945–1995. Hannover: Lutherisches Verlagshaus GmbH. Edition aej. S. 65–113.

Hassler, Bernd (1976): Polarisierung und Versöhnung. Gedanken zum Mit- und Gegeneinander biblisch-missionarischer und politisch-sozialer Jugendarbeit. In: Evangelische Jugendinformation. EJI 1976 (6). S. 17–24.

Jaworski, Hans-Jürgen (1987): Keiner soll übersehen werden. Missionarische Jugendarbeit in der Gemeinde. Neukirchen-Vluyn: Aussaat- und Schriftenmissions-Verlag.

Jürgensen, Johannes (1980): Vom Jünglingsverein zur Aktionsgruppe. Kleine Geschichte der evangelischen Jugendarbeit. Gütersloh: Gütersloher Verlagshaus Gerd Mohn.

Jürgensen, Johannes (1981): Zwischen Jugend und Kirche. In: Arbeitsgemeinschaft der Evangelischen Jugend (aej) (Hrsg.): Beiträge zur Geschichte und Konzeption evangelischer Jugendarbeit (aej-Studientext 19). Stuttgart: aej. S. 7–19.

Kißkalt, Michael (2013): Missionarische Jugendarbeit. In: Kaiser, Yvonne/Spenn, Matthias/Freitag, Michael/Rauschenbach, Thomas/Corsa, Mike (Hrsg.): Handbuch Jugend. Evangelische Perspektiven. Opladen, Berlin, Toronto: Verlag Barbara Budrich. S. 416–420.

Lausanner Bewegung Deutschland (2000): Die Lausanner Verpflichtung. 5. Auflage. Online unter: http://www.lausannerbewegung.de/data/files/content.publikationen/55.pdf (Abruf 30.08.2015). Erstausgabe 1974.

Leschonski, Heinz (1974): Evangelische Jugendarbeit: Emanzipation oder Versöhnung? Theologische Überlegungen zur Jugendarbeit in der Gemeinde. Inaugural-Dissertation. Kirchliche Hochschule Berlin (West).

Mollenhauer, Klaus/Kasakos, Gerda/Ortmann, Hedwig/Bathke, Ulrich (1969): Evangelische Jugendarbeit in Deutschland. Materialien und Analysen (Reihe Deutsches Jugendinstitut 1). München: Juventa-Verlag.

Müller, Wolfgang C./Kentler, Helmut/Mollenhauer, Klaus/Giesecke, Hermann (1964): Was ist Jugendarbeit? Vier Versuche einer Theorie. München: Juventa-Verlag.

Obendiek, Enno (1970): Zielvorstellungen evangelischer Jugendarbeit. In: Das Baugerüst 1970 (11–12). S. 389–396.

Parzany, Ulrich (1976): Zeugen gesucht! Evangelistischer Ansatz, soziale Verantwortung und weltmissionarischer Weitblick in der Jugendarbeit (ABC-Team 57. Christsein heute). Wuppertal: Aussaat Verlag.

Roll, Dieter (2008): Christlicher Verein junger Menschen (CVJM). In: Betz, Hans Dieter/Browning, Don/Janowski, Bernd/Jüngel, Eberhard (Hrsg.): Religion in Geschichte und Gegenwart: Handwörterbuch für Theologie und Religionswissenschaft. Tübingen: UTB. S. 263–264.

Schmieder, Tilman (1981): Neuer Mensch und neue Stadt. Überlegungen zu einer Weiterführung des emanzipatorischen Ansatzes evangelischer Jugendarbeit. In: Arbeitsgemeinschaft der Evangelischen Jugend (aej) (Hrsg.): Beiträge zur Geschichte und Konzeption evangelischer Jugendarbeit (aej-Studientext 19). Stuttgart: aej. S. 78–108.

Schwab, Ulrich (Hrsg.) (2003): Geschichte der evangelischen Jugendarbeit. Teil 2. Vom Wiederaufbau zur Wiedervereinigung. Evangelische Jugend in der Bundesrepublik Deutschland 1945–1995. Hannover: Lutherisches Verlagshaus. Edition aej

Seydel, Otto (1974): Kirchliche Jugendarbeit. Freiraum und Konflikt. Stuttgart/Berlin/Köln/Mainz: Kohlhammer.

Maria Stettner (1999): Missionarische Schülerarbeit (Münchener Theologische Beiträge 2). München: Herbert Utz Verlag.

Teschner, Klaus (1976): Missionarisch-biblische Dienste und politische Verantwortung. In: Evangelische Jugendinformation. EJI 1976 (6). S. 17–24.

Winterhoff, Birgit/Völkner, Friedrich-Karl (1988): Missionarische Jugendarbeit in der Volkskirche. In: Röckle, Gerhard (Hrsg.): Das Haus der lebendigen Steine. Glauben heute – Praxismodelle und Predigten. Neukirchen-Vluyn: Aussaat- und Schriftenmissions-Verlag. S. 42–48.

DIE GESCHICHTE DES CVJM ALS BEISPIEL DER GESCHICHTE MISSIONARISCHER JUGENDARBEIT

Andreas Getfert

Der CVJM (Christlicher Verein Junger Menschen) ist mit seiner über 170 Jahre langen Geschichte keine junge Bewegung mehr, richtet seine Arbeit aber bis heute vorrangig auf junge Menschen aus und will dabei den Missionsauftrag Jesu erfüllen. Er bildet heute den größten christlich-ökumenischen Jugendverband in Deutschland (CVJM-Gesamtverband[1]) und zählt auch weltweit zu den ältesten und größten Jugendbewegungen (World Alliance of YMCAs[2]) insgesamt. Seine Wurzeln liegen im 19. Jahrhundert und sind eng verbunden mit einer Erweckungsbewegung in dieser Epoche. Dabei sind für den CVJM von den Ursprüngen an die Verkündigung des Evangeliums und soziales Engagement gleichermaßen von Bedeutung gewesen. In den folgenden Ausführungen werden einerseits die Anfänge und die Entwicklungen der CVJM-Bewegung in Deutschland bis zur Gegenwart nachgezeichnet, andererseits werden die internationale Dimension und wichtige Meilensteine in der Geschichte der weltweiten Arbeit des CVJM/YMCA beleuchtet. Hierbei geht es weniger darum, eine möglichst lückenlose Chronologie von geschichtlichen Ereignissen nachzuzeichnen, als vielmehr die großen Linien des missionarischen Selbstverständnisses des CVJM aufzuzeigen und das Augenmerk auf manche Arbeitsschwerpunkte in der Geschichte zu richten, die heute nur noch wenig im Bewusstsein von Mitarbeitenden und Mitgliedern im deutschen CVJM sind.

1. Die Vorläufer des CVJM

Lange bevor in Deutschland der erste CVJM mit dem Namen Christlicher Verein Junger Männer (bis zum Ende des Zweiten Weltkriegs war der CVJM eine reine Männer- und Jungenbewegung) gegründet wurde, gab es bereits Initiativen und Vereine, die sozusagen im Geist des CVJM missionarisch unter jungen Männern arbeiteten. Die frühesten Formen finden sich bereits im 18. Jahrhundert in den „Chören" (= hauskreisartige Kleingruppen) der Herrnhuter Brüdergemeine, die von Graf Zinzendorf ins Leben gerufen worden waren, und im „Lediger Verein" oder dem „Verein für Sonntagssäle" in Basel (vgl. Stursberg 1987: 7).

---

1 www.cvjm.de/vereine-und-struktur/cvjm-ist/ (Abruf 20.07.2015)

2 www.ymca.int/who-we-are/ (Abruf 20.07.2015)

1.1 Zeitgeschichtlicher Hintergrund des 19. Jahrhunderts

Die erste Hälfte des 19. Jahrhunderts war geprägt von tief greifenden gesellschaftlichen, politischen und wirtschaftlichen Umbrüchen, die sich insbesondere auf die Lebensbedingungen der jungen Generation auswirkten. Zwei Faktoren sind auszumachen, die in besonderer Weise die Bildung von Vereinen für junge Menschen begünstigten.

- Die beginnende Industrialisierung mit dem Entstehen von Wirtschaftszentren in den Städten, wo Arbeit zu finden ist, bewegt viele junge Menschen dazu, ihre Heimatdörfer zu verlassen und in die Städte zu ziehen, wo sie, getrennt von ihrer Familie und entwurzelt aus den Halt gebenden sozialen Strukturen, auf sich allein gestellt sind. Viele von ihnen sind offen dafür, das Angebot einer neuen Gemeinschaftsform anzunehmen.
- Die geistliche Erweckung, die sich vor dem Hintergrund der sich gravierend verändernden politischen und gesellschaftlichen Verhältnisse ereignet, zielt einerseits darauf, den einzelnen rettungsbedürftigen Menschen in den Blick zu nehmen, und führt andererseits zur Suche von neuen Ausdrucksformen des gemeinschaftlich gestalteten Glaubenslebens. Es kommt zur Gründung von Freikirchen ebenso wie von Missionsgesellschaften, die das Evangelium den noch nicht erreichten Menschen in aller Welt bringen wollen. Viele Christen erkennen daneben ihre Verantwortung für die großen geistlichen ebenso wie für die sozialen Herausforderungen und sind motiviert, sich für das Wohl des Einzelnen wie auch der Gemeinschaft einzusetzen. Christen sind bereit, Einfluss zu nehmen und Gesellschaft mitzugestalten. So kommt es nicht von ungefähr, dass auch die Innere Mission (die später zum Diakonischen Werk wurde) ihren Ursprung in der ersten Hälfte des 19. Jahrhunderts hat und diakonische Einrichtungen entstehen.

1.2 Neuer Wein in neuen Schläuchen: Missionarische Aufbrüche

Die Wurzeln für den CVJM in Deutschland liegen in den (Missions-)Jünglingsvereinen, die in der ersten Hälfte des 19. Jahrhunderts parallel in mehreren Regionen in zwei Ausprägungen entstanden. In diesen Vereinen standen entweder Gemeinschaft unter dem Wort, Glaubenszurüstung und Förderung der Weltmission im Mittelpunkt, oder der Schwerpunkt lag auf Bildung und Geselligkeit in einem offenen Haus der Begegnung. Ziel war, der geistlichen, sozialen und wirtschaftlichen Not junger Männer zu begegnen. An manchen Orten waren es Gemeindepfarrer, die die Herausforderungen und Nöte von jungen Menschen wahrnahmen und Kreise rund um biblische Lehre, Gebet und Gemeinschaftspflege ins Leben riefen. Vielerorts waren es aber junge gläubige Handwerker, d. h. Menschen ohne theologische Ausbildung, die die Initiative ergriffen, andere junge Männer um sich zu scharen.

In Barmen (heute Stadtteil von Wuppertal) wurde am 1. Januar 1823 der erste Missionsjünglingsverein von Carl Wilhelm Isenberg, einem 16-jährigen Klempnerlehrling, gegründet. Isenberg hatte ein Herz für die Weltmission, nachdem er schon im Alter von 14 Jahren bei seiner Konfirmation Gott gegenüber ein Gelübde abgelegt hatte, dass er Missionar werden wollte (vgl. Stursberg 1987: 15). Seine Begeisterung für die Mission prägte die Aktivitäten des Barmer Jünglingsvereins. „Die jungen Leute nahmen die Verbindung zur Mission auf, lasen die Berichte der Missionare, beteten und sammelten Geld für die Mission" (Stursberg 1987: 5).

In Bremen führte das Engagement von Pastor Friedrich Mallet am 16. Januar 1834 zur Gründung des „Bremer Hülfsverein für Jünglinge". Mallet war überzeugt, dass es neben einem bereits vorhandenen Missions-Jünglingsverein noch eines ergänzenden offeneren Angebots bedurfte angesichts der Not der zahlreichen Handwerksgesellen, die in die Stadt gezogen waren. In zwei gemieteten Räumen wurde eine Zufluchtsstätte für Jünglinge eingerichtet. Der Zweck des Bremer Hülfsvereins war laut seiner Satzung:

„Der im Januar 1834 gegründete Bremer Hülfsverein bietet allen Jünglingen, welche gern den Gefahren und den Versuchungen, die mit dem Besuchen der öffentlichen Häuser verbunden sind, entgehen wollen, eine Zufluchtsstätte an, wo sie in ihren Freistunden zum gesellschaftlichen Leben zusammenkommen können, um zu ihrer Unterhaltung und Bildung allerlei nützliche Bücher, Zeitschriften, Landkarten, wie auch Schreibmaterialien, um nach Hause schreiben zu können, vorfinden" (Stursberg 1987: 23). Aus diesem Verein erwuchs später der CVJM Bremen.

Auffällig waren das rasante Wachstum und die Ausbreitung der Jünglingsvereine in den ersten Jahren. Die Mitgliederzahlen stiegen rasch an. Carl Wilhelm Isenberg gründete während seiner Ausbildung für die Mission Jünglingsvereine in Basel (1825) und in Berlin (1827). Auch an zahlreichen anderen Orten, sogar im Ausland (Amsterdam, Paris, Genf), entstanden Vereine, die sich von Anfang an durch einen regen Briefwechsel vernetzten. Die Verbundenheit wurde gestärkt durch die Herausgabe einer christlichen Jungmännerzeitschrift, des „Jünglingsboten für christliche Jünglinge und Jünglingsvereine", ab 1847. Nur ein Jahr später folgte der erste formale Zusammenschluss von Jünglingsvereinen zu einem regionalen Jünglingsbund. Am 8. Oktober 1848 gründeten neun Vereine den Rheinisch-Westfälischen Jünglingsbund und wählten Pastor Gerhard Dürselen (Pfarrer der reformierten Gemeinde in Ronsdorf/Wuppertal) zu seinem Präses. Zwischen 1856 und 1903 bildeten sich zehn weitere regionale Vereinigungen. Aus ihnen sind die heute bestehenden CVJM-Landesverbände erwachsen, die Mitglieder im CVJM-Gesamtverband in Deutschland sind. Die frühzeitige Vernetzung auf regionaler Ebene und dann auch national durch ein deutschlandweites Treffen 1882 am Hermannsdenkmal bei Detmold schuf die strukturelle Voraussetzung dafür, dass die missionarische Jungmännerbewegung Stoßkraft in die Gesellschaft des 19. Jahrhunderts hinein hatte (vgl. Zimmermann 2014: 115 ff.).

2. Die Entstehung des CVJM

Die Wiege des CVJM (YMCA) steht in England. London war in der ersten Hälfte des 19. Jahrhunderts *die* Wirtschaftsmetropole der Welt, gekennzeichnet durch ähnliche Verhältnisse wie für deutsche Städte bereits beschrieben. Die Gründung des ersten CVJM beruht auf der Initiative von George Williams, einem jungen kaufmännischen Handlungsgehilfen im Textilhaus Hitchcock & Rogers.

2.1 Kurzbiografie von George Williams

George Williams (1821–1905) wurde als achtes und jüngstes Kind in eine Bauernfamilie im Südwesten Englands geboren. Sein Lebensweg schien klar vorgezeichnet: Aufgrund der familiären Armut musste er mit 13 Jahren die Schule verlassen und sollte in den Landwirtschaftsbetrieb einsteigen. Da er sich dafür als ungeeignet erwies, wurde er in eine Lehre zu einem Tuchhändler in der nahe gelegenen Provinzstadt Bridgewater geschickt. Der Firmeninhaber war praktizierender Christ in einer Kongregationalisten-Gemeinde (Freikirche) und machte für seine Angestellten den sonntäglichen Gottesdienstbesuch zur Pflicht. Im Winter 1837 hatte der junge George in einem Gottesdienst ein Bekehrungserlebnis. Seitdem war er regelmäßiger Besucher der Bibelstunde und wurde Mitarbeiter in der Sonntagsschule (vgl. Fischer 1982: 19 ff.). Nach Abschluss seiner Ausbildung fand er als 20-Jähriger eine Anstellung im renommierten Londoner Textilhaus Hitchcock & Rogers. Die Arbeits- und Lebensbedingungen waren hart: Der Arbeitstag erstreckte sich über 13–14 Stunden an sechs Tagen in der Woche. Die ca. 140 Angestellten lebten eingepfercht in mehreren Schlafsälen im obersten Stockwerk des Geschäftshauses (vgl. Fischer 1982: 38 f.).

Seinen Glauben wollte und konnte George Williams nicht für sich behalten: „In der Seele des jungen Handlungsgehilfen brannte das Feuer, seinen Alters- und Berufsgenossen nun auch seinerseits ein Wegweiser zu einem christlichen Leben zu sein. Durch persönliche Einladung versammelte er in seiner Stube bald eine Reihe von Kollegen um sich, mit denen er die Bibel las und betete. Spott blieb nicht aus, dennoch wuchs die Zahl der Teilnehmer ständig, es entstand eine Bewegung, die sich über die ganze Firma ausbreitete, vom Chef bis zum jüngsten Lehrling“ (Kupisch 1958: 12).

George Williams und seine Kollegen sahen die Not auch der jungen Männer in anderen Handelshäusern. Um auch diese mit dem Evangelium zu erreichen, fasste George Williams den Entschluss, einen Verein ins Leben zu rufen. Mit elf Kollegen gründete er am 6. Juni 1844 im Textilhaus Hitchcock & Rogers den ersten CVJM der Welt. Durch Briefe an die Kollegen in anderen Geschäftshäusern sowie durch persönliche Besuche dort verbreitete sich die Idee des CVJM rasch, und die Mitgliederzahl wuchs rasant. George Williams wurde später Geschäftsteilhaber des Textilhauses und hat auf seinen internationalen Geschäftsreisen Kontakte zu Christen in anderen europäischen Ländern gesucht und Impulse zur Gründung von neuen CVJM gegeben. 1894 wurde ihm von Königin Viktoria der Adelstitel „Sir“ verliehen. Seine Grabgedenkstätte befindet sich in der Krypta der St.-Pauls-Kathedrale in London.

2.2 Der CVJM – eine interkonfessionelle, überparochiale, ehrenamtliche Jugendbewegung

Sieben Merkmale werden aus der Gründung des ersten CVJM für die grundlegende Charakterisierung dieser neuen jugendmissionarischen Bewegung sichtbar.

1. Der CVJM ist im säkularen Umfeld entstanden. Der Glaube wurde offen und einladend, aber auch mutig im Arbeitsalltag des Textilhauses gelebt und entfaltete so seine missionarische Kraft.
2. Den Anfang bildete das missionarische Herz von Einzelnen, die Zeugnis von ihrem Glauben gaben. Ihr missionarisches Wirken richtete sich an den einzelnen Menschen, dessen Wünsche und Bedürfnisse sie wahrnahmen.
3. Im Zentrum standen Bibellesen und Beten. Mit diesen Ausdrucksformen des persönlichen Glaubens startete George Williams seine missionarische Initiative. Beides gehörte nach der Vereinsgründung weiterhin zu den Kernaktivitäten.
4. Der CVJM arbeitet interkonfessionell und überparochial. Schon im Kreis der Gründungsmitglieder waren mindestens vier Konfessionen vertreten. Der CVJM betrachtete diese Vielfalt immer mehr als ein wertvolles Geschenk denn als eine Herausforderung.
5. Der CVJM arbeitet nach dem Prinzip „christliche Leiterschaft – offene Mitgliedschaft“. Um die christliche Prägung des Vereins zu bewahren,

wurde die doppelte Mitgliedschaft eingeführt. Eingeschriebenes Mitglied können alle werden, die an den Programmen des CVJM teilnehmen und ihn unterstützen wollen. Demgegenüber können sog. „Tätige Mitglieder" mit Stimmrecht nur diejenigen werden, die ein klares Christusbekenntnis ablegen und Mitglied in einer Kirche sind.

6. Der CVJM ist ein Laienmissionswerk. Voraussetzung für die Mitarbeit oder für eine Leitungsaufgabe ist nicht eine theologische Ausbildung oder ein kirchliches Amt. Der CVJM folgt der reformatorischen Idee des Priestertums aller Gläubigen und ist daher ein von Laien und ehrenamtlich Tätigen getragenes Werk.
7. Der CVJM ist eine weltoffene Organisation. Er vertritt die Überzeugung, dass Christen Gesellschaft mitgestalten können und sollen. Er sieht in seiner missionarischen Ausrichtung zwar den einzelnen Menschen, aber er wendet sich gegen eine Verkürzung der missionarischen Zielsetzung auf das persönliche Seelenheil und gegen den Rückzug des Glaubens ins Private. Er stellt sich den Herausforderungen seiner Zeit und engagiert sich auch sozial und politisch. Es geht dem CVJM immer um den ganzen Menschen.

2.3 Internationalität des CVJM in der Frühphase

Das Modell des von George Williams gegründeten Londoner CVJM pflanzte sich schnell in andere Stadtviertel von London und bald auch in andere englische Städte fort. 1854 schlossen sich insgesamt 46 Vereine zu einer Union zusammen (vgl. Kupisch 1958: 12). Schon zuvor hatte der CVJM internationale Dimensionen angenommen. Im Jahr 1851 wurden Vereine in Boston und Montreal gegründet, 1852 entstanden in Paris und in Genf örtliche CVJM, ebenso in New York und Washington D. C. (vgl. Shedd 1955: 41 ff.). In Deutschland dauerte es noch bis 1883, dass der erste CVJM in Berlin unter diesem Namen und nach dem Modell des Londoner CVJM gegründet wurde. Man wusste voneinander durch den regen Briefwechsel unter den Verantwortlichen der Vereine. Dreh- und Angelpunkt des Kommunikationsnetzes war Henri Dunant aus dem CVJM Genf, der spätere Gründer des Roten Kreuzes. In diese Korrespondenz war auch Pfarrer Dürselen vom Rheinisch-Westfälischen Jünglingsbund eingebunden. Über den Schriftverkehr entstand der Wunsch, sich persönlich kennenzulernen. Nach dem Vorbild der Evangelischen Allianz, die sich 1846 bei einer internationalen Konferenz gegründet hatte, wurde zu einem Treffen vom 20. bis 22. August 1855 am Rande der großen Weltausstellung in Paris eingeladen. 99 offizielle Delegierte, die über 300 Ortsvereine in neun Ländern Europas und Nordamerikas vertraten, kamen zusammen, um einander näher kennenzulernen und sich über ihre Arbeit auszutauschen (vgl. Shedd 1955:

114). Einen Zusammenschluss herbeizuführen, war eine Idee in den Köpfen vieler Delegierter, aber nicht im Vorfeld geplant gewesen. Am Ende wurde als Ergebnis die „Pariser Basis“ als gemeinsame Grundlage für die CVJM-Arbeit weltweit beschlossen und damit der Weltbund der CVJM gegründet:

„Die Christlichen Vereine Junger Männer haben den Zweck, solche jungen Männer miteinander zu verbinden, welche Jesus Christus nach der heiligen Schrift als ihren Gott und Heiland anerkennen, in ihrem Glauben und Leben seine Jünger sein und gemeinsam danach trachten wollen, das Reich ihres Meisters unter jungen Männern auszubreiten“ (Stursberg 1987: 55).

Es muss das Wirken des Heiligen Geistes gewesen sein, dass in so wenigen Worten so aussagekräftig das ausgedrückt wurde, was die Einheit dieser jungen Bewegung begründete und worin sie ihren Auftrag sah. Der Text erhebt nicht den Anspruch, als lehrdogmatisches Bekenntnis verbindlich zu sein, sondern er bildet eine Grundlage für die gemeinsame Zielsetzung bei durchaus unterschiedlicher Arbeitspraxis in den Nationalverbänden. Er bestimmt mit dem Glauben an Jesus Christus nach der Heiligen Schrift eine eindeutige Mitte, zeichnet sich sonst aber durch Offenheit und Weite aus. Er lässt Vielfalt in der Einheit zu. Die Pariser Basis lässt sich in ihrer Kernaussage auf zwei Begriffe bringen: Sammlung und Sendung. Sie sind wie die beiden Brennpunkte einer Ellipse. Der Auftrag des CVJM besteht darin, junge Menschen über alle Kirchen- und Konfessionsgrenzen hinweg zu einer lebendigen Gemeinschaft von Nachfolgern Jesu Christi zu versammeln und sie zur Ausbreitung des Reiches Gottes, d. h. zum ganzheitlich-missionarischen Dienst an den Menschen und an der Gesellschaft nach dem Vorbild Christi, in die Welt zu senden. Die Pariser Basis gibt Zeugnis davon, dass zwei Merkmale von den Anfängen bis heute prägend für den CVJM sind: sein ökumenisches Wesen und seine Beauftragung, missionarisch unter jungen Menschen zu wirken.

Eine dem Grundlagentext unmittelbar hinzugefügte Zusatzerklärung lässt erkennen, dass schon 1855 soziale und politische Probleme die Gemüter bewegten und vermutlich auch erhitzten. Die Zusatzerklärung lautet:

„Keine an sich noch so wichtige Meinungsverschiedenheit über Gegenstände, die diesem Zweck fremd sind, soll die Eintracht brüderlicher Beziehungen der verbundenen Vereine stören“ (Stursberg 1987: 55). Hintergrund war die Sklavenfrage in den USA, zu der es offenbar sehr konträre Meinungen unter den in Paris versammelten CVJM-Vertretern gab. Es lag den Gründervätern des CVJM-Weltbunds am Herzen, dass Meinungsdifferenzen über Fragen, die nicht die geistlichen Kernüberzeugungen betrafen, nicht die Einheit als Geschwister im Herrn gefährden dürften.

Die herausragende Bedeutung der Pariser Basis wird auch dadurch unterstrichen, dass ihr Wortlaut fast hundert Jahre später die Vorlage für die

Grundsatzerklärung des Ökumenischen Rates der Kirchen bei seiner Gründung 1948 in Amsterdam sowie in einer Ergänzung im Jahr 1961 bildete: „Der Ökumenische Rat der Kirchen ist eine Gemeinschaft von Kirchen, die den Herrn Jesus Christus gemäß der Heiligen Schrift als Gott und Heiland bekennen und darum gemeinsam zu erfüllen trachten, wozu sie berufen sind, zur Ehre Gottes, des Vaters, des Sohnes und des Heiligen Geistes" (Parzany 2004: 99).

2.4 Gründung des ersten CVJM in Deutschland

Es bedurfte der „Geburtshilfe" des Deutschamerikaners Friedrich von Schlümbach, dass der CVJM auch in Deutschland Fuß fassen konnte. Friedrich von Schlümbach war als junger Mann in die USA ausgewandert, hatte sich dort zum christlichen Glauben bekehrt, war Prediger und Evangelist der methodistischen Kirche geworden und hatte eine Anstellung im amerikanischen CVJM bekommen. Im Zusammenhang mit seiner Teilnahme an der CVJM-Weltkonferenz 1881 wurde er nach Deutschland eingeladen. Dieser Besuch trug zwei Früchte: Er initiierte das erste nationale Treffen der Jünglingsbünde 1882 am Hermannsdenkmal, das den Grundstein für die Bildung einer Nationalvereinigung, des heutigen CVJM-Gesamtverbands in Deutschland, legte, und er gab den Impuls zur Gründung des ersten deutschen CVJM in Berlin.

Von Schlümbach nahm die sozialen Nöte junger Menschen in Berlin wahr und war überzeugt, dass der CVJM als übergemeindliche und interkonfessionelle Vereinigung das richtige Instrument war, um sich dieser Nöte anzunehmen. Da die Vertreter der existierenden Jünglingsvereine in Berlin nicht für die Idee einer CVJM-Gründung zu begeistern waren, lud er über eine Zeitungsanzeige interessierte Personen zu einer Versammlung am 16. Januar 1883 ein. Bei diesem Treffen vollzog er die Gründung des CVJM Berlin und berief den Forstbeamten Eberhard von Rothkirch zu dessen ersten Vorsitzenden. In den Wochen danach wurde ein Statut erarbeitet und ein leer stehendes Haus konnte gemietet werden. Der Verein entfaltete missionarische Aktivitäten und gewann rasch weitere Mitglieder hinzu; allein im Gründungsjahr wurden schon über 500 neue Mitglieder aufgenommen (Kupisch 1958: 22 ff.).

Nach dem Berliner Modell wurden schon bald weitere CVJM in anderen deutschen Städten gegründet: München (1886), Hamburg (1890), Leipzig und Dresden (1893), Breslau (1894), Hannover (1896) und Nürnberg (1898) (Stursberg 1987: 92). Diese CVJM schlossen sich 1919 zur „Arbeitsgemeinschaft der CVJM Deutschlands" (AG der CVJM) zusammen. Die AG der CVJM ist ein Mitgliedsverband im CVJM-Gesamtverband mit demselben Status wie die regionalen Landesverbände. Die Besonderheit dieser CVJM lag und liegt bis heute darin, dass sie sich den besonderen missionarischen Herausforderungen in der Großstadt stellen und dass sie übergemeindlich und interkonfessionell arbeiten. Demgegenüber waren die Jünglingsvereine als freies Werk innerhalb der Kirche tätig und dabei an die örtlichen Kirchengemeinden angebunden, wie es auch gegenwärtig für die große Mehrheit der aus den Jünglingsvereinen hervorgegangenen CVJM der Fall ist, die die Jugendarbeit für die Ortsgemeinde leisten.

3. Wachstum der CVJM-Bewegung

In den Anfängen waren junge Erwachsene, überwiegend Handwerkslehrlinge, die Hauptzielgruppe der missionarischen Arbeit in den Jünglingsvereinen wie auch ab 1883 in den CVJM. Das Spektrum weitete sich allmählich im Lauf der Zeit.

3.1 Diversifizierung der Jünglingsvereins- und CVJM-Arbeit

Zwischen 1843 und 1915 wurde eine Fülle neuer Arbeitsfelder und neuer Arbeitszweige entdeckt, um unterschiedliche Zielgruppen von jungen Männern und später auch Jugendlichen sowie Kindern zu erreichen. Die Epoche stellte eine Blütezeit des inneren und äußeren Wachstums dar. In diese Zeit fallen der Aufbau der Bläserarbeit, das Entstehen von Jugendabteilungen für konfirmierte Jungen mit dem Weigle-Haus in Essen als vorbildhaftem Modell für altersgemäße Angebote, die Gründung von Turnvereinen – eine Entwicklung, die in die Bildung des „Eichenkreuz-Verbandes für Leibesübungen" nach dem Ersten Weltkrieg einmündet und die Einführung des Begriffs „Jungschar" für Knabenabteilungen.

Durch den Deutsch-Französischen Krieg 1870/71 kommen Soldaten in den Blick der Verantwortlichen. Mitarbeiter gehen an die Kriegsschauplätze und in die Lazarette, um den Verwundeten und Sterbenden beizustehen. Eine größere Gruppe von Mitarbeitern der Jünglingsvereine erhält an der Duisburger Diakonenschule eine Kurzausbildung in Krankenpflege, um für den diakonischen Einsatz an den Soldaten besser gerüstet zu sein. Nach dem Krieg werden in mehreren Garnisonen Soldaten-Jünglingsvereine gebildet. 1891 eröffnet der CVJM Berlin ein Soldatenheim, weitere Heime folgen in anderen Städten. Den Soldaten werden hier Mahlzeiten, Freizeitprogramme, Vorträge und andere Bildungsveranstaltungen wie auch Bibelstunden geboten. Gegen Ende des Ersten Weltkriegs erlebt diese Arbeitsform ihren Höhepunkt mit ungefähr 1200 Soldatenheimen, in denen über 20 Millionen Menschen erreicht wurden (Stursberg 1987: 124).

3.2 Missionarische Arbeit unter Studenten

Zu einem großen Zweig in der internationalen Dimension des CVJM wurde Ende des 19. Jahrhunderts die missionarische Arbeit unter Studenten an Universitäten. Dieser Arbeitsbereich ist besonders mit dem Namen von John R. Mott aus den USA verbunden. Mott (1865–1955), Sohn eines einfachen Waldbauern und Holzhändlers, war von Kindheit an ein wissbegieriger Mensch, studierte an der renommierten Cornell-Universität, wo er einen studentischen CVJM gründete. Auf einer internationalen Studentenkonferenz 1886 war durch den Evangelisten Studd seine Leidenschaft für missionarisches Christsein ebenso wie sein Interesse für die Weltmission geweckt worden.

Er wusste sich von Gott in die Mission gerufen und wurde zunächst hauptamtlicher Reise-Sekretär in der Studentenarbeit des amerikanischen YMCA. Mit ganzer Kraft widmete er sich der Gründung von CVJM-Gruppen an amerikanischen Universitäten und nur wenig später auch der internationalen Ausbreitung der christlichen Studentenbewegung an Colleges und Universitäten in aller Welt. Für die Gründung eines studentischen CVJM stellte er fünf Richtlinien auf:

„a) Christlichen Studenten ihre Verantwortung zu zeigen, für das geistliche Wohl ihrer Mitstudenten zu sorgen;
b) Ihnen die Wichtigkeit eines ernsten, praktischen Studiums der Bibel am College zu zeigen;
c) Junge Männer in den Methoden christlicher Arbeit zu üben, so daß sie später in der Arbeit ihrer Heimatkirchen und Vereine helfen können;
d) Jungen Männern die große Wichtigkeit sittlicher Reinheit einzuprägen;
e) In jungen Männern das Interesse für die Sache der Heimat- und ausländischen Missionen zu wecken und sie dazu zu führen, daß sie ihr Leben zum Opfer für den Herrn und sein Werk geben“ (Flachsmeier 1962: 32).

John R. Mott unternahm etliche große Reisen während seiner Lebenszeit. Zur ersten Weltreise brach er mit seiner Ehefrau Laila im Juli 1895 auf. Sie dauerte zwei Jahre und führte ihn zu 144 Hochschulen in 24 Ländern mit dem Ergebnis, dass 70 christliche Studentenvereinigungen gegründet oder wiederbelebt wurden. Auf dieser Reise vollzog er in Schweden die Gründung des christlichen Studentenweltbundes noch im Jahr 1895 (Wegener 1965: 38). Des Weiteren knüpfte er zahlreiche ökumenische Kontakte zu verschiedenen Kirchen, darunter auch zur griechisch-orthodoxen, zur armenischen und zur bulgarischen Kirche. Diese Begegnungen bedeuteten eine Inspiration für ihn und legten den Grundstein für sein späteres herausragendes Engagement für die ökumenische Verständigung unter den

Konfessionen, für Kooperation der Missionsgesellschaften in der Aufgabe der Weltmission (Missionskonferenz Edinburgh 1910) und für die Einheit der Christen sowie der Kirchen (Gründung des ÖRK 1948).

4. Die Kriegsgefangenenhilfe in den Weltkriegen

Mit Beginn des Ersten Weltkriegs 1914 gewann die Soldatenarbeit der Jünglingsbünde stark an Bedeutung und versorgte deutsche Soldaten, die an den Fronten im Einsatz waren. Daneben nahm der Weltbund der CVJM einen neuen Arbeitszweig unter maßgeblicher Initiative des damaligen Generalsekretärs Christian Phildius (Mitgründer des CVJM Berlin und bisher einziger deutscher Weltbund-Generalsekretär) und John R. Mott auf: die Kriegsgefangenenhilfe. Stursberg umreißt die Aufgaben dieses herausragenden Dienstes im Ersten Weltkrieg:

„Ihr Dienst bezog sich auf die Kriegsgefangenen aller am Krieg beteiligten Länder. (...) Die CVJM-Kriegsgefangenenhilfe gliederte sich in den Gefangenenlager- und Vermittlungsdienst und in die Abteilung Auskunftei und Bücherversorgung. Den aus neutralen Ländern kommenden Sekretären war der persönliche Umgang mit den Gefangenen gestattet. Neben der Versorgung der Lager konnten sie sich auch persönlicher [sic!] Anliegen der Kriegsgefangenen widmen" (Stursberg 1987: 150).

Mit den Erfahrungen aus dem Ersten wurde auch im Zweiten Weltkrieg eine groß angelegte Kriegsgefangenenhilfe durch den CVJM-Weltbund in Kooperation mit dem Internationalen Roten Kreuz und in Absprache mit den Regierungen der betroffenen Länder aufgezogen. Über 250 hauptamtliche Sekretäre waren in 38 Ländern mit Lagerbesuchen beauftragt. Wieder war John R. Mott eine der Schlüsselfiguren im Hintergrund, da er erhebliche Geldmittel zur Finanzierung beschaffte. 1946 wurde er mit dem Friedensnobelpreis ausgezeichnet. Den CVJM wie das Rote Kreuz zeichnete aus, dass die Hilfsmaßnahmen unter strenger Wahrung von Neutralität geleistet wurden. Die Hilfe wurde nach dem Grundsatz des CVJM allen Menschen ohne Unterschied von Nationalität, Rasse, Glauben und politischer Auffassung zuteil (vgl. Stursberg 1987: 242). Der CVJM überschritt Grenzen und baute Brücken zwischen verfeindeten Menschen.

Neben der Versorgung der Kriegsgefangenen mit Alltagsgegenständen, die das Leben im Lager erträglicher machten (Seife, Papier, Stifte, Bücher, Musikinstrumente und Noten, kleine Werkzeuge für handwerkliches Arbeiten, Sportgeräte, Gesellschaftsspiele etc.), waren es vor allem Bildungsveranstaltungen, die Abwechslung in den oft eintönigen Tagesablauf brachten und wieder neue Hoffnung für ein Leben nach dem Lageraufenthalt gaben. In etlichen Lagern wurden sogar Lageruniversitäten eingerichtet, die mit wissenschaftlicher Literatur versorgt wurden, sodass junge Männer ihre kriegsbedingt abgebrochenen Studien weiterführen konnten. Selbstverständlich wurden auch Gottesdienste in den Lagern gehalten, und es geschah viel seelsorgerliche Ermutigung von Einzelnen. Es ist kaum zu ermessen, wie viel Segen dieser in erster Linie diakonische, aber doch zentral geistlich geprägte Dienst für die Kriegsgefangenen bedeutet hat. Viele von ihnen drückten ihre Dankbarkeit für die empfangene Hilfe dadurch aus, dass sie den Wiederaufbau der CVJM-Arbeit in Deutschland nach dem Krieg mit Spenden unterstützten.

5. Der CVJM vor dem Anbruch des Dritten Reichs

Von den zwei Weltkriegen eingerahmt, erlebt der CVJM in den 20er-Jahren zunächst eine erneute Phase des Wachstums in neuen Führungsstrukturen, die zeitgeschichtlich angepasst eine stärkere Zentralisierung und Vereinheitlichung als zuvor aufweisen. Die Neuausrichtung schlägt sich auch in der Anstellung von Pastor Erich Stange als neuem leitenden Hauptamtlichen auf nationaler Ebene und in einer neuen Namensgebung nieder: Aus der Nationalvereinigung der Ev. Jünglingsbünde wird der „Reichsverband der Ev. Jungmännerbünde und verwandter Bestrebungen“, aus dem Nationalsekretär der „Reichswart“. Junge Menschen finden eine bunte Vielfalt von weltanschaulich unterschiedlich und gegensätzlich geprägten Angeboten vor: politische Gruppierungen zwischen Kommunismus und Nationalsozialismus, sozialdemokratische und gewerkschaftliche Jugend, rechtsstehende Jugendbünde und religiöser Sozialismus, Neulandbund und Bund deutscher Jugend etc. (vgl. Stursberg 1987: 164 ff). Die Verantwortlichen im CVJM und in den Jungmännerbünden formulierten daher als Profil und Markenzeichen für die missionarische Jugendarbeit Folgendes: „So rufen wir in einer entscheidungsschweren Stunde unsere Vereine und Führer auf, sich klar und entschieden zu Christus zu stellen. ER – unsere Stoßkraft, ER – unsere Eigenart, ER – unsere Zukunft, ER – unsere Einheit, in IHM allein das Einzigartige unseres Werkes“ (Stursberg 1987: 166).

Die Freizeit wird als neue missionarische Arbeitsform aus der Taufe gehoben und hat sich bis in die Gegenwart als einzigartige Möglichkeit erhalten, außenstehende Kinder, Jugendliche und junge Erwachsene durch ein besonderes Erlebnis christlicher Gemeinschaft weg von zu Hause und abseits vom Alltag mit dem Evangelium zu erreichen. Große Reichstagungen und Reichsfreizeiten mit über 10.000 jungen Teilnehmern vermitteln Einheit und Identität sowie die Erfahrung, zu einer großen, schlagkräftigen Gemeinschaft zu gehören. Die CVJM-Sekretärschule, ursprünglich als Sonderkurs in der Evangelistenschule „Johanneum“ in Wuppertal entstanden, eröffnet ihren Betrieb zur Ausbildung Hauptamtlicher für die missionarische Jugendarbeit 1928 in Kassel. Die Ausbildung hat durch die Geschichte hindurch immer wieder Veränderungen erfahren und wird heute am CVJM-Kolleg und an der CVJM-Hochschule weitergeführt.

Auch in dieser Phase stellt sich der CVJM neben der Verkündigungsarbeit den sozialen Herausforderungen der Zeit. Mit der einbrechenden Weltwirtschaftskrise Ende der 20er-Jahre schießen die Arbeitslosenzahlen in die Höhe. Auch viele junge Menschen sind davon betroffen. Der CVJM bietet Berufsabschlusskurse und Lehrgänge zur Umschulung von Arbeitslosen an und richtet den freiwilligen Arbeitsdienst ein, bei dem junge Arbeitslose in gemeinwesendienlichen Aufgaben Beschäftigung finden – zwar unentgeltlich, aber immerhin war eine sinnvolle Betätigung möglich.

6. CVJM im Dritten Reich: Großer Druck von außen – große Segenswirkung innen

Die Zeit des Dritten Reichs wird zur Zerreißprobe für den CVJM bzw. das Evangelische Jungmännerwerk. Nach der Machtübernahme Hitlers am 30. Januar 1933 setzten die leitenden Verantwortlichen anfangs große Hoffnungen auf die nationalsozialistische Regierung. Man glaubte, dass mit der starken Führergestalt Hitler ein Ausweg aus der politischen, wirtschaftlichen und geistigen Krise gefunden würde, und war bereit, mit dem neuen System zu kooperieren, verhieß es doch ein neues Selbstbewusstsein für das deutsche Volk und einen Geist des Aufbruchs aus Verfall und Untergang. Die staatliche Propaganda war in entsprechende religiöse Sprache gehüllt und erweckte den Anschein auch einer angestrebten geistlichen Erneuerung. Bald jedoch zeigte das Regime sein wahres Gesicht, verfügte die Eingliederung aller Jugendlichen in die Hitler-Jugend und betrieb die Auflösung der freien Jugendverbände. Es kam zur Spaltung in der CVJM-Bewegung zwischen denjenigen, die versuchten, sich mit dem Regime zu arrangieren und so Freiräume, wenn auch nur klein und begrenzt, für die christliche Jugendarbeit zu erhalten, und den anderen, die sich gegen das Regime stellten und der Bekennenden Kirche anschlossen. Später erkannten auch viele Befürworter einer Kooperation mit dem Staat, dass sie sich in ihrer Einschätzung geirrt hatten. Die verbandliche Jugendarbeit musste im Laufe der Zeit aufgelöst werden, die Jugendgruppen konnten aber als kirchliche Gruppen weitergeführt werden, wenn auch mit großen Einschränkungen in der programmatischen Gestaltung. Erlaubt waren nur noch religiös-seelsorgerliche Aktivitäten (Bibelstudium, Beten, Singen), alle anderen Betätigungen, vor allem Sport, waren untersagt. Die Gestapo ging nicht selten mit Gewalt gegen die Treffen von kirchlichen Jugendgruppen vor und löste Freizeiten gewaltsam auf. Ab 1938 wurden örtliche CVJM aufgelöst und ihre Gebäude beschlagnahmt.

Trotz des steigenden Drucks von außen blühte das Leben im Inneren der Gemeinden und Jugendgruppen an vielen Stellen auf. Die Gemeinschaft wurde intensiver, und die starke Konzentration auf die Bibel im Zentrum und auf den persönlichen Glauben sowie die Lebensgestaltung führte vor dem Zweiten Weltkrieg mancherorts sogar zu einem Wachstum der Zahlen in den örtlichen Gruppen wie auch bei größeren regionalen Treffen. Drei Beispiele:

„Das Jugendheim in Essen mußte an einem Novembersonntag wegen Ueberfüllung zeitweilig geschlossen werden. In 12 Bibelgruppen werden wöchentlich 7–8000 Jungens gesammelt. (...)

Von der „Morgenwache", dem Jahresplan 1935 für das tägliche Bibellesen, mußte soeben die fünfte Auflage in Druck gegeben werden. Damit werden alle Auflageziffern früherer Jahre überschritten. (...)

Im Evangelischen Jugendwerk des CVJM Nürnberg werden wöchentlich 1100 Jungen im Alter von 14–18, 1600 im Alter von 10–14 und 440 im Alter von 8–10 Jahren gesammelt" (Stursberg 1987: 236 f.).

Allerdings sind diese Beispiele nicht repräsentativ für die Gesamtsituation in Deutschland, da die Entwicklung regional sehr unterschiedlich verlief. So führte die Unterdrückung teilweise zu einer intensiveren Jugendarbeit, wo es gelang, Lebensgemeinschaften zu bilden, in denen der Glaube erfahren, gelebt und geteilt wurde. Wo solche Lebensgestaltung fehlte, konnte man dem Druck der staatlichen Organe nicht standhalten und ein Überleben der Gruppen war kaum möglich. Der Ausbruch der Kriegs führte dann zu einem deutlichen Rückgang der Aktivitäten, auch weil viele junge Männer eingezogen wurden und weil Häuser und Einrichtungen durch Bombenangriffe beschädigt oder zerstört wurden. Andererseits war der Krieg letztlich aber eine der Ursachen dafür, dass das Jungmännerwerk und der CVJM nicht vollständig aufgelöst wurden.

7. Missionarische Herausforderungen in zwei verschiedenen Nachkriegswelten

Eine Folge des verlorenen Zweiten Weltkriegs war die Teilung Deutschlands in zwei Staaten mit völlig unterschiedlichen politischen Systemen. So entwickelten sich entgegengesetzte Rahmenbedingungen für die missionarische Jugendarbeit in Ost und West.

7.1 Wiederaufbau im Westen

Der CVJM war eine von vier Jugendorganisationen, denen die Besatzungsmächte die sofortige Wiederaufnahme der Arbeit nach dem Ende des Zweiten Weltkriegs gestatteten (vgl. Stursberg 1987: 258). Anfang 1946 besuchte John R. Mott, der Präsident des CVJM-Weltbunds, Deutschland, um sich ein Bild von der Lage zu machen. Sein Besuch war eine Ermutigung und ein Zeichen dafür, dass die internationale CVJM-Gemeinschaft den deutschen CVJ-Mern die Hand der Versöhnung reichte und den deutschen Verband wieder in die weltweite Gemeinschaft aufnahm – eine einzigartige Geste. Gleichzeitig wurde ein großes Programm zur Aufbauhilfe gestartet, mit dem u. a. Fertighäuser für die Großstadt-CVJM, deren Gebäude zerstört worden waren, bereitgestellt wurden. Das Geld stammte zu einem großen Teil aus Spenden von deutschen Kriegsgefangenen, die damit ihren Dank für die empfangene Hilfe vom CVJM in den Lagern ausdrückten (Stursberg 1987: 262).

Viele altbewährte Formen der missionarischen Arbeit unter Kindern und Jugendlichen konnten wieder aufgenommen werden, u. a. das Angebot von Freizeiten. Auch Auslandsreisen und internationale Jugendaustauschprogramme wurden möglich und sorgten für ökumenische Horizonterweiterung. Es stellten sich aber auch enorme neue Herausforderungen durch die großen Zahlen von Kriegsheimkehrern, Flüchtlingen und Vertriebenen. Verschiedene diakonische Unterstützungsprogramme wurden für Tausende von entwurzelten Menschen zur segensreichen Hilfe.

1. Der CVJM-Heimkehrerdienst versorgte die aus den Kriegsgefangenenlagern zurückkehrenden Soldaten an den Grenzbahnhöfen, Durchgangs- und Entlassungslagern mit Informationen und half bei den notwendigen behördlichen Erledigungen, bei der Vermittlung zu ärztlichen Untersuchungen usw. In Kooperation mit anderen Hilfswerken wurden Erholungsheime eingerichtet und Heimkehrerfreizeiten durchgeführt, um die im Krieg verwundeten und traumatisierten Menschen an Leib, Geist und Seele zu stärken (vgl. Stursberg 1987: 271 f.).

2. Der „Heimatlosen-Lagerdienst" nahm sich der vielen Flüchtlinge und Vertriebenen an, die ihre Heimat verloren hatten und in Lagern provisorisch untergebracht waren. Die „Häuser für alle" waren einfache Baracken in den Lagern, aber Orte der Gastfreundschaft, der Begegnung, der Freizeitgestaltung und der persönlichen Orientierung für alle, die Ausbildung und berufliche Zukunft suchten. Lehrlingsheime, meist von den CVJM in den Großstädten eröffnet, schufen Unterkunft für junge Männer, die einen Ausbildungsplatz gefunden hatten (Stursberg 1987: 273 f.).

3. Das „Christliche Jugenddorfwerk Deutschlands" (CJD) wird 1947 gegründet (heute Mitgliedsverband im CVJM-Gesamtverband), um den vielen jungen Menschen, die durch den Krieg verwaist, orientierungslos und ohne Ausbildung waren, Unterkunft und Ausbildungsmöglichkeiten zu bie-

ten. Auch heute finden vor allem benachteiligte junge Menschen schulische und berufliche Förderangebote in über 150 örtlichen Jugenddörfern in ganz Deutschland (Christliches Jugenddorfwerk Deutschlands 1997: 15 f.).

Es stellte sich im Laufe der Zeit heraus, dass eine Anpassung von Strukturen, wieder verbunden mit einer Änderung der Bezeichnungen, notwendig war. Nach dem Zweiten Weltkrieg wurden viele Jugendgruppen gemischtgeschlechtlich neu aufgebaut, sodass Frauen und Mädchen vielerorts ganz selbstverständlich dazugehörten. Viele der Jungmännervereine nahmen den Namen CVJM an und ersetzten das Eichenkreuz durch das rot-schwarze CVJM-Dreieck als Logo. 1969 wurde der Reichsverband in „CVJM-Gesamtverband in Deutschland e.V." umbenannt und wenige Jahre später beschlossen, dass die Abkürzung CVJM offiziell für „Christlicher Verein Junger *Menschen" steht.*

7.2 Missionarische Jugendarbeit in der DDR

Anders als im Westen ließ die politische Führung in der DDR die Neugründung von freien Jugendverbänden und damit auch dem CVJM nicht zu. Auch eine Zusammenarbeit mit der staatlichen Jugendorganisation FDJ, die man anfangs anvisiert hatte, um gemeinsam ein neues demokratisches, antifaschistisches Ostdeutschland aufzubauen, erwies sich als nicht realisierbar (vgl. Müller 2011: 16 ff.). Da viele junge Menschen auf Sinnsuche waren, hatten die „Jungen Gemeinden", die sich in den örtlichen Kirchen bildeten, großen Zulauf. In den Gruppen wurde die Bibel gelesen, Lebensfragen wurden behandelt und Glaubenszuversicht vermittelt. Die Gemeinschaft stärkte den einzelnen Christen, der von staatlicher Seite viele Nachteile erleiden musste.

Unter dem Dach der Kirche wurden regionale Jungmännerwerke ins Leben gebildet, die keinen Vereins- oder Verbandsstatus hatten, aber eine Struktur boten und Personal bekamen (Landesjugendpfarrer, Kreisjugendpfarrer, Jugendwarte), das die örtlichen Gruppen betreuen und unterstützen konnte. Zur Koordination und Vernetzung der regionalen Arbeit wurden Landesstellen und eine Zentrale in Berlin eingerichtet, deren Aufgaben in der Organisation von Jugendtreffen, in missionarischer Medienarbeit (Filmdienst, Tonbanddienst, Buchhandlungen) und in der Unterstützung von Evangelisationen bestanden (Müller 2011: 33–45). Eine wichtige Rolle in der missionarischen Jugendarbeit spielten Freizeiten, in der DDR „Rüstzeiten" genannt (der Begriff Freizeiten durfte nicht verwendet werden), wo viel Glaubensstärkung bewirkt wurde. Alle regionalen Jungmännerwerke hatten eine inoffizielle Partnerschaft mit einem CVJM-Landesverband im Westen und erhielten mancherlei wertvolle Unterstützung.

Die christliche Jugendarbeit in der DDR hatte Phasen massiver Repressalien seitens der staatlichen Organe zu erleiden, z. B. zwischen 1949 und 1953 sowie von 1958 bis 1978, erlebte aber auch Zeiten der Lockerung, wenn es der Staatsführung opportun im Hinblick auf ihr Image nach außen hin erschien, so nach dem Volksaufstand am 17. Juni und ab 1978, als Erleichterungen für Reisen und für Ost-West-Begegnungen geschaffen wurden. Ohne Zweifel war die staatliche Überwachung, gerade in Gestalt des Ministeriums für Staatssicherheit, jederzeit gegenwärtig und beeinträchtigte die Arbeit. Dennoch ist es ein Ausdruck des Segens und der Bewahrung Gottes, dass in der 40-jährigen Geschichte der DDR die missionarische Jugendarbeit vielen jungen Menschen Hoffnung und Lebensorientierung gab, so dass sie sich bewusst für den christlichen Glauben entschieden haben, und dass die Jungmännerwerke wie auch die Jungen Gemeinden Segensträger waren. Bald nach der politischen Wende 1990 wurden die ersten CVJM in den neuen Bundesländern gegründet, und der CVJM-Gesamtverband konnte 1991 vier neue Landesverbände als Mitglieder aufnehmen (Kaul 2005).

7.3 Die internationale Dimension

1955 fand in Paris die Hundertjahrfeier der Gründung des CVJM-Weltbunds mit 14.000 Teilnehmern statt. In dieser Phase der politischen Blockbildung im Kalten Krieg war sie ein einzigartiger Ausdruck von Völkerverständigung, die den Globus umspannt, und sie brachte eine Bestätigung der Pariser Basis als Grundlage und Beschreibung des missionarischen Auftrags des CVJM. Das Dokument wurde erneut von allen anwesenden Nationalverbänden unterschrieben. Gleichzeitig wurde ein Beschluss zur Ausbreitung der CVJM-Bewegung in Länder gefasst, wo es bis dato keine oder nur eine schwache CVJM-Arbeit gab (vgl. Stursberg 1987: 283 ff.). Die deutschen Weltratsteilnehmer kamen mit dem festen Entschluss aus Paris zurück, ihren Beitrag zur Aufbauhilfe für junge CVJM in aller Welt zu leisten, nachdem man selbst die überwältigende Unterstützung der Weltgemeinschaft empfangen hatte. 1958 wurde der Entschluss in die Tat umgesetzt, indem mit Siegfried Wagner der erste deutsche Bruderschaftssekretär für den Aufbau von Mitarbeiterbildungsprogrammen nach Lateinamerika ausgesandt wurde. Dieses Ereignis war der Startschuss für den neuen Arbeitszweig „CVJM-Weltdienst“, durch den zahlreiche CVJM in Afrika, Asien und Lateinamerika Hilfe im Aufbau von Verbandsstrukturen, Aus- und Fortbildung von Haupt- und Ehrenamtlichen und ganzheitlichen missionarischen Projekten zur Förderung von jungen Menschen erhielten. Umgekehrt waren die entstehenden Überseepartnerschaften für die deutschen CVJM-Landesverbände ein hervorragendes Lernfeld, um zu entdecken, wie

CVJM auf anderen Kontinenten ihren Missionsauftrag von der Pariser Basis her verstanden. Heute bestehen im Rahmen von „CVJM weltweit" zu ca. 25 Ländern verbindliche Partnerschaften von Mitgliedsverbänden des CVJM-Gesamtverbands und von einigen Ortsvereinen.

8. Missionarische Akzente in der jüngsten CVJM-Geschichte

Auf nationaler Ebene waren und sind es seit den 50er-Jahren des 20. Jahrhunderts Mitarbeitertagungen, Kongresse und Festivals, aber auch internationale Tagungen, die eine neue Kursbestimmung in der missionarischen Ausrichtung der Arbeit des CVJM im sich wandelnden Zeitgeist und den jeweiligen Herausforderungen ermöglichten. Einiges fand in neuen Arbeitszweigen seinen Ausdruck, anderes in Erklärungen und Grundsatzdokumenten, mit denen der CVJM einen konkreten Teilauftrag für sich angesichts bestimmter gesellschaftlicher Gegebenheiten formulierte. Dabei sind zwei Grundzüge des CVJM aus seinen Wurzeln bewahrt worden: das Weltzugewandt-Sein und die Weltoffenheit auf der einen Seite und andererseits das klare Bekenntnis zu Christus als Mitte des Glaubens verbunden mit einladender missionarischer Verkündigung und einem attraktiven Gemeinschaftsangebot.

Hervorzuheben sind aus der Fülle von Veranstaltungen, Themen und Inhalten die folgenden Aspekte:

- Mit der Umsetzung der von den Weltratstagungen 1955 und 1957 beschlossenen Pläne zur Ausbreitung des CVJM besonders auf der Südhalbkugel ging eine Auseinandersetzung um entwicklungspolitische Fragen einher, die zur Annahme der „Bernhäuser Basis" mit theologischen Thesen zum entwicklungspolitischen Auftrag des CVJM bei der Mitarbeitertagung 1971 im Bernhäuser Forst führte (Stursberg 1987: 300 f.).
- Große politische Herausforderungen wie die militärische Aufrüstung und die Anliegen der Friedensbewegung in den 70er- und 80er-Jahren konnte der CVJM nicht ignorieren. Thesen zum politischen Handeln im CVJM wurden 1977 verabschiedet, und das CVJM-Friedensnetz gründete sich 1985 im Anschluss an eine Friedenstagung. Leitlinien für die Internationale CVJM-Arbeit wurden 1980 erarbeitet (Müller 2011: 95; 113).
- Eine Mitarbeitertagung 1991 in Graben-Neudorf bei Karlsruhe mit dem Thema „Das Leben mitteilen" war die erste große Veranstaltung mit Teilnehmern aus Ost und West und diente dem Zusammenwachsen so-

wie der Visionsentwicklung für missionarische Arbeit im wiedervereinigten Deutschland.
- Bei der Weltratstagung 1998 in Frechen bei Köln wurde das Dokument „Challenge 21" als Interpretation und Ausführungsbestimmung der Pariser Basis im Hinblick auf die globalen Herausforderungen im 21. Jahrhundert angenommen. Die Gültigkeit der Pariser Basis wurde darin bestätigt.

Der CVJM hat neben den eigenen Veranstaltungen auch zahlreiche jugendmissionarische bzw. evangelistische Projekte in Netzwerken mit anderen christlichen Jugendorganisationen durchgeführt, u. a. mehrmals den Jugendkongress „Christival" und die Jugendevangelisation „Jesus House".

Einen wichtigen Impuls in der Entwicklung frischer, neuer Formen der jugendmissionarischen Arbeit setzte die Einführung von TEN SING. TEN SING kommt aus Norwegen, bedeutet „Teenager singen" und umfasst verschiedene Ausdrucksformen jugendlicher Kultur, nämlich Chorsingen, Musikband, Theaterspiel, Tanz. Dabei ist TEN SING von den Jugendlichen selbst getragen und organisiert (Jugendarbeit nicht für Jugendliche, sondern von Jugendlichen) und ist nach innen zu den Gruppenteilnehmenden hin, die vielfach keine christliche Sozialisation erlebt haben, missionarisch ausgerichtet. Eine norwegische Gruppe tourte 1986/87 ein Jahr lang durch Deutschland, um durch Workshops und Konzerte den Anstoß zur Gründung örtlicher TEN SING-Gruppen zu geben (Müller 2011: 102). Das Konzept schlug auf der ganzen Linie ein, im Herbst 1988 existierten bereits 60 Gruppen mit steigender Tendenz (Müller 2011: 103). TEN SING darf als Erfolgsmodell betrachtet werden, das sich in vielen europäischen CVJM und selbst auch in Ländern anderer Kontinente etabliert hat (vgl. Erkenberg/Konstantinidis in diesem Band).

Einen Schwerpunkt in der Schulung junger Ehrenamtlicher für moderne und kreative Formen der Evangelisation setzte der CVJM mit seinem „CVJM-Missio Center – Zentrum für Evangelisation" in Berlin von 1993 bis 2015. In neun- bis zwölfmonatigen Kursen erlebten junge Christen eine Lebens-, Lern- und Experimentiergemeinschaft im säkularisierten Umfeld der Hauptstadt und führten evangelistische Projekte in unterschiedlichen Formen durch, in der Regel in Kooperation mit örtlichen CVJM, Gemeinden oder anderen Jugendorganisationen im Großraum Berlin, aber auch in anderen Teilen Deutschlands. Da an fast jedem Kurs drei oder vier Ehrenamtliche aus zentral- und osteuropäischen Ländern teilnahmen, waren die Kurse auch immer eine intensive ökumenische Lernerfahrung für alle Beteiligten. Nach 22 Jahren wurde die Schulung für evangelistische Arbeit in dieser Form beendet.

Ein außergewöhnlicher Bogen lässt sich vom Gründungsjahr des CVJM-Weltbunds zum Jahr 2000 schlagen. Am Rande der Weltausstellung 1855 in Paris kamen die CVJM-Vertreter zusammen und beschlossen die Pariser Basis. Im Jahr 2000 fand die Weltausstellung „EXPO 2000“ in Hannover statt. Der deutsche CVJM nutzte diesen Marktplatz der Welt für ein großes missionarisches Projekt unter der Leitung seines Generalsekretärs Ulrich Parzany in Zusammenarbeit mit der Deutschen Evangelischen Allianz und World Vision Deutschland: der „Pavillon der Hoffnung“. Unter dem Motto „Welcome to the future“ waren die EXPO-Besucher in den Pavillon, der architektonisch die Form eines Wals hatte, eingeladen zu einer Reise der Hoffnung. In einem animierten Zeichentrickfilm wurde eine moderne Interpretation des Gleichnisses vom verlorenen Sohn gezeigt. In einem Ausstellungsbereich wurden im „Fenster der Hoffnung“ Projekte der Hoffnung aus aller Welt, 25 davon aus den Partner-CVJM rund um den Globus, gezeigt, und eine Fernsehbühne ermöglichte kurze Live-Acts mit kulturellen Darbietungen, Interviews und Talkrunden (vgl. Müller 2011: 187). Für einige Wochen waren junge Mitarbeiter aus den Partner-CVJM anwesend und konnten den Besuchern persönlich etwas über ihre Hoffnung, begründet aus dem christlichen Glauben, für ihr Land und über ihre Projekte für Kinder und Jugendliche vermitteln. Damit erzielte der CVJM eine einmalige Öffentlichkeitswirkung für seine ganzheitliche missionarische Arbeit weltweit, darüber hinaus auch für seine ökumenische Weite und die Dienstbereitschaft seiner Mitglieder, denn der Betrieb des Pavillons der Hoffnung über fünf Monate war nur realisierbar, weil sich 1.400 freiwillige Helfer aus vielen verschiedenen Ländern unentgeltlich engagierten.

9. Der missionarische Auftrag des CVJM gestern und heute

„Youth Empowerment“ ist gegenwärtig der Hauptarbeitsschwerpunkt im weltweiten CVJM. Das war schon das Anliegen der Gründerväter und hat sich durch die Geschichte gezogen. Junge Menschen zu stärken und zu befähigen, war, ist und wird der wichtigste Auftrag für den CVJM bleiben. Das bedeutet, sie zum Glauben an Christus als Kraftquelle des Lebens einzuladen, sie für ihre Lebensbewältigung fit zu machen und sie zu ermutigen, die Gesellschaft und die Welt von morgen mit all ihren Herausforderungen zu gestalten. So wird der CVJM im besten Sinne auch künftig jugendmissionarisch unterwegs sein.

Literatur

Christliches Jugenddorfwerk Deutschlands e.V. (Hrsg.) (1997): Jedem seine Chance: leben, lernen und leben lernen. 50 Jahre Christliches Jugenddorfwerk Deutschlands e.V. Sachsenheim: Burg-Verlag.

Fischer, Siegfried (1982): Die Größe des kleinen Anfangs. Eine Idee läuft um die Welt. Wuppertal: Aussaat Verlag.

Flachsmeier, Horst R. (1962): John R. Mott. Baumeister der Ökumene. Gießen: Brunnen Verlag.

Kaul, Albrecht (2005): Geschichte der Jugendarbeit in der DDR, unveröffentlichtes Skript eines Vortrags.

Kupisch, Karl (1958): Der deutsche CVJM. Aus der Geschichte der Christlichen Vereine Junger Männer Deutschlands. Kassel: Pflugschar-Verlag.

Müller, Rolf (2011): Auf dass sie alle eins seien. Das Werden und Wirken der Jungmännerwerke in der DDR und des CVJM-Gesamtverbandes ab Mitte der 70er-Jahre. Neukirchen-Vluyn: Neukirchener Verlagsgesellschaft.

Parzany, Ulrich (Hrsg.) (2004): Die Basis trägt. Die Pariser Basis und der CVJM heute. Neukirchen-Vluyn: Aussaat Verlag.

Shedd, Clarence Prouty (1955): History of the World's Alliance of Young Men's Christian Associations. London: S.P.C.K.

Stursberg, Walter (1987): Glauben – Wagen – Handeln. Eine Geschichte der CVJM-Bewegung in Deutschland. 3. Auflage. Herausgegeben vom CVJM-Gesamtverband Kassel: CVJM-Versand.

Wegener, Günther S. (1965): John Mott – Weltbürger und Christ. Ein Mann bereitet den Weg der Ökumene. Wuppertal: Aussaat Verlag.

Zimmermann, Germo (2014): Anerkennung und Lebensbewältigung im freiwilligen Engagement. Eine qualitative Studie zur Inklusion benachteiligter Jugendlicher in der Kinder- und Jugendarbeit. Bad Heilbrunn: Verlag Julius Klinkhardt.

MISSIONARISCHE JUGENDARBEIT IN KIRCHEN UND JUGENDVERBÄNDEN: GRUNDLAGEN – STRUKTUREN – ARBEITSFORMEN

Germo Zimmermann

Kinder- und Jugendarbeit vollzieht sich nicht im luftleeren Raum. Sie ist eingebunden in ein System unterschiedlicher Organisationsstrukturen und bietet jungen Menschen weit verzweigte Gelegenheitsstrukturen der Teilnahme und des Engagements. Als missionarische Jugendarbeit ist sie in der kirchlichen Gemeindearbeit, in verbandlichen Angeboten der Jugendverbände und in speziellen Jugendbildungsstätten zu finden (vgl. Schwab 2010a: 229). Der vorliegende Beitrag stellt dar, wie sich das heterogene Handlungsfeld der missionarischen Jugendarbeit in Deutschland organisiert bzw. strukturiert und vertieft auf diese Weise den Grundlagenartikel „Was ist missionarische Jugendarbeit?“ (Karcher/Zimmermann in diesem Band). Dazu wird zunächst die historische Entwicklung der missionarischen Jugendarbeit in groben Zügen nachgezeichnet und die rechtlichen Rahmenbedingungen im Kinder- und Jugendhilfegesetz (SGB VIII) vorgestellt. In einem zweiten Kapitel stehen die Organisationsstrukturen missionarischer Jugendarbeit im Zentrum, bevor spezifische Arbeitsformen expliziert werden. Ein Fazit zu Herausforderungen missionarischer Jugendarbeit schließt den Beitrag ab.

Wir hatten in diesem Band missionarische Jugendarbeit als all jene Formen von Jugendarbeit definiert, die auf der Basis freiheitlich-demokratischer Werte, sozialpädagogischer Verantwortung und auf der Grundlage des Evangeliums Jugendliche zum christlichen Glauben einladen wollen und darin sowohl eine positiv lebensverändernde Wirkung für junge Menschen und für die Gesellschaft als auch einen biblischen Auftrag sehen (vgl. Karcher/Zimmermann in diesem Band).

> „Den besonderen Drive des Missionarischen bekommt Jugendarbeit dann, wenn sie zugleich an Jugendlichen mit ihren Lebensthemen und in ihren Lebenslagen und am Evangelium von Jesus Christus orientiert ist und beides aufeinander bezieht. Kritisch zu sehen ist missionarische Jugendarbeit, wenn sie einseitig an bestimmten religiösen Idealen orientiert ist, die dann konfrontativ und autoritär vermittelt werden“ (Kißkalt 2013: 418).

Bis in die 1970er- und 80er-Jahre des vergangenen Jahrhunderts gab es deutliche Differenzen und Unstimmigkeiten innerhalb der christlichen Kirchen, Werke und Verbände darüber, was den Begriff des „Missionarischen" kennzeichnet und welche Methoden und Arbeitsformen daraus resultieren: „[T]endenziell war Mission lange Zeit eine Spartenveranstaltung, Sache einer bestimmten Frömmigkeitsprägung innerhalb des kirchlichen Lebens" (Berneburg 2007: 3). Doch diese Zeiten der Grabenkämpfe innerhalb der Kirchen und kirchlichen Jugendverbände sind vorbei. Spätestens seit der EKD-Missionssynode 1999 in Leipzig wurde Mission vom Streitbegriff zum Leitbegriff der evangelischen Kirchen, wenn es heißt: Kirche Jesu Christi „kann als die von seinem Geist bewegte Kirche nicht existieren, wenn sie nicht auch missionierende und evangelisierende Kirche ist oder wieder wird" (Jüngel 2003: 116).

1. Historische und rechtliche Grundlagen missionarischer Jugendarbeit

Junge Menschen waren schon immer Teil christlicher Kirchen und kirchlichen Handelns. Dies wird einerseits aus der Perspektive des Neuen Testaments an der Zuwendung Jesu zu den Kindern deutlich (Mk 10,13), andererseits zeigt der Blick in die Geschichte der missionarischen Jugendarbeit das besondere Engagement der Kirchen, kirchlicher Verbände und diakonischer Träger für die junge Generation.

1.1 Pietismus und Erweckungsbewegung als Keimzellen missionarischer Jugendarbeit

Ihren Anfang hat die organisierte missionarische Jugendarbeit aus evangelischer Perspektive im Pietismus des 18. Jahrhunderts. Es sind Initiativen engagierter Einzelpersonen, die sich – wie z. B. August Herrmann Francke in Halle – aus ihrem christlichen Glauben heraus für junge Menschen in sozialen Problemlagen engagieren. Dabei werden sozialpädagogische und religiöse Zielsetzungen miteinander verbunden: Neben der Erziehung in stationären Einrichtungen steht gleichermaßen die religiöse Bildung im Zentrum des Handelns. Im frühen 19. Jahrhundert begründet Johann Hinrich Wichern in Hamburg das sog. Rauhe Haus als Rettungsanstalt für verwahrloste Kinder und Jugendliche und wirkt auf dem ersten deutschen Kirchentag 1848 darauf hin, dass die „Innere Mission" einen organisatorischen Rahmen und kirchlichen Auftrag findet. Sein Engagement findet viele Anhänger und die Idee der Rettungshäuser verbreitet sich schnell in Deutschland (vgl. Zimmermann 2014b: 9).

Neben diesem kirchlichen Engagement entstehen im Kontext der Erweckungsbewegung erste Missions- und Jünglingsvereine, deren Ziel die Erbauung und Stärkung der christlichen jungen Männer war, als Vorläufer der heutigen missionarischen Jugendverbände (vgl. Schwab 2008: 657, Sp. 1).[1] Bereits 1823 wurde in Barmen-Gemarke der erste Missionsjünglingsverein als ein Vorläufer der heutigen CVJM gegründet. Ein Prozess der organisatorischen Vernetzung in Deutschland, aber auch international setzt ein. 1848 schlossen sich mehrere Jünglingsvereine in Wuppertal-Elberfeld zum „Rheinisch-Westfälischen Jünglingsbund" (heute CVJM-Westbund e. V.), dem ersten Jugendverband der Welt, zusammen. Vertreter dieses Bundes waren 1855 bei der Gründung des CVJM-Weltbundes in Paris ebenso vertreten wie bei der Gründung des Nationalverbandes 1882 (heute CVJM-Gesamtverband in Deutschland e. V.). Neben diesen Vereinsgründungen und dem Zusammenschluss zu regionalen Jugendbünden entstehen auch selbstständige Jugendbünde, wie der aus Amerika inspirierte „Jugendbund für entschiedenes Christentum" 1894 (heute EC-Jugend) und den evangelischen Freikirchen (vgl. Corsa 2013: 7).

Seit den Anfängen kann innerhalb der CVJM-Bewegung zwischen zwei Vereinstypen – dem missionarischen Jünglingsverein und dem sozialen Hilfsverein – unterschieden werden. Es wurde immer wieder der Versuch unternommen, beide in gleicher Weise miteinander zu verbinden. Gleichwohl blieb der missionarische Charakter dominant: „Wenn Missionsverein und Hilfsverein auch aus derselben Wurzel stammten und sich in ihren Motiven oft gegenseitig durchdrangen, so ist doch das in den Hilfsvereinen zur Praktizierung gekommene soziale Motiv in der kommenden Entwicklung bald ganz zurückgetreten" (Kupisch 1958: 18).

Die Entwicklung missionarischer Jugendarbeit vollzieht sich innerhalb der katholischen Kirche anderes als die häufig außerhalb der verfassten Staatskirche gegründeten Jugendverbände evangelischer Provenienz. Hier gelingt es stärker, die neuartigen Bewegungen in die Strukturen der katholischen Kirche zu integrieren. Der katholische Kaplan Adolf Kolping gründet 1849 in Köln einen Gesellen- und Jünglingsverein (heute Kolpingvereine) für katholische Handwerksgesellen zur sozialen Unterstützung bzw. Bildung und religiöser Lehre der jungen Menschen aus dem Arbeitermilieu und bindet diese von Anfang an in die Diözesanstrukturen ein (vgl. Zimmermann/Boeckh 2012: 686).

In den 20er-Jahren des vergangenen Jahrhunderts „bemühen sich alle Verbände, stärker Anschluss an die Jugendbewegung zu finden. Auch die evangelischen Kirchen sind inzwischen um einen guten Kontakt zu den auf Vereinsebene organisierten Verbänden bemüht", gab es zu Beginn des Engagements doch z. T. Kritik an der Eigenständigkeit der Jugendverbände

[1] Zur historischen Entwicklung der Jugendverbände vgl. Getfert in diesem Band.

(Schwab 2010a: 231). Nach einer Phase der Ausdehnung und Entwicklung setzt die nationalsozialistische Machtübernahme der verbandlichen Jugendbewegung und -arbeit vielerorts ein Ende. Durch Auslösung, Gleichschaltung, Verbot der Mitgliedschaft unter 18 Jahren, teilweise Eingliederung in die Hitlerjugend (HJ) oder den Bund deutscher Mädel (BDM) sowie die Einführung des Führerprinzips auf allen Ebenen waren die Jugendverbände gezwungen, ihr Engagement offiziell einzustellen. Im Untergrund organisierten sich vereinzelte Gruppen weiter. Im evangelischen Kontext gehen die Jugendgruppen meist unter das Dach der evangelischen Kirchen und werden dort als Gemeindejugend fortgeführt. Offiziell ist das Betätigungsfeld beschränkt auf Seelsorge und Verkündigung, was in einem repressiven Staat und unter Behinderung oder Beobachtung der Staatsorgane nicht in aller Freiheit möglich war (vgl. Corsa 2013: 9).

Die Zeit nach 1945 ist im Westen Deutschlands gekennzeichnet durch eine Vielzahl von Neugründungen von Vereinen und Verbänden, die sich nun häufig als freie Träger der Jugendhilfe engagieren. Andere verbleiben unter dem Dach der Kirchen, sodass Mischformen entstehen, etwa dann, wenn ein Jugendverband von einer Kirchengemeinde mit der Jugendarbeit beauftragt wird. Die Besatzungsmächte etablieren in der Bundesrepublik demokratische Elemente in der Jugendarbeit und forcieren im Rahmen der Re-Education-Politik den Bau von German Youth Activities Homes als erste Offene Jugendeinrichtungen (vgl. Voigts 2013: 809). Mit der Gründung der FDJ als einheitlicher Staats-Jugendorganisation wurde 1946 in Ost-Deutschland das Bestreben einzelner Jugendverbände, selbstständig tätig zu werden, verhindert. In West-Deutschland wird 1947 auf katholischer Seite der „Bund der Deutschen Katholischen Jugend“ (BDKJ) als Dachverband gegründet. Hier organisieren sich alle wieder aktiven katholischen Jugendverbände. 1948/49 wird die „Evangelische Jugend Deutschlands“ (heute: Arbeitsgemeinschaft der Evangelischen Jugend in der Bundesrepublik Deutschland e. V., aej) als Zusammenschluss der Gemeindejugend evangelischer Landeskirchen und der Jugendarbeit evangelischer Freikirchen gegründet. Ein Jahr später, 1949, gründet sich der Deutsche Bundesjugendring (DBJR) als Arbeitsgemeinschaft der Landesjugendringe und Jugendverbände mit mehr als 25.000 Mitgliedern. Derzeit zählen 26 Jugendverbände, 16 Landesjugendringe und fünf Anschlussverbände zu den Mitgliedern des DBJR. Mit Blick auf die missionarische Jugendarbeit evangelischer und freikirchlicher Organisationen, die nach dem Missionsauftrag der Lausanner Verpflichtung agieren, komplettiert der „Ring missionarischer Jugendbewegungen“ (RMJ, heute netzwerk-m) seit 1974 die organisatorischen Strukturen in Deutschland. Aktuell haben sich hier 68 Organisationen vorwiegend aus dem evangelikalen Spektrum zusammengeschlossen (vgl. www.netzwerk-m.de).

1.2 Das Kinder- und Jugendhilfegesetz (SGB VIII) als rechtlicher Rahmen

Die Ursprünge der rechtlichen Rahmenbedingungen missionarischer Jugendarbeit reichen bis ins Kaiserreich (preußischer Jugendpflegeerlass von 1911 und 1913) und die Weimarer Republik (Reichsjugendwohlfahrtsgesetz 1922/24) zurück. Sie bilden die rechtliche Grundlage für eine ausdifferenzierte Jugendhilfe, die zwischen Jugendsozialarbeit zur Linderung von sozialer Not und der Kinder- und Jugendarbeit zur Förderung in Spiel, Freizeit und Bildung unterscheiden lässt. Das moderne Kinder- und Jugendhilfegesetz aus dem Jahr 1990 beschreibt den Auftrag der Jugendhilfe darin, die Förderung der individuellen und sozialen Entwicklung der jungen Menschen zu unterstützen, um auf diese Weise dazu beizutragen, Benachteiligungen zu vermeiden oder abzubauen (§1 Abs. 3 SGB VIII). Die (missionarische) Jugendarbeit verortet sich als „dritte Sozialisationsinstanz" zwischen Familie und Schule und will einen Gestaltungsraum zur freien Entfaltung der jungen Menschen im christlichen Kontext bieten. Mit §11 ist der Jugendarbeit ein eigenständiger Rechtsstatus zugewiesen. Hier verpflichtet sich der Gesetzgeber

> „[j]ungen Menschen [...] die zur Förderung ihrer Entwicklung erforderlichen Angebote der Jugendarbeit zur Verfügung zu stellen. Sie sollen an den Interessen junger Menschen anknüpfen und von ihnen mitbestimmt und mitgestaltet werden, sie zur Selbstbestimmung befähigen und zu gesellschaftlicher Mitverantwortung und zu sozialem Engagement anregen und hinführen" (§11, Abs. 1 SGB VIII).

Als Zielgruppe der Kinder- und Jugendarbeit gelten junge Menschen bis zum Alter von 27 Jahren (§7 SGB VIII). Diese sollen ihre Interessen partizipativ einbringen können und durch Mitgestaltung auch im freiwilligen Engagement Chancen auf Teilnahme und Teilhabe erhalten (vgl. Ilg 2013: 4). Aus Perspektive einer missionarischer Jugendarbeit ist §12 (Förderung der Jugendverbände) ebenfalls von Bedeutung, denn gerade hier wird auf die Notwendigkeit einer wertegebundenen Jugendarbeit in einer pluralistischen Gesellschaft hingewiesen:

> „In Jugendverbänden und Jugendgruppen wird Jugendarbeit von jungen Menschen selbst organisiert, gemeinschaftlich gestaltet und mitverantwortet. Ihre Arbeit ist auf Dauer angelegt und in der Regel auf die eigenen Mitglieder ausgerichtet, sie kann sich aber auch an junge Menschen wenden, die nicht Mitglieder sind. Durch Jugendverbände und ihre Zusammenschlüsse werden Anliegen und Interessen junger Menschen zum Ausdruck gebracht und vertreten" (§12, Abs. 2 SGB VIII).

Diese Wertorientierung wird insbesondere von freien Trägern wie den Kirchen, Religionsgemeinschaften oder den oben bereits erwähnten christlichen und missionarischen Jugendverbänden angeboten. Die Anbieter der Jugendarbeit sind vornehmlich freie Träger (§4 SGB VIII), die ein weltanschaulich und inhaltlich plurales Programmangebot ermöglichen. Zusammengefasst ist Jugendverbandsarbeit gekennzeichnet als „... eine selbstbestimmte und -verantwortete, auf Dauer und Nachhaltigkeit angelegte, wertorientierte, ehrenamtlich organisierte Freizeitgestaltung mit Bildungsangeboten in Gruppen und Settings der organisierten Freizeitgestaltung. Aufgrund ihrer Mitgliedschafts- und Gruppenorientierung und der damit eingeforderten Verbindlichkeit unterscheidet sie sich strukturell von der durch wechselnde Teilnehmer geprägten Offenen Kinder- und Jugendarbeit“ (Zimmermann 2014a: 33).

2. Organisatorische Rahmenbedingungen missionarischer Jugendarbeit

Kinder- und Jugendarbeit in Deutschland ist durch eine pluralistische Trägerlandschaft gekennzeichnet. Diese zu systematisieren, bleibt stets ungenau, da Träger gemäß ihrer Inhalte, Aufgaben, Ziele und Tätigkeitsbereiche mehreren Klassifizierungen zugeordnet werden können. Julia van der Gathen-Huy differenziert zwischen fach- und sachbezogenen Verbänden und weltanschaulich orientierten Verbänden. Missionarische Jugendarbeit verortet sich in dieser Darstellung innerhalb der konfessionellen Verbände, da sich ihr spirituelles Handeln am Evangelium orientiert (Abbildung 1).

Die konfessionelle Jugendarbeit der beiden großen Landeskirchen hat nach dem Zweiten Weltkrieg Dachverbände gegründet, die einen Zusammenschluss evangelischer wie katholischer Jugendverbände darstellen. Auf evangelischer Seite vertritt die aej die Interessen ihrer Mitglieder im DBJR und ist gleichermaßen Ansprechpartner der EKD für die evangelische Jugendarbeit. Auf diese Weise repräsentiert die aej etwa 1,2 Millionen junge Menschen in Deutschland. Aktuell gehören 33 Mitglieder zur aej (vgl. www.evangelische-jugend.de):

Abbildung 1:
Klassifikation der Kinder- und Jugendverbände in Deutschland

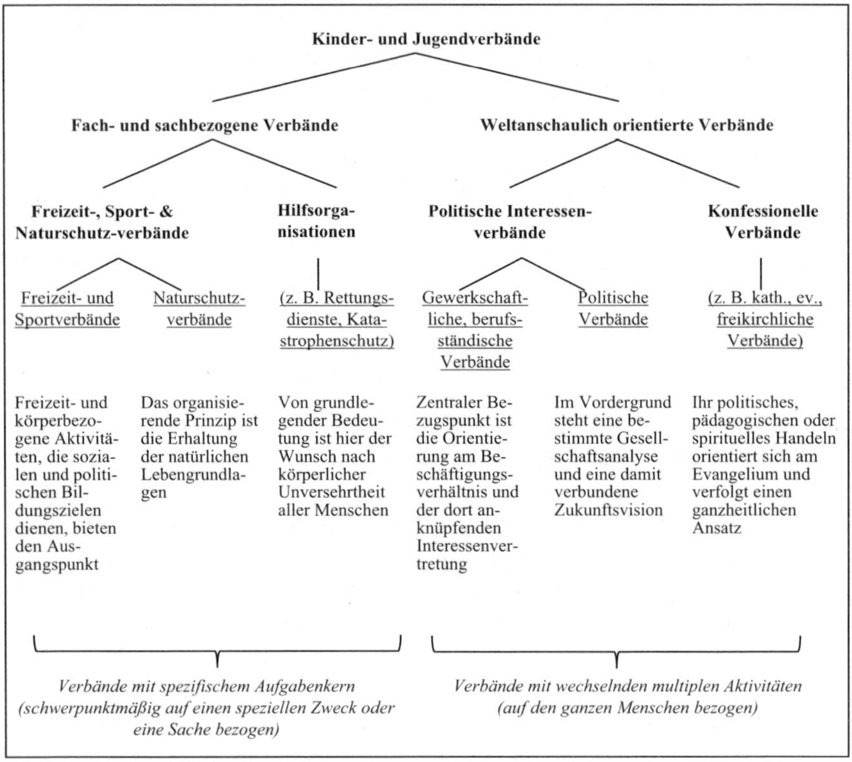

Quelle: van der Gathen-Huy 2009: 155

- die 20 Jugendarbeiten der Landeskirchen der Evangelischen Kirchen in Deutschland (EKD),
- die 5 Jugendarbeiten der Freikirchen:[2]
  - Jugendwerk der Evangelisch-methodistischen Kirche (EmK),
  - Jugendgeschäftsstelle des Bundes Freier evangelischer Gemeinden (BFeG),
  - Gemeindejugendwerk des Bundes Evangelisch-Freikirchlicher Gemeinden in Deutschland e. V. (GJW)
  - Jugendarbeit der evangelischen Brüder-Unität
  - Jugendwerk der Selbständigen Evangelisch-Lutherischen Kirche (SELK)

[2] Zur Organisation freikirchlicher Jugendarbeit vgl. Freitag et al. 2013

- die 8 Jugendarbeiten der evangelischen Jugendverbände und -werke:
  - Arbeitsgemeinschaft Evangelische Schülerinnen- und Schülerarbeit (AES)
  - Christliche Pfadfinderschaft Deutschlands e. V. (CPD)
  - CVJM-Gesamtverband in Deutschland e. V.
  - Deutscher Jugendverband „Entschieden für Christus" e. V. (EC)
  - MBK Evangelisches Jugend- und Missionswerk e. V. (MBK)
  - Ring Missionarischer Jugendbewegungen e. V. (RMJ)
  - Verband Christlicher Pfadfinderinnen und Pfadfinder (VCP)
  - Johanniter-Jugend (JJ)

Neben dem oben bereits benannten netzwerk-m unterstützt die Arbeitsgemeinschaft Missionarische Dienste (AMD) der evangelischen Diakonie ebenfalls das missionarische Anliegen der Kirche, Werke und Verbände. Sie verbindet Ämter für missionarische Dienste bzw. die Ämter für den Gemeindedienst der 20 Gliedkirchen der EKD und vernetzt etwa 75 selbstständige Werke und Verbände. Als der „Deutsche Evangelische Verband für Volksmission" im Jahre 1928 gegründet, hat sie eine besondere Nähe zur Inneren Mission bzw. Diakonie. Im Kern fördert sie missionarische Projekte, evangelistische Aktionen und bietet Tools für den Gemeindeaufbau (vgl. www.a-m-d.de). Als missionarischer Dienst vernetzt sie im ökumenischen Kontext auch freikirchliche Angebote und die freien Werke, denn gerade diese z. T. „kleine[n] Initiativen oder große[n] Verbände bringen einen großen Reichtum in die AMD ein. Hier ist die missionarische Kompetenz, die man in anderen Bereichen der Kirchen manchmal vergeblich sucht", so ihr Generalsekretär Berneburg (2007: 3f.) Auf katholischer Seite agiert BDKJ als Dachverband und vertritt die Interessen der katholischen Einzelverbände und deren 650.000 Mitglieder (vgl. www.bdkj.de). Derzeit sind 16 Mitglieds- und Jugendverbände im BDKJ organisiert:

- Aktion West-Ost
- Bund der St. Sebastianus Schützenjugend (BdSJ)
- Christliche Arbeiterjugend (CAJ)
- DJK-Sportjugend
- Deutsche Pfadfinderschaft Sankt Georg (DPSG)
- Jugendverbände der Gemeinschaft Christlichen Lebens (J-GCL)
- Katholische Junge Gemeinde (KjG)
- Katholische Landjugendbewegung (KLJB)
- Kolpingjugend
- Katholische Studierende Jugend (KSJ)
- Pfadfinderinnenschaft Sankt Georg (PSG)
- Quickborn Arbeitskreis

- Unitas-Verband
- Schönstatt-Mannesjugend
- Arbeitsgemeinschaft katholischer Studentenverbände
- Internationaler Bauorden

Während die beiden Organisationen aej und BDKJ historisch betrachtet auf unterschiedlichen Wegen entstanden sind und die Organisationsstruktur gemäß der Unterschiede der beiden großen Landeskirchen bestehen bleibt, „zeichnet sich heute ab, dass katholische und evangelische Kinder- und Jugendarbeit in der Analyse der Problemlagen sowie in der Zielbestimmung ihrer Arbeit in Kirchen und Verbänden weithin konform gehen" (Schwab 2010a: 229). Gleichwohl bleiben Spannungen, die nicht unbedingt in der Geschichte zu suchen sind. So steht missionarische Jugendarbeit im Spannungsfeld von Staat und Gesellschaft, der Kirche sowie den Jugendlichen als Zielgruppe. Staat und Gesellschaft hegen das Interesse gemäß des SGB VIII, Kinder und Jugendliche zu selbstbestimmten und mündigen Mitgliedern der Gesellschaft zu erziehen. Die Kirchen wollen Kinder und Jugendliche im christlichen Glauben erziehen, christliche Werte und Traditionen vermitteln und als Nachwuchs für die eigene Organisation sensibilisieren. Und die Jugendlichen selbst verfolgen ihre eigenen Interessen und Perspektiven (vgl. Corsa 2013: 3). Dies allesamt zu berücksichtigen und Spannungen auszuhalten, ist eine zusätzliche Aufgabe der in der missionarischen Jugendarbeit tätigen Vereine, Werke und Verbände.

3. Arbeitsformen missionarischer Jugendarbeit

Neben den traditionellen Angebotsformen der Jugendverbandsarbeit wie Gruppenarbeit, Freizeiten, Fahrten und Lager und der rechtlichen Beschreibung verschiedener Schwerpunkte und Angebotsformen der Kinder- und Jugendarbeit (vgl. §11 Abs. 3 SGB VIII) haben sich in der missionarischen Jugendarbeit weitere spezifische Angebotsformen entwickelt, die im Folgenden exemplarisch vorgestellt werden. Entscheidend für das missionarische Handeln in diesem Kontext ist die Beziehung und Beziehungsqualität, die jungen Menschen im Kontakt mit Gleichaltrigen und Erwachsenen angeboten wird, denn hier wird im Zusammenleben geprüft, ob das, was verkündigt wird, auch in der Praxis als glaubwürdig erscheint. Dieses „personale Angebot", wie Ulrich Schwab es nennt, steht noch vor allem „Sachangebot": „Es geht darum, Erfahrungen der Kinder und Jugendlichen auf ihre gemeinsame Tiefen- und Glaubensdimension hin zu deuten" (Schwab 2010b: 910).

Die Arbeit in der Gruppe gilt als Ursprungsform der verbandlichen Jugendarbeit. Dabei werden idealtypisch verschiedene Formen der Gruppenarbeit differenziert (vgl. Heberlein in diesem Band):

- *Programmgruppen* mit wöchentlichen Treffen zu einer bestimmen Uhrzeit und einem nahezu festen Teilnehmerkreis sind innerhalb der Kinder- und Jugendarbeit nach wie vor dominant. Im Zentrum stehen hier kreative, sportliche[3] oder kulturelle Angebote, die i. d. R. von Ehrenamtlichen vorbereitet und durchgeführt werden. Der Impuls oder die Bibelarbeit bzw. das gemeinsame Bibellesen und Gebet sind kennzeichnend für den missionarischen Charakter dieses Angebots. Dabei ist für die Teilnehmenden häufig die Gemeinschaft in der peer group entscheidender für eine Teilnahme als die vom Träger intendierten Beweggründe (vgl. Fauser 2008; Zimmermann 2014a).
- *Handlungs- oder Aktivgruppen* definieren sich über bestimmte Aktivitäten oder Tätigkeiten der Gruppe. Das kann z. B. eine evangelistische Theatergruppe oder ein TEN SING-Projekt[4] mit neuem geistlichen Liedgut sein. Im Vordergrund steht das Gestaltungs- und Handlungsinteresse der Jugendlichen selbst. Aktivgruppen ermöglichen den Jugendlichen, sich mit ihrem Kreativitätsbedürfnis einzubringen, und verschaffen Situationen, in denen sich junge Menschen selbst erproben können. Hier erfolgt die Kommunikation des Evangeliums situativ und durch anerkennende Formen der Zusammenarbeit (vgl. Corsa 2013: 13).
- *Kleingruppen wie Haus- und Gebetskreise oder Glaubenskurse*[5] sind demgegenüber von einer stärkeren Verbindlichkeit der Teilnehmenden geprägt. Hier liegt der Fokus auf einer Beziehungsqualität und -intensität, die in einer persönlichen geistlichen Gemeinschaft und dem gemeinsamen Bibelstudium zum Ausdruck kommen (vgl. Zimmerling 2013: 446).
- *Projektgruppen* sind zeitlich begrenzte Gruppenangebote und entsprechen damit dem Wunsch junger Menschen nach zeitlicher Flexibilität. Die Angebote sind weit gefasst und reichen von Straßeneinsätzen und sozialen Projekten in der Stadt über Graffiti-Workshops bis hin zu erlebnispädagogischen Programmen[6] oder dem Fairen Handel. „Projektgruppen eignen sich, um informell entstandenen Gruppen die Möglichkeit zum weiteren Zusammenwachsen zu geben – zum Teil entstehen daraus dann kontinuierliche Jugendgruppen" (Ilg 2013: 17).

---

[3] vgl. Münch in diesem Band
[4] vgl. Erkenberg/Konstantinidis in diesem Band
[5] vgl. Kresse in diesem Band
[6] vgl. Zimmermann in diesem Band

Neben den Gruppenangeboten sind *die offenen Angebote* der Kinder- und Jugendarbeit in Jugendzentren, Jugendcafés oder früher Teestuben Angebote, die auf interessierte Besucher/-innen ausgerichtet sind. Mit diesem niedrigschwelligen Angebot sollen möglichst viele unterschiedliche Jugendliche erreicht werden und in einen ersten Kontakt zum Jugendverband oder Werk geführt werden (vgl. Schwab 2013: 382, vgl. Bolte in diesem Band). *Jugendfreizeiten* stellen eine weitere Angebotsform missionarischer Jugendarbeit dar. Die freizeitpädagogischen Maßnahmen sind für die Praxis der Jugendarbeit von großer Bedeutung, da hier all das, was Jugendarbeit kennzeichnet, in einer besonderen Intensität erlebbar wird und junge Menschen im gemeinschaftlichen Zusammenleben „Gemeinde auf Zeit" erleben können (vgl. Ilg in diesem Band). Darüber hinaus sind *missionarische Großveranstaltungen und -events* mit Seminaren, Gottesdiensten und Festivalauftritten eine weitere spezifische Angebotsform missionarischer Jugendarbeit (vgl. Karcher in diesem Band). Zu nennen sind hier neben den Kirchentagen der beiden großen Landeskirchen überkonfessionelle Veranstaltungen wie das „Christival Kongress Junger Christen" (www.christival.de) oder das Jugendevent „JesusHouse" (www.jesushouse.de), bei dem junge Menschen durch ein Programm mit Musik, Interviews, Tanz und einer missionarischen Verkündigung zum Glauben eingeladen werden. Vergleichbare Großveranstaltungen sind der internationale Teenager-Kongress „TeenStreet" (www.teenstreet.de) oder die Jugendkonferenzen von Willow Creek Deutschland (www.willowcreek.de) für Mitarbeitende in der christlichen Jugendarbeit (vgl. Kißkalt 2013). In Deutschland gibt es derzeit mehr als 220 *Jugendkirchen und vergleichbare Projekte* im Kontext der beiden großen Kirchen und der Freikirchen. Ihr Ziel besteht darin zwischen den Jugendkulturen und der Kirche bzw. dem Evangelium eine Vermittlerrolle einzunehmen und die Kirche für Jugendliche und ihre Lebenswelten und -themen zu öffnen. Ihr missionarisches Potenzial besteht in der Chance, sog. kirchenferne Jugendliche zu erreichen (vgl. Corsa 2013: 15; vgl. Karcher in diesem Band). Die *schulbezogene Jugendarbeit* hat in den vergangenen zwei Jahrzehnten innerhalb der Jugendarbeit an Bedeutung gewonnen. Hier konnten sich einerseits kontinuierliche Angebote im Rahmen von Arbeitsgemeinschaften (AGs) oder Projekten etablieren, andererseits sind in Kooperation mit den Landeskirchen Einkehr- und Besinnungstage für Schülerinnen und Schüler oder Tage Ethischer Orientierung (TEO) Angebotsformen der schulbezogenen Jugendarbeit. Ob und inwiefern hier ein missionarisches Potenzial auch im Hinblick auf das Thema Religionsfreiheit entfaltet werden kann, diskutieren Ilg, Pohlers und Schwarz in diesem Band.

5. Herausforderungen

Nachdem die herben Grabenkämpfe der 1970er- und 80er-Jahre zwischen einer „biblisch-missionarischen" und „gesellschaftspolitisch-sozialen" Fundierung evangelischer Jugendarbeit heutzutage auch aufgrund der Entwicklungen der Missionssynode der EKD 1999 in Leipzig als mehr oder weniger obsolet angesehen werden können, gibt es neue Herausforderungen für das missionarische Handeln, die sich jedoch weniger auf innerkirchliche Differenzen beziehen als auf Anforderungen, Rahmenbedingungen und Veränderungen der Gesellschaft.

Als inhaltliche Entwicklungsperspektiven benennt Michael Kißkalt, dass missionarische Jugendarbeit sich zwar von den Angeboten, Formen und Methoden her auf die Jugendlichen und deren Lebenswelten eingestellt habe, demgegenüber der „Inhalt des Glaubens oft noch in veralteten und dogmatisierten Formulierungen weitergegeben [wird], die wenig Bezug zu den Lebenswelten Jugendlicher aufweisen". Hier gilt es, eine neue Sprachfähigkeit zu entwickeln und gemeinsam mit den Jugendlichen zu klären, „wie christlicher Glaube ohne Substanzverlust in gegenwärtigen jugendkulturellen Kontexten formuliert und akzentuiert werden kann" (Kißkalt 2013: 419). Dabei ist eine Individualisierung von Religiosität zu verzeichnen, die die Mitarbeitenden – Hauptamtliche wie Ehrenamtliche – herausfordert, ihr eigenes religiöses Profil bzw. ihre eigene Spiritualität sichtbar zu machen (vgl. Schwab 2010b: 914). Darüber hinaus besteht die Gefahr, dass gerade bei Großveranstaltungen und Events mit hohem Erlebnisgrad der christliche Glaube für junge Menschen eine hohe Anziehungskraft hat, die sich jedoch auch im Alltag realisieren lassen muss, sodass missionarische Jugendarbeit herausgefordert ist, von den besonderen Events zum Alltagsleben der Jugendlichen eine Brücke zu schlagen (vgl. Kißkalt 2013: 420). Mike Corsa, Generalsekretär der aej, verdeutlicht zudem die Frage nach der Anschlussfähigkeit der evangelischen Jugendarbeit und stellt als Herausforderung fest, dass

> „[m]it einem rein konsumtiven freizeitpädagogischen Angebot wird sie dauerhaft ihre Potenziale ebenso wenig entfalten können wie mit einer Ausrichtung auf die milieuverengten kirchlichen Kerngemeinden mit ihren erwachsenenorientierten Formen kirchlichen Lebens oder auf verengte missionarische Konzepte, die das formale Bekenntnis vor die subjektbezogene Suche nach Antworten des Glaubens auf die Fragen des Lebens stellen" (Corsa 2013: 25).

Insofern gilt es Formen zu finden, die jungen Menschen Zugehörigkeit und Gemeinschaft ermöglichen, Orte der Partizipation verschaffen und durch Beziehungsarbeit den eigenen Glauben verdeutlichen, ihn diskursiv ins Gespräch bringen, und Erfahrungsorte entstehen zu lassen, in denen der Glaube junger Menschen ausprobiert werden kann. Neben diesen inhaltlichen und auf die missionarische Jugendarbeit bezogenen Herausforderungen innerhalb der Kirchen, Werke und Verbände stellen sich gegenwärtig und in der Zukunft aller Voraussicht nach verstärkt weitere Herausforderungen, die im gesellschaftlich-kulturellen Kontext zu verorten sind:

- Zunächst sind hier die Veränderungen im Schulwesen nach dem PISA-Schock 2000 zu nennen: Die gesellschaftlichen Transformationsprozesse im schulischen Kontext (Offene Ganztagsschulen, Turbo-Abitur (G8) usw.) führen zu einer *zeitlichen Verdichtung und Beschleunigung* und damit auf Dauer einem Wandel der Lebensphase Jugend. Das hat massive Auswirkungen auf die zur Verfügung stehende Freizeit und damit Möglichkeiten zur Teilnahme an Jugendgruppen und -programmen (vgl. Wehmeyer in diesem Band).
- Die Erfahrung, in einer religiös pluralen Gesellschaft zu leben, ist für junge Menschen in Deutschland nahezu Alltag. In dieser Perspektive stellen sich zwei Herausforderungen für die missionarische Jugendarbeit. Einerseits gilt es, eine Sprachfähigkeit im *interreligiösen Dialog* zu erlangen (vgl. Jung in diesem Band), andererseits ist zu klären, inwiefern eine *interkulturelle Öffnung* der verbandlichen Jugendarbeit – auch im Kontext von Diversität – zu erreichen ist (vgl. Koyyuru in diesem Band). Soziale Integration und soziale Inklusion als gesellschaftspolitische Herausforderung betreffen damit ebenfalls die Jugendarbeit (vgl. Sauter 2013: 227 f.; Voigts 2015).
- Ebenso stellt die zunehmende *Kluft zwischen armen und reichen Menschen* in Deutschland und die damit verbundene Zunahme sozialer Ausgrenzungsprozesse das Handeln in missionarischer Perspektive unter neue Vorzeichen. Welche Handlungsnotwendigkeiten ergeben sich angesichts einer steigenden sozialen Ungerechtigkeit und wie kann hier seitens der Träger missionarischer Jugendarbeit adäquat gehandelt werden (vgl. Huster in diesem Band).

Missionarische Jugendarbeit in Kirchen und Jugendverbänden vollzieht sich nicht in einem luftleeren Raum. Sie ist eingebunden in rechtliche und organisatorische Strukturen und hat spezifische Angebotsformen entwickelt, die jungen Menschen Gelegenheitsstrukturen für Teilnahme und Engagement ermöglichen. Sie verfolgt den Anspruch, „dass Gottes Liebe und Gerechtigkeit umfassend bei den Menschen ankommt“ (Kißkalt 2013: 419) und setzt daher an der Lebenswelt der jungen Menschen an und schafft Räume, Orte und Situationen der diskursiven Auseinandersetzung mit dem christlichen Glauben. Die gegenwärtigen Herausforderungen sind Legion, ihnen um der jungen Menschen willen aus einer christlichen Perspektive entgegenzuwirken, ist Auftrag und Anspruch missionarischer Jugendarbeit zugleich.

Literatur

Corsa, Mike (2013): Kirchliche Jugendarbeit. In: Rauschenbach, Thomas/Borrmann, Stefan (Hrsg.): Enzyklopädie Erziehungswissenschaft Online Fachgebiet: Jugend und Jugendarbeit, Organisationsbezogene Aspekte der Jugendarbeit. Weinheim und München: Juventa-Verlag.

Berneburg, Erhard (2007): Zum missionarischen Auftrag der Arbeitsgemeinschaft Missionarische Dienste (AMD). Vortrag bei der AMD-Delegiertenversammlung, 23. Mai 2007 in Hofgeismar. Online unter: http://www.a-m-d.de/fileadmin/amd_upload/AMD/EB20070523.pdf (Abruf: 24.07.2015).

Fauser, Katrin (2008): Gemeinschaft aus Sicht von Jugendlichen. Opladen: Budrich UniPress Limited.

Freitag, Michael et al. (2013): Strukturen und Unterstützungssysteme der Arbeit mit Jugendlichen in Freikirchen. In: Kaiser, Yvonne et al. (Hrsg.): Handbuch Jugend. Opladen: Barbara Budrich. S. 301–306.

Ilg, Wolfgang (2013): Jugendarbeit – Grundlagen, Prinzipien und Arbeitsformen. In: Rauschenbach, Thomas/Borrmann, Stefan (Hrsg.): Enzyklopädie Erziehungswissenschaft Online. Fachgebiet: Jugend und Jugendarbeit, Organisationsbezogene Aspekte der Jugendarbeit. Weinheim und München: Juventa-Verlag.

Jüngel, Eberhard (2003): Ganz werden. Theologische Erörterungen V. Tübingen: Mohr Siebeck Verlag.

Kißkalt, Michael (2013): Missionarische Jugendarbeit. In: Kaiser, Yvonne et al. (Hrsg.): Handbuch Jugend. Opladen: Barbara Budrich. S. 417–420.

Kupisch, Karl (1958): Der deutsche CVJM. Kassel-Wilhelmshöhe: Pflugschar-Verlag.

Sauter, Robert (2013): Finanzierung, In: Kaiser, Yvonne et al. (Hrsg.): Handbuch Jugend. Opladen: Barbara Budrich. S. 261–266.

Schwab, Ulrich (2008): Jugendarbeit/Jugendpflege. In: Betz, Hans-Dieter et al. (Hrsg.): Religion in Geschichte und Gegenwart (RGG 4). Tübingen: Mohr Siebeck Verlag. S. 657–658.

Schwab, Ulrich (2010a): Diakonische Jugendarbeit in kirchlichen Verbänden, In: Braune-Krickau, Tobias/Ellinger, Stephan (Hrsg.): Handbuch diakonische Jugendarbeit. Neukirchen-Vluyn: Neukirchener Verlagsgesellschaft. S. 229–238.

Schwab, Ulrich (2010b): Kinder und Jugendliche in Kirchen und Vereinen. In: Krüger, Hans-Herman/Grunert, Cathleen (Hrsg.): Handbuch Kindheits- und Jugendforschung. Wiesbaden: Springer VS. S. 907–916.

Schwab, Ulrich (2013): Religiöse Jugendbildung. In: Hafeneger, Benno (Hrsg.) (2013): Handbuch außerschulische Jugendbildung. Schwalbach: Wochenschau-Verlag. S. 369–386.

Voigts, Gunda (2013): Jugendverbände und die Offene Kinder-und Jugendarbeit. In: Deinet, Ulrich/Sturzenhecker, Benedikt (Hrsg.): Handbuch Offene Kinder- und Jugendarbeit. Wiesbaden: Springer VS. S. 809–815.

Voigts, Gunda (2015): Kinder in Jugendverbänden. Eine empirische Untersuchung zu Strukturen, Konzepten und Motiven im Kontext der gesellschaftlichen Debatten um Inklusion. Opladen: Barbara Budrich.

Von der Gathen-Huy, Julia (2009): Ehrenamtliches Engagement in der Kinder- und Jugendverbandsarbeit: Rekonstruktion von Erwartungen und Ansprüchen aus der Perspektive beteiligter Akteurinnen und Akteure. Online unter unter: http://hdl.handle.net/2003/26179 (Abruf 16.03.2013).

Zimmerling, Peter (2013): Spirituelle Angebote. In: Kaiser, Yvonne et al. (Hrsg.): Handbuch Jugend. Opladen: Barbara Budrich. S. 445–448.

Zimmermann, Germo (2014a): Anerkennung und Lebensbewältigung im freiwilligen Engagement. Eine qualitative Studie zur Inklusion benachteiligter Jugendlicher in der Kinder- und Jugendarbeit. Bad Heilbrunn: Verlag Julius Klinkhardt.

Zimmermann, Germo (2014b): „Transnationale soziale Wohlfahrtsorganisationen und Religion: Das evangelische Soziallobbing-Netzwerk ‚Eurodiaconia' in Europa". In: Transnational Social Review Journal. Volume 4, Issue 1, Religion and Social Work Transnational Perspectives. London: Routledge. S. 6–29.

Zimmermann, Germo/Boeckh, Jürgen (2012): Politische Repräsentation schwacher sozialer Interessen. In: Huster, Ernst-Ulrich/Boeckh, Jürgen/Mogge-Grotjahn, Hildegard (Hrsg.): Handbuch Armut und Soziale Ausgrenzung. Wiesbaden: Springer VS. S. 680–698.

KATHOLISCHE PERSPEKTIVEN EINER MISSIONARISCHEN JUGENDARBEIT

Patrik C. Höring

Mission – im katholischen Bereich kein unproblematischer Begriff, der noch heute weithin mit Imperialismus und Proselytenmacherei verbunden wird, obgleich sich das Missionsverständnis innerhalb der katholischen Kirche schon seit den 1960er-Jahren grundlegend gewandelt hat und seit der Jahrtausendwende zum Leitbegriff von Kirchen- und Gemeindeentwicklung geworden ist. Wie wird katholischerseits Mission heute verstanden? Und welche konkreten Realisierungsmöglichkeiten gibt es innerhalb der Kinder- und Jugendhilfe katholischer Träger?

1. Ein alter Bekannter kehrt zurück: Katholische Jugendarbeit zwischen Diakonie und Mission

Kirchliche Jugendarbeit katholischer Träger versteht sich seit den 1970er-Jahren und dem entsprechenden Beschluss der Gemeinsamen Synode der deutschen Bistümer (1972–75) als ein „Dienst der Kirche an der Jugend überhaupt und [...] an der Jugend der Kirche“, sie ist ein selbstloser Beitrag der Kirche „an der Gesellschaft, deren Schicksal davon abhängt, wie die Generationen miteinander zu leben und zu arbeiten verstehen“ (Gemeinsame Synode 1975: 290; vgl. 294). Mit diesem diakonischen Selbstverständnis war im Anschluss an das durch das Zweite Vatikanische Konzil (1962–65) erneuerte, der Welt positiv zugewandte Kirchenbild eine grundlegende Wende vollzogen worden.

1.1 Die Nachkriegszeit: Jugendarbeit als Mission

Noch bis in die frühen 1970er-Jahre hinein verstand man demgegenüber unter Jugendarbeit im Wesentlichen einen Beitrag zur kirchlichen Nachwuchsgewinnung. Unmittelbar nach dem Zusammenbruch des Dritten Reiches und angesichts der Folgen von Krieg und Vertreibung standen die durch die Bischöfe verantwortete Jugendseelsorge in den Pfarreien und die von jungen Menschen in den Jugendverbänden selbst mitgetragenen Initiativen der Jugendarbeit ganz im Zeichen des gesellschaftlichen und moralischen Wiederaufbaus. Jugendarbeit nahm teil an der Sorge um die konkrete materielle, aber auch intellektuelle und spirituelle Not der jungen Menschen dieser Zeit und verstand sich als „Mission" (vgl. Lechner 1992: 117–144) bzw. als Teil der zu dieser Zeit verbreiteten „missionarischen Seelsorge" (Fischer 1985; Benz 1958). Ein solches Konzept aber verlor in den 1960er-Jahren auf dem Hintergrund der gesellschaftlichen und innerkirchlichen Veränderungen seine Notwendigkeit und seine theologische Plausibilität: Ein Konzept, das sich fast ausschließlich darauf konzentrierte, Menschen in die Kirche zu integrieren, erschien vielen angesichts eines gewandelten Kirchen- bzw. Weltbildes nicht mehr tragbar und gefährdete auch faktisch die kirchliche Jugendarbeit als Teil der staatlich geförderten freien Jugendhilfe. „Motivation und Befähigung, das Leben am Weg Jesu zu orientieren" statt „Rekrutierung", lautete die Antwort (Gemeinsame Synode: 294).

1.2 Kirchliche Jugendarbeit der 1980er- und 1990er-Jahre: Der diakonische Ansatz in der Diskussion

Unwidersprochen war das diakonische Selbstverständnis kirchlicher Jugendarbeit schon auf der Gemeinsamen Synode nicht geblieben. Bereits bei der Abfassung des Synodenbeschlusses gab es vor allem unter den anwesenden Bischöfen Vorbehalte, ob dieses Selbstverständnis nicht zu kurz greife. Ungeklärt schien, welche Rolle das Evangelium in einem solchen Konzept spiele. Ungeklärt blieb das Zueinander der kirchlichen Grundvollzüge Diakonie, Verkündigung und Liturgie, unklar das Verständnis eines „selbstlosen" Dienstes. In dieser Spannung vollzog sich die kirchliche Jugendarbeit der folgenden Jahrzehnte (vgl. Höring 2000: 119–187): Einerseits froh über das Erreichte, konkret: die Entlastung von (oft nicht einlösbaren) Ansprüchen hinsichtlich der kirchlichen Nachwuchsgewinnung und die Relativierung von Verkündigung und Katechese zugunsten einer an den Bedürfnissen der Jugendlichen und den Möglichkeiten der in größerer Zahl inzwischen in der Jugendarbeit tätigen pädagogischen Mitarbeiterinnen und Mitarbeitern orientierten Praxis, blieb bei Mitarbeitenden und in der Fachdiskussion andererseits ein Unbehagen zurück. Wie kommt das Evangelium in einem induktiven, personenzentrierten Konzept ins Spiel? Bleibt es der unausgesprochene, persönliche Hintergrund des Mitarbeitenden, oder darf das Evangelium auch ins Wort kommen? Unterlaufen explizit religiöse Angebote den diakonischen Ansatz? Und zu guter Letzt: Darf unter dem diakonischen Vorzeichen das Interesse bleiben, Menschen auch zur Nachfolge Jesu in der Kirche einzuladen, ohne gleich in Rekrutierungsverdacht zu geraten?

Eine Rückbesinnung auf die Identität von Kirche im Anschluss an das Päpstliche Schreiben Pauls VI. „Evangelii nuntiandi" (1975) sowie eine sich wandelnde gesellschaftliche und kirchliche Großwetterlage (fortschreitende Entkirchlichung, eine sich beschleunigende Pluralisierung und Individualisierung, zugleich das Wachsen neuer geistlicher, z. T. charismatischer Bewegungen, vielleicht auch eine zunehmende Milieuverengung kirchlicher Jugendarbeit und eine in der Folge weniger konfliktträchtige Koexistenz von amtlicher und verbandlicher Jugendarbeit, die Entstehung der Weltjugendtage seit Mitte der 1980er-Jahre (bzw. die verstärkte Teilnahme deutscher Gruppen/Bistümer seit Paris 1997 und Rom 2000) und ein in der Folge selbstverständlicherer bis gelassenerer Umgang mit katechetischen und liturgischen Elementen in der Jugendarbeit sowie die Begegnung mit der Rezeption des Evangelisierungsansatzes in Lateinamerika) weitete den Blick, überwand die Diastase der verschiedenen kirchlichen Grundvollzüge und ein rein additives Verständnis zugunsten einer wechselseitigen Verschränkung und ermöglichte es, sie unter der Zielperspektive der Evangelisierung konzeptionell zu integrieren (Erzbistum Köln 1999, Lechner 1992). Jugendarbeit nimmt als kirchliches Handlungsfeld teil am Auftrag der Kirche, Gesellschaft und Kulturen mit dem Evangelium zu durchdringen. Es geht – auch in der Jugendarbeit – um Inkulturation, um eine dialogische Begegnung zwischen den Trägern des Evangeliums und den Repräsentanten einer (längst nicht mehr homogenen) Jugendkultur, um die Begegnung zwischen Glaubenden und Suchenden, Zweifelnden, Interessierten.

1.3 Die Wiederentdeckung des Missionsbegriffs Anfang der 2000er-Jahre

Mit der Jahrtausendwende und den mit der Wiedervereinigung 1990 auch für den Westen relevant werdenden Erfahrungen einer Kirche in der mitteldeutschen Diaspora rückt der Missionsbegriff erneut in den Vordergrund (Die deutschen Bischöfe 2000) und wird zum Leitmotiv einer zukunftsweisenden Pastoral[1] (mit der Gründung einer Katholischen Arbeitsstelle für missionarische Pastoral in Erfurt 2010 als ihrem vorläufigen Höhepunkt). Deutschland wird wieder – sicherlich unter anderen Vorzeichen als in der Nachkriegszeit – zum „Missionsland" erklärt (Sellmann 2004). Eine ganze Reihe weiterer Publikationen der deutschen Bischöfe in kurzer Abfolge, zum Teil unter Bezugnahme auf Dokumente anderer Bischofskonferenzen (Sekretariat der Deutschen Bischofskonferenz 2000), und das Einsickern dieser Perspektive in weitere bischöfliche Dokumente, etwa zur gemeind-

[1] „Pastoral" (früher weithin identisch mit „Seelsorge") bezeichnet hier und im Folgenden (als ein Oberbegriff) das Handeln der Kirche und all ihrer Glieder in Wort und Tat im Blick auf ihren Auftrag zugunsten der Menschen bzw. in und für die Welt als Schöpfung Gottes insgesamt, das sich in der Sorge um das konkrete Wohl des Nächsten (Diakonie/Caritas), Verkündigung (Martyrie) und der Feier des Gottesdienstes (Liturgie) ausdrückt.

lichen Katechese (Die deutschen Bischöfe 2004) oder zum schulischen Religionsunterricht (Die deutschen Bischöfe 2005), lenken den Blick auf neue mögliche Handlungs- und Lernformen des Glaubens. Innerhalb der Jugendpastoral ist es bislang das Bistum Essen, das die Perspektive einer „missionarischen Jugendpastoral" als eine „gemeinsame geistlich-theologische Grundlinie" formuliert (Der Bischof von Essen 2011).

Deutlicher ins Bewusstsein rückt der Missionsbegriff Ende 2013 durch das erste Päpstliche Lehrschreiben „Evangelii Gaudium" (EG 2013) von Papst Franziskus, in dem er von einer notwendigen und nicht länger aufschiebbaren „missionarischen Umgestaltung der Kirche" (EG 2013: 19–49) spricht und diese Perspektive zum „Paradigma" (EG 2013: 15) jeglichen kirchlichen Handelns (und seiner kritischen Überprüfung) erklärt. Mit diesem Schreiben wendet sich der Papst an einen jeden Christgläubigen, um ihn „zu einer neuen Etappe der Evangelisierung einzuladen" (EG 2013: 1). Er nimmt den Faden des Schreibens „Evangelii nuntiandi" von Papst Paul VI. aus dem Jahr 1975 (EN 1989) wieder auf und beschreibt die unaufschiebbare Notwendigkeit, das Handeln der Kirche neu auszurichten (vgl. EG 2013: 27–33). Mit den Worten der lateinamerikanischen Bischöfe fordert er: „Wir können nicht passiv abwartend in unseren Kirchenräumen sitzen bleiben." Es brauche den Schritt „von einer rein bewahrenden Pastoral zu einer entschieden missionarischen Pastoral" (vgl. EG 2013: 15).

Diese Leitidee trifft nun auf eine über die Jahre hinweg „geläuterte" Jugendarbeit: Zum Teil ernüchtert durch eine unaufhaltsam erscheinende Entkirchlichung und zum Teil ermutigt durch lebendige Aufbrüche da und dort, verbinden sich die als glaubwürdig empfundenen Impulse des Papstes mit der sich im Gang befindlichen Suche nach neuen Formen der Kontaktaufnahme und der Begegnung mit jungen Menschen. Manche Vorbehalte gegenüber dem Begriff bleiben in der Praxis, vor allem dort, wo nicht ausreichend wahrgenommen wird, wie deutlich sich das Missionsverständnis in den zurückliegenden Jahrzehnten gewandelt hat, hin zu einem partnerschaftlichen, „prophetisch-dialogischen" (Generalat SVD 2000: XV. Generalkapitel der Steyler Missionare SVD 2000; Bevans/Schroeder 2011; Üffing 2006) Prozess, der längst nichts mehr gemein hat mit Proselytenmacherei oder Indoktrination (Üffing 2013; Bünker 2004; Mission:Respekt 2011).

2. Konturen einer missionarischen Jugendarbeit

2.1 Grundlegung: Mission als Begegnung

Die Diskussion um eine „missionarische Pastoral“[2] wird derzeit eher durch die Pastoraltheologie dominiert. Aussichtsreich erscheint dennoch, sich als missionarische Jugendarbeit der Grundüberzeugungen der Missionswissenschaft zu vergewissern, jener Disziplin, die vor allen anderen auf das eigene Selbstverständnis im Blick auf die Begegnung mit gegenwärtigen Kulturen reflektiert. Als eine eigene Disziplin findet sie sich an den katholisch-theologischen Fakultäten bzw. kirchlichen Hochschulen katholischer Träger heute nur noch an wenigen Orten, was Beleg dafür sein mag, dass sich der Katholizismus mit dem Missionsbegriff über längere Zeit schwertat und ihn allenfalls im Kontext der Weltmission gelten ließ. Auf dem Hintergrund der geschilderten Veränderungen kommt dieser Disziplin, heute verstanden auch als eine interkulturelle Theologie, neue Bedeutung zu.

Eine Jugendarbeit unter missionarischer Perspektive bindet sich zurück an die Sendung der Kirche, die sich gründet auf die Inkarnation Gottes in Jesus Christus und die Sendung der an ihn Glaubenden zu den Menschen (vgl. Mk 16,15). Kirche ist „ihrem Wesen nach ‚missionarisch‘ (d. h. als Gesandte unterwegs), da sie selbst ihren Ursprung aus der Sendung des Sohnes und der Sendung des Heiligen Geistes herleitet“ (Zweites Vatikanisches Konzil 1968a: Ad Gentes 2). An dieser Sendung haben – auch nach katholischem Kirchenverständnis – alle Glieder der Kirche ihren Anteil.[3] Der eigentliche Handelnde aber ist Gott, er „kommt früher als der Missionar“ (Boff 1991). In einem trinitarisch begründeten Kirchen- und Missionsverständnis ändert sich damit die Perspektive: Gott ist das eigentliche Subjekt (vgl. EG 2013: 12), es ist die „missio Dei“ (vgl. u. a. Bosch 2012: 457–461). Damit verbieten sich imperialistische und hegemoniale Fehlinterpretationen des eigenen Handelns und es beugt der eigenen Überforderung vor. In den Hintergrund rückt – auch als Folge wachsender ökumenischer Zusammenarbeit – die Bekehrung anders Glaubender zur eigenen Kirche bzw. Konfession. Das Ziel ist die Begegnung mit Jesus Christus selbst, nicht nur die Kontaktaufnahme, sondern letztlich das Hineinführen in eine „Lebenseinheit“ mit ihm (Catechesi tradendae 1989: 5).

Prinzipiell ist Mission eine „Grenzüberschreitung“ (Bürkle 1998: 292), ein Hinausgehen, ein Sich-Aussetzen, ein Sich-Entäußern, ein Verlassen von vertrautem Terrain und das Hinübergehen und Eintauchen in unbekannte,

---

[2] Zum Begriff „Pastoral“ vgl. oben, Anm. 1.

[3] Hier sei nur an die grundlegenden Aussagen der Dogmatischen Konstitution „Lumen Gentium“ oder des Dekretes über das Laienapostolat „Apostolicam actuositatem“ des Zweiten Vatikanischen Konzils erinnert.

fremde, fremd erscheinende oder auch fremd bleibende Kulturen, Lebensweisen und Gemeinschaften. Die Voraussetzung dafür ist das Erlernen der (fremden) Sprache, ist die Kenntnis der (fremden) Kultur- und Umgangsformen, ausgehend von einem Interesse am anderen, wie es Klaus Hemmerle, späterer Bischof von Aachen, formuliert hat: „Laß [sic!] mich dich lernen, dein Denken und Sprechen, dein Fragen und Dasein, damit ich daran die Botschaft neu lernen kann, die ich dir zu überliefern habe" (Hemmerle 1983: 309). Dabei lässt die Begegnung mit dem anderen, dem zunächst Unbekannten und Fremden, den Missionar nicht unverändert. Die Begegnung färbt ab. So wie man dies eindrucksvoll an aus fernen Ländern nach Deutschland zurückkehrenden Missionaren erleben kann, so ist es ganz grundsätzlich: Begegnung verändert, verändert auch das Evangelium und sein Verständnis, weil es im jeweiligen Kontext neu gelesen, immer wieder neu verstanden und kontextualisiert wird.

In diesem Sinne ist Mission eine mehrfache Begegnung: Begegnung zwischen Menschen und (bzw. in) ihren Kulturen, und zugleich Begegnung mit dem Evangelium, mit Jesus Christus, mit dem lebendigen Gott. Es geht um das gemeinsame Entdecken der „Spuren der Engel" (Berger 1970), auch in den vielfältigen Gegenwarts- und Jugendkulturen, die zum Ort der Offenbarung werden können. Man entdeckt sie am allermeisten im Nächsten selbst (vgl. Mt 25,31–46), vor allem den Armen und Notleidenden (vgl. Gaudium et Spes Nr. 1) – wie auch umgekehrt, wenn der konkrete Christgläubige für andere zum Erfahrungsmoment christlichen Glaubens wird.

Es darf jedoch nicht übersehen werden, dass die Gabe der Unterscheidung notwendiger denn je ist, finden sich in der Begegnung mit den Kulturen der Gegenwart doch mindestens ebenso häufig Spuren des Bösen inmitten der Welt. Begegnung und Dialog schließt daher Kritik nicht aus, wenn die Lebensbedingungen und Verhaltensweisen der Menschen in Widerspruch zu einem christlichen Menschenbild geraten. Genau hier liegt der Grund, warum die Steyler Missionare von einem *„prophetischen Dialog" sprechen (Bevans/Schroeder 2011; Üffing 2006).* Mission schließt die Sorge und den Einsatz für menschenwürdige Lebensbedingungen und Gerechtigkeit (auch hierzulande) sowie den besonderen Blick für die Marginalisierten der jeweiligen Gesellschaft mit ein. In diesem Sinne ist die Kirche immer zugleich missionarisch und diakonisch. So beginnt in diesem Moment bereits die Inkulturation des Evangeliums, die tief greifende, innere Erneuerung der menschlichen Kulturen (vgl. EN 1989: 18), die eine „neue Synthese des Evangeliums mit der Kultur [...] hervorruft" (EG 2013: 129), wobei klar sein muss, dass es kein abstraktes, kulturunabhängiges Evangelium gibt, es sich also letztlich immer um „Interkulturation" handelt, indem ein von einer *bestimmten* Kultur geprägtes Evangelium in eine Wechselbeziehung zu anderen Kulturen eintritt (D'Sa 2010).

2.2 Schritte missionarischer Pastoral

Diese Begegnung wird idealtypisch in Anlehnung an den Katechumenat beschrieben (vgl. Die deutschen Bischöfe 2000: 15–32; EN 1989: 21–24): Grundlegend ist das „Zeugnis des Lebens“, die stille, unaufdringliche Präsenz der christlichen Lebensweise, die Pflege entsprechender „Umgangsformen“ (Die deutschen Bischöfe 2000: 16), die unmittelbare, persönliche Begegnung von Mensch zu Mensch (vgl. EG 2013: 127–129), auf die erst das „Zeugnis des Wortes“ folgen kann. Es ist der Moment, wenn in der Jugendarbeit ein Mitarbeiter, eine Gruppenleiterin befragt wird, weil ihr Verhalten Fragen aufwirft: Warum tust du dies? Warum nimmst du dir für uns Zeit? Das ist der Kern dessen, was der Würzburger Synodenbeschluss unter „personalem Angebot“ versteht (vgl. Gemeinsame Synode 1975: 298–301): das Zeugnis auf Augenhöhe, das persönliche Bekenntnis, freilich „respektvoll und freundlich“ (EG 2013: 127). Hier können dann in den Glauben tiefer einführende Prozesse wie Katechese und Unterricht anschließen, bis schließlich eine Bekehrung ihren Ausdruck findet durch den Eintritt in die christliche Glaubensgemeinschaft und die Taufe, die den Getauften wiederum zum Gesendeten werden lässt.

Inhaltlicher Mittelpunkt des Prozesses ist die Liebe Gottes zu den Menschen. Sie erfüllt den Missionar, und sie wird in seinem Verhalten transparent. Die Liebe ist die „Seele des gesamten Apostolates“ (Zweites Vatikanisches Konzil 1966a: Lumen Gentium 33; 1967: 3; vgl. EN 1989: 26; 79; EG 2013: 35 f.; Höring 2011: 218–222). Es bleibt zu hoffen, dass in der Jugendarbeit kirchlicher Träger Kinder und Jugendliche tatsächlich ein Mehr an Liebe, an Hoffnung und Freude erfahren und nicht Menschen begegnen, die „ständig ein Gesicht wie bei einer Beerdigung haben“, wie Papst Franziskus formuliert (EG 2013: 10). Vielmehr gilt: „Die Welt von heute, die sowohl in Angst wie in Hoffnung auf der Suche ist, möge die Frohbotschaft nicht aus dem Munde trauriger und mutlos gemachter Verkünder hören, die keine Geduld haben und ängstlich sind, sondern von Dienern des Evangeliums, deren Leben voller Glut erstrahlt, die als Erste die Freude Christi in sich aufgenommen haben“ (EG 2013: 10; EN 1989: 80).

2.3 Missionarische Jugendarbeit

Was meint nun „Mission“ im Kontext der Jugendarbeit? Hierzulande durchaus unterschiedliches. (1) Die Perspektive einer „missionarischen Kirche“ wird von den klassischen Momenten kirchlicher Jugendarbeit zumeist als Steigerung der Attraktivität der eigenen bestehenden Angebote vor allem in quantitativer Weise verstanden. Man hätte gerne mehr Teilnehmende, mehr Resonanz – letztlich dadurch mehr Spaß an der Sache, weil sich Erfolg und Anerkennung immer noch an Zahlen bemessen. Vielen wird klar, dass es jedoch um etwas anderes geht: um Qualität und Inhalte – konkret: das Evangelium. Daher bezieht sich eine missionarische Perspektive (2) sinnvollerweise zuerst auf die Mitarbeitenden und Multiplikatoren, eine „Mission der Anwesenden". Missionarisch meint hier evangelisierend, d. h. der Versuch einer stärkeren geistlichen Durchdringung der eigenen Arbeit mit der Konsequenz einer deutlicheren Profilierung und einer stärkeren Ausstrahlung. Schließlich (3) richtet sich der Blick tatsächlich auf jene, die nicht zum engeren Kreis zählen, jene jungen Menschen, die noch nichts vom Evangelium gehört haben und bislang keinen Zugang zu kirchlichen Angeboten fanden oder inzwischen nicht mehr finden, d. h. eine Mission im eigentlichen Sinne der Erstverkündigung bzw. eine „Mission für potenzielle Rückkehrer".

In einer noch volkskirchlich geprägten Kirche sind Momente einer missionarischen Erstverkündigung nur schwer zu isolieren. Viele Angebote herkömmlicher Gemeindepastoral (vor allem katechetische Angebote vor Erstkommunion und Firmung sowie die Kasualien) sind faktisch Momente der Erstverkündigung bzw. der „Erneut-Verkündigung", da sie oftmals Begegnungen mit bereits Getauften sind, die keinen eigentlichen Zugang zum Evangelium bzw. der christlichen Glaubensgemeinschaft gefunden haben. Trotz schulischem Religionsunterricht und möglicherweise der Teilnahme an gemeindekatechetischen oder jugendpastoralen Angeboten ist es doch die Regel, dass die Mehrheit der Jugendlichen, die etwa zur Firmung erneut mit Gemeinde in Kontakt kommt, in ihrer Glaubensbiografie noch ganz am Anfang steht. Daher ergänzen sich – im Sinne einer „‚mixed economy' church" (Rowan Williams)[4] – derzeit klassische Angebote der Gemeindepastoral und einer kirchlichen Kinder- und Jugendhilfe einerseits und innovative Gemeindeformen, oft im Blick auf junge Menschen, andererseits. Das Missionarische nur den neuen, innovativen Formen zuzuschreiben, wäre allerdings ungerechtfertigt. Mission ist eine (neue) Perspektive, die alle Bereiche kirchlichen Lebens inspirieren und in allen wirksam werden kann.

2.4 Handlungsorte und Handlungsformen

Wie und wo realisiert sich nun eine missionarische Jugendarbeit? Wo kommen junge Menschen mit dem Evangelium in Kontakt? Der Handlungsfelder sind viele. An fünf ausgewählten Orten sollen Grundlinien deutlich werden.

---

[4] Der Begriff geht zurück auf den früheren Erzbischof von Canterbury, der damit in Analogie zur Koexistenz von Privatwirtschaft und staatlicher Lenkung („mixed economy") die wechselseitige Ergänzung von traditionellen, territorialen Formen der Seelsorge und neuen, in der Regel personenzentrierten Formen von Gemeinde („Fresh Expressions of Church") hervorhebt.

Jugendkirchen (vgl. Karcher in diesem Band)

Sie schossen (zumindest in der katholischen Kirche) um die Jahrtausendwende wie Pilze aus dem Boden: die (inzwischen ökumenisch vernetzten) Jugendkirchen, die (der rund zehn Jahre zuvor entstandenen Citykirchenbewegung vergleichbar) zumeist in den Zentren der Großstädte und Mittelzentren Anlaufpunkte für junge Menschen sein sollten, die über die herkömmliche Gemeindepastoral oder die übrigen Angebote der kirchlichen Jugendarbeit nicht erreicht werden. Konzept und Gestalt sind vielfältig: Neben der klassischen Form, einer Kirche in der Innenstadt, gibt es mobile Angebote, Jugendkultureinrichtungen bis hin zur personalen Hausgemeinde (vgl. Freitag 2006: 62–68). Vier verbindende Kennzeichen lassen sich ausmachen: Im Mittelpunkt steht häufig (1) die Bereitstellung eines sakralen Raumes für jugendkulturelle Ausdrucksformen mit dem Versuch der „Inkulturation" von Evangelium und Jugendkulturen (vgl. Stams 2008: 267–333), in jedem Fall (2) die Gelegenheit zur „Partizipation" (vgl. Stams 2008: 335–369), zumeist mit dem Ziel (3) der „Milieuüberschreitung" (vgl. Stams 2008: 185–266) in (4) Ergänzung zu und in „Kooperation" mit den bestehenden pastoralen Strukturen (vgl. Stams 2008: 371–418). Damit haben die Jugendkirchen drei Zielgruppen im Blick: Sie sind „Tankstelle für kirchlich Engagierte", „Auffangbecken für jene, die ihren Pfarren oder Verbänden verloren gegangen sind'" und „Erstkontakt für kirchlich (weitgehend) Unberührte" (Hobelsberger/Kuld/Hamachers-Zuba 2012: 176), was vor allem aus missionarischer Perspektive von besonderer Bedeutung ist. Faktisch gelingt aber gerade Letzteres nur zum Teil, denn das Angebot einer klassischen Jugendkirche wirkt – nahezu von allein – „selektiv" (Stams 2012: 263[5]). Aufgrund ihrer Statik (eine klassische Jugendkirche ist zunächst einmal buchstäblich eine Immobilie) muss die persönliche Begegnung, Grundlage missionarischen Handelns, hier erst einmal möglich gemacht werden. Klassische Jugendkirchen bleiben im Modus einer zwar einladenden Kirche, müssen aber wohl noch stärker den Weg zu den jungen Menschen hin suchen und diese dort aufsuchen, wo sie sind.

Glaubenskurse für Beginner (vgl. Kresse in diesem Band)

Was in anderen Denominationen, vor allem der anglikanischen Kirche, ein lebendiger Quell von Bekehrungen und Berufungen bzw. von Gemeindebildung zu sein scheint (Herbst 2011: 58–60; auch Herbst 2013: 251 f.), ist für den Katholizismus hierzulande weniger relevant, vor allem im Blick auf Jugendliche. Offene Angebote der Glaubensbildung setzen in der Regel später an, d. h. setzen ein vertieftes Interesse am christlichen Glauben

---

[5] Eine Auswertung der Arbeit am Jugendpastoralen Zentrum CRUX in Köln ist in Vorbereitung.

voraus, was eher auf junge Erwachsene zutrifft oder auf jene, die schon kirchlich engagiert sind. So gibt es – etwa im Umfeld von Jugendkirchen – durchaus Menschen, die neu zum Glauben finden, sich taufen oder firmen lassen. Entsprechende Kursangebote sind aber in der Regel nicht der Anlass dafür. Das Interesse oder die Suche beginnt anderswo: durch die Begegnung mit Christen in der Schule oder am Arbeitsplatz, durch Heirat mit einem Christen, durch (eher zufällige) Mitwirkung in christlichen Gruppierungen oder durch die berufliche Beschäftigung bei einem kirchlichen Träger.

Einen Sonderfall stellt die Sakramentenkatechese vor Erstkommunion und Firmung dar, ist sie doch für viele ein „Kurs für (Neu-)Beginner". Im Säuglingsalter nicht getaufte Kinder katholischer Eltern(-teile) empfangen die Taufe immer häufiger im Rahmen der Erstkommunionvorbereitung, auf die sie durch Schulkameraden aufmerksam geworden sind. Auch die Firmung, sofern im späteren Jugendalter vorgesehen (wie in vielen nordwestdeutschen und einzelnen Schweizer Bistümern), kann ein Ort neuer missionarischer Aufbrüche sein. Es setzt jedoch ein neues Konzept der Firmkatechese voraus, das nicht auf ein volkskirchlich gestütztes Erfassungsprinzip setzt und die Integration in die vorhandene Ortsgemeinde intendiert, sondern die persönliche Berufung des einzelnen Christen zum christlichen Zeugnis in die Mitte stellt und nach neuen, jugendgemäßen Formen der Vergemeinschaftung Ausschau hält (Höring 2014).

Wallfahrten und Weltjugendtage – Events als Instrument der Jugendpastoral

Ein beliebtes, handlungsfeldübergreifendes Instrument in der Jugendarbeit sind Wallfahrten (zu Orten in der näheren Umgebung wie ins europäische Ausland) und die seit den 1980er-Jahren stattfindenden internationalen Weltjugendtage. Als Event ob seiner kurzfristigen Wirksamkeit nicht unumstritten, wecken sie Begeisterung für den christlichen Glauben, lassen aber oft in der Übernahme popkultureller Elemente innerhalb klassisch wirkender liturgischer Formen Zweifel aufkommen, inwieweit sie für der Kirche fern stehende junge Menschen wirklich attraktiv sind. Vielmehr lässt die faktische Zusammensetzung der Teilnehmendengruppe sie als eine Mischung aus Wiedersehensfeier und Dankeschön-Abend für bereits Engagierte erscheinen. Missionarische Kraft entfaltet der Weltjugendtag also allenfalls über die Medienberichterstattung und über die erneute Sendung der Teilnehmenden in ihre Heimatländer.[6]

[6] Eine entsprechende Untersuchung des Weltjugendtages 2013 in Rio de Janeiro ist derzeit in Arbeit. Vgl. www.wyd2013-research.de (Abruf 12.03.2015).

Orte diakonischer Jugendarbeit als Orte einer missionarischen Kirche

An den genannten Beispielen sollte deutlich werden, dass eine missionarische Jugendarbeit sich nicht damit zufriedengeben kann, ihre Handlungsorte einladend zu gestalten. Mission bedeutet Sendung, bedeutet zu den Menschen hin zu gehen. Und damit kommen jene Orte und Angebote der Jugendarbeit in den Blick, die aus einer diakonischen Grundorientierung heraus jungen Menschen begegnen und zunächst inhaltsoffen Zeit und Raum bieten oder konkrete Lebenshilfe, etwa bei der Bewältigung von Benachteiligungen. Gemeint sind die Angebote und Einrichtungen der offenen und aufsuchenden Kinder- und Jugendarbeit oder der Jugendsozialarbeit wie Jugendwohnheime, Jugendberufshilfe, Beratungsarbeit etc. Möglicherweise geht es bei einer missionarischen Jugendarbeit also weniger um die Entwicklung neuer Angebotsformen allein als vielmehr um einen Bewusstseinswandel innerhalb bestehender Strukturen und innerhalb bestehender Angebote, bei denen Kirche schon längst mit jenen in Kontakt ist, die mit christlichem Glauben herzlich wenig anfangen können, sei es, weil sie nie Anschluss fanden an die jugendspezifischen Angebote von Pfarreien und Verbänden, sei es, weil sie selbst einer anderen Religion angehören.

Mission hieße hier zunächst die Stärkung der eigenen Mitarbeitenden in ihrem diakonischen Tun, das nicht allein professionelles Handeln erfordert, sondern stets auch eine Reflexion desselben aus der Perspektive des Evangeliums. Gerade hier zeigt sich die Notwendigkeit (und die Chance!), soziales Handeln und geistliches Leben miteinander zu verbinden, ganz so, wie es die karitativ tätigen Ordensgemeinschaften immer schon oder die Laienvereinigungen in ihren Anfängen zu Beginn der Caritasbewegung ganz selbstverständlich taten. Im Mittelpunkt steht dabei die Auseinandersetzung mit der Spannung zwischen dem nicht minder wirksamen „Zeugnis ohne Worte“ (EN 1989: 21) und dem Drang, den Glauben auch ins Wort zu bringen (vgl. EN 1989: 22) bzw. Menschen in die Gemeinschaft der Glaubenden und zur Nachfolge Jesu einzuladen (vgl. EN 1989: 23f.).

Kirchliche Jugendhilfe in der Schule (vgl. Ilg/Schwarz/Pohlers; Röber/Schmidt in diesem Band)

Ein vergleichbares, an Bedeutung weiter zunehmendes Feld stellen die Angebote der kirchlichen Jugendhilfe in der Schule dar: das Engagement in der Offenen Ganztags(grund)schule und in der Übermittagsbetreuung in der Sekundarstufe I. Es ist ein Aufgabenfeld, das ungewollt auf die kirchliche Kinder- und Jugendhilfe zukam und aus dem eigenen Selbstverständnis einer freien Jugendhilfe auf Ablehnung stoßen musste, weil das Unternehmen Ganztagsschule die zeitlichen Möglichkeiten der Jugendarbeit während des Nachmittags empfindlich beschneidet. Heute ist es durch die Mitwirkung vieler kirchlicher Träger tatsächlich zu einer Mitwirkung von Kirche in der Schule geworden, zusätzlich zu dem, was bereits als Schulpastoral oder schulnahe (Jugend-)Sozialarbeit passiert. Manch einer mag sich an den staatlich diktierten Rahmenbedingungen reiben, andere den Verlust der Charakteristika der freien Jugendhilfe und die individuellen wie gesellschaftlichen Folgen einer früh einsetzenden außerfamilialen Betreuung der Kinder beklagen, dennoch hat Kirche auf diesem Weg Zugang in das System Schule und ist damit an einem Ort präsent, an dem Kinder und Jugendliche den größten Teil des Alltages und einen entscheidenden Teil ihrer Biographie verbringen.

Kirchliche Jugendhilfeträger, die Mitverantwortung für das Schulleben übernehmen, sei es durch die Übernahme der Mittagsverpflegung, sei es durch pädagogische Angebote am Nachmittag, prägen die Schulkultur auf ihre Weise, kommen mit neuen Zielgruppen in Kontakt und können ihr übriges Angebot bzw. weitere kirchliche Träger mit den Ganztagsangeboten bzw. dem Schulleben vernetzen. Freilich: Die Wirkungen und Einflussmöglichkeiten sind begrenzt (StEG 2010). Insofern lässt sich eine Mitwirkung von Kirche an der Ganztagsschule weniger aus strategischen Überlegungen ableiten, als vielmehr aus einer diakonischen Grundhaltung, die Kirche zur Mitwirkung in der Gesellschaft anhält.

3. Herausforderungen und Perspektiven

In welcher Weise auch immer Menschen dem Evangelium begegnen, es ist stets an die Grundannahmen der Missionstheologie zu erinnern: Mission ist keine Einbahnstraße. Mission verändert alle Beteiligten. Daher ist ein zentrales Kriterium, neben dem eigenen Bezug zum Evangelium und der Offenheit für die Situation der Menschen heute, die Bereitschaft sich von beiden verändern zu lassen.

3.1 Die Begegnung mit dem Eigenen

Missionarische Jugendarbeit ist gekennzeichnet durch zwei Bezugspunkte. Der – auch zeitlich – erste ist der Bezug zum Evangelium. Mission meint zunächst Rückbezug auf das eigene Fundament, auf die eigene Identität. Daher richten sich die ersten Bemühungen einer missionarischen Jugendarbeit auf die eigenen Mitarbeitenden. Denn entscheidend dafür, ob das Evangelium Ausstrahlung in der Welt von heute gewinnt, ist Frage, inwieweit die Mitarbeitenden selbst aus einer lebendigen Beziehung zu Jesus Christus leben. Es ist jener Schritt, der im Konzept der Evangelisierung „Selbstevangelisierung" genannt wird (vgl. EN 1989: 15). Es ist die eigene, selbstkritische Betrachtung, die eigene Hinwendung zum Evangelium. Jedes

Glied der Kirche hat sich immer wieder diesen Fragen zu stellen: Entspricht mein Leben dem Evangelium? Welchen Platz nimmt Jesus Christus in meinem Leben ein?

Besondere Aufmerksamkeit gilt daher der Anleitung und Pflege von Vollzügen geistlichen Lebens: die Hinführung zum persönlichen Gebet und das geistliche Lesen der Bibel (lectio divina), die es ermöglichen, eine Brücke zwischen Alltag und Glaube zu schlagen. Nicht nur, dass auf diesem Wege die Lebensrelevanz des Glaubens erkennbar wird. Auch die Dignität des manchmal banal erscheinenden Alltags als Ort der Gotteserfahrung würde deutlich (Luther 1992). Es besteht nach wie vor ein großer Bedarf an der Hinführung zu alltagstauglichen Vollzügen christlicher Spiritualität – für die ehrenamtlich tätigen jungen Menschen wie für die hauptamtlichen Begleiterinnen und Begleiter, vor allem für jene, die keine theologische bzw. geistliche Ausbildung mitbringen. Formate wie „Exerzitien im Alltag" erweisen sich da als hervorragendes Instrument einer modernen Form von Gemeindemission. Elemente der Exerzitienarbeit (betender Tagesrückblick, Zeiten der Stille, intuitive Auslegung der Bibel etc.) gälte es auch in Gruppenleiterschulungen zu integrieren, um die pädagogischen Inhalte zu ergänzen. Solche Hinführung aber muss zugleich eine innere Ausrichtung einschließen. Denn Angebote geistlichen Lebens gibt es viele. Oft aber lassen sie einen missionarischen Akzent vermissen. Am Ende einer Retraite müsste doch die Frage immer wieder auftauchen: Wie gehe ich in den Alltag zurück und wie kann mein Glauben – nicht nur für mich – wirksam werden?

3.2 Die Begegnung mit dem anderen

Der zweite Bezugspunkt sind daher die Menschen, für die die Kirche bestellt ist. Missionarische Jugendarbeit richtet den Blick in die Welt. Wo, mit wem und auf welche Weise kann das Evangelium Gestalt gewinnen? Die katholische Kirche blickt, wie ihre Schwesterkirchen auch, auf eine lange Tradition der Präsenz in der Gesellschaft und an ihren „Rändern" zurück, etwa im Bereich der Caritas. Wesentlich ungeübter darin, auf neue Menschen zuzugehen, ist sie im Bereich der Gemeindepastoral, der gemeindebezogenen Jugendarbeit in Gruppen (Ministranten/Messdiener, Chöre) oder den Jugendverbänden, während offene Angebote, Freizeitmaßnahmen, auch katechetische Projekte durchaus eine breitere Zielgruppe erreichen. Leider bleiben sie zumeist eine punktuelle Maßnahme oder beabsichtigen die Hin- bzw. Rückführung in die bestehenden Gruppenangebote. Letzteres gelingt in der Regel nicht, da heutige Formen von Gemeinschaftsbildung den bestehenden Strukturen entgegenstehen. Die meisten, vor allem jungen Menschen wollen in überschaubaren Räumen und Zeiträumen teilnehmen, suchen zielgerichtete, wirkungsvolle und transparente Formen der

Mitwirkung – kein „One-size-fits-all"-Angebot oder undurchsichtige, oft sich selbst genügende Strukturen (vgl. Kopp et al. 2013: 33–73; 208–212; Calmbach et al. 2012: 83–87). Milieuüberschreitung bleibt daher eine Momentaufnahme: Oft weil schon die kleinsten Regeln des Freiwilligenmanagements nicht beachtet werden. Oder weil eine mangelnde Bereitschaft zur eigenen Veränderung eine wirkliche dialogische Begegnung verhindert.

3.3 Neue Gemeindeformen an neuen Orten

Die Möglichkeit, an neuen Orten und auf neue Weise Gemeinschaftsbildung zu initiieren und damit neue Gemeindeformen neben (oder in) den bestehenden Pfarreistrukturen zu etablieren, ist vielfach weder im Blick noch gewollt, weil sie als unerwünschte Konkurrenz zu bestehenden Gruppen erlebt werden. Für katholische Gemüter ist die Begegnung mit Bewegungen wie den anglikanischen „Fresh Expressions of Church" lehrreich, da die Perspektive des Gemeindegründens (church planting), ein in den Freikirchen geläufiger Vorgang, im Katholizismus weithin unbekannt ist, bzw. in den zurückliegenden Jahrzehnten allenfalls dort virulent war, wo es um die Errichtung neuer Pfarreien etwa in Neubaugebieten ging. Gemeindebildung, Gemeinde*gründung* gar, ist noch zu sehr an Strukturen und amtliche Leitung gekoppelt. Zweifellos hat es da ein protestantisches Kirchenbild leichter. Dennoch finden sich auch innerhalb des Katholizismus längst personale Formen von Gemeinde wie geistliche Bewegungen, Hochschulgemeinden und Jugendkirchen, die auch theologisch oder kirchenrechtlich legitimiert und seitens der Kirchenleitung gewollt sind, sowie darüber hinaus zahllose Orte und Momente, an denen Christen glaubend leben und beginnen, Gemeinschaft zu bilden – und zwar auf die ihnen entsprechende Art und Weise: eine christliche Bürogemeinschaft, eine Jugendgruppe, ein Szenetreff, eine Nachbarschaftshilfe, eine Flüchtlingsinitiative, ein Stammtisch etc. Diese Momente gilt es weiterzuentwickeln, in dem Sinne, dass die (Mit-)Verantwortung für die Ausbreitung des Evangeliums noch stärker von allen Gliedern der Kirche wahrgenommen werden kann und dementsprechende Formen finden darf, auch solche, die – etwa weil kein Priester dieser Gruppe zugewiesen ist – nicht das volle sakramentale Programm bieten (können) oder nicht unter einer (die bereits mit der Firmung verbundenen Rechte und Pflichte übersteigenden) amtlichen Leitung stehen. Dazu wäre auch nach neuen Formen der Beauftragung zu suchen, bzw. die Firmung und/oder weitere, nicht sakramentale Beauftragungen (z. B. die Missio als Pastoral-/Gemeindereferent/-in) wären stärker wertzuschätzen und kirchlicherseits als Formen einer möglichen Gemeindeleitung zu legitimieren.

Denn: „Ubi Christus – ibi ecclesia". Christus wird dort vergegenwärtigt, wo Menschen sich in seinem Namen versammeln (vgl. Mt 18,20), vor allem in den liturgischen Handlungen, dort, wo sein Wort gesagt und gehört wird, wo die Sakramente gefeiert und das Opfer der Messe vollzogen wird (Zweites Vatikanisches Konzil 1966b: Sacrosanctum Concilium 7). Ja, Christus ist auch schon dort gegenwärtig, wo Menschen einander die Füße waschen und die Liebe Gottes dadurch sichtbar machen. Spätestens an dieser Stelle wird deutlich, dass Kirche dort entsteht, wo sie ihren aus der Botschaft Jesu abgeleiteten Auftrag erfüllt, wo sie dient und Menschen Obdach gewährt. Als hilfreich erweisen sich dafür die seit einigen Jahren rege rezipierte Lebensweltforschung sowie aus dem Social Entrepreneurship kommende Tools, die etwa im Bistum Aachen in ein „Gründertraining" für innovative, neue Gemeindeformen eingeflossen sind.[7]

Kirche entsteht also auch dort, wo sie „klein und arm" (Zweites Vatikanisches Konzil 1966a: Lumen Gentium 26) erscheint, d. h. wo sie zahlenmäßig klein ist und nicht über das volle liturgische und sakramentale Leben verfügt, wie im Konzept der aus Asien und Afrika nach Europa gekommenen „Kleinen Christlichen Gemeinschaften" („Small Christian Communities"). Ein personenorientiertes bzw. ein auftragszentriertes Verständnis von Gemeinde kann dafür öffnen, solche gemeindebildenden Kräfte auch unterhalb bzw. neben den territorialen Pfarreistrukturen – zumal in Zeiten größer werdender pastoraler Räume – anzuerkennen. Eine Rückbesinnung auf den eigentlichen Auftrag (Mission) christlicher Gemeinden, eine wachere Wahrnehmung der Mitverantwortung für die Gesellschaft und ihre Herausforderungen – unmittelbar vor der eigenen Haus- bzw. Kirchentüre (wie wir es aktuell angesichts der Flüchtlingsfrage in Deutschland erleben) – kann neue Kräfte freisetzen, neue Koalitionspartner offenbaren und neue Lebenswelten erschließen helfen.

Literatur

Benz, Franz (1958): Missionarische Seelsorge. Die missionarische Seelsorgebewegung in Frankreich und ihre Bedeutung für Deutschland. Freiburg im Breisgau: Herder.

Berger, Peter L. (1970): Auf den Spuren der Engel. Die moderne Gesellschaft und die Wiederentdeckung der Transzendenz. Frankfurt am Main: S. Fischer.

Bevans, Stephen B./Schroeder Roger P. (2011): Prophetic dialogue. Reflections on Christian mission today. New York: Orbis.

Boff, Leonardo (1991): Gott kommt früher als der Missionar. Neuevangelisierung für eine Kultur des Lebens und der Freiheit. Düsseldorf: Patmos.

Bosch, David J. (2012): Mission im Wandel. Paradigmenwechsel in der Missionstheologie. Hrsg. von Martin Reppenhagen. Gießen: Brunnen.

Bünker, Arnd (2004): Missionarisch Kirche sein? Eine missionswissenschaftliche Analyse von Konzepten zur Sendung der Kirche in Deutschland. Münster: LIT.

[7] www.kundschafternetzwerk.de (Abruf 18.03.2015)

Bürkle, Horst (1998): Mission. IV. Systematisch-theologisch. In: Lexikon für Theologie und Kirche. 2. Auflage. S. 292 f.

Calmbach, Marc/Thomas, Peter Martin/Borchard, Inga/Flaig, Bodo (2012): Wie ticken Jugendliche? 2012. Lebenswelten von Jugendlichen im Alter von 14 bis 17 Jahren in Deutschland. Düsseldorf: Verlag Haus Altenberg.

Catechesi tradendae (1989) = Apostolisches Schreiben „Catechesi tradendae" seiner Heiligkeit Johannes Paul II. über die Katechese in unserer Zeit, 16. Oktober 1979. In: Sekretariat der Deutschen Bischofskonferenz (Hrsg.): Nachkonziliare Texte zu Katechese und Religionsunterricht [Arbeitshilfen 66]. Bonn. S. 79–143.

Der Bischof von Essen (Hrsg.) (2011): Missionarische Jugendpastoral. Grundlinien für hauptberuflich Mitarbeitende in der Jugendpastoral des Bistums Essen [Dokumente 5/2011]. Essen.

Die deutschen Bischöfe (2000): „Zeit zur Aussaat". Missionarisch Kirche sein. Hrsg. vom Sekretariat der Deutschen Bischofskonferenz. Bonn.

Die deutschen Bischöfe (2004): Katechese in veränderter Zeit. Hrsg. vom Sekretariat der Deutschen Bischofskonferenz. Bonn.

Die deutschen Bischöfe (2005): Der Religionsunterricht vor neuen Herausforderungen. Hrsg. vom Sekretariat der Deutschen Bischofskonferenz. Bonn.

D'Sa, Francis X. (2010): Können Kulturen evangelisiert werden? Ein Diskussions-Beitrag aus einer indisch-theologischen Perspektive. In: Delgado, Mariano/Waldenfels, Hans (Hrsg.): Evangelium und Kultur. Begegnungen und Brüche. Fribourg/Stuttgart: Academic Press/Kohlhammer S. 34–46.

EG (2013) = Apostolisches Schreiben „Evangelii Gaudium" des Heiligen Vaters Papst Franziskus über die Verkündigung des Evangeliums in der Welt von heute, 24. November 2013. Hrsg. vom Sekretariat der Deutschen Bischofskonferenz [VAp 194]. Bonn.

EN (1989) = Apostolisches Schreiben „Evangelii nuntiandi" seiner Heiligkeit Papst Pauls VI. an den Episkopat, den Klerus und alle Gläubigen der Katholischen Kirche über die Evangelisierung in der Welt von heute, 8. Dezember 1975. In: Sekretariat der Deutschen Bischofskonferenz (Hrsg.): Nachkonziliare Texte zu Katechese und Religionsunterricht [Arbeitshilfen 66]. Bonn. S. 121–191.

Erzbistum Köln (1999): Pastorales Rahmenkonzept für die kirchliche Jugendarbeit und Jugendsozialarbeit im Erzbistum Köln. Köln.

Fischer, Alfons (1985): Pastoral in Deutschland nach 1945. Band I: Die „Missionarische Bewegung" 1945–1962. Würzburg: Echter.

Freitag, Michael (2006): Immer anders. Evangelische Jugendkirchen – Ein Überblick über die evangelische Landschaft und ihre Jugendkirchen. In: Freitag, Michael/Scharnberg, Christian. (Hrsg.): Innovation Jugendkirche. Konzepte und Know-how. Hannover/Kevelaer: Lutherisches Verlagshaus/Butzon & Bercker. S. 61–68.

Gemeinsame Synode (1975): Ziele und Aufgaben kirchlicher Jugendarbeit. Beschluß. In: Bertsch, L./Boohnen, Ph./Hammerschmidt, R./Homeyer, J./Kronenberg F./Lehmann, K. (Hrsg.) (1976): Gemeinsame Synode der Bistümer in der Bundesrepublik Deutschland. Beschlüsse der Vollversammlung. Offizielle Gesamtausgabe I. Freiburg im Breisgau: Herder. S. 288–311.

Generalat SVD (2000): Dokumente des 15. Generalkapitels SVD 2000 (Im Dialog mit dem Wort 1). Rom.

Hemmerle, Klaus (1983): Was fängt die Jugend mit der Kirche an? Was fängt die

Kirche mit der Jugend an? In: Internationale katholische Zeitschrift Communio (4). S. 306–317.

Herbst, Michael (2011): Dem „Englischen Patienten" geht es besser. Was können wir von der Anglikanischen Kirche lernen? In: Elhaus, Philipp/Henecke, Christian (Hrsg.): Gottes Sehnsucht in der Stadt. Auf der Suche nach Gemeinden für Morgen. Würzburg: Echter. S. 39–74.

Herbst, Michael (2013): Wie finden Erwachsene zum Glauben? In: Elhaus, Philipp/Hennecke, Christian/Stelter, Dirk/Stoltmann-Lukas, Dagmar (Hrsg.): Kirche^2: Eine ökumenische Vision. Würzburg: Echter. S. 239–256.

Hobelsberger, Hans/Kuld, Lothar/Hamachers-Zuba, Ursula (2012): Evaluation Katholischer Jugendkirchen. In: Freitag, Michael/Hamachers-Zuba, Ursula/Hobelsberger, Hans (Hrsg.): Lebensraum Jugendkirche. Institution und Praxis. Hannover: Lutherisches Verlagshaus. S. 163–182.

Höring, Patrik C. (2000): Jugendlichen begegnen. Jugendpastorales Handeln in einer Kirche als Gemeinschaft. Stuttgart: Kohlhammer.

Höring, Patrik C. (2011): Firmung – Sakrament zwischen Zuspruch und Anspruch. Eine sakramententheologische Untersuchung in praktisch-theologischer Absicht. Kevelaer/Düsseldorf: Butzon & Bercker/Verlag Haus Altenberg.

Höring, Patrik C. (2014): Gott entdecken – Gott bezeugen. Firmkatechese heute. Freiburg im Breisgau: Herder.

Kopp, Hansjörg/Hügin, Stefanie/Kaupp, Steffen/Borchard, Inga/Calmbach, Marc (Hrsg.) (2013): Brücken und Barrieren. Jugendliche auf dem Weg in die Evangelische Jugendarbeit. Neukirchen: Aussaat.

Lechner, Martin (1992): Pastoraltheologie der Jugend. Geschichtliche, theologische und kairologische Bestimmung der Jugendpastoral einer evangelisierenden Kirche [Studien zur Jugendpastoral 1]. München: Don Bosco.

Luther, Henning (1992): Religion und Alltag. Bausteine zu einer Praktischen Theologie des Subjekts. Stuttgart: Radius.

Mission:Respekt (2011): Das christliche Zeugnis in einer multireligiösen Welt: online unter: www.missionrespekt.de/fix/files/Christliches-Zeugnis-Original.pdf (Abruf 17.08.2015).

Sekretariat der Deutschen Bischofskonferenz (Hrsg.) (2000): Den Glauben anbieten in der heutigen Gesellschaft. Brief an die Katholiken Frankreichs von 1996 [Stimmen der Weltkirche 37]. Bonn.

Sellmann, Matthias (Hrsg.) (2004): Deutschland, Missionsland. Zur Überwindung eines pastoralen Tabus. Freiburg im Breisgau: Herder.

StEG (2010) = Konsortium der Studie zur Entwicklung von Ganztagsschulen (Hrsg.): Ganztagsschulen: Entwicklung und Wirkungen. Ergebnisse der Studie zur Entwicklung von Ganztagsschulen 2005–2010. Online unter: www.bmbf.de/pubRD/steg_2010.pdf (Abruf 16.03.2015).

Üffing, Martin (2006): Prophetischer Dialog. In: Verbum SVD. Jg. 47 (1). S. 7–26.

Üffing, Martin (Hrsg.) (2013): Mission seit dem Konzil (Studia Instituti Missiologici Societatis Verbi Divini 98). Sankt Augustin: Steyler Verlag.

Zweites Vatikanisches Konzil (1966a): Dogmatische Konstitution über die Kirche „Lumen Gentium". In: Lexikon für Theologie und Kirche. 2. Auflage. S. 156–359.

Zweites Vatikanisches Konzil (1966b): Konstitution über die heilige Liturgie „Sacrosanctum Concilium". In: Lexikon für Theologie und Kirche. S. 14–109.

Zweites Vatikanisches Konzil (1967): Dekret über das Laienapostolat „Apostolicam actuositatem“. In: Lexikon für Theologie und Kirche. 2. Auflage. S. 602–701.
Zweites Vatikanisches Konzil (1968a): Dekret über die Missionstätigkeit der Kirche „Ad Gentes“. In: Lexikon für Theologie und Kirche. 2. Auflage. S. 22–125.
Zweites Vatikanisches Konzil (1968b): Pastoralkonstitution über die Kirche in der Welt von heute „Gaudium et Spes“.In: Lexikon für Theologie und Kirche. 2. Auflage. S. 280–592.

ANSCHAUEN – AUSWERTEN – ERNEUERN: WIE MISSIONARISCHE JUGENDARBEIT VON THEORIEBILDUNG PROFITIERT

Ingmar Wendland

Jugendarbeit und Theorien sind wie zwei Welten, die Lichtjahre voneinander entfernt erscheinen. Wie können diese zusammengebracht werden? Und vor allem: Warum? Dieser Beitrag ist entstanden aus der Überzeugung, dass theoretische Reflexion dem so überaus praktischen Feld der Jugendarbeit einen wertvollen und unverzichtbaren Dienst leistet.

Im Bereich der Evangelischen Kirche in Deutschland (EKD) sind in den vergangenen Jahren verschiedene offizielle Texte zur Jugendarbeit erschienen, die bestimmte Theorien oder ihre Gedanken aufnehmen und somit deren Relevanz für evangelische Jugendarbeit herausstellen. Diese Theorien sollen hier vorgestellt, ihr Ertrag für ein missionarisches Anliegen in der Jugendarbeit bedacht und einzelne Anstöße zu theoretischer Weiterarbeit gegeben werden. In einem ersten, einleitenden Abschnitt werden einzelne Aspekte von Theoriebildung und missionarischer Jugendarbeit skizziert. Danach werden die vier theoretischen Modelle der Subjektorientierung, der Kommunikation des Evangeliums, der Erlebnis- und Beziehungsräume und des Gemeindebaus erörtert. Dies geschieht im Umfang entsprechend ihrer Gewichtung in den kirchlichen Texten. Durch die Beschränkung auf die dort aufgenommenen Theorien kann auch nicht in ganzer Breite auf die pädagogischen Theorien von Jugendarbeit (z. B. Cliquenorientierung), neuere Ansätze (z. B. Inklusion) oder genuin missionarische Modelle (z. B. Willow Creek) eingegangen werden. Einzelne theoretische Perspektiven, die bestimmte Aspekte von Jugendarbeit erhellen können, werden an anderer Stelle im Handbuch eigens vorgestellt (vgl. z. B. Hempelmann in diesem Band).

1. Einleitung

„Theorie“ ist ein schillernder Begriff und speziell für das Feld Jugendarbeit gibt der Artikel „Wissenschaftstheorie“[1] eine gute Orientierung. Theorie-

1 Gennerich, Carsten/Riegel, Ulrich (2015): Wissenschaftstheorie. In: WiReLex – Das Wissenschaftlich-Religionspädagogische Lexikon im Internet. Online unter: www.bibelwissenschaft.de/stichwort/100001 (Abruf 16.5.2015).

bildung ist ein unabgeschlossener, fortschreitender Prozess. Es gibt nicht die eine Theorie evangelischer Jugendarbeit. „Unterwegs zu einer Praxistheorie“ als Titel einer Aufsatzsammlung von Christof Bäumler – des vielleicht wichtigsten Theoretikers evangelischer Jugendarbeit in der zweiten Hälfte des 20. Jahrhunderts – dokumentiert dies treffend. Unter Theorien verstehe ich vereinfachte, abstrakte und allgemeine Modelle, die nicht mit der Realität verwechselt werden dürfen. Sie stimmen mit Beobachtungen überein oder sind hermeneutisch abgeleitet und haben bestimmte überprüfbare Grundvoraussetzungen. Sie entfalten ihre Stärken in unterschiedlichen Kontexten und erfassen unterschiedliche Dimensionen von Jugendarbeit.

1.1 Theorien und das Evangelium

Die evangelische Jugendarbeit ist in der spannenden Lage, dass sie mehrere recht unterschiedliche Bezugswissenschaften hat. Die Theologie ist dabei primär eine hermeneutische Wissenschaft, bei der es um das Verstehen und Deuten von Gottes Offenbarung und seiner Geschichte mit den Menschen (kurz: Evangelium) geht. Die Sozialwissenschaften andererseits arbeiten vornehmlich mit empirisch gewonnenen Erkenntnissen. Dabei darf die Spannung, die durch die jeweilige Eigenlogik der Wissenschaften entsteht, nicht einseitig aufgelöst werden und trotzdem entsteht ein Ineinander. Eine Theorie verdankt sich einer gesellschaftlichen Entwicklung, die bestimmte Erkenntnisse befördert. Meist leitet sie sich aus der Kritik an einem gesellschaftlichen Zustand ab und gewinnt ihre Dynamik aus einer konkreten Vision. Sie wäre nicht unabhängig davon biblisch-theologisch ableitbar, aber durchaus in der Lage, bestimmte Aspekte des Evangeliums deutlich zu machen und deren Umsetzung zu befördern. Gleichzeitig wird sie aber auch im Umfang des Anspruches ihrer Vision durch das Evangelium begrenzt und korrigiert.

1.2 Theorie und Praxis

Wie Theorie und Praxis evangelischer Jugendarbeit zusammengehören, möchte ich, angelehnt an den klassischen Dreischritt in der Sozialen Arbeit (vgl. Miethe 2014: 19 ff.), mit den Begriffen *Anschauen, Auswerten und Erneuern* erläutern:

- *Anschauen*: Von seiner griechischen Wortherkunft her bedeutet Theorie so viel wie Anschauen. Sie bietet keine konkrete Handlungsanweisung (vgl. Scherr 1997: 35, 44), sondern die Chance, aus laufendem Betrieb und Aktivismus auszusteigen und etwas mit Abstand zu betrachten. Dies kann davor bewahren, im Alltag der Jugendarbeit in eine sinnentleerte Routine abzurutschen.

- *Auswerten*: Beim Anschauen ergibt es sich, dass Urteile über das Gesehene gebildet werden. Dabei kommt es zu einem Austausch mit anderen Anschauungen und Urteilen. Theoretisieren ist ein sehr kommunikativer und produktiver Vorgang, was allein schon die Vielfalt der Stimmen in diesem Handbuch zeigt.
- *Erneuern*: Die Auseinandersetzung mit Theorien wirkt sich in der Praxis dadurch aus, dass sich beim Einzelnen innere Einstellungen und Haltungen verändern und in der Arbeit offene Strategien und Vorgehensweisen erneuern. Zwar kann es zu einer gewissen Ermüdung führen, wenn ein dauerhafter, grundlegender Reflexionsprozess installiert wird. Da wir es aber in der Jugendarbeit mit wechselnden Generationen zu tun haben, die sowohl immer wieder neu durch ähnliche Prozesse gehen, als auch sich gegenüber jeweils neuen Herausforderungen zu bewähren haben, ist eine anhaltende Reflexion unumgänglich.

1.3 Missionarische Jugendarbeit

Definitionen und Begründungen für die missionarische Dimension von Jugendarbeit sind in den vorhergehenden Beiträgen dieses Handbuchs geleistet worden. An dieser Stelle soll nur betont werden, was mir für die Auseinandersetzung mit den Theorien wichtig erscheint: Missionarische Jugendarbeit hat die Vision des Evangeliums vor Augen, welche durch die *Missio Dei, die Sendung Gottes zu den Menschen hin, verwirklicht wird. Dabei betone ich drei Gesichtspunkte der Missio Dei:*

- *Aktualität und Bewegung*: Was sich definitiv mit der im Neuen Testament bezeugten Sendung von Jesus ereignet hat, findet aktuell seine Fortsetzung und ist nicht nur eine lebendig gehaltene Tradition. Der erhöhte Christus begegnet heute Menschen, erlöst sie und beschenkt sie erfahrbar mit dem Heiligen Geist (Joh 14,23-26).
- *Teilnahme und Teilhabe*: Jesus sendet seine Nachfolger, so wie ihn der Vater gesandt hat (Joh 20,21). Damit beteiligt er sie alle an seiner Sendung; und nicht nur eine professionelle Elite. Seine Nachfolger repräsentieren ihn, handeln in seinem Namen und bleiben von seinem Wirken abhängig.
- *Vergemeinschaftung*: Durch die Sendung entsteht sichtbare Gemeinde Gottes, von der Jugendarbeit ein Teil ist. Ihre Äußerungen und Formen bestehen nicht um ihrer selbst willen, sondern verweisen in ihrer Vorläufigkeit auf die himmlische Vollkommenheit bei Gott.

2. Subjektorientierung

„Kirche bildet Jugendliche." In diesem Satz ist grammatikalisch gesehen „Jugendliche" das Objekt, an dem etwas geschieht. Ein Objekt ist meist passiv, es ist Gegenstand einer Handlung. Dies ändert sich auch nicht, wenn gesagt wird: „Kirche arbeitet mit Jugendlichen" (indirektes Objekt). In dem Satz „Jugendliche bilden Kirche" hingegen sind „Jugendliche" das Subjekt. Ein Subjekt ist Handlungsträger, es ist aktiv.

Man könnte dies als grammatische Spielerei abtun, würde unsere Sprache nicht immer auch hinter ihr liegende Sachzusammenhänge und Haltungen ausdrücken. Im Alltag wird von Kirche schnell als Subjekt gesprochen: „Kirche hat dies oder tut jenes ..." Allerdings fördert diese Subjektzuschreibung eine unrealistische Erwartungshaltung gegenüber Kirche als Akteurin, egal, ob man sie nun als Institution oder als Gemeinschaft der Glaubenden versteht. Von daher ist es nur konsequent, eher von einzelnen Menschen – aus denen Kirche eben besteht – als Subjekten zu sprechen. Dies geschieht bei den Subjekttheorien, ohne dass dadurch größere (z. B. institutionelle) Zusammenhänge ignoriert werden. Von *Subjektorientierung* wird gesprochen, wenn Jugendliche als Subjekte oder Akteure verstanden werden. Akteure entwickeln und gestalten eigenständig ihr Lebenskonzept, ihre Interaktionen, ihre Beziehung zu Gott, zur Kirche und zur Gesellschaft. Subjektorientierte Jugendarbeit fördert die Eigenständigkeit dieses Gestaltungsprozesses und damit auch die Subjekt*werdung*.

2.1 Entwicklung

Die Vorstellung vom Subjekt hat unser Bildungsverständnis tief geprägt. Wilhelm von Humboldt formulierte zu Beginn des 19. Jahrhunderts für sein Reformprogramm in Preußen: „Der Schüler ist reif, wenn er soviel bei anderen gelernt hat, dass er nun für sich selbst zu lernen imstande ist" (zit. n. Clark 2008: 386). Heute ist die Subjektorientierung ganz selbstverständlich für die Jugendarbeit gesetzlich verankert, denn ihre Angebote „sollen an den Interessen junger Menschen anknüpfen und von ihnen mitbestimmt und mitgestaltet werden, sie zur Selbstbestimmung befähigen und zu gesellschaftlicher Mitverantwortung und zu sozialem Engagement anregen und hinführen" (§ 11 Abs. 1 SGB VIII).

Die theologischen Debatten der 1960/70er-Jahre über kirchliche Jugendarbeit waren noch geprägt von der Erfahrung des Dritten Reiches, in dem Jugendarbeit komplett instrumentalisiert worden war. Dies durfte auf keinen Fall wieder geschehen, von daher sollte die Eigenständigkeit Jugendlicher in ihrem Sozialisationsprozess und ihr kritisches Potenzial gegenüber Gesellschaft und Institutionen nicht nur gefördert, sondern konstitutiv für

Jugendarbeit werden. Entscheidendes hat hier Christof Bäumler geleistet, der Jugendarbeit als Gegenstand praktisch-theologischer Forschung aus dem Schattendasein von Konfirmanden- und Religionsunterricht geholt und die evangelische Theoriebildung anschlussfähig an Diskurse außerkirchlicher Jugendarbeit gemacht hat. Subjektorientierung realisiert sich bei ihm unter anderem durch Ansätze der „freien Geselligkeit“ und „wechselseitigen Begleitung“ (Bäumler 1986: 121 f.). Diese bewahren nicht nur die Jugendlichen davor, „Material der Reproduktion des Trägerverbandes“ oder „Objekte der Indoktrination und Manipulation durch Ideologen“ zu werden, sondern bewahren auch die in der Jugendarbeit tätigen Erwachsenen davor, zu „ausgebeuteten Dienstleistungskräften [zu] degradieren, die den Jugendlichen alle schwierigen Entscheidungen abnehmen“ (Bäumler 1986: 122).

Unter Ideologie- und Rekrutierungsverdacht stand nun aber nicht mehr nur der Staat der Vergangenheit, sondern auch die Kirche der Gegenwart, welche sich seit den ausgehenden 1960er-Jahren mit einem massiven Traditionsabbruch konfrontiert sah. Anhand des Konfirmandenunterrichts zeigte Henning Luther sehr pointiert auf, dass es unzureichend war, nur Formen und Methoden zu modifizieren, wenn das hinter dem Konfirmandenunterricht liegende Verständnis weiterhin blieb, Jugendliche in der Institution Kirche als „Betreuungsklientel“ anzusehen oder als „Rekrutierungspotenzial von Mitgliedern, deren in der Taufe nur zugeschriebene Mitgliedschaft durch pädagogische Maßnahmen in eine erworbene und akzeptierte Mitgliedschaft umzuwandeln ist“ (Luther 1979: 160). Das Subjekt Sein wird bei Luther in der Kirche durch Kommunikation auf Augenhöhe anstelle von Katechismusunterweisung und Mitgestaltung anstelle von Integration realisiert. „Wird so durch die kritische Auseinandersetzung mit der Tradition ihre kreative Reorganisation in Gang gesetzt, tritt Kirche der Jugend nicht in einem einseitigen Belehrungsverhältnis gegenüber, sondern initiiert einen kommunikativen Austauschprozeß, in dem die kritische Interpretationstätigkeit der Jugendlichen aufgegriffen und fruchtbar gemacht werden kann“ (Luther 1979: 177).

Aus der Perspektive einer biblisch-missionarischen Jugendarbeit war in den ausgehenden 1960er- und den 1970er-Jahren alles verdächtig, was kirchliche Jugendarbeit auf das emanzipatorische Anliegen beschränkte. Dies führte innerhalb der Evangelischen Jugend in Deutschland zu zwei Lagern, die sich fast unversöhnlich gegenüberstanden: Auf der einen Seite wurde der evangelistische Auftrag von Jugendarbeit betont, auf der anderen Seite der emanzipatorische. Schaut man sich aber ausdrücklich missionarische Entwürfe aus der Zeit an, dann wird auch hier die Subjektorientierung deutlich. Für Walter Wanner arbeitet „missionarisch-dynamische Jugendarbeit“ erstens „christozentrisch“ und zweitens „kooperativ“ (Wanner 1971: 45 ff.). Kooperativ heißt für ihn: „Das Leben der Gemeinschaft wird durch Impulse der Gruppenmitglieder und ihrer unmittelbaren Lebensgemeinschaft mit Jesus angeregt und geprägt." Und weiter: „Verengungen durch Vorschriften und Gruppenbrauchtum, die zur Gruppenideologie werden, verdrängen das schöpferische Leben und führen zur Stagnation" (Wanner 1971: 49).

2.3 In heutigen kirchlichen Texten

Wichtige empirische Belege für die Bedeutung der Subjektorientierung hat die 2006 unter dem bezeichnenden Titel „Jugendliche als Akteure im Verband" veröffentlichte Studie der Arbeitsgemeinschaft der Evangelischen Jugend (AEJ) erbracht (Fauser/Fischer/Münchmeier 2006). Sie lässt Jugendliche selbst zu Wort kommen und zeigt auf, wie und warum Subjektorientierung in der Praxis dazu führt, „der Eigenständigkeit und der Selbstverantwortung von jungen Menschen Entscheidendes zuzutrauen" (Corsa/Freitag 2008: 101). Ihre Ergebnisse flossen auch in den „Bericht über die Lage der jungen Generation und die evangelische Kinder- und Jugendarbeit" für die EKD-Synode 2008 ein (Corsa/Freitag 2008). Dieser präsentiert umfassend und ausgewogen den derzeitigen Stand und die Zukunftsperspektiven evangelischer Jugendarbeit. Subjektorientierung wird hier dargestellt als eine Haltung jenseits von Methoden und Strukturen, die sich von den Verantwortlichen ausgehend in drei Schritten realisiert (vgl. Corsa/Freitag 2008: 101–105; ähnlich Schwab 2010: 147; ergänzend Scherr 1997: 61 f.):

1. durch Wahrnehmen der Jugendlichen und Respektieren ihrer Erwartungen, Haltungen und Reaktionen, was die Kompetenz der Selbstdistanzierung erfordert;
2. durch Differenzieren zwischen eigenen und unterschiedlichen anderen Sichtweisen, was zu Aushandlungsprozessen führt, in deren Folge auch Konflikte produktiv zu verarbeiten sind;
3. durch Zurücktreten und Überlassen von Macht ohne Vernachlässigen der Begleitung, indem Jugendlichen eine Mündigkeit zugesprochen wird, die im Prozess möglicherweise erst entsteht.

Mehrfach wird dabei betont, dass dies nicht Interessen und Inhalte – wie das Hören und Erfahren des Evangeliums – ersetzt, sondern vielmehr deren Entfaltung prägt.

2.4 Theologische Weiterarbeit

Subjektorientierung bestimmt das Wesen heutiger Jugendarbeit. Sie stellt kein umfassendes theoretisches Modell dar, sondern eher ein pädagogisches Prinzip und eine Grundhaltung, welche alle Beteiligten, Methoden und Organisationsformen durchdringt. Sie entfaltet ihr kritisches Potenzial dort, wo Kinder und Jugendliche Gefahr laufen, instrumentalisiert oder bevormundet zu werden; sei es durch Einzelinteressen, einen Staat, eine (kirchliche) Institution oder den Markt. Subjektorientierung ist kein Selbstzweck, sondern sie verbindet sich mit transparenten Inhalten und Zielen, damit Jugendliche nicht nur da abgeholt werden, wo sie stehen, sondern auch da hingeführt werden können, wo sie noch nie waren (vgl. Otto 1999: 199). Auch wenn Subjektorientierung in einem sehr ausgereiften Stadium begegnet, bleiben neben konsequenterer Umsetzung in der Praxis auch noch Wünsche in Bezug auf die theoretische Weiterarbeit offen, von denen ich im Folgenden zwei wesentliche kurz skizzieren werde.

Subjektorientierung wird biblisch-theologisch häufig durch Gottes Rechtfertigungshandeln begründet (so z. B. Schwab 2010: 143 f.). Natürlich findet sich überall ein Subjekt, wo danach gesucht wird, aber ist es in den antiken biblischen Texten auch wirklich ein neuzeitliches autonomes (selbstbestimmtes) Subjekt in einem emanzipatorischen Sinne? Ist Rechtfertigung identisch mit Subjektwerdung oder bildet sie deren Voraussetzung? Der Neutestamentler Ruben Zimmermann hat jüngst für die paulinische Ethik gezeigt, dass es bei Paulus ein autonomes Subjekt durchaus gibt, jedoch ebenso, wie in bestimmten Zusammenhängen ein heteronomes (fremdbestimmtes) oder theonomes (gottbestimmtes) bzw. christonomes (christusbestimmtes) vorherrscht (Zimmermann 2015). Was bedeutet aber nun Theonomie in Bezug auf das Menschenbild in der Jugendarbeit? Hier wäre eine weitere Verschränkung der subtheologischen Wissenschaften wünschenswert, durch die beispielsweise Erkenntnisse neutestamentlicher Anthropologie in die Theorie der Subjektorientierung kritisch eingespielt werden könnten. Gleiches wäre zu wünschen, wo Subjektorientierung auf Martin Luther zurückgeführt wird (vgl. Corsa/Freitag 2008: 100). Da nach Luther ein Christ „ein ganz und gar freier Herr über alles und keinem untertan“ ist, gleichzeitig aber auch „ein ganz und gar dienender Knecht aller und allen untertan“ (Luther 2006: 121), könnte sorgfältige systematisch-theologische Reflexion die Subjektorientierung erfrischend bereichern.

Wer sich auf die Spur erfolgreicher Jugendarbeit macht, wird bald die Beobachtung machen: Menschen folgen Menschen und nicht Programmen. Wenn Menschen aber gefolgt wird, dann führen sie; bewusst oder unbewusst. Wurde bis in die 1930er-Jahre noch selbstverständlich vom Jugend*führer* gesprochen, war dieser Begriff nach den Erfahrungen des Dritten Reiches tabu. In der Betriebswirtschaft sind die Begriffe von Führen und Leiten längst wieder etabliert und werden kreativ gefüllt. Im kirchlichen Bereich weist der Begriff „Pastor“ zurück auf einen Hirten, der analog zu Gott in Psalm 23 eine Herde zum frischen Wasser führt. Eine Rede von Hirten und Schafen in der Jugendarbeit ist aus subjektorientierter Sicht in höchstem Maße verdächtig, da hier ein Machtgefälle in der Kommunikation ausgedrückt wird, das gerade überwunden werden sollte. Dabei wird leicht der wichtige Aspekt des pastoralen Führens ausgeblendet. Dies geht einher mit dem Selbstverständnis heutiger Hauptamtlicher in der Jugendarbeit als Pädagogen und nicht als Pastor/-innen oder Diakone/-innen, wobei übersehen wird, dass auch der Pädagoge vom griechischen Ursprung des Wortes her ein „Führer von Kindern“ ist.

Es wäre auch kein Problem, die Rede vom pastoralen Führen unter subjekorientierten Gesichtspunkten aufzunehmen, wenn deutlich würde, dass in dem Moment, wo das Bild vom Hirten und den Schafen von der Gott-Mensch-Beziehung auf die Mensch-Mensch-Ebene geholt würde, die Rollen immer wieder wechseln. Heutzutage wird das Priestertum aller Glaubenden praktiziert, wie nie zuvor: Pfarrer lassen sich von Jugendlichen das Abendmahl reichen und Jugendliche üben aneinander Seelsorge. So teilen sich Menschen immer wieder zeitlich begrenzt in Führende oder Geführte auf, ohne dass damit das Anliegen von möglichst symmetrischer Kommunikation verloren ginge. Den Wert pastoraler Führung und ihre Abgrenzung von Machtausübung hat Manfred Josuttis ausgeführt (vgl. Josuttis 1996: 32). Die Pastoraltheologie aber ist trotz der Akzeptanz von Subjektorientierung in der Praktischen Theologie weitgehend eine Berufstheorie für Pfarrer/-innen. Auch aufgrund der Erkenntnisse der AEJ-Studie von 2006 müssen allerdings das pastorale Führen in der Jugendarbeit und das pastorale Handeln Jugendlicher stärker in den Fokus praktisch-theologischer Arbeit kommen.

2.5 Für die Praxis missionarischer Jugendarbeit

In der Praxis muss sich jede Form der Jugendarbeit immer wieder neu kritisch fragen, wo Tendenzen bestehen, Jugendliche zu instrumentalisieren. Und sei es um höherer Ziele willen, wie den Erfolg der eigenen Arbeit zu dokumentieren oder um ein besonderes „Wirken“ Gottes zu demonstrieren, so ist eine solche Instrumentalisierung weder legitim, noch entspricht sie dem Evangelium. Auch haben Engagierte in der Jugendarbeit kein Anrecht auf eine Belohnung in Form von bestimmten Reaktionen oder Verhalten der Jugendlichen. Die Subjektorientierung wehrt auch Machbarkeitsvorstellungen, durch eine bestimmte Botschaft oder Methode ein konkretes vorhersagbares Ergebnis hervorzubringen.

Der Subjektorientierung kann man den Verdienst zuschreiben, deutlich gemacht zu haben, dass Jugendliche sich nicht der Kirche anzupassen haben, sondern, dass umgekehrt die Kirche, wo sie sich auf Jugendliche bezieht, sich diesen anzupassen hat. Jugendliche sind Subjekte, die Kirche bilden. Bleibt man aber bei der Umsetzung dieser Erkenntnis stehen, ginge das Eigentliche verloren. Kirche weist immer über sich selbst hinaus auf den Gott, dem sie sich verdankt und dessen Anbetungs- und Dienstgemeinschaft sie ist. Ebenso besteht auch kirchliche Jugendarbeit weder um ihrer selbst noch um der Subjekte willen, sondern als kleiner unvollkommener Ausschnitt des Reiches Gottes und als Weggemeinschaft zur Vollendung in der göttlichen Herrlichkeit. Diese Perspektive vermag die Subjektorientierung vom Götzendienst zum Gottesdienst zu erheben.

Missionarische Jugendarbeit zeigt häufig eine hohe Kreativität, wenn es darum geht, für Jugendliche attraktive Programme zu entwickeln. In der Praxis kann es leicht dazu kommen, dass diese Programme zu einem Selbstzweck werden: Jugendarbeit geht dann darin auf, ein selbst entwickeltes oder Arbeitshilfen entnommenes Programm abzuarbeiten. Eine konsequente Subjektorientierung kann hier immer wieder die Relevanz von Programmen hinterfragen und aktiviert die Beteiligten, aus aktuellen Bedürfnissen heraus ihr Programm zu gestalten. Dabei kommt auch das Priestertum aller Glaubenden stärker zur Geltung. Jugendliche sind nicht nur Akteure in Bezug auf die Gestaltung ihres eigenen Lebens, sondern auch in Bezug auf die Gestaltung von geistlicher Gemeinschaft. Von daher gehört zum Subjekt-Sein auch dazu, geistliche Gaben (Charismen) einzusetzen und anderen damit zu dienen.

3. Kommunikation des Evangeliums

Evangelische Jugendarbeit ist nicht nur eine Leistung oder ein Dienst, den die Institution Kirche an der Gesellschaft erbringt, sondern bedeutsamer Teil von Kirche. Kinder und Jugendliche sind auch nicht die Zukunft der Kirche, für die man sich um der Erhaltung des eigenen Vereins willen engagiert, sondern sie sind gegenwärtig vollwertiger Teil des Leibes Christi (vgl. EKD 2010: 21). Das wird zwar von den Teilnehmenden nicht automatisch immer so wahrgenommen, aber gerade darum sollte dies auf den verschiedenen Ebenen neu in den Blick kommen (vgl. Corsa/Freitag 2008: 89). Von der Sache her ist es also nötig, Jugendarbeit theologisch zu bestimmen und kirchentheoretisch zu verorten.

Ein Ansatz, durch den dies geschehen kann, wird in den letzten Jahren häufiger durch die Formel *Kommunikation des Evangeliums* ins Gespräch gebracht. Dabei geschieht einmal eine Aktualisierung des Begriffs Verkündigung, indem mit dem Begriff der Kommunikation das Dialogische, Übermediale und Unverfügbare betont wird (vgl. Lange 1981: 101–106). Es entsteht aber auch eine Anschlussfähigkeit an die verschiedensten kommunikations- wie systemtheoretischen Ansätze, da beispielsweise „Kommunikation die Art von Operation [ist], durch die sich soziale Systeme bilden, erhalten und von ihrer Umwelt abgrenzen“ (Meyer-Blanck/Weyel 2008: 67). Durch den Begriff Evangelium wird an den „Grundimpuls des Christentums“ (Grethlein 2012a: 157) angeschlossen, wobei hier Evangelium sowohl den Inhalt der Botschaft Jesu bezeichnet wie auch dessen schriftliche Erinnerungsmedien und Glaubenszeugnisse – die Evangelien – und von beiden abgeleitet unser „christliches Wirklichkeitsverständnis“ (Preul 1997: 12).

3.1 In der Praktischen Theologie

Es ist Christian Grethlein zu verdanken, dies für die Praktische Theologie als Wissenschaft ausformuliert zu haben: „Praktische Theologie analysiert und reflektiert die Kommunikation des Evangeliums in der Gegenwart“ (vgl. Grethlein 2012a: V; sein Ansatz zusammengefasst in Grethlein 2012b). Dabei bezieht er „Kommunikation des Evangeliums“ unmittelbar auf Jesu Botschaft und Handeln. Jesus verkündete und demonstrierte das anbrechende Gottesreich dadurch, dass er Jünger (= Schüler) um sich versammelte, die von ihm gelehrt wurden. Weiter half er Menschen zum Leben durch seine befreienden und heilenden Worte wie Taten und die Reintegration von Sündern in die Gemeinschaft. Und er hatte Gemeinschaft mit Nachfolgern, Pharisäern und Sündern, mit denen er feierte. Zudem verwendete er häufig das Bild eines Festes für das Gottesreich.

Aus diesem Handeln Jesu leitet Grethlein drei Arten oder *Modi* ab, durch die Kommunikation des Evangeliums geschieht: Lehren und Lernen – Helfen zum Leben – gemeinschaftliches Feiern.

Diese drei Modi zeigen sich nun in drei unterschiedlichen Sozialformen, die Grethlein vom neutestamentlichen Ekklesia-Begriff ableitet (vgl. Grethlein 2012a: 333): alle Christen im ökumenischen Sinn, regionale Versammlungen und das Haus (bzw. die Familie). Durch diese Weitung des Gegenstands praktisch-theologischer Forschung über die Institution Kirche hinaus kommen die verschiedensten Sozialformen in den Blick, in denen heutzutage das Evangelium kommuniziert wird: Sei es die Familie, die Peergroup, der Religionsunterricht, die Diakonie, der Gottesdienst, die Ökumene oder eben auch die Jugendarbeit.

Grethlein bildet hier also ein System, das theoretische Reflexionen der Praxis strukturieren kann, aber auch bereits selbst ein kritisches Potenzial entfaltet. Das wird beispielsweise deutlich, wenn man beim dritten Modus vergleicht, wie stark sich ein landläufiges Verständnis des Feierns von offiziellen kirchlichen Feierformen unterscheidet (Grethlein 2012a: 326).

3.2 In kirchlichen Texten

In der EKD-Handreichung „Kirche und Jugend" von 2010 konnte noch nicht auf die Ausführungen von Grethlein zurückgegriffen werden; aber auch hier löst die Rede von der Kommunikation des Evangeliums bereits den Begriff der Verkündigung ab: „In dieser Kommunikation werden Tradition und Situation aufeinander bezogen und in einem dynamischen Prozess die Botschaft des Evangeliums mit der Lebenswelt von Jugendlichen als Subjekten dialektisch verschränkt" (EKD 2010: 20 f.). Dabei klingt die religionspädagogische Methode der *Korrelation* an und gleichzeitig wird versucht, dies im Sinne der Subjektorientierung zu formulieren. Weiter wird deutlich gemacht, dass es Kernauftrag der Kirche ist, das Evangelium zu kommunizieren und dass Kinder und Jugendliche ein Recht auf ihren Anteil daran haben (vgl. EKD 2010: 80). Ähnlich wie bei Grethlein führt die Rede von der Kommunikation des Evangeliums dazu, dass vielfältigere Sozialformen in den Blick kommen (vgl. EKD 2010: 28 f.), und zwar einmal durch das Entstehen von neuen Formen innerhalb der Kirche (z. B. Jugendkirchen) und dann durch Engagement außerhalb verfasster Kirche an Orten von Jugendkultur (z. B. Internet).

In dem EKD-Text „Perspektiven für diakonisch-gemeindepädagogische Ausbildungs- und Berufsprofile" von 2014 wird „Kommunikation des Evangeliums" als „integraler Leitbegriff für kirchliches Handeln" verwendet (EKD 2014: 38). Dieser Text ist für die missionarischen Jugendarbeit vor allem deshalb relevant, weil es um eine Reform der gemeindepädagogischen Berufe geht. Es wird explizit das Modell von Grethlein aufgenommen, jedoch werden dann im Interesse des Gegenstands (der Tätigkeit Hauptamtlicher) die Modi *Bilden – Unterstützen – Verkündigen* als „Kernaktivitäten" der Kommunikation des Evangeliums zugrunde gelegt (EKD 2014: 8; 38 f.). Diese Modi sollen den Gesamtzusammenhang diakonisch-gemeindepädagogischer Berufe definieren, aber gleichzeitig Schwerpunkte zulassen und helfen, die entsprechenden benötigten Kompetenzen für die Hauptamtlichen zu benennen (vgl. EKD 2014: 28). Die Kommunikation löst hier also nicht den Begriff der Verkündigung ab, sondern Verkündigung wird als ein Spezialfall der Kommunikation gesehen, der beispielsweise im Rahmen gemeinschaftlichen Feierns – welches keinen eigenen Modus darstellt – stattfindet (vgl. EKD 2014: 26).

3.3 Theologische Weiterarbeit

In kirchlichen Papieren bezeichnet Kommunikation des Evangeliums eher einen Bereich von Aufgaben, die Auftrag der Institution Kirche sind. Aus praktisch-theologischer Sicht bezeichnet sie eher einen Forschungsbereich, von dem verfasste Kirche nur ein Teil ist, in dem diese Kommunikation aber besonders verdichtet stattfindet. Diese Öffnung eines weiten Horizontes bei gleichzeitiger theologischer Rückbindung kommt dem Phänomen Jugend, bzw. Jugendarbeit entgegen. Es wäre also zu wünschen, dass Forschung in Gang kommt, die ausgehend von einer Theorie der Kommunikation des Evangeliums Aspekte, Methoden, Tätigkeiten und Handlungsfelder der Jugendarbeit untersucht. Dies könnte durchaus im Rahmen von Qualifikations- und Abschlussarbeiten beginnen.

In der EKD-Handreichung „Kirche und Jugend" von 2010 ist verschiedentlich von *Tradition* die Rede, an der Jugendliche teilhaben sollen, oder die in der Kommunikation des Evangeliums auf eine Situation bezogen wird (vgl. EKD 2010: 20; 32). Der Begriff ist dabei irreführend. Sicherlich werden Jugendliche in der Kirche mit Glaubenstradition konfrontiert und auch das Evangelium wird von Generation zu Generation überliefert (= tradiert). Aber Tradition ist nicht das, was in erster Linie bei der Kommunikation des Evangeliums vermittelt wird, und auch nicht das, wo hinein Jugendliche geführt werden. Gerade missionarische Jugendarbeit wird betonen, dass das Evangelium in eine Begegnung mit dem lebendigen Gott hineinführt und Tradition erst aus dieser Begegnung heraus entsteht. In der Handreichung wird wohl übernommen, dass in der katholischen Religionsdidaktik aus der Korrelation von Offenbarung und Situation bei Paul Tillich eine Korrelation von Tradition und Situation wurde. In einem evangelischen Kontext ist die Rede von der Tradition in diesem Sinne nicht hilfreich.

Kommunikation steht unter dem Vorzeichen des Nichtgelingens – es ist somit überraschend, wenn sie tatsächlich gelingt (Grethlein 2012a: 151). Gerne wird das so ausgedrückt, dass eine bestimmte Wirkung nicht verfügbar ist. Hier gilt es aber noch einmal zu differenzieren: Das eine ist es, wenn Kommunikation nicht gelingt – hier läge die Chance, durch ein Wahrnehmen von Kommunikationszusammenhängen zu einer neuen Fehler- und Experimentierkultur in der Kirche zu kommen. Nach Ernst Lange ist bei der Kommunikation „Verständlichkeit ein Theologisches(!) Kriterium der Gemeindeversammlung, ihrer Ordnung, ihrer Sprache und aller Handlungen, die in ihr stattfinden" (Lange 1981: 107, Herv. i. O.). Das andere ist es, wenn die Wirkung (nach Lange das Einverständnis) der Kommunikation des Evangeliums nicht verfügbar ist, weil Glaube ein Werk des Heiligen Geistes ist. Wenn hier nicht mehr von Verkündigung, sondern realistischer Weise von Kommunikation mit allen ihren Implikationen gesprochen wird, gilt trotzdem, dass diese auf Verheißung geschieht, eben im Vertrauen auf Gottes Zusage, dass er Glauben wirkt (Röm 10,17).

3.4 Für die Praxis missionarischer Jugendarbeit

Einem missionarischen Anliegen wird die Theorie der Kommunikation des Evangeliums entgegenkommen, da sie den unmittelbaren Anschluss an das Neue Testament sucht. Unter der Fragestellung, wie Jesus das Evangelium kommuniziert hat, kann also hervorragend gemeinsam biblisch geforscht und daraus die eigene Arbeit inspiriert werden. Wichtig ist hier aber, die Situation der Subjekte nicht aus den Augen zu verlieren: Was genau bedeutet „Mahlgemeinschaft mit Zöllnern und Sündern“? Wie wird gemeinsames Essen oder Feiern heute anders gedeutet als in neutestamentlicher Zeit? Und durch welche Formen kann heute angemessen diese Bedeutung transportiert, also das Evangelium kommuniziert werden? Solche gemeinsamen Reflexionen sind durchaus anspruchsvoll, können aber zu einer weitaus größeren Kreativität bei Methoden und Programmen führen.

Nach einer Kurzfreizeit berichtete mir ein Teenager entnervt: „Wir haben die ganze Zeit nur Gottesdienst gefeiert ...“ Es ist nicht nur die missionarische Jugendarbeit, die traditionell die mündliche Verkündigung bevorzugt; vielerorts lösen performanceorientierte Jugendgottesdienste erlebnisorientierte Jugendgruppen ab. Hier könnte eine Reflexion der Modi der Kommunikation des Evangeliums helfen, andere Formen der Interaktion als gleichwertig zu erkennen. Auch werden dabei Verkündigung und Diakonie, also Tat und Wort, nicht mehr gegeneinander ausgespielt, sondern kommen in ein ergänzendes Verhältnis.

Da, wo innerhalb einer konkreten Jugendarbeit Leitsätze neu definiert werden sollen oder die eigene Arbeit reflektiert wird, kann eine Theorie der Kommunikation des Evangeliums anleiten,

- die drei Modi *Lehren und Lernen – Helfen zum Leben – Gemeinschaftliches Feiern* aufzuspüren und auszubalancieren;
- die Sozialformen, in denen die eigene Zielgruppe das Evangelium kommuniziert, zu erfassen und zu überlegen, wie diese durch die eigene Arbeit inspiriert und instruiert werden;
- die Ziele und Werte der eigenen Arbeit differenziert nach den Modi auszuformulieren.

4. Erlebnis- und Beziehungsräume

In den kirchlichen Texten fällt neben der Subjektorientierung und der Kommunikation des Evangeliums immer wieder das Stichwort der „Räume“. Raum wird dabei sowohl materiell verstanden, wie Teile von Gebäuden, als auch im übertragenen Sinne, wie Freiräume oder Spielräume. Die Theorie der Erlebnis- und Beziehungsräume bringt den Aspekt der Zielgruppenorientierung von Jugendarbeit innerhalb eines größeren Zusammenhangs ein. Jugendarbeit ist ein Raum, bietet Räume und benötigt Räume. Solche Räume werden innerhalb eines größeren Systems speziell geschaffen; es geht also nicht, wie in dem Ansatz der *Sozialraumorientierung*, darum, dass mit einem pädagogischen oder politischen Anliegen bestehende Räume durchdrungen und verändert werden.

Die EKD-Handreichung „Kirche und Jugend“ geht von dem allgemeinen Bedarf Jugendlicher nach Räumen zur Entfaltung von moralischen, religiösen und Sinnfragen aus (vgl. EKD 2010: 14). Dazu gibt es den speziellen Bedarf von finanziell, sozial oder integrationsmäßig benachteiligten Jugendlichen nach Räumen, in denen Selbstwirksamkeitserfahrungen ermöglicht und Gestaltungsmöglichkeiten geschaffen werden, die anderswo in der Gesellschaft nicht zur Verfügung stehen (vgl. EKD 2010: 20). Dies hat kirchenpolitische Konsequenzen: „Auf allen Ebenen kirchlichen Handelns sollte geprüft werden, ob Jugendlichen hinreichende Räume zur Entfaltung geboten werden. Dieses ist auch im Hinblick auf die räumlichen wie finanziellen Ressourcen sowie die Versorgung mit hauptberuflich Mitarbeitenden sowie im Hinblick auf die Mechanismen der Zuweisung von Finanzmitteln zu betrachten“ (EKD 2010: 81).

Beim Synodalbericht der AEJ von 2008 ist schon der Titel programmatisch: „Lebensträume – Lebensräume“. Hier heißt es: „Jugendliche brauchen ihre eigene Welt, die nur ihnen gehört und in der sie geschützte Räume erleben. Sie brauchen gleichzeitig eine oft demonstrative Abgrenzung gegenüber der Erwachsenenkultur, die Teil ihrer Ablöseprozesse und ihrer Identitätsgewinnung ist“ (Corsa/Freitag 2008: 14). Deshalb ist es Aufgabe evangelischer Jugendarbeit „Räume zu schaffen, die Möglichkeiten zur persönlichen Entfaltung jenseits von Verzweckungen und Effizienzsteigerungen bieten“ (Corsa/Freitag 2008: 34) und „in denen sie mit ihrem Glauben angstfrei und vorbehaltlos experimentieren können und ihre eigenen Wege des Glaubens entdecken können“ (Corsa/Freitag 2008: 201).

Durch die Theorie der Erlebnis- und Beziehungsräume können sich auch neuartige Angebote und Formen definieren, die nicht in ein klassisches Bild von Jugendarbeit passen oder sich ausdrücklich unabhängig oder außerhalb davon etablieren wollen. Ein Beispiel wäre dafür die Schulseelsorge: „Für vertrauliche Gespräche, aber auch für meditative Angebote außerhalb des Unterrichts hält Schulseelsorge einen äußerlich ansprechenden tatsächlichen (Frei-)Raum bereit, der sich wohltuend von (warum nicht allen?) anderen Räumen in der Schule unterscheidet“ (Kristen 2003: 50, Einfügungen i. O.).

Für die Praxis der missionarischen Jugendarbeit hat die Theorie der Erlebnis- und Beziehungsräume den Vorteil, mit unterschiedlichen kirchentheoretischen Vorstellungen und gemeindlichen Strukturen zu harmonieren. Egal, ob Bildungszentrum, freie Gemeinde, offene Arbeit oder Dekanatsjugend; jeweils kann gefragt werden, welche Räume Jugendliche im Einzugsbereich brauchen und welche Räume geschaffen werden können. Dazu gehört lediglich eine sorgfältige Analyse von Bedarf und Ressourcen. Manchmal braucht es auch gar keine neuen Räume, sondern Angebot und Nachfrage müssen durch Vermittlung (durch zunehmend auch im sozialen Bereich „Broker“ genannte Personen) zusammengebracht werden.

Entsprechende Konzeptionen können eine ganz unterschiedliche Größe oder Dauer haben. So kann das Bereitstellen eines gesamten Gemeindezentrums als Jugendkirche genauso Erlebnis- und Beziehungsräume schaffen wie ein einzelner zur Aneignung durch Jugendliche freigegebener Raum in einem schulischen, kirchlichen, öffentlichen oder auch privaten Gebäude. Ebenso kann dies zeitlich unbeschränkt geschehen oder als zeitlich begrenztes Projekt, wie bspw. bei einer 24-7-Prayer-Aktion. Im immateriellen Sinne kann ein Erlebnis- und Beziehungsraum auch in Zeit bestehen, die Jugendlichen exklusiv zur Verfügung gestellt wird; beispielsweise im Rahmen von kirchlichen Veranstaltungen oder im Terminplan von haupt- und ehrenamtlichen Mitarbeitern.

Das Schaffen und Bereitstellen von Räumen unterschiedlichster Art ist dabei Ausdruck der Missio Dei. Es entstehen keine Leerräume, sondern Freiräume, durch die Gott mittelbar und unmittelbar Jugendlichen dienen kann. Denn Jugendliche, vor allem, wenn sie christlich gering vorgeprägt sind, werden von ihrem Erleben mit Kirche und deren Repräsentanten zunächst unwillkürlich auf Gott schließen. Öffnen sich hier für sie Erlebnis- und Erfahrungsräume, so verkündigt dies deutlich, dass auch Gott Raum für sie bereit hat. So wichtig aber zielgruppenspezifische Räume sind, so wichtig sind auch gemeinschaftliche, generationenübergreifende Räume in Kirche. Diese müssen erreichbar und zugänglich für Jugendliche sein, um den Leib Christi als Ganzes erfahrbar zu machen.

5. Gemeindeaufbau

In der Praktischen Theologie wie in den kirchlichen Verlautbarungen deutlich unterbelichtet ist die Frage nach Gottes heutigem Wirken. Nur hier und da gibt es einen Hinweis auf das Unverfügbare. Da braucht es einen Soziologen wie Armin Nassehi, der in der Debatte um die Kirchenreform darauf hinweist, dass man zwar leicht kirchliche Organisation verändern kann, aber nur schwer religiöse Praxis. Die Organisation gibt zwar religiösem Erleben einen Rahmen, dieses selbst ist aber als Inhalt nicht organisierbar (vgl. Nassehi 2009).

Gerade Jugendliche fragen aber nun im Rahmen der organisierten Jugendarbeit nach dem erlebbaren Gott, denn was nicht erfahrbar ist, ist auch nicht sinnstiftend. Und umgekehrt stellt sich dort, wo Jugendliche vom Heiligen Geist bewegt sind, die Frage, ob und wie sie sich denn nun organisieren sollen. Dabei kommt leicht der Verdacht auf, die Organisation könnte den Geist dämpfen. Eine ähnliche Anfrage müssen sich auch Theorien und entsprechende Konzeptionen von Jugendarbeit gefallen lassen, wenn sie das Eigentliche, nämlich den Glauben, gar nicht herstellen können. Von daher ist es wichtig, das Verhältnis von Gottes Wirken und menschlicher Organisation zu klären.

Weiterführend ist hier die Kirchentheorie von Christian Schwarz, die er selbst „Gemeindeaufbau-Paradigma“ nennt (Schwarz 1993: 21 ff.). Er unterscheidet darin den Bereich des Ereignisses, den er mit Attributen, wie organisch, unverfügbar und dynamisch beschreibt, von dem Bereich der Institution, den er als statisch, technisch und machbar beschreibt. Das Ereignis ist der Bereich, in dem Gott wirkt, was sich bei den Subjekten in Glaube, Gemeinschaft und Dienst äußert. Das Ereignis bringt aber auf Dauer und zur Verstetigung Institutionen hervor, welche klassisch durch die Begriffe Lehre, Sakramente und Amt als Kirche definiert werden. Diese Institution ist nun ihrerseits nicht in der Lage, das Ereignis hervorzubringen, aber durchaus, es zu fördern oder zu verhindern. Die EKD-Handreichung „Kirche und Jugend“ meint wohl diesen Sachverhalt, wenn sie trotz der „Unverfügbarkeit der Wirkung“ eine kirchliche Verantwortung für die „Bedingungsmöglichkeiten einer gelingenden Kommunikation des Evangeliums“ feststellt (EKD 2010: 21).

Für die Praxis missionarischer Jugendarbeit zeigt das theoretische Modell von Schwarz, dass Ereignis und Institution nicht gegeneinander ausgespielt werden können, sondern auch – teilweise spannungsvoll – aufeinander bezogen bleiben. Das Organisieren, also steuerndes Handeln von Akteuren, muss sich an dem Kriterium messen lassen, ob dadurch Gottes Wirken in und durch Menschen gefördert oder gehindert wird. Und zwar auch, wenn dies nicht direkt ersichtlich ist. Noch einmal anders ausgedrückt: Geistliche Vitalität Jugendlicher führt zu organisierter Jugendarbeit, welche wiederum geistliche Vitalität fördert. Diese Unterscheidung und das dazugehörige theoretische Modell sind wichtig, wo es im Bereich von Jugendarbeit um Reformen oder den Aufbau von Strukturen geht. Auch ist der damit verbundene Anspruch, dem Wirken Gottes Raum zu geben, gerade ein Kennzeichen von missionarischer Jugendarbeit.

6. Zusammenfassung

Die hier vorgestellten Theorien lassen sich nicht direkt vergleichen oder gegeneinander ausspielen. Das zeigen auch die kirchlichen Texte, in denen in unterschiedlichen Zusammenhängen auf verschiedene theoretische Ansätze zurückgegriffen wird. In der anschließenden Tabelle (Tabelle 1) soll aber ein zusammenfassender Überblick gewagt werden anhand der in der Einleitung genannten Aspekte.

Missionarische Jugendarbeit steht nicht im Widerspruch zu einer der genannten Theorien, zumal deren Auswahl aufgrund ihrer Rezeption in kirchlichen Texten erfolgte. Vielmehr korrespondiert ein missionarisches Anliegen mit unterschiedlichen Theorien und kann entsprechend in unterschiedlichen Konzeptionen von Jugendarbeit realisiert werden. Dabei besitzen die Theorien ein inspirierendes wie auch korrektives Potenzial gegenüber missionarischer Jugendarbeit. Diese wird ihrerseits gegenüber Theorien auf deren Kompatibilität mit dem Evangelium achten. Was also flüchtig betrachtet Lichtjahre voneinander entfernt erscheint, befruchtet sich bei näherem Hinsehen ständig gegenseitig und entwickelt sich bei konstanter Mission in immer wieder neuen Formen weiter.

Tabelle 1: Überblick

Theorie	Subjektorientierung	Kommunikation des Evangeliums	Erlebnis- und Beziehungsräume	Gemeindeaufbau
Kritik an / Abgrenzung zu	Funktionalisierung Jugendlicher, Nachwuchsrekrutierung, Programmorientierung, für Zielgruppe irrelevante Methoden und Inhalte	theologische Unterbestimmung der Kirchentheorie / PT-Forschung und deren Beschränkung auf kirchliche Institution, Amt und personale Interaktion	Ausgrenzung Jugendlicher durch kulturelle und institutionelle Hürden in der Kirche	rein immanenter Kirchentheorie, institutionalistischem Objektivismus
Traum / Vision	Jugendliche agieren selbstbewusst und selbstbestimmt in Beziehungen und gegenüber Institutionen	das Reich Gottes in seinen vielfältigen Sozialformen kommt in den Blick von Kirchenpolitik und Forschung	Jugendliche finden im Bereich der Kirche Räume zur eigenen Entfaltung und Entwicklung	Gemeindebau geschieht aus der Kraft des Geistes und gibt Raum für Gottes Wirken
Grenzen (in theologischer Perspektive)	Gefahr, die evangelische Spannung von Autonomie und Christonomie einseitig aufzulösen	das Gelingen der Kommunikation ist nicht machbar	Gefahr, dass Leerräume einerseits oder programmüberfrachtete Räume andererseits entstehen / Ghettoisierung innerhalb von Kirche	Anschlussfähigkeit der Theorie an Konzepte der Jugendarbeit erfordert weitere theoretische und konzeptionelle Arbeit
Potenzial (in theologischer Perspektive)	Jugendliche als vollwertigen Teil von Kirche erkennen und das allgemeine Priestertum fördern	neutestamentliche Fundierung einer Theorie, die gleichzeitig aktuellste Phänomene erfassen kann	Hilfe, innovative, noch unverortete Ideen und Möglichkeiten zu konzeptionieren	bringt den Aspekt des Wirkens Gottes in die Theoriearbeit ein
Profit für missionarische Jugendarbeit	Sicherstellen des Respekts gegenüber dem Subjektsein Jugendlicher / Ausrichtung der Arbeit an den Jugendlichen	Ausbalancieren der Aktivitäten anhand der drei Modi und Erweiterung der Perspektive auf vielfältigere Sozialformen von Jugendarbeit	missionarisches Anliegen kann innerhalb unterschiedlichster Strukturen umgesetzt werden	realistische Sicht auf das missionarisch Machbare und einem missionarischen Anliegen dienliche Organisationsentwicklung

Quelle: eigene Darstellung

Literatur

Bäumler, Christof (1986): Aspekte einer zukunftsorientierten Konzeption der Jugendarbeit. In: Theologia Practica Jg. 21 (2). S. 119–130.

Clark, Christopher (2008): Preußen. Aufstieg und Niedergang 1600–1947. München: Pantheon.

Corsa, Mike/Freitag, Michael (2008): Lebensträume – Lebensräume. Bericht über die Lage der jungen Generation und die evangelische Jugendarbeit. Hannover: Edition AEJ. Online unter: www.ekd.de/download/aej_bericht_2008.pdf (Abruf 29.08.15).

EKD (2010) = Kirchenamt der Evangelischen Kirche in Deutschland (Hrsg.): Kirche und Jugend. Lebenslagen, Begegnungsfelder, Perspektiven. Eine Handreichung des Rates der EKD. Gütersloh: Gütersloher Verlagshaus.

EKD (2014) = Kirchenamt der Evangelischen Kirche in Deutschland (Hrsg.): Perspektiven für diakonisch-gemeindepädagogische Ausbildungs- und Berufsprofile. EKD-Texte 118. Hannover: Kirchenamt der EKD.

Fauser, Katrin/Fischer, Arthur/Münchmeier, Richard (2006): Jugendliche als Akteure im Verband: Ergebnisse einer empirischen Untersuchung der Evangelischen Jugend. Opladen: Barbara Budrich.

Grethlein, Christian (2012a): Praktische Theologie. Berlin: De Gruyter.

Grethlein, Christian (2012b): Praktische Theologie als Theorie der Kommunikation des Evangeliums in der Gegenwart. In: Theologische Literaturzeitung Jg. 137 (6). S. 623–642.

Grethlein, Christian (2012c): Kirche – als praktisch-theologischer Begriff. Überlegungen zu einer Neuformatierung der Kirchentheorie. In: Pastoraltheologie Jg. 101 (4). S. 136–151.

Josuttis, Manfred (1996): Die Einführung in das Leben. Pastoraltheologie zwischen Phänomenologie und Spiritualität. Gütersloh: Kaiser/Gütersloher Verlagshaus.

Kristen, Peter (2003): Wenn Reli überquillt – zum Verhältnis von Religionsunterricht und Schul(seelsorg)e. In: Fachbereich Kinder- und Jugendarbeit im Zentrum Bildung der EKHN (Hrsg.): Grenzgang zwischen Jugendarbeit, Schule und Seelsorge. Schulseelsorge in der EKHN. Darmstadt: EKHN. S. 46–52.

Lange, Ernst (1981): Kirche für die Welt. Aufsätze zur Theorie kirchlichen Handelns. München: Kaiser.

Luther, Henning (1979): Kirche und Adoleszenz. Theoretische Erwägungen zur Problematik des Konfirmandenunterrichts. In: Theologia Practica Jg. 14 (3). S. 159–181.

Luther, Martin (2006): Abhandlung über die christliche Freiheit (1520). In: Schilling, Johannes (Hrsg.): Martin Luther. Lateinisch-Deutsche Studienausgabe. Bd. 2. Leipzig: Evangelische Verlagsanstalt. S. 121–185.

Meyer-Blanck, Michael/Weyel, Birgit (2008): Studien- und Arbeitsbuch Praktische Theologie. Göttingen: Vandenhoeck und Ruprecht.

Miethe, Ingrid (2014): Wahrnehmen, Analysieren, Intervenieren. In: Köttig, Michaela/Borrmann, Stefan/Effinger, Herbert/Gahleitner, Silke Birgitta/Kraus, Björn/Stövesand, Sabine (Hrsg.): Soziale Wirklichkeiten in der Sozialen Arbeit. Opladen: Verlag Barbara Budrich. S. 19–32.

Müller-Späth, Jürgen (1988): Die Anfänge des CVJM in Rheinland und Westfalen. Köln: Rheinland-Verlag.

Nassehi, Armin: Die Organisation des Unorganisierbaren. Warum sich Kirche so leicht, religiöse Praxis aber so schwer verändern lässt. In: Karle, Isolde (Hrsg.): Kirchenreform. Interdisziplinäre Perspektiven. Leipzig: Evangelische Verlagsanstalt. S. 199–218.

Otto, Gunter (1999): Ästhetik als Performance – Unterricht als Performance? In: Seitz, Hanne (Hrsg.): Schreiben auf Wasser. Essen: Klartext. S. 197–202.

Preul, Reiner (1997): Kirchentheorie. Wesen, Gestalt und Funktionen der evangelischen Kirche. Berlin: De Gruyter.

Scherr, Albert (1997): Subjektorientierte Jugendarbeit. Eine Einführung in die Grundlagen emanzipatorischer Jugendpädagogik. Weinheim: Juventa.

Schwab, Ulrich (2010): Kirchliche Jugendarbeit der Zukunft. In: Praktische Theologie Jg. 45 (3). S. 143–148.

Schwarz, Christian (1993): Die dritte Reformation. Paradigmenwechsel in der Kirche. Neukirchen-Vluyn: Aussaat.

Wanner, Walter (1971): Jugend aktiv. Handbuch für missionarisch-dynamische Jugendarbeit. Gießen: Brunnen.

Zimmermann, Ruben (2015): Das ethische Subjekt bei Paulus. Autonomie und Heteronomie in der Begründung paulinischer Ethik. In: Omerzu, Heike/Schmidt, Eckart David (Hrsg.): Paulus und Petrus. Leipzig: Evangelische Verlagsanstalt.

ENTWICKLUNGSPSYCHOLOGISCHE ENTDECKUNGEN ZUR MISSIONARISCHEN JUGENDARBEIT

Martina Walter

1. Jugendphase – turbulent, belastend, aufregend, ereignisreich

„Nicht schön ist, dass uns Jugendlichen gesagt wird, wir seien jetzt Erwachsene, aber auch noch Kinder. Wer soll das noch verstehen?", beklagt sich ein 15-jähriger Junge (Mietzel 2002: 319).

In der Entwicklungspsychologie bezeichnet man das Jugendalter als „Adoleszenz" (lat.: „adolescere" = heranwachsen, aufwachsen).

Für die Abgrenzung der Jugendphase von der Kindheit wird das Kriterium der körperlichen Veränderungen in der Pubertät (ca. 13–15 J.) verstanden. Eine besondere Herausforderung stellt die Beobachtung dar, dass der zeitliche Beginn der Pubertät sich immer weiter nach *vorn verlagert*. Dieser Prozess der Entwicklungsbeschleunigung (Akzeleration) kann bei Mädchen bereits im 9./10. Lebensjahr beginnen und beim Jungen ab dem 11./12. Lebensjahr. Das Einsetzen der Pubertät wird beschrieben als ein Umbau der körperlichen und seelischen Befindlichkeit des Jugendlichen. Nach dem verhältnismäßig kontinuierlichen Wachstum der Körperfunktionen in der Kindheit kommt es durch die Geschlechtsreife zu einem abrupten Ungleichgewicht in der körperlichen und psychischen Entwicklung der Persönlichkeit.

Zu den bedeutsamsten Entwicklungen der frühen Adoleszenz gehören die *körperlichen Veränderungen* und ihre Folgen. Ein Wachstumsschub und der Prozess der sexuellen Reife setzt ein. Die Jugendlichen haben sich mit der Tatsache auseinanderzusetzen, dass sie sexuelle Wesen sind. Das weckt Neugier, aber löst auch Unsicherheiten aus. Jugendliche müssen ihre Geschlechtsrolle aufbauen und eine eigene Identität entwickeln. Das individuelle Reifungstempo lädt ein, sich selbst mit Gleichaltrigen zu vergleichen und je nach Ergebnis zufrieden und stolz auf den eigenen Körper zu sein oder auch voller Minderwertigkeitsgefühle. Die eigene äußere Erscheinung wird wichtiger. Während der frühen Adoleszenz werden Situationen als besonders peinlich empfunden, in denen man sich nicht richtig gekleidet oder nicht ausreichend gestylt hat. Sie neigen verstärkt dazu, sich der Öffentlichkeit, bei vermeintlichen Unzulänglichkeiten ihres Aussehens, zu entziehen. Gleichzeitig bietet die äußere Gestalt auch eine Möglichkeit, Unabhängigkeit von den Erwachsenen zu erlangen; extravagantes Aussehen wird als Versuch gesehen, eigenständig und anders als die „Masse" zu sein.

Das Auseinanderklaffen von körperlicher Veränderung und psychischer Reife bringt den Jugendlichen in eine innere Zerreißprobe. Hinzu kommen die Erwartungen der sozialen Umwelt an den erwachsen aussehenden jungen Menschen. Viele Jugendliche fühlen sich durch Eltern, Lehrer und andere Personen der sozialen Umwelt überfordert. Diese Überforderung werden sie allerdings nicht offen eingestehen, sondern sie zu überspielen versuchen. Gleichzeitig wird diese Zeit vom Jugendlichen selbst, aber auch von der Mitwelt als stressvoll erlebt. Themen, die Stress verursachen, sind im Wesentlichen Konflikte mit den Eltern, Schulprobleme, Stimmungsschwankungen, Risikoverhalten.

2. Wer bin ich eigentlich? – Die Frage nach der Identität

Aus psychologischer Sicht beschreibt Identität unsere einzigartige Persönlichkeitsstruktur. Dabei wird das, was eine Person einmalig und unverwechselbar macht, bestimmt

- von der sozialen Umgebung, d. h. von den Menschen um sie herum,
- von der eigenen Sicht der Menschen auf seine Identität.

Der Psychologe Erik H. Erikson (1902–1994) hat sich besonders mit der Entwicklung der Identität auseinandergesetzt. Er schreibt: „Identität, das ist der Schnittpunkt zwischen dem, was eine Person sein will, und dem, was die Welt ihr zu sein gestattet“ (Seiffge-Krenke 2012: 10).

Die Identität entwickelt sich, laut Erikson, in acht Stufen. In jeder Stufe muss der Mensch eine bestimmte Krise durchleben und lösen, wobei die Art der Lösung einen beträchtlichen Einfluss auf die weitere Entwicklung hat. Jede Stufe setzt ein neues Niveau sozialer Interaktionen voraus. Ob das Individuum bei der Verarbeitung der Krise erfolgreich war oder nicht, beeinflusst den Verlauf der weiteren Entwicklung auf positive oder negative Art. Die einzelnen Stufen bauen aufeinander auf, verschränken sich miteinander und überlappen sich z. T. auch. Die Entwicklungsstufen beschreiben die Haltungen sich selbst und anderen gegenüber, die man nacheinander im Lauf des Lebens einnimmt.

Im Folgenden werden die acht Stufen kurz skizziert, wobei ein besonderer Schwerpunkt auf die Phase 5 und 6 gelegt wird, da diese das Alter von Jugendlichen und jungen Erwachsenen betrifft.

2.1 Acht Stufen der Identitätsentwicklung nach E. H. Erikson

Stufe 1: Urvertrauen gegen Urmisstrauen (1. Lebensjahr)

Die Entwicklungsaufgabe dieses Stadiums ist die Ausbildung von Urvertrauen als Eckstein der gesunden Persönlichkeitsentwicklung. Vertrauen wird hier verstanden als ein Gefühl des Sich-verlassen-Dürfens. Der Säugling erlebt verlässliche Menschen, die dafür sorgen, dass es ihm gut geht und seine Bedürfnisse erfüllt werden. Dadurch erlebt das Kind Selbstwirksamkeit, denn es macht die Erfahrung: „Mein Schreien, meine Aktion bewirkt etwas – nämlich das Mama oder Papa sich um mich kümmern." Bleiben dagegen stabile soziale Beziehungen aus und werden die Bedürfnisse nicht verlässlich beantwortet, entsteht Ur-Misstrauen. Der Säugling erlebt, dass er weder seiner Umwelt noch sich selbst trauen kann. Angst, Hemmungen und mangelndes Selbstvertrauen sind die Folgen.

Stufe 2: Autonomie gegen Scham und Zweifel (ca. 2.–3. Lebensjahr)

In dieser Phase bekommt das Kind durch zunehmende motorische (z. B. laufen) und kognitive Fähigkeiten (z. B. sprechen) das Gefühl von Autonomie und Selbstkontrolle. Hierfür braucht es Unterstützung, Ermutigung, Anerkennung für das Erreichte. Gleichzeitig ist das Kind aber schnell beschämt oder gekränkt, wenn etwas misslingt. Schnell entwickelt es Zweifel an den eigenen Fähigkeiten, wenn sich kein Erfolg einstelle oder der eigene Erfolg verhindert wird, weil z. B. Erwachsene dem Kind die Aufgabe abnehmen.

Stufe 3: Initiative gegen Schuldgefühl (ca. 4.–5. Lebensjahr)

In dieser Phase will das Kind die Welt entdecken und ist in der Lage, in immer weitere Bereiche seiner äußeren Umwelt vorzudringen. Das Kind lernt sich einen Weg zu bahnen, Initiative zu ergreifen, kurzfristige Ziele zu entwickeln und sie zu verwirklichen. Es will die Welt erforschen, ausprobieren. Es identifiziert sich mit den Eltern, die als groß und (all-)mächtig wahrgenommen werden. Gleichzeitig erlebt das Kind, dass es bestimmte Grenzen gibt, z. B. dadurch, dass es sich selbst überschätzt oder durch Verbote eingeschränkt wird. Kinder, die hauptsächlich diese Grenzen und Einschränkungen erleben, entwickeln Schuldgefühle und eine eher negative Sicht der eignen Person.

Stufe 4: Werksinn gegen Minderwertigkeitsgefühle (ca. 6.–11. Lebensjahr)

In dieser Phase geht das Kind vom zufälligen Ausprobieren zu gezieltem Handeln über. Mit dem Eintritt in die Schule erwirbt es neue Kulturtechniken (lesen, schreiben) und neues Wissen und bewältigt zunehmend schwierigere Aufgaben. Das Kind erlebt sich, bei Erfolg, als geschickt und kompetent. Dieses Gefühl nennt Erikson den „Werksinn“. Die Persönlichkeit des Kindes kristallisiert sich um die Überzeugung „Ich bin, was ich lerne.“ Werden die Aktivitäten des Kindes jedoch als überflüssig, unsinnig oder dumm hingestellt oder erlebt das Kind mehr Misserfolge als Erfolge, entwickelt sich das Gefühl der Minderwertigkeit.

Stufe 5: Identität gegen Identitätsdiffusion (Jugendliche)

„Wer bin ich eigentlich?“ ist eine der zentralen Fragen, die sich den Jugendlichen stellt. „Ich bin nicht, was ich sein sollte, ich bin nicht, was ich sein werde, aber ich bin auch nicht mehr, was ich war“(Erikson 1980: 112). Im Jugendalter liegt der Schwerpunkt der Lebensaufgabe darin, die eigene Identität zu finden. Um diese Entwicklungsaufgabe zu meistern, müssen verschiedene Rollen ausprobiert werden. Das bedeutet aber auch, dass der Jugendliche hin und her gerissen wird. „Was will ich denn eigentlich sein? Wohin führt mein Weg?“

Manchmal ist man sich sicher, dann wieder sind da Zweifel. Die Sehnsucht nach Freiheit kämpft gegen die Angst vor der Freiheit. Die Sehnsucht, einen anderen Menschen zu gewinnen, kämpft mit der Angst, ausgenutzt zu werden.

Der Jugendliche muss sich zwischen verschiedenen Rollenmodellen entscheiden und lernen, dass er in seinen verschiedenen sozialen Rollen (Sohn/Tochter, Schüler/-in, Auszubildende/-r, Freund/-in, Konsument/-in, Vereinsmitglied etc.) doch stets er „selbst“ ist. Gelingt es nicht, die verschiedenen Facetten des Selbst zu integrieren, entsteht ein innerer Zwiespalt, die Persönlichkeit scheint wie zersplittert (Identitätsdiffusion). Den betreffenden Menschen misslingt die Einordnung in die reale Welt. Sie verstecken sich vielleicht hinter Intoleranz oder flüchten sich in eine irreale Welt oder ordnen sich starken Anführern unter. *Wer nicht weiß, wer er ist, der weiß auch nicht, wohin er gehört.*

Die eigenen Überzeugungen sind oft eine Mischung aus dem, was jemand aus der eigenen Familie und Kindheit mitbringt, und dem, was in der Gruppe gilt.

Auch der Glaube oder eine gewisse Abwehr dem Glauben gegenüber werden durch die Gruppe mitgeprägt.

Stufe 6: Intimität gegen Isolierung (junge Erwachsene)

Der junge Erwachsene, der seine persönliche Identität gefunden hat, ist fähig, eine enge Beziehung zu einem anderen Menschen einzugehen (persönlich, sozial-emotional, sexuell). Mit Intimität ist hier die Fähigkeit gemeint, wechselseitig verpflichtende Beziehungen herzustellen. Dies kann sowohl die Liebesbeziehung als auch die tiefe Freundschaftsbeziehung sein. Für eine so verstandene intime Beziehung wird genau das benötigt, was im frühesten Kindesalter ggf. erworben wurde: ein Grundvertrauen in die andere Person, das nun durch die erworbene Identität in der Jugendphase gestützt wird.

Nur wenn ein Mensch weiß, wer er ist und was zu ihm gehört, wird er sich in der engsten Beziehung seine eigene Persönlichkeit bewahren können und sich nicht im anderen auflösen.

Ist die Identitätsfindung noch nicht zufriedenstellend gelöst, wird die intime Beziehung immer von einer Spannung begleitet sein, einer „krampfhaften inneren Zurückhaltung“ (Erikson) von Engagement und ein vorsichtiges Vermeiden von Konflikten. Intimität wird dann zunehmend unmöglich: Das Gegenteil zu Intimität ist daher die Isolation, ein unvermeidlicher Rückzug in die eigene Welt. Soziale Beziehungen werden zwar aufrechterhalten, sind aber oft oberflächlich und berechnend – man geht „auf Nummer sicher“.

Der Vollständigkeit halber seien auch noch die letzten beiden Stufen der psychosozialen Entwicklung nach Erikson benannt, obwohl diese sich nicht mehr im Jugendalter, sondern im mittleren und hohen Erwachsenenalter abspielen.

Stufe 7: Generativität gegen Stagnation

Mit Generativität ist das Interesse an der Erzeugung und Erziehung der nächsten Generation, aber auch generell an Fürsorge und Hilfsbereitschaft gemeint. Wird Generativität behindert, droht Stagnation und es entwickelt sich ein Gefühl der Sinnlosigkeit oder auch eine überdimensionale Ichbezogenheit.

Stufe 8: Integrität gegen Verzweiflung

Hier gewinnt das Leben (im höheren Alter) seinen Wert zum einen aus dem Rückblick auf das eigene Leben und aus der Akzeptanz des eigenen Lebensweges. Gelingt es, eine Art Frieden mit der eigenen Geschichte zu erreichen, stellt sich Integrität ein. Verzweiflung ist das Gegenteil, nämlich die Trauer um das, was man in seinem Leben getan oder versäumt hat. Unzufriedenheit oder Bitterkeit gehören dabei zu den bekanntesten Symptomen.

2.2 Bedeutung für den Umgang mit Jugendlichen in der missionarischen Jugendarbeit

In der Frage nach der eigenen Identität sind Jugendliche oft hin und her gerissen. Die Eltern eignen sich in diesem Entwicklungsabschnitt, aus der Sicht der Jugendlichen, nicht als Vorbilder. Die Gruppe der Gleichaltrigen wird wichtiger, aber auch hier gibt es meist keine wirkliche Orientierung, da in der Regel alle auf der gleichen Suche sind. Der Jugendliche sucht nach

Vorbildern, und dies könnten auch Mitarbeiter/-innen in der Jugend- und Gemeindearbeit sein. Jugendliche beobachten, sind aber auch, wenn die nötige Vertrauensbasis entstanden ist, sehr offen für persönliche Gespräche. Hier fällt neben der missionarischen Arbeit vor allem auch der Seelsorge eine große Bedeutung zu. Natürlich werden auch Fragen der Identität, des Selbstwerts, der Lebensträume etc. zum inhaltlichen Programm der Jugendarbeit gehören. Auch das ist unerlässlich und Mitarbeiter/-innen müssen lernen und sich bemühen, sich offen, ehrlich, authentisch mit Fragen, Einsprüchen, Widersprüchen auseinanderzusetzen. Häufig macht man jedoch auch die Beobachtung, dass Jugendliche in der Jugendstunde, d. h. im Beisein der Gruppe der Gleichaltrigen, mit bestimmten Themen anders umgehen, als sie es im persönlichen Gespräch tun. Hier muss man hinter einer oft „coolen" Fassade den sensiblen, verletzlichen Jugendlichen erst entdecken. Besonders gilt die Beschäftigung mit der Identität auch für die Frage nach der Geschlechtsrolle und dem Umgang mit Sexualität. Jugendliche wachsen hier in einer großen Freiheit auf, die aber häufig zu einer Orientierungslosigkeit führt. Und wenn ich nicht sicher bin, dann tue ich eben, was alle tun. Hier braucht es Mitarbeiter/-innen, die Mann- und Frausein für sich selbst bejaht haben und positive Repräsentanten des eigenen Geschlechts sind. Mitarbeiter/-innen sind nötig, die auch eine durchdachte und klare Position für die Themen der Sexualität einnehmen und diese auch benennen und zur Diskussion stellen können, auch wenn das bedeutet, dass es hier zu Auseinandersetzungen und Reibungen kommen wird. Um eine eigene Position zu beziehen, braucht man Freiheit und Orientierungspunkte, Haltungen und Stellungnahmen, zu denen man sich verhalten muss.

Eine Warnung muss an dieser Stelle aber auch angemerkt werden. Mitarbeiter/-innen sind wichtige Personen in der Identitätsentwicklung für Jugendliche. Das birgt Chancen, aber auch Risiken. Wir müssen darauf achten, dass es uns immer wieder um den Jugendlichen geht, der *seinen* Weg finden und gehen muss. Es darf nicht von einer Orientierung zu einer Abhängigkeit vom Mitarbeitenden kommen. Hier muss der Mitarbeitende vielleicht auch im Gespräch mit Außenstehenden immer mal wieder seine eigene Rolle überprüfen und sich ggf. vorsichtig zurückziehen, damit der Jugendliche „selbst laufen" lernt.

3. Kognitive Entwicklung

Neben den biologischen und sozialen Prozessen und Persönlichkeitsentwicklungen zählt die Veränderung kognitiver Fähigkeiten zu den entscheidendsten Übergängen in der Entwicklung Jugendlicher.

Der Schweizer Psychologe Jean Piaget (1896–1980) beschäftigte sich hauptsächlich mit der Entwicklung des Denkens und Verstehens. Die Bezeichnung kognitiv bezieht sich in seinem Sinne nicht nur mit dem Denken und dem Intellekt, sondern umfasst sowohl das Denken als auch die Wahrnehmung, die entweder zum Wissenserwerb führt oder zur Verwendung von Wissen benötigt wird. Piagets Entwicklungstheorie ist, ähnlich wie bei Erikson, für den ganzen Menschen bedeutsam, weil die kognitive mit der affektiven und sozialen Entwicklung eng verbunden ist. Piaget fasst die kognitive Entwicklung als einen Vorgang strukturierenden Lernens auf. Diesem Prinzip zufolge zeichnet sich der Mensch durch Eigenaktivität aus, indem er seine Sicht der Welt in der Auseinandersetzung mit der Umgebung konstruiert. Diese Eigenaktivität beginnt bereits in den ersten Lebensmonaten, wobei das Kind am Anfang seines Lebens nur über Handlungsstrukturen verfügt (sensomotorisches Denken), aus denen erst später verinnerlichte Strukturen entstehen. Dieser Prozess wird durch die Notwendigkeit in Gang gehalten, sich laufend neuen Aufgaben zu stellen. Piaget beschreibt, dass es immer wieder zu inneren Ungleichgewichten kommt, wenn das Kind vor einer unbekannten Aufgabe steht (kognitiver Konflikt). Durch die Entwicklung neuer Problemlösungsmethoden versucht der Mensch den Gleichgewichtszustand wieder herzustellen, d. h., der „kognitive Konflikt“ ist die Triebfeder und das Gleichgewicht das Ziel jeder Entwicklung der kognitiven Strukturen.

In der Zeit der Adoleszenz befindet sich der Mensch, nach Piagets Auffassung, in der „Stufe des formalen Denkens“.

Als wesentliche Veränderungen gelten hier, dass Denken in Möglichkeiten und das abstrakte Denken. Das Denken ist nicht mehr nur auf das Wirkliche beschränkt. Der Jugendliche kann sich von der konkreten Ausgangsposition eines Sachverhaltes lösen und ist fähig, mit hypothetisch angenommenen Sachverhalten umzugehen. Die eigenen Gedanken werden Gegenstand des Denkens (Metakognition). Eine Konsequenz ist, dass der Jugendliche mehr über sich selbst nachdenkt. Weil Jugendliche im zunehmenden Maße vielerlei Aspekte in den Denkprozess einbeziehen und verarbeiten können, sind sie in der Lage, Argumentationen von verschiedenen Positionen mit unterschiedlichen Zielen zu verstehen.

4. Entwicklung des Glaubens

Auch für das Themenfeld der individuellen Glaubensentwicklung ist das Stufenmodell von Piaget von überragender Bedeutung. Viele Forscher griffen die Ideen von Piaget auf, um zu erklären, wie sich religiöses Denken und Erleben im Leben von Menschen entwickelt und verändert. Besonders einflussreich sind hier die Arbeiten des amerikanischen Theologen und Psychologen James W. Fowler (*1940). Sein Hauptwerk „Stages of Faith. The Psychology of Development and the Quest of Meaning“ (1981) ist zu einem Klassiker der modernen Religionspsychologie geworden.[1]

4.1 Stufen des Glaubens nach Fowler

Fowler betrachtet den Glauben als eine grundsätzliche Erfahrungsform des Menschen, die nicht unbedingt mit religiösem Inhalt gefüllt sein muss, sondern als Zentrum seiner Werte und Sinngebung im Leben zu verstehen ist. Er sieht den Glauben also allgemein im Sinne von Streben nach dem Sinn des Lebens. Jeder Mensch ist auf Sinn im Leben angewiesen und muss diesen Sinn erst finden oder ihn sich schaffen. In diesem Sinne besitzt nach Fowler jeder Mensch einen Glauben. Dabei unterscheidet er „zwischen Glauben (faith) als einem sinnstiftenden Vertrauen auf letzte Werte und dem Für-wahr-Halten (belief) von Auffassungen, wie sie in den Lehren der Religionen zu finden sind“ (Schweitzer 1999: 140). Religion versteht Fowler als Ansammlung von Traditionen, in denen sich der Glaube der Vergangenheit niedergeschlagen hat. Religion kann Glauben anstoßen, sie besitzt als Überlieferung aber nicht die persönliche Qualität, die den Glauben ausmacht (vgl. Schweitzer 1999: 140).

Zum Wohlbefinden des Menschen gehört die Fähigkeit, im eigenen Leben einen Sinn zu finden. Glaube schließt eine Ausrichtung des Willens ein und eine Wahl des Herzens, und zwar in Übereinstimmung mit einer Auffassung transzendeten Wertes und transzdendenter Macht. D. h. Glaube ist substanziell ein Vertrauen und eine loyale Bezogenheit zu einem mächtigen und sinngebenden anderen. Der Mensch sucht und lebt seinen Glauben. Dabei durchlebt er mehrere Phasen oder Stufen. Wichtig ist aber vor allem die Erkenntnis, dass jede Phase ihren eigenen Wert und ihre eigene Bedeutung hat. Jedes Lebensalter und jede Entwicklungsstufe hat ihr Recht auf Entfaltung.

Aus der Analyse von 359 Interviews über den Glauben entwickelte Fowler ein Modell der Glaubensentwicklung in sieben Stufen. Diese Stufen bilden jeweils in sich geschlossene Einheiten, die sich nach typischen entwicklungspsychologischen Konzepten wie Logik des Denkens, Perspektivübernahme und moralisches Urteil bilden lassen. In Fowlers Modell ist ein Überspringen von Stufen oder ein höherstufiger Quereinstieg nicht möglich. Es besteht vielmehr die innewohnende Gesetzmäßigkeit, jede Stufe als Voraussetzung für die nächsthöhere durchlaufen zu haben. Im Verlauf dieser Entwicklung

[1] Dt.Titel: J.W.Fowler (1991): Stufen des Glaubens. Die Psychologie der menschlichen Entwicklung und die Suche nach dem Sinn. Gütersloh: Gütersloher Verlagshaus.

wird der Glaube zunehmend komplexer und umfassender. Dennoch erreichen nach Fowler nicht alle Menschen den höchstmöglichen Entwicklungsstand des Glaubens. Eine Fixierung auf einer der früheren Stufen ist eher die Regel, und die siebte und letzte Stufe „reserviert“ Fowler für den Glaubensstand von Persönlichkeiten wie Gandhi oder Mutter Teresa.

Stufe 1: Intuitiv-projektiver Glaube

In dieser Stufe, die nach Fowler für das Kind im Alter von drei bis sieben Jahren am häufigsten anzutreffen ist, trauen Kinder Gott alles zu und zweifeln nicht daran, dass er hilft. Der Glaube wird von Intuitionen und Fantasievorstellungen dominiert. Das Kind projiziert Wünsche und Emotionen auf Symbolgestalten. Die Vorstellungskraft, die noch nicht von den Gesetzen der Logik bestimmt wird, sieht Fowler als große Stärke in dieser Phase. Wundergeschichten sind für Vorschulkinder überhaupt nicht spektakulär. Sie entsprechen ihrem Denken. Wenn Jesus Gottes Sohn ist, dann kann er selbstverständlich auch Wunder tun. Die Geschichten der Bibel sind wahr und Jesus ist ein guter Freund. Sie leben in den Geschichten, die sie hören und unterscheiden dabei nicht zwischen Realität und Fantasie. Dabei werfen sie auch schon einmal biblisches Geschichten und Märchen oder erfundene Geschichten in einen gemeinsamen Topf. Wer Gott ist und wie er handelt, verstehen sie deshalb dann am besten, wenn man ihnen Geschichten von Gott und seinem Handeln erzählt. Hier kann es jedoch auch schon zu ersten Spannungen zwischen Gottvertrauen und misstrauen, zwischen Wunscherfüllung und Enttäuschung kommen. Vorschulkinder verstehen zudem einfache Symbole, Haltungen, Gesten von Erwachsenen. Kinder glauben, weil Mutter, Vater, Großeltern oder andere Bezugspersonen es tun. Vieles entsteht und lebt in dieser frühen Phase schlicht durch Beobachtungen und Nachahmung. Vor dem Hintergrund von Wünschen und Interessen werden eigene Erfahrungen und diejenigen der anderen interpretiert. Gott belohnt und bestraft uns nach unseren Handlungen, d. h. Gott kann beschützend und freundlich sein, aber auch bedrohlich und strafend. Das Gottesverständnis ist geprägt von der Haltung „Wie du mir, so ich dir“, d. h. Gottes Liebe muss man sich verdienen.

Stufe 2: Mythisch-wörtlicher Glaube

In dieser Stufe nimmt der Realitätssinn des Kindes zu. Es versteht religiöse Sprache und Symbole wortwörtlich und neigt zu Anthropomorphismen. Das wörtliche Verstehen symbolischer Texte führt dazu, dass Gott ganz wie ein menschliches Wesen aufgefasst wird. Fowler fand diese Stufe hauptsächlich unter Grundschulkinder, aber manchmal auch bei Jugendlichen und Erwachsenen.

Stufe 3: Synthetisch-konventioneller Glaube

In der mittleren Kindheit (ca.7–12 Jahre) beginnen die Kinder zunehmend größeres Interesse an Hintergrundinformationen zu biblischen Geschichten zu zeigen. Der Wissensdurst und der Bedarf nach Fakten steigt. Hier geht es dann darum nicht nur Geschichten zu erzählen, sondern auch zu reden, zu diskutieren, damit die Kinder früh lernen ihren Glauben auch zu denken. Sie müssen merken, dass unsere Erzählungen nicht nur märchenhafte, spannende Geschichten sind, sondern Wirklichkeit mit einer hohen Relevanz für den Alltag heute. Inzwischen sind sie mehr und mehr in der Lage, abstrakte Begriffe zu verstehen bzw. einer Erklärung eines abstrakten Begriffs zu folgen. Eine Vergeistigung des Gottesbildes bahnt sich jetzt an, d. h., die vermenschlichten (anthropomorphen) Gottesvorstellungen (z. B. alter Opa mit langem weißem Bart) treten zurück und werden von abstrakten Symbolen abgelöst (Gott ist Geist).

Nun beginnt häufig auch eine Phase des Hinterfragens, „ob das alles wirklich wahr ist". Die biblischen Geschichten werden an der eigenen Erfahrungswelt und dem Wissenstand der Kinder gemessen. In der Auseinandersetzung mit Gleichaltrigen kommen die Kinder/Jugendlichen ins Fragen, ob es Gott tatsächlich gibt. Hinzu kommt die Fähigkeit, über das eigene Denken zu reflektieren (Piaget). Zudem kann der Jugendliche hypothetische Bilder seiner selbst, wie ihn andere sehen, entwerfen. Der junge Mensch wird also auf dieser Stufe fähig, Perspektiven anderer zu übernehmen und Gottes Perspektiven zu gestalten. Da gleichzeitig in dieser Phase die Vorbilder und Orientierungspersonen zunehmend außerhalb der Familie gesucht werden, haben Freunde und Gleichaltrige, aber auch andere Erwachsene, hier eine immer stärkere Bedeutung. Die Jugendlichen möchten dazugehören und orientieren sich in ihren Werten, Normen, Vorstellung an ihrer Freundesgruppe. Der Heranwachsende orientiert sich an den Glaubensinhalten anderer, die er ohne kritische Stellungnahme übernimmt und zusammenstellt.

Zu den entwicklungspsychologischen Stufen kommt natürlich die Prägung durch das Elternhaus hinzu. Kinder aus Familien, die eine Gemeindeanbindung haben, wachsen mit christlichen Traditionen auf, die sie entweder übernehmen und zu ihren eigenen Überzeugungen machen oder aber mit zunehmender Selbstständigkeit ablehnen. Viele dieser Kinder haben ein gutes biblisches Grundwissen, kennen viele Geschichten und oft auch biblische Hintergründe. Dennoch haben sie nicht unbedingt schon verstanden, dass ein Leben mit Jesus über „ihr Kopfwissen" weit hinausgeht. Das heißt, dass wir in der Praxis der Jugendarbeit oft auf Jugendliche stoßen, die mitdiskutieren können, die die „richtige" geistliche Antwort, evtl. auch die richtige Bibelstelle, schnell zur Hand haben. Die Frage, ob Gott und Glaube zum „guten Ton" gehört oder ob der christliche Glaube bereits die eigene Herzenseinstellung betrifft, muss gestellt und mitgedacht werden.

Viele Kinder, die aus Familien ohne Gemeindehintergrund kommen, haben nur noch wenige oder überhaupt keine religiösen Grundkenntnisse mehr. Manche haben dafür aber verwirrend unterschiedliche Meinungen, die sie von Erwachsenen oder über die Medien aufgenommen haben. Gleichzeitig wachsen die Kinder in einer pluralen, toleranten Gesellschaft auf und werden mit sehr unterschiedlichen Religionen und Glaubensansichten konfrontiert, vor der jede gleich zu sein scheint und in die Beliebigkeit des Menschen gestellt ist.

Laut Fowler beginnt und entfaltet sich Stufe 3 normalerweise im späten Kindheitsalter bzw. frühen Jugendalter, aber für viele Erwachsene wird sie ein dauerhafter Ort des Gleichgewichts.

Stufe 4: Individuierend-reflektierender Glaube

Jugendliche (oder spätestens die Jungen Erwachsenen) lehnen oft ab, was Ausdruck der Kindheit war, weil sie einen neuen Lebensabschnitt beginnen. Auf dem Weg zur Eigenständigkeit fragen sie sich: „Wer bin ich? Was passt zu mir? Was ist für mein Leben wichtig?" Manche Vorstellungen vom „lieben Gott" zerbrechen oder werden verabschiedet. Die Fähigkeit, Abstand von sich selbst zu nehmen, ermöglicht, den bisherigen Glauben kritisch zu hinterfragen, um einen eigenen Standpunkt zu gewinnen. Hier kommt es oft zu einem Bruch mit den alten Traditionen und den „Glaubensresten" aus der Kindheit. Vieles muss noch einmal nachgedacht, kritisch beleuchtet und neu formuliert werden, damit der

Glaube zu etwas Eigenem werden kann. Der Glaube verbindet sich mehr und mehr mit der eigenen Persönlichkeit. Der Mensch entdeckt die Möglichkeit, sein Leben selbst in die Hand zu nehmen. Jugendliche sind dabei, zu sich selbst und zu anderen Beziehungen aufzubauen. Sie sind dabei Suchende und vor allem in der Pubertät unsicher. Sie brauchen Erwachsene (das müssen nicht die Eltern sein), die ihnen verlässliche Begleiter sind und die ihnen vorleben, wie das ist, in Beziehung zu Gott zu leben.

Im Jungen Erwachsenen Alter geht es darum, das eigene Leben zu entwickeln: Berufsausbildung, feste Beziehungen, Aufbau einer Familie ... Es geht um das Mündigwerden, und dies betrifft auch den Glauben. Der Glaube wird persönlich verantwortet und gestaltet. Für viele ist das Mitarbeiten und Mitgestalten in der Gemeinde nun von besonderer Bedeutung.

Der Übergang von Stufe 3 zu Stufe 4 ist besonders kritisch, denn bei diesem Übergang muss der ältere Jugendliche oder Erwachsene anfangen, die Verantwortung für die eigenen Bindungen, Lebensstile, Glaubensinhalte und Einstellungen selbst übernehmen. Es kann eine Zeit der Angst und einer gewissen Orientierungslosigkeit sein, da man ja getrennt ist von den konventionellen Verankerungen.

Stufe 5: Verbindender Glaube

Der *Erwachsene* relativiert seine eigene Position, erkennt andere Standpunkte an und sucht Gemeinsamkeiten auf der Grundlage von Toleranz. An die Stelle von „Entweder-oder"-Denken ist ein dialogisches Verständnis getreten. Die eigene Individualität bleibt erhalten, sie muss jetzt aber nicht mehr ständig gegen andere und gegen Traditionen verteidigt werden. „Alle (religiösen) Traditionen werden jedoch nur als relativ gültig und wahr angesehen: Sie werden als abhängig von der jeweils besonderen Erfahrung eines Menschen oder eines Volkes aufgefasst. Diese Auffassungen von der relativen Wahrheit unterschiedlicher Traditionen liegt die verbindenden Fähigkeiten dieser Stufe zugrunde. (vgl. Schweitzer 1999: 150)

Der Glaube gerät immer mal wieder auf den Prüfstand. Er wird sich beim Durchleben von Brüchen und Krisen auch verändern. Damit der Glaube mehr bleibt als eine Kindheits- und Jugenderinnerung, muss er mit dem Erwachsenwerden mitreifen. Dazu gehört kritisches Reflektieren. Glaube ist nicht mehr nur Erfahrungssache, sondern auch eine Sache des Verstandes und muss auch der kognitiven Reflexion standhalten. Erwachsenwerden heißt auch, die eigenen Wurzeln entdecken, die eigene Herkunft bejahen. Worte und Bilder aus der Kindheit oder aus der Jugend, eine Geschichte aus der Bibel, der Konfirmationsspruch, eine prägende Begegnung sie können zu etwas Bleibendem werden, auf das ein Mensch immer wieder zurückkommt, manchmal erst nach langer Zeit.

Stufe 6: Universalisierender Glaube

Kennzeichnend für Stufe 6 ist, dass die Paradoxien von Stufe 5 überwunden sind – im Sinne absoluter Liebe und Gerechtigkeit. Der Glaube umgreift das gesamte Sein und Dasein und als Symbol gilt dafür das allumfassende Reich Gottes. Diese Stufe soll als allgemeingültige Struktur alle inhaltlich bestimmten Traditionen und Religion übergreifen.

Die Stufe 6 wird äußerst selten erreicht. Fowler schreibt dazu: „Die Vertreter des Glaubens der Stufe 6, ob sie nun in der jüdischen, christlichen oder in anderen Traditionen stehen, verkörpern in radikaler Weise das Sich-Verlassen auf die Zukunft Gottes für alles Sein."

Als Repräsentanten dieser Stufe nennt Fowler herausragende Gestalten der Religionsgeschichte wie Martin Luther King, Mutter Teresa, Dietrich Bonhoeffer etc.

4.2 Relevanz für die missionarische Jugendarbeit

Das Stufenmodell Fowlers macht deutlich, dass auch die religiöse Identität Jugendlicher ein Entwicklungsprozess ist, unterstreicht aber auch die Bedeutung externer Einflüsse. Es wird dabei deutlich, dass in Fragen der religiösen Entwicklung nicht nur die Familie eine Rolle spielt, sondern andere Instanzen von Relevanz sind, wie z. B. durch die peer-group, aber eben auch die Jugendarbeit (vgl. Karcher 2013: 33). Missionarische Jugendarbeit muss sich daher bewusst machen, dass Glauben in vielen Fällen nicht urplötzlich geschieht, sondern das Ergebnis eines Prozesses ist. Zu diesem Ergebnis kommt auch die Greifswalder Konversionsstudie für den Bereich der Erwachsenen (Zimmermann/Schröder 2010). Trotz der klaren Nachvollziehbarkeit des Entwicklungsmodells sei abschließend dazu betont, dass solche, wie auch andere, Entwicklungsprozesse in manchen Fällen eben nicht immer gradlinig verlaufen.

5. Fazit

Die psychischen und sozialen Bewältigungsstrategien für die Auseinandersetzung mit den Anforderungen und Herausforderungen der Lebensgestaltung sind im Kindheitsalter gänzlich anders als im Jugendalter.

Im Unterschied zur Kindheit wird in der Jugendzeit eine Bewältigung nur dadurch möglich, dass sich Jugendliche von den primären Bezugspersonen, meist Mutter und Vater, innerlich ablösen und sich zu einer autonomen Persönlichkeit entwickeln. Dies führt zu großen Unsicherheiten und manchmal auch zu unverständlichen Verhaltensweisen. Oft zeigt sich das durch eine bewusste Abgrenzung von allem, was mit „Kind-sein" in Verbindung gebracht wird. Jugendliche erleben in dieser Phase mehr Stimmungsschwankungen als in anderen Lebensabschnitten, und sie erleben dieses „Hin und Her" der Gefühle in besonders intensiver Weise.

Während in der Kindheitsphase noch die Imitation der Eltern und die Identifikation mit ihnen vorherrschten, treten sie jetzt deutlich in den Hintergrund, zugunsten anderer Vorbilder, Ideale und Idole. Wichtig wird hier auch der Einfluss der gleichaltrigen Freunde (peer-group).

Mehr und mehr nimmt der Jugendliche die Gestaltung seines Lebens selbst in die Hand, testet verschiedene Bewältigungsmechanismen, um mit den Anforderungen der Welt umzugehen, und findet zu seinem eigenen Lebensstil und zu seiner Identität.

Hier kann die Jugendarbeit den Jugendlichen Raum und Gelegenheiten bieten sich selbst mit ihren Gaben einzubringen und Potenziale zu entdecken. Die Begleitung durch Mitarbeiter/-innen muss dabei geprägt sein von einer wertschätzenden und ermutigenden Haltung den Jugendlichen gegenüber. Freiheit zum Experimentieren und auch die Möglichkeit des Scheiterns darf in einem geschützten Raum gelernt werden. Missionarisches Handeln muss behutsam mit ihrer Situation umgehen (s. o.). Jugendliche brauchen einen verlässlichen Rahmen, in dem sie die Erfahrung machen, dass sie angenommen sind und diese grundsätzliche Bejahung ihrer Person auch nicht durch Stimmungsschwankungen, Rebellion oder Widerspruch erschüttert wird. Hier braucht es Mitarbeiter/-innen mit langem Atem und einer gehörigen Portion Geduld und Liebe.

Literatur

Erikson, Erik H. (1980): Identität und Lebenszyklus. 6. Auflage. Frankfurt am Main: Suhrkamp.

Fend, Helmut (2000): Entwicklungspsychologie des Jugendalters. Ein Lehrbuch für pädagogische und psychologische Berufe. Opladen: Leske und Budrich.

Fowler, J. W. (1991): Stufen des Glaubens. Die Psychologie der menschlichen Entwicklung und die Suche nach dem Sinn. Gütersloh: Gerd Mohn.

Karcher, Florian (2013): Jugendkultur und Religionspädagogik am Beispiel evangelischer Jugendkirchen in Deutschland. Bielefeld: Universitätsbibliothek Bielefeld. Digitale Version online unter: http://d-nb.info/1050577191/34 (Abruf 27.08.2015).

Mietzel, Gerd (2002): Wege in die Entwicklungspsychologie. 4. Auflage. Weinheim: Beltz.

Schweitzer, Friedrich (1999): Lebensgeschichte und Religion. Religiöse Entwicklung und Erziehung im Kindes- und Jugendalter. 4. Auflage. Gütersloh: Kaiser, Gütersloher Verlagshaus.

Seiffge-Krenke, Inge (2012): Therapieziel Identität. Stuttgart: Klett-Cotta

Zimmermann, Johannes/Schröder, Anna-Konstanze (2010): Wie finden Erwachsene zum Glauben? Einführung und Ergebnisse der Greifswalder Studie [BEG Praxis]. Neukirchen-Vluyn: Neukirchner Verlag.

III HERAUSFORDERUNGEN

ZUM GEGENWÄRTIGEN VERHÄLTNIS VON MISSION UND JUGENDARBEIT

Michael Freitag

1. Jugendgenerationen

Das Alterssegment „Jugendliche“ ist wohl das am gründlichsten ausgeforschte Alterssegment. Regelmäßig erscheinen Jugend-Studien: Sogenannte Panoramastudien, die eben das gesamte Panorama jugendlichen Lebensgefühls und jugendlicher Lebenslagen zu erfassen versuchen; andererseits Spezialstudien zu Einzelfragen, unter anderem auch zu „Jugend und Religion“.

Genauso regelmäßig werden Jugendgenerationen rekonstruiert und mit Etikettierungen versehen – sowohl in ausgewiesen wissenschaftlichen Studien als auch in eher populär abgezweckten Büchern. Die Etikettenliste allein der letzten zwanzig Jahre ist lang: Da gibt es unter anderem die „Generation Golf“, die „Generation Null Bock“, die „Generation X“, die „Generation Y“ (auch als „Why“ zu verstehen) (Bund 2014; Hurrelmann 2014), die „Pragmatische Generation“ (Shell 2010) und vieles mehr. All diese Label versuchen, Typisches und damit Unterscheidendes einer bestimmten Jugendgeneration zu markieren.

Diese Etikettierungen haben ihr Recht und spiegeln sinnvolle Wirklichkeitskonstruktionen wider. In der Tat ist damit zu rechnen, dass wir möglicherweise in Abständen von ca. 15 Jahren (natürlich mit sehr fließenden Übergängen!) mit einer neuen Jugendgeneration zu rechnen haben und dass Jugendliche sich zumindest in bestimmter Hinsicht im Lauf der Jugendgenerationen verändern.

Allerdings: Die zentralen Entwicklungsaufgaben des Jugendalters wie die Ablösung vom Elternhaus und das Einüben in (nicht nur ökonomische) Selbstständigkeit, Beziehungsfähigkeit oder Identitätsausbildung bleiben über viele Jugendgenerationen hinweg gleich.

Dazu gehört auch die Ausbildung einer religiösen Identität: Die zentralen Lebensfragen und damit auch die Fragen, auf die Jugendliche im Bereich von Religion eine Antwort erhoffen können, bleiben ebenso langfristig gleich – wenn auch möglicherweise in „andersfarbigen Fragegewändern“.

Was sich mittelfristig in der Tat ändert, sind gesellschaftliche und kulturelle Rahmenbedingungen, in die Jugendliche hineinwachsen und in denen sie überleben und mit denen sie fertigwerden müssen. Jugendliche müssen unter jeweils veränderten Rahmenbedingungen Strategien und Verhaltensmuster entwickeln, die ihnen ermöglichen, durchs Leben zu kommen und ihre (Lebens-)Räume zu finden, in denen sie ihre (Lebens-)Träume (Corsa/Freitag 2008) verwirklichen können.

Natürlich ändern sich damit langfristig auch bestimmte Segmente des Lebensgefühls und kulturelle Verhaltensformen.

Und gewiss müssen sich damit auch die Formen der Kommunikation des Glaubens verändern bzw. zumindest ihre Schwerpunktsetzungen verlagern, wenn sie jugendkulturadaptiert bleiben sollen.

2. Missionarische Wandlungen im Outfit

Mission bedeutet, Gottes heilvolles Leben in dieser Welt sichtbar, hörbar, fühlbar – kurzum: erfahrbar zu machen. Dies geschieht einerseits durch die vor allem wortsprachliche, aber auch zeichensprachliche Verkündigung des Evangeliums und andererseits durch die persönliche, gesellschaftliche und politische Praxis des Evangeliums. Beides ist nicht zu trennen und gehört zusammen, besitzt aber jeweils seine spezifischen Eigenkonturationen und Notwendigkeiten.

Evangelisation meint die erstgenannte Dimension. Sie ist bewusste wort- und zeichensprachliche Kommunikation des christlichen Glaubens. Durch Evangelisation sollen (junge) Menschen in Berührung mit der Wirklichkeit Gottes kommen. Sie sollen in den *stream* des Evangeliums mit seinen positiven Lebenswirkungen hineingenommen werden – mit ihrer Biografie, ihren lebensweltlichen Bezügen, ihren eigenen Fragen und Antworten. Evangelisation soll ihnen Wege und Zugänge zum christlichen Gott und Glauben zeigen und ermöglichen. Sie sollen eingeladen und durchaus dazu verlockt werden, mit Gott zu leben. Und Evangelisation heißt, sie bei der Bewältigung eigener Glaubenshürden und bei der Entwicklung ihres Glaubens hilfreich zu begleiten. Evangelisation ist menschenfreundliche, subjektorientierte, lebensweltbezogene und unabdingbar christusorientierte Kommunikation des Glaubens.

Allerdings haben sich die Formen dieser Kommunikation des Glaubens in den letzten Jahrzehnten entwickelt und (jugend-)kulturbezogen verändert.

2.1 Information

Lange Zeit – so ungefähr in den Fünfziger- und Sechzigerjahren des letzten Jahrhunderts – bestand der Mainstream evangelistischer Verkündigung auch an Jugendliche in der Kommunikation des Glaubens als *Information über den Glauben.* In evangelistischen Predigten wurden Lebensthemen der

Alltagswelt im Licht biblischer Texte interpretiert und ebenfalls über Wege der Bewältigung des Alltags mit Jesus Christus und vor allem über Sünde und Schuld und ihre Vergebung durch Christus informiert.

2.2 Konfrontation

Dies verband sich in der Regel mit einer *konfrontativen* Rhetorik: Den Hörern wurde ihr alltagsweltliches Leben gespiegelt mit dessen Sorgen, Problemen und Verstrickungen, aber eben auch in ihrer Schuld, und vor allem in ihrer Gottesferne und ihrem Unglauben. Sie wurden sodann mit dem Heil in Christus konfrontiert und zu einer Änderung ihres Lebens herausgefordert und ermutigt – zu einer Bekehrung, einer Änderung ihrer Lebensrichtung, ihres Lebensparadigmas und ihres Lebensstiles: vom Unglauben zum Glauben, von dem/der Namenschristen/-in zu dem/der echten Christen/-in, vom „Leben in der Welt" zu einem Leben in der Nachfolge Jesu Christi.

2.3 Diskussion

Im Zuge der Studentenbewegung und der Jugendrevolten – die sich zu einem wesentlichen Teil ja gegen autoritäre Strukturen und Verhaltensmuster, eben auch gegen autoritäre Kommunikationsmuster richteten – veränderten sich die Grundlagen von Kommunikation: Wahrheit und Wirklichkeit galten nun als vornehmlich diskursiv und in demokratischen und herrschaftsfreien Kommunikationsprozessen zugänglich und veränderbar. Damit modifizierte sich auch die Kommunikation des Glaubens, besonders unter jungen Menschen: Immer häufiger wurden jugendmissionarische Veranstaltungen als „Gesprächsabende" gestaltet. Die sogenannten „Lords Partys" oder vergleichbare jugendmissionarische Label fanden – jugendkulturell adaptiert – in Kneipen oder Jugendclubs statt. Im ersten Teil wurde mit eigens eingeladenen Atheisten, „Linken" oder anderen kritischen Geistern auf einem Podium über das Thema des Abends diskutiert. Und auch wenn im zweiten Teil des Abends die (durchaus konfrontativ-herausfordernde und informative) Predigt selten fehlte, wurde anschließend beim Bier bis tief in die Nacht gründlich weiterdiskutiert.

Diese diskursive Form von Evangelisation bedeutet tatsächlich den Ansatz einer gegenseitigen und gleichberechtigten Kommunikation über den Glauben, auch wenn es natürlich das Ziel war und ist, „die anderen" von der Wahrheit des Evangeliums zu überzeugen.

2.4 Performance

Reine Information oder (oft hoch intellektuell gestylte) Diskussionen über den Glauben und seine Inhalte, also ein eher kognitiv ausgerichteter Ansatz, reichten allerdings schon damals kaum aus, um jungen Menschen einen existenziellen und lebensprägenden Zugang zu Glauben und Kirche zu ermöglichen.

Nicht nur, aber wesentlich die pietistisch geprägten Segmente der Volks- und Freikirchen und viele Bewegungen innerhalb und außerhalb der Kirchen legten schon längst deutliche Akzente auf emotional-affektive und sozial-gemeinschaftliche Aspekte des Glaubenslebens.

Die innere Erfahrung des Glaubens („Jesus erleben") und die geistlichen Alltagserfahrungen kennzeichneten darum nicht nur missionarische Bewegungen wie z. B. die seinerzeit florierenden „Jesus People", sondern auch breite Strömungen innerhalb der eher konventionell gestrickten christlichen Jugendszene.

Der „esthetic turn" innerhalb der Jugendkultur, also die Ästhetisierung von jugendlichen Lebenszugängen und Lebensvollzügen in den letzten Dekaden, erforderte allerdings auf breiter Ebene eine Akzentverlagerung auch in der Kommunikation des Glaubens: Angesagt sind *performative* Zugänge zu Gott und Glauben.

Performativität meint sprachwissenschaftlich die unmittelbare Ausführung des gesprochenen Wortes. Sagt jemand beispielsweise: „Ich segne dich", so geschieht das Gesagte, der Segen eben, im Moment des Sprechens. Hier wird nicht allein über einen Sachverhalt gesprochen und informiert, sondern der Angeredete wird in ein Geschehen unmittelbar einbezogen.

Performative Kommunikation des Glaubens geschieht überall dort, wo junge Menschen in ein religiöses, geistliches, spirituelles Geschehen mit hineingenommen werden.

Glauben wird nicht allein vorgeführt, dargestellt oder erklärt, sondern er geschieht („it happens") und junge Menschen werden in dieses Happening, den Live-Event des Glaubens mit einbezogen und sie nehmen teil an der *performance* des Glaubens. Sie machen ihre eigenen sinnlichen, emotionalen und kreativen symbolisch vermittelten Erfahrungen und erleben die Schönheit des Glaubens – eben dies meint der Begriff des ästhetischen Zuganges. Junge Menschen lassen sich auf ein Geschehnis ein und „schwingen ein" – und können dabei angerührt, mitgerissen und begeistert werden. Jugendliche können ihre eigenen Erfahrungen machen und selbstverständlich dann auch reflektieren – und ihre eigenen Formen finden und entwickeln.

Christlich geprägte Ferienfreizeiten z. B. bieten viel Raum und Möglichkeiten für eine lebensbezogene Performance des Glaubens – aber auch die ganz normale Gruppenarbeit oder die Konfirmanden-Arbeit. Veranstaltungen wie Jugendgottesdienste, liturgische Nächte und „church partys" beziehen Jugendliche aktiv in spirituelle Welten ein, ebenso wie große Events vom Christival bis zum Kirchentag oder Landesjugendcamp. Sie alle haben ein großes missionarisches Potenzial, sofern sie Glaube und Gott ins Lebens-Spiel der Jugendlichen bringen und zugänglich machen, erfahrbar werden lassen.

Eine performative Glaubenskommunikation ist eine der großen Stärken der charismatischen Bewegung in ihren vielfarbigen und theologisch sehr unterschiedlichen Schattierungen. Ihre sinnlichen und expressiv-ausdrucksstarken und andererseits intensiven, tief gehenden Gebetsformen bilden eine sehr wirkungsmächtige Inszenierung von Glauben (vgl. Freitag 2008: 178 f.). Hinzu kommt ihr Ansatz, die sogenannten „Kraftwirkungen" („Charismen") des Heiligen Geistes höchst ernst zu nehmen und unmittelbar auf die Lebenskonflikte und Lebensprobleme der Anwesenden „wirken zu lassen": Wer sich darauf einlässt, kann Heilung und Heil, Segenskräfte und Hilfe für sein alltägliches Leben erfahren bis hin zu manifester Veränderung der Lebensverhältnisse. Gottes „power" wird zugänglich. Es ist – bei allen theologischen Vorbehalten und Kritik an vielerlei Praktiken – kein Wunder, dass die charismatische Bewegung und ihre vielgestaltigen Ableger solch hohe Anziehungskraft entwickeln.

2.5 Kommunität und Sozialität

Zeitübergreifend war der *kommunitäre* Charakter christlicher Gemeinden und Gemeinschaften ein wesentliches Element ihrer Attraktion. Von den urgemeindlichen Idealbildern der Jüngergemeinschaft, die man an ihrer Liebe untereinander erkennen sollte, bis in die Jetztzeit haben unterschiedliche christliche Gemeinschaftsformen Menschen angezogen. Es ist dies kein Wunder: Verbinden sich doch mit der Suche nach Gemeinschaft offensichtlich grundlegende Sehnsüchte nach vorbehaltlosem Angenommen-Sein und Akzeptanz, nach Geborgenheit und Stabilisierung, nach Zugehörigkeit und Liebe.

Nicht von ungefähr hat die aej-Studie „Jugend im Verband" (Fauser/Fischer/Münchmeier 2006) ergeben, dass „Gemeinschaft" ein wesentliches Motiv für die Zugehörigkeit zu einer Jugendgruppe ist. Beziehungsnetze von Menschen mit christlicher Prägung, die einladend und offen genug sind, erreichen darum eine Vielzahl von Jugendlichen. Viele missionarisch agierende Gruppen haben darum ihr Konzept in ein einfaches, ursprünglich aus einer Studie der anglikanischen Kirche stammendes Schema gefasst: *belonging – believing – behaving* (Haus/Wegener 2006: 168). Gemeint ist damit, dass der erste Schritt, um dazugehören zu dürfen, nicht eine wie auch immer geartete Bekehrung und Verhaltensänderung sei; primär ist vielmehr die Einladung und die voraussetzungslose Möglichkeit der Zugehörigkeit (belonging) und der Beheimatung in einem sozialen Netzwerk. Dies entspricht der Erkenntnis der aej-Studie, dass ursprünglich Gruppenfremde vornehmlich über persönliche Beziehungen in Gruppen der Evangelischen Jugend kommen – und auch nur bleiben, wenn sich diese Beziehungen als stabil erweisen. Erst nach einer längeren Phase des Dazu-Gehörens kommt es zu Glaubensfragen und Glaubenserfahrungen (believing). Und wiederum noch später ändern sich Verhalten und Lebensstil graduell (behaving).

Gelingende und – wohlgemerkt – nicht pathologisierende und missbräuchliche Formen der Vergemeinschaftung und der Sozialität bilden demzufolge gegenwärtig eine wesentliche Form attraktiver Evangelisation.

2.6 Konvivent und missional

Diese beiden Stichworte kennzeichnen einen gar nicht neuen, aber derzeit viel gehandelten Ansatz: In einer sich säkularisierenden Kultur als Christ/-in dahin gehen, wo die Menschen leben, und dort mit ihnen und in ihren Kulturen leben (Konvivenz) – sich also einzulassen auf die Lebenswelten der anderen, um mit ihnen gemeinsam dort das Evangelium zu entdecken und mit ihnen Gemeinde zu bilden und Kirche zu entwickeln. Dies ist eine der Maximen der *„church planting-Bewegung“*.

Eine solch missionale Lebensweise setzt allerdings in der Tat eine persönlich leidenschaftliche und radikal missionarische Lebensweise der „Missionare“ voraus und scheint keineswegs der Alltagsrealität und dem Lebenskonzept auch hochidentischer christlicher Jugendlicher zu entsprechen.

Vielleicht aber brauchen wir zumindest ein wenig mehr Leidenschaft, um wirkungsvoll missionarisch zu sein. Vielleicht brauchen wir auch ein paar „Verrückte“ mehr, die nicht stromlinienförmig sind, sondern Aufbrüche in Kirche und Gesellschaft initiieren.

3. Die Dimensionen von Religion

Im Folgenden arbeite ich mit einem Schema der Kerndimensionen von Religiosität, das zwar aus dem letzten Jahrhundert stammt und auf Studien des Religionssoziologen Charles Y. Glock (Glock 1962) zurückgeht, aber immer noch Erklärungsrelevanz besitzt. So arbeitet der aktuelle *Religionsmonitor* (Bertelsmann 2007; 2013) mit einer leichten Modifikation dieses Schemas.

Demzufolge bildet sich Religiosität bzw. Glauben religionsübergreifend in bestimmten Kerndimensionen ab, die ein umfassendes Bild religiösen Lebens bzw. des Glaubens darstellen.

Wenn evangelische Kinder- und Jugendarbeit und im Grunde genommen die gesamte Kirche mit Menschen über Glauben reden will, ihnen Glauben nahebringen will, sie in das „Land des Glaubens einführen“ und sie letztlich zum Glauben verlocken und somit missionarisch arbeiten will, hat sie diese Kerndimensionen zu berücksichtigen. Einige dieser Dimensionen möchte ich hier unter die Lupe nehmen:

3.1 Die intellektuelle Dimension: religiöses Wissen und die Auskunftsfähigkeit über Glauben

In dieser Dimension geht es um religiöses Wissen. Dazu gehören die Kenntnis der Inhalte des (eigenen) Glaubens sowie religiöse Sprachfähigkeit, also das Vermögen, über den eigenen Glauben auskunftsfähig zu sein. Dazu gehören auch eine gewisse Reflexionsfähigkeit und die Bereitschaft, sich auch kritisch mit dem eigenen Glauben auseinanderzusetzen.

In unseren Breiten wird dies zunehmend wichtig: Die Kenntnis der Bibel und der Inhalte christlicher Religion geht (nicht nur) unter Jugendlichen – auch unter kirchlich gebundenen – deutlich zurück. Andererseits sind gerade auch kirchenferne Jugendliche durchaus daran interessiert zu erfahren, was christlicher Glaube denn für eine interessante Lebensauffassung sei und was sich dahinter verbergen möchte.

Wir brauchen also in der Tat Information über biblische Inhalte und die Gehalte des christlichen Glaubens. Der Möglichkeiten sind viele: *Glaubenskurse* zum Beispiel als Einführung in den christlichen Glauben haben derzeit Konjunktur (vgl. Kresse in diesem Band). Entscheidend ist, dass Jugendliche selbst die Kompetenz entwickeln, in den normalen Kommunikationssituationen des Alltags profunde Auskunft darüber zu geben, was es mit ihrem christlichen Glauben auf sich hat und was dazugehört. Gerade einer Jugendgeneration, die permanent „why?“ (Bund 2014; Hurrelmann 2014) fragt, sind wir Auskunft darüber schuldig, was Glaube inhaltlich meint und lebenspraktisch bedeutet. Unreflektiertes Nachplappern ist dabei genauso wenig sinnvoll wie ein sprachloses „Ich weiß auch nicht“. Natürlich müssen Jugendliche nicht alles wissen über die Inhalte des Glaubens und natürlich kann man auch schon mal ins Stottern geraten – das empfindet niemand als schlimm, sondern sogar eher als authentisch. Aber Gesprächspartner/-innen sollten, wenn sie mit jungen Christ/-innen reden, auf jeden Fall den Eindruck haben: „Die wissen, wovon sie reden, die haben darüber ernsthaft nachgedacht, und das ist kein dummes Zeug.“ Gerade im Vergleich und damit auch im Gespräch mit muslimischen Jugendlichen haben christliche Jugendliche oft ein Informationsdefizit hinsichtlich ihres eigenen Glaubens. Dies hat sicherlich damit zu tun, dass die inhaltliche („dogmatische“) Struktur des christlichen Glaubens erheblich komplexer ist als die eher auf Lebensführung angelegte und damit ganz anders strukturierte islamische Religion – es erfordert aber umso mehr, dass christliche Jugendliche über ihren eigenen Glauben Bescheid wissen und sprachfähig werden.

3.2 Die Dimension der religiösen Erfahrung und die biografische Plausibilität des Glaubens

Glaube ist allerdings nicht allein und vielleicht auch nicht primär eine Sache theologischer Theorie. Glaube soll personal erfahrbar sein und Gott muss im Leben wahrnehmbar und spürbar sein, sonst braucht ihn kein Mensch.

In dieser Dimension des Glaubens können besondere Erlebnisse eine Rolle spielen wie z. B. als Gotteserfahrung gedeutete Ereignisse (Hilfe, Schutz, Bewahrung) im Leben. Auch spektakuläre Erfahrungen wie Bekehrungserlebnisse oder besonders in charismatischen Kreisen präferierte Geist-Erfahrungen, Wunder (-Heilungen) und Momente des totalen Überwältigt-Seins („der Schauder der Eigentlichkeit, der den jugendlichen Rücken herunter(sc)rollt …“) bilden solche Erfahrungsmomente. Dazu gehören andererseits auch tiefe existenzielle Erfahrungen wie Geborgenheit, Schuld und Vergebung, die Erfahrung „mit Gott in Kontakt zu sein“ und ihn als „Du“ und als Gegenüber zu erleben. In dieser Dimension von Religion und Glaube geht es um Spiritualität und den erlebbaren Alltagsbezug des Glaubens.

Diese Dimension der religiösen Erfahrung gewinnt gerade in der Jugendarbeit, aber vermutlich auch für Erwachsene zunehmende Relevanz. Jugendliche haben es schon immer gefragt, aber die Generation „Why“ verschärft die Frage noch einmal: Warum soll ich eigentlich glauben? Was trägt der Glaube in meinem Leben aus? Wo berührt er mich und was bringt er mir?

Glaube muss also biografisch plausibel und lebenspraktisch erfahrbar werden. Das gilt im missionarischen Binnenbezug (auch getaufte und religiös ansozialisierte Jugendliche müssen Glauben für sich selbst entdecken, bevor sie glauben) genauso wie im Kontakt mit überhaupt nicht religiös sozialisierten Jugendlichen.

Maßstab für die Relevanz von Sinndeutungsmustern wie z. B. Religion ist seit mehreren Dekaden und gegenwärtig verschärft die eigene Biografie: Glaube muss sich biografisch verorten lassen und einen biografischen Sinn ergeben. Im Kontext eines Lebens muss er funktional relevant sein – also auch „funktionieren“.

Glaube muss zudem alltagspraktisch erlebbar sein und seine heilsamen (!) Folgen für die Bewältigung des täglichen Lebens aufweisen – seit einiger Zeit heißt dies so schön „theologische bzw. geistliche Hermeneutik des

Alltagslebens". Heilsame Folgen bedingen allerdings nicht die Reduktion Gottes auf einen theologisch gereinigten „Wellness- und Wohlfühl-Gott" (siehe unten). Der ist längerfristig biografisch sowieso nicht sonderlich überzeugend, und Jugendliche reagieren sehr sensibel und abwehrend auf Anbiederungsversuche – und seien sie auch noch so himmlisch aufgeladen.

3.3 Die ideologische Dimension und der Einstieg in die Nachfolge

In dieser Dimension geht es darum, dass Menschen den Gesamtzusammenhang einer Religion als ihr (religiöses) Lebensparadigma übernehmen und eine religiöse Identität entwickeln. Dies bedeutet nicht, allen Einzelaussagen eines Glaubens (der Dogmatik) bzw. der jeweiligen „Heiligen Schrift" zustimmen zu müssen, sondern dem Bekenntnis zu einem Glauben in seinem Kern – also von sich selbst sagen zu können: „Ich bin Christ/-in und glaube an den Gott, den die Bibel beschreibt."

In unserem Kontext ist genau dies nötig: Nicht eine Bastel-Religiosität aus verschiedenen, gerade zufällig biografisch passenden Elementen macht eine Identität als Christ/-in aus. Der Rekurs auf eine reine Funktionalität von Glauben genügt auch nicht – er würde Gott allzu sehr auf einen Bedürfnisbefriedigungsautomaten oder Wellnessanbieter (siehe unten) reduzieren. Mit dieser Dimension ist tatsächlich eine innere Lebenswende gemeint. Wir nannten sie früher „Bekehrung", also Umkehr der Lebensrichtung und den „Einstieg in die Nachfolge Jesu Christi", die zumindest nach biblischer Meinung alles andere als eine Reduktion auf geistliche Höhenerlebnisse (vgl. Mk 8,34-9,8) oder wie auch immer geartete Bedürfnisbefriedigungen und „Speisungen" (vgl. Mt 14,13-33) meint. Es geht vielmehr darum, dem Weg Jesu nachzuspüren und nachzufolgen. Gerade einer „Generation Y" sind wir es vielleicht schuldig, auch dies zu betonen: Eindeutigkeit und Bindung und Treue gehören zum Glauben und Leben als Christ/-in auch als Konzeptelemente dazu.

3.4 Die Differenz

Gegenwärtig brauchen wir einen Mix aus all diesen Formen der Kommunikation des Glaubens – wenn auch gewiss mit einer Schwerpunktsetzung auf performativen Ansätzen.

Bei allem aber kommt es darauf an, dass die veränderten Kommunikationsformen nicht zu einer substanziellen Veränderung der Gehalte des Glaubens führen. Die (ästhetische) Verpackung darf nicht den Inhalt dominieren. Gottes Wirklichkeit und die Schönheit des Glaubens dürfen nicht auf einen Wellness-Gott und einen Wohlfühl-Glauben reduziert werden. Alles in allem: Wir haben – bei aller Transformation des Glaubens in neue kulturelle Formen – keinen ermäßigten Glauben zu kommunizieren. Glaube ist nicht indifferent, sondern ihn macht gerade die Differenz zu gesellschaftlichen Mechanismen und zum kulturellen Mainstream aus – und das macht ihn sogar interessant! Gerade junge Menschen sind auf einen kritischen, authentischen und lebenspraktisch überzeugenden *Eigensinn von Glauben* ansprechbar.

4. Warum eigentlich glauben? Problemhorizonte und Spannungsfelder

Evangelistische und in diesem Sinne missionarische Verkündigung wirbt in der Regel mit Versprechungen und Verheißungen für den Glauben und ein Leben mit Gott. Glaube soll und muss seine positiven bzw. als positiv empfundenen, zumindest sinnvollen Wirkungen haben, sonst besitzt er wenig Attraktion.

Gerade in unseren – oft wenig sinnig als „postmodern“ apostrophierten – Zeiten wird diese Frage, zumindest in unseren kulturellen Breiten, drängender: Wo christlicher Glaube nicht mehr selbstverständliche gesellschaftlich-kulturelle Grundierung ist, den es missionarisch zu verstärken oder zu beleben oder zu reanimieren gilt, sondern wo wir es zunehmend mit praktischem A-Theismus und einer Selbstverständlichkeit von Glaubenslosigkeit und Gottvergessenheit zu tun haben, wird die Frage umso virulenter: Warum soll ich als Christ/-in leben?

Die Frage „Was habe ich davon? Was bringt mir das?“ ist vermutlich im Kern schon seit Anbeginn der Jesus-Bewegung und der christlichen Gemeinde (Kirche) eine für Menschen bedeutungsvolle gewesen; sie wird aber gerade in gegenwärtigen Jugendgenerationen mit ihrem Lebenspragmatismus (Shell 2010) und ihren auf Nützlichkeit zugeschnittenen Lebensdeutungskategorien zunehmend unverhohlen und explizit zu einer biografischen Leitkategorie von (Lebens-)Entscheidungen.

Für missionarische Verkündigung ergeben sich daraus eine Reihe von Problemkonstellationen bzw. Spannungsfeldern, die veränderten theologischen Paradigmen, veränderten Einstellungen und Gottesbildern auch im als „missionarisch“ akkreditierten Flügel von Kirche und christlicher Jugendarbeit sowie in kulturellen Mainstreams (dem „Zeitgeist“) geschuldet sind.

Ich nenne einige dieser Spannungen, ohne für alles eine Lösung zu wissen.

4.1 Der liebe Gott: Das ewige Heil und der Verlust der Hölle

Ein gerne gebrauchtes Grundparadigma missionarischer Versprechungen war das „ewige Heil". Es kam und kommt dabei nicht auf die mehr oder weniger eleganten Formulierungen an: Ob die „Errettung" als „endgültige Gnade Gottes" oder die „Rechtfertigung der Gottlosen" oder das „Leben in der Herrlichkeit Gottes" (der Himmel eben) beschrieben und versprochen wird – alle semantischen Differenzierungen und konnotativen Verschönerungen in den Formulierungen leben trotzdem auch von ihrem Gegensatz – der Hölle. Die Zuhörer/-innen werden letztlich in eine Entscheidungssituation geführt: Wer sich Gott zuwendet und sich bekehrt, wer ihm glaubt und vertraut, der wird nach dem Tod der „ewigen Seligkeit" teilhaftig; wer dies nicht tut, dem drohen ewige Konsequenzen (die Hölle eben).

Theologisch haben inzwischen auch weite Kreise missionarisch gesonnener Christ/-innen gelernt, dass die Vorstellung einer Allversöhnung (also das letztliche ewige Heil für alle Menschen dank Gottes allumfassender Gnade) kein Unding sein muss.

In modernen Weltbildern ist die Hölle nicht mehr vorgesehen – abgesehen von den unzähligen Höllen, die Menschen sich gegenseitig bereiten.

Und religionspsychologisch haben wir Gott sei Dank zumeist gelernt, dass das Gottesbild eines rachsüchtigen und strafenden Gottes genauso wie (evangelistische) Drohungen mit einem strafenden Gott nur krank machende Ängste erzeugen und Gottesvergiftungen (Moser, 1976) produzieren – aber keineswegs in eine heilsame Nähe zu Gott bringen und Gott liebenswert machen.

Dies alles entspricht auch meinen Überzeugungen.

Trotzdem sehe ich, dass damit evangelistischen Predigten ein guter Teil ihrer Anmutungen, Zumutungen und ihrer „Schärfe" genommen ist. Gott ist halt vornehmlich zum „lieben und gütigen Gott" geworden und gereinigt von all seinen unangenehmen und eben gefährlichen Seiten.

Es ist damit auf jeden Fall der Verlust einer jenseitigen, eschatologischen, ewigen Konsequenz gegenwärtig gelebten Lebens verbunden. Ob jemand glaubt oder nicht, Christ/-in wird oder nicht, ist jedenfalls in eschatologischer, also jenseitiger Heils-Perspektive damit ziemlich egal. Himmel oder Hölle hängen nicht mehr vom eigenen Glauben ab. Nicht-Glauben hat keine ewige Konsequenz – außer man argumentiert mit der vielleicht durchaus gar nicht so unsinnigen katholischen Lehre vom „Fegefeuer", die eine zeitlich begrenzte Höllenstrafe für diesseitige Verfehlungen/Sünden vorsieht und damit eine vertretbare Relationalität der diesseitigen eigenen Lebensführung mit den ewigen Konsequenzen in Rechnung stellt.

Die Spannung liegt auf der Hand. Missionstheologisch und vor allem in der praktischen Evangelisationstätigkeit ist diese Spannung keineswegs gelöst.

Die Frage „Warum soll ich eigentlich Christ/-in werden?" wird folglich derzeit faktisch-praktisch zumeist anders beantwortet:

4.2 Der Wellness-Gott: Religion als Wohlfühlfaktor und die Lebensrealität

Die Attraktion eines Lebens mit Gott und im Glauben wird darum sowohl explizit (informativ) als auch erlebnispraktisch (performativ) derzeit jugendmissionarisch eher mit seinen positiven Folgen für das Lebensgefühl begründet: Gott ist zum Garanten für ein Leben beispielsweise in Geborgenheit, Leistungsfreiheit, Angenommen-Sein, unbedingtem Geliebt-Sein usw. mutiert; in Gottes Augen bin ich halt „schön", „wertvoll", „einzigartig" und anderes Tolles, was den Lebenssehnsüchten junger Menschen entspricht. Christlich-religiöse Veranstaltungen gerieren sich – durchaus auch in missionarischer Absicht – als Wohlfühl-Veranstaltungen, in denen genau diese Lebenssehnsüchte bearbeitet und punktuell erfüllt werden und in deren Erlebniswelten die dementsprechenden Lebensdefizite erfahrbar gemindert werden sollen.

Insbesondere in den Formen der charismatischen Bewegungen bzw. Gemeinden und ihrer Lobpreis- und Anbetungsderivate liegt der Akzent auf expressiven und intensiven (Freitag 2008), positiv erlebbaren Zugängen zu Gott und auf den Erfahrungen positiver „power" und Segens-Kraft für das eigene Leben.

Dies alles ist – reflektiert und schonsam praktiziert – durchaus gut, wenn es denn heilsame Folgen für jugendliches Leben hat. Kurzfristig erfolgreich ist es allemal.

Die Spannungen liegen allerdings auch hier auf der Hand:

Gotteserfahrung wird allzu leicht auf Wellnesserfahrung reduziert und der biblische Gott wird zumindest massiv vereinseitigt und vielleicht sogar unzulässig funktionalisiert.

Die Spannung zwischen der Alltagsrealität jugendlichen Lebens und den verinselten Zonen solch geistlicher Wellness-Erfahrung bleibt groß. Und es wird für ein gelingendes Leben mit Gott viel davon abhängen, ob jugendlicher Glaube nach kürzerer oder längerer Zeit einfach an Enttäuschungserfahrungen und der Nichtvermittelbarkeit von Alltagsrealität und religiösen Wohlfühlzonen zerbricht oder ob es in geistlichen, seelsorgerlichen Begleitungsprozessen gelingt, solche Wellnesserfahrungen des Glaubens produktiv in Alltagsrealitäten zu transformieren und dort ihre lebenstragende Kraft entfalten zu lassen.

4.3 Der Wohlstands-Gott: Der Gott des schönen Lebens und die Nachfolge

Verwandt mit dem Wellness-Gott ist der Wohlstands-Gott. Das missionarische Versprechen lautet: Wenn du glaubst, dann geht es dir gut. Unbestritten soll sein, dass Glaube seine positiven Auswirkungen auch auf physische Bereiche des Lebens (z. B. Gesundheit), soziale Beziehungen und in bestimmten Kontexten auch auf Lebensmuster (wie z. B. Karriere) haben kann. Unbestritten ist es aus meiner Sicht auch, dass es Kraftwirkungen des Geistes Gottes gibt, wie z. B. Heilungen oder sogar materielle Segnungen.

Das erste Problem dabei ist ein theologisches und geistlich-praktisches: Wunder und die Hilfe Gottes sind eben darum Wunder und etwas Besonderes, weil sie weder planbar und berechenbar sind und genauso wenig als Automatismus im Leben installiert werden können. Enttäuschungen sind bei falschen Versprechungen vorprogrammiert.

Die grundsätzliche Spannung aber liegt darin, dass das Konzept des schönen Lebens nicht unbedingt übereinstimmt mit dem Konzept der Nachfolge. Mission ist im Kern Ruf in die Nachfolge mit deren nicht unbedingt immer „schönen" Konsequenzen.

4.4 Der verinselte Gott: Religion in einer funktional ausdifferenzierten Gesellschaft und Gott als der Herr des ganzen Lebens

Dieses Transformationsproblem zwischen Religionsausübung und Alltagsrealität hat in modernen Zeiten einen soziologisch beschreibbaren Grund: Unsere Gesellschaft und Kultur ist im Gegensatz zu früheren Zeiten funktional ausdifferenziert.

Das Gegenmodell, eine sogenannte stratifikatorisch ausdifferenzierte Gesellschaft, ist als ein Dreieck beschreibbar: Es ist ein ganzes in sich geschlossenes System, an dessen Spitze Religion bzw. Kirche „thronen" und das ganze System dominieren bzw. beeinflussen und deren Regeln zumindest dem Anspruch nach für das Ganze gelten.

Die neuzeitlichen funktional ausdifferenzierten Gesellschaften bestehen hingegen aus verschiedenen Subsystemen, die zwar noch einen gewissen Zusammenhang bilden und partiell aneinander anschlussfähig sein können, aber zunächst jeweils eigene Logiken entwickelt haben und nach eigenen Gesetzmäßigkeiten operieren. Menschen leben gleichzeitig in verschiedenen solcher Systeme.

Sie müssen die Kompetenzen entwickeln, in diesen verschiedenen Subsystemen leben zu können und dort ihre jeweiligen Rollen zu finden und auszuüben – und schon im Laufe eines Tages permanent die Systeme wechseln zu können. Jugendliche z. B. sind gezwungen, in ihren Systemen wie Schule, Familie, Clique, Jugendgruppen etc. mit deren Normen und Konformitäten zu leben und jeweils ihre Rollen und Handlungsformen zu wechseln und zu finden.

Auch Religion (Kirche, Glauben, christliche Gruppe) bildet solch ein Subsystem unter vielen. Das bedeutet aber, dass ein/-e Jugendliche/-r, der/die sich als Christ/-in versteht, im Kontext von Kirche oder christlicher Gruppe eine christliche Rolle einnimmt und dort nach den Logiken und Normen des Glaubens lebt, in anderen Systemen wie Schule oder Fußballverein aber unter Umständen nach ganz anderen Regeln und Logiken handelt.

Zugespitzt heißt das: Jesus ist nicht mehr „der Herr des ganzen Lebens", wie es vor einigen Dekaden noch in vielen Themenabenden der christlichen Jugendarbeit hieß und wie es auch das evangelistische Bekehrungsziel war; vielmehr ist Jesus zunächst einmal nur „der Herr im Jugendgottesdienst oder am Lobpreisabend" oder auf der Teenie-Freizeit – in den anderen gelebten Subsystemen spielt er eine eher marginale Rolle. Jugendliche wechseln also – gerade weil sie dazu die notwendig hohe Kompetenz entwickeln müssen – ihren Aufmerksamkeitsfokus und ihr Regelsetting von Subsystem zu Subsystem.

Leben mit Gott, Gotteserfahrungen und Glauben spielen sich dann leicht auf einer Art Insel ab – neben vielen anderen Inseln mit anderen Erfahrungen, sogar mit Gegenerfahrungen zum Glauben: Gott wird verinselt.

Die Aufgabe aller (jugend-)missionarischen Bemühungen ist es darum, mit diesem Spannungsfeld zwischen den einzelnen Systemen so umzugehen, dass Anschlusslogiken zwischen den einzelnen Systemen hergestellt werden und dass die Räume von Gotteserfahrung und Glaubensplausibilität nicht auf die religiösen Inseln beschränkt bleiben. Alles hängt daran, dass Gottes Wirklichkeit und seine Relevanz auch für die anderen Systeme jugendlichen Lebens transparent und bedeutungsvoll werden und dass die Regeln und die Gerechtigkeit des Reiches Gottes übertragbar sind. Wir schulden Jugendlichen also eine „Hermeneutik des Alltagslebens" (s. o.).

Notabene: Dies ist mitnichten eine akademische Gedankenspielerei; denn die Frage: „Warum soll ich überhaupt glauben?" wird nachhaltig und auf Dauer nur glaubwürdig beantwortet, wenn Glaube mehr wird als nur eine punktuelle und biografisch begrenzte religiöse Erfahrung.

Eine Verheißung bleibt uns: Gott ist auch fehlerfreundlich und segnet bei allen Schwächen. Nichts wird unkritisierbar sein. Überall werden sich Brüche und Verwerfungen finden, die einer reinen theologischen Lehre nicht entsprechen oder auch schädliche Wirkungen haben. Schädliche Wirkungen müssen verhindert werden, besonders dort, wo sie sensible existenzielle Lebensbereiche betreffen. Trotzdem: Wo Leidenschaft und Engagement am Werke ist, bleiben Ungereimtheiten, Einseitigkeiten und auch Irrungen nicht aus – selbst in der Kirche nicht.

Der Göttinger Praktische Theologe Manfred Josuttis geißelte gerne den permanenten „Waschzwang" in der theologischen Theoriebildung und in der kirchlichen Praxis. Vielleicht ist davon auch missionstheologisch und evangelisationspraktisch zu lernen: Eine missionarische Praxis, die sich in jeder Hinsicht und gegen jeglichen Einwand – woher auch immer – absichern will und fehlerlos rein bleiben will, mag am Ende zwar „clean" sein, ist vermutlich aber eben auch höchst steril. Wir brauchen aber mehr Leidenschaft für das Evangelium.

Literatur

Bertelsmann Stiftung (2007): Religionsmonitor 2008. Gütersloh: Gütersloher Verlagshaus.

Bertelsmann Stiftung (2013): Religionsmonitor. Verstehen was verbindet. Religiosität und Zusammenhalt in Deutschland. Gütersloh: Verlag Bertelsmann Stiftung.

Bund, Kerstin (2014): Glück schlägt Geld. Generation Y: Was wir wirklich wollen. Hamburg: Murmann Verlag GmbH.

Corsa, Mike/Freitag, Michael (2008): Lebensräume – Lebensträume. Bericht über die Lage der jungen Generation und die evangelische Kinder- und Jugendarbeit. Hannover: edition aej.

Fauser, Katrin/Fischer, Arthur/Münchmeier, Richard (2006): Jugendliche als Akteure im Verband: Ergebnisse einer empirischen Untersuchung der Evangelischen Jugend. Opladen: Barbara Budrich.

Freitag, Michael (2008): Lebenserfahrung des Heiligen – Spiritualität. In: Corsa, Mike/Freitag, Michael (2008): Lebensräume – Lebensträume. Bericht über die Lage der jungen Generation und die evangelische Kinder- und Jugendarbeit. Hannover: edition aej. S. 168–182.

Glock, Charles Y (1969): Über die Dimensionen der Religiosität. In: Matthes, Joachim (Hrsg.) (1962): Kirche und Gesellschaft. Einführung in die Religionssoziologie II. Hamburg. S. 150–168. (engl. 1962).

Haus, Christoph/Wegener, Dagmar (2006): Jugendkultur, Jugendkirchen und Ortsgemeinde – ein Beitrag aus Freikirchlicher Sicht. In: Freitag, Michael/Scharnberg, Christian (Hrsg.) (2006): Innovation Jugendkirche. Konzepte und Know-how. Hannover; Kevelaer: Lutherisches Verlagshaus GmbH; Verlag Butzon & Bercker. S. 165–172.

Hurrelmann, Klaus/Albrecht, Erik (2014): Die heimlichen Revolutionäre. Wie die Generation Y unsere Welt verändert. Weinheim und Basel: Beltz Verlag.

Moser, Tilmann (1976): Gottesvergiftung. Frankfurt am Main: Suhrkamp Verlag.

Shell Deutschland Holding (Hrsg.) (2010): 16. Shell Jugendstudie. Jugend 2010. Eine pragmatische Generation behauptet sich. Frankfurt am Main: Fischer Taschenbuch Verlag.

MISSIONARISCHE KINDER- UND JUGENDARBEIT IM TAKT EINER BESCHLEUNIGTEN GESELLSCHAFT

Karin Wehmeyer

> *„Deshalb wurde Euch ein Jahr aus der Schulzeit gestrichen – aus dem Lernstoff aber strich man nur wenig. Ihr sollt auf dem Gymnasium in acht Jahren begreifen, wofür Eure Eltern noch neun Jahre Zeit hatten. Unseren Mangel an Zeit – wir haben ihn zu Eurem gemacht. Deshalb hast Du jetzt eine 40-Stunden-Woche voller Unterricht und Hausaufgaben. […] So kommt ein kleiner Raub an Freizeit und Freiheit zum anderen, jeder für sich kaum der Rede wert. Aber wenn man alle zusammenrechnet, in jeder Familie zwischen Nordsee und Alpen, kommt eine große Statistik der Überforderung dabei heraus: Ein Viertel aller Gymnasiastinnen klagt regelmäßig über Kopfweh, das hat die Krankenkasse DAK herausgefunden. Kinder sagen ihre Teilnahme an Geburtstagsfeiern ab. Sie treten aus Sportvereinen und Chören aus." (*Sußebach 2011*)*

Mit diesen eindringlichen Worten verdeutlicht der Zeit-Redakteur Sußebach in dem Artikel „Brief an Sophie" eine wesentliche Veränderung in der Lebenswelt Jugendlicher. Freie und unverplante Zeit, Zeit für Langeweile, Träumen und Spielen, aber auch Zeit für außerschulische Aktivitäten ist das, was jungen Menschen heute fehlt, so der Autor.

Die Bedingungen und Strukturen des Aufwachsens Kinder und Jugendlicher haben sich durch aktuelle gesellschaftliche Transformationsprozesse teilweise erheblich verändert. Hierunter fällt unter anderem eine deutliche Beschleunigung und Verdichtung der Lebenswelt Jugendlicher, die mit einer starken Zeitregulierung des Alltags einhergeht (vgl. BMFSFJ 2011: 1). Mit anderen Worten – Kinder und Jugendliche haben weniger Zeit zur freien Verfügung.

Wenn sich die frei gestaltbaren zeitlichen Ressourcen Jugendlicher reduzieren, hat dies auch Auswirkungen auf das Freizeitverhalten und damit einhergehend auf das ehrenamtliche Engagement Jugendlicher in der außerschulischen Kinder- und Jugendarbeit. Dieser Wandel der Lebensphase Jugend schafft Chancen, aber auch Herausforderungen, denen sich neben anderen Erziehungs- und Sozialisationsinstanzen auch die Jugendverbände und Vereine stellen müssen. Denn Kinder- und Jugendarbeit ist ohne Jugendliche, die sich engagieren, nicht denkbar. Für die missionarische Kinder- und Jugendarbeit stellen sich die Fragen: Bleibt im Leben Jugendlicher noch ausreichend Zeit für die Teilnahme und das ehrenamtliche Engagement in der Kinder- und Jugendarbeit? Wie können die Jugendverbände mit den Herausforderungen umgehen, die sich durch eine Verdichtung der Lebenswelt Jugendlicher ergeben?

Der Artikel „Missionarische Kinder- und Jugendarbeit im Takt einer beschleunigten Gesellschaft“ widmet sich zunächst ausgewählter, die zeitliche Verdichtung und Beschleunigung betreffender, gesellschaftlicher Transformationsprozesse, die zu einem Wandel der Lebensphase Jugend führen. Im zweiten Teil werden empirische Befunde vor allem aus der Studie „Keine Zeit für Jugendarbeit“ diskutiert, die Hinweise darauf geben, vor welchen Herausforderungen die missionarische Jugendverbandsarbeit aktuell steht, wie verschiedene Reaktionsweisen der Jugendverbände aussehen und wie die Jugendverbände hierauf reagieren. Im Abschluss werden einige Handlungsempfehlungen aus den Ergebnissen gezogen.

1. Eine Jugend zwischen Beschleunigung und Verdichtung

In den letzten Jahren haben sich die Bedingungen und Strukturen des Aufwachsens und damit die Anforderungen an junge Menschen durch gesellschaftliche Transformationsprozesse zum Teil erheblich verändert. Durch eine in Deutschland stattfindende Bildungsexpansion und eine damit einhergehende zeitliche Expansion der Bildungsaktivitäten hat sich die Lebensphase Jugend in den letzten Jahrzehnten zunächst biografisch deutlich ausgeweitet. Derzeit sind, bedingt durch einen erneuten Wandel des Bildungssystems und gesellschaftliche Beschleunigungsprozesse (Rosa 2005), deutliche Tendenzen der Verkürzung und Verdichtung der Jugendphase zu beobachten. Durch die Vorverlegung des Einschulalters, die Reduzierung der Schulzeit an Gymnasien bis zum Abitur (G8) ohne eine Verringerung der Lerninhalte und die deutschlandweite Einführung der dreijährigen Bachelorstudiengänge kommt es zu einer *zeitlichen Verdichtung* der Lebensphase Jugend (vgl. BMFSFJ 2013: 42). Die Bildungslaufbahn junger Menschen endet lebensgeschichtlich früher. Plötzlich ist, um das plastische Beispiel des 14. Kinder- und Jugendberichts zu bemühen, ein Lebenslauf denkbar, „bei dem ein Kind im Alter von fünf Jahren eingeschult wird, im Alter von 17 Jahren Abitur macht und als Zwanzigjähriger mit Bachelor-Abschluss in eine Berufstätigkeit einsteigt, für die eine akademische Qualifikation vorgesehen ist“ (BMFSFJ 2013: 47).

Diese Verdichtung und Beschleunigung der Bildungsbiografie junger Menschen geht mit einer deutlichen Zeitregulierung des Alltags Jugendlicher einher. Kinder und Jugendliche haben immer weniger frei verfügbare und unverplante Zeit. Infolgedessen nehmen sie Zeit als knappes Gut wahr, mit dem ökonomisch umgegangen werden muss. Dies trifft jedoch nicht auf die gesamte Gruppe junger Menschen zu. Heranwachsende, die einen niedrigeren Bildungsabschluss anstreben, internalisieren hingegen, dass sie „Zeit im Überfluss" haben, die es „totzuschlagen" gilt (vgl. BMFSFJ 2013: 47).

Unabhängig von Lebens- und Lernmilieus gilt für alle Jugendlichen, dass sie viel mehr als noch vor einigen Jahren mit den Bewältigungsaufgaben und den Ernstproblemen des Erwachsenenalters konfrontiert sind. Mit dem Diskurs der Verdichtung der Jugend muss der Begriff der Jugendphase als Moratorium, „eine gesellschaftliche Auszeit mit der Möglichkeit der vorübergehenden Abgrenzung zur Gesellschaft der Erwachsenen" (Hurrelmann 2010: 43; Reinders 2006) hinterfragt und neue Bewältigungskonstellationen in Bezug auf die Entwicklungsaufgaben dieser Lebensphase in den Blick genommen werden (Böhnisch/Schröer 2008: 49). Die Lebensphase Jugend verliert immer mehr den Charakter eines Schonraums. Jugendliche orientieren sich – häufig durch äußeren Druck als durch persönliche Entscheidung – mehr an zukunfts- als an verbleibsorientierten Bezugssystemen (Münchmeier 2010). Dadurch verläuft der Übergang in das Erwachsenenalter für viele Jugendliche weniger im Sinne eines Moratoriums und eher als „Transition", also einem schnellen Übergang in das Erwachsenenleben, oder wie Hurrelmann es formuliert: „Die Deutung der Lebensphase Jugend richtet sich an dem Ziel aus, sie möglichst schnell wieder zu verlassen" (Hurrelmann 2010: 42).

Diese *Verdichtung der Jugendphase* (Klemm 2008; Lüders 2007; Picot 2011) drückt sich jedoch nicht nur in einer *zeitlichen Verdichtung* aus, neben der Verkürzung der Bildungszeit führen ansteigende Konsum- und Leistungserwartung gleichzeitig zu einer inhaltlichen Verdichtung (Lüders 2007: 4 ff.). Durch die in unserer Gesellschaft erwartete Flexibilisierung und „Beschleunigung des sozialen und technischen Wandels" (Rosa 2005: 133) erweitern sich die Entwicklungsaufgaben und Bildungserwartungen im Kindes- und Jugendalter (Lüders 2007).

Die Übergänge zwischen Kindheit und Jugend, vor allem aber zwischen Jugend und Erwachsenenalter werden immer diffuser, unstrukturierter und unsicherer. Insbesondere durch die Krise im Erwerbsarbeitsbereich werden gesellschaftliche Bedingungen und Verlaufsmuster destabilisiert (vgl. Münchmeier 1998: 104 ff.). Auch führen neue gesellschaftliche Anforderungen nach flexiblen und individuellen Lebensgestaltungen zu weiteren Verunsicherungen. Diese Entstrukturierung der Lebensphase Jugend führt zum einen dazu, dass die Statusübergänge individueller und folgenreicher werden. Der schulische Druck für Schülerinnen und Schüler aller Schulformen ist unter anderem auch dadurch gestiegen, dass der Übergang zwischen Schule und Beruf – zumindest gefühlt – schwieriger gestaltet ist. Die Angst, die erhofften Abschlüsse nicht zu erreichen oder sich für den falschen Berufsweg zu entscheiden, führt zu einer weiteren Erhöhung des äußeren wie auch inneren Leistungsdrucks.

> „Weniger als unsere Eltern und Großeltern können wir heute darauf bauen, dass unsere Leben in den einmal begonnenen Bahnen weitergehen wird, nicht beruflich, nicht familiär und nicht finanziell. Die Zukunft der Gesellschaft und der Individuen erscheint mehr denn je unbestimmbar, und Unsicherheit wird stärker bewusst und lebensbeherrschend. Zugleich wächst das Spektrum und die Menge der Optionen" (Zeiher 2008: 32).

Diese gesellschaftlichen Transformationsprozesse sowie die zeitliche und inhaltliche Verdichtung führen zu Veränderungen jugendlicher Werteeinstellungen. Sekundärtugenden wie Sicherheit und Ordnung, aber auch Leistung und Ehrgeiz haben an Bedeutung gewonnen. Ressourcensicherung steht im Vordergrund, Selbstbestimmungswerte werden eher zurückgestellt (Albert/Hurrelmann/Quenzel 2010). In einer Gesellschaft mit hohen Leistungsanforderungen, vielen Wahlmöglichkeiten und -zwängen und den damit einhergehenden Gefühlen der Unsicherheit ist diese Transformation der Einstellungen junger Menschen kaum verwunderlich. Dennoch schließen sich Leistungsorientierung und Lebensgenuss nicht aus. So zeigt die Shell Jugendstudie 2010, dass 78 % der befragten Jugendlichen wichtig ist, „das Leben in vollen Zügen zu genießen" (Albert/Hurrelmann/Quenzel 2010: 197). Eine Kombination aus pragmatischen Einstellungen und hedonistischen Werten macht immer noch einen Teil des Charakters der gegenwärtigen Lebensphase Jugend aus.

Eine weitere deutliche Veränderung im Aufwachsen von Kindern und Jugendlichen in den letzten Jahrzehnten ist der Ausbau des institutionellen Gefüges, vor allem des öffentlichen Bildungs-, Betreuungs- und Erziehungswesens. Dieser Wandel führt zu einer Institutionalisierung von Kindheit und Jugend und zu einem fast „lückenlosen Aufwachsen in institutionellen Settings" (BMFSFJ 2013: 56 ff.). Neben die Familie tritt ein öffentlicher Akteur, der das Aufwachsen standardisiert. Dies soll eine geregelte, pädagogische Betreuung und eine optimale altersgerechte Entwicklung ermöglichen, führt aber auch, trotz aller Pluralisierung, zu normierten, öffentlich beobachteten und beeinflussten Prozessen des Aufwachens (vgl. BMFSFJ 2013: 56 ff.). Diese *Institutionalisierung* der Lebenswelt Jugendlicher hat neben der Beschleunigung und Verdichtung der Lebensphase deutliche Auswirkungen auf den Alltag und damit auch auf die Freizeit Jugendlicher. Die frei gestaltbare, autonome Zeit Jugendlicher wird zusehends eingeschränkt, normiert und schulisch institutionalisiert. „Die disponible Zeit von Kindern und Jugendlichen außerhalb und abseits von Schule" (BMFSFJ 2013: 42) ist deutlich eingeschränkt, die beschriebenen Transformationsprozesse in der Bildungsbiografie junger Menschen gehen mit einer starken Zeitregulierung des Alltags einher (vgl. BMFSFJ 2013: 42).

Wenn sich die frei gestaltbaren zeitlichen Ressourcen Jugendlicher reduzieren, hat dies auch Auswirkungen auf das Freizeitverhalten und damit einhergehend auf das ehrenamtliche Engagement Jugendlicher in der außerschulischen Kinder- und Jugendarbeit. Die Kinder- und Jugendarbeit kann für viele junge Menschen eine zusätzliche Lebenswelt neben Schule und Familie sein, Gelegenheit zum informellen Lernen bieten und zu freiwilligem Engagement anregen (Düx et al. 2008; Rauschenbach/Düx/Sass 2003). Kinder- und Jugendarbeit ist allerdings eine von vielen Freizeitmöglichkeiten, sie ist freiwillig und in ihrer zeitlichen Ausdehnung frei wählbar. Diese Merkmale führen dazu, dass junge Menschen in Phasen zeitlicher Einschränkung unter Umständen ihre Teilnahme und ihr Engagement einschränken oder aufgeben. Es ist daher davon auszugehen, dass die zeitlichen Transformationsprozesse im Leben Jugendlicher die Kinder- und Jugendarbeit vor neue Herausforderungen stellen (BMFSFJ 2013).

Ausgehend von diesen Überlegungen ist zu klären, inwieweit diese Veränderungsprozesse Auswirkungen auf die Jugendorganisationen in der Bundesrepublik bzw. im speziellen auf die missionarische Jugendarbeit haben, da für die Verbandsarbeit das Hineinwachsen Jugendlicher in die Organisationen und das freiwillige, gesellschaftliche Engagement von existenzieller Bedeutung ist. Für die verbandliche Kinder- und Jugendarbeit stellen sich die Fragen: Bleibt im Leben Jugendlicher noch ausreichend Zeit für die Teilnahme und das ehrenamtliche Engagement in der Kinder- und Jugendarbeit? Gibt es davon ausgehend Veränderungen in den Strukturen der Organisationen? Und haben die Jugendverbände bereits Ansätze und Ideen entwickelt, um auf veränderte zeitliche Rahmenbedingungen bzw. verändertes Freizeitverhalten von Jugendlichen einzugehen?

Für die Jugendverbände sind diese Fragen von zentraler Bedeutung, denn freiwilliges, ehrenamtliches Engagement und Selbstorganisation gehören zu den bedeutendsten Grundbedingungen der Jugendarbeit (vgl. §11, SGB VIII). Ohne Jugendliche, die sich in der Jugendarbeit engagieren, ist diese nicht denkbar. Jugendorganisationen sind „nicht Organisationen für Kinder und Jugendliche, sondern Kinder und Jugendliche selbst bilden die Organisationen und die Struktur“ (DBJR 2010: 2). Laut dem Freiwilligensurvey des Bundesministeriums für Familie, Senioren, Frauen und Jugend 2009[1]

[1] Der Freiwilligensurvey ist eine Umfrage zum Ehrenamt, zur Freiwilligenarbeit und zum bürgerschaftlichen Engagement in Deutschland. Bisher sind Ergebnisse aus drei Erhebungswellen veröffentlicht (1999, 2004, 2009). Die Ergebnisse der aktuellen Erhebung aus dem Jahr 2014 werden Ende 2015 veröffentlicht. Im Weiteren werden Ergebnisse aus dem dritten Freiwilligensurvey (2009) rezipiert.

sind 36 % der Jugendlichen zwischen 14 und 19 Jahren und 34 % der jungen Erwachsenen ehrenamtlich aktiv. Das Engagement in beiden Gruppen weist seit 1999 einen leichten Rückgang auf (Engagement 1999: 38 % Jugendliche, 36 % junge Erwachsene) (vgl. Picot 2011: 7). Auffällig ist dieser Rückgang vor allem mit Blick auf die weiteren Altersgruppen, denn hier ist eine leichte Zunahme des Engagements zu verzeichnen. In der Erhebung wird außerdem ein Zusammenhang zwischen bildungspolitischen Entwicklungen und dem Rückgang des Engagements Jugendlicher und junger Erwachsener deutlich. So engagieren sich G8-Schülerinnen und -Schüler in einem geringeren Ausmaß als Schülerinnen und Schüler mit angestrebten G9-Abitur. Besonders deutlich werden die Veränderungen des Engagements vor allem von Jugendlichen zwischen 14 und 19 Jahren im Hinblick auf den Zeitaufwand für die Tätigkeit. 1999 engagierten sich noch 36 % der aktiven Jugendlichen 6 Stunden und mehr die Woche, 2009 sind es nur noch 21 %. Des Weiteren zeigen die Befunde des Freiwilligensurvey, dass Zeitmangel der am häufigsten genannte Grund ist, ein Engagement zu beenden. Die Autoren/-innen der Studie weisen darauf hin, das Zeitknappheit zusammen mit regionaler Mobilität „als zentrale Problemkategorie des Engagements und der Zivilgesellschaft festgehalten werden kann"(BMFSFJ 2009: 145).

Die Vermutung liegt nahe, dass diese Veränderungen des Engagements Jugendlicher und die zeitliche Verdichtung ihrer Lebenswelt Auswirkungen auf die Arbeit in den Jugendverbänden haben.

Um noch einen etwas genaueren und auch aktuelleren Blick auf Veränderungen im ehrenamtlichen Engagement Jugendlicher und junger Erwachsener, und den damit verbundenen strukturellen Transformationsprozessen in der Jugendverbandsarbeit, insbesondere der kirchlichen Jugendarbeit, zu werfen, werden im Folgenden die Ergebnisse der Studien „Keine Zeit für Jugendarbeit?!"[2] verwendet.

---

[2] Die Studie „Keine Zeit für Jugendarbeit?!" wurde zwischen 2011 und 2013 vom Forschungsverbund Deutsches Jugendinstitut/Technische Universität Dortmund unter finanzieller Unterstützung der Stiftung Deutsche Jugendmarke durchgeführt. Die Daten wurden anhand eines Online-Fragebogens an ehrenamtliche und hauptberufliche Mitarbeitende aus Jugendverbänden auf lokaler Ebene im Frühjahr 2012 in zehn Bundesländern erhoben. Insgesamt nahmen 3.071 ehrenamtliche, 518 hauptberufliche und 146 nebenberufliche Mitarbeitende der Jugendverbandsarbeit an der Umfrage teil. Es wurden Jugendverbände aus dem gesamten Spektrum der Jugendverbandsarbeit – von konfessionellen über kulturellen bis hin zu politischen Verbänden u. a. – befragt. Ergänzend zu der quantitativen Erhebung wurden Experten- und Gruppeninterviews durchgeführt.
Weitere Informationen zu den Methoden der Studie und die gesamten Ergebnisse: Lange, Mirja; Wehmeyer, Karin: „Jugendarbeit im Takt einer beschleunigten Gesellschaft." Beltz Juventa 2014.

2. Ein beschleunigtes Jugendalter als Herausforderung für die kirchliche[3] Kinder- und Jugendarbeit

Die kirchliche oder auch konfessionelle Kinder- und Jugendarbeit trägt einen wesentlichen Teil der Jugendverbandsarbeit in Deutschland (Kaiser et al. 2013). Dies wird in verschiedenen Jugendverbandsbefragungen, in denen die religiös-kirchlichen Verbände am stärksten vertreten sind, deutlich. So fallen etwa in der DJI[4] Jugendverbandsbefragung gut ein Viertel (26 %) der beteiligten Verbände in die Kategorie religiöser bzw. konfessioneller Organisationen (Seckinger u. a. 2009). Die kirchliche oder auch konfessionelle Kinder- und Jugendarbeit ist eine eigenständige und weitverzweigte Angebotsstruktur für diverse Formen von selbstbestimmtem Engagement Kinder und Jugendlicher. Kennzeichen dieses Arbeitsbereiches sind Freiwilligkeit, informelle Bildungsmöglichkeiten, Gemeinschaft und Engagement. Neben dem Interesse, Kinder und Jugendliche zu mündigen und selbstbestimmten Mitgliedern dieser Gesellschaft herauszubilden, hat die kirchliche Kinder- und Jugendarbeit das Ziel, Kinder und Jugendliche an den christlichen Glauben heranzuführen (Corsa u. a. 2013).

Auch in der Studie „Keine Zeit für Jugendarbeit“ geben 40 % der Befragten an, in einer kirchlich-religiösen Organisation tätig zu sein. Bei genauer Betrachtung wurde deutlich, dass hierunter vor allem Jugendverbände der katholischen, evangelischen und christlich-ökumenischen Jugendarbeit fallen. Aufgrund der hohen Anzahl der Befragten innerhalb dieser Kategorie ist eine Sonderauswertung der Studie für die kirchliche Jugendarbeit möglich.[5] Im Folgenden werden die wichtigsten Ergebnisse der Studie „Keine Zeit für Jugendarbeit?!“ unter folgenden Gesichtspunkten betrachtet:

- Veränderung von Teilnahme und Engagement durch die zeitliche Verdichtung der Jugendphase
- Veränderungen in der Verbandsstruktur durch die zeitliche Verdichtung
- Reaktionsweisen der Verbände auf ein beschleunigtes Jugendalter

Um deutlich zu machen, inwieweit die kirchliche Kinder- und Jugendarbeit von diesen Veränderungen und Herausforderungen betroffen ist,

[3] In den folgenden Kapiteln wird die Studie „Keine Zeit für Jugendarbeit?!“ rezipiert. In dieser Studie wurde ausschließlich von kirchlicher Kinder- und Jugendarbeit gesprochen. Aus diesem Grund wird im Folgenden nicht von missionarischer Kinder- und Jugendarbeit, sondern von kirchlicher Kinder- und Jugendarbeit gesprochen. Diese Formulierung schließt die missionarische Kinder- und Jugendarbeit mit ein.

[4] Deutsches Jugendinstitut

[5] Soweit nicht anders gekennzeichnet, beziehen sich die Daten zur kirchlichen Jugendverbandsarbeit auf diese Sonderauswertung.

werden einige Ergebnisse, vor allem wenn diese von der Gesamtstichprobe abweichen, gesondert für die kirchliche Jugendverbandsarbeit dargestellt.

2.1 Hauptberuflich, ehrenamtlich, teilnehmend in der kirchlichen Kinder- und Jugendarbeit

An der Studie „Keine Zeit für Jugendarbeit?!" haben insgesamt 1.552 Befragte aus „Religiös-Kirchlichen Organisationen" teilgenommen, davon sind 78 % ehrenamtlich und 19 % hauptberuflich im Verband aktiv[6]. Die kirchlichen Jugendverbände zeichnen sich innerhalb der Studie durch ein paar Besonderheiten im Vergleich zur Gesamtstichprobe aus. So beschäftigen überdurchschnittlich viele der befragten Verbände hauptberufliches Personal. Nur 27 % der Befragten gaben an, dass ihr Jugendverband rein ehrenamtliche organisiert ist.[7] Des Weiteren sind in den kirchlichen Jugendverbänden im Schnitt 25 ehrenamtliche Mitarbeitende aktiv, der Gesamtdurchschnitt liegt bei 20 ehrenamtlichen Mitarbeitenden. Diese vergleichsweise hohe Anzahl Ehrenamtlicher hat mit der hohen Anzahl hauptberuflicher Mitarbeitender zu tun. In Verbänden, die hauptberuflich unterstützt werden, sind im Durchschnitt mehr ehrenamtliche Mitarbeitende aktiv als in rein ehrenamtlich organisierten Verbänden. Bei näherer Betrachtung der Ehrenamtsstruktur in den kirchlichen Jugendverbänden zeigt sich, dass der Großteil der aktiven freiwilligen Mitarbeiterinnen und Mitarbeiter Jugendliche und junge Erwachsene bis 21 Jahre (72 %) mit einem hohen angestrebten Schulabschluss sind. So geben 83 % der Befragten an, dass nach ihrer Einschätzung die Hälfte und mehr der ehrenamtlich Mitarbeitenden einen hohen Schulabschluss haben bzw. anstreben. In den Ehrenamtsstrukturen zeigt sich ein deutlicher Unterschied z. B. zu den Hilfsorganisationen und zu Verbänden der Kategorie Sport. In diesen Verbänden sind häufig erwachsene Ehrenamtliche über 21 Jahre tätig. Des Weiteren geben 64 % der Hilfsorganisationen an, dass weniger als die Hälfte der ehrenamtlich Aktiven einen höheren Bildungsabschluss anstreben bzw. besitzen (vgl. Lange/Wehmeyer 2014: 94 ff.).

Da einige Prozesse, die zu einer Beschleunigung der Lebensphase Jugend auf Verkürzungen im Bildungsbereich (Umstellung des Gymnasiums von G9 auf G8, Einführung der Bachelor- und Masterstudiengänge) zurückzuführen sind, ist mit Hinblick auf die Ehrenamtsstruktur der kirchlichen Verbände (junge Menschen mit hohem Bildungshintergrund) besonders

[6] die weiteren 3 % sind nebenberuflich oder als Honorarkraft tätig

[7] zum Vergleich: in der Gesamtstichprobe sind 44 % der Verbände ehrenamtlich organisiert

interessant, ob diese Transformationsprozesse Auswirkungen auf das Engagement und die Teilnahme der Jugendlichen in der kirchlichen Jugendverbandsarbeit haben und ob Unterschiede zu Verbänden mit anderen Ehrenamtsstrukturen bestehen.

2.2 Veränderung von Teilnahme und Engagement durch die zeitliche Verdichtung der Jugendphase[8]

Die zeitlichen Ressourcen, die Jugendliche in die Jugendverbandsarbeit investieren können, haben sich deutlich reduziert – so nimmt es zumindest der größte Teil der hauptberuflichen und ehrenamtlichen Mitarbeitenden, die in der Jugendverbandsarbeit tätig sind, wahr. 73 % der Befragten geben an, dass Jugendliche nicht genug Zeit haben, sich zu engagieren, und auch für die Teilnahme an Aktivitäten, vom Zeitaufwand häufig geringer als das Engagement, haben Jugendliche laut knapp drei Viertel der Befragten nicht genug Zeit. Ein noch deutlicheres Bild zeigen die Aussagen der Mitarbeitenden der kirchlichen Verbände, immerhin 77 % bzw. 80 % der Befragten geben an, dass Jugendliche zu wenig Zeit haben, sich zu engagieren bzw. an Aktivitäten teilzunehmen. Die zeitlichen Ressourcen für Engagement und Teilnahme scheinen des Weiteren einer Veränderung ausgesetzt zu sein. So geben knapp vier Fünftel der Befragten der Gesamtstichprobe mit Blick auf die letzten fünf Jahre an, dass sich der zeitliche Umfang des Engagements verringert hat,[9] Ähnliches gilt für die Teilnahme an Verbandsaktivitäten (vgl. Lange/Wehmeyer 2014: 109).

Es kommt aus Sicht der gesamten Verbände jedoch nicht nur zu einer zeitlichen Verringerung des Umfangs des Engagements, auch sinkt das Ausstiegsalter der ehrenamtlichen Mitarbeitenden. 77 % der Befragten, die länger als fünf Jahre im Verband aktiv sind, geben an, dass Jugendliche ihr Engagement früher beenden. Sogar 81 % der Befragten aus kirchlichen Verbänden nehmen diesen früheren Ausstieg wahr. Diese Entwicklung scheint mit dem Wandel im Schulsystem zusammenzuhängen, so die Wahrnehmung eines Mitarbeiters der evangelischen Jugend: „Wir haben zunehmend Mitarbeiterinnen und Mitarbeiter, die sich ziemlich jung, also mit 14 Jahren, engagieren wollten. Und dann, wenn es kurz vor das Abi geht, wird es meistens ein bisschen dünner. […] Ganz traditionell waren Schulungen eigentlich immer mit 16 Jahren. Aber da sind wir schon lange

[8] Im Folgenden werden auch Daten, die sich auf die Gesamtstichprobe der Untersuchung beziehen, vorgestellt. Wenn es sich ausschließlich um Ergebnisse der Sonderauswertung (also die Angeben der kirchlichen Jugendverbände) handelt, wird dies deutlich gemacht, indem von „kirchlichen (Jugend-)Verbänden“ gesprochen wird.

[9] Item: Jugendliche engagieren sich in einem geringeren zeitlichen Umfang.

davon abgekommen, weil das Engagement früher beginnt und auch das Bedürfnis nach Ausbildung, nach Qualifizierung ist relativ früh da" (Lange/ Wehmeyer 2013, unveröffentlicht).

Trotz der Abnahme der zeitlichen Ressourcen sind gut zwei Drittel der Befragten der Meinung, dass Jugendliche bereit sind, verantwortliche Aufgaben zu übernehmen. Auch was das langfristige, kontinuierliche und verbindliche Verbandsengagement angeht, zeichnen die Befragten mit Blick auf alle Altersgruppen ein relativ positives Bild. So stimmen zwei Drittel der Befragten den Aussagen zu, Ehrenamtliche engagieren sich langfristig, verbindlich und kontinuierlich. Die Befragten aus kirchlichen Verbänden stimmen diesen Aussagen sogar mit gut 70 % zu. Dennoch zeigt sich eine klare negative Tendenz, so geben die Hälfte und mehr der Befragten aus kirchlichen Verbänden an, dass die Bereitschaft zu langfristigem, kontinuierlichem und verbindlichem Engagement dennoch abnimmt (vgl. Lange/ Wehmeyer 2014: 113 f.).

Die Angaben der ehrenamtlichen Mitarbeitenden, die in den Verbänden Gruppen, Projekte oder Angebote leiten, unterscheiden sich hingegen auf den ersten Blick von der Sicht der Verbände. So sind die befragten Ehrenamtlichen im Schnitt knapp sieben Stunden die Woche im Verband aktiv (vgl. Lange/Wehmeyer 2014: 115). Das ist im Vergleich mit anderen Studien ein relativ hoher Zeitaufwand für freiwilliges Engagement. Im Freiwilligensurvey beispielsweise sind 68 % der Befragten nur bis zu 5 Stunden aktiv (vgl. Picot 2011: 9).

In der Studie „Keine Zeit für Jugendarbeit?!" zeigt sich, dass der zeitliche Umfang des Engagements im Zusammenhang mit dem Alter steht. So engagieren sich Jugendliche bis 17 Jahre im Schnitt 5,2 Stunden, junge Erwachsenen bis 21 Jahre 6,2 Stunden. Ab dem 30. Lebensjahr steigt der zeitliche Umfang auf über 8 Stunden die Woche. Vor allem, wenn der oder die Ehrenamtliche im Vorstand tätig ist, investiert diese bzw. dieser Mitarbeitende relativ viel Zeit (im Schnitt 9 Stunden) in die Verbandstätigkeit.

Der Blick auf den zeitlichen Umfang der ehrenamtlichen Mitarbeitenden in der kirchlichen Jugendverbandsarbeit zeigt, dass diese mit 6,25 Stunden die Woche leicht unter dem Gesamtdurchschnitt liegen. Dieser Unterschied lässt sich jedoch mit dem relativ geringen Alter der Ehrenamtlichen in den kirchlichen Jugendverbänden erklären.

Trotz der hohen zeitlichen Ressourcen, die die ehrenamtlichen Mitarbeitenden in die Verbandsaktivitäten investieren, sind drei Viertel der Befragten der Meinung, dass sie die Verbandsaktivitäten gut mit anderen Lebensbereichen vereinbaren können. Dennoch haben knapp 45 % der Befragten laut eigener Aussagen nicht genug Zeit, die Aktivitäten im Verband ausreichend vor- und nachzubereiten, außerdem fühlt sich fast jeder Zweite der Befragten (46 %) von der Tätigkeit im Verband häufiger gestresst. Sind die Befragten mehr als fünf Stunden in der Woche für den Verband aktiv, steigt die Anzahl der „Gestressten“ auf 57 %. Außerdem zeigt sich ein Zusammenhang zwischen der Tätigkeit außerhalb des Verbandes und des Stresslevels, so fühlen sich die Studierenden durch die Verbandstätigkeit häufiger gestresst als Befragte aus anderen Gruppen (vgl. Lange/Wehmeyer 2014: 117 ff.).

Trotz der schon deutlich hohen zeitlichen Ressourcen, die in das Engagement investiert werden, würden gut die Hälfte (55%) der Befragten gerne noch mehr Zeit im Verband verbringen. Vor allem Schülerinnen und Schüler sowie Studierende äußern diesen Wunsch (vgl. Lange/Wehmeyer 2014: 117 ff.).

Die Ergebnisse der Studie „Keine Zeit für Jugendarbeit?!“ machen deutlich, dass die Jugendverbände eine deutliche Veränderung in der Teilnahme und dem Engagement Jugendlicher feststellen. Junge Menschen haben aus der Sicht der Mitarbeitenden in den Verbänden weniger zeitliche Ressourcen für Verbandsaktivitäten, egal ob teilnehmend oder ehrenamtlich engagiert, sie beenden das Engagement biografisch früher, außerdem ist ein Rückgang im langfristigen, kontinuierlichen und verbindlichen Engagement zu spüren. Die Befragten selbst engagieren sich im Schnitt mit 7 Stunden die Woche in einem relativ hohen zeitlichen Umfang. Auch wenn eine Vereinbarkeit der Aktivität mit anderen Lebensbereichen gegeben ist, fehlt Zeit für Vor- und Nachbereitung, des Weiteren fühlen sich einige Befragte von ihrer Tätigkeit im Verband gestresst.

Deutlich wurde auch, dass die Befragten aus kirchlichen Verbänden gerade die fehlenden zeitlichen Ressourcen Jugendlicher besonders problematisieren. Ein Zusammenhang kann mit der speziellen Ehrenamtsstruktur (vor allem junge Menschen mit einem hohen Bildungshintergrund) der kirchlichen Jugendverbände bestehen. Aus diesem Grund wird im Folgenden ein kurzer detaillierterer Blick auf die Auswirkungen der verdichteten Bildungsbiografie auf die (kirchliche) Jugendverbandsarbeit geworfen.

2.3 Auswirkung der verdichteten Bildungsbiografie auf die Jugendverbandsarbeit

Die verbandliche Kinder- und Jugendarbeit steht grundsätzlich vor der Herausforderung, sich neuen Rahmenbedingungen anzupassen und sich mit verändernden Lebenswelten, Bedürfnissen und Interessen Heranwachsender auseinanderzusetzen, die nicht zwangsläufig mit den verbandlichen Strukturen, Traditionen und Zielsetzungen übereinstimmen (vgl. Düx 2002: 2). Die aktuellen Herausforderungen sind mannigfaltig und ergeben sich zum einen aus den Entwicklungen und der Geschichte der Jugendverbandsarbeit selbst und zum anderen aus gesellschaftlichen Entwicklungen, die von außen an die Kinder- und Jugendarbeit herangetragen werden (vgl. Rauschenbach/Düx/Sass 2010: 37). Zu den gesellschaftlichen Entwicklungen zählen unter anderem die Transformationsprozesse im Bildungssystem, die zu verdichteten Bildungsbiografien führen können. Die Jugendverbände auf lokaler Ebene spüren sehr deutlich, dass diese Prozesse zu einem Wandel der Lebenswelt Jugendlicher führen und damit auch Auswirkung auf die Jugendverbandsarbeit haben. Entsprechend gehören aus der Sicht der Verbände die Umstellung der Gymnasien auf G8 und der Ausbau der Ganztagsschulen zu den Veränderungen, von denen sich die Befragten in großer Zahl (70 % bzw. 68 %) in ihrer Arbeit betroffen fühlen. Mitarbeitende aus kirchlichen Verbänden nehmen diese Veränderung noch deutlicher wahr, 80 % der Befragten gaben an, dass ihre Arbeit von der Umstellung der Gymnasien auf G8 betroffen ist. Jedoch ist nur knapp die Hälfte der Befragten der Meinung, dass sich die Umstellung der Studiengänge auf Bachelor- und Masterabschlüsse auf die Arbeit im Verband auswirkt. Dieses Ergebnis ist mit Blick auf die Aussagen der Studierenden zu dem persönlichen Engagement interessant, so fühlen sich besonders die Studierenden, die mehr als fünf Stunden die Woche im Jugendverband aktiv sind, von den Verbandsaktivitäten gestresst. Außerdem fällt es ihnen mit Blick auf die anderen Gruppen am schwersten, diese Aktivität mit anderen Lebensbereichen zu vereinbaren (vgl. Lange/Wehmeyer 2014: 131 f.).

Da jedoch ein großer Teil der ehrenamtlichen Mitarbeitenden und der Teilnehmenden in der kirchlichen Jugendverbandsarbeit Jugendliche bis 18 Jahre sind und damit häufig noch die Schule besuchen, ist es nicht verwunderlich, dass der Fokus der Mitarbeitenden auf den Veränderungen im Bildungssystem und hier vor allem auf der Umstellung der Gymnasien auf G8 liegen. Daher gilt es, zunächst einmal einen Blick auf die Schülerinnen und Schüler mit einem hohen angestrebten Bildungsabschluss zu werfen. 70 % der Mitarbeitenden der kirchlichen Jugendverbandsarbeit sind der Meinung, dass sich Schülerinnen und Schüler mit einem hohen angestrebten Bildungsabschluss in einem geringeren zeitlichen Umfang im Jugendverband engagieren und auch weniger Zeit haben, an Aktivitäten teilzunehmen. Des Weiteren sind 58 % der Befragten der Meinung, dass es für diese Gruppe schwierig ist, die Aktivitäten mit anderen Lebensbereichen zu vereinen. Die jugendlichen Ehrenamtlichen selbst geben an, dass eine Vereinbarkeit durchaus möglich ist, jedoch zeigt sich, dass die Schülerinnen und Schüler, die ihr Abitur nach neun Jahren absolvieren, mehr Zeit in der Woche mit Verbandsaktivitäten verbringen als G8-Schülerinnen und -Schüler (vgl. Lange/Wehmeyer 2014: 133 ff). Dennoch scheint es eine Diskrepanz zu geben zwischen den Wahrnehmungen der Jugendverbände und der Sicht der Jugendlichen selbst. Eine mögliche Erklärung hierfür kann sein, dass es bereits Veränderungen in den Verbandsstrukturen gibt, die eine

Vereinbarkeit der Aktivitäten mit anderen Lebensbereichen besser ermöglichen. Daher werden der Alltag im Jugendverband im Lichte veränderter Zeitstrukturen und die Veränderungen der Verbandsstrukturen im Folgenden näher beleuchtet.

2.4 Veränderungen in der Verbandsstruktur durch eine zeitliche Verdichtung

Während bisher vor allem das ehrenamtliche Engagement und die Teilnahme junger Menschen an Aktivitäten der Jugendverbandsarbeit unter dem Einfluss einer verdichteten Jugendphase empirisch nachgezeichnet wurden, soll im Folgenden skizziert werden, welche Auswirkung diese Veränderungsprozesse auf den Alltag und die Organisationsstrukturen der Verbände haben. Aus Sicht der Verbände haben sich der Bedarf und die Nachfrage hinsichtlich der Verbandsaktivitäten in den letzten Jahren verändert. Besonders deutlich wird dies mit Blick auf die Angebotsstruktur. So geben 38 % der Befragten an, dass der Bedarf an Angeboten mit projekthaftem Charakter gestiegen ist. Diese Wahrnehmung der Veränderung der Angebotsstruktur, weg von der klassischen regelmäßigen Gruppenarbeitsstruktur hin zu klar begrenzten projekthaften Angeboten, zeigt sich auch in den Aussagen eines hauptamtlichen Mitarbeiters der ev. Jugend: „Also da gibt es eine Verdichtung, die wir merken. Die führt dazu, dass überschaubares Engagement attraktiver ist. Also ich mache bei einem Projekt mit, bei dem ich genau weiß, das dauert meinetwegen eine Woche, oder das dauert vielleicht auch mal drei Monate. Aber dann ist es auch wieder vorbei und ich weiß, ich kann dann genau abschätzen, welcher Zeitraum es ist, und wie viel Zeit mich das Projekt kostet. Wir haben keinen Rückgang bei ehrenamtlicher Mitarbeit, aber die Formen haben sich geändert“ (Lange/Wehmeyer 2013, unveröffentlicht).

Des Weiteren sagt knapp ein Drittel der Befragten, dass der Bedarf an Angeboten an den Wochenenden und in den Abendstunden zugenommen hat. Gut 40 % sind jedoch der Meinung, dass der Bedarf in diesen beiden Punkten gleich geblieben ist. Diese Aussage hängt unter Umständen damit zusammen, dass der überwiegende Teil der Verbandsaktivitäten in den Abendstunden, vor allem aber am Wochenende stattfindet. Die Abbildung 1 veranschaulicht sehr deutlich, dass die Aktivitäten der Jugendverbände vorrangig am Wochenende (Freitagabend bis Sonntagabend) „geballt“ stattfinden. Vor allem der Samstagnachmittag scheint ein beliebter Zeitraum für Aktivitäten zu sein. In der Woche finden nur wenige Veranstaltungen statt, wenn, dann vor allem in den Abendstunden.

Deutlich wird diese Konzentration der Angebote auf zweieinhalb Tage in der Woche auch in den Experteninterviews: „Für die Jugendarbeit bedeutet das, dass mein Terminkalender am Abend und am Wochenende immer voller wird. D. h., wir haben nachmittags kaum noch Jugendgruppen und Kindergruppen, weil wir kaum noch ehrenamtliche Mitarbeiter/-innen finden, die hier die Verantwortung übernehmen wollen. Wenn eine freie Zeit besteht, dann am Wochenende" (m., hauptberuflich, Ev. Jugend) (Lange/Wehmeyer 2013, unveröffentlicht).

Abbildung 1: Durchgeführte Angebote des Verbandes innerhalb einer Woche nach Wochentagen

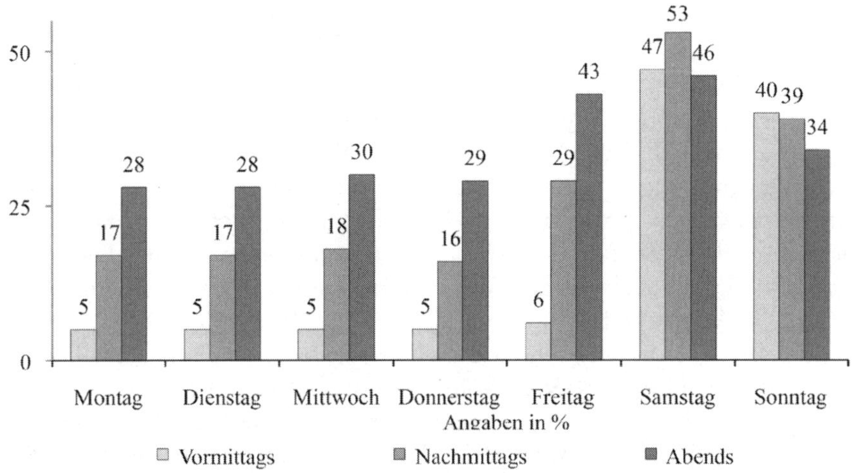

Quelle: eigene Darstellung nach Lange/Wehmeyer 2014: 154

Anhand dieser Ergebnisse wird eine Problematik der Jugendverbandsarbeit deutlich: wenn alle Aktivitäten der Jugendverbandsarbeit in einem relativ kurzen Zeitraum in der Woche stattfinden, ist es den jungen Menschen kaum möglich, an mehr als einem oder zwei Angeboten teilzunehmen oder sich ehrenamtlich zu engagieren. Auch ein Engagement in zwei Verbänden ist so kaum möglich. Gleichzeitig steht die Jugendverbandsarbeit an den Wochenenden und den Abendstunden in starker Konkurrenz mit anderen (kommerziellen) Angeboten und Freizeitaktivitäten. Des Weiteren arbeiten einige junge Menschen neben Schule oder Studium. So „jobben" nach Befunden der Shell Jugendstudie 2010 33 % der Jugendlichen zwischen 14 und 17 Jahren in ihrer Freizeit (Albert/Hurrelmann/Quenzel 2010). Auch schulische Aufgaben wie Referatsvorbereitungen, Hausaufgaben etc. müssen in dieser Zeit durchgeführt werden. Daher wird deutlich, dass zu der zeitlichen Verdichtung auch eine deutliche Konkurrenzsituation hinzukommt.

Aufgrund dieser Ergebnisse ist es nicht verwunderlich, dass aus Sicht der Befragten, Termine für Aktivitäten zu finden, ein besonderes Problem darstellt. Acht von zehn Befragten sind der Ansicht, dass die Terminfindung für Aktivitäten nicht einfach ist. Gemäß dieser Aussage ist die Anforderung an Flexibilität in den Verbandsstrukturen nicht verwunderlich, gut die Hälfte der Befragten aus kirchlichen Jugendverbänden ist der Meinung, dass der Bedarf an allgemein flexibler Angebotsabstimmung gestiegen ist. Jedoch sind weniger als ein Drittel der Befragten der Meinung, dass die Aktivitäten des Verbandes flexibel und kurzfristig zu organisieren sind. Auch neue und innovative Ideen und Konzepte werden dringend benötigt, zwei Drittel der Mitarbeitenden aus kirchlichen Verbänden sind der Meinung, dass Aktivitäten ständig neu konzeptioniert werden müssen, um konkurrenzfähig zu bleiben (vgl. Lange/Wehmeyer 2014: 152 f.) .

Auch wenn nach Angabe der Befragten die Terminfindung für Aktivitäten in den letzten Jahren schwieriger geworden ist, es eine hohe Konkurrenzsituation im Bereich der Freizeit gibt und viel Flexibilität gefordert wird, die viele Verbände nicht leisten können, lässt sich auf Basis der empirischen Befunde nicht oder nur teilweise nachweisen, das Angebote oder Aktivitäten der Verbände nicht stattfinden. So geben nur gut ein Viertel der Befragten an, dass Aktivitäten aufgrund von Mitarbeitenden- oder Teilnehmendenmangels nicht stattfinden (vgl. Lange/Wehmeyer 2014: 160). Eine Erklärung könnte sein, dass fehlende ehrenamtliche Ressourcen von hauptberuflichem Personal oder Honorarkräften kompensiert werden (siehe dazu auch Abbildung 2). Dennoch ist der Mangel an ehrenamtlichen Mitarbeitenden ein Thema im Verband. Dies wird in den Aussagen der Befragten innerhalb der standardisierten Befragung und der Experteninterviews deutlich:

„Die eigentlich für jeden Jahrgang neu gegründete Jugendgruppe konnte nicht gebildet werden, da kein Mitarbeiter bereit war, sie zu leiten. Die älteren Mitarbeiter engagieren sich weniger in ihren Jugendgruppen“ (anonym).

„Aufgrund zurückgegangenen Engagements von Leitungskräften konnte keine neue Angebotsstruktur entwickelt werden“ (anonym).

„Also wir haben auch im Moment ganz aktuell massive Probleme, noch ausreichend Mitarbeiterinnen und Mitarbeiter für die Wochenendeseminare, für die Ausbildung auch zu rekrutieren […]“ (m. hauptberuflich, ev. Jugend) (Lange/Wehmeyer 2013, unveröffentlicht).

Ein Hinweis darauf, dass fehlende ehrenamtliche Ressourcen über anderes Personal kompensiert werden, liefert eine weitere Veränderung in den Verbandsstrukturen, so nehmen die Befragten einen Wandel in der Aufgabenverteilung zwischen hauptberuflichen und ehrenamtlichen Mitarbeitenden sowie Honorarkräften wahr. Insbesondere die Hauptberuflichen sind mit 42 Prozent der Meinung, dass sich der eigene Arbeitsanteil erhöht hat. Auch die Arbeitsanteile von Honorarkräften haben laut 35 Prozent der hauptberuflich Mitarbeitenden zugenommen. Entsprechend führt ein hauptberuflicher Mitarbeiter der ev. Jugend an: „Und dann muss ich als Hauptberuflicher ran, da stehe ich dann im Hintergrund als Reserve und gucke, okay, wo greifst du ein, wo intervenierst du, wo unterstützt du und so weiter. Das habe ich so früher nicht erlebt“ (Lange/Wehmeyer 2013, unveröffentlicht).

In Bezug auf die Ehrenamtlichen gibt es verschiedene Wahrnehmungen, so geben 39 Prozent der Ehrenamtlichen an, der eigene Arbeitsanteil sei gestiegen, jedoch sind 38 Prozent der hauptberuflich Mitarbeitenden der Meinung, der Anteil der Arbeit von ehrenamtlich Mitarbeitenden sei gesunken, weitere 32 Prozent der Hauptberuflichen sind andererseits der Meinung, der Arbeitsanteil der Ehrenamtlichen sei gestiegen. Eine Erklärung für die unterschiedlichen Wahrnehmungen könnte sein, dass nicht nur hauptberuflich Mitarbeitende und Honorarkräfte fehlende ehrenamtliche Ressourcen kompensieren, auch die ehrenamtlich Mitarbeitenden, die noch im Verband aktiv sind, übernehmen eventuell weitere Aufgaben, damit Aktivitäten nicht ausfallen müssen. Die offenen Nennungen in den standardisierten Befragungen unterstützen diese Annahme: „Umfangreiche Aufgaben wie Vor- und Nachbereitung bleiben meist an Hauptamtlichen oder aber Verbandsmitgliedern, die nicht mehr zu Schule gehen/studieren/FSJ machen etc. hängen. Leider!“ (anonym) (Lange/Wehmeyer 2013, unveröffentlicht).

Abbildung 2: Einschätzung der Verteilung von Aufgaben im Verband (Angaben in Prozent)

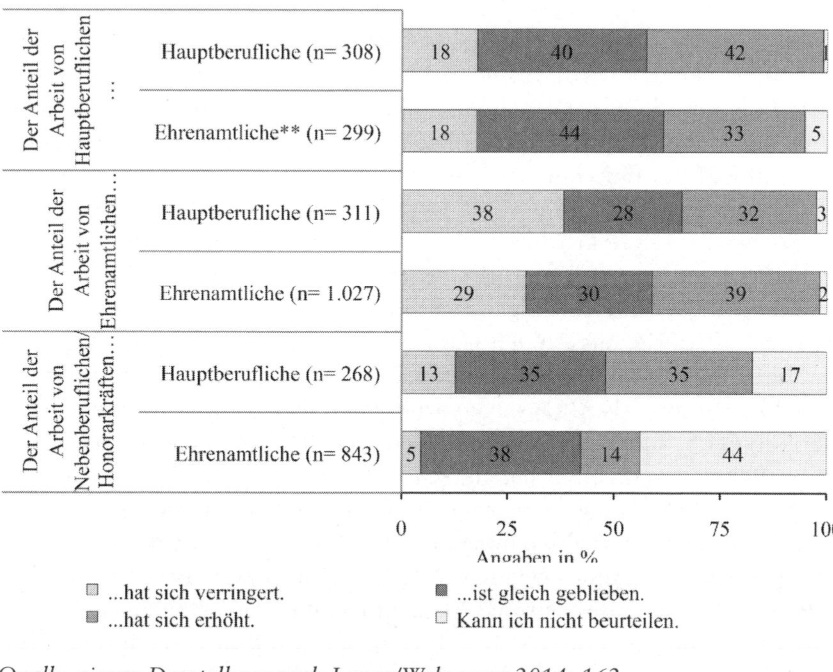

Quelle: eigene Darstellung nach Lange/Wehmeyer 2014: 162

Die vorherigen Ergebnisse machen deutlich, dass es aus Sicht der Mitarbeitenden in den Jugendverbänden deutliche Veränderungen der Bedarfe der ehrenamtlich Mitarbeitenden und daraus resultierend in den Verbandsstrukturen gibt. Ein hohes Maß an Flexibilität ist gefordert, in Bezug auf die Verbands- und Angebotsstrukturen, die Arbeitsorganisation und die Terminkoordination. Diese geforderte Flexibilität und kurzfristige Organisation ist jedoch nicht in allen Verbänden umsetzbar.

2.5 Reaktionsweisen der Verbände auf eine zeitliche Verdichtung

Die Veränderungen in der Jugendverbandsarbeit haben zu einer, zumindest gelegentlichen (51 Prozent), häufig auch regelmäßigen (32 Prozent) Thematisierung der „Verdichtung der Jugendphase" im Verband geführt. Jedoch haben bislang nur gut ein Drittel der Verbände Ideen entwickelt, um mit daraus entstehenden Problematiken umzugehen. Nur knapp 14 Prozent der Jugendverbände haben diese Ideen auch umgesetzt. Die Mitarbeitenden in der Jugendverbandsarbeit sind vielfach nicht bzw. noch nicht in der Lage, aktiv und gestalterisch mit den Veränderungsprozessen umzugehen und entweder innovative Strategien und Projekte umzusetzen oder sich auf politischer Ebene präventiv in gesellschaftliche Prozesse einzumischen. So arbeiten viele Verbände beispielsweise nur in niederschwelliger Form mit Schule zusammen, indem Aktivitäten zeitlich mit Schule abgestimmt werden oder Schule als Werbeplattform für Aktivitäten des Verbandes genutzt wird. Tatsächliche Angebote im Rahmen von Ganztagsschule gestalten nur ein Fünftel der befragten Verbände, und wenn, dann nur wenn hauptberufliches Personal diese Kooperation übernimmt oder unterstützt. Eine inhaltliche Abstimmung der Aktivitäten geben nur 16 Prozent der Befragten als eine Strategie an, die in ihrem Verband umgesetzt wird. Gerade die inhaltliche Abstimmung mit Schule kann für die Jugendverbandsarbeit von großer Bedeutung sein. So beschreibt eine Mitarbeiterin der ev. Jugend folgende Problematik:„Zudem finde ich es, [...] ziemlich schwierig, dass in den Ganztagsschulen im Grunde die Angebote durchgeführt werden am Nachmittag, die wir in der Jugendarbeit seit vielen Jahren für uns als Alltagsbrot sozusagen haben. Und wenn Jugendliche schon in der Schule den Erste-Hilfe-Kurs machen, wenn [sie] in der Schule schon Babysittereinheiten haben, schon Geocaching machen, kochen, irgendwelche Kreativangebote machen, dann ist natürlich die Chance, dass man das auch noch mal woanders macht, dass man da noch Lust zu hat, wird ja weniger" (Lange/Wehmeyer 2013, unveröffentlicht).

In den Experteninterviews wurde deutlich, dass eine gelingende Kooperation mit Schule an einige Voraussetzungen geknüpft ist. Dazu zählen unter anderem der Einsatz von hauptberuflichem Personal, ein guter und intensiver Kontakt zwischen Jugendverband und Schule und ein gemeinsam abgestimmtes Konzept. Eine wichtige Voraussetzung ist eine Kooperation auf „Augenhöhe“, in der der größere Partner Schule die Bedarfe der Jugendverbandsarbeit akzeptiert und unterstützt. Ein Ziel der Kooperation kann es sein, junge Menschen als Teilnehmende oder Mitarbeitende für die Jugendverbandsarbeit zu gewinnen. Dafür kann es sinnvoll sein, die Angebote nicht nur in der Schule durchzuführen, sondern im Rahmen der Kooperation auch Angebote in den Räumen des Verbandes umzusetzen (vgl. Lange/Wehmeyer 2014: 174 f.).

Häufig reagieren die Jugendverbände auf die Wandlungsprozesse noch mit „Notstrategien“, wie der Entlastung ehrenamtlich Mitarbeitender durch hauptberufliches Personal und Honorarkräfte, sowie der Verringerung der Voraussetzungen an ehrenamtlich Mitarbeitende hinsichtlich Alter, Qualifikation oder Erfahrung und einer Vereinfachung der Verbandskonzepte und -angebote. Gerade wenn junge Mitarbeitende schon früh Verantwortung übernehmen, ist Unterstützung von älteren ehrenamtlich oder hauptberuflich Mitarbeitenden vonnöten – hier wird in den offenen Antworten häufig von „Coaching“ oder „Mentoring“ gesprochen. Grundsätzlich kann es sinnvoll sein, neue Konzepte zu entwickeln, um Strukturen oder Angebote zu „verschlanken“ oder zu „vereinfachen“ und jungen und/oder weniger erfahrenen Mitarbeitenden Unterstützung anzubieten, um so einen früheren Einstig in das ehrenamtliche Engagement zu ermöglichen. Die Frage bleibt jedoch, wie es dem Verband möglich ist, mit solchen Strategien die nötige Angebotsqualität zu gewährleisten und den Grundsatz der Selbstorganisation beizubehalten.

Die Zusammenarbeit mit anderen Verbänden und Institutionen auf lokaler Ebene kann eine weitere Reaktion der Jugendverbände sein, um mit den veränderten Rahmenbedingungen der Lebenswelt Jugendlicher umzugehen. Mehr als die Hälfte geben an, gemeinsam mit anderen Organisationen Angebote durchzuführen. Ein Fünftel der Befragten nutzt gemeinsam personelle und/oder räumliche Ressourcen und weitere 20 Prozent der Verbandsmitarbeitenden geben an, dass ihr Verband Teil einer lokalen Bildungslandschaft ist. Auch die Kooperation mit anderen Verbänden über gemeinsame vereinzelte Aktivitäten hinaus kann gewinnbringend sein, um so z. B. auf politischer Ebene oder in der Kooperation mit Schule größere Stimmgewalt zu demonstrieren (vgl. Lange/Wehmeyer 2014: 168 ff.).

3. Jugendarbeit im Takt einer beschleunigten Gesellschaft – Bilanz und Perspektiven

„Jugendverbände sind für viele Jugendliche Teil der Bedingungen des Aufwachsens. Insofern können sie diese aktiv mitgestalten. Sie sind aber nur ein Teil dieser Bedingungen: Deshalb bedeuten Veränderungen und Wandlungsprozesse in den Lebensverhältnissen Jugendlicher immer auch Herausforderungen, auf die Jugendarbeit sich einstellen und auf die Jugendverbände reagieren müssen" (Münchmeier 1991: 297; Herv. i. O.).

Die Ergebnisse der Studie „Keine Zeit für Jugendarbeit!?" zeigen deutlich, dass in der Jugendverbandsarbeit eine Verringerung der zeitlichen Ressourcen spürbar wird, die Jugendliche in ehrenamtliches Engagement investieren können. Vor allem die Umstellung des Bildungssystems, die „Institutionalisierung der Lebenswelt Jugendlicher" führen nach Wahrnehmung der ehrenamtlich und hauptberuflich Mitarbeitenden dazu, dass sich einerseits die zeitlichen Ressourcen für das Engagement einschränken und andererseits die Strukturen von Ehrenamtlichkeit verändern. Größere Flexibilität sowie neue Konzepte und Ideen sind gefordert. Diese zu finden und umzusetzen, fällt den Verbänden bisher allerdings schwer.

Grundsätzlich wird jedoch deutlich, dass das ehrenamtliche Engagement in der Lebenswelt der Engagierten einen hohen Stellenwert einnimmt und viele Ehrenamtliche durchaus bereit wären, im größeren Umfang als bislang in der Verbandsarbeit tätig zu werden. Angebote, die diesen Bedarfen der ehrenamtlich Mitarbeitenden gerecht werden, könnten eine Chance für die Jugendverbandsarbeit sein, Jugendliche und junge Erwachsene langfristig an den Verband zu binden. Eine Patentlösung oder Rezepte für den Umgang mit der zeitlichen Verdichtung der Jugendphase in der Jugendverbandsarbeit zu finden, ist bei der Unterschiedlichkeit der Verbände und den verschiedenen Auswirkungen der Veränderungen auf die Arbeit der einzelnen Organisationen jedoch kaum möglich. Vielmehr können die Ergebnisse der Studie den Jugendverbänden vor Ort als Anstoß dienen, sich mit der Thematik der zeitlichen Verdichtung der Lebenswelt Jugendlicher konstruktiv auseinanderzusetzen, die eigenen Verbandsstrukturen zu reflektieren und die Sicht auf den Verband zu schärfen, um so individuelle Wege zu finden, mit den aktuellen Herausforderungen umzugehen. Eine erste Handlungsempfehlung lautet daher: Probleme definieren und reflektieren. Erst darauf aufbauend können passgenaue Reaktionsweisen für den eigenen Jugendverband entwickelt werden. Wie das Zitat von Münchmeier zeigt, steht die Jugendverbandsarbeit immer wieder vor der Herausforderung, sich mit aktuellen Entwicklungen auseinanderzusetzen. Neben dem Wandel im Bildungssystem und der Institutionalisierung gibt es noch weitere gesellschaftliche Bedingungen und Transformationsprozesse, die Auswirkungen auf die Jugendverbandsarbeit haben können: die Ausbreitung neuer Kommunikationsformen, die steigende Anforderung an junge Menschen, mobil und flexibel zu sein, der demografische Wandel etc. sind nur einige Bedingungen, die die Arbeit der Jugendverbände betreffen. Hiermit kreativ, innovativ und konstruktiv umzugehen und Veränderungen auch als Chance zu begreifen, kann Jugendverbandsarbeit zukunftsfähig machen. So kann beispielweise ein gezielter Einsatz neuer Kommunikationsformen zu einem Zeitgewinn führen, der die Arbeit der Jugendverbände erleichtert.

Um mit diesen Anforderungen umzugehen, bedarf es einer hohen Flexibilität in den Verbandsstrukturen, dies ist nach den Ergebnissen der Studie jedoch nur in den wenigsten Verbänden möglich. Die Herausforderung an die Jugendverbandsarbeit besteht aktuell darin, ihre Angebote und Strukturen flexibler zu gestalten, ohne dabei die eigenen Werte zu vernachlässigen, ohne das zu verlieren, was die Jugendverbandsarbeit besonders macht: die Selbstorganisation durch Ehrenamtliche, die qualitativ hochwertige Arbeit, die Freiräume u. v. m. Für die missionarische Kinder- und Jugendarbeit kann das bedeuten, auch neue Wege zu gehen, gemeinsam mit den Jugendlichen zu erarbeiten, wie die Arbeit in Zukunft gestaltet werden kann, aber trotzdem die Traditionen und Werte der missionarischen Kinder- und Jugendarbeit zu stärken, deutlich zu machen, was das Besondere an der Arbeit ist: Was grenzt die missionarische Kinder- und Jugendarbeit von anderen Freizeitangeboten ab, was kann der Jugendverband leisten und wovon distanziert sich die Arbeit auch klar?

Neben der Stärkung des eigenen Profils ist eine gute Kooperation mit anderen Verbänden, Vereinen und Institutionen, wie z. B. auch der Schule, von besonderer Bedeutung. Der vorgelagerte Schritt jeder Zusammenarbeit ist das berühmte „Über-den-Tellerrand-Schauen“. Trotz aller Unterschiedlichkeiten kristallisieren sich dennoch einige Probleme heraus, die alle gleichermaßen betreffen. Gemeinsam kann nach Lösungen gesucht werden, die die Arbeit der einzelnen Verbände entlastet oder „beflügelt“.

In solchen Kooperationen können Synergien entstehen, die den einzelnen Partnern zugutekommen. So können beispielsweise politische Aktivitäten, die auf die Problematik einer verdichteten Jugendphase aufmerksam machen wollen, deutlich an Schlagkraft gewinnen, wenn diese von mehreren Partnern unterstützt werden.

Dennoch muss jeder Verband erst einmal für sich entscheiden, wie mit den Herausforderungen umgegangen wird. An welcher Stelle müssen Verbandsstrukturen gegebenenfalls an veränderte Bedingungen angepasst werden und wo gibt es Ansatzpunkte, um äußere Bedingungen zu verändern, indem beispielsweise öffentliche Debatten angestoßen werden?

Perspektivisch kann die Jugendverbandsarbeit mit Blick auf Kinder und Jugendliche einen zentralen Beitrag leisten, indem sie eine positive Sozialisationsinstanz bildet und junge Menschen für ihre „zeitlichen Grundrechte“ sensibilisiert.

Literatur

Albert, Mathias/Hurrelmann, Klaus/Quenzel, Gudrun (2010): Jugend 2010. Bonn: BpB.

BMFSFJ (2009) = Bundesministerium für Familie, Senioren, Frauen und Jugend (Hrsg.) (2009): 13. Kinder- und Jugendbericht. Bericht über die Lebenssituation junger Menschen und die Leistungen der Kinder- und Jugendhilfe in Deutschland. Berlin.

BMFSFJ (2010) = Bundesministerium für Familie, Senioren, Frauen und Jugend (Hrsg.): Hauptbericht des Freiwilligensurvey 2009. Zivilgesellschaft, soziales Kapital und freiwilliges Engagement in Deutschland 1999–2004–2009. München.

BMFSFJ (2011) = Bundesministerium für Familie, Senioren, Frauen und Jugend (Hrsg.): Eine Allianz für Jugend. Eckpunktepapier: Entwicklung und Perspektiven einer Eigenständigen Jugendpolitik. Berlin.

BMFSFJ (2013) = Bundesministerium für Familie, Senioren, Frauen und Jugend (Hrsg.): 14. Kinder- und Jugendbericht. Bericht über die Lebenssituation junger Menschen und die Leistungen der Kinder- und Jugendhilfe in Deutschland. Berlin.

Böhnisch, Lothar/Schröer, Wolfgang (2008): Entgrenzung, Bewältigung, agenty – am Beispiel des Strukturwandels der Jugendphase. In: Homfeldt, H. G. (Hrsg.): Vom Adressaten zum Akteur – Soziale Arbeit und Agency. Opladen: Budrich. S. 47–58.

DBJR (2010) = Deutscher Bundesjugendring: Selbstbestimmt und nicht verzweckt – Jugendpolitik neu gestalten. Position 73. www.dbjr.de/positionen/2010.html. (Abruf 09.03.2011).

Düx, Wiebken/Prein, Gerald/Sass, Erich/Tully, Claus J. (2008): Kompetenzerwerb im freiwilligen Engagement. Wiesbaden: Verlag für Sozialwissenschaften.

Hurrelmann, Klaus (2010): Lebensphase Jugend. Weinheim: Beltz Juventa.

Kaiser, Yvonne/Spenn, Matthias/Freitag, Michael/Rauschenbach, Thomas/Corsa, Mike (Hrsg.) (2013): Handbuch Jugend. Opladen: Barbara Budrich.

Klemm, Klaus (2008): Bildungszeit: Vom Umgang mit einem knappen Gut. In: Zeiher, Helga/Schroeder, Susanne (Hrsg.): Schulzeiten, Lernzeiten, Lebenszeiten. Pädagogische Konsequenzen und zeitpolitische Perspektiven schulischer Zeitordnungen. Weinheim: Beltz Juventa. S. 21–30.

Lange, Mirja/Wehmeyer, Karin (2013): Jugendarbeit im Takt einer beschleunigten Gesellschaft. Veränderte Bedingungen des Heranwachsens als Herausforderung. Weinheim/München: Beltz Juventa.

Lüders, Christian (2007): Entgrenzt, individualisiert, verdichtet. Überlegungen zum Strukturwandel des Aufwachsens. In: Sozialpädagogisches Institut im SOS Kinderdorf e.V. (Hrsg.): SOS-Dialog 2007. Jugendliche zwischen Aufbruch und Anpassung. München 2007. S. 4–10. Online unter: http://static.sos-kinderdorf.de/statisch/spi/download/pdf/Heft2007/SPI2007_Dialog_01_Lueders.pdf (Abruf 07.03.2011).

Münchmeier, Richard (1991): Aufwachsen in einer veränderten Welt. Zum Strukturwandel von Jugend und Familie. In: Böhnisch, Lothar/Gängler, Hans/Rauschenbach, Thomas: Handbuch Jugendverbände. Weinheim /München: Juventa. S. 297–303.

Münchmeier, Richard (1998): Jugend als Konstrukt. Zum Verschwimmen des Jugendkonzepts in der „Entstrukturierung" der Jugendphase – Anmerkungen zur 12. Shell-Jugendstudie. In Zeitschrift für Erziehungswissenschaft. Jg 1 (1). S. 103–118.

Münchmeier, Richard (2010): Aufwachsen unter veränderten Bedingungen – Zum Strukturwandel von Kindheit und Jugend. In: Praxis der Kinderpsychologie und Kinderpsychiatrie. Jg 50 (2). S. 119–134.

Picot, Sibylle (2011): Jugend in der Zivilgesellschaft. Freiwilliges Engagement Jugendlicher von 1999 bis 2009. Gütersloh: Bertelsmann-Stiftung.

Rauschenbach, Thomas/Düx, Wiebken/Sass, Erich (2003): Kinder- und Jugendarbeit - Wege in die Zukunft. Gesellschaftliche Entwicklungen und fachliche Herausforderungen. Weinheim/München: Juventa Verlag.

Reinders, Heinz (2006): Jugendtypen zwischen Bildung und Freizeit. Münster: Waxmann.

Rosa, Hartmut (2005): Beschleunigung. Frankfurt am Main: Suhrkamp.

Seckinger, Mike/Pluto, Liane/Peucker, Christian/Gadow, Tina (2009): DJI – Jugendverbandserhebung. Befunde zu Strukturmerkmalen und Herausforderungen. München: Deutsches Jugendinstitut.

Sußebach, Henning (2011): „Liebe Sophie". In: DIE ZEIT, 2011/22. Online unter: www.zeit.de/2011/22/DOS-G8 (Abruf 28.08.2015).

Zeiher, Helga (2008): Für eine ungewisse Zukunft lernen. In: Zeiher, Helga/Schroeder, Susanne (Hrsg.): Schulzeiten, Lernzeiten, Lebenszeiten. Pädagogische Konsequenzen und zeitpolitische Perspektiven schulischer Zeitordnungen. Weinheim: Juventa Verlag. S. 31–40.

SCHULBEZOGENE JUGENDARBEIT UND DIE FRAGE NACH MISSION

Wolfgang Ilg, Michael Pohlers, Stephanie Schwarz

„Mission ist in der öffentlichen Schule undenkbar."
„Mission ist für evangelische Jugendarbeit unverzichtbar."

Diese scheinbar unvereinbaren Thesen markieren das Spannungsfeld, in dem sich schulbezogene Jugendarbeit bewegt, wenn sie ihr christliches Profil nicht einfach aufgeben will. Der vorliegende Beitrag beschreibt zunächst die schulbezogene Jugendarbeit als eine noch recht junge Arbeitsform im Schnittfeld von Schule und Jugendarbeit. Nach einem Überblick über strukturelle Rahmenbedingungen sowie empirische Erkenntnisse folgt eine theologische Auseinandersetzung mit der Frage nach den Möglichkeiten und den Grenzen einer missionarisch orientierten schulbezogenen Jugendarbeit.

1. Schulbezogene Jugendarbeit – Einblick in das Arbeitsfeld

1.1 Begriffsbestimmung

Im Folgenden wird der Begriff Jugendarbeit für das Arbeitsfeld der Kinder- und Jugendarbeit insgesamt verwendet. Um einer klaren Fokussierung willen befasst sich der Artikel nicht näher mit der Schulsozialarbeit, Formen der Schulseelsorge sowie dem Religionsunterricht. Die Abgrenzungen sind jedoch nicht immer klar und zwischen den Feldern gibt es fließende Übergänge. Dies wird beispielsweise am Begriff der „Schulpastoral" deutlich, der im katholischen Bereich neben den klassischen Formen der Schulseelsorge auch die schulbezogene Jugendarbeit umfasst (katholisch: Kaupp et al. 2015; evangelisch: Gutmann/Kuhlmann/Meuche 2014).

Die schulbezogene Jugendarbeit wird in den gesetzlichen Ausführungen zur Jugendhilfe als ein Schwerpunkt der Jugendarbeit definiert – daher erschließt sich auch ihre Aufgabe: „Jungen Menschen sind die zur Förderung ihrer Entwicklung erforderlichen Angebote der Jugendarbeit zur Verfügung zu stellen. Sie sollen an den Interessen junger Menschen anknüpfen und von ihnen mitbestimmt und mitgestaltet werden, sie zur Selbstbestimmung befähigen und zu gesellschaftlicher Mitverantwortung und zu sozialem Engagement anregen und hinführen" (SGB VIII / KJHG, § 11, Abs. 1) Im Absatz 3 dieses „Jugendarbeitsparagrafen" wird dann ausdrücklich die schulbezogene Jugendarbeit als ein Schwerpunkt benannt. Im Vergleich zu den außerschulischen Arbeitsformen der Jugendarbeit (Freizeitarbeit, Gruppenarbeit, Projektarbeit usw.) sind kooperative Formen aufgrund der schulischen Entwicklungen in der jüngsten Zeit enorm gewachsen. Zum einen bestand die Notwendigkeit auf das Konkurrenzverhältnis zwischen schulischen Veranstaltungen und Gruppenangeboten der Jugendarbeit und die damit einhergehende Zeitknappheit im Nachmittagsbereich zu reagieren (Lange/Wehmeyer 2014). Andererseits gewinnt der Lebensraum Schule für junge Menschen an Bedeutung und muss somit von einer lebensweltorientierten Jugendarbeit ernst genommen werden (vgl. Ilg 2013: 29).

Gemäß der gesetzlichen Formulierung im KJHG bleibt auch im Kontext der Schule die Aufgabe der Jugendarbeit bestehen, Angebote zur Förderung der Entwicklung von jungen Menschen zur Verfügung zu stellen. „Schulbezogene Jugendarbeit bietet in diesem Sinne Schülern im Rahmen der Jugendhilfe sozialpädagogische Hilfen und Angebote in der Schule oder ausdrücklich auf Schule bezogene, im unmittelbaren Schulumfeld angesiedelte Angebote, die einen Beitrag zu ihrer Persönlichkeitsbildung darstellen, ihre individuelle und soziale Entwicklung fördern und dazu beitragen, Bildungsbenachteiligung abzubauen" (Maykus 2013: 270). Die vielfältigen Formen und Konzepte (z. B. Schultreffs, Gruppenangebote, Projektarbeit, sozialpädagogische Unterstützungsangebote) gründen dennoch auf den gemeinsamen Merkmalen der Jugendarbeit: Freiwilligkeit, Interessenorientierung, Mitbestimmung, Partizipation usw. (vgl. Maykus 2013: 270–271). In der Literatur und in der Praxis verlaufen die Differenzierungen zwischen schulbezogener Jugendarbeit (nach § 11 SGB VIII) und Schulsozialarbeit (also Jugendsozialarbeit an der Schule nach § 13 SGB VIII) meist zu undeutlich. Gegenüber der Schulsozialarbeit, die nach § 13 SGB VIII ausdrücklich „zum Ausgleich sozialer Benachteiligungen" dient, richtet sich Jugendarbeit an alle Jugendlichen und soll von ihnen „mitbestimmt und mitgestaltet werden". Um ihr Profil als spezifischer Teil der Jugendhilfe zu wahren, darf sie also Aufgabenzuweisungen im Sinne einer Reparaturwerkstatt nicht annehmen, sondern setzt sich für Partizipation von Jugendlichen auch im hierarchischen und genuin nicht partizipationsorientierten System Schule ein.

1.2 Geschichtliche Aspekte

Schule und außerschulische Bildung blicken auf eine lange, je eigene Tradition zurück, die eine – auch im Vergleich zu anderen Ländern – spezifische Verhältnisbestimmung konstitutieren. Als zentraler Anlass zunehmender kooperativer Bemühungen von Jugendarbeit und Schule in jüngerer Zeit werden der erste internationale Schulleistungsvergleich PISA von 2001 und die nachfolgende Bildungsdiskussion betrachtet. Aufgrund unterdurchschnittlicher Leistungen deutscher Schüler und den nachgewiesenen Selektionsmechanismen des Schulsystems ergaben sich weitreichende schulische Reformbestrebungen (vgl. BMFSFJ 2005: 80–81). Im Zuge dessen erlebte auch die schulbezogene Jugendarbeit einen enormen Aufschwung, beispielsweise durch Kooperationen im Rahmen der Ganztagsschulentwicklung oder im Bereich der Bildungslandschaften.

In der gesamten Diskussion spielen die aktuellen gesamtgesellschaftlichen Veränderungen eine entscheidende Rolle. Dazu gehören unter anderem der demografische Wandel, Finanzierungsdebatten im Feld von Bildung und Jugendhilfe, der Übergang zur Dienstleistungs- und Wissensgesellschaft sowie veränderte Familienstrukturen und Erwerbsverhältnisse. Zusätzlich ergeben sich durch die Internationalisierung und Globalisierung neue Kompetenzanforderungen an das Individuum, was neben den anderen genannten Faktoren zu einem veränderten Qualifizierungsauftrag der Schule führt (vgl. Konsortium Bildungsberichterstattung 2006: 197; Konsortium Bildungsberichterstattung 2014).

Aus heutiger Perspektive scheint die Antwort auf die Bildungsdiskussion nach 2001 und die gesamtgesellschaftlichen Veränderungen zumindest aus schulstruktureller Perspektive gefunden zu sein – die Ganztagsschule. Mehr als die Hälfte aller deutschen Schulen hat inzwischen ganztägige Angebote, welche ca. von einem Drittel der Schüler wahrgenommen werden. Die Begründung für diesen fundamentalen Wandel des Schulsystems wurde allerdings nicht nur pädagogisch geführt, sondern auch aus ökonomischen Gründen: Um Eltern die (doppelte) Erwerbstätigkeit zu ermöglichen, müssen verlässliche Betreuungsangebote in Kindertagesstätte und Schule bereitgestellt werden. Viele Fragen im Kontext der Ganztagsschulentwicklung bedürfen noch intensiver Analysen und Entwicklungen: Das kindliche Wohlbefinden, der Ausgleich sozialer Disparitäten, der verantwortungsbewusste Umgang mit Zeitressourcen, das Verhältnis von schulischer und außerschulischer Bildung und die Partizipation sind wichtige Stichworte, die in diesem Kontext debattiert werden (vgl. BMFSFJ 2013: 12). Für Jugendverbände gilt das Engagement im Rahmen der Ganztagsschule als zentrale Zukunftsfrage: „Wenn die ehrenamtlich organisierten Felder der Kinder- und Jugendarbeit ihre Eigenständigkeit bewahren wollen und sich nicht am gesellschaftlichen Großprojekt Bildung in verbindlicher Form, etwa in der Kooperation mit Schule im Rahmen der Ganztagsschule beteiligen, droht ihnen auf Dauer ein gesellschaftlicher Bedeutungsverlust und eine Abdrängung in eine Nischenexistenz“ (Rauschenbach et al. 2010: XIV).

Unbestritten ergibt sich durch die rasante Zunahme von Ganztagsschulen eine Tendenz der staatlichen und öffentlichen Verantwortungsübernahme für das Aufwachsen von Kindern und Jugendlichen (vgl. BMFSFJ 2013: 255). In diesem Prozess des „Aufwachsens in öffentlicher Verantwortung" könnte der schulbezogenen Jugendarbeit freier (und damit auch kirchlicher) Träger eine besondere Bedeutung zukommen. Der 14. Kinder- und Jugendbericht weist der Zivilgesellschaft als Träger privater Verantwortung im öffentlichen Raum einen wichtigen Ort zwischen dem Privatbereich und dem Staat zu (BMFSFJ 2013: 76). In der Zivilgesellschaft aber sind werteorientierte Institutionen wie die Kirchen auch durch inhaltliche Leitbilder bestimmt. So begegnet der missionarische Anspruch kirchlicher Arbeit dem Auftrag der Erziehungsverantwortung im öffentlichen Raum, was notwendigerweise zu inhaltlichen Debatten führt.

1.3 Systemvoraussetzungen von Jugendarbeit und Schule

Die Funktion von Schule lässt sich folgendermaßen zusammenfassen: „Schule soll […] durch Unterricht Kenntnisse und Fertigkeiten zur Reproduktion des kulturellen Systems vermitteln (Qualifikation), sie soll die Schülerschaft nach ihrem Leistungsvermögen selegieren (Selektion) und durch die Vergabe von Noten und Schulabschlüssen gesellschaftliche Entwicklungschancen zuweisen (Allokation) sowie darüber hinaus durch die Vermittlung von Normen und Werten zur Reproduktion des gesellschaftlichen Wertesystems und zur Stabilisierung bestehender (Herrschafts-) Verhältnisse beitragen (Integration)" (Olk/Bathke/Hartnuß 2000: 14–15). Charakteristisch für die Jugendarbeit ist dagegen die Befähigung zur Selbstbestimmung und gesellschaftlicher Mitverantwortung (§ 11 SGB VIII). Die Strukturprinzipien der Jugendarbeit sind unter anderem durch Freiwilligkeit, den Verzicht auf Leistungszertifikate und inhaltliche Curricula, Interessenorientierung und Partizipation gekennzeichnet (vgl. Sturzenhecker/Richter 2012: 469). Davon ausgehend muss auch das Bildungsverständnis von Schule und Jugendarbeit unterschieden werden. Eine einflussreich gewordene Stellungnahme des Bundesjugendkuratoriums von 2001 unterscheidet drei Bildungsmodalitäten:

- Die *formelle* Bildung wird den Schul-, Ausbildungs- und Hochschulsystemen zugeordnet. Kennzeichnend sind die verpflichtende Teilnahme, hierarchische Strukturierung und zeitliche Kontinuität, mit dem Ziel Leistungszertifikate zu erlangen.
- Davon wird die *nicht formelle* oder *non-formale* Bildung unterschieden, die zwar auch organisierte Bildung darstellt, im Gegensatz zur formellen Bildung und insbesondere der Schule aber auf dem Prinzip der Freiwilligkeit beruht.

- Sowohl formelle und nicht formelle Bildung bauen auf der *informellen* Bildung auf. Darunter versteht man alle ungeplanten und nicht intendierten Bildungsprozesse, wie sie sich im Alltag durch Interaktionen mit Familie, Freunden, Gleichaltrigen, Nachbarn, Lehrern usw. ergeben.

Das Bundesjugendkuratorium stellt abschließend dar, dass nur in der Zusammenschau aller drei Arten ein ganzheitlicher Ansatz von Bildung erzeugt werden kann (vgl. Bundesjugendkuratorium 2002: 164–165). In den Jahren nach dem PISA-Schock wurde zunehmend erkannt, dass Kompetenzen, die im non-formalen Bildungsbereich im Sinne der „Alltagsbildung“ erworben werden (beispielsweise soziale Kompetenzen und die Fähigkeit zur Selbstorganisation), häufig die formale Bildungsbereitschaft allererst herstellen (vgl. Rauschenbach 2009). Bei der Kooperation von Jugendarbeit und Schule kommen die beiden Modalitäten der formellen und der nicht formellen Bildung miteinander in Berührung – was insbesondere bei der Frage nach der Freiwilligkeit der Angebote häufig zu Problemen und Missverständnissen führt.

1.4 Empirische Erkenntnisse

Zur Kooperation von (missionarischer) Jugendarbeit und Schule liegen bislang nur wenige empirische Studien vor (vgl. allgemein auch Henschel et al. 2009, Schröder/Leonhardt 2011 sowie Hisleiter/Sommer 2013). Da die Schulpolitik in der Hoheit der Bundesländer liegt, führt der Föderalismus nicht nur zu einer immer uneinheitlicheren Vielfalt von Schultypen, sondern auch zu bundeslandspezifischen Regelungen hinsichtlich der Kooperation von Jugendarbeit und Schule. Dementsprechend beziehen sich auch die vorliegenden Studien zumeist nur auf ein Bundesland. Einige ausgewählte Ergebnisse werden im Folgenden expliziert:

Die Ergebnisse einer Studie in Nordrhein-Westfalen zeigen, dass Kooperationen im Allgemeinen kein neues Thema sind. Die Mehrheit der Befragten gab an, dass bereits langjährige Kooperationen zwischen Jugendarbeit und Schule bestehen und diese auch noch ausgebaut werden sollen. Als Anlass der Kooperation wird sowohl die Anfrage seitens der Schule als auch ein identifizierter Bedarf seitens der Jugendarbeit genannt. Von einer manchmal befürchteten Vereinnahmung durch die Schule oder einem Profilverlust der Jugendarbeit kann hier nicht gesprochen werden. Für die Jugendarbeit ergeben sich durch die Kooperation positive Effekte, wie z. B. der Zugang zu neuen Zielgruppen, die ohne die Schule nicht erreicht würden, und eine stärkere Vernetzung im Sozialraum, wodurch eine höhere Legitimation der Jugendarbeit erfolgt (vgl. Deinet et al. 2010: 67–68). Ebenfalls aus Nordrhein-Westfalen stammt eine kleine Studie zur Kooperation zwischen Schulen und kirchlichen Akteuren (Gärtner/Könemann 2013). Auch hier überwiegen die positiven Aspekte der Kooperation, allerdings berichten die befragten Religionslehrkräfte, dass trotz gelingender Kooperationsprojekte nur selten Jugendliche dadurch dauerhaft in einer Kirchengemeinde aktiv werden.

Auch die groß angelegte Studie zur Entwicklung von Ganztagsschulen (StEG) gibt Hinweise zum Thema schulbezogene Jugendarbeit. Hier wird die Jugendhilfe (allerdings eher im Blick auf Jugendsozialarbeit) generell als wichtiger Partner der Schule gesehen, mit ihren Angeboten könne sie vor allem benachteiligte Kinder professionell fördern, was sich durch den überdurchschnittlichen Einsatz von pädagogischem Fachpersonal belegen lasse (vgl. Arnoldt 2008: 104). Wie oben beschrieben, zeigt auch die StEG-Studie die positiven Effekte von Kooperationen auf. Jedoch wurde noch nicht untersucht, wie sich die Ganztagsschulentwicklung auf die nicht kooperierenden Träger auswirkt. Für diese kann es durchaus zu negativen Entwicklungen kommen, da z. B. aus Sicht der befragten Eltern Abmeldungen ihrer Kinder von außerschulischen Aktivitäten durch den Besuch der Ganztagsschule nötig wurden (vgl. Züchner 2008: 345–346). Aus diesen Erkenntnissen ergibt sich eine dringende Notwendigkeit, die Folgen der Ganztagsschulentwicklung für nicht kooperierende Träger der Jugendarbeit zu untersuchen.

Eine der wenigen Studien aus dem kirchlichen Bereich, aus denen sich die Dynamik in der Entwicklung der letzten Jahre ablesen lässt, ist die Studie „Jugend zählt" aus Baden-Württemberg (Ilg/Heinzmann/Cares 2014). Die darin veröffentlichten Daten machen deutlich, dass das Anwachsen der Wochenzeit, die Jugendliche in der Schule verbringen, mit einem enormen Wachstum schulbezogener Angebote seitens der Kirchengemeinden und kirchlichen Jugendverbände einhergeht. Innerhalb von sieben Jahren wuchs in Baden-Württemberg die Zahl der erreichten Jugendlichen in der schulbezogenen Arbeit um 141 %. Da die regelmäßige Gruppenarbeit (in Relation zu den sinkenden demografischen Jahrgangsstärken) weitgehend stabil blieb, kann dieses Ergebnis auch als ein Hinweis darauf gesehen werden, dass schulbezogene Ansätze nicht notwendigerweise zulasten der außerschulischen Arbeit geschehen muss, sondern der Jugendarbeit hier ein weiteres Feld zuwächst. Eine zentrale Frage ist allerdings die nach dem Personal: Anders als die weitgehend ehrenamtlich verantwortete klassische Jugendarbeit bedarf es bei Schulkooperationen in der Regel eines hauptamtlichen Brückenbauers, schon alleine um die im System Schule erforderliche Verlässlichkeit zu gewährleisten. Wenn der Ausbau schulbezogener Angebote also nicht die wenigen vorhandenen hauptamtlichen Kräfte vollständig absorbieren und damit die außerschulische Arbeit vor die Existenzfrage stellen soll, dann bedarf es einer eigenen Finanzierungsstrategie für die schulbezogene Jugendarbeit. Die Studie aus Baden-Württemberg verweist hierbei auf die in diesem Bundesland neu eingeführte Möglichkeit, dass Schulen zusätzliche Lehrerwochenstunden für den Ganztagsbetrieb in Geld umwandeln und außerschulischen Partnern zur Finanzierung von Hauptamtlichenstellen zur Verfügung stellen können („Monetarisierung"). Die Kirchen in Baden-Württemberg haben in ökumenischer Gemeinsamkeit diesen Ansatz aufgenommen und fördern entsprechende Kooperationen.[1] Solche Ansätze dürften zukunftsweisend sein und scheinen aus politischer Sicht auch sinnvoll, da die Finanzierung von Ganztagsbildung eine Aufgabe des Schul- und nicht des Sozialressorts darstellt – auch wenn die Jugendhilfe hier mit im Spiel ist.

1.5 Strukturen und Organisationen evangelischer schulbezogener Jugendarbeit

Schulbezogene Jugendarbeit findet sich grundsätzlich bei fast allen Trägern christlicher Jugendarbeit, allerdings in unterschiedlichem Ausmaß. Einen dezidierten Schwerpunkt auf diesem Feld setzen im bundesweiten evangelischen Kontext vor allem zwei Dachverbände: die Arbeitsgemeinschaft Evangelische Schülerinnen- und Schülerarbeit (AES) und der „Schülerzweig" der Studentenmission in Deutschland (SMD). Die AES[2] ist der Zusammenschluss der verschiedenen landeskirchlichen Schülerarbeiten und gehört strukturell zur Arbeitsgemeinschaft der Evangelischen Jugend in Deutschland (aej). Die AES steht in der Tradition der BK-Bewegung, also der Bibelkränzchen aus dem 19. Jahrhundert. Im Zuge der Polarisierungsdebatte der evangelischen Jugendarbeit in den 1970er-Jahren profilierte sich die AES als emanzipatorische Bewegung mit einer kritischen Haltung zu missionarischen Ansätzen und zur Bibelfrömmigkeit. Schwerpunkt der Mitgliedsverbände sind insbesondere „Tage der Orientierung", die je nach Landeskirche auch als „Tage Ethischer Orientierung" firmieren.

Die Schüler-SMD[3] sieht ihren Schwerpunkt in der Begleitung von Schülerbibelkreisen. Durch Reisesekretäre und die Durchführung von Sommerfreizeiten werden Schülerinnen und Schüler ermutigt, ihr Christsein auch am „Arbeitsplatz Schule" zu leben. Der missionarische Grundansatz der Schüler-SMD wird auch in der Initiative der „Schulbeweger" deutlich, bei der die traditionellen Abkürzungsbuchstaben der Schülerbibelkreise SBK neu interpretiert werden im Sinne eines (missionarischen) Dreischritts

---

1 vgl. www.ganztag.de
2 www.aes-verband.de
3 www.smd.org

„sehen – beten – konkret handeln“ (Gerschagen/Stamme 2010). Die Geschichte beider Dachverbände wird ausführlich in der Dissertation von Maria Stettner „Missionarische Schülerarbeit“ (1999) behandelt. Eine Zusammenarbeit beider Dachorganisationen gibt es lediglich in der Württembergischen Landeskirche[4]. Weitere Organisationen und gelungene Praxisbeispiele sind in Metz/Ocker 2012 zusammengestellt.

2. Missionarisch arbeiten an der Schule – selbstverständlich oder unmöglich?

Kontroverse Debatten im Kontext evangelischer schulbezogener Jugendarbeit beziehen sich vor allem auf die Vereinbarkeit von missionarischer Arbeit mit einer pluralistischen (Schul-)Gesellschaft. Der vorliegende Abschnitt legt zunächst die Spannung dar und formuliert dann einige Orientierungen für missionarische schulbezogene Jugendarbeit.

2.1 Mission als Kennzeichen evangelischer Jugendarbeit – theologische Orientierungen

Mission ist für die Kirche, und damit auch für evangelische Jugendarbeit, unverzichtbar. „Mission gehört zutiefst zum Wesen der Kirche. Darum ist es für jeden Christen und jede Christin unverzichtbar, Gottes Wort zu verkündigen und seinen/ihren Glauben in der Welt zu bezeugen. Es ist jedoch wichtig, dass dies im Einklang mit den Prinzipien des Evangeliums geschieht, in uneingeschränktem Respekt vor und Liebe zu allen Menschen“ (Mission:Respekt 2011: 1). Mit dieser Aussage aus dem Konsenspapier diverser Kirchen und Werke „Mission Respekt“ ist eine wichtige Grundlage der missionarisch orientierten schulbezogenen Jugendarbeit gelegt.

Nach biblischem Verständnis ist die Mission, die der weltweiten Kirche und damit auch der christlichen Jugendarbeit anvertraut ist, kein eigener Entschluss der Menschen oder der Kirche, sondern sie geschieht im Auftrag: „Geht in die ganze Welt und verkündet allen Menschen die gute Botschaft“ (Mk 16,15; nach der Übersetzung „Neues Leben“). Im Beitrag von Karcher/Zimmermann des vorliegenden Handbuchs wurde bereits das Verständnis von Mission näher beleuchtet. Wichtig für die Verbindung von Mission und Jugendarbeit ist der Missionsbefehl (Mt 28,18–20). Dort sendet der Auferstandene seine Jünger aus, um in allen Völkern die Menschen zu Jüngern zu machen. Die Mission Gottes soll durch die Christinnen und Christen weitergesagt werden.

[4] www.schuelerarbeit.de

Somit ist die Mission kein Arbeitsbereich unter vielen, sondern sie ist „Sache der ganzen Kirche“ (EKD 2015: 54). Seit der EKD-Synode 1999 gilt das Thema Mission in der evangelischen Kirche auch jenseits der evangelikalen Gruppierungen wieder als hoffähig. „Wenn die Kirche ein Herz hätte, ein Herz, das noch schlägt, dann würden Evangelisation und Mission den Rhythmus des Herzens der Kirche in hohem Maße bestimmen“, so führte der Theologe Eberhard Jüngel in die Tagung ein (Jüngel 1999). Entsprechend diesem Missionsverständnis ist auch die evangelische Jugendarbeit als Teil der weltweiten Kirche ein Teil des Sendungsauftrages Gottes hin zu den Menschen. Unabhängig davon, in welcher Form diese Jugendarbeit sich manifestiert, ob in klassischen Jugendgruppen, auf Freizeiten, in sozialen Angeboten oder in der Schule, ihr Ziel ist es immer, der Liebe Gottes Gestalt zu verleihen. „Jugendarbeit ist grundsätzlich gesandte Jugendarbeit – sie hat eine ihr von Gott aufgetragene Mission. Damit ist sie von ihm zu jungen Menschen in deren konkrete Lebenssituation geschickt. Während ihre Mission mit der Guten Nachricht bleibenden und grundsätzlichen Charakter hat, ist die Situation der Jugendlichen offen und variabel“ (Metz/Ocker 2012: 14). Somit ist der evangelischen Jugendarbeit auch an der Schule einerseits ihr Auftrag gegeben, andererseits eine große Freiheit zuerkannt, um angemessene Formen und Angebote zu finden, in denen Jugendliche in ihren Lebenswelten das Evangelium erleben können.

Das Ziel einer solchen Arbeit liegt darin, dass Gottes Freundlichkeit in den Lebenswelten junger Menschen Gestalt gewinnt. Dieses „Gestalt-Gewinnen“ meint, dass Liebe, Hoffnung, Freiheit und Vergebung erlebbar werden und sich im Leben Einzelner und in einer sich verändernden Gesellschaft positiv auswirken.

Aus der „missio dei“, die sich in der Bewegung Gottes auf die Welt zu äußert, ergibt sich die Geh-Struktur auch für missionarische Jugendarbeit. Zu solchem Hingehen gehört es, Schüler/-innen in ihren Lebenswelten aufzusuchen, ihre Fragen und Sorgen zu teilen, jeden Menschen ohne Vorurteile anzusehen, offen zu sein auch für neue Menschen und fremde Ansichten. Deshalb umfasst christliches Zeugnis in einer pluralistischen Welt nach dem Konsenspapier „Mission Respekt“ auch den Dialog mit Menschen, die anderen Religionen und Kulturen angehören (vgl. Mission:Respekt 2011: 5). Der Auftrag aus dem Jeremiabuch „Suchet der Stadt Bestes“ wird im Kontext einer missionarischen schulbezogenen Jugendarbeit häufig auf das „fremde Terrain“ Schule übertragen mit der Aufforderung: „Suchet der Schule Bestes und betet für sie zum Herrn“ (vgl. Metz/Ocker 2012: 15–21). Hier kommt ein weiter Missionsbegriff ins Spiel: Denn das Beste für die Stadt (bzw. Schule) zu suchen, ist nicht nur ein geistlicher Auftrag (auch wenn das Gebet ausdrücklich damit verbunden ist), sondern beinhaltet auch einen ganz praktischen und diakonischen Auftrag. Es geht darum, das Miteinander, politische Fragen, Gerechtigkeit, Bildung, Diakonie – ja: alle Lebensbereiche – so mitzugestalten und zu prägen, dass es zum Besten für die Menschen wird.

Evangelische Jugendarbeit ist dementsprechend nicht zum Selbstzweck an der Schule, sondern mit dem Ziel, dass sie durch ihr Handeln, durch Angebote, Beziehungen und Wirken zum Besten der Schule wirkt. So gewinnt Gottes Freundlichkeit und Liebe in der schulischen Lebenswelt Gestalt. „Wenn Jugendarbeit ‚Schule macht', egal durch wen und in welcher Form, bleibt dies auf Dauer nicht ohne Auswirkung auf die Schule und ihre Menschen. Als ‚Salz und Licht' der Schulwelt wird Jugendarbeit, oft nur im Kleinen und kaum sichtbar, manchmal vielleicht auch im größeren Stil, die Menschen, die Atmosphäre und vielleicht in einzelnen Punkten sogar das individuelle Bildungsverständnis einer Schule verändern" (Metz/Ocker 2012: 21). In diesem Verständnis und mit dieser von Nächstenliebe geprägten Haltung wird deutlich, dass ein missionarisches Anliegen nicht im Widerspruch zum Selbstverständnis einer religiös pluralen Schule steht. Inwiefern dies auch aus rechtlicher Perspektive anschlussfähig ist, wird im folgenden Abschnitt deutlich.

2.2 Weltanschauliche Neutralität: Rechtliche Vorgaben und schulisches Selbstverständnis

Die Religionsfreiheit aus Artikel 4 des Grundgesetzes bietet den rechtlichen Rahmen für die Frage nach missionarischer Jugendarbeit an der Schule. Die Religionsfreiheit ist nämlich nicht nur als Recht auf die Freiheit *von* Religion, sondern auch als Freiheit *zur* Religionsausübung definiert. Da für den christlichen Glauben ein missionarisches Grundverständnis zum Kern des Glaubens gehört, entsteht hieraus eine Spannung zwischen der negativen und der positiven Religionsfreiheit. Das staatliche Selbstverständnis der Bundesrepublik Deutschland ist so gefasst, dass sich der Staat keine Religion selbst zu eigen macht, insofern also „weltanschaulich neutral" bleibt. Das gilt auch für seine Organe und Institutionen, also insbesondere die Schule. In mehreren Urteilen hat das Bundesverfassungsgericht diese Verhältnisbestimmung beschrieben: „Die dem Staat gebotene religiös-weltanschauliche Neutralität ist indes nicht als eine distanzierende im Sinne einer strikten Trennung von Staat und Kirche, sondern als eine offene und übergreifende, die Glaubensfreiheit für alle Bekenntnisse gleichermaßen fördernde Haltung zu verstehen. Art. 4 Abs. 1 und 2 GG gebietet auch in positivem Sinn, den Raum für die aktive Betätigung der Glaubensüberzeugung und die Verwirklichung der autonomen Persönlichkeit auf weltanschaulich-religiösem Gebiet zu sichern" (BVerfGE 41, 29 [49]; 93, 1 [16]). „Die Schule ist der Ort, an dem unterschiedliche religiöse Auffassungen unausweichlich aufeinandertreffen und wo sich dieses Nebeneinander in besonders empfindlicher Weise auswirkt. Ein tolerantes Miteinander mit Andersgesinnten könnte hier am nachhaltigsten durch Erziehung geübt werden. Dies müsste nicht die Verleugnung der eigenen Überzeugung bedeuten, sondern böte die Chance zur Erkenntnis und Festigung des eigenen Standpunkts und zu einer gegenseitigen Toleranz, die sich nicht als nivellierender Ausgleich versteht (vgl. BVerfGE 41, 29 [64]). Es ließen sich deshalb Gründe dafür anführen, die zunehmende religiöse Vielfalt in der Schule aufzunehmen und als Mittel für die Einübung von gegenseitiger Toleranz zu nutzen, um so einen Beitrag in dem Bemühen um Integration zu leisten" (BVerfGE 108,282 B.II.6 a).

Die weltanschauliche Neutralität der Schule darf daher also nicht so verstanden werden, dass die Schule als ein Raum zu konzipieren sei, der frei von religiösen Bezügen bleibt (Sterilität). Vielmehr ist die vom Gesetzgeber intendierte Zielrichtung eine Schule, die Raum für unterschiedliche Weltanschauungen bietet und einen geordneten und freiheitlichen Umgang mit konkurrierenden Wahrheitsansprüchen gewährleistet (Pluralität). Im Blick auf eine missionarisch ausgerichtete schulbezogene Jugendarbeit hat die Schule dafür zu sorgen, dass Schüler/-innen nicht durch religiöse Betätigungen anderer bedrängt werden. Gleichzeitig muss aber gewährleistet sein, dass religiöse Äußerungen, sofern diese anderen nichts aufoktroyieren, auch im Schulbereich möglich sind.

2.3 Orientierung in der Pluralität: Ein mögliches christliches Selbstverständnis für die Gleichzeitigkeit von missionarischem Anspruch und „Pluralismus aus Prinzip"

In ihrer vielbeachteten Denkschrift „Religiöse Orientierung gewinnen" hat die Evangelische Kirche in Deutschland sich mit dem Stellenwert von Religion an der Schule auseinandergesetzt (EKD 2014). Als ein zentrales Bildungsziel des evangelischen Religionsunterrichts und kirchlicher Angebote an der Schule insgesamt wird dort die Pluralitätsfähigkeit hervorgehoben, die wiederum eine eigene religiöse Orientierung voraussetzt. In theologischer Hinsicht wird dabei unter Berufung auf Theologen wie Wolfgang Huber, Eilert Herms und Christoph Schwöbel auf eine Haltung verwiesen, die aus evangelischer Perspektive einen „Pluralismus aus Prinzip" vertritt: „Ein konstruktiver Umgang mit Pluralität kann weder in einer Gleichgültigkeit gegenüber allen Unterschieden bestehen noch in einem Rückzug von der Pluralität dadurch, dass nur noch die eigene Wahrheit gesehen wird." (EKD 2014: 60). Dies gilt ausdrücklich auch für die Zusammenarbeit zwischen evangelischer Jugendarbeit und Schule (vgl. EKD 2014: 93; 112). Im Sinne von Artikel 4 GG „kann die Inanspruchnahme der Glaubens- und Religionsfreiheit nicht unter Berufung auf eine abstrakte Gefahr oder auf die Neutralität des Staates aus dem Schulleben verbannt oder auf den Religionsunterricht beschränkt werden“ (EKD 2014: 120).

Als hilfreiches Prinzip für einen toleranten Umgang miteinander, der auch im Raum der Schule Positionalität ermöglicht, gilt der 1976 entstandene „Beutelsbacher Konsens“ (Wehling 2015). Die dort benannten Prinzipien, also das Überwältigungsverbot, das Kontroversitätsgebot und die Schülerorientierung, markieren einen Rahmen, dem sich auch eine evangelisch verantwortete missionarische Arbeit verpflichtet weiß: Kein Schüler soll sich genötigt fühlen, den Glauben anzunehmen, zugleich soll die gute Nachricht des christlichen Glaubens aber auch im Schulkontext vorkommen können.

Für die praktische schulbezogene Jugendarbeit wurden im Evangelischen Jugendwerk in Württemberg zehn Thesen entwickelt, die Orientierung auch für die Missionsfrage bieten. Dort wird unter anderem formuliert: „Jugendarbeit sucht das Beste für junge Menschen – nicht für sich selbst. Jugendarbeit befasst sich mit dem Thema ‚Jugendarbeit und Schule‘ nicht um ihrer selbst willen, sondern weil sie das Beste für Kinder und Jugendliche will. Geprägt von der besten Nachricht der Welt, dem Evangelium von Jesus Christus, macht sich evangelische Jugendarbeit auf den Weg an die Orte, wo sich Jugendliche aufhalten – dazu gehört immer mehr die Schule. [...]. Der Bezug zum christlichen Glauben gehört untrennbar zur evangelischen Jugendarbeit. Zugleich bejaht sie die religiöse Vielfalt, die es an Schulen gibt, und wendet sich an Kinder und Jugendliche aus allen religiösen und nicht religiösen Hintergründen. Im gemeinsamen Nachdenken über wesentliche Fragen des Lebens (der Frage nach Gott, nach gelingender Gemeinschaft, nach dem Sinn des Lebens) besteht die besondere Stärke evangelischer Jugendarbeit. Antworten auf solche Fragen werden personal erlebbar durch Menschen mit erkennbarem Profil. Zu einem zeitgemäßen evangelischen Selbstverständnis zählt die Bereitschaft und Fähigkeit, mit Offenheit und klarer Identität den interreligiösen Dialog zu suchen“ (EJW 2012).

3. Umsetzungsbeispiele

Die Umsetzungsformen der schulbezogenen Jugendarbeit spiegeln eine große Vielfalt wider und reichen von klassischen Gruppenstunden über Einzelprojekte bis hin zu mehrtägigen Fahrten. Diese Vielfalt bedeutet einerseits einen großen Reichtum, sorgt andererseits aber dafür, dass schulbezogene christliche Jugendarbeit im Gegensatz zu schulbezogenen Angeboten von Sport- oder Musikvereinen weniger eindeutig nach außen beschreibbar ist und einer mangelnden Wiedererkennbarkeit unterliegt. Einige wichtige Arbeitsformen sollen im Folgenden exemplarisch benannt werden.

3.1 Tage der Orientierung / Tage Ethischer Orientierung

Eine Schülergruppe (oft eine ganze Klasse) fährt für einige Tage an einen besonderen Ort, beispielsweise ein Kloster, um sich dort mit Fragen der Lebensorientierung auseinanderzusetzen. Die Leitung solcher Tagungen wird zumeist von Honorarkräften (oft Studierende) erbracht, die aus der Jugendarbeit stammen und mit entsprechenden partizipativen Methoden arbeiten. Der christliche Glaube wird hier zumeist in Form freiwilliger Angebote (Andachten, Gottesdienste) eingebracht. Das Ziel solcher Tagungen liegt darin, dass Schüler/-innen sich in der vertrauten Gemeinschaft, aber abseits des leistungsorientierten Schulsystems mit Grundfragen des Lebens und Glaubens auseinandersetzen.

3.2 Schülerbibelkreise und andere christliche Schülergruppen

Bibelkreise an Schulen gehören zu den ältesten Formen der Jugendarbeit und sind seit Mitte des 19. Jahrhunderts verbürgt. Die heutigen Schülerbibelkreise nehmen diese Tradition auf und verstehen sich selbstbewusst als eine der wenigen Gruppen an der Schule, die ganz auf Schülerinitiative beruhen (vgl. Röber/Schmidt in diesem Band). In diesen Kontext gehören auch Gebetsinitiativen, Schulbewegergruppen und ähnliche Schülergruppen. Manche dieser Gruppen werden von Kirchengemeinden oder Jugendverbänden unterstützt, andere dagegen sind völlig autonom an der Schule organisiert.

3.3 Gewaltpräventionsprojekte und andere Formen des „Werte-Lernens"

Dem Thema Wertebildung kommt in den Schulen eine hohe Aufmerksamkeit zu. Hier gelten Kirchen und christliche Jugendgruppen aufgrund ihrer Wertegebundenheit als natürliche Partner. So stammt eines der ältesten Gewaltpräventionsprojekte in Deutschland, das Projekt „Schritte gegen Tritte", aus dem kirchlichen Bereich. Je nach Bundesland gibt es verschiedene weitere Formen der Wertebildung in Kooperation mit der Jugendarbeit, beispielsweise das ökumenisch getragene und staatlich mitfinanzierte Schülermentorenprogramm in Baden-Württemberg (www.schuelermentor.de, Dücker/Röber/Steinestel 2010).

3.4 Schulgottesdienste

Gottesdienste im schulischen Kontext sind fast an allen Schulen üblich, befinden sich aber oftmals im Umbruch. Neben Schulgottesdiensten (Veranstaltung der Schule) und Schülergottesdiensten (Veranstaltung einer Religionsgemeinschaft, unterstützt von der Schule) entstehen vermehrt interreligiöse oder „religiös neutrale“ Feiern an den Schulen. Die Teilnahme an Schul- und Schülergottesdiensten ist in jedem Fall freiwillig, muss zugleich aber den Schülern ermöglicht werden. Typische Anlässe für Schulgottesdienste sind Einschulung, Schuljahresbeginn und -ende, Advent und Weihnachten, der Buß- und Bettag oder besondere Daten der Schule (z. B. Jubiläum).

3.5 Interreligiöser Dialog im Lebensraum Schule

Von zunehmender Bedeutung sind Angebote des interreligiösen Dialogs an der Schule. Oftmals fehlt es der evangelischen Jugendarbeit hier noch an bewährten Formen sowie an institutionellen Partnern. Gute Erfahrungen werden mancherorts damit gemacht, neben den christlichen Festen wie Weihnachten und Ostern auch die islamischen Feste, beispielsweise das Zuckerfest zum Ende des Ramaddan, zu feiern. Die christliche Jugendarbeit kann und sollte solche religiösen Lebensäußerungen anderer Religionen wohlwollend begleiten und organisatorisch unterstützen, die inhaltliche Füllung muss aber durch Vertreter/-innen der jeweiligen Religion selbst erfolgen.

4. Zusammenfasssung und Ausblick

Die schulbezogene Jugendarbeit kann aktuell als eines der dynamischsten Felder christlicher Jugendarbeit gelten, sowohl im Blick auf ihre zahlenmäßige Verbreitung als auch im Blick auf die damit zusammenhängenden Debatten um Mission, Toleranz und Interreligiosität. Aufgrund des wachsenden Zeitanteils, den Jugendliche an der Schule verbringen, wird sich die öffentliche Wahrnehmung zukünftig eher noch stärker auf die schulbezogenen Jugendarbeitsformen richten. Zugleich bleibt der „eigentliche“ Ort der Jugendarbeit auch weiterhin außerschulisch.

Eine der wichtigen Zukunftsfragen der Jugendarbeit wird also darin bestehen, die Präsenz im Schulkontext auszubauen, ohne ihren angestammten Wirkungsbereich in der außerschulischen Jugendbildung zu vernachlässigen. Eine Schlüsselfrage liegt hierbei in der Finanzierung der schulbezogenen Angebote, bei denen ein ungleich größerer hauptamtlicher Anteil erforderlich ist als in der klassischen Jugendarbeit. Für eine missionarische Jugendarbeit stellt die Schule als zentraler gesellschaftlicher Ort den Bereich dar, in dem alle Jugendlichen angesprochen werden können, in dem zugleich aber besonders sensibel auf unterschiedliche religiöse und areligiöse Prägungen eingegangen werden muss. Als zentraler Lebensraum von Jugendlichen wird die Schule auch weiterhin ein Ort sein, an dem Jugendarbeit mit ihren Eigenarten und ihren großen Chancen präsent sein will und muss.

Literatur

Appel, Stefan/Rutz, Georg (2009): Handbuch Ganztagsschule. Schwalbach: Wochenschau Verlag.

Arnoldt, Bettina (2008): Öffnung von Ganztagsschule. In: Holtappels, Heinz-Günter/Klieme, Eckhard/Rauschenbach, Thomas/Stecher, Ludwig (Hrsg.): Ganztagsschule in Deutschland. Weinheim/München: Juventa. S. 86–105.

BMFSFJ (2005) = Bundesministerium für Familie, Senioren, Frauen und Jugend: Zwölfter Kinder- und Jugendbericht. Online unter: www.bmfsfj.de/doku/Publikationen/kjb/data/download/kjb_060228_ak3.pdf (Abruf 23.05.2015).

BMFSFJ (2013) = Bundesministerium für Familie, Senioren, Frauen und Jugend: Vierzehnter Kinder- und Jugendbericht. Online unter: www.bmfsfj.de/RedaktionBMFSFJ/Broschuerenstelle/Pdf-Anlagen/14-Kinder-und-Jugendbericht,property=pdf,bereich=bmfsfj,sprache=de,rwb=true.pdf (Abruf 23.05.2015).

Bundesjugendkuratorium (2002): Zukunftsfähigkeit sichern! – Für ein neues Verhältnis von Bildung und Jugendhilfe. In: Münchmeier, Richard/Otto, Hans-Uwe/Rabe-Kleberg, Ursula (Hrsg.): Bildung und Lebenskompetenz. Opladen: Leske + Budrich. S. 159–173.

Deinet, Ulrich/Icking, Maria/Leifheit, Elisabeth/Dummann, Jörn (2010): Jugendarbeit zeigt Profil in der Kooperation mit Schule. Opladen/Farmington Hills: Verlag Barbara Budrich.

Dücker, Fine/Röber, Franz/Steinestel, Karin (Hrsg.) (2010): Praxishandbuch zur Schülermentoren-Ausbildung „Soziale Verantwortung lernen" in Kooperation von Jugendarbeit und Schule. Stuttgart: buch+musik.

EJW (2012) = Evangelisches Jugendwerk in Württemberg: Jugendarbeit und Schule. Thesenpapier der ejw-Denkwerkstatt Zukunft. Online unter: www.ejwue.de/fileadmin/ejwue/denkwerkstatt/Jugendarbeit_Schule_final.pdf (Abruf 04.09.2015).

EKD (2014) = Evangelische Kirche in Deutschland (EKD) (Hrsg.): Religiöse Orientierung gewinnen. Evangelischer Religionsunterricht als Beitrag zu einer pluralitätsfähigen Schule. Eine Denkschrift des Rates der Evangelischen Kirche in Deutschland. Gütersloh: Gütersloher Verlagshaus. Online unter: www.ekd.de/religionsunterricht (Abruf 20.08.2015).

EKD (2015) = Evangelische Kirche in Deutschland: Christlicher Glaube und religiöse Vielfalt in evangelischer Perspektive. Ein Grundlagentext des Rates der Evangelischen Kirche in Deutschland (EKD). Gütersloh: Gütersloher Verlagshaus. Online unter: www.ekd.de/EKD-Texte/christlicher_glaube.html (Abruf 20.08.2015).

Gängler, Hans (2005): Jugendverbände und Jugendpolitik. In: Otto, Hans-Uwe/Thiersch, Hans (Hrsg.): Handbuch Sozialarbeit, Sozialpädagogik. München: Ernst Reinhardt Verlag. S. 894–903.

Garschagen, Julia/Stamme, Markus (Hrsg.) (2010): Schulbeweger. Der Kurs. Wenn Jesus Schüler bewegt – Material für Teenager- und Jugendgruppen. M
urg: Verlag der Francke-Buchhandlung.

Gärtner, Claudia/Könemann, Judith (2013): Religion and All-Day Schools: Impact of All-Day Schools on the Systems of School and Religion. Journal of Empirical Theology. Jg 26 (1). S. 63–86.

Gutmann, Hans-Martin/Kuhlmann, Birgit/Meuche, Katrin (2014): Praxisbuch Schulseelsorge. Göttingen: V&R.

Henschel, Angelika/Krüger, Rolf/Schmitt, Christof/Stange, Waldemar (Hrsg.) (2009): Jugendhilfe und Schule. Handbuch für eine gelingende Kooperation. 2. Auflage. Wiesbaden: VS Verlag.
Hisleiter, Dagmar/Sommer, Kerstin (2013): Schulbezogene evangelische Jugendarbeit. In: Kaiser, Yvonne/Spenn, Matthias/Freitag, Michael/Rauschenbach, Thomas/Corsa, Mike (Hrsg.): Handbuch Jugend. Evangelische Perspektiven. Opladen: Verlag Barbara Budrich. S. 433–436.
Ilg, Wolfgang (2013): Jugendarbeit – Grundlagen, Prinzipien und Arbeitsformen. In: Rauschenbach, Thomas/Borrmann, Stefan (Hrsg.): Arbeitsfelder der Kinder- und Jugendarbeit. Weinheim/Basel: Beltz Juventa. S. 12–32.
Ilg, Wolfgang/Heinzmann, Gottfried/Cares, Mike (2014): Jugend zählt! Ergebnisse, Herausforderungen und Perspektiven aus der Statistik 2013 zur Arbeit mit Kindern und Jugendlichen in den Evangelischen Landeskirchen Baden und Württemberg. Stuttgart: buch+musik.
Jüngel, Eberhard (1999): Referat zur Einführung in die Tagung der EKD-Synode 1999. Online unter: www.ekd.de/synode99/referate_juengel.html (Abruf 20.08.2015).
Kaupp, Angela/Bussmann, Gabriele/Lob, Brigitte/Thalheimer, Beate (Hrsg.) (2015): Handbuch Schulpastoral. Für Studium und Praxis. Freiburg: Herder.
Konsortium Bildungsberichterstattung (2006): Bildung in Deutschland. Bielefeld: Bertelsmann Verlag.
Konsortium Bildungsberichterstattung (2014): Bildung in Deutschland 2014. Bielefeld: Bertelsmann Verlag.
Lange, Mirja/Wehmeyer, Karin (2014): Jugendarbeit im Takt einer beschleunigten Gesellschaft. Veränderte Bedingungen des Heranwachsens als Herausforderung. Weinheim/Basel: Beltz Juventa.
Maykus, Stephan (2013): Jugendarbeit und Schule. In: Rauschenbach, Thomas/Borrmann, Stefan (Hrsg.): Arbeitsfelder der Kinder- und Jugendarbeit. Weinheim/Basel: Beltz Juventa. S. 262–292.
Metz, Heiko/Ocker, Markus (Hrsg.) (2012): So macht Jugendarbeit Schule. Wie Gemeinden an Schulen aktiv werden. Kassel: Born.
Mission:Respekt (2011): Das christliche Zeugnis in einer multireligiösen Welt. Online unter: www.missionrespekt.de/fix/files/Christliches-Zeugnis-Original.pdf (Abruf 17.08.2015).
Olk, Thomas/Bathke, Gustav-Wilhelm/Hartnuß, Birger (2000): Jugendhilfe und Schule. Weinheim/München: Juventa.
Rauschenbach, Thomas (2009): Zukunftschance Bildung. Familie, Jugendhilfe und Schule in neuer Allianz. Weinheim/München: Juventa.
Rauschenbach, Thomas/Borrmann, Stefan/Düx, Wiebken/Liebig, Reinhard/Pothmann, Jens/Züchner, Ivo (2010): Lage und Zukunft der Kinder- und Jugendarbeit in Baden-Württemberg. Eine Expertise. Dortmund.
Richter, André (2008): Geschichte der schulbezogenen Jugendhilfe. In: Coelen, Thomas/Otto, Hans-Uwe (Hrsg.): Grundbegriffe Ganztagsbildung. Wiesbaden: VS Verlag. S. 447–456.
Stettner, Maria (1999): Missionarische Schülerarbeit. München: Utz-Verlag.
Schröder, Achim/Leonhardt, Ulrike (2011): Wegweiser – Kooperation zwischen Jugendarbeit und Schule: Wie Jugendarbeit schulisches Lernen erweitert. Schwalbach im Taunus: Wochenschau Verlag.

Sturzenhecker, Benedikt/Richter, Elisabeth (2012): Die Kinder- und Jugendarbeit. In: Thole, Werner (Hrsg.): Grundriss Soziale Arbeit. Wiesbaden: VS Verlag. S. 469–476.

Wehling, Hans-Georg (2015): Der Beutelsbacher Konsens: Entstehung und Wirkung. In: Schule im Blickpunkt 2014/2015 (3). S. 15–16. Vgl. www.lpb-bw.de/beutelsbacher-konsens.html (Abruf 20.08.2015).

Züchner, Ivo (2008): Ganztagsschule und die Freizeit von Kindern und Jugendlichen. In: Holtappels, Heinz-Günter/Klieme, Eckhard/Rauschenbach, Thomas/Stecher, Ludwig (Hrsg.): Ganztagsschule in Deutschland. Weinheim/München: Juventa. S. 333–352.

MILIEUSENSIBLE JUGENDARBEIT UND MISSIONARISCHES HANDELN

Heinzpeter Hempelmann

1. Diversität, Pluralität und Heterogenität der Gesellschaft: die Folgen für Kirche und kirchliches Handeln

Die evangelische Kirche ist schon seit Langem Zielgruppenspezialist: Frauenarbeit, Männerarbeit, Seniorenarbeit, Kinderarbeit, Jugendarbeit. Sehr früh schon hat Kirche eingesehen, dass die Kommunikation des Evangeliums dem Adressaten gerecht werden muss. Einen älteren, erwachsenen Menschen muss man anders ansprechen als einen jungen Menschen, einen Mann anders als eine Frau. Eine entscheidende Frage kirchlicher Jugendarbeit der letzten Jahrzehnte besteht darin, warum dieses klassische Differenzierungskonzept nicht oder immer weniger funktioniert. Das gilt sowohl für die Jugendarbeit als auch mutatis mutandis für die genannten anderen kirchlichen Arbeitsfelder. Der Befund ist freilich zu präzisieren: Die Arbeitskonzepte „funktionieren" zwar noch, aber es wird nur ein Ausschnitt „der Alten", „der Jungen", „der Frauen" etc. erreicht.

Die Milieuforschung als einer der jüngeren Arbeitszweige der modernen Sozialwissenschaft bietet eine plausible Erklärung für diese Erfahrung, die sich im kirchlichen Rahmen bis zum Thema Gottesdienstbesuch, Partizipation an Angeboten der Kirchengemeinde, die wir allgemein adressieren, nachvollziehen lässt. Die Befunde haben sowohl allgemeine Bedeutung, lassen sich aber jeweils konkret auf das Feld der Jugendarbeit beziehen (Hempelmann 2013a):

(1) Die Gesellschaft hat sich sehr stark ausdifferenziert. Es ist schon falsch, von „der" Gesellschaft zu sprechen. Diese existiert nur abstrakt. Aus sozialwissenschaftlicher Perspektive haben wir es mit einer Vielzahl von Lebenswelten zu tun, die nebeneinander koexistieren, durch Distinktionsschranken voneinander getrennt sind und lebensweltlich im Alltag kaum Berührung miteinander haben. Es hat sich eingebürgert, im Anschluss an Gerhard Schulze (Schulze 2005) von „Milieus" zu sprechen. Ein Milieu ist mit der kürzesten und verständlichsten Definition des SINUS-Institutes „eine Gruppe Gleichgesinnter" (vgl. Burzan 2004: 114–134). Michael-Ebertz, der Nestor katholischer Milieuforschung, definiert (Ebertz 2006:

174): „Der Milieubegriff umfasst [...] Kontexte und Zusammenhänge bestimmter Bevölkerungsgruppen, die sich durch ähnliche Lebensbedingungen, Lebenserfahrungen, Lebensauffassungen, Lebensweisen, Lebensstile und Lebensführungen und eine verstärkte Binnenkommunikation ausweisen." Das bekannteste und am meisten verbreitete Milieumodell des Sozial- und Marktforschungsinstitutes SINUS (Heidelberg/Berlin) unterscheidet 10 dieser Milieus für die Grundgesamtheit der Einwohner Deutschlands über 14 Jahren (vgl. Abbildung 1).

Abbildung 1: Die Sinusmilieus in Deutschland 2010

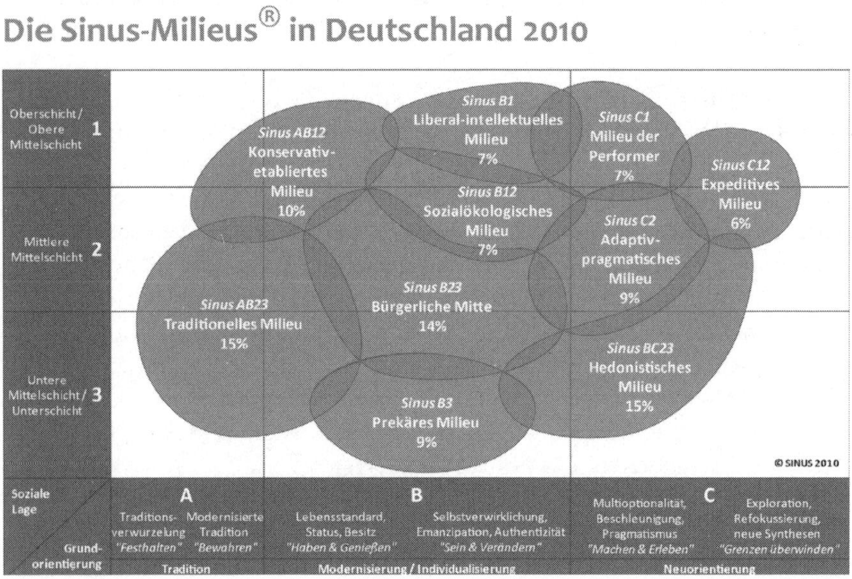

Quelle: Sinus Institut

Analog gilt: *Die* Jugend gibt es ebenso wenig wie die Gesellschaft, *das* Alter oder *die* Frauen. SINUS unterscheidet 2013 sieben Lebenswelten Jugendlicher (s. u.). Schon aus diesem Grund ist die klassische Jugendarbeit tot. Sie ist allenfalls Tätigkeit in einem subkulturellen Segment.

(2) Milieuforschung im kirchlichen Raum zeigt nun aber: Die Segmentierung, ja Fragmentierung der Gesellschaft in unterschiedliche Milieus findet sich nicht nur in der Gesellschaft. Auch die beiden großen Volkskirchen bilden sie aus und nach. Genau darin sind sie *Volks*kirchen. In den Kirchen finden sich Mitglieder aus allen Milieus. (Wir werden weiter unten sehen, dass dies auch für den Bereich der Jugendszenen gilt.) Im Durchschnitt gehören 31 % eines Milieus einer evangelischen Kirche an. Selbst in kirchengemeindefernen Milieus wie dem Milieu der Prekären und der Hedonisten

sind immerhin noch 26 % bzw. 21 % der Personen, die man dieser Lebenswelt zuordnen kann, in einer evangelischen Kirche.

Abbildung 2: Zugehörigkeit zu Kirchen und Religionsgemeinschaften

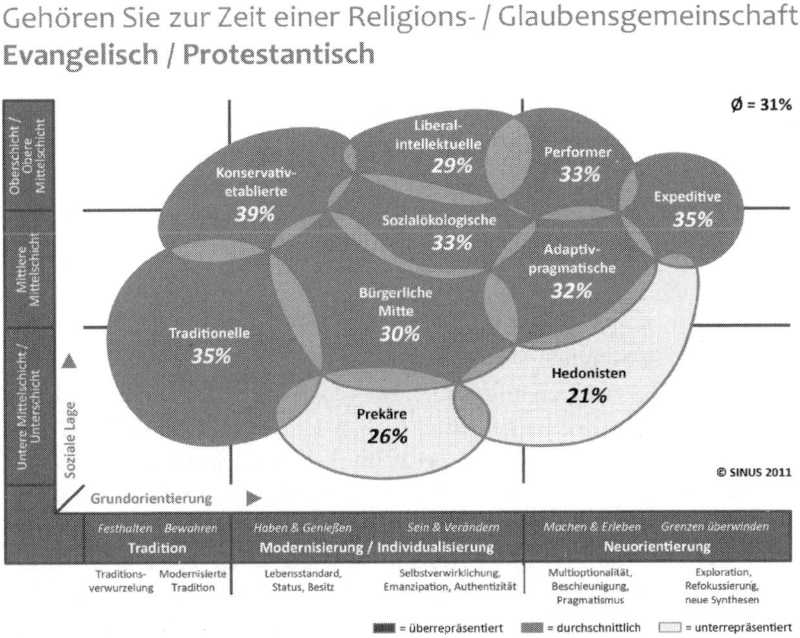

Quelle: Sinus Institut

(3) Die kirchlichen Veranstaltungen, ganz gleich ob Sonntag-Morgen-Gottesdienst, Jugendstunde oder Seniorenkreis, wenden sich nur dem Anspruch nach an alle. Theoretisch werden zwar alle adressiert. Alle können und sollen kommen. De facto zeigt sich aber, dass die kirchlichen Angebote Milieuveranstaltungen mit einer sehr speziellen soziokulturellen Prägung sind. In einer sich immer mehr ausdifferenzierenden Gesellschaft kann das auch kaum anders sein. Es gelingt nicht mehr, alle mit einem Angebot anzusprechen. Dass das so ist, ist nicht verwerflich, wohl aber der Unwillen, diesen Sachverhalt einzusehen und Konsequenzen daraus zu ziehen.[1] Alle

[1] Kirchliche Veranstaltungsträger stehen nicht alleine vor diesem Dilemma. Dasselbe Problem haben etwa auch Parteien und politische Organisationen. Die Form von Politik, die in Deutschland üblich ist, interessiert aus sehr unterschiedlichen Gründen sehr viele Milieus einfach nicht. Politik ist eine subkulturelle Angelegenheit geworden. Der moralische Zeigefinger: alle sollten und müssten sich politisch engagieren, mindestens denken, hilft hier überhaupt nicht weiter. Die Verantwortlichen müssten sich zuerst

Veranstaltungen zeigen ein ganz bestimmtes Gepräge, das jeweils nur für ein, maximal zwei weitere, „benachbarte“ Milieus interessant und attraktiv ist. Bestimmend ist hier der Gesichtspunkt der lebensweltlichen Inklusion und Exklusion. Als Grundregel gilt: Je mehr sich ein bestimmtes Milieu wohl, „zu Hause“ fühlt, je mehr es inkludiert ist, umso mehr sind andere automatisch ausgeschlossen; wissen sie bereits durch die Formatierung einer Veranstaltung: Das ist nicht für mich. Da kann der Anspruch noch so sehr anders sein. Die Botschaft der Veranstaltung selbst ist stärker. Das beginnt mit dem Medium, durch das diese kommuniziert wird: Social Media erreicht Konservativ-Etablierte schon gar nicht mehr, der Gemeindebrief ist kein Medium für Expeditive. Das geht weiter mit dem Veranstaltungsort: Ins Gemeindehaus wird ein Hedonist nicht kommen. Kirchliche Gebäude sind ein No-Go. Da muss man gar nicht nachdenken. Und auch die Oberschicht-Milieus werden sich das überlegen. Liegen da Bleistifte und Papier auf dem Tisch, werden die bildungsschwachen Milieus, vor allem die Prekären, sich auf der Schwelle umdrehen: Eine weitere Misserfolgserfahrung brauche ich nicht. Schreiben und Reden überlasse ich lieber anderen. Geht's ums Anpacken, den Abriss eines alten Gebäudes, werden sie sich eher ansprechen lassen, Performer und Liberal-Intellektuelle werden eher davor zurückschrecken, Hammer und Spitzhacke in die Hand zu nehmen. Das ist nicht ihr Ding. Erst jetzt kommen wir zu den Themen. Auch diese sind milieuspezifisch. Das Adaptiv-Pragmatische Milieu interessiert sich nicht für Politik oder Kirche, das Liberal-Intellektuelle sehr wohl. Die Themen der LIB, Toleranz, Selbstbestimmung und globale Verantwortung, sind für die Sozial-Ökologischen noch interessant, eventuell für Personen, die wir dem Performer-Milieu zuordnen, die Bürgerliche Mitte und die PRA wird sich bedanken. Die wollen etwas, was familiär und lokal relevant ist. Usw. usf.

Man fühlt sich wohl, wenn man auf eine ästhetische Prägung trifft, die der eigenen Lebenswelt entstammt oder entspricht. Theoretische, weltanschauliche oder gar kirchenkritische Vorbehalte spielen hier noch gar keine Rolle. Es geht um das Alltägliche, das, was unser Leben konkret ausmacht. Das betrifft vor allem

- Sprache und Kommunikationsverhalten (wie begrüßt man sich; welcher Wortschatz wird gebraucht; welcher ist tabuisiert? Was ist cool?). Wie darf ich reden, oder falle ich sofort auf? Die wenigsten mögen das. Wo finde ich als Jugendlicher geschützte Räume, in denen ich mich nicht für Aussehen und Reden, Einstellungen und An-

überlegen, warum soziokulturelle Prägungen die Partizipation an Politik und Zeitgeschehen verhindern (das fängt mit Sprache und Bildungsniveau an und geht weiter mit Themen und verhandelten Anliegen).

liegen verantworten muss. Wohl eher nicht in kirchlichen Räumen, deren Inhaberin durchweg als Spaßbremse gilt, was im Übrigen ja die Einrichtung auch meist zeigt.

- Wo und wann trifft man sich? Die einen wollen Regelmäßigkeit und Verlässlichkeit, die anderen Abwechslung. Für die einen ist das Gemeindehaus selbstverständlich, für die anderen ist es ein „Unort“, in den man freiwillig und von sich aus nicht gehen würde. Ist ein regelmäßiger Treff überhaupt das, was bestimmte junge Menschen wollen, deren Lebensmotto Spontaneität und Spannung, das Abwechslungsreiche und Neue ist?
- Ganz wichtig ist der Musikgeschmack. Sage mir, was für Musik du wie und wo hörst (oder machst!), und ich sage dir, wer du bist. Dabei sind die Ekelschranken, die auch in der Kirche hochgezogen werden, massiv: Choräle contra Anbetungslieder (celebration), englische Lieder gegen deutsche, Orgel contra Schlagzeug und E-Gitarre. Was darf wo vorkommen, oder besser: was dominiert wo? Hier zeigt sich dann, ob „Jugend“ wirklich willkommen ist; ob es musikalisch/ästhetisch Raum für sie gibt. Wie milieutolerant eine Gemeinde ist, die offen ist und „die Jugend“ erreichen will.
- Wie sind die kirchlichen Räume eingerichtet? Oder sollten es gar keine kirchlichen sein? Wird ein ehemaliger Konfirmand sich nach dem Kirchenschiff und dem Gemeindehaus zurücksehnen?
- Welche Themen werden besprochen bzw. behandelt? Oder ist nicht schon das theoretische Nachdenken und Diskutieren ätzend? Schließt es mich nicht aus? Ich habe in der Schule Mühe mit Lesen und Schreiben gehabt und nun soll ich hier auch noch Texte lesen und verstehen!
- Was für Gemeinschaft pflegen wir, oder ist schon diese Frage nicht „gruftimäßig“? Kommt es statt auf feste Regeln nicht auf spontane Entschlüsse an? Die einen wünschen sich das Zusammensein wie eine größere, erweiterte Familie, mit Leuten, die sie kennen; die anderen suchen das Neue und die Neuen.

Die heterogene, sich schon im Jugendalter ausdifferenzierende Welt einerseits und die immer konkret gestalteten, in der Regel eher traditionsorientiert-bürgerlich geprägten kirchlichen Angebotsformate andererseits bedeuten: Kirche macht prima Angebote, die auch angenommen werden, aber nur für und von einer Subkultur, also einem Ausschnitt der Mitglieder. Für die anderen gilt bis heute weitgehend und vielfach: „Friss Vogel oder stirb!“ Kirchenamtlich: „Wir machen doch Kirche für alle. Jeder kann doch kommen.“ Im Licht moderner Milieuforschung ist das eine Naivität. Wer so denkt und entsprechend handelt, schließt fahrlässig alle aus, die nicht so sind wie ein unterstellter, empirisch nicht mehr gegebener *Mainstream* oder eben die, die das Geschehen traditionell bestimmt haben. Damit sind drei Gesichtspunkte verbunden, die für eine milieusensible Kirche und eine milieusensible Jugendarbeit von elementarer Bedeutung sind:

(a) Das Thema der Reichweite berührt unmittelbar das Thema Mission. Wenn Menschen sich nicht zu Hause, nicht wohlfühlen, nicht willkommen wissen, dann kann das einer sich missionarisch verstehenden, offenen, einladenden Kirche nicht gleichgültig sein.
(b) Das Thema Milieuprägung, auch im jugendmissionarischen Bereich, berührt das Thema Macht und Dominanz. Wenn es offenbar nicht gleichgültig ist, welche Ästhetik unsere Angebote bestimmt (warum sonst gäbe es den Widerstand der „Alteingesessenen"?), dann ist es eine Frage der Liebe, Rücksichtnahme und Toleranz, wie wir mit unterschiedlichen Prägungen, auch Erwartungen im Raum der Kirche umgehen. Traurig ist allerdings, dass hedonistisch geprägte Jugendliche vielfach schon überhaupt keine Erwartungen an Kirche mehr haben. Hier braucht es solche, die für die sprechen, die zwar noch pro forma dazugehören, aber keinen Sinn mehr darin sehen, sich zu artikulieren. Die Fragen sind „knallhart". Wer setzt sich durch? Wer hat das Sagen? Wer beschließt, welche Mittel für welche Formen von Arbeit unter welchen Jugendlichen beschlossen und zur Verfügung gestellt werden; welche Schwerpunkte neu gesetzt werden? In der Sache ist das dann schon eine Antwort auf die Fragen: Wer bleibt in der Kirche und wer geht? Geistlich steht hier zur Debatte an: Sind das die Regeln, nach denen das „Kirch-Spiel" funktioniert? Vielleicht ist der auch von der 5. Kirchenmitgliedschaftsuntersuchung (EKD 2014) wortreich beklagte Traditionsabbruch und Verlust der nachwachsenden Generationen nicht in erster Linie ein Problem der fortschreitenden Säkularisierung, sondern eine Folge der Unfähigkeit von Kirche, sich auf die soziokulturelle Ausdifferenzierung im Jugendalter einzustellen und hier einen Schwerpunkt ihrer Arbeit zu setzen. Gelingt es Kirche, anders zu fragen und sich neu zu orientieren: Wo bleiben die anderen, die nicht so sind wie wir; die durch das Netz herkömmlicher Jugendarbeit fallen? Wie verteilen wir unsere Ressourcen so, dass alle auf ihre Kosten kommen?
(c) Das Thema Milieuprägung berührt das Thema Diversität. Wir leben in einer Gesellschaft, in der Pluralität und Individualität programmatisch großgeschrieben werden. Wie gehen wir als Kirche mit dem Ergebnis einer großen, kaum noch zu überschauenden und auch von Milieu- und Lebensstilmodellen ja nur sehr grob und vereinfacht erfassten Fülle von Lebensentwürfen um? Setzen wir einen als den allein richtigen mit Macht und mentaler Gewalt durch, oder suchen wir als Kirche nach Wegen, je-

dem einzelnen jungen Menschen so gut es geht gerecht zu werden, ohne dabei die Frage nach dem, was verbindet und was uns als Kirche eint, aus dem Blick zu verlieren? Letztlich stehen wir auch hier noch gar nicht vor theologischen Weichenstellungen und weltanschaulichen Fragen. Milieusensibilität in der missionarischen Jugendarbeit bedeutet vielmehr, selbstkritisch zu schauen, wo eine bürgerliche Formatierung der religiösen Fragen dominiert und die Gefahr besteht, eine traditionsorientiert-bürgerliche Fassung religiöser Einstellungen mit Religion überhaupt zu identifizieren. Der Fehlschluss liegt dann nahe, in hedonistischen oder anders geprägten postmodernen Lebensentwürfen sei Religion überhaupt nicht gefragt und präsent. Gefragt ist kirchlicherseits eine kulturhermeneutische Deutungskompetenz, die in der Lage ist, in den unterschiedlichen kulturellen Lebensäußerungen, mentalen Einstellungen, alltagsästhetischen Formatierungen die leitenden religiösen Anliegen, Fragen, Positionen aufzuspüren und sich zu ihnen vom Evangelium her in angemessener und unterschiedlicher Weise ins Verhältnis zu setzen.

2. Milieuforschung und Jugend(arbeit)

Wir haben schon bisher deutlich gemacht, dass auch die kirchliche Jugendarbeit[2] von den Reichweitenproblemen und den zugrundeliegenden gesellschaftlichen Konstellationen betroffen ist. Ohne verallgemeinern zu wollen: Die bestehenden kirchlichen Arbeitszweige der Jugendarbeit haben ihr Profil, vor allem dort, wo sie kirchengemeindlich angebunden sind (wo regionale Zusammenarbeit möglich ist, gibt es oft die Perspektive, sich auf bislang vernachlässigte Zielgruppen zu konzentrieren). Klar ist etwa: Gymnasiasten und ihre Themen, ihre lebensweltliche Orientierung dominieren. Und wer bisher davon träumte, dass Kirche doch wenigstens im Bereich der Konfirmanden mit einem Angebot alle erreiche, der wurde durch die Studie zur Konfirmanden-Arbeit in Baden-Württemberg daran erinnert, dass selbst hier nur 93 % der Evangelischen eines Jahrgangs erreicht werden (Cramer/Ilg/Schweitzer 2009). Die 7 %, die fehlen, schon hier fehlen, entsprechen ziemlich genau dem Prozentsatz der Jugendlichen, die einer prekären Lebenswelt zugeordnet werden können.

Milieuforschung stiftet keine psychologische Persönlichkeitstypologie. Sie ordnet auf der Basis qualitativer und quantitativer empirischer Untersu-

2 Ohne dass ich ausreichend Überblick für eine abgesicherte Aussage habe, gelten die vorliegenden Aussagen für die kirchliche Jugendarbeit in entsprechender Weise nach meinen Beobachtungen vielfach auch für Jugendarbeiten in freikirchlichen Gemeinden und Jugendverbänden, also häufig für missionarische Jugendarbeit generell.

chungen Personen einer bestimmten Lebenswelt zu, die sich durch Lebensstil, mentale Grundorientierung (prämodern-traditionsorientiert, modern-kritisch, postmodern-pluralistisch)[3] und soziale Lage (Kriterium: materielle und Bildungsressourcen) voneinander unterscheiden. Das Milieumodell kommt im Hinblick auf das Jugendalter insofern an eine prinzipielle Grenze, als man für Jugendliche von einer stabilen Zuordnung noch nicht sprechen kann. Ein Beispiel kann das sehr schön illustrieren. Während sich etwa 40 % der jungen Menschen einem hedonistischen Milieu zuordnen lassen, sind es im Erwachsenenalter gerade noch 15 % der Personen, die sich einer entsprechend geprägten Lebenswelt zurechnen lassen. Die Frage ist natürlich, was man unter „Jugend" verstehen will. Wenn der Übergang ins Erwachsenenalter erst dann vollzogen ist, wenn Menschen sich „gesettelt" haben, und wenn man davon erst reden kann, wenn sie einen Beruf und einen festen Partner gefunden haben, dann ist nachvollziehbar, dass es Jugendforscher gibt, die davon sprechen, dass das Jugendalter sich bis Anfang 30 erstrecken kann. Bis dahin sind in vielen Fällen keine Zuordnungen möglich. Milieuforschung hat sich darum angewöhnt, nicht von festen Jugendmilieus zu sprechen und damit eine stabile Orientierung zu unterstellen, sondern lieber von „Lebenswelten Jugendlicher".

3. Das SINUS-Modell jugendlicher Lebenswelten[4]

Das SINUS-Milieu-Modell beruht auf zwei Achsen, auf denen zwei Dimensionen sozialer und mentaler Differenzierung aufgetragen werden. Die Vertikale bildet die soziale Lage ab. Maßstab sind die Ressourcen an Bildung materiellen Gegebenheiten. Im Jugend-Modell ist Bildung so dominant, dass sich das u18 auf dieses Kriterium beschränkt. Die Horizontale bildet die Grundorientierung ab. Es werden traditionsorientiert-prämoderne, kritisch-moderne und pluralistisch-postmoderne Mentalitäten unterschieden. Vom Basismodell unterscheidet sich u18 dadurch, dass die einzelnen Grundorientierungen nicht einfach einem Bereich zugeordnet werden, vielmehr einen Schwerpunkt haben und in andere Bereiche hinein zerfließen. Durch diese Art der Darstellung wird dem Gesichtspunkt Rechnung getragen, dass wir es im Bereich jugendlicher Lebenswelten nicht mit relativ konstanten Milieuzuschreibungen zu tun haben. Mit mentalen Dynamiken ist von vornherein zu rechnen.

---

3 Zur Erläuterung und Entfaltung der für Milieuforschung zentralen Mentalitätsdimension: Hempelmann 2013b

4 Zur Erforschung jugendlicher Lebenswelten: Wippermann/Calmbach 2008; Calmbach et al. 2012; Kopp et al. 2013

Abbildung 3: Sinus-Lebensweltmodell u18

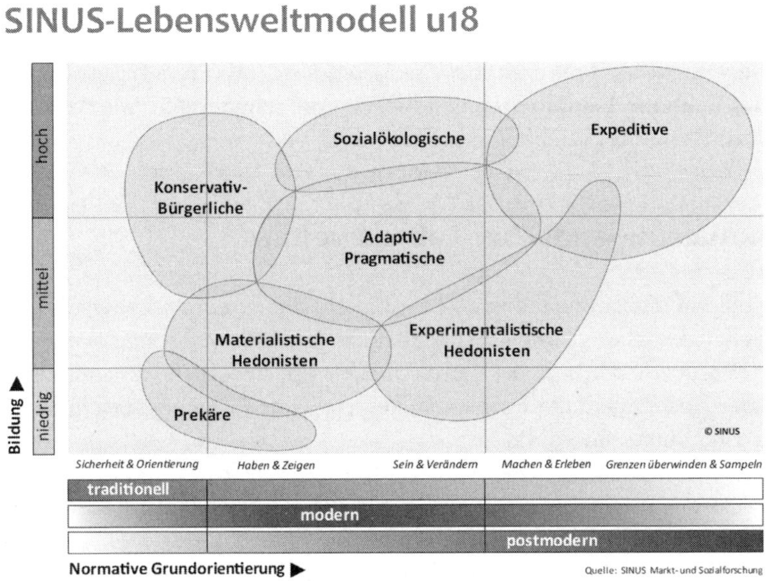

Quelle: Sinus Institut

Das u18 unterscheidet sich vom Standardmodell auch durch die geringere Zahl von Lebenswelten. Die soziokulturelle Differenzierung nimmt mit dem Alter noch zu, ist aber bereits unter 18 bemerkenswert hoch.

Es ist in diesem Zusammenhang nur möglich, die wichtigsten Kennzeichen der jeweiligen Lebenswelt in Form der von SINUS gegebenen Kurzcharakteristik wiederzugeben. Umfangreiche und wichtige Hintergrundinformationen finden sich in der Studie von 2012 „Wie ticken Jugendliche?“:

- Die *Konservativ-Bürgerliche* Lebenswelt beinhaltet „die familien- und heimatorientierten Bodenständigen mit Traditionsbewusstsein und Verantwortungsethik“
- Die *Adaptiv-Pragmatische* Lebenswelt ist der „leistungs- und familienorientierte moderne Mainstream mit hoher Anpassungsbereitschaft“
- *Materialistische Hedonisten* sind „die freizeitorientierte Unterschicht mit ausgeprägten markenbewussten Konsumwünschen“
- *Experimentalistische* Hedonisten sind „die spaß- und szeneorientierten Nonkonformisten mit Fokus auf Leben im Hier und Jetzt“
- *Sozialökologische* sind „die nachhaltigkeits- und gemeinwohlorientierten Jugendlichen mit sozialkritischer Grundhaltung und Offenheit für alternative Lebensentwürfe“

- *Expeditive* sind „die erfolgs- und lifestyle-orientierten Networker auf der Suche nach neuen Grenzen und unkonventionellen Erfahrungen"
- *Jugendliche in prekären Lebenswelten* sind „die um Orientierung und Teilhabe bemühten Jugendlichen mit schwierigen Startvoraussetzungen und Durchbeißermentalität".

4. Merkmale jugendlicher Lebenswelten

Es ist in diesem Zusammenhang nicht möglich, die einzelnen Lebenswelten näher zu charakterisieren, und es ist auch nicht sinnvoll, weil so der Eindruck gefördert würde, man könne sich durch die Lektüre eines Aufsatzes oder entsprechender Zusammenfassungen einen ausreichenden Zugang verschaffen.[5] Wichtige Ergebnisse sind aber:

(a) Wir treffen auf eine enorme soziokulturelle Bandbreite an Lebenswelten. Diese ist nicht nur durch die unterschiedlichen materiellen und Bildungsressourcen verursacht, sondern eben auch bei vergleichbarer sozialer Lage durch die mentale Orientierung bedingt. Wer missionarische Jugendarbeit machen will, muss sich zunächst einmal entscheiden, wen oder was er fokussieren möchte.

(b) Die Themenpalette ist sehr differenziert. Es gibt nicht die Themen, die die Jugend interessieren. Expeditive sind interessiert an Mode, Design, Kreativität, an Menschen und Psychologie; materialistische Hedonisten und Jugendliche aus prekären Lebenswelten reden über Auto, Motor, Sport, Jungen und Mädchen, Beziehungen oder Sensationen. Konservativ-Bürgerliche und Sozialökologische teilen das Themenfeld Engagement für andere, Leid anderer Menschen, Probleme in der Welt, Sinn des Lebens, Glaube/Religion. Etc. pp. Wer missionarische Jugendarbeit machen will, muss sich auf die entsprechenden Themen einstellen.

(c) Die Haltung zu Glaube und Kirche/Gemeinde ist je nach Lebenswelt bestimmt durch Affinität (Konservativ-Bürgerlich), kritisches Engagement (Sozialökologisch), lebensweltliche Distanz (Adaptiv-Pragmatisch) oder Ablehnung/Distanz (Materialistische Hedonisten, Jugendliche aus prekären Lebenswelten). Wer missionarische Jugendarbeit machen will, muss wissen, auf welche Barrieren er trifft und umgekehrt, welche Brü-

[5] Vgl. den Überblick über die Ergebnisse der SINUS-Jugendforschung in: Thomas/Calmbach (2012); auf der Basis des u18-SINUS-Modells baut die Studie „Brücken und Barrieren" auf, die den evangelischen Raum in Südwestdeutschland fokussiert (Kopp et al. 2013).

cken bestehen; welche Vorbehalte es gibt und welche Interessen. Dabei muss eine Zurückhaltung gegenüber Kirche („das sind vor allem alte Leute") nicht bedeuten, dass Jugendliche kein Interesse an der religiösen Dimension des Lebens haben.

(d) Die Studie „Brücken und Barrieren" hat deutlich gemacht, dass es verschiedene Typen der Motivation(sanreize) gibt, sich in kirchlichen Zusammenhängen zu engagieren oder eben auch Gründe dafür, es nicht zu tun. Das ist aber doch aus der Sicht der Motivationspsychologie kein letztes Wort. Vielmehr wäre zu fragen, wie an die Motivations- und Interessenlagen auch Distanzierter angeknüpft werden kann; ob das nicht auch eine Bereicherung für kirchliche Jugendarbeit bedeuten könnte. Was wäre etwa, wenn die Frage, macht Kirche Spaß, tatsächlich eine größere Bedeutung bekäme? Dass sie nur ernst, kognitiv fokussiert, verantwortungsorientiert, gemeinwohlbezogen zu sein hätte, ist ja gleichfalls eine kulturelle Prägung. Junge Kirchen in Schwarzafrika und Lateinamerika machen es uns vor, dass es auch anders geht. Dabei geht es nicht darum, das Proprium aus dem Blick zu verlieren, wohl aber zu realisieren, dass wir das Proprium von Kirche und Glaube (a) nicht an sich bestimmen können, dass wir es (b) immer in einer soziokulturell bestimmten und historisch bedingten Gestalt vor uns haben und dass es (c) nicht um eine Verflachung oder Verarmung des Glaubens geht, sondern zunächst mal um das Anknüpfen an andere lebensweltliche Gestalten.

Einen Fokus möchte ich hier legen auf das Gemeinschaftsformat und die Ankerwerte der jeweiligen Jugend-„Szene". Sie sind von zentraler Bedeutung. Wie erwartet und lebt ein Jugendlicher Gemeinschaft? Was sind die ihn – vorbewusst und selten reflektiert-treibenden Werte und Einstellungen?

Tabelle 1: Gemeinschaft und Empfindungswelt von Jugendszenenmilieus

Jugendszenen-Milieu	Gemeinschaft	(Anker-)Werte/Empfindungswelt
Konservativ-Bürgerliche	• fester, überschaubarer, sozial homogener Freundeskreis • wenig Nutzung der social communities	• Anpassungs- und Ordnungswerte • Kollektivwerte • religiöse Tugenden • Erhaltung des gesellschaftlichen Zusammenhaltes • kaum Lifestyleaffinität

Quelle: Thomas/Calmbach 2012: 37–76

Jugendszenen-Milieu	Gemeinschaft	(Anker-)Werte/Empfindungswelt
Prekäre	• Integration in klassische Institutionen schwierig • Anerkennung in der Peergroup besonders wichtig • Freunde als „Familie"	• heikel, unsicher als Lebensgefühl • frühe Brüche in der Biografie (Schule, Familie) • „alles tun, um da rauszukommen" • Empfindung der Benachteiligung und Chancenlosigkeit • starke Rückzugstendenzen • Stärke zeigen, auch körpersprachlich • Hochschätzung der Familie
Adaptiv-Pragmatische	• Sozialer Nahraum (Familie, Freunde) ist wichtig • Vernetzung im Alltag über Handy und Internet	• Kombination von bürgerlichen Werten und Tugenden mit modernen und hedonistischen Werten • Anpassungs- und Kompromissbereitschaft • zielorientiertes, abgesichertes, wohl geordnetes Leben
Materialistische Hedonisten	• großer Freundeskreis ist wichtig • man ist nicht gern allein • cool: bei allen bekannt und beliebt • Informationen über Aktivitäten der Clique und des nahen Wohnumfeldes • Austausch über Stars und Sternchen • „Brüder" und „Schwestern"	• Status äußerlich zeigen • Konsum • kurzfristige Konsumziele • Markenorientierung • Spaß und „chilliges" Leben • besondere Aversion gegen als rigid empfundene Regeln
Experimentalistische Hedonisten	• Anschluss an subkulturelle Szenen • großer Freundes- und Bekanntenkreis • „durchgeknallt", „verschworene Gemeinschaft"	• Freiheit, Selbstverwirklichung, Genuss, Spaß, Abenteuer • Leben im Hier und Jetzt • Das Abgefahrene, Andere, Anstößige
Sozial-ökologische	• hoher normativer Anspruch an den eigenen Freundeskreis • Anspruch auf „Niveau und Tiefe" • kontinuierlicher Austausch	• postmaterielle Orientierung: Demokratie, Gerechtigkeit, Umweltschutz, Nachhaltigkeit • Sendungsbewusstsein • Solidarität, Chancengerechtigkeit • Kritik an materialistischen Werten • kritische Distanz zu Mode, Fashion, Trends
Expeditive	• Networking, Vernetzung, Verflechtung • online wie offline • flexible Teilnahme an unterschiedlichen Gruppen • „sehr gut vernetzte Einzelgänger"	• Wertepatchwork: Selbstverwirklichung, Selbstentfaltung, Selbstständigkeit, Hedonismus und: • Pflicht- und Leistungswerte (Erfolg) • Kritik an ideologischen Perspektiven • nicht an-, sondern weiterkommen

Entscheidend ist in diesem Zusammenhang, die doppelte Zumutung einzusehen,

- dass wir auf Menschen treffen, die auch im Jugendalter schon geprägt sind und bei denen es kein „Wünsch Dir was!" gibt heute weniger denn je. Solche Erwartungen werden in einer durch die Leitwerte Pluralität und Individualität geprägten Gesellschaft von vornherein als Ablehnung des Einzelnen verstanden. Das stellt natürlich missionarische Jugendarbeit vor immense und ganz andere Herausforderungen als in einer bürgerlich-konservativ geprägten Gesellschaft, in der man im Wesentlichen eine christliche Leitkultur voraussetzen konnte und in Konfirmation, Kommunion und Jugendarbeit eigentlich durchsetzen sollte;

- dass auch die Formate von Gemeinschaft und die Einstellungen, die sich im kirchlichen Mainstream finden, ja nicht einfach identisch sind mit „dem Christlichen". Auch sie beruhen auf einer sehr langen, inzwischen jahrhundertealten Melange von Gesellschaft und Kirche, ja Thron/ Staat und Altar. Man geht wohl nicht völlig fehl, wenn man einen Teil der programmatischen Unkirchlichkeit postmodern bestimmter Lebenswelten als Reaktion auf die Kirche kaum bewusste immer noch spürbare Dominanz bürgerlich verstandener christlicher Werte zurückführt, von denen man sich freimachen möchte, um wirklich selbstbestimmt zu leben.

5. Zusammenfassende und grundsätzliche Überlegungen

(a) Milieusensibler und darin missionarischer Jugendarbeit kommt für die Zukunft von Kirche und Gemeinde eine entscheidende Bedeutung zu. Nur wenn es gelingt, die nachwachsenden Generationen für Kirche zu gewinnen, werden diese ihren Nachkommen Kirche als relevanten Bestandteil ihres Lebens vermitteln. Eine solche „die Jugend" gewinnende missionarische Bemühung intra et extra muros ecclesiae kann sich nicht darauf beschränken, ein bestimmtes, historisch gewachsenes, heute aber nur noch für einen Teil der Kirchenmitglieder (von der Gesamtbevölkerung ganz zu schweigen!) einsichtiges Modell und Profil von christlichem Glauben, Kirche und Gemeinde als *das* allein richtige und christliche zu propagieren und dann zu erwarten, dass Menschen eine doppelte Bekehrung vollziehen: eine Hinkehr zum Evangelium und eine Bekehrung zum bürgerlich-konservativen oder sozialökologischen Milieu.

(b) Milieusensible missionarische Jugendarbeit wird heute den beschwerlichen Demutsweg des Nachvollzugs der soziokulturellen Segmentierung und mentalen Fragmentierung unserer Gesellschaft, angefangen von den Lebenswelten Jugendlicher, gehen müssen. Dieser Weg ist mühsam, aber nicht unnötig. Wenn wir die Differenzierung der Themen, Leitmotive, Werte, Interessen, Gemeinschaftsformate, religiöse Einstellungen der jeweiligen Jugend-Szenen nach- und durchbuchstabieren, folgen wir so dem Kommunikationsprinzip des lebendigen Gottes, in dessen Sendung wir stehen und dessen Mission wir teilen. Gott erkennt uns und er kommuniziert mit uns, indem er konkret wird, wörtlich: mit uns zusammenwächst (lat. konkret von concresci, zusammenwachsen). Er teilt sich uns mit, indem er Teil hat an unserer menschlichen Lebenswelt. Milieusensible Jugendarbeit, die missionarisch Grenzen überschreitet, wird darum die kognitive Beschäftigung mit den Lebenswelten Jugendlicher nur als einen ersten Schritt der Bewusstmachung begreifen dürfen und dann fragen müssen, welche Brückenpersonen sie sendet, die in den einzelnen Lebenswelten Glaube, Gott und Gemeinde re*präsentieren* können, weil sie im besten Fall selbst aus ihr stammen. Milieusensible missionarische Jugendarbeit ist darum ihrem Wesen nach inkarnational.

(c) Sie passt sich nicht an, aber sie dockt an. Das kann sie nur, indem sie hineingeht in das jeweilige „Milieu", teilhat und teilnimmt. Nur so kann, das zeigen 2000 Jahre Ausbreitung des Glaubens, Kontextualisierung, Beheimatung des Glaubens in zunächst noch fremden Lebenswelten geschehen. Sie vollzieht den damit verbundenen kulturellen Identitätsverlust im Bewusstsein, dass sich die Zielkultur, auf die sie sich bezieht, ebenfalls verändert, wenn das Evangelium in ihr Wirkung entfaltet.

(d) Milieusensible, Milieugrenzen überschreitende missionarische Jugendarbeit kehrt um von der traditionellen Komm-Struktur und vollzieht eine wahrhaft kopernikanische Wende zur Geh-Struktur. Sie kehrt sich ab von der Alleingeltung des attraktionalen Prinzips: Was müssen wir tun, damit junge Menschen zu uns kommen? Sie geht selbst hin, mindestens da, wo kirchliche Orte Unorte, No-Go-Areas sind.

(e) Milieusensible missionarische Jugendarbeit verändert Kirche noch in anderer Weise. Sie passiert nicht mehr nur, um die Gemeinde vor Ort zu sichern; ihren Fortbestand zu stärken. Angesichts der ungeheuren Fluktuation von Menschen in vielen Regionen, angesichts der vielfach anzutreffenden Patchwork-Biografien verabschiedet sich Jugendarbeit von selbstsüchtigen kirchengemeindlichen Zwecken und denkt, von der Gesamtheit des Reiches Gottes her, im Prinzip weltweit. Umgekehrt profitieren in Groß- und Mittelstädten christliche Gemeinden ja zunehmend von der Bereicherung durch Migranten aus aller Herren Länder.

(f) Milieusensible missionarische Jugendarbeit wird die einseitig wissensbasierte und kognitiv orientierte, Jugendliche aus prekären (und materiell-hedonistischen) Lebenswelten de facto diskriminierende, weil ausschließende Prägung aufbricht und nach anderen medialen Formen suchen.

(g) Milieusensible missionarische Jugendarbeit wird schließlich die für ein postmaterielles Selbstbewusstsein unangenehme Zumutung realisieren, dass es auch in der Kirche, verstärkt sogar unter Jugendliche massive Ekelschranken gibt. Bei allem Wissen um Milieuforschung und die Konsequenzen für eine milieusensible Kirche und speziell Jugendarbeit: Hier liegen die entscheidenden, methodisch und kognitiv allein nicht zu bewältigenden Herausforderungen konkreter, engagierter Zuwendung.

Literatur

Burzan, Nicole (2004): Soziale Ungleichheit. Eine Einführung in die zentralen Theorien. 1. Auflage. Wiesbaden: Verlag für Sozialwissenschaften.

Calmbach, Marc/Thomas, Peter Martin/Borchard, Inga/Flaig, Bodo (2012): Wie ticken Jugendliche 2012? Lebenswelten von Jugendlichen im Alter von 14 bis 17 Jahren in Deutschland. Düsseldorf: Verlag Haus Altenberg.

Cramer, Colin/Ilg, Wolfgang/Schweitzer, Friedrich (2009): Reform von Konfirmandenarbeit wissenschaftlich begleitet. Eine Studie in der Evangelischen Landeskirche in Württemberg. Gütersloh: Gütersloher Verlagshaus.

Ebertz, Michael N. (2006): Anschlüsse gesucht. Ergebnisse einer neuen Milieu-Studie zu den Katholiken in Deutschland. In: Herder Korrespondenz. Jg. 60 (4). S. 173–177.

EKD (2014) = Evangelische Kirche in Deutschland (Hrsg.): Engagement und Indifferenz. Kirchenmitgliedschaft als soziale Praxis. V. EKD-Erhebung über Kirchenmitgliedschaft. Hannover: EKD.

Hempelmann, Heinzpeter (2013a): Gott im Milieu. Wie Sinusstudien der Kirche helfen können, Menschen zu erreichen. 2. Auflage. Gießen: Brunnen-Verlag.

Hempelmann, Heinzpeter (2013b): Prämodern, Modern, Postmodern. Warum „ticken" Menschen so unterschiedlich? Basismentalitäten und ihre Bedeutung für Mission, Gemeindearbeit und Kirchenleitung. Neukirchen-Vluyn: Neukirchener Theologie.

Kopp, Hansjörg/Hügin, Stefanie/Kaupp, Steffen/Borchard, Inga/Calmbach, Marc (Hrsg.) (2013): Brücken und Barrieren. Jugendliche auf dem Weg in die evangelische Jugendarbeit. Stuttgart-Vaihingen/Neukirchen-Vluyn: Buch + Musik/ Neukirchener Aussaat.

Thomas, Peter Martin/Calmbach, Marc (Hrsg.) (2012): Jugendliche Lebenswelten. Perspektiven für Politik, Pädagogik und Gesellschaft. Heidelberg: Springer Spektrum.

Schulze, Gerhard (2005): Die Erlebnisgesellschaft. Kultursoziologie der Gegenwart. 2. Auflage. Frankfurt am Main/New York: Campus-Verlag.

Wippermann, Carsten/Calmbach, Marc (Hrsg.) (2008): Sinus-Milieustudie u27 – „Wie ticken Jugendliche?". Düsseldorf: Verlag Haus Altenberg.

ARMUT ALS HERAUSFORDERUNG CHRISTLICHER JUGENDVERBÄNDE

Ernst-Ulrich Huster

1. Der Umgang mit dem Armen – christliche Herausforderung und Chance

Im Matthäus-Evangelium verweist Jesus kurz vor dem Beginn seiner Leidenszeit auf das Weltgericht und markiert einen zentralen Aspekt christlichen Verhaltens. Es geht um den Umgang mit dem Nächsten, und dabei sagt Jesus: „Denn ich bin hungrig gewesen, und ihr habt mir zu essen gegeben. Ich bin durstig gewesen, und ihr habt mir zu trinken gegeben." Die „Gerechten" aber würden dann am Jüngsten Tag fragen: „Herr, wann haben wir dich hungrig gesehen und haben dir zu essen gegeben? Oder durstig und haben dir zu trinken gegeben?" Und Jesus antwortet: „Was ihr getan habt einem von diesen meinen geringsten Brüdern, das habt ihr mir getan" (Mt 25,31ff.). Das Reden von letzten, also heilsgeschichtlichen Dingen im Weltgericht setzt Maßstäbe für unser Leben: Irdisches Wirken und heilsgeschichtliches Geschehen repräsentieren nicht zwei unterschiedliche Welten, sie bilden vielmehr eine Einheit. Weder diakonischer Aktionismus noch weltabgewandte Geistlichkeit werden dem gerecht, was Jesus hier sagt: Im konkreten „geringsten Bruder" (und heute zu ergänzen: Schwester) begegnen wir Jesus und seinem Liebesangebot, das zugleich Liebesgebot ist. Mission – also die Sendung der Jüngerinnen und Jünger in die Welt im 28. Kapitel des Matthäus-Evangeliums – meint dann auch dieses Zusammenwirken von Spiritualität und praktizierter Nächstenliebe.

Armut sichert keine Vorrangstellung bei der Bestimmung dessen, was der „Nächste" ist, denn Gott liebt alle, also auch die Reichen. An Letztere formuliert er zugleich die konkrete Erwartung, ihr Seelenheil nicht an den Mammon zu binden. Armut kennzeichnet den Zustand, bei dem die Würde des Menschen und sein Recht als Geschöpf Gottes verletzt sind. „Schaffet Recht dem Armen und der Weise und helft dem Elenden und Bedürftigen zum Recht. Errettet den Geringen und Armen und erlöst ihn aus der Gewalt der Gottlosen" (Ps 82,3-4). Derjenige, der einen Menschen in Armut hält, ist der Gottlose! Jeder Mensch als Geschöpf Gottes und dessen Ebenbild hat das Recht auf Wahrung seiner Würde. Fremdbestimmte Armut stellt also eine Verletzung menschlicher Würde dar.

Letzte Maßstäbe – in ihnen kommt die Gerechtigkeit des Reiches Gottes zum Tragen. Doch diese Gerechtigkeit ist Verheißung, ihre Umsetzung auf und in der Welt kann gemessen daran nur relativ sein. Etwas anderes wäre quasi ein Gottesstaat auf Erden – nicht nur ein Widerspruch in sich selbst, sondern auch Vorwand für bloßen Terror, wie geschichtliche und aktuelle Beispiele zeigen. Christen können also bei der konkreten Ausgestaltung des Missionsgebotes letztlich nur vorletzte Maßstäbe – also auf die irdische Existenz bezogene – anlegen. In ihnen kommt das Ringen der Christen um Gerechtigkeit zum Tragen, orientiert an Gottes Gerechtigkeit, aber letztlich immer auch irrend und unzulänglich. Doch der Verzicht auf dieses Ringen um konkrete Maßstäbe von Gerechtigkeit stellt nicht nur keine Lösung dar, sondern reißt jene im „Weltgericht" zusammengeführten Bereiche auseinander – der eine im diakonischen Aktionismus, der andere in weltabgewandter Spiritualität mündend. Menschliches missionarisches Wirken muss sich dieser Gefahr bewusst sein, wie es die in der Verbindung beider Ebenen liegenden Chancen erkennen kann: Denn der konkrete Einzelne ist weltlicher Mensch und jenseitsbezogener Suchender. Nur wenn man diese Spannung ernst nimmt, ist man missionarisch wirksam.

Christliche Jugendarbeit wird in dreifacher Weise mit dem Problem Armut konfrontiert. Zum einen ist das Wissen um Armut und die Sorge, in Armut fallen zu können, bei vielen, wenn nicht gar bei der Mehrheit der jugendlichen Teilnehmerinnen und Teilnehmern präsent (Kapitel 2). Zum zweiten verfügt ein christlicher Jugendverband über wichtige materielle und immaterielle Ressourcen, um Jugendlichen, die in einer prekären Lebenssituation leben, Perspektiven auf Änderung zu eröffnen (Kapitel 3). Und schließlich ist die Aufforderung zu teilen eine zentrale biblische Aussage, dieses erst recht angesichts der zunehmenden sozialen Polarisierung national, europa- und weltweit. Es geht um Aufklärung, zugleich um praktisches Einmischen in weltliche Verteilungsprozesse und -strukturen (Kapitel 4).

2. Armut und soziale Ausgrenzung – ein Massenphänomen in unserer reichen Gesellschaft

In einer Untersuchung des World Vision Instituts aus dem Jahr 2010 gaben auf die Frage: „Wovor ich manchmal oder häufig Angst habe?" 6 bis 11-jährige Kinder folgende Punkte an: 1. Schlechte Schulnoten, 2. Arbeitslosigkeit der Eltern, 3. Immer mehr arme Menschen, 4. Bedroht oder geschlagen zu werden und 5. Immer mehr Ausländer. Dabei differenzierte diese Untersuchung zwischen den Kindern, die in Armut aufwachsen, und solchen, die keine Armut kennen. Die Antwort 1 – Schlechte Schulnoten – wurde von 64 Prozent der armen Kinder genannt, während es bei den nicht armen Kindern nur 47 Prozent waren. Angst vor Arbeitslosigkeit der Eltern hatten 55 Prozent der armen Kinder, aber nur 27 Prozent der nicht armen.

Bei Antwort 3 – mehr arme Menschen – votierten die armen Kinder (53 Prozent) und die nicht armen (50 Prozent) in etwa gleich. Angst vor Gewalt hatten 51 Prozent der armen, aber nur 36 Prozent der nicht armen Kinder. Zu viele Ausländer führten 29 Prozent der armen, aber nur 16 Prozent der nicht armen an (World Vision Institut 2010).

Dass Kinder schlechte Noten fürchten, ist sicher wenig erstaunlich. Erstaunlich aber ist die Diskrepanz zwischen den armen und den nicht armen Kindern: Erstere haben, folgt man der AWO-ISS-Artmutsstudie, ganz offensichtlich schon in der Grundschule deutlich mehr Erfahrungen mit schlechten Noten und möglicherweise auch mit damit verbundenen Sanktionen (Holz/Puhlmann 2005: 71 f.). Bei Arbeitslosigkeit zeigt sich der größte Unterschied: Arbeitslosigkeit, prekäre Beschäftigung, zeitliche Befristungen etc. sind die Hauptursachen von Armut. Arme Kinder wissen dieses, erfahren es im Umfeld der Familie, Verwandtschaft oder im Freundeskreis. Dass dann die Angst vor mehr Armut von beiden sozialen Gruppen in etwa gleich eingestuft wird, zeigt zweierlei: Armut wird von Kindern sehr wohl schon wahrgenommen. Kinder blicken schon im Grundschulalter durch, was Armut bedeutet – auch und gerade für sie selbst: Die armen Kinder wissen es aus eigener Erfahrung, die nicht armen nehmen es an den Gleichaltrigen wahr. Gewalt: Ganz offensichtlich fühlen sich arme Kinder hilfloser, vielleicht weil es an Selbstbewusstsein, an Halt in der Umwelt fehlt. Doch arme Kinder – und das erstaunt nicht – glauben, was ihre Umwelt sagt: Wenn noch mehr Ausländer kommen, dann bleibt für sie noch weniger übrig!

Armut und große Unterschiede bei den Chancen, die unsere Gesellschaft bietet, sind im Bewusstsein von Kindern präsent. Sie müssen nicht von außen an sie herangetragen werden. Der Kinder- und Jugendjargon verrät es überdies: „Loser", „Assi", vor allem das schlimme Wort „Opfer" und anderes mehr zeigen deutlich die Selbstetikettierung, aber auch die herablassende Fremdetikettierung von Gleichaltrigen. Dieses wird durch die sozialräumliche Segregation noch verstärkt: Kinder aus schlechter gestellten sozialen Schichten mit und ohne Migrationshintergrund bleiben immer stärker im Stadtteil, im Kindergarten, in der Grundschule unter sich, weil die Eltern von Kindern mit besseren sozialen Perspektiven sozialräumliche Krisengebiete verlassen, zumindest ihre Kinder in andere Kindertagesstätten und Schulen bringen (Häußermann 2012). Die Durchmischung der sozialen Peergroups fällt weg, Kinder aus armen Verhältnissen finden nicht das anregungsreiche Milieu vor, das sie benötigen. Vielmehr verfestigen sich Armut und soziale Ausgrenzung.

Sprachen erste Untersuchungen über Armut zu Beginn der 1970er-Jahre noch von „Randgruppen" (Iben 1972), zeigen inzwischen sozialstatistische Daten, dass Armut in unserer Gesellschaft ein Massenphänomen geworden ist. Je nach Erhebungssystem liegt das Haushaltseinkommen bei zwischen 16 bis 19 Prozent der Bevölkerung unterhalb der von der Europäischen Kommission bei 60 Prozent des Median-Einkommens festgestellten Armutsrisikoschwelle (vgl. BMAS 2013: IX und jeweilige Aktualisierungen über das Internet unter den Stichworten: SOEP, Microzensus und EU – SILC).[1]

Dabei sind Kinder sogar noch stärker von Armut betroffen. Kinder an sich sind zwar kein Armutsrisiko, werden aber zu einem „Problem", wenn fehlende Betreuungseinrichtungen bzw. Hilfestellungen von außen dazu führen, dass ein Erwerbseinkommen ganz oder teilweise wegfällt. Die zweitstärkste Gruppe unter der Armutspopulation stellen die alleinstehenden jungen Erwachsenen zwischen 18 und 25 Jahren dar. Niedrige oder gar keine Bildungsabschlüsse, keine abgeschlossene Berufsausbildung, körperliche Beeinträchtigungen u. a. m. führen dazu, dass junge Menschen den Übergang in ein geregeltes Berufsleben nicht finden. Hinzu kommt, dass in der Bundesrepublik Deutschland derzeit über 40 Prozent aller neuen Arbeitsverträge zeitlich befristet sind, folglich immer wieder Phasen der Unter- oder Nichtbeschäftigung dazukommen (Hohendammer 2014: 9). Auch in Deutschland gibt es die „NEETs" (Not in Education, not in Employment), also junge Erwachsene, die sich weder in einer Ausbildungsphase noch in der Beschäftigung befinden. Sie machen etwa 7,5 Prozent der 18- bis 24-Jährigen bzw. knapp 10 Prozent der 15- bis 29-Jährigen aus (vgl. European Foundation 2012: 29). Dass hierbei Kinder und Jugendliche aus sozial schwächer gestellten Schichten besonders betroffen sind, ist ebenfalls nachweisbar. Kinder mit Migrationshintergrund, deren Eltern selbst ebenfalls unter prekären Bedingungen leben, sind dann auch in dieser Gruppe zu finden.

Kinder und Jugendliche wissen also um ihre soziale Lage, dieses Wissen ist Teil der Gruppensituation in der Jugendarbeit. Dagegen hilft nun nicht das Vorgaukeln einer „heilen Welt" bzw. das Relativieren schwieriger Lebensverhältnisse mit Blick auf die missionarische Ausrichtung einer Jugendgruppe. Jugendarbeit wird Kinder und Jugendliche immer dort abholen, wo sich diese befinden, andernfalls selektiert sie bestimmte Gruppen bzw. Personen vorneweg aus. Die Mittelschichtenorientierung bzw. bildungsbürgerliche Ausrichtung von vielen kirchlichen Untergliederungen leisten

[1] Man stelle sich vor, alle Haushalte würden aufsteigend vom niedrigsten bis zum höchsten Einkommen aneinandergereiht – gleichsam wie die Orgelpfeifen. Der Median bezeichnet den Einkommensbetrag, der genau zwischen den oberen und den unteren 50 Prozent liegt. Das Haushaltseinkommen wird dabei jeweils nach Haushaltsgröße gewichtet, weil größere Haushalte mehr Einkommen benötigen, aber nicht etwa linear, denn es entstehen auch Einspareffekte bei der Miete, bei der Heizung, kurz bei den Lebenshaltungskosten. Die so gewonnenen haushaltsbezogenen Werte (äquivalenzgewichtet) stellen die Grundlage für die genannte Reihung und die Ermittlung des Medianwertes dar.

diesem Selektionsvorgang Vorschub, zugleich engen sie den eigenen missionarischen Anspruch faktisch, wenn auch nicht theoretisch, auf bestimmte soziale Schichten und Kreise ein.

3. Materielle und immaterielle Ressourcen christlicher Jugendarbeit für soziale Inklusion

3.1 Armut wird „sozial vererbt"

Der amerikanische Traum – „Vom Tellerwäscher zum Millionär" –, er ist weitestgehend ausgeträumt. Auch das Aschenputtel, das von einem reichen Prinzen heimgeführt wird, ist und bleibt ein Märchen. Der französische Soziologe Pierre F. Bourdieu hat aufgezeigt, wie Lebenslagen als Folge gesellschaftlicher Verteilungsprozesse „sozial vererbt" werden (vgl. u. a. Bourdieu 1992: 53 ff.). Seine Ausdifferenzierung von Kapital in ökonomisches, soziales und kulturelles macht deutlich, dass das ökonomische Kapital und dessen Verteilung zwar eine dominante Bedeutung für soziale Chancen und Entwicklungen hat, dass soziales und kulturelles Kapital einerseits gerade die Ergebnisse ökonomischer Verteilung festschreiben, andererseits aber sehr wohl auch Potenziale der Veränderung enthalten können. Soziale Bezüge und Bildungsanteile sind in wohlhabenden Kreisen stärker auf Förderung, Karriere, Erfolg ausgerichtet. Das Ergebnis zeigt sich in deutlich günstigeren Übergangsempfehlungen von der Grundschule zum Gymnasium, aber dann auch im weiteren Schulverlauf bis hin zur akademischen Ausbildung (vgl. Kuhlmann 2012: 353 ff.). Umgekehrt haben Kinder mit niedrigerem sozialem Status schlechte Schulabschlüsse, teilweise gar keine; ihre berufliche Ausbildung ist ebenfalls niedriger, vor allem der Übergang zur akademischen Ausbildung bleibt prekär (Middendorff et al. 2012). In gleicher Weise lassen sich gesundheitliche Risiken bei Kindern mit niedrigerem sozialem Status nachweisen.[2]

Bourdieu macht für diese enge Verzahnung ungünstiger Herkunftsbedingungen mit schlechteren Zukunftschancen das sogenannte inkorporierte kulturelle Kapital, den Habitus, verantwortlich: Kinder übernehmen in ihrer primären Sozialisation von den Eltern und der engeren Familie Werte, Wahrnehmungs- und Verhaltensformen, die sich gleichsam als eine „zweite Haut" über sie ziehen. Der Habitus präformiert die Wahrnehmung von

---

2 Vgl. Robert-Koch-Institut: Gesundheitsmonitoring. Online unter: www.rki.de/DE/Content/Gesundheitsmonitoring/Gesundheitsberichterstattung/IS_GBE/is_gbe_inhalt.html;jsessionid=F02758AA38753849555C880991E1AB76.2_cid381 (Abruf 27.06.2015); Gesundheitsberichterstattung des Bundes. Online unter: www.gbe-bund.de/(Abruf 27.06.2015).

Möglichkeiten bzw. lässt diese unbeachtet. Umgekehrt erleben Kinder und Jugendliche aus gehobeneren sozialen Schichten genau das Gegenteil: Sie sehen bei ihren Eltern Werte und Normen, Verhaltensformen, die sozialen Aufstieg bzw. soziale Absicherung verheißen. Die AWO-ISS-Kinderarmutsstudie bestätigt empirisch diese Befunde: Kinder aus schlechten sozialen Milieus erfahren in der Elementarsozialisation und in der Grundschule bereits massiv ihre Ausgrenzung, sodass sie am Ende der Grundschule wissen: Sie haben keine Chancen! Bestimmend sind dafür die finanzielle Situation ihrer Herkunftsfamilie, ihr soziales Umfeld und das deutlich schlechtere Abschneiden in der Schule (Holz/Puhlmann 2005).

Damit könnte dieser Beitrag beendet sein: Die einen sind eben Gewinner, die anderen „Opfer". Das war geschichtlich immer so. Und schließlich sagt ja schon Jesus: „Denn Arme habt ihr allezeit bei euch, [...]" (Mt 26,11a). Warum daran etwas ändern wollen?

Bourdieu setzt dem entgegen: Es gibt auch die Möglichkeit der Habitusmodifikation. Erfahrungen werden beim Kleinkind zunächst und vor allem durch Be-Greifen, durch Bewegung, durch die körperliche Aneignung der (sozialen) Umwelt gemacht. In der Interaktion mit anderen – meist den Eltern, Geschwistern, anderen nahen Verwandten – geschieht die Transformation in soziale, kulturelle, kognitive Prozesse (vgl. Schütte 2013: 209 ff.). Allerdings gibt es hier schon entscheidende Unterschiede je nach sozialer Stellung. Eine amerikanische Studie belegt, dass Kinder aus höheren sozialen Schichten alleine bis zum 3. Lebensjahr über 30 Millionen Wörter mehr hören als Kinder aus unteren sozialen Schichten (vgl. Hart/Risley 2003: 4). Be-Greifen, körperliches Aneignen werden interkommunikativ übertragen in Lernerfahrungen. Hinzu kommt das Eigen-Gestalten von Welt durch Vorlesen, Singen und Malen. Entgegen der bei uns weit vorherrschenden Vorstellung: Kognition werde nur durch Abstraktion gestärkt, zeigt sich bei den Kleinkindern sehr deutlich: Umwelt wird körperlich erfahren, durch Bewegung angeeignet, ästhetisch kreativ verarbeitet – und dann im kommunikativen Prozess reflektiert (Huster/Schütte 2015). Damit kommen drei Dinge zusammen: körperliches Aneignen, soziale Interaktion und Erfahrung von Selbstwirksamkeit durch eigenes Veränderungshandeln (Bewegung des Körpers, Bauen, Umbauen, Malen etc.). – Und genau dieses kann auch eine nachholende Habitusmodifikation bewirken. Schwächere Jugendliche werden häufig mit Nachhilfestunden gestresst, obwohl sie erfahren haben: Sie kapieren nicht, warum $a^2 \text{ x } b^2 = c^2$ sein soll. Warum auch? Im Gegenteil: Sie erfahren ein weiteres Mal: Sie sind „Opfer". Es fehlt der persönliche, körperliche Bezug, die soziale Interaktion und das Selbstwirksamkeit zum Ausdruck bringende Veränderungshandeln. Dabei wäre es so einfach, diesen Lehrsatz des Pythagoras praktisch-bildnerisch erfahrbar zu machen!

3.2 Armutstypolgien

Wissenschaftliche Untersuchungen belegen also den engen Zusammenhang zwischen restriktiven Sozialisationsbedingungen und schlechten Startchancen im Leben: Bildung und Gesundheit korrelieren in hohem Maße mit dem sozialen Status der Eltern/der Herkunftsfamilie und deren sozialen Rahmenbedingungen. Es gibt für große Teile sozial depriviert aufgewachsener Kinder und Jugendlichen nur wenige Aufstiegschancen, gleichwohl gibt es Jugendliche, die trotz schlechter Ausgangsbedingungen sozial aufsteigen. Wobei schon die Frage ist: Was meint „aufsteigen" – im bildungsbürgerlichen Sinne oder im Sinne einer gelingenden Lebensbewältigung?

Johannes D. Schütte hat in einer Untersuchung herausgearbeitet, dass die Armutsbevölkerung keineswegs homogen ist. Er teilt diese vielmehr in vier verschiedene Cluster ein, sie danach unterscheidend, welche individuellen Voraussetzungen der Einzelne auf der Mikro-Ebene mitbringt und welche Fördermöglichkeiten die direkte soziale Umwelt, also die Meso-Ebene, bietet bzw. wie diese beide aufeinander wirken. Diese beiden Ebenen bestimmen letztlich, inwieweit der bzw. die Einzelne in der Lage ist, Förderangebote tatsächlich auch wahrnehmen zu können, also über entsprechende Aneignungs*fähigkeiten* verfügen. Und schließlich geht es darum, welche Fördermöglichkeiten bzw. Aneignungs*gelegenheiten* auf der gesamtgesellschaftlichen Ebene, also der Makro-Ebene, vorgehalten werden (vgl. Schütte 2013: 183 ff.).

Orientiert an den vorhandenen bzw. nicht vorhandenen Schutzfaktoren nennt er den ersten Armutstyp: *die isolierten Inaktiven*. Personen dieses Armutstyps verfügen nur über sehr wenige Sozialkontakte und haben keinen Zugang zu den wichtigen gesellschaftlichen Austauschbeziehungen. Sie sind grundsätzlich misstrauisch gegenüber Einrichtungen eingestellt, auch zu denen, die Hilfestellung bieten könnten. Gesundheit ist für sie kein schützenswertes Gut. Sie sehen sich selbst als Außenseiter und Versager, ihre Aufstiegschancen sind faktisch gleich null.

Die Selbstwahrnehmung der *eingebundenen Hasardeure* – des zweiten Armutstyps – ist ebenfalls eher negativ, sie sind aber besser vernetzt. Allerdings neigen Personen des zweiten Armutstyps zu riskanten Verhaltensweisen auch im Umgang mit Institutionen. Sie meinen, ihren Gesundheitszustand nicht beeinflussen zu können. Förderung besteht hier auf der Meso-Ebene, der allerdings keine Fähigkeiten auf der Mikroebene entsprechen. Bei den beiden Typen 1 und 2 fehlt es insbesondere an basalen Aneignungs*fähigkeiten*.

Den dritten Armutstyp nach Schütte bilden *die entfremdeten Einzelkämpfer*. Sie besitzen zwar ein relativ positives Selbstkonzept, sind sehr aktiv und streben nach gesellschaftlichem Aufstieg, aber sie haben sich aus diesem Grund von ihrem sozialen Umfeld entfremdet. Personen des

Armutstyps 3 fühlen sich chronisch überfordert und verfügen über wenig – zeitliche und ökonomische – Ressourcen. Dies führt auch dazu, dass sie sich nur sehr wenig um ihre Gesundheit kümmern können und das Gefühl haben, nicht krank werden zu dürfen. Bei diesem 3. Typ gibt es also Schutzfaktoren auf der Mikro-, nicht aber auf der Meso-Ebene. Es gibt hier zumindest ansatzweise Aneignungs*fähigkeiten*, auf die man von außen einwirken könnte. Allerdings sind auch Aufstiegschancen der beiden mittleren Armutstypen 2 und 3 eher gering.

Der vierte Armutstyp schließlich verfügt sowohl auf der Mikro-Ebene als auch auf der Meso-Ebene über Schutzfaktoren. *Die vernetzten Macher* haben ein positives Selbstkonzept und interpretieren ihre Benachteiligung als Herausforderung. Sie sind gut in ihr soziales Umfeld eingebunden, welches das Aufstiegsstreben unterstützt. Eine solide Bildungsorientierung und das aktive Bemühen um die eigene Gesundheit stellen gute Voraussetzungen für den gesellschaftlichen Aufstieg dar. Hier bestehen also Aneignungs*fähigkeiten*, die vorhandene Aneignungs*gelegenheiten* aufgreifen können.

Wichtig also ist, zwischen diesen beiden Aspekten – *Aneignungsfähigkeiten* und *Aneignungsgelegenheiten* – zu differenzieren. Denn der Ausbau von Aneignungsgelegenheiten geht dann nicht nur ins Leere, wenn dem keine Fähigkeiten bei den Einzelnen bzw. dessen sozialer Umgebung entsprechen, diese wahrzunehmen bzw. sich auf diese einzulassen. Die wachsende Diskrepanz zwischen beiden Ebenen – Gelegenheiten und Fähigkeiten – kann vielmehr auch dazu führen, die sozial Ausgegrenzten weiter zu stigmatisieren und dafür verantwortlich zu machen, dass sie nicht in der Lage sind, die von der Gesellschaft gebotenen Chancen zu nutzen. Diese stigmatisierende Betrachtung von außen ist auch und gerade in mittelschichtenorientierten kirchlichen Kreisen weit verbreitet.

3.3 Ausbau von Aneignungsgelegenheiten

Nimmt man die Unterscheidung von Johannes D. Schütte, dass soziale Veränderungen einmal objektiver Aneignungs*gelegenheiten* und subjektiver Aneignungs*fähigkeiten* bedürfen, so sind hier deutliche Forderungen in den politischen und den sozialen Raum zu formulieren. Gerade ein Jugendverband erlebt alltäglich die wirklichen Notlagen, Ausprägungen von Armut und den Umgang mit sozialer Ausgrenzung. Diese sind zu bündeln und mit den Betroffenen selbst auszuformulieren.

Dabei ist klar, dass ein christlicher Jugendverband selbst nur äußert begrenzt in der Lage ist, neue, bessere Aneignungs*gelegenheiten* zu schaffen. Hier kommt einem Jugendverband eher eine advokatorische Funktion zu, indem er Erfahrungen aus der eigenen Arbeit öffentlich macht und Forderungen ableitet. Gerade örtliche Verbandseinheiten können versuchen, auf die kommunale Ebene einzuwirken, bessere Fördermöglichkeiten zur Verfügung zu stellen. Doch auch darüber hinaus kann christliche Jugendarbeit Forderungen an alle politische Ebenen richten. Jugendarbeit, auch und gerade christliche, ist insofern immer auch politisch, nicht sosehr indem sie selbst parteipolitisch aktiv wird, auch wenn dieses durchaus sinnvoll sein kann! Aber wenn Artikel 1 des Grundgesetzes die Bewahrung der „Würde des Menschen" unter Bezug auf die Ebenbildlichkeit des Menschen nach der Schöpfungsgeschichte als oberste gesellschaftliche Norm festlegt, dann ist das Aufzeigen von sozialen Missständen und die Suche nach Alternativen nicht nur gerechtfertigt, sondern sozialethisch geradezu gefordert. Denn auch das Schweigen ist politisch! Christliche Jugendarbeit findet in dieser konkreten Gesellschaft und nicht in einem interesselosen Niemandsland statt.

Christliche Jugendarbeit kann ein Weiteres tun, um die Aneignungsgelegenheiten zu verbessern. Denn diese Jugendarbeit kennt Netzwerke, verfügt also – mit Bourdieu gesprochen – über soziales Kapital, das Jugendlichen mit Armutserfahrungen häufig fehlt. Dieses kann genutzt werden, um Fördergelegenheiten im sozialen Umfeld (Lehrstellen, Praktikumsstellen etc.) aufzuschließen. Dazu gibt es bereits jetzt sehr gute Beispiele, wie etwa Jugendwerkstätten etc. Nehmen wir zwei Beispiele (vgl. Zimmermann/Huster 2013):

Die sozial-diakonische „Pack's"-Initiative des Jugendverbandes CVJM (Christlicher Verein Junger Menschen)[3] engagiert sich in fünfzehn unterschiedlichen Projekten und Kooperationen für sozial-benachteiligte Jugendliche in Deutschland. Exemplarisch kann an dieser Stelle die *Ausbildungs-Initiative des CVJM-Kreisverbands Siegerland*, die bereits seit 2008 besteht, angeführt werden. Der CVJM mit seiner zivilgesellschaftlichen Initiative wird als ein zentraler Netzwerk-Akteur zwischen Wirtschaftsunternehmen und dem Staat in Gestalt der Kommunen, Jobcenter und Sozialämter wahrgenommen. Als konfessioneller Jugendverband nutzt er das bestehende Netzwerk der eigenen Vereine, kooperiert lokal mit den Kirchengemeinden und nutzt die Kompetenzen des Diakonischen Werkes als Ansprechpartner.

Das Jugend-Berufshilfe-Projekt *„Lebenshof Ludwigsdorf gGmbH"* in der Nähe von Görlitz besteht seit über zehn Jahren. Entstanden ist der Lebenshof aus der offenen Arbeit der evangelischen Stadtjugendarbeit in Görlitz (esta e.V.). Seit 1999 ist das Angebot als gGmbH organisiert. In einer Region mit hoher (Jugend-)Arbeitslosigkeit und einer entsprechenden Abwanderungsrate stellt der Lebenshof für sozial benachteiligte Jugendliche die Möglichkeit dar, sich auf den Einstieg in eine Ausbildung vorzubereiten und notwendige Bildungsabschlüsse nachzuholen. Die Stadt und das Job-

[3] www.cvjm-packs.de (Abruf 20.08.2015)

center Görlitz zählen zu den kommunalen Partnern, sodass in der strukturschwachen Region durch das Engagement des Lebenshofes ein starkes Netzwerk entstanden ist. Um in Zukunft auch solche Jugendlichen zu erreichen, deren unbeständige Alltagsstruktur einen Einstieg in die Angebote der Lebenshof gGmbH derzeit nicht zulässt, wird ein Wohnprojekt entwickelt, in dem eine Begleitung durch Familien vor Ort gewährleistet werden soll.[4]

Dezentrale Unternehmensgründungen benötigen Netzwerke. Entsprechend der Organisationsstruktur des Diakonischen Werkes der EKD ist dies nicht in einer zentralistischen Weise möglich. Vielmehr haben sich Fachverbände gebildet, die die jeweiligen Aktivitäten zusammenführen. Im Falle der Berufsnot junger Menschen wie überhaupt von Arbeitslosen ist dies der *„Evangelische Fachverband für Arbeit und soziale Integration“ (EFAS e.V.)* mit Sitz in Stuttgart.[5]

Fasst man zusammen: Auch christliche Jugendverbände haben die Möglichkeit, für Jugendliche mit besonderen sozialen Schwierigkeiten Aneignungs*gelegenheiten* zu schaffen. Dabei sind sicher die finanziellen Möglichkeiten eher begrenzt. Aber diese Projekte bieten einerseits konkrete Chancen für betroffene hilfebedürftige Jugendliche, zum anderen sind sie auch eine Mahnung an die Politik, dort, wo jetzt schon zivilgesellschaftliche Akteure tätig werden, Hilfestellungen auch finanzieller Art zu geben. Jugendarbeit fordert und fördert lokale, regionale und Bundesjugendpolitik. Zum Problem kann aber werden, dass sich die Politik unter Hinweis darauf, dass hier ja die Zivilgesellschaft tätig ist, aus der Verantwortung schleicht – wie etwa bei der Tafelbewegung sichtbar. Umso stärker ist dann der politische Anspruch eines christlichen Jugendverbandes an die Gesellschaft herauszuarbeiten und deutlich zu machen.

3.4 Förderung von Aneignungsfähigkeiten

Christliche Jugendarbeit hat noch eine zweite, wichtige Handlungsebene, nämlich die Förderung von Aneignungs*fähigkeiten*. Viele Jugendliche haben in ihrem bisherigen Leben vor allem Restriktionen erlebt, die sich ihnen gegenüber normativ aufgebaut haben: „Du sollst nicht …“ – „Du musst …“ – „Dein Verhalten ist falsch, du musst ganz anders werden!“ etc. Germo Zimmermann hat in einer Studie mittels qualitativer Interviews die bisherige Vita und die erfolgte Einbindung von 14 Jugendlichen in die christliche Jugendarbeit des CVJM untersucht (Zimmermann 2014).

In Anlehnung an Lothar Böhnisch und Werner Schefold (1985) geht es ihm um die Frage, wie Personen auch in kritischen Lebenssituationen wie-

[4] www.lebenshof.com/website/de/lebenshof/produktionsschule (Abruf 20.08.2015)

[5] www.efas-web.de/index.php?id=10 (Abruf 20.08.2015)

der handlungsfähig werden können. Dabei verknüpfen Böhnisch und Schefold den inneren Kreis der Lebensbewältigung (personales Bewältigungshandeln) mit dem äußeren Kreis der Lebenslage. Die Autoren gelangen zu drei Bewältigungslagen. Ihr Modell beschreibt, dass und wie Jugendliche trotz Verlust des Selbstwertgefühls, bei sozialer Orientierungslosigkeit und fehlendem sozialem Rückhalt gleichwohl handlungsorientiert nach sozialer Integration suchen (vgl. auch Böhnisch 2012: 17). Germo Zimmermann fragt, wie sozialverbandliche Arbeit für schwierige Lebensverhältnisse sensibilisieren kann, welchen Beitrag zum Empowerment intermediäre Zonen leisten könnten und wie Jugendverbandsarbeit soziale Anerkennung zu vermitteln in der Lage ist. Er spitzt diese Frage dahingehend zu, wie denn die Ressourcen der individuellen Lebensbewältigung verteilt sind. Auf dem Hintergrund von Bourdieus konflikttheoretischem Kapitalansatz leitet Germo Zimmermann auf die von Johannes D. Schütte entwickelten vier Armutstypen über, auf deren Bedrohungs-, aber auch auf deren Resilienzfaktoren, auf deren Handlungsmöglichkeiten auf der Makro-, Meso- und/oder Mikroebene: Welche Fördermöglichkeiten hat ein Jugendverband auf der Meso-Ebene tatsächlich? Der Verband verfügt über Potenziale, die Aneignungs*fähigkeiten* sozial randständiger Jugendlicher zu fördern: über Anerkennung in und durch das freiwillige Engagement (vgl. Zimmermann 2014: 64 ff.).

Genau diese Kategorie steht auch zentral bei dem Sozialphilosophen Axel Honneth (2012). Er unterteilt die sozialen Anerkennungsverhältnisse nach emotionaler Zuwendung, kognitiver Achtung und sozialer Wertschätzung, denen er als Anerkennungsform Liebe – Recht – Solidarität zuordnet. Zugleich entsprechen diesen drei Anerkennungsformen drei Formen der Missachtung: Misshandlung/Vergewaltigung – Entrechtung – Entwürdigung. Daraus leitet Zimmermann für seine Studie pädagogische Gestaltungsprinzipien ab: Jugendarbeit wird als „Anerkennungsarena“ gesehen, freiwilliges Engagement steht in einem Anerkennungskontext, zugleich wird Jugendarbeit sensibilisiert für unterschiedliche Formen der Missachtung. Anerkennung geschieht prozesshaft, setzt aber politisch-soziale Instanzen voraus, die derartige Orte der Jugendarbeit ermöglichen (vgl. Zimmermann 2014: 73).

Bönisch und Honneth geht es letztlich um Sozialintegration. Es geht um Handlungsfähigkeit und -wirksamkeit in krisenhaften Situationen. Wie entsteht, festigt sich Selbstvertrauen, Selbstachtung und Wertschätzung? Und: Wie können Anerkennungsprinzipien institutionalisiert werden? Eine richtungsweisende Form – so Germo Zimmermann – stellt der Jugendverband dar. Denn sein Normenverständnis weicht signifikant von der „Schwarzen Pädagogik“ ab, die bislang das Leben von Jugendlichen aus prekären Lebensverhältnissen bestimmte. Denn er begreift Normen als

Angebot, als Chance, als Option. Es geht um „*Liebe*", „*Recht*" und um „*Solidarität*", um erfahrene Wertschätzung, um eine Neuaneignung der sozialen Umwelt durch „Begreifen", damit letztlich um eine Modifikation des zuvor angeeigneten Habitus. Die vorliegenden qualitativen Interviews zeichnen deutlich den mitunter langen Weg nach, den Einzelne zurückgelegt haben, zurücklegen mussten, um in die Lage versetzt zu werden, nunmehr beim ehrenamtlichen Engagement in einem christlichen Jugendverband vorhandene Aneignungs*gelegenheiten* wahrnehmen und annehmen zu können (ein nachgeholter Schulabschluss, eine Berufsausbildung oder auch nur eine Neuordnung des Lebenszusammenhangs beim Bezug von Leistungen der Mindestsicherung etc.). Dieser Prozess muss „ausgehalten" werden – auf beiden Seiten: im konkreten Verband und bei den Jugendlichen selbst, aber dieses ist in der regulären Sozialisation auch nicht anders. Christliche Normen sind folglich auch „bloß" ein Angebot, eine Option – aber das ist mehr, als die meisten Kinder und Jugendlichen in deprivierten Verhältnissen bislang erfahren haben.

Germo Zimmermann zeigt aber auch auf, dass es Grenzen der sozialen (Re-)Integration von Kindern und Jugendlichen über Jugendarbeit gibt. Es gibt nicht den einen Königsweg, sondern nur einen Mix. So begründet er gerade bei dem 1. Armutstyp – den *isolierten Inaktiven* – die Notwendigkeit einer stärker aufsuchenden Hilfe, bevor dort überhaupt über Gruppenprozesse und verbandliches Leben soziale Integration erfolgen kann. Es ist wichtig, eigene Grenzen, auch die christlicher Jugendarbeit, zu erkennen, sonst werden einmal mögliche Interventionsformen verkannt, zum anderen überhebt man sich – mit Frustrationsfolgen bei allen Beteiligten.

Ein Jugendverband ist in der Lage, das Spannungsverhältnis von Bindungsangeboten und Selbstwirksamkeitserfahrung auszugestalten – über Neu-Begreifen sozialer Umwelt, über Bewegungshandeln, musisch-ästhetische Verwirklichungsformen u. a. m. (Wendler/Huster 2015). Dieses ist immer normativ, deshalb eröffnen sich gerade für einen christlichen Jugendverband besondere Zugänge zu Jugendlichen aus prekären Lebensverhältnissen. Ein christlicher Jugendverband hat Möglichkeiten, die andere Institutionen wie die Schule oder die Familie nicht haben – da hier das strikte Freiwilligkeitsprinzip und die Homogenität der Gruppe zusammenfallen. Es bedarf konstanter Beziehungsangebote und an Chancen, sich und seine Fähigkeiten selbst zu erfahren. Es bedarf hier der Verstärkung in einer sozialen Gruppe. Es geht nicht um das „Ausbügeln" von Defiziten, sondern um das Erkennen von Potenzialen. Mission heißt hier zunächst und vor allem: Den anderen in seiner – gefährdeten – Geschöpflichkeit annehmen, eine Erfahrung, die einen christlichen Jugendverband und die Betroffenen in gleicher Weise bereichert.

4. Christliche Jugendarbeit als Gatekeeper für soziale Umverteilung: Christ-Sein in der Welt und für die Welt

Die Wahrung bzw. Wiederherstellung des Menschen zielt auf unterschiedliche Handlungsebenen – den diakonischen und den geistlichen Beistand, die Förderung und die Achtung seiner Person. „Der Mensch lebt nicht vom Brot allein." (Mt. 4,4) – Das ist richtig. Und vieles kann im zwischenmenschlichen, im ehrenamtlichen Engagement geschehen, ja, vieles soll auch eine unverrechenbare, zwischenmenschliche Zuwendung bleiben. Aber auch das ist richtig: Die Verletzung der Würde des Armen durch denjenigen, der diesen in Armut hält, ist Ausgangspunkt zahlreicher Hinweise, man könnte auch von Geboten sprechen, wie Reichtum umverteilt, wie Reichtum zur Behebung von Armut eingesetzt, wie an Reichtum gekoppelte Zwangsverhältnisse aufgehoben werden sollen. Martin Luther hat in einer seiner Bußpredigten packend zusammengefasst, Reichtum, nicht eingesetzt zur Behebung von Armut, sei „gestolen vor Gott" (Luther 1905: 275). Mission kann deshalb nicht umhin, materielle Ressourcen zur Behebung, vielleicht sogar zur Verhinderung der Entstehung von Armut einzusetzen. Dieses bezieht sich einerseits auf konkrete Einzelfallhilfen, dann aber auch auf soziale Dienstleistungen. Und hierzu zählt auch die Arbeit eines christlichen Jugendverbandes, der sich nicht genieren sollte, im Rahmen der staatlich finanzierten Jugendpolitik Mittel für seine sozialintegrative Arbeit einzufordern.

Diese Gesellschaft hat große materielle Ressourcen, zugleich hat sie auch das Know-how, wie denn Armut und soziale Ausgrenzung gelindert, abgemildert oder auch präventiv verhindert werden könnte (Huster/Boeckh/Mogge-Grotjahn 2012). Mit einem pro Kopf und Jahr erwirtschafteten Bruttoinlandsprodukt (BIP) in Höhe von ca. 36.000 Euro, Geldvermögen in Höhe von über 5 Billionen, einer Staatsquote in Höhe von 42 Prozent des BIP gibt es genügend Möglichkeiten der Hilfestellung. Die Europäische Union gehört insgesamt neben Nordamerika und Südostasien zu den drei großen Wirtschaftszentren dieser Welt. Und schließlich erwirtschaften die großen Wirtschaftsnationen, obwohl sie nur 14,8 Prozent der Weltbevölkerung auf sich vereinigen können, die Hälfte der Wirtschaftsleistung und gar 61 Prozent der Exporte der gesamten Welt, während alle anderen Länder, wiewohl dort 85 Prozent der Weltbevölkerung leben, sich insgesamt mit der anderen Hälfte der Weltwirtschaftsleistung und mit nur 39 Prozent der Weltexporte zufriedengeben müssen (IMF 2013: 139). Hungersnöte, Verteilungskonflikte, mit zum Teil militärischen Mitteln ausgetragen, ethnische und religiöse Verfolgungen u. a. m. sind Ursache weltweiter Migrationsbewegungen, aber eben auch die Folge weltweiter Verteilungsungleichgewichte.

Christliche Jugendarbeit kann nicht alle nationalen und weltweiten Konflikte lösen. Sie ist aber gehalten, den Missionsbefehl – „[...] und lehret sie halten alles, was ich euch befohlen habe“ (Mt 28,20) im Sinne des Doppelgebots der Liebe umzusetzen. Dazu gehören dann die einzelfallbezogene Hilfestellung, das Eintreten für bessere Lebensbedingungen sozial benachteiligter Mitglieder christlicher Jugendgruppen ebenso wie die Information über Verteilungsspielräume auf nationaler Ebene und darüber hinaus.

Christliche Jugendarbeit darf sich nicht überfordern, vor allem sollte sie vermeiden, sich nur moralisch unter Verweis auf sehr abstrakte Normen von Gerechtigkeit zu empören. Das prophetische Wort ist in bestimmten zugespitzten Situationen sicher angebracht, wer aber ständig den Status confessionis – quasi das lutherische: „Hier stehe ich, ich kann nicht anders ...“ – ausruft, entwertet diesen. Es gilt, konkrete Schritte anzugehen und immer im Blick zu haben, dass die Gerechtigkeit auf Erden eben nur relativ ist bezogen auf die des Reiches Gottes. Aber in ihr soll etwas von der göttlichen Gerechtigkeit konkret sichtbar werden! Diese Stellung christlicher missionarischer Arbeit schafft Handlungsspielräume, die zu nutzen sind. Vor allem aber gilt es, die Erfahrungen innerhalb der konkreten Jugendarbeit mit Armut und sozialer Ausgrenzung nach außen sichtbar zu machen: Ein christlicher Jugendverband spricht aus Erfahrung zur außerverbandlichen Gesellschaft. Und da schließt sich der Kreis: Denn die Jugendlichen in ihrer täglichen Arbeit bringen das Thema Armut mit, die Jugendarbeit kann ihre materiellen und immateriellen Mittel einsetzen, um Armutskreisläufe zu durchbrechen. Und schließlich: Christsein bedeutet in der Welt stehen, damit eingebunden sein in die weltlichen Verteilungskonflikte, wenn es um öffentliche oder private finanzielle Mittel für die Verbandsarbeit geht ebenso wie dann, wenn es die Lebensbedingungen ihrer Jugendlichen und deren Familien betrifft.

Ein inzwischen verstorbener katholischer Bischof forderte seine Gläubigen auf, ihr Katholisch-Sein „unverschämt“ nach außen zu tragen. Er meinte damit, man solle seine Überzeugung nicht „verschämt“ verdecken, sondern deutlich nach außen sichtbar machen. Ob dieses mit dem Wort „unverschämt“ angemessen beschrieben wird, kann sicher kritisch gesehen werden. Richtig aber ist: Es findet eine Selbstsäkularisierung in kirchlichen Kreisen auch dadurch statt, dass kirchliche Einrichtungen zunehmend soziale Funktionen übernehmen, die eigentlich gesamtgesellschaftliche Aufgaben sind, vor allem dann, wenn aufgrund der Bedingungen der Arbeitswelt soziale Netze nicht mehr tragfähig sind: Verwiesen sei auf die Folgen von Arbeitslosigkeit und Unterbeschäftigung, auf erzwungene sozialräumliche Mobilität, auf krasse sozialräumliche Segmentation in Ballungsgebieten, aber auch im Verhältnis von Land – Stadt. Es ist deshalb wichtig, kirchliche Hilfestellungen der Menschen halber vorzunehmen, aber dabei ist der Zusammenhang zu gesellschaftlichen Problemlagen aufzuzeigen. Das ist kein Gegensatz zur missionarischen Ausrichtung eines christlichen Jugendverbandes, es ist vielmehr *eine* Vorbedingung seiner Einlösung!

Literatur

Böhnisch, Lothar (2012): Lebensbewältigung. In: Schröer, Wolfgang/Schweppe, Cornelia (Hrsg.): Enzyklopädie Erziehungswissenschaft Online. Soziale Arbeit, Grundbegriffe. Weinheim/München: Juventa.

Böhnisch, Lothar/Schefold, Werner (1985): Lebensbewältigung. Soziale und pädagogische Verständigungen an den Grenzen der Wohlfahrtsgesellschaft. Weinheim/München: Juventa.

Bourdieu, Pierre (1992): Die verborgenen Mechanismen der Macht. Hamburg: VSA.

BMAS (2013) = Bundesministerium für Arbeit und Soziales: Lebenslagen in Deutschland. Armuts- und Reichtumsberichterstattung der Bundesregierung – Der Vierte Armuts- und Reichtumsbericht der Bundesregierung. Bonn/Berlin: Eigenverlag. Online unter: www.bmas.de/SharedDocs/Downloads/DE/PDF-Publikationen-DinA4/a334-4-armuts-reichtumsbericht-2013.pdf?__blob=publicationFile (Abruf 01.06.2015).

European Foundation for the Improvement of Living and Working Conditions (2012): NEETs Young people not in employment, education or training: Characteristics, costs and policy responses in Europe. Luxembourg: Publications Office of the European Union. Online unter: www.eurofound.europa.eu/sites/default/files/ef_publication/field_ef_document/ef1254en.pdf (Abruf 27.06.2015).

George, Wolfgang (Hrsg.) (2013): Regionales Zukunftsmanagement. Band 7: Existenzgründungen im ländlichen Raum. Lengerich: Pabst.

Hart, Betty/Risley, Todd R. (2003): The Early Catastrophe: The 30 Mio. Word Gap by Age 3. In: American Educator. Jg 27 (1). S. 4–9.

Häußermann, Hartmut (2012): Wohnen und Quartier: Ursachen sozialräumlicher Segregation. In: Huster, Ernst-Ulrich/Boeckh, Jürgen/Mogge-Grotjahn, Hildegard (Hrsg.): Handbuch Armut und Soziale Ausgrenzung. Wiesbaden: Springer VS. S. 383–396.

Hohendammer, Christian (2014): Befristete Beschäftigung. Mögliche Auswirkungen der Abschaffung sachgrundloser Befristungen. IAB-Stellungnahme 1/2014: Öffentliche Anhörung von Sachverständigen vor dem Ausschuss für Arbeit und Soziales des Deutschen Bundestags am 17. März 2014. Online unter: http://doku.iab.de/stellungnahme/2014/sn0114.pdf (Abruf 27.06.2015).

Holz, Gerda/Puhlmann, Andreas (2005): Alles schon entschieden? Wege und Lebenssituationen armer und nicht armer Kinder zwischen Kindergarten und weiterführender Schule. Zwischenbericht zur AWO-ISS-Längsschnittstudie. Frankfurt am Main: Eigenverlag.

Honneth, Axel (2012): Kampf um Anerkennung. Zur moralischen Grammatik sozialer Konflikte. Frankfurt am Main: Suhrkamp.

Hurrelmann, Klaus/Andresen, Sabine/Schneekloth, Ulrich (2010): Kinder in Deutschland 2010, 2. World Vision Kinderstudie, München: Fischer. Kurzfassung mit Grafiken online unter: www.worldvision-institut.de/kinderstudien-kinderstudie-2010.php?mysid=vnixxoja (Abruf 01.06.2015).

Huster, Ernst-Ulrich/Boeckh, Jürgen/Mogge-Grotjahn, Hildegart (Hrsg.) (2012): Handbuch Armut und Soziale Ausgrenzung. 2. Auflage. Wiesbaden: Springer VS.

Huster, Ernst-Ulrich/Schütte, Johannes D. (2015): Empirische Befunde und Korrelationen bei Bildungs- und Gesundheitsrisiken. In: Wendler, Michael/Huster, Ernst-Ulrich (Hrsg.): Der Körper als Ressource in der Sozialen Arbeit: Grundlegungen zur Selbstwirksamkeitserfahrung und Persönlichkeitsbildung. Wiesbaden: Springer VS. S. 35–49.

Iben, Gerd (1972): Randgruppen der Gesellschaft. Untersuchungen über Sozialstatus und Erziehungsverhalten obdachloser Familien. 2. Auflage. München: Juventa.

IMF (2013) = International Monetary Fund (2013): World Economic Outlook October 2013. Transition and Tensions. Washington. Online unter: www.imf.org/external/pubs/ft/weo/2013/02/pdf/text.pdf (Abruf 28.06.2015).

Kuhlmann, Carola (2012): Bildungsarmut und die soziale „Vererbung" von Ungleichheiten. In: Huster, Ernst-Ulrich/Boeckh, Jürgen/Mogge-Grotjahn, Hildegard (Hrsg.): Handbuch Armut und Soziale Ausgrenzung. Wiesbaden: Springer VS. S. 342–364.

Luther, Martin (1905): Sermon von dem unrechten Mammon. 9. Sonntag nach Trinitatis. 17. August 1522. In: D. Marin Luthers Werke. Weimarer Ausgabe. Band 10/3. Weimar: Verlag Hermann Böhlaus Nachfolger.

Middendorff, Elke/Apolinarski, Beate/Poskowsky, Jonas/Kandulla, Maren/Netz, Nicolai (2012): Die wirtschaftliche und soziale Lage der Studierenden in Deutschland 2012. 20. Sozialerhebung des Deutschen Studentenwerks durchgeführt durch das HIS-Institut für Hochschulforschung. Berlin: Bundesregierung.

Schütte, Johannes D. (2013): Armut wird „sozial vererbt". Status quo und Reformbedarf der Inklusionsförderung in der Bundesrepublik Deutschland. Wiesbaden: Springer VS.

Wendler, Michael/Huster, Ernst-Ulrich (Hrsg.) (2015): Der Körper als Ressource in der Sozialen Arbeit. Wiesbaden: Springer VS.

World Vision Institut (2010): Kinder in Deutschland. 2010. 2. World Vision Kinderstudie. Frankfurt am Main: Fischer. Grafiken online unter: www.worldvision-institut.de/_downloads/allgemein/Charts_Kinderstudie_2010.pdf (Abruf 01.06.2015).

Zimmermann, Germo/Huster, Ernst-Ulrich (2013): Sozialmanagement zur Stärkung endogener regionaler Entwicklungspotenziale – Der Beitrag von Kirche und Diakonie in ländlichen Bereichen. In: George, Wolfgang (Hrsg.): Existenzgründung unter regionalökonomischer Perspektive. Regionales Zukunftsmanagement Band 7. Lengerich: Papst Publishers. S. 104–111.

Zimmermann, Germo (2014): Anerkennung und Lebensbewältigung im freiwilligen Engagement. Eine qualitative Studie zur Inklusion benachteiligter Jugendlicher in der Kinder- und Jugendarbeit. Bad Heilbrunn: Julius Klinkhardt.

JUGENDLICHE ZWISCHEN DEN WELTEN – HERAUSFORDERUNGEN MIGRATIONSSENSIBLEN HANDELNS FÜR DIE MISSIONARISCHE JUGENDARBEIT

Sarah Koyyuru

Bei aller Erfahrung in Jugendarbeitsthemen steht evangelische Jugendarbeit heute vor der Herausforderung, auf die vielen Veränderungen in der Lebenswelt der Jugendlichen reagieren zu müssen. Das betrifft die Entwicklung hin zur Ganztagesschule und daraus resultierende Problemstellungen, wie z. B. das Wegbrechen von Jugendlichen als Mitarbeiter, die nun viel mehr Zeit in der Schule verbringen. Auch die pluralisierende Gesellschaft verändert Jugendarbeit. Pluralität ist für Jugendliche in Schulen eine Selbstverständlichkeit, dagegen aber nicht in der kirchlichen Landschaft. Die Aufgabenstellung, an dieser Stelle Brücken zu bauen und auch noch Jugendliche mit Migrationshintergrund zu erreichen, erscheint für viele Verantwortliche in der Jugendarbeit als eine weitere Last, die kaum zu bewältigen ist. Dabei sind die Entwicklungen aktuell sehr rasant: Von 2011 bis 2014 ist die Zahl der Menschen mit Migrationshintergrund um 1,5 Millionen angestiegen. Das bedeutet einen Zuwachs von über 10 %.[1] Natürlich unterscheiden sich dabei die verschiedenen Regionen unseres Landes.

Während die evangelische Landeskirche in Württemberg durch den demografischen Wandel jährlich 1 % ihrer Mitglieder verliert, bleibt die katholische Kirche insgesamt etwas stabiler. Ein Grund mag darin liegen, dass katholische Christen zu einer weltweiten Kirche gehören. Die Reichweite der evangelischen Landeskirchen fällt deutlich kleiner aus. 25–30 % katholische Mitglieder sind in Städten wie Frankfurt und Stuttgart zu verzeichnen, während im Vergleich dazu die Zahl in der evangelischen Kirche sowohl in städtischen als auch ländlichen Kirchengemeinden vernachlässigbar ist (Eicken/Schmitz-Veltin 2010).

Evangelische Kirche muss sich aufmachen und sich öffnen für Menschen mit Migrationshintergrund und anderer Prägung im Allgemeinen, sonst bleibt sie unter sich. Den Weg zu anderen zu suchen und sie mit Glaube und Gemeinde vertraut zu machen, sollte jedoch nicht aus Angst vor schrump-

[1] Vgl. Statistisches Bundesamt (2015): Zahl der Zuwanderer in Deutschland so hoch wie noch nie. Pressemitteilung vom 03.08.2015. Online unter: www.destatis.de/DE/PresseService/Presse/Pressemitteilungen/2015/08/PD15_277_122.html (Abruf 16.08.2015)

fenden Mitgliederzahlen, sondern aus einem missionarischen Anliegen heraus geschehen. Nur die Liebe Gottes zu allen Menschen zu bringen, egal welcher Herkunft oder Hautfarbe, darf die Motivation sein. Dabei war und ist Mission schon immer verbunden mit aktiven Schritten: Gehet hin (Mt 28,18)!

Dieser Artikel möchte einen Beitrag dazu leisten, dass evangelische Jugendarbeit auf Jugendliche mit Migrationshintergrund zugeht. Dazu soll im ersten Teil zuerst der Blick auf Jugendliche mit familiärer Migrationsgeschichte geschärft werden, um dann in einem zweiten Teil Anstöße zu geben für die Praxis der evangelischen Jugendarbeit.

1. Jugendliche mit Migrationshintergrund in Deutschland

Spürbar und erlebbar ist der Wandel der Gesellschaft. Zuwanderung nach Deutschland ist ein immer größer und unumgänglicher werdendes Thema. Die statistischen Zahlen des Bundesamtes belegen es (s. o.). Schon lange ist es keine Seltenheit mehr, dass Menschen unterschiedlicher Herkunft aufeinandertreffen. Das Bewusstsein für kulturelle Vielfalt und eine Selbstverständlichkeit im Umgang mit Andersartigkeit fällt dagegen in Stadt und Land unterschiedlich groß aus. Während Menschen verschiedener Herkunft das Bild in Großstädten prägen und viele verschiedene Sprachen hörbar sind, kann heute noch ein aus Afrika stammender junger Mann einige musternde Blicke ernten, wenn er sich im ländlichen Raum z. B. auf ein Volksfest wagt.

Deutschlands Einwanderungsgeschichte begann nicht erst gestern. Migrationsbewegungen prägen schon seit jeher die Veränderungen in Bevölkerung und Gesellschaft. Seit 1949 wanderten viele verschiedene Migrantengruppen ein. Doch erst seit 2006 wurde von der Bundesregierung statuiert, dass Deutschland ein Einwanderungsland ist (vgl. Meier-Braun 2013: 18).

1.1 Statistische Zahlen

Um einen Einblick zu bekommen, wie sich die Bevölkerung zusammensetzt, helfen Zahlen, die das Statistische Bundesamt jedes Jahr zum Thema Migration und Integration bereitstellt.

In der Presse wurde neben der Flüchtlingsthematik mitgeteilt, dass im Jahr 2014 465.000 Einwanderer nach Deutschland gekommen sind. Das entspricht nicht ganz den Tatsachen. Denn diese Zahl ist nur eine Bilanz aus Zu- und Abwanderung. Nach den Zahlen aus 2013 standen nach dem Statistischen Bundesamt 797.900 Auswanderer 1.226.500 Einwanderer gegenüber. 2014 stieg die Zahl weiter. Eine Hauptursache für die großen Ströme ist die Möglichkeit des freien Personenverkehrs innerhalb der EU. Denn der Großteil kommt aus EU-Mitgliedstaaten wie Polen, Rumänien und Bulgarien nach Deutschland.[2]

Schaut man sich die Folgen der verschiedenen Einwanderungsströme in Zahlen an, wird deutlich, dass viele Menschen in Deutschland beheimatet und mehrere Generationen lang schon ansässig sind:

Jeder fünfte Einwohner weist einen Migrationshintergrund auf. Bei Kindern unter zehn Jahren liegt dieser Anteil bei etwa einem Drittel. Die Zahlen sind aber nicht flächendeckend gültig. In Bundesländern wie Baden-Württemberg liegt die Zahl von Menschen mit Migrationshintergrund sogar schon bei einem Viertel, während dagegen die neuen Bundesländer fast durchgängig unter zehn Prozent liegen (Statistisches Bundesamt 2015: 17).

Migrationshintergrund wird nach dem Mediendienst Integration folgendermaßen definiert: „Mit Migrationshintergrund werden statistisch alle Bürger erfasst, die nach 1949 in die heutige Bundesrepublik Deutschland eingewandert sind, sowie alle hier geborenen Ausländer. Auch Eingebürgerte gehören dazu, ebenso wie alle Deutschen mit mindestens einem zugewanderten oder ausländischen Elternteil."[3]

2013 waren rund 5,8 Millionen Menschen mit Migrationshintergrund wahlberechtigt. Das entspricht knapp 10 % der Bevölkerung.[4] Diese sind jedoch nichts weniger als eine homogene Masse, wie der nächste Abschnitt verdeutlicht.

1.2 Migration hat viele Gesichter

Spricht man von Migrationshintergrund, stecken dahinter vielfältige Geschichten und Umstände.

Die Heterogenität innerhalb der Migranten ist größer als in der deutschen Bevölkerung wahrgenommen und angenommen. Schon nur innerhalb einer einzelnen Migrantengruppe, wie etwa der griechischstämmigen, sind deutliche Unterschiede an Lebenswelt, Bildung und Glaubensrichtung auszumachen.

---

[2] Vgl. zu diesem Absatz: Mediendienst Integration: Wer kommt, wer geht? Online unter: http://mediendienst-integration.de/migration/wer-kommt-wer-geht.html (Abruf 29.08.2015)

[3] Mediendienst Integration: Bevölkerung. Wie viele „Menschen mit Migrationshintergrund" leben in Deutschland? Online unter: http://mediendienst-integration.de/migration/bevoelkerung.html (Abruf 27.08.2015)

[4] Vgl. Mediendienst Integration: Politische Teilhabe. Online unter: http://mediendienst-integration.de/integration/politik.html (Abruf 29.08.2015)

Zu schnell werden Jugendliche mit Migrationshintergrund in einen Topf geworfen. Meist wird von Ausländern gesprochen und dabei entsteht das Bild von meist männlichen, muslimischen Jugendlichen, die auffällig sind und auf den Straßen in Cliquen zusammenstehen. Die Situation von Jugendlichen mit Migrationshintergrund kann aber nicht in einem eindimensionalen Bild beschrieben werden.

So ist da z. B. das türkische Mädchen aus einer Akademikerfamilie, das sich im alevitischen Jugendverband engagiert und nach dem Abitur ein Studium der Islamwissenschaften anstrebt. Das Kopftuch gehört zu seiner Überzeugung. Mit Christen sucht es gelegentlich den interreligiösen Austausch. Das bringt es persönlich weiter.

Da ist das eritreische Mädchen, das seine Ausbildung zur Krankenpflegerin beginnen möchte. Er pflegt seine verschiedenen Freundeskreise, die afrikanisch-stämmige Community, aber auch seine Freunde aus der Schule. Seine Eltern sind orthodoxen Glaubens, doch damit kann es nicht viel anfangen.

Und ja, da ist der griechische Junge, der mit seinen Freunden am Bahnhof abhängt. Als Deutscher versteht er sich nicht, sein Stolz ist seine Kultur, von deutschem korrektem Verhalten fühlt er sich immer wieder vor den Kopf gestoßen. Seine Liebe gilt seinem Land, das er selbst nur aus seinen Familienurlauben kennengelernt hat. Der Hauptschulabschluss steht auf der Kippe, doch das schränkt sein Selbstbewusstsein nur wenig ein.

Traumatisiert ist das Flüchtlingskind aus Syrien, das nachgereist ist, nachdem der Vater seinen Asylantrag nach langem Warten erhalten hat. Jetzt muss es sich in einer völlig neuen Welt zurechtfinden. Alles an den Menschen um es herum irritiert es. Auch seine Eltern sind verunsichert und ängstlich, das verunsichert es noch mehr.

Aber da ist auch der holländische Junge, dem niemand anmerkt, dass er einen Migrationshintergrund hat. Seine Freunde bemerken die andere Herkunft, wenn sie nach einer Übernachtung bei ihm Streusel auf das Butterbrot bekommen und seine Mutter im Gespräch mit ihm manches holländische Wort verwendet.

Viele weitere Beispiele könnten hier genannt werden. Eines wird hier aber schon deutlich: Jugendliche mit Migrationshintergrund sind keine homogene Masse. Für jeden Einzelnen ist der Prozess der Integration eine persönliche Herausforderung und mit unterschiedlichen Erfahrungen verbunden.

Ein Themenfeld jedoch, das viele Jugendliche mit Migrationserfahrung oder -hintergrund verbindet, ist die Frage nach Identität und Heimat.

1.3 Zwischen zwei Welten

> „Meines Vaters Fremde ist meine Heimat geworden
> Meine Heimat ist die Fremde meines Vaters geblieben
> Wo wir uns begegnen ist Niemandsland"
> (Cumart 2014: 34)

Der Autor ist ein türkischstämmiger Journalist und Lyriker, der sich in einigen seiner Gedichte mit seiner türkischen Abstammung auseinandersetzt. Das Gedicht vermittelt eine melancholische Stimmung. Die kaum überbrückbare Distanz zwischen Vater und Sohn geht zu Herzen. Ein Lebensgefühl, das manch ein anderes Kind von Migranten teilt. Sie erleben, wie sie in einem Umfeld aufwachsen, deren Werte und Normen von ihren Eltern oft nicht geteilt und meist dann auch missverstanden werden. Da geht es u. a. um Themen wie Partnerschaft und Sexualität, Freiraum, Selbstbestimmung und auf der anderen Seite Gehorsam gegenüber den Eltern.

Viele Eltern der zweiten Generation geben sich viel Mühe, die Herkunftskultur an ihre Kinder weiterzutragen. Dabei erleben sie selbst, dass auch sie nicht mehr sicher darin sind. Schon die Eltern erleben eine dauernde Konfrontation mit den Werten und Normen der neuen Umgebung. Oft führt das zu verstärkten Mühen, das Wertesystem der eigenen Kultur aufrechtzuerhalten. Genau dieses führt schließlich zu Konflikten, weil sich die Jugendlichen meist mit den Werten der Aufnahmegesellschaft mehr verbunden fühlen, da sie in ihr groß werden. Vor allem in der Pubertät, der Zeit der eigenen Identitätsfindung, in der Eltern und ihre Haltung und Meinung infrage gestellt werden, werden Konflikte hervorgerufen. Gleichzeitig gilt die Anpassung ihrer Kinder an deutsche Lebensverhältnisse in manchen Familien als ihre größte Sorge. Sie befürchten eine völlige kulturelle und religiöse Entfremdung und versuchen, dem mit einer intensiveren religiösen Werteerziehung und einer Abschottung in die kulturelle Separation beizukommen. So schaukeln sich in manch einer Familie die Konflikte hoch, in einem anderen schwelt der Konflikt unter der Oberfläche.

Um das familiäre Spannungsfeld von Jugendlichen mit Migrationshintergrund mehr zu verstehen, ist ein Blick auf ihre Eltern hilfreich.

Eltern und ihre Kinder trennt immer die Zeit und was sie jeweils in ihrer Kindheit und Jugend erlebt haben. Diese wichtige Zeit ist es in erster Linie, die kulturelle Identität stiftet und Werte und Ziele vermittelt. Doch bei Migranten und deren Nachkommen ist die Spanne noch um einiges größer als bei Kindern und Jugendlichen ohne Migrationshintergrund. Am stärksten ist das Spannungsfeld bei denjenigen, welche die Frage: „Ist es wünschenswert, die eigene kulturelle Identität und deren Wesensmerkmale aufrechtzuerhalten?" mit einem eindeutigeren Ja beantworten können als die Frage: „Ist es wünschenswert, Kontakte zur Aufnahmegesellschaft aufzusuchen?“ (vgl. Tabelle 1).

Die Globalisierung, und damit auch die Kommunikation zwischen den Ländern und das Wissen über andere Kulturen, schreitet weiter voran. Doch der Prozess, eine neue Kultur kennenzulernen, sie zu verstehen und sich in ihr zurechtzufinden, ist immer noch mühsam und dauert seine Zeit. Das Erlernen der Sprache ist dabei nur der erste Schritt. Wie soll ein Flüchtling aus Eritrea z. B. bewerten, dass in Deutschland so viel Alkohol getrunken wird, wenn für ihn als Christ klar ist, dass man keinen Alkohol trinkt? Vieles ist fremd und es entsteht eine große Unsicherheit: Wie soll ich mich verhalten? Was kann ich übernehmen und was widerspricht meinen eigenen Werten?

Zwei Wege lösen die Spannung schnell auf: Entweder wirft man die alten Werte über Bord und passt sich den neuen Gegebenheiten an, oder man besinnt sich verstärkt auf die Traditionen seiner Herkunft und zieht sich dorthin zurück.

Die zweite Generation führt in der Pubertät vielmals ein Doppelleben, bis sie anschließend ebenfalls einen der beiden Wege wählt. Eine differenzierte Auseinandersetzung vollziehen wenige. Diese wenigen erlernen dies entweder durch gute Begleitung von älteren Menschen, die sich des Themas bewusst sind, oder in der Schule oder im Studium.

Dabei liegt nahe, dass Gruppierungen gleicher ethnischer Herkunft zusammenfinden. Jedoch sind es nicht nur die gleiche Sprache, dasselbe Essen oder die gleichen Gewohnheiten, die verbinden. Die kulturelle Identität vermittelt Heimat und stiftet Gemeinschaft und Zusammengehörigkeit, mehr noch als es im Herkunftsland der Fall gewesen wäre. Das gleiche Prinzip, in einem fremden Land sich auf die traditionellen Werte der eigenen Kultur zu besinnen, ist auch bei Deutschen zu beobachten. So kann es z. B. sein, dass einer in Deutschland Schlagermusik nichts abgewinnen konnte, dafür nun diese Heimatklänge im Ausland eine ganz neue Bedeutung gewinnen. Andere Deutsche zu treffen und dieselbe Sprache zu sprechen, wird zu einer wahren Wohltat.

Gruppen, die sich aufgrund ihrer ethnischen Zugehörigkeit zusammenfinden, sind für Außenstehende schwieriger zu erreichen. Beziehungen zu ihnen aufzubauen, kann je nach Gruppengefüge oder Kultur sehr schwer, und manchmal unmöglich sein. Viel einfacher ist es jedoch, wenn Migranten ohne eine solche Gruppe auftreten und sie auf der Suche nach Gemeinschaft sind. Die interkulturellen Begegnungen häufen sich und das Hineinwachsen in die neue Kultur wird vereinfacht.

Eine Definition von Kultur nach Lothar Käser lautet „Gesamtheit aller Regeln, die von den betreffenden Menschen befolgt werden, wenn sie ihr Dasein gestalten“ (zit. n. Hopp/Gressel 2015: 67). Damit können Sprache, Essen, Kleidungsweise oder Kunst gemeint sein, also offensichtliche Merkmale der Unterscheidung. Des Weiteren unterscheiden sich die Interaktionen und Handlungen einer Kultur von einer anderen, z. B. durch die Art und Weise, wie man sich begrüßt, wie viel Respekt älteren Familienmitgliedern entgegenzubringen ist, wie groß der körperliche Abstand zwischen Frauen und Männern ist, wie man trauert oder sich freut usw. Alle Regeln zusammen bilden ein sogenanntes Aktionssystem, das in sich stimmig ist. Treffen Kulturen aufeinander, werden die Handlungsweisen und Werte des Fremden leicht missverstanden oder hinterfragt. Individualismus trifft auf Kollektivismus, Selbstverwirklichung auf Familiengehorsam, hierarchische Systeme auf Gleichstellungsgedanken.

John W. Berry, Professor an der Queen's University in Kingston, entwickelte vier Akkulturationsstrategien (vgl. Babioch 2007: 44–50). Sie verdeutlichen, wie unterschiedlich die Strategien aussehen können, wenn Zuwanderer mit der neuen Kultur des Aufnahmelandes konfrontiert werden und sich in diese einfinden müssen. Wörtlich meint Akkulturation, sich auf eine Kultur hin bewegen (s. Tabelle 1).

Tabelle 1: Die vier Akkulturationsstrategien nach Berry

	Ist es wünschenswert, die eigene kulturelle Identität und Charakteristika aufrechtzuerhalten?		
Ist es wünschenswert, Kontakte zur Aufnahmegesellschaft aufzusuchen?		JA	NEIN
	JA	Integration	Assimilation
	NEIN	Separation	Marginalisierung

Quelle: eigene Darstellung nach Babioch 2007: 45

Integration nach Berry bejaht die Identität der Herkunftskultur und tritt gleichzeitig in interkulturelle Kontakte, z. B. soziale Kontakte, ein. Dagegen meint *Assimilation* die Anpassung an die Aufnahmekultur, bei der ein Einwanderer die Bewahrung der seither gewohnten Werte und Verhaltensweisen hinter sich lässt.

Bei *Separation* bleiben Zuwanderer unter sich und bilden Subkulturen. Werden beide Fragen verneint, nennt Berry die Akkulturationsstrategie *Marginalisierung*. Vielmehr als eine Strategie ist es eher ein Zustand, in dem die Herkunftskultur nicht mehr trägt, aber auch die neue Kultur keinen Halt bietet.

Das Modell von Berry stellt nur dar, in welcher Weise Migranten ihrerseits die Situation im neuen Land bewältigen. Sie lässt aber offen, inwiefern das Thema Integration auch vonseiten der Aufnahmegesellschaft bearbeitet werden muss und nicht nur eine Forderung an die Zugewanderten bleibt. Es braucht in Politik und Gesellschaft eine Haltung, in der Andersartigkeit und Pluralität akzeptiert und im besten Falle erwünscht sind.

Eine einseitige Anpassung von Migranten an die Aufnahmekultur ohne Beachtung der Herkunft und der Wurzeln gerät in eine Schieflage, auf solch einer Grundlage bleibt der Migrant immer derjenige, der sich noch weiter und besser anpassen muss. Sein Potenzial, das er mitbringt, z. B. das Leben aus einer anderen Perspektive zu sehen und zu leben, wird nicht gesehen. Oft empfinden sich Migranten deshalb als minderwertiger, selbst, wenn sie schon lange Jahre im neuen Land leben und längst im Arbeitsleben Fuß gefasst haben.

Es spielt eine Rolle, welche Beiträge geleistet werden, um Migranten und deren Nachkommen zu integrieren und in welcher Weise ihnen ein Raum gegeben wird, um beides, Herkunfts- und Aufnahmekultur, zu vereinen. Wenn vermittelt wird, dass sie nicht Last, sondern eine Bereicherung sind, dann werden Potenziale freigesetzt und es kommt zu einer Begegnung auf Augenhöhe. Das gilt für die erste Generation der Einwanderer ebenso wie für die zweite bis gelegentlich zur dritten und vierten. Doch das Spannungsfeld zwischen den Generationen der Einwanderer und deren Nachkommen muss jedes Mal neu ausgefochten und ausgehalten werden. Das kann nicht nur Unterschiede in Ansichten und Kultur zwischen der ersten und zweiten Generation betreffen, sondern auch der zweiten und dritten.

Inwieweit eine Distanz innerhalb einer Familie aufgrund unterschiedlicher Kulturen empfunden wird, hängt von Einzelpersonen ab, aber auch davon, wie sehr sich die Herkunfts- und Aufnahmekultur voneinander unterscheiden oder wie Eltern mit dem Kulturwechsel umgingen.

Auch Jugendliche ohne Migrationshintergrund haben in der Pubertät schon viele Themen zu bewältigen. Für Jugendliche mit Migrationshintergrund kommen weitere Herausforderungen hinzu. Sie leben, je stärker die Eltern in der eigenen Kultur verwurzelt bleiben, in zwei sehr unterschiedlichen Welten.

Viele aus der zweiten Generation sind wegen ihrer hohen Anpassungsfähigkeit oft Vermittler zwischen Eltern und Gesellschaft. Sie sind lernfähiger und haben sich schneller in neue Umgebungen eingefunden. Vor allem das Erlernen der Sprache spielt dabei eine wesentliche Rolle. Dabei zerren beide Kulturen besonders stark an den Nachkommen (Hopp/Gressel 2015). In Kindergarten und Schule erleben sie eine andere Welt als zu Hause. Sie lernen von klein auf, dass es zwei sehr unterschiedliche Arten geben kann, das Leben anzugehen. Sie fühlen sich in zwei Welten gleichzeitig fremd und doch vertraut.

Vorstellungen, was falsch und richtig ist, klaffen weiter auseinander, je fremder sich die beiden Kulturen sind, mit denen die Kinder- und Jugendlichen mit Migrationshintergrund konfrontiert werden.

1.4 Typisch deutsch?!

Im Geflecht der Widersprüche stecken viele Kinder und Jugendliche mit Migrationshintergrund. Dabei erleben diese sich oft als anders, anders als die Mitschüler in der Schule, aber auch anders als ihre Eltern. Die Frage: „Wo ist Heimat?", ist für sie nicht so leicht zu beantworten. Ihre Bikulturalität grenzt sie von denen ab, die nur eine Kultur kennengelernt haben. Sie gehören zu beiden, manchmal auch dreien, aber zu keiner vollständig. Sie haben bspw. Verwandte im Kongo und leben doch im mitteleuropäischen Wohlstand. Sie können sich nach Belieben von der jeweiligen Kultur abgrenzen und entweder „den Deutschen" oder beispielsweise „den Türken" das Recht zusprechen, wie es gerade in die Situation und in ihr Verständnis passt. Wie sie sich selbst sehen, hängt viel davon ab, wie sie von außen betrachtet werden. Einen indischen Vater zu haben, kann Interesse bei monokulturellen Deutschen erwecken, da es nicht sehr viele Inder in Deutschland gibt und darum exotisch wirkt. Hat man dagegen türkische Eltern, gerät man viel schneller in das Rad der Vorurteile. Ein Ausschnitt aus *„fremd geblieben"*, einem weiteren Gedicht von Nevfel Cumart, zeigt, welches Lebensgefühlt damit verbunden sein kann:

> „[...] ich habe mich hier nie fremd gefühlt
> denn ich hatte kein Leben
> außerhalb Deutschlands
> doch für die Menschen
> in meiner Heimat
> bin ich wohl immer fremd geblieben"
> (Cumart 2014: 34)

Einfacher wäre es für Jugendliche mit Migrationshintergrund innerhalb der Bundesrepublik, wenn ein Thema auf verschiedenen Ebenen gründlicher bearbeitet und reflektiert werden würde: *Was macht einen Deutschen zu einem Deutschen?* Deutschsein wird immer noch in erster Linie über die ethnische Herkunft definiert, obwohl im Jahr 2014 nach einer OECD-Statistik Deutschland nach den USA das Land mit den zweithöchsten Einwanderungszahlen ist.[5] Das ist mitunter auch ein Grund, dass Jugendliche und junge Erwachsene aus der zweiten, dritten bis sogar hin zur vierten Generation, deren Eltern oder eben Vorfahren eingewandert sind, Schwierigkeiten haben, sich als Deutsche zu verstehen. Vergleicht man dies mit Ländern, die sich schon seit ihrer Entstehungsgeschichte als Einwanderungsland begrei-

[5] Handelsblatt (2014): Deutschland ist Einwanderungsland Nummer zwei vom 20.5.2014. Online unter: www.handelsblatt.com/politik/deutschland/oecd-statistik-deutschland-ist-einwanderungsland-nummer-zwei/9920308.html (Abruf 29.08.2015)

fen müssen, verstehen deren Einwohner es besser, kulturelle mit nationaler Identität zu vereinbaren. Beispielsweise wird in Kanada oft über den „background" gesprochen und dennoch versteht man sich als Kanadier.

Eine solche Bewegung gibt es auch in Deutschland. Der Verein Typisch Deutsch e.V. wurde in Berlin von Jugendlichen und jungen Erwachsen mit Migrationshintergrund gegründet. Sie lehnen den Begriff Integration völlig ab. Sie definieren Altdeutsche und Neudeutsche als Gegenüber, die auf Begegnungsplattformen in Kontakt kommen sollen. Das Ziel ist, ein neues Wir-Gefühl zu schaffen. Aktionen sollen anderen Neudeutschen ein Bewusstsein für ihre Fähigkeiten und Stärken schaffen.[6]

Die Schwierigkeit hierbei ist die Fragestellung: Was sind denn die verbindenden Elemente bei kultureller Vielfalt? Würde man einen älteren Deutschen ohne Migrationshintergrund fragen, was typisch Deutsch wäre, würde er sehr wahrscheinlich die tragische Zeit des Nationalsozialismus vor Augen haben, aber auch kulturellen Errungenschaften in Literatur und Musik. Würde man einen jungen Erwachsenen in Baden-Württemberg fragen, sähe er sicherlich die vielen Möglichkeiten, die er in Deutschland hat, um seine eigene Zukunft zu gestalten: Daimler und die schnellen Autos wären wahrscheinlich Thema. Würde man einen Einwanderer fragen, bekäme man wahrscheinlich als Stichworte: Pünktlichkeit, Regelbewusstsein und Freiheit des Einzelnen. Es wird deutlich: Kulturelle Identität kann nur aus der eigenen Erfahrung aufgebaut werden. Und Erfahrung liegt immer in Vergangenheit und Gegenwart. Auf neue Erfahrungen kann aber zugegangen werden und damit kann sich das Selbstverständnis einer ganzen Nation verändern.

2. Herausforderungen migrationssensiblen Handelns missionarischer Jugendarbeit

Welche Haltung im Blick auf Mission braucht Jugendarbeit? An welchen Stellen kann evangelische Jugendarbeit sich öffnen? Wie begegnet man nun diesen Jugendlichen mit familiärer Migrationsgeschichte und geht sensibel auf ihre Bedürfnisse ein? Vor welchen Herausforderungen steht missionarische Verkündigung und wie kann sie auch seelsorgerlich Jugendlichen mit Migrationshintergrund ermutigenden Zuspruch geben? Diesen Fragen soll im zweiten Teil Raum gegeben werden.

[6] Online unter: www.typischdeutsch.de (Abruf 30.08.2015)

2.1 Mission im interkulturellen Kontext

Mission ist spätestens seit dem Apostelkonzil, von dem uns in Apostelgeschichte 15 berichtet wird, nicht nur auf Juden ausgerichtet. In der Zusammenkunft der Apostel trat die Frage auf: Müssen Nichtjuden, sogenannte „Heiden", erst den jüdischen Traditionen und Gesetzen folgen, oder können sie auch ohne diese ihren christlichen Glauben leben? (Apg 15,5-6). Dahinter verbirgt sich letztendlich auch die Frage, wie viel von ihrer Kultur müssen Nichtjuden von der jüdischen übernehmen? Das Apostelkonzil beschloss, dass von den vielen jüdischen Gesetzen für die Christen aus Antiochia, Syrien und Sizilien nur noch vier Gesetze gelten sollten (Apg 15,23-29). So setzte sich Mission von Anfang an auch mit interkulturellen Prozessen auseinander.

Schon seit Jahrhunderten gehen Missionare von Deutschland aus in andere Länder, um anderen Kulturen von der Botschaft Jesu zu berichten. Heute sind viele verschiedenen Kulturen auch schon innerhalb der Grenzen Deutschlands zu finden. Die evangelischen Kirchen schneiden allerdings nicht sonderlich gut ab, was die Offenheit für Menschen anderer Sprachen und Herkunft angeht. Was sich in württembergischer Jugendarbeit beobachten lässt, sind meist entweder evangelische Jugendarbeit mit missionarischem Anliegen, die Jugendliche mit Migrationshintergrund selten bis gar nicht im Blick hat, oder auf der anderen Seite evangelische Jugendarbeit, die besonders Jugendliche mit Migrationshintergrund, vermehrt aus dem prekären Feld, in den Blick nimmt. Gespräche über den Glauben und speziell den christlichen werden dafür beiseitegelegt, da sie fürchten, er könnte die geknüpften Kontakte zu eben diesen Jugendlichen gefährden. Diese Sicht ist verständlich, denkt man an das Ziel interkultureller Bemühungen, nämlich: Frieden durch die Verständigung der Kulturen zu erreichen. Jeglicher Versuch einer missionarischen Religion, andere Menschen, speziell anderer Überzeugung für ihren Glauben zu gewinnen, wird deshalb schnell als übergriffig gewertet.

Umso klarer muss deshalb sein, auf welcher Basis Mission heute praktiziert werden soll; aus den früheren, negativen Erfahrungen lernend und die Anforderungen der heutigen Zeit immer wieder reflektierend. Das ökumenische Dokument „Mission Respekt – Christliches Zeugnis in einer multireligiösen Welt" (Mission:Respekt 2011) liefert dazu klare und biblisch fundierte Aussagen. Die Tatsache, dass hier der Päpstlichen Rat für den Interreligiösen Dialog, der Ökumenische Rat der Kirche (ÖRK) und die Weltweite Evangelische Allianz (WEA) gemeinsam an diesem Schriftstück gearbeitet haben, ist ein Zeugnis für sich. In der Präambel heißt es:

„Mission gehört zutiefst zum Wesen der Kirche. Darum ist es für jeden Christen und jede Christin unverzichtbar, Gottes Wort zu verkünden und seinen/ihren Glauben in der Welt zu bezeugen. Es ist jedoch wichtig, dass dies im Einklang mit den Prinzipien des Evangeliums geschieht, in uneingeschränktem Respekt vor und Liebe zu allen Menschen" (Mission:Respekt 2011: 1).

2.2 Interkulturelle Öffnung als Aufgabe

Wie begegnet man nun Jugendlichen mit Migrationshintergrund? Wenn einmal manch ein Vorurteil überwunden ist, stellt sich die Frage: Wie kann man denn auf sie zugehen? Wie kommt traditionelle, evangelische Jugendarbeit in Kontakt mit Neudeutschen? Als erste Herausforderung ist deshalb zu nennen: *Evangelische Jugendarbeit mit einem missionarischen Anliegen muss sich aktiv öffnen, wenn sie Jugendliche mit Migrationshintergrund oder -erfahrung erreichen möchte.*

Ein aktives Öffnen geht mehrere Schritte weiter, als nur eine Grundoffenheit für alle zu haben. Tatsächlich bestehen viele Barrieren für Jugendliche anderer kultureller Prägung, die sie daran hindern können, an evangelischer Jugendarbeit mit missionarischem Anliegen teilzunehmen. Letztendlich bleiben gerade darum die Gruppen geschlossen, weil sie sich nicht damit auseinandersetzen, welche Barrieren und Hindernisse eventuell bestehen könnten.

Integration braucht eine interkulturelle Öffnung, die Bewegung und Bereitschaft zu Veränderung von beiden Seiten und auf allen Ebenen. Das gilt für die Arbeit vor Ort wie auch in der Struktur eines Verbandes.

Brücken zu bauen und zu testen, wie eine Veränderung am besten geschehen kann, lohnt sich. Denn jeder Versuch wird lehren, wie interkulturelle Öffnung aussehen kann oder eben auch nicht.

1. *Beziehungen brauchen Pflege!*
   Wie wichtig Beziehungsarbeit ist, wird immer wieder unterschätzt, und doch ist sie der wesentlichste Faktor für gelingende missionarische Jugendarbeit. Auf der Straße und an der Bushaltestelle Small Talk führen, kann ein Beginn sein. Dabei wird bei manch einem Gespräch sich herausstellen, dass einige der Jugendlichen mit Migrationshintergrund auch aus einem christlichen Elternhaus kommen, jedoch keinen Zugang zu den Gruppen evangelischer Jugendarbeit gefunden haben.
2. *Es muss Thema werden!*
   Bei einer Umfrage des CVJM-Gesamtverbandes zeigte sich, dass das Thema Migration und Jugendliche mit Migrationshintergrund in Leitungskreisen des CVJM fast ausschließlich nur dort thematisiert wurde, wo auch Leitende mit Migrationshintergrund im Amt waren und damit ein persönliches Anliegen besaßen. (Der Abschlussbericht wurde leider nicht veröffentlicht.) Die eigene Jugendarbeit und ihre Kultur braucht

eine Reflexion: *Wie machen wir Jugendarbeit? Warum auf diese Weise? Entspricht sie auch Jugendlichen anderer Herkunft? Wie können wir sie öffnen?*

3. *Angebote müssen mehr auf die Zielgruppe zugeschnitten werden!*
   Das kann z. B. bedeuten, sich speziell einer möglichst genau definierten Zielgruppe zu widmen, beispielsweise russlanddeutschen Jugendlichen, die sich in einem bestimmten Stadtviertel ansiedeln. Oder es kann auch lediglich bedeuten, das Programm des Jugendkreises um eine gute, gemeinsame Mahlzeit zu erweitern, da Essen und Gemeinschaft in z. B. der orientalischen Kultur einen sehr hohen Wert besitzen. Gespräche mit der entsprechenden Zielgruppe sind natürlich unabdingbar.
4. *Öffentlichkeitsarbeit darf nicht innerkirchlich bleiben!*
   Eine Anzeige im Gemeindeblatt unter der Rubrik Kirche reicht da nicht aus. Angebote sollten auch auf der kommunalen Ebene bekannt sein, z. B. im Rathaus und bei Schlüsselpersonen wie Sozialarbeitern.
5. *Evangelische Jugendverbände müssen Ressourcen in das Thema „interkulturelle Öffnung" stecken!*
   Ohne Input wird auch kein Output zu sehen sein. Gesellschaftlich ist es schon lange kein Randthema mehr. Es braucht dafür Personen, die sich vollzeitlich diesem Thema widmen können um es aufzubereiten. Hauptamtliche, die Beratung und Unterstützung für Jugendarbeit vor Ort bieten können, als auch modelhafte Experimente, wie z. B. das „Projekt Frankfurt-Mitte" mit einer jungen Gemeinde für junge Erwachsene mit Migrationshintergrund.
6. *Jugendarbeit und Flüchtlinge ist ein eigenes, spezifisches Thema.*
   Beziehungen zu evangelischer Jugendarbeit können einen Einstieg für Jugendliche mit diesem Hintergrund in das Leben in Deutschland fördern. Eine Teilnahme an Gruppen evangelischer Jugendarbeit ist möglich, wenn diese so gestaltet sind, dass Menschen mit wenig Deutschkenntnissen daran teilnehmen können.

2.3 Interkulturelle Kompetenz als Lernfeld

Das interkulturelle Miteinander zu gestalten, ist eine wichtige Grundlage für missionarisches Handeln in Gruppen, aber auch in Gesprächen mit Einzelpersonen.

Interkulturelle Kompetenz ist die Fähigkeit, mit Menschen und Gruppen verschiedener kultureller Zugehörigkeit angemessen umzugehen. Sie nimmt wahr, dass es unterschiedliche Konzepte gibt, das Leben zu sehen und anzugehen. Sie vermittelt und geht konstruktive Wege, um mit Unterschiedlichkeit im Denken, Fühlen und Handeln umzugehen. Um zwischen den Kulturen ausgleichen zu können, benötigt es Kenntnisse über kulturelle

Unterschiede. Zugleich erfordert es sensibles pädagogisches Handeln, das genau wahrnimmt, wie die jeweilige Situation einzuschätzen ist, und wendet nicht nur klare Kulturkonzepte an.

Interkulturelle Kompetenz setzt sich aus weiteren Kompetenzen zusammen. Die Einteilung in *Analysekompetenz, Handlungskompetenz und Reflexionskompetenz* hilft, mit interkulturellen (Konflikt-)Situationen umzugehen (Jagusch 2004: 5 f.). Die Analysekompetenz nimmt Differenzen wahr und ordnet sie in bekannte kulturelle Systeme ein. Das entsprechende Eingreifen und Intervenieren in Konflikten oder kulturellen Missverständnissen macht die Handlungskompetenz aus. Nach der Intervention muss reflektiert werden, ob die Situation richtig eingeordnet wurde, oder ob andere Werte oder Normen eine Rolle gespielt haben.

Es scheint, dass vermehrt Jugendliche mit asiatischem Hintergrund gut wahrnehmen, was in Schule und in sozialen Gruppen von ihnen gefordert wird, und nicht selten gute bis sehr gute Leistungen erbringen. Dagegen fallen vorrangig männliche Jugendliche aus beispielsweise russischem oder südeuropäischem Kontext auf, die emotionaler auf vermeintliche Ehrverletzung reagieren, sich deshalb angegriffen fühlen und deshalb schneller auf Konfrontation und Abwehr gehen.

Zu beobachten sind bei Jugendlichen mit Migrationshintergrund, unabhängig von einer möglichen Zuschreibung auf einen Kulturkreis oder Geschlecht, immer wieder zwei Wege, mit kulturellen Unterschieden umzugehen. Zum einen die Anpassung und auf der anderen Seite Widerstand und Abgrenzung. Angepasste Jugendliche besitzen die Fähigkeit, sich in verschiedene kulturelle Systeme einzufinden. Sie können gelegentlich ein „Doppelleben" führen. Allerdings fällt es ihnen vor allem in jüngerem Alter noch schwer, zu reflektieren und zu formulieren, wie sie Unterschiede emotional erleben oder wahrnehmen. Sensibles Nachfragen hilft an dieser Stelle dabei, ein klares Bild zu bekommen. Jugendliche, die Abgrenzung suchen und in Widerstand gehen, fallen häufig auf, meist weil sie erleben, dass sie als anders stigmatisiert werden. Sie leben umso bewusster ihr eigenes, das nicht unbedingt der Herkunftskultur entsprechen muss.

Die Aufgabe der Leitenden von Gruppen ist es, Konflikte anzugehen. Wie im Beispiel zweier syrischer Jungen, die sich stritten und schwer beleidigten. Der Betreuer schlug eine gegenseitige Entschuldigung vor. Dies wehrten sie vehement ab. Erst als der Betreuer die Idee einbrachte, es in einem Nebenzimmer, weg von der Gruppe auszusprechen, stimmten sie zu. Vor der Gruppe wäre es für sie eine Bloßstellung gewesen. Das beharrliche Suchen nach Lösungen, die mit ihrer Kultur übereinkam, ließ die beiden Jungen eine echte Versöhnung erleben.

Wichtig ist für alle Leitenden in Gruppen mit Kindern und Jugendlichen mit Migrationshintergrund, immer wieder die eigene kulturelle Brille abzusetzen und Verständnis zu üben für andere Handlungsweisen. Impulse, die ein pädagogisches Handeln in Gang setzen, lernen bewusst wahrzunehmen und gleichzeitig zu prüfen, ob sie der Situation angemessen sind. Das beginnt in Situationen, in denen Leitende das Verhalten der Kinder oder Jugendlichen als irritierend, unerwartet oder provozierend empfinden, nachzufragen, welche Beweggründe dahinterstecken und nicht zu schnell selbst Urteile zu bilden. Ein weiterer Weg könnte sein, sich mit Personen aus demselben Kulturkreis zu unterhalten. Von Vorteil sind natürlich auch eigene Erfahrungen, wie ein längerer Auslandsaufenthalt in einer beliebig anderen Kultur, der das eigene Handeln und Denken hinterfragt.

Interkulturelle Kompetenz wird am besten im Praxisvollzug gelernt. Doch Seminare zu diesem Thema sind ebenfalls eine gute Hilfestellung, um die Wahrnehmung zu schärfen und Wissen zu vermitteln.

2.4 Verkündigung – eine Herausforderung

In der Jugendgruppe sitzt ein Mädchen, dessen Teint bronzefarben zwischen den andern hervorsticht. Still sitzt es da, sein Blick ist aufmerksam. Der Jugendleiter ist erfreut und schmückt die biblische Geschichte der Sturmstillung weiter aus. Das Mädchen scheint jedes Wort seiner Andacht aufzusaugen. Zu Hochform blüht er auf, als er beschreibt, wie Jesus den Wellen Einhalt gebietet. Als er später auf sie zugeht und mit ihr ins Gespräch kommen will, schreckt sie zurück. Als er sie weiter beobachtet, bemerkt er, dass sie noch kaum ein Wort Deutsch sprechen kann. Vorbei ist die Traumblase, dass seine Worte bedeutsam für das Mädchen gewesen sein könnten, und der Jugendleiter bemüht sich, sie in die Gruppenspiele so gut wie möglich einzubinden.

Missionarische Verkündigung ist eine Herausforderung, noch mehr im interkulturellen Feld. Missverständnisse aufgrund von Sprache und allgemeiner Kommunikation sind vorprogrammiert. In erster Linie benötigt es Geduld und die Bereitschaft, sich auf langwierige Prozesse einzulassen. Denn die Verkündigung wird weniger durch Worte oder eine Andacht verstanden, sondern durch die Beziehung.

Ein weiteres Beispiel: *In der offenen Jugendarbeit steht die neue Jugendreferentin am Tischkicker. Heimlich hat sie trainiert, um sich vor den Jungs Respekt zu verschaffen. Mit Erfolg, die Blicke der Jungen nach ihrem Sieg belohnen. Und tatsächlich hat die motivierte Jugendreferentin das Gefühl, dass die Jungen ein Stück mehr auf sie hören. Immer wieder ist sie froh über ihren männlichen Kollegen. Sonst fehlt es ihr ständig an genügend Mitarbeitenden für die jeweiligen Abende, an dem das Cafe geöffnet ist. Mitglieder aus der Kirchengemeinde, die zwar die offene Jugendarbeit finanziell mittragen, suchen den direkten Kontakt nicht, denn es fällt ihnen schwer, sich auf diese fremden Jugendlichen einzulassen. Auch viele Fußgänger/-innen wechseln die Straßenseite, wenn sie am Jugendcafé vorbeigehen.*

Die Jugendreferentin hat ein missionarisches Anliegen und möchte gleichzeitig ihre vorrangig muslimischen und männlichen Jugendlichen in ihrem Glauben ernst nehmen. Sie kommt ihnen entgegen und feiert in den Räumen der offenen Jugendarbeit mit ihnen das Fest des Fastenbrechens. Doch Weihnachten möchten sie im Gegenzug nicht mit ihr und den wenigen engagierten Mitarbeitern, die sie hat, feiern. Sie ist enttäuscht und ihr anfänglicher Enthusiasmus, dass es zu einem echten Austausch kommen kann, verflacht. Sie fragt sich, welche Ziele sie sich stecken kann, die realistisch sind.

In vielen Kulturen sind Religion und Kultur eng miteinander verknüpft. Selbst wenn die Praxis des Glaubens wenig Gestalt im Leben findet, ist die Identifikation eng mit der Kultur gekoppelt. „Türken sind Muslime. Ich bin Türke, also bin ich ein Muslim." Ein ähnlicher Satz könnte für die meisten Griechen und den griechisch-orthodoxen Glauben gebildet werden. Sich vom Glauben der Eltern abzuwenden, kann gleichbedeutend sein mit einem Verrat an deren Identität und Kultur.

Doch die Kultur hat nicht nur einen Einfluss auf die Religionszugehörigkeit, sondern auch allgemein auf die Vorstellung von Gott, das Gottesbild. Versteht man gemäß der vorangegangenen Definition Kultur als *Regelsystem*, dann hängt dieses zusammen mit einem *Wertesystem*. In unterschiedlichen Kulturen nehmen verschiedene Werte einen anderen Stellenwert ein (Hopp/Gressel 2015: 67–70). Ist im mitteleuropäischen Kulturkreis vermehrt Selbstverwirklichung und das Verwirklichen von eigenen Lebensträumen ein Wert, der auf den oberen Plätzen rangiert, so nimmt in der indischen Kultur die Familie einen wichtigeren Platz ein. Vermehrt studieren indische Studenten/-innen das Fach, das die Eltern empfohlen haben.

Das Wertesystem hat Auswirkungen auf die Weltanschauung und das Gottesbild und umgekehrt.

Jugendliche mit Migrationshintergrund werden oft mit unterschiedlichen Vorstellungen konfrontiert. In einigen mir bekannten Fällen werden Bausteine aus unterschiedlichen Vorstellungen zusammengebaut, die oftmals nicht zusammenpassen. Eine These ist, dass das gründliche Überlegen und Reflektieren meist erst im Alter eines jungen Erwachsenen einsetzt. Glaubenssätze werden dort mehr in ein zusammenhängendes System eingeordnet und Vorstellungen werden zugunsten des Systems verworfen und andere hinzugeholt. Teilweise existieren sie auch weiterhin in ihrer Widersprüchlichkeit. Dies ist keine Beobachtung, die sich nur auf Jugendliche mit Migrationshintergrund anwenden lässt, sondern auch auf Jugendliche ohne Migrationshintergrund. Widersprüchliche Spannungen im Gottesbild bauen sich bei ersteren aber aufgrund der Kulturdifferenzen öfter auf.

Für die Verkündigung missionarischer Jugendarbeit kann es bedeuten, in eine Auseinandersetzung mit möglichen Gottesbildern zu gehen.

Außerdem kann es sein, dass manch ein Vergleich in der Verkündigung bei Jugendlichen, die erst seit wenigen Jahren in Deutschland sind, nicht greift, weil sie die meisten Filme nicht kennen oder eine Einschulung mit Schultüte nicht erlebt haben. Auch löst das Bild von Gott als einem guten Vater bei einem russlanddeutschen Jugendlichen aus einer konservativen Großfamilie etwas anderes aus als bei einem Einzelkind ohne Migrationshintergrund und liberaler Erziehung.

2.5 Seelsorgerliches Handeln

Zwei Themenfelder seelsorgerlichen Handelns in der Jugendarbeit an Jugendlichen mit Migrationshintergrund sollen hier kurz beleuchtet werden. Zum einen die *Suche nach Identität und Heimat* zum anderen *Umgang mit Vorurteilen.*

1. Suche nach Identität und Heimat

Das Hin und Her zwischen den Welten macht unterschiedlichen Charaktertypen mehr oder weniger aus. Die Frage, wohin sie gehören, kann nicht für sie beantwortet werden. Dennoch können Gespräche dazu verhelfen, beide kulturellen Anteile wahrzunehmen.

Viele Jugendliche benötigen Zuspruch, wie sie ihren Platz in der Gesellschaft finden und Verantwortung wahrnehmen können. Es ist wichtig, wertzuschätzen und zu vermitteln, dass ihre Fähigkeit, sich in zwei Welten mit bewegen zu können, ein hohes Gut ist, das sie schätzen und pflegen sollten. Von allein nehmen sie es meist nicht wahr.

Ein Beispiel einer inneren Konfliktsituation soll hier genannt werden, um zu verdeutlichen, wie notwendig es ist, das Thema Identität schon in der Jugend gemeinsam zu reflektieren:

Eine junge Frau, deren Eltern beide aus Nigeria stammen, ist in Deutschland aufgewachsen. Sie selbst versteht sich als Nigerianerin. So wird sie auch von außen wahrgenommen. Von Beruf ist sie Erziehern. Mit Anfang zwanzig heiratet sie einen Nigerianer, der seit einem Jahr nach Deutschland gekommen ist. Sie sprechen miteinander Haussa und gehen gemeinsam in eine Gemeinde, in der nur Nigerianer sind. Dort sind auch ihre gemeinsamen Freunde. Als die Gemeinde sich spaltet, stehen sie enttäuscht ohne eine Gemeinschaft da, die sie trägt. In ihm wächst der Wunsch, zurück nach Nigeria zu gehen. Doch in ihr löst der Gedanke Angst aus, denn sie merkt nun, wie gerne sie in Deutschland lebt. Sie bemerkt, dass sie einige Dinge ganz anders sieht als er und entdeckt, dass sie mehr deutsche Anteile besitzt, als sie es seither dachte.

Dieser jungen Frau hätte es geholfen, schon früher zu reflektieren, was es bedeutet, Eltern mit anderer Herkunft zu haben und selbst in einem anderen Land aufzuwachsen. Sie setzt sich nun in der Ehe damit auseinander. Diese Ehe hat es geschafft, mit den Unterschieden umzugehen. Unbearbeitete Themen wie Identität und Heimat schaffen in verschiedenen Beziehungskonstellationen Probleme bis hin zu Zerbrüchen. Eine Unterstützung in Form von begleitenden Gesprächen schon im Jugendalter kann ein differenzierteres Selbstbild schaffen.

2. Umgang mit Vorurteilen gegenüber Jugendlichen mit Migrationshintergrund.

Die Erfahrungen reichen von einfachen, unüberlegten stereotypisierenden Sprüchen, wie: „*Ach der Grieche kommt mal wieder zu spät*", über Vorurteile wie: „*Pass auf mit deinem Geldbeutel, Polen haben lange Finger*", bis hin zu Diskriminierungen und rassistischen Beleidigungen. Gerade Jugendliche, deren äußere Merkmale eindeutig auf ihren Migrationshintergrund hinweisen, betrifft es vermehrt. Diskriminierung schürt wiederum Aggression und/oder Abschottung. Grenzen ethnischer Gruppierungen werden stärker gezogen und die Verletzungen der Seele sind tief.

Zum einen sind Gespräche mit den betroffenen Jugendlichen, in denen sie Dampf ablassen können, wichtig. Zum anderen kann das gemeinsame Entwickeln von Strategien, wie sie in solchen Situationen reagieren können, dazu helfen, besser damit umzugehen. Gegebenenfalls ist es notwendig, das Gespräch mit Eltern, Lehrern oder Sozialarbeitern zu suchen.

Die biblische Botschaft aus Galater 3,28, die Jugendlichen zugesprochen werden kann, lautet: Vor Gott gibt es keine Unterschiede. Vor ihm spielt die Abstammung oder Herkunft keine Rolle. „Da ist nicht Jude noch Grieche, da ist nicht Sklave noch Freier, da ist nicht Mann noch Frau; denn ihr alle seid einer in Christus Jesus." Wenn diese Botschaft nicht nur gesprochen, sondern auch noch mehr gelebt wird, mit Beziehungen, die auf Augen- und Herzenshöhe stattfinden, wird christliche Botschaft wirklich bezeugt.

Literatur

Babioch, Alexandra (2007): Dissertation. Integration aus sozialwissenschaftlicher und alltagspsychologischer Sicht. Eine empirische Studie mit Aussiedlern aus Schlesien, einheimischen Deutschen und Schlesiern in Polen. Online unter: http://deposit.fernuni-hagen.de/69/1/Integration_HaupttextAnhang.pdf (Abruf 20.08.2015).

Cumart, Nevfel (2004) = Manchmal habe ich das Gefühl, dass ich zwei Heimaten habe. Gespräch mit dem Schrifsteller Nevfel Cumart über Heimat und jugendliche Migranten, über die Fremde und Frage, ob Europa Heimat sein kann: In: das baugerüst. 2014 (4). S. 30–34.

Eicken, Joachim/Schmitz-Veltin Ansgar (2010): Die Entwicklung der Kirchenmitglieder in Deutschland. Statistische Anmerkungen zu Umfang und Ursachen des Mitgliederrückgangs in den beiden christlichen Volkskirchen. Wirtschaft und Statistik 2010 (4). Online unter: www.destatis.de/DE/Publikationen/WirtschaftStatistik/Gastbeitraege/EntwicklungKirchenmitglieder.pdf?__blob=publicationFile (Abruf 22.08.2015).

Hopp, Traugott/Gressel, Maité (2015): Zu Hause in zwei fremden Welten. In: Kögler, Traugott (Hrsg.): Bildung zwischen Anspruch und Alltag. Schwarzenfeld: Edition Wortschatz im Neufeld Verlag. S. 65–76.

Jagusch, Birgit (2004): Interkulturelle Kompetenz als Schlüsselqualifikation für Jugendliche in der Einwanderungsgesellschaft: Chancen und Probleme interkulturellen Lernens. In: Internationaler Bund (Hrsg.): Dokumentation der Landeskonferenz Hessen zum Aktionsprogramm „Jugend für Toleranz und Demokratie – gegen Rechtsextremismus, Fremdenfeindlichkeit und Antisemitismus" Frankfurt: IDA. Online unter: www.idaev.de/cms/upload/PDF/Publikationen/Interkulturelle Kompetenz.pdf (Abruf 30.08.2015).

Mission:Respekt (2011): Das christliche Zeugnis in einer multireligiösen Welt. Online unter: www.missionrespekt.de/fix/files/Christliches-Zeugnis-Original.pdf (Abruf 17.08.2015).

Meier-Braun, Karl-Heinz (2013): Einleitung: Deutschland Einwanderungsland. In: Meier-Braun, Karl-Heinz/Weber, Reinhold (Hrsg.): Deutschland Einwanderungsland. Stuttgart: Verlag Kohlhammer. S. 15–30.

Oberndörfer, Dieter (2013): Zuwanderung und Integration im demokratischen Verfassungsstaat. In: Meier-Braun, Karl-Heinz/Weber, Reinhold (Hrsg.): Deutschland Einwanderungsland. Stuttgart: Verlag Kohlhammer. S. 45–47.

Statistisches Bundesamt (2015): Bevölkerung und Erwerbstätigkeit. Bevölkerung mit Migrationshintergrund. Ergebnisse des Mikrozensus. Wiesbaden. Online unter: www.destatis.de/DE/Publikationen/Thematisch/Bevoelkerung/MigrationIntegration/Migrationshintergrund2010220147004.pdf?__blob=publicationFile (Abruf 30.08.2015).

INTERRELIGIÖSE JUGENDARBEIT ALS MISSIONARISCHE GELEGENHEIT

Karsten Jung

Gibt man das Stichwort „interreligiöse Jugendarbeit" in einer Internet-Suchmaschine ein, so findet man im Jahr 2015 unter Hunderten von Treffern ausschließlich solche, die sich mit dem interreligiösen bzw. interkulturellen Dialog unter Jugendlichen beschäftigen. Es präsentieren sich unzählige Vereine, Kirchen- oder Moscheegemeinden, Schulen, staatliche und halbstaatliche Institutionen, deren Anliegen insgesamt recht ähnlich sind: Es geht darum, Kontakte und Gespräch zwischen Jugendlichen unterschiedlicher religiöser Prägung zu fördern. Ziel ist die Förderung von Toleranz und Respekt und damit der in einer demokratischen Gesellschaft unhintergehbare Gedanke, dass Religion nicht zum Motor von Gewalt werden darf. Der Gedanke der Mission kommt in den auf den Internet-Seiten geäußerten Zielen nicht vor. Dieser Befund ändert sich auch nicht wesentlich, wenn man zusätzlich das Wort „Mission" in die Suchmaschine eingibt: Es finden sich dann Seiten beispielsweise evangelischer oder katholischer Missionswerke, auf denen es um Probleme im interreligiösen Kontakt im Ausland geht, wo Christen oder die Arbeit der Missionen vor Ort bedroht sind. Auch hier bezüglich des Gedankens, dass interreligiöse Arbeit mit Jugendlichen hier in Deutschland eine missionarische Gelegenheit sein könnte: Fehlanzeige. Gibt es etwa ein „Missions-Verbot" bzw. „Missions-Tabu" in interreligiösen Kontakten?

Der folgende Beitrag möchte dieser Frage nachgehen und Argumente und Ermutigungen dafür liefern, interreligiöse Jugendarbeit nicht ausschließlich, aber auch als missionarische Gelegenheit wahrzunehmen. Dazu soll zunächst der Toleranz-Begriff als solcher in den Blick genommen werden: Denn eine missionsskeptische Haltung wird oft mit dem Begriff der interreligiösen Toleranz begründet. Dann aber, so die These dieses Ansatzes, liegt ein Missverständnis des Toleranzbegriffs vor. Ausgehend von diesen Begriffsklärungen soll versucht werden, Haltungen für einen professionellen Umgang mit unterschiedlichen religiösen Überzeugungen aufzuzeigen und schlussendlich Argumente und praktische Hinweise für eine missionarische interreligiöse Jugendarbeit liefern.[1]

---

[1] Der Begriff „interreligiös" wird in der Literatur sehr unterschiedlich verwendet. Manchmal beinhaltet er systematisch-theologische Implikationen, dann aber durchaus differierende. Im vorliegenden Text ist er ohne jeden Hintergedanken verwendet: „Inter-

1. Überzeugte Toleranz

1.1 Toleranz und Respekt

Der Begriff Toleranz kommt vom lateinischen Verb „tolerare", deutsch: erdulden, ertragen. Im Kern geht es also zunächst einmal nur darum, zu dulden, was anders ist, als man selbst. Religiöse Toleranz in diesem engeren Sinne würde bedeuten, dass man den anderen seine Sache machen lässt, mit ihm darüber hinaus aber nichts zu tun haben muss.

Diese Haltung ist aber nicht unproblematisch, denn beim Geduldeten kann die bloße Duldung ein schales Gefühl hinterlassen. Jemanden nur zu dulden, kann bedeuten, ihn letztlich aufgrund der nur geduldeten Überzeugung/Eigenschaft abzulehnen, ihn nicht zu akzeptieren und nicht „mitmachen" zu lassen. Bereits Goethe formulierte daher: „Toleranz sollte eigentlich nur eine vorübergehende Gesinnung sein; sie muss zur Anerkennung führen. Dulden heißt beleidigen" (Goethe 2006: 151). Es spricht also einiges dafür, den Toleranzbegriff dahingehend auszuweiten, den anderen nicht nur zu dulden, sondern ihn insofern anzuerkennen, als dass man versucht, die Welt aus seiner Perspektive zu sehen und dabei auch bereit ist, den eigenen Blickwinkel kritisch zu hinterfragen. Um dieser Haltung Ausdruck zu verleihen, wird in der Diskussion häufig neben dem Begriff der Toleranz der Begriff Respekt genannt. Die Haltung des Respekts ermöglicht überhaupt erst einen sinnvollen Dialog von Menschen, die unterschiedliche Vorstellungen haben. Dialog ist sinnlos, wenn die Beteiligten entweder gar kein Interesse am anderen haben oder aber keine Bereitschaft, die Argumente des anderen anzuhören und seine eigenen Argumente zu überprüfen.

Das oben genannte Zitat Goethes lädt allerdings zu ganz fundamentalen Missverständnissen von Toleranz und Respekt ein, gerade im Hinblick auf das Thema Religion. Der frühere Ratsvorsitzende der EKD, Wolfgang Huber, hat darauf aufmerksam gemacht, dass es eine Form von Toleranz gibt, die aus Gleichgültigkeit gespeist ist: Man ist dann deswegen tolerant, weil der andere einem egal bzw. das Thema des anderen gleichgültig ist. Bezüglich des Bereichs der Religionen hieße das: Man „toleriert" die Religion des anderen deswegen, weil einem selbst Religion egal ist und man beispielsweise den sonntäglichen Kirchgang des anderen für vielleicht schrullig hält, aber für dessen Privatangelegenheit. Im Sinne solcher Toleranz ist das Zitat Goethes aber nicht gemeint, und folgerichtig stellt Huber (2008) dieser „indifferenten Toleranz" das Modell einer „überzeugten

---

religiöse Jugendarbeit" meint einfach nur die Jugendarbeit mit Angehörigen unterschiedlicher Religionen. Der Begriff wird hier nicht so verwendet, dass bereits im Begriff ein bestimmtes Konzept steckte.

Toleranz“ gegenüber: „Toleranz setzt vielmehr voraus, dass Menschen zu dem stehen, was ihnen wichtig ist, und deshalb achtungsvoll mit dem umgehen, was anderen wichtig ist. Man kann diese Vorstellung als „überzeugte Toleranz“ bezeichnen und sie von derjenigen „indifferenten Toleranz“ abheben, die heute oft leichtfertig bereits als zureichende Form von Toleranz ausgegeben wird.“

Gerade für den Bereich der interreligiösen Jugendarbeit ist der von Huber vorgeschlagene Begriff der überzeugten Toleranz schlüssig. Denn: Für Jugendliche gilt in besonderem Maße, was ohnehin für die Religion gilt, nämlich dass sie einerseits mehr als ältere Menschen auf der Suche nach den für sie richtigen Überzeugungen sind und daher ein Interesse am Austausch, am Dialog mit anderen haben. Andererseits haben sich Jugendliche aber bereits einen Grundstock an Überzeugungen gebildet, sie haben begründete eigene Meinungen, die sie selbstbewusst in den Dialog mit einbringen möchten.

Huber fährt mit wesentlichen Einsichten fort: „Solche überzeugte Toleranz kann freilich nur gelingen, wenn die Achtung vor der Integrität des andern und die Bereitschaft, konkurrierende Wahrheitsansprüche achtungsvoll auszutragen, leitend sind. Religiöse Haltungen, in denen die Durchsetzung von Wahrheitsansprüchen mit Gewalt für möglich gehalten wird, sind zur Toleranz nicht imstande und verdienen auch ihrerseits keine Toleranz“ (Huber 2008).

Religion hat folglich notwendigerweise einen Wahrheitsanspruch: Der Bezugspunkt der Religion ist das Absolute, egal, ob man dieses als Gottesvorstellung denkt oder, wie beispielsweise in den östlichen Religionen, als absolut geltende Prinzipien. Wo aber das Absolute der Bezugspunkt ist, kann nicht alles relativ sein; kann nicht alles gleich wahr sein. Huber berücksichtigt diesen Anspruch: Es geht mit Huber nicht darum, den Wahrheitsanspruch der Religion im interreligiösen Kontakt aufzugeben, sondern darum, ihn „achtungsvoll auszutragen“ – und dazu gehört konstitutiv der Verzicht auf Gewalt, der gegenüber es keine Toleranz zu geben braucht. Auch aus diesem Grund ist der Begriff der überzeugten Toleranz geeignet, auf ihm interreligiöse Jugendarbeit aufzubauen.

1.2 Toleranz und Religionsfreiheit

In Deutschland gilt nach Art. 4 GG Religionsfreiheit, wobei der Staat sich nach Art. 4 II GG verpflichtet, die ungestörte Religionsausübung zu gewährleisten. Zudem ist Religion nach Art. 7 III GG in den Schulen ordentliches Lehrfach, wird also nach einem verbindlichen, konfessionell gebundenen Lehrplan von (mehrheitlich) staatlich besoldeten Lehrkräften und mit Versetzungsrelevanz unterrichtet.[2] Darüber hinaus gibt es noch eine Reihe von kirchenspezifischen Regeln im Grundgesetz, wie beispielsweise die Sonntagsruhe. Die Religionsfreiheit hat somit den Status eines Grundrechts. Staat und Kirche sind positiv aufeinander bezogen: Der Staat hat nicht nur die negative Religionsfreiheit zu gewährleisten (dann würde er sich um Religionsbelange einfach nicht kümmern), sondern auch die positive, d. h., er muss den Rahmen schaffen, in dem sich Religionen entfalten können – der schulische Religionsunterricht ist ein Beispiel dafür. In der Republik Österreich und in der Schweiz gelten vergleichbare Regelungen. Darüber hinaus ist die Religionsfreiheit auch in EU- und UNO-Recht geregelt: Zur Religionsfreiheit gehört zentral auch das Recht, aufgrund eigenen Entschlusses aus einer Religionsgemeinschaft auszutreten.

Zunächst ist festzuhalten, dass die Grundrechte Ansprüche der Menschen gegenüber dem Staat regeln, nicht aber von Privatleuten untereinander. Religionsfreiheit heißt beispielsweise, dass der Staat keinen Schüler zwingen kann, am Religionsunterricht einer anderen Religion teilzunehmen. Oder aber auch, dass der Staat den Bau einer Moschee nicht prinzipiell verbieten darf, sondern dafür Sorge tragen muss, dass alle Religionsgemeinschaften ihre Versammlungsräume nach den gleichen Regeln errichten dürfen. Der Staat selbst muss gegenüber den Religionsgemeinschaften Neutralität bewahren und alle nach dem gleichen Recht behandeln.

Von der Religionsfreiheit nicht erfasst ist hingegen das Verhältnis der Religionen untereinander: Diese bestimmen selbst (im Rahmen der geltenden Gesetze), was in ihrer Gemeinschaft erlaubt ist und was nicht. Beispiele: Ein Katholik kann sich nicht unter Verweis auf die Religionsfreiheit darauf berufen, in einer evangelischen Kirche ein Marienbild aufstellen zu dürfen. Oder: Eine muslimische Stellenbewerberin kann sich nicht auf Religionsfreiheit berufen, wenn ihr ein evangelischer Kindergarten die Einstellung verweigert. Kurz: Religionsgemeinschaften müssen gegenüber anderen Religionsgemeinschaften keine Neutralität wahren.

Die Kenntnis dieses Faktums ist insofern wichtig, als dass sich die grundgesetzlich garantierte Religionsfreiheit damit auch ausdrücklich darauf bezieht, Mission zu betreiben – also um neue Mitglieder zu werben. Da Religionen untereinander gerade eben nicht zur Neutralität verpflichtet sind, dürfen sie versuchen, Menschen anderer Religionen beziehungsweise konfessionslose Menschen zu überzeugen. Gleichwohl muss sich diese Werbung im Rahmen der geltenden Gesetze und unter Wahrung der Persönlichkeitsrechte der Betroffenen bewegen: Eine Mission unter Verwendung

[2] Sonderregelungen existieren in Berlin, Brandenburg und Bremen sowie in Hamburg, wo in evangelischer Verantwortung ein „Religionsunterricht für alle“, also unter Verzicht auf die Konfessionalität, erteilt wird.

beispielsweise von Gewalt ist ebenso ausgeschlossen wie eine Gewaltanwendung oder auch nur -androhung für den Fall des Austritts aus einer Religionsgemeinschaft. Selbstverständlich muss aber umgekehrt jemand, der aus einer Religionsgemeinschaft austritt, mit eventuellen sozialen Folgen leben, beispielsweise damit, dass Menschen aus seiner früheren Umgebung nichts mehr mit ihm zu tun haben wollen. Derartiges ist menschlich und ethisch zwar zweifelhaft, juristisch aber legal. Ebenso ist es ausschließlich eine theologische Frage, ob man davon ausgeht, dass Andersgläubige nicht nur im Irrtum sind, sondern mit dem Entzug göttlicher Privilegien rechnen müssen: Wenn beispielsweise eine Religionsgemeinschaft Andersgläubigen oder Abgefallenen schwerste Höllenstrafen prophezeit, ist damit die Religionsfreiheit nicht berührt. Ob dies theologisch sinnvoll und rhetorisch geschickt ist, steht freilich auf einem anderen Blatt.

Zusammenfassend lässt sich sagen, dass sich aus dem Grundrecht auf Religionsfreiheit nicht etwa ein Missionsverbot ableiten lässt, sondern im Gegenteil die explizite Erlaubnis für religiös-werbende Tätigkeit. Umgekehrt muss jede Religionsgemeinschaft damit leben, dass ihr Menschen abgeworben werden können. Etwas zugespitzt gesagt: Auch unser staatliches Recht in Deutschland folgt dem Muster der „überzeugten Toleranz".

2. Missverständnisse – Toleranz, die letztlich keine ist

Wenn sich sowohl aus dem Charakter der Religion wie auch aus dem Grundgesetz das Modell der überzeugten Toleranz ableiten lässt, dann sind davon Missverständnisse der Toleranz abzugrenzen, die in der öffentlichen Diskussion immer wieder auftauchen. Die Diskussion ist an diesem Punkt besonders schwierig, weil sich Vertreter der Missverständnisse ebenfalls auf wichtige Werte wie Toleranz, Respekt oder Diskriminierungsfreiheit berufen, diese aber mit anderen Inhalten füllen.

2.1 Neutraler Staat ➡ neutrale Gesellschaft ➡ neutrale Religion?

Wie oben gezeigt, gelten für den Staat besondere Neutralitätspflichten. Zuweilen wird daraus abgeleitet, dass die Gesellschaft und in ihr Individuen und Gruppen wie Religionsgemeinschaften ebenfalls die gleiche Neutralität aufweisen müssten. Diese Forderung wird nicht selten vorgetragen von Menschen, die der Religion indifferent bis feindlich gegenüberstehen: Ihnen fehlt das Verständnis für den spezifischen Wahrheitsanspruch von Religion überhaupt. Folglich wird dieser dann geleugnet bzw. als schädlich für das Zusammenleben diffamiert, Religion sei rein subjektiv und könne keinen Wahrheitsanspruch erheben; wo sie es doch tut, verletze sie die Grenzen der Toleranz. Die Religionsgemeinschaften hätten die gleiche Neutralität zu zeigen wie der Staat auch bzw. hätten bestimmte allgemeingesellschaftliche Anschauungen zu übernehmen. Beispiele gibt es Hunderte: In Moscheen solle auf Deutsch gepredigt, in jüdischen Krankenhäusern sollten auch Muslime beschäftigt und in kirchlichen Kindergärten sollten muslimische Speisegebote berücksichtigt werden, die katholische Kirche sollte den Zölibat aufgeben und zu guter Letzt sollten bestimmte als anrüchig empfundene Stellen aus Bibel oder Koran am besten ganz gestrichen werden. Oft werden derartige Forderungen verbunden mit „humanistisch" begründeter Religionskritik, etwa in der Form, dass Religionen historisch aufgrund ihres Wahrheitsanspruches für Gewalt oder Kriege verantwortlich seien.[3] Neben der akademischen Debatte gibt es eine allgegenwärtige populäre Religionskritik in sozialen Netzwerken im Internet, die freilich oft Niveau und Sachkenntnis vermissen lässt. Die Religionsgemeinschaften, so der Kern der erhobenen Forderung, sollen, wenn es sie nun schon geben müsse, sich der staatlichen Neutralität anpassen.

2.2 Indifferente Toleranz und Erziehung

Gleichzeitig mit dieser Debatte ist in Religionswissenschaft und Theologie/Religionspädagogik seit einigen Jahrzehnten eine Auffassung vertreten, die von dem Engländer John Hick unter dem wenig präzisen Titel „Pluralismus" eingeführt wurde und die mittlerweile in mehreren unterschiedlichen Varianten in die religionspädagogische Praxis umgesetzt wurde. Die Pointe des Pluralismus ist, folgt man John Hick (1982), die Behauptung, dass es überhaupt nur einen Gott gebe und sich die unterschiedlichen Religionen nur kulturell unterschieden. Die Wahrheitsfrage wird dadurch nicht nur bewusst relativiert, sondern vollständig kulturell aufgelöst. Das ist auch beabsichtigt, da dies den Dialog erst ermögliche: Unter der Voraussetzung, dass die Differenzen zwischen den Religionen tatsächlich nicht inhaltlicher Art seien, sondern nur auf historischen und kulturellen Zufälligkeiten beruhen, ist es in der Tat möglich, von diesen Zufälligkeiten abzusehen und beispielsweise gemeinsame Gebete zu formulieren und zu beten.

Folgt man den oben dargestellten Begrifflichkeiten, steckt hinter diesem Konzept eine bestimmte Form der indifferenten Toleranz – eine solche also, die selbst keinen religiösen Wahrheitsanspruch stellt.

Mehrere religionsdidaktische Umsetzungsversuche liegen zu dem Konzept Hicks vor, von denen einer kurz skizziert werden soll, nämlich das Konzept „A Gift to the Child", von seinem Entwickler John Hull mit einem Schuss Selbstironie in einer Darstellung auch als „Mishmash" betitelt (Hull

---

3 Vgl. die von Assmann (2013) angestoßene Debatte.

1992). Die Idee ist, Religion generell und inhaltsunabhängig als „Geschenk für das Kind" zu verstehen. Im Religionsunterricht kommen Kinder aller Religionen zusammen, lernen voneinander und erfahren die Religion des anderen als etwas Heiliges. Hull kommentiert sein Ziel wie folgt: „Weder du noch ich bin heilig, sondern der Raum zwischen uns ist heiliger Boden, und Heiligkeit entsteht durch Begegnung" (Hull 1992: 38) – gerade im „Mischmasch" von Religionen entstehe in der Begegnung von Menschen das, was Religion eigentlich intendiere, nämlich Heiligkeit.

Dieser Ansatz ist in der Religionspädagogik nicht unumstritten. Die Debatte kann hier nicht im Einzelnen wiedergegeben werden, aber der Augenmerk soll auf ein wesentliches Element gelegt werden: Wenn nur der Boden zwischen den Religionen heilig ist, nicht diese aber selbst, dann besteht die Gefahr, dass im Ergebnis das Konzept Hulls dem von Goethe und Huber geforderten Respekt zuwiderläuft, weil es den Wahrheitsanspruch der Religionen negiert und Kinder unzulässig vereinnahmt (vgl. Darstellung der Diskussion und Kritik durch Schambeck 2013: 90). Der Ansatz von Hull ist nur einer von vielen, bei denen aber die Grundidee ähnlich ist – nämlich die Forderung an die religiöse Erziehung, sie möge vollständig neutral sein.

2.3 Indifferente Toleranz als „hidden agenda"

Dies leitet über zu der besonderen Schwierigkeit, die sich im Wortfeld von Toleranz, interreligiösem Kontakt und Religionspädagogik ergibt. Man spricht von einer sogenannten „hidden agenda", wenn sich hinter den offen kommunizierten Zielen von Lehr-Lernprozessen weitere Ziele verstecken, die den offenen Zielen teilweise sogar entgegengesetzt sein können – wenn es also neben dem offenen noch einen zweiten, einen „versteckten Lehrplan" gibt. Im konkreten Fall des an Hicks Verständnis des Pluralismus orientierten Religionsunterrichts wird die indifferente Toleranz zur „hidden agenda": Wenn vorausgesetzt wird, dass nicht die Religion des einen oder anderen heilig ist, sondern nur der Boden zwischen ihnen, dann wird damit implizit ein Lernziel für die Schülerinnen und Schüler herausgegeben, nämlich, dass die Schülerinnen und Schüler den Wahrheitsanspruch ihrer eigenen Religion zugunsten der Heiligkeit des Zwischenraums der Religionen aufgeben müssen – denn wenn sie das nicht tun, würde sich der Lernerfolg im Sinne von Hick oder Hull nicht einstellen.

Dieser Ansatz widerspricht aber dem Gedanken der von Huber entwickelten überzeugten Toleranz: Überzeugte Toleranz nimmt ernst, dass mein Mitmensch religiöse Überzeugungen hat, die für ihn einen Wahrheitsanspruch haben, und lässt mich ihm gegenüber den Wahrheitsanspruch meiner Überzeugungen kommunizieren.

Obwohl in vielen öffentlichen Diskussionen eine gewisse Neigung dazu besteht, Variationen der Konzepte von Hick oder Hull zu bevorzugen, kommen diese jedoch den eben auch deutlich vorhandenen Vorurteilen der Religionskritiker entgegen. Denn es schält sich heraus, dass gefragt werden muss, ob die indifferente Toleranz, die diesen Konzepten zugrunde liegt, tatsächlich den Namen „Toleranz" verdient, oder ob nicht vielmehr der wirkliche Respekt vor dem anderen zu kurz kommt. Aus diesem Grund geht auch die EKD in ihrer jüngsten Denkschrift „Religiöse Orientierung geben" auf Distanz zum Konzept von Hick/Hull und verfolgt einen Ansatz, der dem Hubers nahekommt (EKD 2014: 78 f.). Ausgehend von diesem Befund ist im Folgenden darzulegen, warum ein Missions-Tabu bezüglich der interreligiösen Jugendarbeit nicht einleuchtet.

3. Warum ein Missions-Tabu nicht einleuchtet

3.1 Der christliche Ansatz

Es braucht an dieser Stelle nicht ausführlich erläutert zu werden, aber zumindest der kurze Hinweis ist angebracht: Das Christentum ist seit jeher eine missionierende Religion. Missionierend ist es spätestens seit den Tagen des Entschlusses zur Heidenmission durch Paulus und andere (vgl. Apg 13,1 ff.) Faktisch und mit großem Erfolg. Und ebenso ist für das Christentum ein Heilsuniversalismus kennzeichnend, wie er beispielsweise im Matthäusevangelium zum Ausdruck kommt, das im Missions- bzw. Taufbefehl gipfelt: „Machet zu Jüngern *alle* Völker" (Mt 28,19). Da die Botschaft Jesu Christi grundsätzlich allen Menschen gilt, wäre es respektlos, die Menschheit aufzuteilen in Menschen 1. Klasse, die man für missionsfähig hält, und Menschen 2. Klasse, denen man – aus welchen Gründen auch immer – das Evangelium Jesu Christi systematisch vorenthält. Das Christentum würde sich mit einem selbst auferlegten Missions-Tabu selbst verleugnen. Es gilt, an diesem Umstand auch und gerade dann festzuhalten, wenn der Zeitgeist möglicherweise anders denkt, denn hier sind der universale Charakter des Evangeliums und damit das Christentum im Kern betroffen.

Während das eben Genannte selbstverständlich ist bzw. sein sollte, ist es hilfreich, sich über die Art und Weise der Mission zu verständigen. Sieht man sich die christliche Missionsgeschichte an, kann man feststellen, dass christliche Mission flexibel auf kulturelle Gegebenheiten reagieren konnte und gerade dann besonders erfolgreich war, wenn sie bestehende kulturelle Praktiken aufnahm (Lauster 2015): Angefangen bei der Missionspredigt des Paulus, die lokale Gegebenheiten nutzte (Apg 17,23), über die Übernahme des Termins des Weihnachtsfestes aus einem römischen Fest, die besondere Naturbezogenheit germanischer Völker von der Völkerwanderungszeit bis zur Romantik, über die Sehnsucht nach weiblichen Ansprechpartnerinnen bzw. Ansprechpartnern „zum Anfassen“ in der katholischen Marien- und Heiligenfrömmigkeit bis hin zu neuen Gottesdienstformen im Zeichen von Social Media – die Liste der Beispiele solcher kultureller Flexibilität ist lang.[4] Umgekehrt lässt sich der historische Misserfolg von kulturvereinnahmenden Versuchen auch als Menetekel für gegenwärtige Missionsanstrengungen lesen: Dass die Germanenmission ihren Erfolg erst dann fand, als iro-schottische Missionare die dem Gott Donar geweihten Eichen landauf, landab nicht mehr fällten, sondern zu Christus-Eichen umweihten oder fänkisch-heidnische Mythen zu christlichen Heiligenlegenden umdichteten (vgl. Mühlenberg 1999: 114), gibt zu denken. Das Christentum war nicht zuletzt deswegen so erfolgreich, weil es gelang, die liturgische und rituelle Praxis an die Bedürfnisse der Menschen anzupassen. Der Preis, der dafür zu zahlen war, nämlich die Inkaufnahme sehr unterschiedlicher, ja sogar divergierender christlicher Praxis, ist dann gering, wenn man die Ökumene der „Christentümer“ als bereichernde Vielfalt zu interpretieren weiß.

3.2 Der interreligiöse Ansatz

Eine Vielzahl, wenngleich nicht alle auf der auf der Welt vertretenen Religionen haben grundsätzlich einen dem Christentum vergleichbaren missionarischen Anspruch, d. h., sie werben in unterschiedlicher Stärke und unterschiedlicher Ausprägung um neue Gläubige.

Dies mag in der Natur von Religion selbst liegen: Wer Gott erfahren hat, möchte in aller Regel auch darüber reden und seine Erfahrung teilen. „Religion ist gesellig“, wie der Theologe Schleiermacher festgestellt hatte (Schleiermacher 1999: 247). Diesem Faktum gegenüber wirkt ein Ansatz, wie ihn Hull und Hick vertreten, verächtlich: Zum Respekt vor dem Gläubigen einer anderen Religion gehört auch der Respekt davor, dass derjenige eben von seinen Erfahrungen berichten möchte. Ein Missions-Tabu würde daher auf ein Nicht-Ernstnehmen der anderen Religionen, ja des Phänomens Religion überhaupt hinauslaufen. Freilich: Respekt ist keine Einbahnstraße, sondern auf Wechselseitigkeit angelegt. Und: So, wie zum Respekt gehört,

[4] Es soll nicht verschwiegen werden, dass die Geschichte des Christentums auch Missionspraktiken kennt, die Gewalt oder Kulturaggression einschlossen. Diese sind abzulehnen, weil sie der christlichen Nächstenliebe Hohn sprechen, und werden auch in diesem Aufsatz, da sie zudem nicht mit der Grundidee der überzeugten Toleranz vereinbar sind, nicht verfolgt. Ihre historische Aufarbeitung ist derzeit noch nicht abgeschlossen. Die Geschichte der Mission ist allerdings hochgradig komplex – christliche Missionare konnten auch, beispielsweise in Afrika, Sachwalter der Interessen der Eingeborenen gegen die Kolonialmächte sein – und kann an dieser Stelle nicht im Detail wiedergegeben werden.

dass man den gesellig-missionarischen Anspruch der Religion ernst nimmt, gehört auch dazu, dass man einsieht, dass vielleicht nicht jeder meine Gotteserfahrungen hören möchte.

Zusammenfassend lässt sich sagen: Ein Missions-Verbot oder Missions-Tabu, egal, ob selbst oder durch Dritte (wie Staat oder Gesellschaft) auferlegt, läuft einer echten, überzeugten Toleranz zwischen den Religionen zuwider. Es entspräche einem falschen Toleranzverständnis, wenn man Mission programmatisch unterließe. Das aber heißt: Auch in der Jugendarbeit mit Jugendlichen anderer bzw. ohne religiöse Überzeugung ist das Werben um neue Christen nicht nur nicht ver-, sondern geradezu geboten, zumal sich der Atheismus ja auch missionarisch-werbend verhält.

4. Professioneller Umgang mit unterschiedlichen religiösen Überzeugungen

4.1 Grundsätzlich – Unterscheidung der Ebenen

Konnte oben dargelegt werden, dass ein Missions-Tabu nicht einleuchtet, sollen im Folgenden einige praktische Differenzierungen vorgenommen werden. Zwar muss interreligiöser Kontakt immer auch als missionarischer Kontakt gedacht werden, dennoch ist aufgrund unterschiedlicher Faktoren ein unterschiedlich hohes Maß an Neutralität geboten. Der Neutralitätsbegriff eignet sich insofern gut, als dass er einerseits nicht absolut verstanden werden muss, sondern viele Differenzierungsgrade zulässt. Andererseits hilft er, institutionelle Vorgaben und die besondere Situation der Leitungsebene zu verbinden.

Es empfiehlt sich, jeweils zwei Ebenen zu unterscheiden: Zum einen die Ebenen der beteiligten Menschen – das Leitungspersonal auf der einen Seite, also Jugendgruppenleiterinnen, Teamer, Gemeindepädagogen, Pfarrerinnen, Erzieherinnen, Lehrer etc. und die teilnehmenden Jugendlichen auf der anderen Seite.

Neben diesen „menschlichen“ Ebenen gibt es eine strukturelle Ebene: Je nach Anforderungssituation ist ein gewisser Grad von Neutralität sinnvoll bzw. sogar notwendig. Je nach Situation ergibt sich ein unterschiedlicher Anwendungshorizont der überzeugten Toleranz.

In der folgenden Tabelle sind in den Zeilen die Ebenen des Leitungspersonals bzw. der Teilnehmenden dargestellt, in den Spalten die beiden Extreme höchster bzw. geringster institutioneller Neutralitätsforderung. Die Tabelle soll in den folgenden Kapiteln erläutert werden.

Tabelle 1: Institutionelle Neutralität

	Institutionell keine Neutralität nötig	Institutionelle Neutralität nötig
Leitungs-personal	Religiöse Überzeugungen können und sollen geäußert werden.	Das Leitungspersonal hat eine Überzeugung, hält sich aber in der Äußerung dieser zurück. Alle religiösen Überzeugungen werden wertgeschätzt, auch solche, die man gar nicht teilt. Vorbehalt: Achtung der Menschenwürde.
Teilneh-mende	Andere Teilnehmende haben das Recht, eine andere Meinung zu haben.	Die Haltung des Leitungspersonals kann nicht eingefordert werden —> wäre respektlos gegenüber den religiösen Überzeugungen der Teilnehmenden.

Quelle: eigene Darstellung

4.2 Der Grad der Neutralität

Wie oben dargestellt, gilt eine besondere Neutralitätspflicht allein für den Staat und von ihm beeinflusste Institutionen – auch wenn diese in kirchlicher Trägerschaft stehen. Dabei ist stets zu unterscheiden, worauf sich die Neutralitätspflicht erstreckt und worauf nicht. Während sich beispielsweise ein Mathelehrer religiöser Kommentierungen zu enthalten hat, darf und soll die Religionslehrerin im konfessionellen Religionsunterricht ihre Konfession vertreten. Gleichwohl darf sie aber Schülerinnen und Schüler mit anderer religiöser Auffassung nicht allein deswegen schlechter benoten. In Kindergärten oder anderen sozialen Einrichtungen in kirchlicher Trägerschaft geht die Neutralitätspflicht noch weiter: Da ein Versorgungsauftrag für die Gesamtbevölkerung besteht, darf die Versorgung nicht vom religiösen Bekenntnis des zu Versorgenden abhängig gemacht werden. Auch muss eine Erzieherin hinsichtlich der religiösen Vorstellungen der ihr anvertrauten Kinder insoweit Neutralität walten lassen, dass diese respektiert werden. Ähnliches gilt für Menschen, die als Christinnen und Christen in der Sozialen Arbeit tätig sind. Als Faustregel gilt: Überall dort, wo es passieren kann, dass Menschen nicht vollkommen freiwillig einem Angebot ausgesetzt sind, weil sie beispielsweise in einer sozialen Notlage sind, gilt eine mehr oder minder ausgeprägte Neutralitätspflicht.

Anders sieht es hinsichtlich der Leitung von kirchlichen oder freien christlichen Jugendgruppen aus: Hier ist institutionell keine Neutralität nötig, mehr noch: Sie ist gar nicht erwünscht. Angebote christlicher Jugendgruppen haben in der Regel das erklärte Ziel, dass junge Menschen zum Glauben geführt bzw. im Glauben gehalten werden sollen; daneben können freilich diverse andere Ziele wie Spaß, Musik, Bildung, Gemeinschaft usw. treten.

4.3 Die professionelle Haltung des Leitungspersonals

Dies leitet über zu einer grundlegenden Differenz in der professionellen Haltung des Leitungspersonals, die sich je nach dem institutionell geforderten Grad der Neutralität unterscheidet. Im institutionell neutralen Setting ist die professionelle Haltung des Leitungspersonals, die einer umfassenden Wertschätzung, die jeder geäußerten religiösen Vorstellung zukommt – und sei diese auch noch so fremd.

Eine Grenze des zu Duldenden bildet hier allein die grundgesetzlich garantierte Menschenwürde – wenn also eine religiöse Vorstellung gegen diese verstößt, kann und soll sie auch im „neutralen Setting“ korrigiert werden. Derartige Fälle sind häufiger, als man meinen möchte: Z. B. wird regelmäßig von Kindern und Jugendlichen in Kindergärten und Schulen berichtet, die ein Problem in der Akzeptanz weiblicher Leitungskräfte haben und dieses religiös begründen. Solches nicht zu dulden, hat nichts mit mangelnder Toleranz zu tun.

Ist dann im „neutralen Setting“ die Äußerung religiöser Anschauungen verboten? Nein. Auch in einem neutralen Setting bleibt eine Leitungsperson ein Mensch, der Anschauung hat und diese äußern darf – die Schulgesetze der meisten Bundesländer erlauben dies beispielsweise explizit für politische Äußerungen von Lehrerinnen und Lehrern. Gleichwohl besteht eine Pflicht, eine persönliche Überzeugung als solche zu kennzeichnen und deutlich zu machen, dass das Verhältnis zwischen Leitungsperson und Teilnehmenden nicht von der Annahme dieser Überzeugung abhängt. Professionalität besteht nicht im Verschweigen eigener Überzeugungen, sehr wohl aber in der Fähigkeit, in der Beurteilung anderer Menschen von diesen absehen zu können. Davon unabhängig kann es durchaus vorkommen, dass eine bestimmte, christlich geprägte Werthaltung beispielsweise in der Sozialen Arbeit auch in einem neutralen Setting für den Menschen, mit dem man arbeitet, hilfreich ist. Professionalität bestünde in einem solchen Fall gerade nicht im Verschweigen der eigenen religiösen Anschauung, sondern in ihrer ergebnisoffenen Kommunikation.

Im „nicht neutralen Setting“ ist die professionelle Haltung des Leitungspersonals eine andere. Hier soll das Leitungspersonal Position beziehen – auch und gerade gegenüber Angehörigen anderer Religionen bzw. Religionslosen. Professionalität in diesem Setting bedeutet aber, die Menschen, die der Leitungsperson anvertraut sind, nicht zu vereinnahmen, sondern im Sinne der überzeugten Toleranz zum Gespräch, zur Reflexion, zum Nachdenken und vielleicht am Ende auch zum Glauben anzuregen. Das heißt konkret, dass eine professionelle Leitungsperson auch neben der eigenen Überzeugung immer einen gewissen Rahmen an Überzeugungen zulassen und fördern sollte, damit ein freier Gedankenaustausch zwischen den Teilnehmenden zustande kommt.

Unabhängig vom institutionellen Grad der Neutralität ist zu bedenken, dass es vielfältige pädagogische oder strategische Gründe dafür geben kann, eine gewisse Neutralität zu wahren. In vielen Fällen ist es pädagogisch sinnvoll, Diskussionen frei laufen zu lassen, ohne die eigene Meinung gleich eingangs zu erkennen zu geben. Und es gibt darüber hinaus eine Fülle von missionarischen Konzepten, die in der sozialen Einbindung in die Gruppe die Voraussetzung für erfolgreiches missionarisches Handeln erkennen (*belonging before believing*, vgl. Herbst 2010: 20); auch solche Konzepte setzen eine „strategische Neutralität" insofern voraus, als dass die inhaltsbezogene Arbeit nicht an den Anfang gestellt wird.

Welches „Neutralitäts-Setting" vorhanden ist und welche pädagogischen und strategischen Vorgehensweisen angemessen sind, kann niemals pauschal entschieden werden – es ist ein Teil der Leitungsverantwortung, sich diese Fragen zu stellen und situativ gültige Antworten zu finden.

4.4 Die Ebene der Teilnehmenden

Auf der Ebene der Teilnehmenden unterscheiden sich die jeweiligen Settings nicht, sofern man als Maßstab des pädagogischen Handelns das Konzept der überzeugten Toleranz und nicht das der indifferenten Toleranz bzw. von Hull inspirierte Konzepte setzt. Egal, ob die Leitungsperson eine Neutralitätspflicht hat oder nicht: Diese darf sie nicht den Teilnehmenden zur Auflage machen. D. h., die Teilnehmenden haben in jedem Fall das Recht, ihre religiöse Anschauung mit dem sie begleitenden Wahrheitsanspruch zu formulieren. Sie dürfen nicht in dem Sinne vereinnahmt werden, dass ihnen eine indifferente Toleranz zum Lernziel gemacht wird.

Eine Pflicht kann den Teilnehmenden allerdings gleichwohl auferlegt werden, nämlich dass sie akzeptieren, dass andere Teilnehmende das Recht haben, eine andere religiöse Meinung zu haben und diese zu vertreten – dies ergibt sich schon aus allgemeinpädagogisch ableitbaren Diskussionsregeln.

5. Ja, aber ...

Oben konnte gezeigt werden, warum ein Missions-Tabu nicht einleuchtet, sondern sich sowohl aus dem Traditionsbestand des Christentums wie auch aus einem richtig verstandenen Toleranzbegriff heraus interreligiöse Jugendarbeit als missionarische Gelegenheit auffassen lässt.

Gleichwohl könnte man ein „ja, aber ..." einbringen: Es wird vielfältige Situationen interreligiöser Kontakte unter Jugendlichen geben, die sich nicht unter den Begriff einer „missionarischen Gelegenheit" fassen lassen. Das fängt beim Besuch in der örtlichen Moschee oder Synagoge an, bei dem sich für den Gast jegliche Missionsaktivität verbietet. Darüber hinaus kann es viele gute Gründe geben, Begegnungen nicht unter die Überschrift der Mission, sondern des Kennenlernens oder der Pflege der gutnachbarschaftlichen Beziehungen zu stellen – sei es in der christlichen Ökumene, sei es im Kontakt mit nicht christlichen Religionen. Interreligiöse Begegnungen sind nicht nur missionarische Gelegenheit, sondern auch religiöskulturelle Bereicherung und haben als solche einen Eigenwert – zumindest dann, wenn sie nicht unter die Vorbedingung eines unbedingten Missions-Tabus gestellt werden (wodurch sie sich selbst entwerten). Interreligiöse Begegnungen können eine missionarische Gelegenheit sein: Seinem Wortsinn nach bedeutet Gelegenheit aber „Chance“. Die Chance besteht grundsätzlich. Und neben ihr bestehen im interreligiösen Kontakt auch noch viele andere Chancen. Welche Chance hier und heute genutzt werden soll, ist Teil der verantwortlichen Entscheidung der Leitungspersonen. Dabei ist zu beachten, dass es sehr unterschiedliche Typen muslimischer Jugendlicher gibt – von Fundamentalisten über marginalisierte Distanzierte bis hin zu „Schalenmuslimen“, bei denen der Islam nur äußere Hülle der eigenen Identitätsbildung ist.[5]

6. Und wie geht das?

Interreligiöse Jugendarbeit als missionarische Gelegenheit verstehen – wie lässt sich das in die Praxis umsetzen? Im Folgenden sollen sechs Aspekte benannt werden, die als Grundlage verstanden werden können. Sie setzen stärker beim Menschen und dem Kontakt zu ihm an, als bei den theologischen Inhalten, wenngleich diese nicht vernachlässigt werden sollen. Das hat einen einfachen Grund: Wer bislang in seinem Leben ein bestimmtes religiöses System überzeugend fand, der wird sich vermutlich nicht durch bloße Bekenntnisse eines anderen zu einem Wechsel dieser Überzeugungen motivieren lassen. Veränderung geschieht vielmehr in sozial-kognitiven Prozessen, in der eine Bezugsperson, ein Vorbild, die maßgebliche Rolle spielt (vgl. Grom 2000: 83 f.).

Es ist vielversprechender, zwei Ansatzpunkte zu wählen, die in der religionspädagogischen Psychologie auch breit abgesichert sind: Zum einen die menschliche Ebene, die sich mit Worten wie Wertschätzung beschreiben lässt. Zum anderen die Ebene des Vorbildes, das Orientierungskraft gibt; dieses Konzept versteht den „Lehrer“ als Change-Agent (in der allgemeinen Didaktik vgl. Hattie 2014, für die christliche Jugendarbeit mit etwas ande-

[5] Mouhanad Khorchide hat hier eine eindrucksvolle Studie vorgelegt, vgl. Khorchide 2007

rer Spitze[6]). Während beides ganz grundsätzlich für jegliche jugendmissionarische Aktivität gilt (und daher an dieser Stelle sehr kurz gehalten wird), sollen drei Punkte ergänzt werden, die sich speziell auf das interreligiöse Setting beziehen bzw. in ihm eine besondere Pointe erfüllen.

6.1 Zuhören

Am Anfang steht Selbstverständliches, über das deswegen in Kürze gesprochen werden kann: Wer immer mit Menschen arbeitet, muss zuhören können. In der allgemeinen Pädagogik existiert das Stichwort „das Kind dort abholen, wo es steht". Dieser Maxime ist zuzustimmen und sie lässt sich übertragen, denn wer anderen Menschen glaubwürdig von Gott erzählen möchte, der muss wissen, was sie bewegt. Im Bereich des Religiösen ist das Zuhören umso wichtiger, als dass es ums Ganze geht. Wenn es um missionarische Jugendarbeit mit Jugendlichen anderer Religionszugehörigkeit geht, muss ja zunächst einmal ernst genommen werden, dass diese (noch) im Bezugsrahmen ihrer Ausgangsreligion denken und leben und deren Aussagen für wahr halten. Es wäre nicht nur respektlos, sondern auch pädagogisch wenig hilfreich, diesem Anspruch mit Desinteresse oder Ablehnung zu begegnen.

6.2 Zeugnis geben

Der Ökumenische Rat der Kirchen hat 2011 ein Grundlagendokument zum Thema Mission herausgegeben. Im Zentrum der Handlungsempfehlungen unter dem Titel „das christliche Zeugnis in einer multireligiösen Welt" steht der Begriff des Zeugnisgebens: So, wie Christus „der Zeuge schlechthin" ist, bedeute christliches Zeugnis immer, Anteil an seinem Zeugnis zu geben, „das sich in der Verkündigung des Reiches Gottes, im Dienst am Nächsten und in völliger Selbsthingabe äußert, selbst wenn diese zum Kreuz führen" (Mission:Respekt 2011: 2). Gleichwohl hat das Zeugnisgeben eine theologische Grenze. Der ÖKR formuliert sie wie folgt: „Christen/innen bekräftigen, dass es zwar ihre Verantwortung ist, von Christus Zeugnis abzulegen, dass die Bekehrung dabei jedoch letztendlich das Werk des Heiligen Geistes ist (vgl. Johannes 16,7-9; Apostelgeschichte 10,44-47). Sie wissen, dass der Geist weht, wo er will, auf eine Art und Weise, über die kein Mensch verfügen kann (vgl. Johannes 3,8)" (Mission:Respekt 2011: 2). Diese Formulierung gibt zu denken. Denn daraus folgt, dass das Zeugnisgeben zwar selbstbewusst im Inhalt, doch maßvoll in der Form zu geschehen hat. Voll-

[6] YMCA (2015): Konzept Change-Agents. Online unter: change.ymca.int (Abruf 09.05.2015)

mächtige, überzeugende Rede von Gott ist und bleibt letztlich das Werk Gottes und nicht ein Ergebnis menschlichen Übereifers.

6.3 Nächsten- und Feindesliebe üben

Der Kontakt von Angehörigen unterschiedlicher Religionen untereinander ist nicht einfach. Fast täglich ist in den Nachrichten zu hören, dass auf der Welt Menschen unter Berufung auf ihre Religion Gewalt ausüben, und z. B. „Ungläubige" ermorden. Oben wurde dargelegt, warum dies keine Option sein kann. Ein Punkt aber ist noch zu ergänzen: Jesus selbst ruft die Christen in der Bergpredigt zur Feindesliebe auf (Mt 5,44). D. h. ganz unabhängig von modernen aufklärerischen Erwägungen hat sich – aufgrund des neutestamentlichen Zeugnisses somit – die Option einer Mission mit Gewalt für Christen nie gestellt – und wo sie kirchenhistorisch doch auftrat, war dies eine unverzeihliche Verirrung.

Jesu Wille, ob in der Bergpredigt (Mt 5-7) oder im Gleichnis vom barmherzigen Samariter (Lk 10,30-37), ist, dass die Liebe allen Mitmenschen, unabhängig von vorherigen Dispositionen gilt – und damit auch unabhängig von deren Religion. Es ist müßig zu fragen, ob andere Religionen ebenso verfahren – zuweilen hört man Argumentationsfiguren wie „solange Missionare in Saudi-Arabien mit dem Tode bedroht sind, ...". Derartige Argumentationen sind indes abzulehnen, weil der Anspruch der Nachfolge Christi davon genau nicht abhängt. Für die Begegnung von Menschen ist die Ebene der Nächstenliebe im Übrigen die produktivste, die denkbar ist, viel mehr als die Ebene der Verkündigung. Wer eine bedrückte Muslima sieht und sie fragt: „Aische, wie geht es dir?", wird mehr Begegnung herstellen, als wer ihr zuspricht: „Aische, Jesus liebt auch dich".

6.4 Kulturelle Praktiken aufnehmen

Religion ist nicht erst in der Moderne, aber in ihr besonders, kulturell codiert; teilweise sind sogar kulturelle Transformationen der Religion zu beobachten. Die evangelische Theologie des 19. Jahrhunderts hatte ein feines Gespür für diese Transformationen, was ihr die Bezeichnung als „Kulturprotestantismus" eintrug (Korsch 1997). Zwar wurde gewiss an der einen oder anderen Stelle die kulturelle Transformation über- und die insbesondere durch die Heilige Schrift gegebene Glaubenstradition des Christentums unterbewertet, dennoch wird erst langsam seit dem Beginn des 21. Jahrhunderts wieder an die Leistungsfähigkeit dieses Gespürs angeknüpft. Der Kerngedanke lässt sich, wie oben bereits missionshistorisch angedeutet, missionarisch fruchtbar machen: Religionen haben im Laufe ihrer Geschichte eine Fülle von kulturellen Ausdrucksformen entwickelt. Diese Ausdrucksformen haben sich oft verselbstständigt, stehen sie doch für in sich selbst ruhende Religiosität, deren Deutehorizont im Rahmen der Ursprungsreligion nur noch vage erkennbar ist. Ein Beispiel bei uns ist der Weihnachtsbaum, den man, seines Bezuges zur Geburt Jesu entkleidet, auch in säkularen oder durchaus nicht wenigen muslimischen Familien findet. Es gilt, kulturelle Transformationen des Religiösen aufzuspüren und für die eigene Mission fruchtbar zu machen – denn Christ zu sein, bedeutet durchaus nicht, eine bestimmte Kultur (z. B. unsere abendländische) zu übernehmen, sondern an Jesus Christus zu glauben. In diesen Glauben können und sollen eigene kulturelle Erfahrungen eingebracht werden. Wenn für Menschen aus Afrika die Texte des NT, bei denen Dämonen vertrieben werden, deswegen eine höhere Wertschätzung erfahren als bei aufgeklärten Abendländern, dann ist diese Wertschätzung kein Mangel an Christlichkeit. Analog sind viele Formen kultureller Neu-Auseinandersetzung mit dem christlichen Traditionsbestand denkbar, von denen wir derzeit noch keine Vorstellung haben.

6.5 Schaffung sozialer Kontakte

Ein hochgradig wichtiger Punkt, wenn interreligiöse Jugendarbeit als missionarische Gelegenheit aufgefasst werden soll, ist die Schaffung sozialer Kontakte. Einige Religionsgemeinschaften, darunter viele islamische Gemeinden, aber auch Sekten wie die Zeugen Jehovas und andere, „bestrafen" den Austritt eines Mitglieds mit dem vollkommenen Abbruch der sozialen Kontakte. Für Jugendliche kann der Übertritt zum Christentum auch den Verlust der Kontakte zur eigenen Familie bedeuten, teilweise sogar verbunden mit Angst vor gewalttätiger Rache männlicher Familienmitglieder. Dieser Verlust sozialer Kontakte lässt sich nicht allein mit einem wöchentlichen Treffen in der christlichen Jugendgruppe kompensieren. Sofern eine Gemeinde explizit missionarische Jugendarbeit gegenüber Jugendlichen anderer Religionen betreiben möchte, muss sie ein Konzept erarbeiten, wie die soziale Einbindung der Jugendlichen im Alltag gewährleistet werden kann. Das kann mitunter sehr weitreichend sein und bis in die Integration in familiäre Strukturen reichen, aber auch soziale Strukturen wie die Organisation von Schulbesuch, ggf. Integration in die Arbeitswelt, Freizeit usw. betreffen. Auf jeden Fall liegt hier eine Aufgabe, die kaum überschätzt werden kann.

6.6 Das Evangelium als Rechtfertigung der eigenen Lebensgeschichte

Abschließend ist ein inhaltliches Argument vorzutragen, das begründet, warum gerade das Christentum in der Moderne hohe Attraktivität entfalten könnte. Der Berliner Theologe Wilhelm Gräb reformuliert die Rechtfertigungslehre für die Gegenwart und führt als Vorzug des Christentums die „humane Evidenz christlich-religiöser Lebensdeutung" an (Gräb 2002: 341). In unserer heutigen Gesellschaft dominiere ein Zwang zur Selbstrechtfertigung und Selbstbehauptung. Besonders Jugendliche stünden bei der Ausbildung ihrer Identität unter hohem Druck. „Jeder erfährt es nahezu täglich, wie schwierig es ist, ... eine persönliche Identität auszubilden. Es ist gleichsam ein innerer Gerichtshof, vor den wir uns wieder und wieder gezerrt sehen. Nur wer etwas leistet, ist auch etwas wert. Dieses Leistungsbewusstsein haben wir zutiefst verinnerlicht. Die Stimme der Rechtfertigungslehre bringt sich vor unserem inneren Gerichtshof jedoch mit einer grundlegenden Unterscheidung ein. Sie lässt uns unterscheiden zwischen uns als Individuen und den Leistungen, die wir erbringen müssen. Es rückt ein Mehrwert in den Horizont unserer Selbstbeurteilung: Meine Identität ist nicht die Summe der von mir erfüllten Leistungen. Meine Identität bzw. der Wert des Lebens, sein Inhalt, wächst mir aus der Kraft zu, in der ich letztinstanzlich gründe, aus Gott. Ich höre vom unendlichen Wert des Lebens. Die Rechtfertigungslehre ist heute zu übersetzen in solche Fragen nach dem Gewinn der persönlichen Identität, nach dem Wert des Lebens, nach einem in Freiheit – und nicht unter dem Zwang der Verhältnisse – vollzogenen sinnbewussten Lebensentwurf" (Gräb 2002: 341). Hier liegt die Chance für das Christentum im interreligiösen Kontakt: In seiner besonderen humanen Evidenz. In seiner Freiheit. Im unbedingten Ja Gottes zum Menschen, im „unendlichen Wert der Menschenseele" (Harnack 1964 [1900]: 49). Und weil das Christentum hier einen lebensrelevanten Mehrwert bietet, ist der interreligiöse Kontakt auch eine missionarische Gelegenheit.

Literatur

Assmann, Jan (2013): Monotheismus und die Sprache der Gewalt. 6. Auflage. Wien: Picus Verlag.

EKD (2014) = Evangelische Kirche in Deutschland: Denkschrift Religiöse Orientierung geben. Gütersloh: Gütersloher Verlag.

Goethe, Johann Wolfgang (2006): Maximen und Reflexionen. Hrsg. Helmut Koopmann. München: Deutscher Taschenbuch Verlag/C.H.Beck. Erstauflage 1833.

Gräb, Wilhelm (2002): Sinn fürs Unendliche. Religion in der Mediengesellschaft. Gütersloh: Gütersloher Verlagshaus.

Grom, Bernhard (2000): Religionspädagogische Psychologie des Kleinkind-, Schul- und Jugendalters. 5. Auflage. Düsseldorf: Patmos Verlag.

Harnack, Adolf von (1964): Das Wesen des Christentums. München: Siebenstern Taschenbuch Verlag. Erstauflage 1900.

Hattie, John (2014): Lernen sichtbar machen. 2. Auflage. Baltmannsweiler: Schneider Verlag Hohengehren.

Herbst, Michael (2010): EMMAUS. Auf dem Weg des Glaubens. Neukirchen: Aussaat Verlag.

Hick, John (1982). God has Many Names. Britain's New Religious Pluralism. Westminster: John Knox Press.

Huber, Wolfang (2008): Toleranz ist nicht Beliebigkeit. Online unter: www.ekd.de/religionen-konfessionen/vortraege/080208_huber_dialog_religionen.html (Abruf 24.04.2015).

Hull, John (1992): Mishmash. Religious Education in Multi-Cultural Britain. A Study in Metaphor. Birmingham: Christian Education Movement.

Khorchide, Mouhanad (2007): Die Bedeutung des Islam für Muslime der zweiten Generation. In: Weiss, Hilde (Hrsg.): Leben in zwei Welten. Zur sozialen Integration ausländischer Jugendlicher der zweiten Generation, Wiesbaden: VS Verlag für Sozialwissenschaften.

Korsch, Dietrich (1997): Religion mit Stil. Protestantismus in der Kulturwende. Tübingen: Verlag Mohr-Siebeck.

Lauster, Jörg (2015): Die Verzauberung der Welt. Eine Kulturgeschichte des Christentums. 2. Auflage. München: C.H. Beck.

Mühlenberg, Ekkehard (1999): Epochen der Kirchengeschichte. 3. Auflage. Wiesbaden: Quelle und Meyer.

Mission:Respekt (2011): Das christliche Zeugnis in einer multireligiösen Welt. Online unter: www.missionrespekt.de/fix/files/Christliches-Zeugnis-Original.pdf (Abruf 17.08.2015).

Schambeck, Mirjam (2013): Interreligiöse Kompetenz. Göttingen: Vandenhoeck und Ruprecht.

Schleiermacher, Friedrich (1999): Über die Religion. Reden an die Gebildeten unter ihren Verächtern. In: Ders. Kritische Gesamtausgabe, Bd. I/2: Schriften aus der Berliner Zeit 1769–1799, hrsg. v. Günter Meckenstock. Berlin / New York: Verlag Walter de Gruyter. Erstauflage 1799.

MISSIONARISCHE ENTDECKUNGSTOUR OSTDEUTSCHLAND – SITUATIONSANALYSE UND VORSCHLÄGE ZUR STRATEGIE MISSIONARISCHEN HANDELNS

Cordula Lindörfer

1. Einleitung

Die missionarische Jugendarbeit in Ostdeutschland nimmt sich selbst oft sehr defizitär wahr: zu wenig Mitarbeitende, zu geringe finanzielle Mittel, Ressourcenknappheit auf allen Ebenen. In dieser Wahrnehmung wird oft übersehen, dass christliche Jugendarbeit in Ostdeutschland einen großen Standortvorteil bietet: Hier trifft man mehrheitlich auf Menschen, die weder konfessionell geprägt sind noch Gott kennen. So antworteten ostdeutsche Jugendliche auf die Frage, ob sie christlich sind oder nicht: „Weder noch – normal halt!“ (Wohlrab-Sahr 2001: 152).

Normal ist, nicht in einer Kirche zu sein. Normal ist, nicht an Gott zu glauben (Schlegel 2013: 125). Deswegen sind klassische Programme christlicher Jugendarbeit hier oft nicht durchzuführen. Denn sie gehen an den Jugendlichen vorbei, die scheinbar kein Empfinden für Gott und Religion haben und es auch niemals hatten. Hier ist missionarische Jugendarbeit herausgefordert. Wer hier Jugendarbeit macht, der darf sich ganz neu fragen, wie das Evangelium Nach-Wende-Jugendlichen, die auf keine christlich-religiösen Grundlagen mehr zurückgreifen können, im ostdeutschen Raum nahegebracht werden kann.

Wichtige Grundlage für verantwortliches missionarisches Handeln sind zunächst Situationsanalysen. Wo befinden wir uns eigentlich? Was besagt die Bevölkerungsstatistik? Wie können wir die Menschen um uns herum beschreiben? Warum ist das so? Danach erst kann es zu missionarischen Strategien kommen. Wie können wir nun diese Menschen erreichen? Wo ist ein Anknüpfungspunkt zum Evangelium?

2. Situationsanalyse

2.1 Die Situation in Zahlen

Zunächst einmal ist es ganz klar: Die Menschen in Ostdeutschland gehören deutlich seltener zu einer christlichen Kirche als im Westen des Landes. Hier ist es weniger als ein Viertel der Bevölkerung, die zur evangelischen oder katholischen Kirche gehört, während es im Westen noch zwei Drittel der Bevölkerung sind (EKD 2014: 7). Damit „ist die Zahl der Konfessionslosen in Ostdeutschland die höchste in ganz Europa" (Pickel 2000: 210). Die Abwendung von der Kirche, die zu DDR-Zeiten in Ostdeutschland begann, hält bis heute an und ist genauso eine Abwendung vom christlichen Glauben. Fast die Hälfte der ostdeutschen Bevölkerung (48,9 %) lehnt den Glauben an Gott schlichtweg ab (vgl. Abbildung 1). Demgegenüber stehen 48,6 % der westdeutschen Gesellschaft, die einen klaren Gottesglauben bekennen.

Abbildung 1: Glauben an Gott in Ost- und Westdeutschland 1991

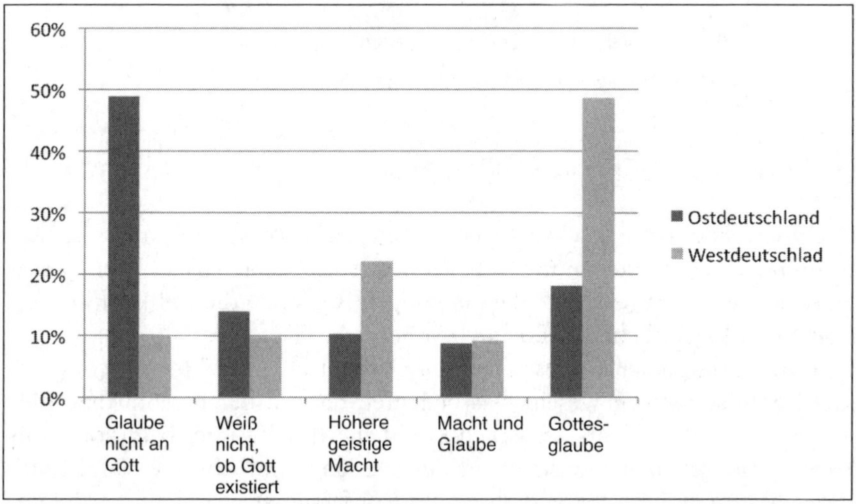

Quelle: eigene Darstellung nach Pollack 2003: 83

Auch beim Gottesdienstbesuch wird deutlich, dass die Ostdeutschen den Bezug zu kirchlich-religiösen Praktiken verloren haben. Nicht einmal sieben Prozent geben an, wenigstens monatlich einen Gottesdienst zu besuchen. 60 % der Ostdeutschen sagen von sich, dass sie nie in den Gottesdienst gehen. Im Westen Deutschlands ist der Gottesdienstbesuch (im Vergleich mit dem Bekenntnis) auch eher gering, aber verglichen mit Ostdeutschland noch harmlos. Immerhin noch ein Viertel der Bevölkerung geht regelmäßig mindestens einmal im Monat in einen Gottesdienst (vgl. Abbildung 2)[1].

[1] Aktuellere Zahlen lassen sich nicht finden, da mit der Entstehung der Nordkirche inzwischen die zweite Gliedkirche ost- und westdeutsche Gemeinden miteinander verbindet. In der Statistik der EKD wird folglich nicht mehr nach Ost und West getrennt. Es lässt sich aber vermuten, dass der Gottesdienstbesuch auch in Westdeutschland rückläufig ist.

Abbildung 2: Gottesdienstbesuch in Ost- und Westdeutschland 1991

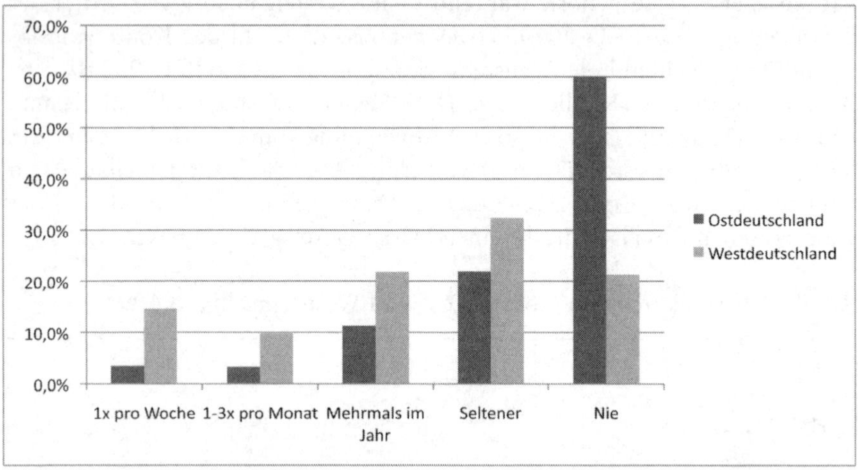

Quelle: eigene Darstellung nach Pollack 2003: 84

Drei Viertel der ostdeutschen Jugendlichen sind inzwischen konfessionslos, während es im Westen nur zwölf Prozent sind (Shell 2010: 204). Dieser Durchschnittswert bedeutet, dass in einigen Regionen die Zahl der konfessionslosen Jugendlichen sogar noch höher liegt (Tiefensee 2001: 1).

In der Gruppe der konfessionslosen Ostdeutschen sind 60 % schon immer konfessionslos gewesen. Das bedeutet, dass in der persönlichen Biografie dieser Menschen „christlich-kirchliche Inhalte und Traditionen als Sozialisationselemente weitgehend ausgefallen“ sind (Storch 2003: 240). Betrachtet man die Altersverteilung der Konfessionslosen, dann wird deutlich, dass inzwischen schon „die dritte Generation der Konfessionslosen heranwächst“ (Storch 2003: 241).

In das Vakuum des christlichen Glaubens tritt jedoch kein alternativer Glaube oder eine andere Religion (Pollack 1996: 608). Über 70 % der konfessionslosen Ostdeutschen gaben an, weder an „Gott noch an eine höhere Macht“ zu glauben bzw. überzeugt zu sein, „dass es keinen Gott gibt“ (Storch 2003: 243). Im Gegensatz zu Westdeutschland, wo ein Kirchenaustritt auch mit Kirchenkritik gleichzusetzen ist, wird im Osten Religion als solche abgelehnt und deswegen auch die Kirche als religiöse Institution (Schlegel 2013: 126). So kann auch Kritik am islamistischen Terrorismus zu einer Ablehnung der Kirche führen, denn „Religion an sich ist verdächtig und fremd“ (Schlegel 2013: 126). Wer hier konfessionslos ist, ist in der Regel auch religionslos.

2.2 Die geschichtlichen Hintergründe

Der häufig genannte Kommunismus, der zur Zeit der DDR herrschte, ist als alleiniger Grund für die Konfessions- und Religionslosigkeit sicher nicht tragbar. Andere Länder, in denen ebenfalls 40 Jahre oder noch länger eine kommunistische Regierung an der Macht war, weisen trotzdem eine höhere Bindung zu ihren Kirchen auf (z. B. Polen oder Russland). Deswegen muss die sozialistische Regierung auf einen historischen Grund getroffen haben, der die Bindungskraft der Kirche schon vorher geschwächt hatte.

Seit dem 19. Jh. sind in dem Gebiet der ehemaligen DDR „Tendenzen einer inneren Säkularisierung in den Kirchen festzustellen“ (Pollack 2003: 81). Diese Tendenzen, die besonders unter der Arbeiterschaft zu entdecken waren, lassen sich gut mit dem Begriff „Christsein ohne Kirche“ beschreiben (Pollack 1994: 434). Die Menschen nahmen eine distanzierte Haltung ein, gingen nur noch unregelmäßig in die Gottesdienste, „obschon die kirchlichen Übergangsriten natürlich mehrheitlich in Anspruch genommen wurden“ (Pollack 1994: 434). In den 20er-Jahren des vergangenen Jahrhunderts verstärkte sich diese Distanz noch weiter. „Die politischen Repressionen des SED-Staates“ ließen dann der schon vorhandenen inneren Distanz auch den öffentlichen Schritt folgen (Pollack 2003: 80).

Einen weiteren Grund der einschlägigen Wirkung der Kirchenverdrängungspolitik der DDR waren die Auswirkungen, die die Diktatur der NS-Zeit auf die Stellung und Akzeptanz der Kirche in der Gesellschaft hatte. „So seien die Konflikte zwischen nationalsozialistischen Feiern und Konfirmation Vorwegnahmen der Auseinandersetzung mit der Jugendweihe“ (Schröder 2007: 104). Auf diesem Boden begann die neu gegründete Regierung der SED nun ihren administrativen Druck auf die Kirchenmitglieder auszuüben. Anfang der 50er-Jahre wurde mit „propagandistischen, administrativen und rechtlichen Mitteln“ eine staatliche Kampagne gegen die Jugendarbeit der Kirche geführt. Diese fand 1958 mit der Einführung der Jugendweihe ihren Höhepunkt (Pollack 1994: 425). Ziel dieser staatlichen Kampagnen war „die Ersetzung traditioneller religiöser Inhalte und Rituale durch neue und gänzlich diesseitsorientierte Formen“ (Wohlrab-Sahr/Karstein/Schmidt-Lux 2009: 138). Familien mussten sich entscheiden – die Mehrzahl entschied sich gegen die Religion. Besonders die Benachteiligung der kirchlichen Jugend wirkte sehr abschreckend. „Sie traf die Eltern dort, wo sie besonders empfindlich waren: in ihrer Sorge um die Berufschancen ihrer Kinder“ (Pollack 1994: 426). Dieser individuelle Säkularisierungsprozess machte sich an drei Dimensionen fest: „a) als Konflikt um Mitgliedschaft und rituelle Partizipation, b) als Konflikt um Weltdeutung und c) als Konflikt um Moral und Ethik“ (Pollack 1994: 138). Partei und Kirche standen sich bald als Entweder-oder-Option gegenüber. Die Mitgliedschaft in Partei und Kirche wurde von beiden Seiten kritisch bewertet. Weiter präsentierte sich der DDR-Staat als moderner wissenschaftlicher Staat, in dem die Frage nach Gott unter Rückgriff auf eine rein materialistische Weltanschauung nicht mehr vorkommen sollte. Bezeichnend ist dafür der Ausspruch des russischen Astronauten Gagarin, „er habe im Weltall nach Gott Ausschau gehalten, ihn aber nirgendwo gefunden", welches als negativer Gottesbeweis publiziert wurde (Pollack 1994: 149). Schlussendlich ist Walter Ulbricht mit der „Ausrufung der ‚Zehn Gebote der sozialistischen Moral'" mit dem christlichen Glauben in ethischen Fragen in Konkurrenz getreten (Pollack 1994: 154). Glaube als Stabilisierungsfaktor der Moral war nicht mehr notwendig – man konnte auch ethisch korrekt leben mit sozialistischen Werten.

Diese individuellen Säkularisierungsentscheidungen wurden in den Familien weitergegeben. Es ist statistisch belegbar, dass die „Weitergabe der weltanschaulichen Einstellung der Eltern an die Kinder in atheistisch geprägten Elternhäusern weitaus höher war als in christlich orientierten Familien" (Pollack 1994: 429). Mit dem religiösen Traditionsbruch folgte auch „der Verlust der religiösen Sprache" (Storch 2003: 244). Ohne Sprache keine Wirklichkeit – Religion fand nicht mehr statt.

Neubert spricht in seinem kurz nach der Wende verfassten Aufsatz über die Kirche der DDR von der „Entwicklung zur Minderheitskirche" (Neubert 1993: 36). Diese Entwicklung ist bis heute zu spüren und konnte auch durch die Wende nicht aufgehalten oder umgestoßen werden. Selbst Plakate in der Wendezeit „Kirche, wir danken Dir!" waren nur von kurzer Dauer (Neubert 1993: 37). Die Konfessionslosigkeit hatte sich durchgesetzt. Interessanterweise ist Ostdeutschland hier eine große Ausnahme unter den Ländern, die durch die Sowjetunion beherrscht wurden. In allen anderen Ostblockstaaten „war der Zusammenbruch des kommunistischen Regimes mit einem Wiedererstarken von Religion und Kirche verbunden" (Pollack 2003: 108). Warum diese Bewegung in Ostdeutschland nicht einsetzte, hat verschiedene Gründe. „Die Ersparnis der Kirchensteuer" ist eine Möglichkeit, jedoch eher „ein relativ isoliertes Motiv" (Pollack 2003: 112). Interessanter ist die gesellschaftliche Bedeutung der Kirche in der Wendezeit. Nachdem aber Anfang der 90er die existenziellen Probleme größer wurden, wurde Kirche für entbehrlich gehalten, da sie in diesen eher privaten Problemen als „weniger zuständig und bedeutsam empfunden" wurde (Pollack 2003: 116). Weiter wechselte auch der Status der Institution Kirche. Während sie in der DDR und auch in der Wendezeit ein Ort für Kritiker war, ein „Anwalt der politischen und sozialen Interessen des Volkes", stand sie nach der Wende, begründetet durch den einsetzenden Institutionstransfer, plötzlich als „westliche Institution" oder „Siegerinstitution" da (Pollack 2003: 130). Interessanterweise kam es nach der Wende auch nicht zu einer Wiedereintrittswelle der aufgrund von Repressalien ausgetretenen ehemaligen Kirchenmitgliedern. Im Laufe der Jahre hat Kirche und Religion für sie so viel an Bedeutung verloren, dass „ein Wiedereintritt außerhalb des Blickfeldes liegt“ (Pollack 2003: 129).

2.3 Begriffsdefinitionen

Philosophie, Soziologie und Theologie beschäftigt das Phänomen der Abwendung von Konfession und Religion gleichermaßen. In aufmerksamer Beobachtung ihrer selbst und ihres Umfeldes kommen die Fachrichtungen zu feinen Beschreibungen und Definitionen. Der katholische Theologe Karl Rahner beschreibt die Ostdeutschen als Menschen, die nicht nur Gott vergessen haben, sondern „auch vergessen haben, dass sie ihn vergessen haben“ (Barth 2013: 32). Der Erfurter Philosoph Wolfgang Tiefensee beobachtet, dass viele Ostdeutsche keinerlei Position bezüglich der Gottesfrage einnehmen. Er nennt das areligiös. Anders als Atheisten oder Agnostiker,[2] die alle noch ein Empfinden für einen religiösen Lebensstil haben, auch wenn sie ihn selbst nicht leben, nehmen die areligiösen Menschen an der Frage nach Gott gar nicht teil, „weil sie zumeist gar nicht verstehen, worum es bei dieser Frage überhaupt gehen könnte“ (Tiefensee 2006b: 20). Areligiosität – auch im Unterschied zur Religionslosigkeit – ist für religiöse Menschen schwer wahrnehmbar. Deswegen sei ein kurzer Exkurs zur Definition von Religion gestattet.

2.4 Exkurs: Religion[3]

Besonders in Bezug auf die Frage nach den letzten Dingen – Tod, und was kommt dann? – wird den Areligiösen schnell eine „versteckte Religion“[4]

---

[2] Atheisten glauben an die Nichtexistenz Gottes, während Agnostiker weder an eine Existenz Gottes glauben, noch davon ausgehen, dass man eine Nichtexistenz Gottes beweisen kann.

[3] Hier soll keine allgemeingültige Definition im religionswissenschaftlichen Sinne gegeben werden, sondern eine für das Thema relevante Beschreibung erfolgen.

[4] Den Begriff der „unsichtbaren Religion“ prägte Thomas Luckmann in seinem 1963 erschienenen Werk „Das Problem der Religion in der modernen Gesellschaft“. Es war eine Antwort auf die in den 60er-Jahren entstandene Säkularisierungstheorie, die davon ausging, dass Religion im Zuge der Modernisierung und Rationalisierung der Welt verschwindet. Peter L. Berger und Bryan Wilson waren zwei Hauptvertreter dieser These. Luckmanns Theorie besagt, dass der Rückgang der religiösen Institutionen nicht mit einem Rückgang von Religion im Allgemeinen gleichgesetzt werden kann. Für ihn wird Religion durch die Individualisierung zur Privatsache, die sich nicht mehr in der Verbindung mit allgemeinen Institutionen zum Ausdruck bringt, sondern eher die Selbstverwirklichung zum Ziel hat. Religion verschwände nicht aus der Gesellschaft, sondern

unterstellt. Dass ein Mensch bis zum Sterbebett nicht nach Gott fragt, ist fast nicht vorstellbar. Doch halten wir uns an Eberhard Tiefensees Faustregel, um die areligiösen Menschen wirklich zu verstehen: „Man soll nicht von ‚Religion' sprechen, wenn es erstens dem Selbstverständnis der betreffenden Personengruppe deutlich widerspricht und wenn zweitens der (religiöse) Transzendenzbezug[5] nicht explizit von außen erkennbar thematisiert wird" (Barth 2013: 33).

Die Frage nach dem Sinn und der Kontingenz[6] hilft zu erkennen, was Religion wirklich ist. Klassischerweise ist die Frage nach dem Sinn des Lebens oder eines anderen Geschehens ein religiöser Anknüpfungspunkt. Kontingenzerfahrungen treten immer dann auf, wenn das „Selbst- und Weltverständnis" durchbrochen wird (Pollack 2003: 47). Sie werden begleitet von Angst oder Hoffnung und der „Erfahrung von Überraschendem, Außeralltäglichem, Unerwartetem" (Pollack 2003: 48). Pollack weist jedoch darauf hin, dass „die Sinnfrage Anschlüsse nach vielen Seiten" bietet (Pollack 2003: 46). Wenn Religion eine Antwort auf diese Fragen bietet, dann tut sie es auf zweierlei Weise: indem sie auf eine Lösung außerhalb des Erfahrungsraumes des Menschen (Transzendenz) verweist und diese gleichzeitig in die Lebenswelt des Menschen (Immanenz) verortet. Die Ebene der Transzendenz hilft bei Kontingenzerfahrungen, Sicherheit zu gewinnen. Denn das Jenseitige kann der Mensch nicht erfassen, nicht hinterfragen oder relativieren. Gleichzeitig muss dieses Unerreichbare auch in der Lebenswelt des Menschen verortet sein, damit es begreifbar und anwendbar wird (vgl. Pollack 2003: 48 f.). Im christlichen Glauben sind z. B. Abendmahl und Gebet solche grenzüberschreitenden Praktiken (Barth 2013: 35). So kann Religion also zur Kontingenzbewältigung verhelfen. Aber Religion wird durch diese „Verknüpfung des Unzugänglichen mit dem Zugänglichen … selbst wieder

---

nehme nur andere Formen an (Fußball, Psychotherapie). Inzwischen wird auch diese Theorie kritisch diskutiert. Hauptkritikpunkt ist die Verwaschung des Religionsbegriffes (vgl. Bergunder 2001). Gleichzeitig ist auch ein Feinschliff der Säkularisierungsthese vorgenommen worden. Berger hat seine Theorie im Laufe seines Lebens korrigiert und sieht die Säkularisierung inzwischen zwar als Teil der Modernisierung einer Gesellschaft, nicht jedoch als zwingend und unumkehrbar. Der weltweite Blick ließ Berger die Pluralisierung entdecken. Er spricht heute von einem „Markt der Weltanschauungen", aus dem man auswählen kann (Berger 1996: 151). Detlef Pollack zeigt in seinem Buch „Rückkehr des Religiösen?", warum die Säkularisierungthese in modifizierter Form in Ostdeutschland ihre Bestätigung findet.

[5] Transzendent ist etwas, das außerhalb des Erfahrungsraumes – auch der Sinneswahrnehmung – liegt.

[6] Pollack definiert Kontingenz mit Aristoteles wie folgt: „Kontingenz meint, dass etwas so ist, wie es ist, und doch anders sein könnte, dass etwas zwar möglich, aber nicht notwendig ist" (Pollack 2003: 46).

kontingent" (Pollack 2013: 49). Das heißt, Gebet ist eine Hilfe in überfordernden Grenzerfahrungen – gleichzeitig entsteht die Frage oder die Angst, ob es tatsächlich über die Zimmerdecke hinaus reicht. So wird also immer neben dem Vertrauen in die religiösen Praktiken auch ein Fragen nach der Richtigkeit dieser Dinge stehen bleiben. Pollack spricht von „religiöser Frage und religiöser Antwort", die Kennzeichen einer lebendigen Religion sind (vgl. Abbildung 3).

Abbildung 3: Religion und die Frage nach den letzten Dingen

	Konsistenz	Kontingenz
Transzendenz	*Religiöse Routine* (religiöse Antwort ohne religiöse Frage)	*Vitale Religiosität* (religiöse Frage und religiöse Antwort)
Immanenz	*Pragmatismus* (keine religiöse Frage, keine religiöse Antwort)	*Religiöse Suche* (religiöse Frage ohne religiöse Antwort)

Quelle: eigene Darstellung nach Pollack 2003: 52

Das Ergebnis ist das Nebeneinander von Kontingenzvernichtung und Kontingenzproduktion. Überwiegt die Kontingenzvernichtung, dann erleben wir nur noch starre Formen, Riten und Dogmatismus. Damit Religion überleben kann, braucht es Erneuerungsbewegungen und Reformen. Ein Übermaß an Kontingenzproduktion – Pollack spricht von „religiösem ‚Wildwuchs'" – braucht dagegen die Dogmenbildung und die Rituale, damit die Religion im Leben verwurzelt und damit lebendig bleibt (Pollack 2013: 52).

In Ostdeutschland erleben wir jedoch den Gegensatz zu der im Exkurs beschriebenen Religion: Es gibt weder die Aktualisierung der religiösen Fragen noch eine Übernahme der religiösen Antworten – sprich keine Religion. Der Religions- und Kultursoziologe Detlef Pollack bezeichnet die ostdeutsche Lebensauffassung als: „gleichgültig-laufen-lassend oder tatkräftig-lebensfrohen Pragmatismus" (Pollack 2013: 52). Kerstin Storch entdeckt diesen Pragmatismus bei der Befragung von ostdeutschen Konfessionslosen zur Bewältigung von kritischen Lebensereignissen. „Bei keinem der dabei befragten Konfessionslosen deuten sich Bewältigungsstrategien oder -muster an, die auf religiöse Angebote oder Vorgaben zurückgreifen" (Storch 2003: 244). Die älteren Befragten, bei denen sich noch „Anklänge religiöser Sozialisation finden", wissen immerhin noch um „die Existenz transzendenzbezogener Sinnstiftungen", auch wenn sie die als irrelevant ablehnen (Storch 2003: 44). Bei den Jugendlichen, die in zweiter oder dritter Generation konfessionslos aufwachsen, fehlt dieses Wissen. Es bleibt nur noch die Frage: „Weshalb, um alles in der Welt, glaubt ein Mensch? Wozu braucht man Religion?" (Storch 2003: 44 f.). Ganz im Sinne von Pollacks Pragmatismus finden sie auf diese religiöse Frage in ihrer „unmittelbaren Lebensumwelt keinerlei Hinweise und Anhaltspunkte mehr" (Storch 2003: 45).

Das führt dazu, dass nicht religiöse Menschen sich heute in Ostdeutschland nicht als defizitär erleben. „Erst durch die Konfrontation mit praktizierter Religion bricht die Differenz religiös-areligös überhaupt auf" (Tiefensee 2006a: 77). Das heißt, „Areligiöse sind für sich selbst ebenso wenig ‚Areligiöse' wie andere für sich ‚Nicht-Reiter', solange diese Negation nicht durch irgendetwas provoziert wird" (Tiefenseee 2011: 85). Leben sie also in einem Umfeld, in dem sie keinen Menschen kennen oder treffen, der Religion praktiziert, fehlt ihnen weiter das Bewusstsein für die religiöse Ebene.

Matthias Clausen – Professor für Systematische und Praktische Theologie in Marburg – fasst seine Beobachtungen im ostdeutschen Raum unter dem Begriff Post-Atheismus zusammen. Post-Atheisten sind Menschen, die kein Interesse an der Frage nach Gott und christlichem Glauben haben, weil „sie (unverschuldet) fast völlig uninformiert sind" (Clausen 2013: 72). Die Frage nach Gott stellt sich ihnen in keinem Fall – auch nicht aus gesellschaftlichen Gründen. Mit christlichen Grundbegriffen können sie schon allein sprachlich nichts mehr anfangen. Wer da am Kreuz hängt und stirbt, ist kein allgemeines Wissensgut mehr (vgl. Clausen 2013: 73). Bei Post-Atheisten kann fast nichts vorausgesetzt werden „an Grundwissen, Vorstellungen, Vor-Urteilen, welcher Art auch immer über den christlichen Glauben" (Clausen 2013: 75). Das bedeutet auch, dass kein Interesse an christlichen Themen und Fragestellungen vorhanden ist. Weder im positiven Sinn einer „spirituellen Sehnsucht" noch in negativer Form „engagierter Ablehnung" (Clausen 2013: 77). Das Interesse reicht nicht mal so weit, dass man den christlichen Glauben abweist.

3. Strategien missionarischen Handelns in der Jugendarbeit

Bei dieser Situationsbeschreibung hört man schnell ein müdes Stöhnen: Wie um alles in der Welt kann christliche Jugendarbeit in diesem areligiösen Umfeld überhaupt eine Zukunft haben?

Wie kann ostdeutschen Jugendlichen begegnet werden, die ohne religiöse Sozialisation, ohne Glaubenssprache, ohne Glaubensinteresse zufrieden innerweltlich pragmatisch leben?

Dabei hilft es, das Verständnis von Mission zu schärfen. Gott ist nicht nur das Ziel der Mission, sondern auch und vor allem deren Ursprung. Der südafrikanische Missiologe David Bosch formuliert ganz konkret: „Our mission has no life of its own: only in the hands of the sending God can it truly be called mission, not least since the missionary initiative comes from

God alone“ (Bosch 2005: 290). Mission ist immer zuerst die Bewegung *Gottes* in die Welt hinein – wir können an dieser Bewegung teilnehmen. Gott macht sich dieser Welt begreifbar und erkennbar, in dem er seinen Sohn als Mensch in die Welt schickt (Joh 1,1ff., Joh 17,3;8.25f., Gal 4,4). Er lebte in enger Beziehung mit Menschen, damit sie seinen Glauben und seine Alltagsgestaltung beobachten konnten. Nach seinem Tod und der Auferstehung sendet er seinen Geist als Tröster und Beistand und gleichzeitig sendet er seine Jünger in die Welt, dieser missio Dei zu folgen (Joh 20,21).

Bei allen nun folgenden missionsstrategischen Überlegungen ist das die Grundprämisse: Gott bewegt sich in die Welt hinein und er lässt sich auf sie ein. Gott begegnet Menschen auf Augenhöhe. Wie das in Ostdeutschland geschieht oder geschehen kann, versuchen die folgenden Aspekte darzustellen.

3.1 Über die Schwelle gehen – Erstkontakte mit dem christlichen Glauben

3.1.1 Glaube persönlich vorgestellt

Wer missionarische Jugendarbeit in Ostdeutschland will, braucht echte Freundschaften zu areligiösen Jugendlichen. In offenen tragfähigen Beziehungen kann ein authentisches Christsein vorgelebt werden. Ohne Verfolgung eines bestimmten Programms teilt man den Alltag miteinander. Die christlichen Mitarbeitenden geben in den „zufälligen“ Alltagssituationen ihren Glauben weiter und provozieren durch einen anderen Lebensstil Fragen. Wie erfährt man Gottes Beistand in persönlichen Nöten? Wie kann Glaube Vertrauen in sich selbst und in die Zukunft schenken? Warum kann man bedingungslose Liebe leben können? Wie erfährt man Kraft für die kleinen und großen Herausforderungen des Alltags? Wie sie eine persönliche Beziehung zu einem unsichtbaren Gott leben. Indem sie in der Lage sind, ihren Glauben sprachlich zu vermitteln, wecken sie den Blick für die Dinge, die nicht von dieser Welt sind. Und damit provozieren sie eine Stellungnahme beim Gegenüber. Wie sehe ich das eigentlich mit Gott? Hab ich auch schon mal so eine plötzlich auftretende Kraft erlebt, als ich nicht mehr weiter konnte? Grundlage dieser Beziehung ist immer die bedingungslose Liebe, die auch Jesus uns vorlebt (vgl. Mk 10:17-27 Jesus begegnet einem reichen jungen Mann, den er lieb gewinnt und der sich gegen die Nachfolge entscheidet). Das bedeutet: Die Freundschaft zu dem jungen Menschen ist ehrlich und echt, auch wenn er oder sie sich niemals für den Glauben entscheidet. Offene, niedrig schwellige Angebote der christlichen Jugendarbeit (Sport, gemeinsames Kochen, offenes Jugendhaus) werden zu missionarischen Angeboten, wenn dort Beziehungen gebaut werden, in denen Glaube vorgelebt wird.

3.1.2 Glaube als tragfähiges Alltagsmodell

Die Auseinandersetzung mit dem Glauben als ein mögliches Alltagsmodell kann dort stattfinden, wo gemeinsam Alltag gestaltet wird. Freizeiten – einer der Schwerpunkt der christlichen Jugendarbeit –, Ferienprogramme oder Wochen des gemeinsamen Lebens[7] bieten ideale Voraussetzungen. Eltern sind oft auf der Suche nach vernünftigen Freizeitangeboten für ihre Kinder, wenn sie aufgrund der beruflichen Situation ihre Kinder nicht betreuen können. D. h. durch gute Freizeitangebote, die vernünftig auch im außerkirchlichen Rahmen beworben werden, erreicht man areligiöse Jugendliche. Da sie sich zu einem christlichen Freizeitangebot angemeldet haben, kann man sie mit christlichen Tagesstrukturen (z. B. Gebet vor dem Essen und vor dem Schlafengehen, Lesen der Bibel als Tagesbeginn) herausfordern, wobei das Mitmachen immer freiwillig sein muss. Glaubenspraktiken werden als Alltagsmodell für eine begrenzte Zeit vorgelebt. Die Jugendlichen werden anregt, diese Alltagsgestaltung auszuprobieren und – wenn sie mögen – nach der Freizeitveranstaltung selbst fortzuführen, wenn sie diese schätzen gelernt haben oder aber wieder zu verwerfen. Treffen die Jugendlichen hier auf Mitarbeitende, die diese christlichen Tagesstrukturen für sich als lebensrelevant entdeckt haben, werden diese Rituale mit echten Lebensbeispielen gefüllt. Diese Freizeitarbeit schlägt oft Wellen bis in die Familien hinein. Zum Beispiel wenn Jugendliche noch unter Eindrücken der Freizeit das Tischgebet zu Hause initiieren und die areligiösen Eltern sich erstmalig mit der Frage nach Gebet im Allgemeinen und Tischgebet im Besonderen auseinandersetzen müssen. Die christliche Freizeitarbeit kann also zu missionarischer Jugendarbeit werden, wenn dort Glaube als tragfähiges Alltagsmodell durch Formen und Persönlichkeiten vorgelebt wird.

3.1.3 Glaube als Lebensbegleiter

Als einen Lebensbegleiter kann man den Glauben an Gott an besonderen Lebenswendepunkten anbieten. Andreas Feldtkellter (2010: 161 f.), Religions- und Missionswissenschaftler in Berlin, spricht hier von „rites de passage", die zu Erfahrungsorten für Religion werden können. In der (ostdeutschen) Jugendarbeit bieten sich zweierlei besondere Lebenswendepunkte an: Geburtstage und der traditionelle Eintritt ins Erwachsenenalter. Dass einem Teenager zum Geburtstag gratuliert wird, ist wohl keine Besonderheit.

---

[7] In einer „Woche des gemeinsamen Lebens" wohnen die Jugendlichen gemeinsam mit den Mitarbeitenden zusammen im Gemeinde- oder Vereinshaus. Im Unterschied zu einer Freizeit wird dabei aber gemeinsam der Alltag gestaltet. D. h., ein jeder geht seinen Verpflichtungen nach (Schule, Ausbildung) und der Nachmittag und Abend wird dann gemeinsam verbracht.

Zum missionarischen Ereignis wird diese Gratulation aber, wenn beispielsweise die Gewohnheit entsteht, für alle Jugendliche persönlich an ihren Geburtstagen zu beten. Der Vorschlag „Darf ich anlässlich deines Geburtstags beten, weil wir so froh sind, dass es dich gibt und Gott dich genial gemacht hat und wir dein neues Lebensjahr voller Vertrauen in Gottes Hände legen wollen?" wird meistens als ganz besondere Wertschätzung empfunden (die es ja auch ist). Gleichzeitig wird die Grenze des Innerweltlichen aufgebrochen – Gott hat was mit meiner Existenz und mit meiner Zukunft zu tun. Übrigens, je kleiner eine Jugendgruppe ist, umso intensiver lassen sich diese Geburtstagsmomente feiern. Es kann auch ein Anlass sein, als Gruppe gemeinsam zu überlegen, was Gott Gutes in die Person hineingelegt hat, oder das Geburtstagskind erzählt, wo es schon Gutes (von Gott) in seinem Leben erfahren hat. Vielleicht kommen sogar ganz ehrliche Sorgen der Zukunft zur Sprache, für die man beten kann.

Der Eintritt ins Erwachsenenalter als Lebenswendepunkt ist in Ostdeutschland aufgrund der historischen Situation etwas ganz Besonderes. Die Jugendweihe wird – trotz Verlust aller staatlichen Hintergründe – nach wie vor als wichtiges Familienfest gefeiert. 14-jährige, die weder Konfirmation noch Jugendweihe feiern, sind zeitweise sozial isoliert. Denn die Vorbereitungen auf das Fest (Konfirmandenunterricht und -fahrten bzw. Jugendweihekurse und -fahrten, Was ziehe ich an? Wo feiert ihr?), das Fest selbst und die Folgen (Geschenke, die Erlebnisse auf der Feier) sind für einen langen Zeitraum Gesprächsinhalt unter Jugendlichen. Inzwischen gibt es jedoch gerade bei einkommensschwachen Eltern das Problem, dass die Jugendweihe schlichtweg zu teuer für die Familien ist. Eine Konfirmation kommt wegen des fehlenden Glaubens nicht in Betracht. In diese Lücke kann die christliche Jugendarbeit treten, indem sie eine Lebenswendefeier anbietet, z. B. in Form eines Zukunftsfestes[8]. Völlig frei von traditionellen

[8] Hier haben es christliche Kirchen und Organisationen, die außerhalb der EKD sind, leichter, völlig frei zu handeln, weil sie nicht in direkter „Konkurrenz" zu einer eigenen kirchlichen Veranstaltung stehen. So findet im Erfurter Dom seit Oktober 1997 die „Feier der Lebenswende" statt (Hauke 2013: 192). In der Freikirchlichen Jugendarbeit hat die Autorin das „Zukunftsfest" konzipiert, das sowohl für Jugendliche der Freikirche als auch für kirchenferne Jugendliche anwendbar ist. Im Rahmen der CVJM-Arbeit, also als Jugendwerk der EKD, gilt es genau zu unterscheiden: Wo kann ich kirchenferne Jugendliche dem Fest der Konfirmation zuführen, weil sie Gott bereits entdeckt haben? Gemeinsame Veranstaltungen mit Pfarrern und CVJM-Referenten (z. B. Konfirmationsfreizeiten) sind mögliche Orte solcher Zusammenführung. Gleichzeitig gilt es aber auch zu fragen: Wo sind Jugendliche, die sich – aus welchen Gründen auch immer – niemals konfirmieren lassen würden? Könnte ich sie mit einer Lebenswendefeier erreichen? Diese Veranstaltung wäre dann keine Konkurrenz zur Konfirmation, da die Teilnehmer aus einem ganz anderen „Topf" erreicht würden. Ein wertschätzendes

Formen kann die Feier sehr individuell auf die Jugendlichen abgestimmt und mit ihnen vorbereitet werden. Elemente des Glaubens können dabei leicht vorgestellt werden. Wie verändert die Tatsache, dass es einen Gott gibt, meinen Blick auf die Zukunft? Vertrauen und Hoffnung sind dabei Leitmotive, die sich in vielen biblischen Geschichten finden lassen. Das Gebet für den Teilnehmenden kann auch hier ein sehr emotionaler „Tagesordnungspunkt" sein, der die areligiösen Familienmitglieder vielleicht zu einer Transzendenzerfahrung herausfordert. Religiöse Fragen entstehen.

3.2 Unterwegs auf der Glaubensreise

Wenn nun erste Resonanzräume für Glaubenserfahrungen bei den Jugendlichen (und deren Familie) geöffnet wurden, stellt sich schnell die Frage, wie es weitergehen kann. Da begeben sich Jugendliche auf die gedankliche Reise, es könnte einen Gott geben – wie vermittelt man ihnen nun ganz konkrete Glaubensinhalte über diesen Gott?

3.2.1 Gebet

Die Rolle des Gebets wird als missionarisches Element oft unterschätzt. Für viele Jugendliche ist es jedoch ein religiöser Erfahrungsraum. Denn nichts anderes hat so einen starken persönlichen Bezug wie das Gebet. Wenn ein junger Mensch von der persönlichen Lebenssituation berichten kann, die stellvertretend für ihn vor Gott gebracht wird und in der kommenden Woche reflektiert wird, ob sich etwas verändert hat, dann wird die Frage nach Gott in klaren Bezugspunkten zur Lebenswelt konkretisiert. Hier lassen sich Transzendenzerfahrungen machen und gleichzeitig bietet sich die Möglichkeit, diese Erfahrung zu reflektieren. Die Herausforderung an die Einzelnen ist: Wie gehe ich mit dieser Erfahrung um? Will ich diese Hilfe Gott zuschreiben?

Neben dem Gebet zu speziellen Lebenswendefeiern (vgl. oben) kann auch im alltäglichen Gespräch durch das Gebet ein transzendenter Aspekt hinzugefügt werden. Eine mögliche Frage zum Schluss: „Das sind ja ganz schön heftige Dinge, mit denen du dich da beschäftigen musst. Mir hilft es in so schweren Situationen immer, mich damit an Gott zu wenden. Darf ich noch für dich beten?" öffnet dem areligiösen jungen Menschen einen transzendenten Raum der Kontingenzbewältigung.

Nebeneinander wäre wünschenswert. Versteht man die Entdeckung des Glaubens als eine Reise, befinden sich die Jugendlichen ja an ganz verschiedenen Stellen. Ein Bekenntnis zu Gott, zur Taufe und zur Kirche können die jugendlichen Besucher der Lebenswendefeier noch gar nicht leisten. Sie stehen noch ganz am Beginn ihrer Entdeckung des Glaubens.

Entscheidend ist, dass die Gebete auch verständlich sind. Vielfach lässt sich eine stark veränderte Sprechweise beim Beten entdecken. Es werden Worte verwendet, die man sonst nicht gebraucht. Gott wird Titel verliehen, die man aus dem alltäglichen Sprachgebrauch nicht kennt. Bei manchen ändert sich sogar die Sprachmelodie beim Beten („heilige Stimme"). Unbewusst wird dadurch eine Hürde aufgebaut, die areligiöse Jugendliche ausschließt. Hier gilt es zu überlegen: Was kann man weglassen und verändern? „Heilige Stimmen" oder unverständliche komplizierte Sprache braucht ein Gebet nicht. Aber warum wir Gott „Herr" oder „Vater" nennen, kann erklärt werden. Und „Amen!" ist ein Fremdwort, das leicht gelernt werden kann. Im Greifswalder Jugendgottesdienst „Greifitti" z. B. wird jedes Gebet mit einem „Amen – oder so sei es!" abgeschlossen.

Ein nächster Schritt wäre es, die Jugendlichen zu selbst formulierten Gebeten zu motivieren. Die Herausforderung, eigene Worte zu finden, um mit Gott zu sprechen, regt zu weiterem Nachdenken über Gott an. Wie will ich ihn eigentlich ansprechen? Was würde ich ihm gern mal sagen? Das, was ich denke, ist eng mit dem, was ich sage, verknüpft. Da, wo Gott wahrgenommen werden soll, wenn auch erst im tastenden Nachfragen, braucht es Worte. Keine theologisch perfekten, sondern persönliche Alltagsformulierungen. Die wiederum können sich im Zuge der persönlichen Glaubensreise in ihrer Bedeutung verändern. Vertraute Begriffe wie „Vater" oder „Gott" werden auf einmal in einem neuen Kontext verwandt (Clausen 2013: 84). Konversion zum Glauben lässt sich mit dem Erlernen einer neuen Sprache vergleichen (Clausen 2010: 148–209).

3.2.2 Gruppen- oder Freizeitandachten

Bei Andachten in der Jugendarbeit – sei es Freizeit oder Wochengruppe – haben viele Mitarbeitende die Erfahrung gemacht, dass sie auf Interessenlosigkeit oder gar Abwehr stoßen. Wie können Andachten eine missionarische Möglichkeit sein?

Die innere Abwehr auf eine Andacht oder Predigt ist häufig mehr instinktiv als bewusst reflektiert. Es ist ja so, dass die Areligiösen ihre eigene Areligiosität zunächst mal nicht bewusst wahrnehmen. Gerade im jugendlichen Alter ist das Weltbild noch am Entstehen – manche Meinungen und Einstellungen wurden einfach unbewusst übernommen. Matthias Clausen (2013: 82) stellt (auch für Erwachsene) fest: „Man weiß vielleicht wenig über das Christentum; man hat aber das unbestimmte Gefühl, dass es veraltet, unwissenschaftlich und möglicherweise gefährlich ist." Eine Predigt oder Andacht löst hier schnell eine „instinktive Abwehr aus – stärker als die grundsätzlich gesunde Skepsis, mit der Menschen neuen Wahrheitsansprüchen ohnehin zunächst begegnen" (Clausen 2013: 83). Dem begegnet man am besten mit der „vorauseilenden Apologetik“ (Clausen 2013: 83). Dabei benennt man die Einwände, die es gegen den christlichen Glauben gibt, um sie „diskutierbar zu machen und nach Möglichkeit zu entkräften“ (Clausen 2013: 83). Die vorauseilende Apologetik verhilft dem Zuhörenden auch, das eigene (areligiöse) Weltbild zu entdecken, um dann darüber ins Gespräch zu kommen. Dieses Gespräch auf Augenhöhe, bei dem man geduldig zuhört und mit echter Neugier wahrnimmt, kann dann zu einem Hinterfragen des Weltbildes kommen und Interesse für das christliche Weltbild wecken (vgl. Clausen 2013: 83).

Die Interessenlosigkeit bei Andachten hat ja verschiedene Ursachen. Manchmal liegt es daran, dass die Jugendlichen schlichtweg nichts verstehen. Religiös ungebildet ist ihnen die biblische Sprache nicht vertraut und der Predigende schafft es nicht, gut zu erklären oder neue Worte zu finden. Oft wird schlicht und einfach nicht bemerkt, dass der Slogan „Fürchtet euch nicht!“ wie eine Fremdsprache in areligiösen Ohren klingt, weil sie einem selbst so altbekannt ist. Die Aussage „Ich bin der gute Hirte!“ ist für städtische Jugendliche auch keine Selbstbeschreibung Jesu, sondern eher noch eine Bestätigung, „dass das mit dem Glauben mir nichts zu sagen hat“. Das Berufsbild des Schafshirten kennen sie weder aus dem echten Leben noch aus dem Fernsehen. Wie sollen sie also darauf kommen, dass Jesus sich fürsorglich um sie kümmert und ihnen gibt, was sie brauchen? Das muss in der Predigt erklärt werden. Hier bestätigt sich noch einmal, wie wichtig es ist, persönliche Beziehungen zu areligiösen Jugendlichen zu haben. Das hilft in der Predigtvorbereitung ungemein. Hat man in der Predigtvorbereitung ganz konkrete Personen vor Augen, weiß man genauer, welche Worte man weglassen, welche neu erklären muss. Denn wie wir in 3.2 unter dem Aspekt Gebet bereits festgestellt haben, bedeutet die Konversion zum Glauben auch, Begriffe neu zu füllen. Das meint nicht nur ein sprachliches Neuverständnis, sondern auch ein Verstehen in der persönlichen Lebenswelt. Clausen (2013: 84) schlägt hierfür das Erzählen von Geschichten als Redeform für die Andacht oder Predigt vor. Hier kann auch für religiös ungebildete Jugendliche das Weltbild des Glaubens konkret beschrieben werden. Das Verfolgen einer persönlichen Geschichte lässt die Neudeutung von Begriffen leichter begreifen, weil sie in die konkrete Lebenssituation eingewoben ist. Im Neuen Testament verwendet Jesus oft die Redeform der Erzählung. In Gleichnissen beschreibt er das Reich Gottes, das „nicht von dieser Welt ist“ und deswegen an bestimmten innerweltlichen Vergleichen oder Begriffen festgemacht werden muss, um es begreifen zu können. „Wo Erzählung in die Sprache des Glaubens einführt, kann sie ihren Zuhörern so auch den Zugang zu gänzlich neuen Erfahrungen eröffnen“ (Clausen 2013: 84).

3.2.3 Kurse zum Glauben (vgl. Kresse in diesem Band)

Kurse zum Glauben sind gerade in der missionarischen Erwachsenenarbeit im Trend. Viele Gemeinden machen positive Erfahrungen damit. Götz Häuser (2010: 94 f.) schlägt sechs Kennzeichen solcher Kurse zum Glauben vor. Der Kurs findet erstens nur in einer begrenzten Zeit statt, in der aber die verbindliche Teilnahme gewünscht wird. Im Anschluss an den Kurs sind keine Erwartungen an die Teilnehmenden gestellt. Zweitens liegt dem Kurs eine zentrale Konzeption zugrunde. Die Leitung des Kurses geschieht drittens gemeinschaftlich durch verschiedene Mitarbeitende oder Teilnehmende. Viertens kennzeichnet der Kurs ein Nebeneinander von Vortrag und Gespräch, sodass die Möglichkeit besteht, sich auszutauschen und kritisch zurückzufragen. Fünftens wird nicht nur theoretisch über den Glauben gesprochen. Der Glaube soll durch die Mitarbeitenden sichtbar vorgelebt werden, aber es sollen auch geistliche Elemente ausprobiert werden. Schlussendlich ist Gemeinschaft, als erfahrbare christliche Gemeinschaft, das letzte Kennzeichen der Glaubenskurse.

Welcher Glaubenskurs für die Gruppensituation passend ist, sollte ausprobiert werden. Entscheidend ist, dass die Verkündigung in der Jugendarbeit ja nicht nur durch die Areligiosität herausgefordert wird, sondern auch durch die Tatsache, dass die Mehrzahl der Jugendlichen überhaupt nicht mehr liest. Besonders Jugendliche in den bildungsfernen Schichten haben oftmals in ihrem Leben noch nie ein ganzes Buch gelesen. Da ist die Bibel als erste Lektüre natürlich eine extreme Herausforderung. Ein Gruppengespräch über gelesene Texte ist folglich äußerst unattraktiv. Hier sollte die Leitung der christlichen Jugendarbeit Mut haben, querzudenken. Eine Alternative zum Gruppengespräch könnte beispielsweise das gemeinsame Erstellen eigener Videoclips sein, die die biblische Geschichte in der Welt und der Sprache der Jugendlichen darstellen. Weiter gilt es, die Glaubensinhalte nicht nur zu hören, sondern in ganz konkreten Alltagssituationen zu erleben. Erlebnispädagogische Elemente können hierbei genauso Raum einnehmen wie unterschiedliche Orte für die Durchführung des Glaubenskurses.[9]

4. Fazit und Ausblick – Ein missionarischer Aufruf für die Mission

Wer schon einmal missionarische Jugendarbeit in Ostdeutschland gemacht hat, weiß um die großen Herausforderungen. Da gibt es Jugendmitarbeitende, die treu beten, geduldig Beziehungen bauen, weise auf missionari-

[9] Vgl. „EMMAUS STREET – Rausgehen und Gott finden" ein Glaubenskurs, der die Teilnehmenden die Inhalte mit allen Sinnen erleben lassen möchte.

sche Methoden und Anknüpfungspunkte achten und trotzdem nur selten erleben, wie junge Menschen Interesse am christlichen Glauben entwickeln. Ostdeutschland ist ein „hartes Pflaster" für missionarisches Handeln. Wer hier zu missionarischer Jugendarbeit antritt, der muss sich auf einen Langstreckenlauf einstellen. Denn es ist ja so: Entdecken die areligiösen Ostdeutschen den transzendenten Raum, kann es immer noch zu einer Ablehnung jeglichen Glaubens an einen Gott kommen. Die Auseinandersetzung mit den Weltbildern und den Fragen nach Gott kann zu einer Stärkung eines atheistischen Weltbildes führen. Die besten Missionsstrategien verfügen ja nicht über Menschen. Diese Erfahrungen sind oft entmutigend und kräftezehrend. Trotzdem kann das missionarische Ringen um Menschen auch einen persönlichen Gewinn bringen. Denn in der Auseinandersetzung (gedanklich und sprachlich) mit areligiösen Jugendlichen steht der persönliche Glaube ständig zur Diskussion. Man ist herausgefordert, seinen Glauben zu erklären. Mit religiösen Formeln können areligiöse Ostdeutsche nichts anfangen – eigene Worte müssen gefunden werden. Das Ringen um die richtigen Worte ist aber immer auch gleichzeitig ein Ringen um Glaubensinhalte. So kann die Auseinandersetzung mit Areligiösen den persönlichen Glauben sichtbarer machen und somit stärken. Doch nicht nur die Glaubensinhalte wachsen an Bedeutung – der Glaube wird auch im Leben herausgefordert. Leere Worthülsen überzeugen nicht. Authentisch gelebter Glaube fordert alle Lebensbereiche: das Beziehungsverhalten, den Umgang mit Konflikten, Konsum, Macht und Medien.

Die missionarische Jugendarbeit führt folglich zur Festigung des Glaubens, des geistlichen Lebens und zu einer tieferen Gotteserkenntnis. Die besondere ostdeutsche Situation lässt ganz neu begreifen, mit welcher Demut und Zurückhaltung der große Gott mit uns Menschen umgeht. Er zwingt sich nicht auf. Er klopft an und wartet, bis ihm aufgemacht wird.

Literatur

Barth, Hans-Martin (2013): Konfessionslos glücklich. Auf dem Weg zu einem religionstranszendenten Christsein. Gütersloh: Gütersloher Verlag.

Berger, Peter L. (1996): Auf den Spuren der Engel. Die moderne Gesellschaft und die Wiederentdeckung der Transzendenz. 3. Auflage. Freiburg: Herder Verlag.

Bergunder, Michael (2001): Säkularisierung und religiöser Pluralismus. In: Cyranka, Daniel/Obst, Helmut (Hrsg.): „... mitten in der Stadt": Halle zwischen Säkularisierung und religiöser Vielfalt. Halle: Franckesche Stiftungen. S. 213–252.

Bosch, David J. (2005): Transforming Mission – Paradigm Shifts in Theology of Mission. 21. Auflage. New York: Orbis Book.

Clausen, Matthias (2010): Evangelisation, Erkenntnis und Sprache. Überzeugend predigen unter nachmodernen Bedingungen. Neukirchen-Vluyn.

Clausen, Matthias (2013): Evangelistisch predigen vor Post-Atheisten. In: Clausen,

Matthias/Herbst, Michael/Schlegel, Thomas (Hrsg.): Alles auf Anfang – Missionarische Impulse für Kirche in nachkirchlicher Zeit. Neukirchen-Vluyn: Neukirchner Verlag. S. 69–85.

EKD (2014): Kirchenmitgliederzahlen Stand 31.12. 2012. Online unter: www.ekd.de/download/kirchenmitglieder_2012%281%29.pdf (Abruf 07.04.2015).

Feldtkeller, Andreas (2010): Religion, Atheismus und conditio humana. In: Aufklärung und Kritik. Jg. 17 (3). S. 153–164.

Flett, John J. (2010): The Witness of God: The Trinity, Missio Dei, Karl Barth, and the Nature of Christian Community. Grand Rapids: Eerdmans Publishing.

Häuser, Götz (2010): Einfach vom Glauben reden. Glaubenskurse als zeitgemäße Form der Glaubenslehre für Erwachsene. 2. Auflage. Neukirchen-Vluyn: Neukirchner Verlag.

Hauke, Reinhard (2013): Sakramentale Praxis in nicht christlicher Umwelt. In: Buß, Gregor/Luber, Markus (Hrsg.): Neue Räume öffnen – Mission und Säkularisierung weltweit. Regensburg: Verlag Friedrich Pustet. S. 185–202.

Monsees, Jens/Warnecke, Georg (2013). Kurse zum Glauben in „Nullpunktsituationen". In: Clausen, Matthias/Herbst, Michael/Schlegel, Thomas (Hrsg.): Alles auf Anfang – Missionarische Impulse für Kirche in nachkirchlicher Zeit. Neukirchen-Vluyn: Neukirchner Verlag. S. 154–185.

Neubert, Erhard (1993): Von der Volkskirche zur Minderheitskirche – Bilanz 1990. In: Dähn, Horst (Hrsg.): Die Rolle der Kirchen in der DDR – eine erste Bilanz. München: Olzog-Verlag. S. 36–55.

Pickel, Gert (2000): Konfessionslose in Ost- und Westdeutschland – ähnlich oder anders? In: Pollack, Detlef/Pickel, Gert (Hrsg.): Religiöser und kirchlicher Wandel in Ostdeutschland 1989–1999. Opladen: Verlag für Sozialwissenschaften. S. 206–235.

Pollack, Detlef (1994): Kirche in der Organisationsgesellschaft – Zum Wandel der gesellschaftlichen Lage der evangelischen Kirchen in der DDR. Stuttgart u. a.: Kohlhammer Verlag.

Pollack, Detlef (1996): Zur religiös-kirchlichen Lage in Deutschland nach der Wiedervereinigung. In: Zeitschrift für Theologie und Kirche 93. S. 586–614.

Pollack, Detlef (2003): Säkularisierung – ein moderner Mythos? Studien zum religiösen Wandel in Deutschland. Tübingen: Mohr Siebeck Verlag.

Schlegel, Thomas (2013): Mission im Osten Deutschlands. In: Clausen, Matthias/Herbst, Michael/Schlegel, Thomas (Hrsg.): Alles auf Anfang – Missionarische Impulse für Kirche in nachkirchlicher Zeit. Neukirchen-Vluyn: Neukirchner Verlag. S. 116–134.

Schröder, Sabine (2007): Konfessionslose erreichen: Gemeindegründungen von freikirchlichen Initiativen seit der Wende 1989 in Ostdeutschland. Neukirchen-Vlyn: Neukirchner Verlag.

Shell Deutschland Holding (Hrsg.) (2010): Jugend 2010. Eine pragmatische Generation behauptet sich. Bonn: Bundeszentrale für politische Bildung.

Storch, Kerstin (2003): Konfessionslosigkeit in Ostdeutschland. In: Gärtner, Christel/Pollack, Detlef/Wohlrab-Sahr, Monika (Hrsg.): Atheismus und religiöse Indifferenz. Opladen: Leske & Budrich. S. 231–245.

Tiefensee, Eberhart (2001): Homo areligiosus. Vorlesung im Rahmen der Ringvorlesung „Weltreligionen im 21. Jahrhundert" der Universität Erfurt am 8. Mai 2001. Online unter: www2.uni-erfurt.de/tiefensee/Homo%20areligiosus.pdf (Abruf 09.04.2015).

Tiefensee, Eberhart (2006a): Chancen und Grenzen von „Mission" – im Hinblick auf die konfessionelle Situation in den neuen Bundesländern. In: Bartels, Matthias/Reppenhagen, Martin (Hrsg.): Gemeindepflanzung – ein Modell für die Kirche der Zukunft? Neukirchen-Vluyn: Neukirchner Verlag.

Tiefensee, Eberhart (2006b): Ökumene der „dritten Art". In: Tiefensee, Eberhart/König, Klaus/Groß, Engelbert (Hrsg.): Pastoral und Religionspädagogik in Säkularisierung und Globalisierung. Berlin: LIT Verlag. S. 17–38.

Tiefensee, Eberhart (2011). Religiöse Indifferenz als interdisziplinäre Herausforderung. In: Pickel, Gert/Sammet, Kornelia (Hrgs.): Religion und Religiosität im vereinigten Deutschland. Zwanzig Jahre nach dem Umbruch. Wiesbaden: Verlag für Sozialwissenschaften. S. 79–101.

Wohlrab-Sahr, Monika (2001): Religionslosigkeit als Thema der Religionsoziologie. In: Pastoraltheologie Jg. 90. S. 152–167.

Wohlrab-Sahr, Monika/Karstein, Uta/Schmidt-Lux, Thomas (2009): Forcierte Säkularität. Religiöser Wandel und Generationendynamik im Osten Deutschlands. Frankfurt am Main: Campus Verlag.

KONFIRMANDENARBEIT UND MISSION

Friedrich Schweitzer

Das Verhältnis zwischen Konfirmandenarbeit und Mission wurde in der Vergangenheit nur selten behandelt. Gefragt wird danach offenbar erst vor dem Hintergrund des neuen kirchlichen Interesses an Mission, das allerdings in der Regel nicht Jugendliche im Blick hat, sondern Erwachsene. Im Folgenden wird deshalb zu klären sein, ob und unter welchen Voraussetzungen der Missionsbegriff auch im Blick auf die Konfirmandenarbeit verwendet werden soll.

Wenn Konfirmandenarbeit und Mission nur selten zusammen diskutiert werden, ergibt sich das zunächst aus der Zuordnung der Konfirmandenarbeit zum Bereich von Pädagogik und Bildung auf der einen und der Auffassung von Mission als speziellem Handlungsfeld, das neben anderen Handlungsfeldern steht, zum anderen. Daraus erwächst die Frage, wie sachgemäß eine solche Zuordnung ist.

Bei allen entsprechenden Diskussionen wird immer wieder festgestellt, dass der Missionsbegriff heute insgesamt unklar geworden ist. Vor allem die gesellschaftliche Öffentlichkeit orientiert sich bei ihrem vor allem negativ-kritischen Verständnis von Mission an den Missionsbewegungen des 18. und 19. Jahrhunderts, zumindest im Blick auf den Aspekt der Bekehrung von Nicht-Christen in anderen Ländern. Heutige missionarische Initiativen in Deutschland grenzen sich zwar mitunter von einem solchen Verständnis ab, können aber offenbar nicht immer erfolgreich deutlich machen, worin die Unterschiede bestehen. Daher muss auch in begrifflicher Hinsicht versucht werden, die mit dem Verhältnis zwischen Konfirmandenarbeit und Mission angesprochenen Fragen zu klären.

1. Theoretische Klärungen

Zunächst soll nach dem Verständnis von *Mission in praktisch-theologischer Perspektive* sowie in Bezug auf die Konfirmandenarbeit gefragt werden. In der neueren Diskussion hat Eberhard Hausschildt hier zwischen drei Verwendungen des Begriffs unterschieden: Mission als „Projekt der Heidenbekehrung in Übersee“; „‚Innere Mission‘ als Volkskirchenreform“; „Missio Dei“ als erweitertes Missionsverständnis (Hausschildt 2007: 460 ff.; als Lehrbuch s. Wrogemann 2013). Das erste Verständnis kommt im Blick auf die Konfirmandenarbeit naturgemäß nur insofern infrage, als das damit verbundene Ziel der Bekehrung theoretisch auch auf die Konfirmandenarbeit angewendet werden könnte. Eine solche Anwendung wäre jedoch problematisch: Zum einen zeigen die empirischen Befunde (s. u.), dass nach wie vor die Mehrheit der Konfirmandinnen und Konfirmanden schon vor der Konfi-Zeit mit Kirche und Christentum in Berührung gekommen ist. Für sie geht es also nicht um eine Erstbegegnung mit dem Glauben – mehr als 90 % sind schon zu Beginn der Konfi-Zeit getauft. Vielmehr trifft die Konfirmandenarbeit bei den Jugendlichen bereits auf eine (Vor-)Geschichte mit dem Glauben, die bereits früher begonnen hat. Zum anderen handelt es sich bei den Konfirmandinnen und Konfirmanden um Minderjährige, die unter der Verantwortung ihrer Eltern stehen. Die von den Eltern zumindest mit zu unterzeichnende Anmeldung zur Konfirmandenarbeit schließt in aller Regel nicht das Ziel einer Bekehrung ein.

Das Verständnis im Sinne der Volkskirchenreform unterliegt, so weit es an Bekehrung ausgerichtet ist, denselben Einschränkungen. Aufgenommen werden kann jedoch die Absicht, Menschen intensiver mit dem christlichen Glauben in Kontakt zu bringen. Sinnvoll ist dies jedoch angesichts der Erwartungen und Möglichkeiten der Jugendlichen eher im Sinne einer Begleitung und nicht einer vielleicht sogar punktuell verstandenen Bekehrung.

Auf jeden Fall hat die Konfirmandenarbeit aber Teil an der Missio Dei, wie sie vor allem seit den 1960er-Jahren als Sendung der Kirche in die Welt verstanden wird. Auch dabei spielt nach heutigem Verständnis die Kommunikation des Evangeliums, die auch als Grundaufgabe der Konfirmandenarbeit begriffen werden kann, eine zentrale Rolle.

Geht man umgekehrt von der *Konfirmandenarbeit* aus, so ist zunächst auf die geschichtliche Entstehung zu verweisen (Vischer 1958). Anders als vielfach vermutet, gehen Konfirmandenarbeit und vor allem die Konfirmation nicht auf Martin Luther zurück. Für ihn wie für die meisten Reformatoren stand die Kritik an der katholischen Konfirmation („Firmung") im Vordergrund, die nicht länger als Sakrament anerkannt werden sollte. Als Vater der Konfirmation kann der Straßburger Reformator Martin Bucer gelten. Von Luther hingegen ging schon früher der Impuls einer katechetischen Unterweisung für alle aus, gerade auch für Kinder und noch nicht gebildete Menschen. Erst im 18. Jahrhundert wurde die Konfirmation und damit auch der Unterricht, der darauf vorbereitete, zu einem flächendeckenden Angebot.

Die mit dem Konfirmandenunterricht verbundenen Motive waren nicht die der Mission, sondern der Katechetik. Systematisch fassbar wird dies etwa bei dem einflussreichen Theologen Friedrich Schleiermacher, der im Blick auf die Aufgabe einer Ausbreitung des Glaubens zwar durchaus eine Nähe zwischen Pädagogik und Mission sehen konnte, gleichwohl aber an deren prinzipieller Unterscheidung festhielt (vgl. mit Literaturhinweisen

Hausschildt 2007: 464 ff.). Kinder und Jugendliche, die im Bereich des Christentums aufwachsen, sind nicht mit Heiden gleichzusetzen, die noch nie mit dem christlichen Glauben in Kontakt waren. Erst im 19. Jahrhundert kann mit der Inneren Mission, die auf ein bewussteres Christentum im eigenen Land zielte, auch von einem engeren Verhältnis zwischen Mission und anderen Handlungsfeldern der Kirche, also auch der Konfirmandenarbeit, ausgegangen werden.

Heute steht die pädagogische Ausrichtung im Vordergrund (Comenius-Institut 1998; Böhme-Lischewski et al. 2010). „Die Arbeit mit Konfirmandinnen und Konfirmanden ist ein zentrales Bildungsangebot der evangelischen Kirche“ (EKD 2012: 4). Für die neuere Diskussion ist die Zuordnung der Konfirmandenarbeit zur Bildung weithin selbstverständlich, was keineswegs ausschließt, dass ältere Bestimmungen insbesondere als (nachgeholter) Taufunterricht deshalb ihre Bedeutung verloren hätten. Die Begegnung mit dem christlichen Glauben ist jedenfalls zentral: „Die Konfirmandenarbeit zielt auf eine lebensbezogene Erschließung des Evangeliums und des christlichen Glaubens“ (EKD 2012: 9). Ohne hier auf die Entwicklungen im Bereich von Konfirmandenunterricht, Konfirmandenarbeit und Konfirmation genauer eingehen zu können, lässt sich festhalten, dass weitere Klärungen im Blick auf das Verhältnis zu Mission nur zu erzielen sind, wenn das *Verhältnis zwischen Bildung und Mission* in den Blick gefasst wird. Darüber wurde in den vergangenen Jahren eher kontrovers diskutiert (Zimmermann 2010). Jenseits der Einzelpositionen in dieser Diskussion lässt sich Folgendes festhalten:

- Die Kirche orientiert sich bei all ihrem Handeln an ihren Wesensmerkmalen. Nach Confessio Augustana Artikel 7 können dafür allein zwei Merkmale maßgeblich sein: die „reine“ Predigt des Evangeliums und die „rechte“, nämlich am Evangelium ausgerichtete Verwaltung der Sakramente.
- Die Betonung der Einheit der Kirche ist auch insofern bedeutsam, als diese Einheit begründet, warum die verschiedenen Handlungsbereiche der Kirche sich immer auch miteinander überschneiden und sich wechselseitig bestimmen. Oder, um ein anderes Bild zu wählen: Jeder kirchliche Handlungsbereich ist in allen anderen gegenwärtig oder muss es jedenfalls sein. Sonst könnte nicht von der Einheit der Kirche oder ihres Handelns gesprochen werden.
- Im Horizont dieser Einheit ist es bereits in neutestamentlicher Zeit zu bemerkenswerten Ausdifferenzierungen gekommen. Einheit bedeutete schon damals nicht Einförmigkeit. Als einer der frühesten Belege für eine Institutionalisierung unterschiedlicher Ämter oder Funktionen in der Kirche gilt Eph 4, besonders V. 11: „Und er hat

einige als Apostel eingesetzt, einige als Propheten, einige als Evangelisten, einige als Hirten und Lehrer." Hier werden institutionell wirksame Unterscheidungen beschrieben, sodass die verschiedenen Aufgaben auch verschiedene Zuständigkeiten bedingen – der Evangelist also das eine und der Lehrer das andere tun soll. Die Einheit von Kirche und Gemeinde wird differenziert gedacht. Und von einem solchen differenzierten Dienst wird erwartet, dass so „der Leib Christi erbaut werden" kann – im Blick auf den Lehrer und hinsichtlich der Bildung mit dem pädagogisch bis heute maßgeblichen Ziel der christlichen Mündigkeit und Urteilsfähigkeit, wie es dann in V. 14 heißt: „damit wir nicht mehr unmündig seien und uns von jedem Wind einer Lehre bewegen und umhertreiben lassen".

- War zunächst festzuhalten, dass jeder Bereich kirchlichen Handelns auch in allen anderen präsent sein soll, so gilt nun umgekehrt, dass dadurch die Selbstständigkeit und das Eigenprofil der einzelnen Bereiche gerade nicht aufgehoben werden dürfen. Der Gottesdienst soll nicht zu einer Art Schule werden, und in der Diakonie, etwa in kirchlichen Krankenhäusern, darf die Liturgie die Priorität medizinischer Behandlung nicht infrage stellen usw.
- Erst eine differenzierte Wahrnehmung des gemeinsamen kirchlichen Auftrags erlaubt die verantwortliche Wahrnehmung unterschiedlicher Aufgaben und ermöglicht auch kirchliche Bildungsangebote, die den Ansprüchen an eine subjektorientierte religiöse Bildung in einer offenen Kommunikationssituation gerecht werden.

Es war und ist die Einsicht in die Sachgemäßheit der Ausdifferenzierung des kirchlichen Handelns insgesamt, die es ermöglicht hat, den evangelischen Bildungsauftrag auch in einen allgemeinen, gesellschaftlich plausiblen bildungstheoretischen Horizont zu stellen. So konnte immer wieder und kann auch heute gesagt werden, dass Bildung missionarische Bedeutung besitzt, aber sie darf nicht in dem Sinne missionarisch sein, dass die Priorität des Bildungsmaßstabs dadurch infrage gestellt wird. Insofern sind Auffassungen, denen zufolge evangelische Bildung immer missionarisch sein müsse, zumindest missverständlich, wenn nicht irreführend. Denn sie lassen nicht mehr erkennen, dass dies nur dann gelten kann, solange beim Bildungshandeln der Kirche die eindeutige Priorität der Bildungsaufgabe mit ihren Kriterien bestehen bleibt. Mission ist nach evangelischem Verständnis zwar – ebenso wie die Bildungsaufgabe – eine alle kirchliche Praxis übergreifende Perspektive, aber nicht die einzige Aufgabe der Kirche, der alles andere unterzuordnen wäre.

Die Forderung nach einem differenzierten Verständnis kirchlichen Handelns und nach der Wahrnehmung eines genuinen Bildungsauftrags durch die Kirche entspricht nicht zuletzt der reformatorischen Grundentscheidung, Bildung im Sinne der Zwei-Reiche-Lehre nicht unmittelbar von der Verkündigung des Evangeliums her zu konzipieren (vgl. die Quellen bei Nipkow/Schweitzer 1991: 45 ff.). Bildung als allgemeine Aufgabe – Luther entwickelt dies im Blick auf die Schule – dient in reformatorischer Sicht zuerst dem weltlichen Regiment und dessen zeitlichen Aufgaben der Ermöglichung von Recht und Leben, Frieden und Gerechtigkeit, nicht jedoch in einem direkten Sinne der Erlösung. In der klaren Unterscheidung zwischen Rechtfertigung und Bildung liegt ein Wesensmerkmal der evangelischen Tradition (Schweitzer 2006: 26 ff.). Diesem Verständnis zufolge ist der Glaube nicht lehrbar. Er ist gerade kein mit menschlichen Mitteln erreichbares Lernziel. Niemand kann oder soll zum Glauben gezwungen werden, wie Martin Luther in der Vorrede zum Kleinen Katechismus betont (dokumentiert bei Nipkow/Schweitzer 1991: 77). Denn dieser Glaube, so dort Luthers Erläuterung zum dritten Glaubensartikel, ist und bleibt allein das Werk des Heiligen Geistes, sodass er auch für den Menschen selbst unverfügbar ist. Hier wird deutlich, dass die Unterscheidung zwischen Erziehung und Erlösung zumindest teilweise auch auf die Konfirmandenarbeit zu übertragen ist.

Vor diesem Hintergrund bietet sich nun eine vierfache Unterscheidung als Klärungshilfe an:

- Konfirmandenarbeit ist Teil der *Missio Dei*. Deshalb schließt sie eine missionarische Dimension ein, die allerdings nicht zur bestimmenden Dimension werden darf, weil es sich um ein pädagogisches Angebot handelt.
- Ein sich etwa als „*missionarische Konfirmandenarbeit*" bezeichnendes Angebot dürfte weithin auf Ablehnung stoßen, vor allem bei den Eltern, aber auch bei vielen Jugendlichen, die Missionierungsversuche prinzipiell ablehnen.
- Eine *funktionale Bedeutung der Konfirmandenarbeit im Sinne der Mission* als Intensivierung des Verhältnisses zum Glauben ist davon noch einmal zu unterscheiden. Eine solche Bedeutung kann vor allem darin gesehen werden, dass Konfirmandenarbeit zahlreiche Jugendliche erreicht, die sonst kaum einmal in Kontakt mit Kirche kommen. Voraussetzung für diese Reichweite der Konfirmandenarbeit ist aber gerade ein nicht auf Mission im Sinne von Bekehrung zielendes Angebot.
- Ein *missionarisches Selbstverständnis* kann sich gleichwohl auch mit der Konfirmandenarbeit verbinden. Immerhin werden etwa 5–7 % der Jugendlichen im Rahmen der Konfi-Zeit getauft. In Zahlen sind das jedes Jahr etwa 12.000 Jugendliche und damit mehr als zu je-

dem anderen Zeitpunkt im Leben, wenn man von der Kindertaufe einmal absieht. Auch dieses Selbstverständnis darf aber nicht dazu führen, Konfirmandenarbeit zu einem vor allem missionarischen Handlungsfeld machen zu wollen.

2. Empirische Befunde

Zur Konfirmandenarbeit liegen breite empirische Befunde vor. 2007/2008 wurde erstmals eine bundesweite Untersuchung zur Konfirmandenarbeit durchgeführt (Ilg/Schweitzer/Elsenbast 2009), an der nicht nur die Hauptverantwortlichen, also in der Regel Pfarrerinnen und Pfarrer, beteiligt waren, sondern auch die Jugendlichen und die Eltern. 2012/2013 konnte eine zweite Untersuchung durchgeführt werden, deren erste Befunde ebenfalls verfügbar sind (Schweitzer et al. 2015).

Zunächst unterstreichen die Befunde die enorme Reichweite dieses Angebots. Nach wie vor nehmen EKD-weit mehr als 90 % der evangelischen Jugendlichen im entsprechenden Alter an der Konfirmandenarbeit teil (vgl. Schweitzer et al. 2015: 120 f.). An dieser Quote hat sich in den fünf Jahren zwischen der ersten und der zweiten Konfirmandenstudie nichts geändert. Insofern kommt der Konfirmandenarbeit von vornherein eine erhebliche missionarische Bedeutung zu. Hier werden über die Grenzen verschiedener Frömmigkeitsstile, aber auch der Nähe oder Ferne zur Kirche hinweg sowie unabhängig von den viel diskutierten „Milieugrenzen“ so gut wie alle evangelischen Jugendlichen erreicht. Wer jungen Menschen Zugänge zum Glauben eröffnen und dabei möglichst viele Jugendliche erreichen will, tut gut daran, in diesen Bereich zu investieren. Eine vergleichbare Reichweite ist lediglich noch für den schulischen Religionsunterricht zu konstatieren, der aber aufgrund des schulischen Rahmens und staatlichen Kontexts keine vergleichbaren Möglichkeiten einschließt, Jugendliche auch mit Kirche und Gemeinde in Kontakt zu bringen.

Den Auskünften der Jugendlichen zufolge trifft es nicht zu, dass es lediglich extrinsische, also etwa materielle Motive sind, wie etwa Geld und andere Geschenke, die zur Teilnahme motivieren (vgl. Schweitzer et al. 2015: 140 ff.). Ein erheblicher Teil der Jugendlichen nennt eigene Glaubensfragen als Motiv. Auch die eigene Taufe („weil ich als Kind getauft worden bin“) spielt eine deutliche Rolle. Allerdings zeigt sich auch, dass keines der angebotenen Motive allein den Ausschlag gibt. Vielmehr scheint es sich eher um ein ganzes Bündel von Motiven zu handeln, die die Jugendlichen als Erwartungen mitbringen. Dazu gehört beispielsweise auch der Wunsch, „selbst über meinen Glauben entscheiden zu können“.

Am Ende der Konfi-Zeit wurde dann nach den entsprechenden Erfahrungen gefragt (vgl. Schweitzer et al. 2015: 144 ff.). An der Spitze der positiven Erfahrungen steht die „gute Gemeinschaft in der Konfi-Gruppe", die offenbar von vielen erlebt wurde. 70 % sagen aber auch, dass sie „mehr über Gott und Glauben erfahren" haben. 65 % bejahen, dass sie befähigt wurden, über den eigenen Glauben entscheiden zu können. Immerhin 59 % sehen sich im eigenen Glauben gestärkt. Allerdings zeigte sich auch, dass die Möglichkeiten, religiöse Einstellungen im Sinne des Glaubens in der kurzen Konfi-Zeit zu verändern, sehr begrenzt sind.

Die Befunde verweisen zugleich auf eine Reihe ungelöster Probleme, denen für die weitere Arbeit erhebliche Bedeutung zukommt. So geben nur 39 % der befragten Jugendlichen an, dass ihre Glaubensfragen tatsächlich zur Sprache kamen (vgl. Schweitzer et al. 2015: 148). Und fast die Hälfte (47 %) stimmen dem Statement zu „was ich in der Konfi-Zeit gelernt habe, hat mit meinem Alltag wenig zu tun" (Schweitzer et al. 2015: 148) und stellen damit der Konfirmandenarbeit das Zeugnis fehlender Lebensrelevanz aus. Antworten auf Fragen, die sie wirklich bewegen, trauen viele Jugendliche der Kirche von Anfang an nur wenig zu. Bedenklich muss es stimmen, dass der Anteil derer, die der Kirche keine solchen Antworten zutrauen, zwischen dem Beginn und dem Ende der Konfi-Zeit noch einmal zunimmt (vgl. Schweitzer et al. 2015: 77; Ilg/Schweitzer/Elsenbast 2009: 128).

Als schwierig erweist sich nicht zuletzt das Verhältnis zur Kirche. Die meisten der Befragten haben zwar ein bemerkenswert positives Bild von Kirche (vgl. Schweitzer et al. 2015: 76 ff.). Schon zu Beginn der Konfi-Zeit stimmen 72 % der Jugendlichen der Aussage zu „Die Kirche tut viel Gutes für die Menschen", und am Ende der Konfi-Zeit sind es sogar 74 %. Zugleich sind es aber nur 41 % zu Beginn und 46 % am Ende der Konfi-Zeit, die auch sagen, es sei für sie selbst wichtig, „zur Kirche zu gehören".

Vor besondere Probleme stellen immer wieder die Erfahrungen mit dem Gottesdienst (vgl. Schweitzer et al. 2015: 85 ff.). Auch in diesem Fall zeigen sich viele Jugendliche von Anfang an skeptisch: 45 % bejahen die Aussage „Gottesdienste sind meist langweilig", und am Ende der Konfi-Zeit sind es 51 %, die so antworten. Trotz oder auch wegen zahlreicher pflichtgemäß besuchter Gottesdienste während der Konfi-Zeit hat die Negativwahrnehmung von Gottesdiensten bei den Jugendlichen also noch einmal deutlich zugenommen.

Bei der Befragung der haupt- und ehrenamtlich Mitarbeitenden tritt ebenfalls eine Vielfalt von Erwartungen und Zielen hervor. Im vorliegenden Zusammenhang bemerkenswert ist der unklare oder kontroverse Status „missionarischer" Zielsetzungen. Der Aussage: „Die Konfirmandenarbeit soll als missionarische Chance genutzt werden, Jugendliche für den Glauben zu gewinnen" stimmen 66 % der Pfarrerinnen und Pfarrer sowie 57 % der Ehrenamtlichen zu – immerhin ein Drittel auch der Pfarrerschaft teilt dieses Ziel nicht (vgl. Schweitzer et al. 2015: 160). Hingegen bejahen 96 % der Pfarrerinnen und Pfarrer, dass die Jugendlichen „in ihrem Glauben gestärkt werden" sollen (Schweitzer et al. 2015: 164). Offenbar bedeuten diese beiden Ziele für die Befragten keineswegs dasselbe. Der Begriff der Mission scheint mit anderen Assoziationen einherzugehen als einer Stärkung des Glaubens. Solche Kontroversen und Unklarheiten gibt es im Übrigen nicht nur bei der Konfirmandenarbeit, sondern sogar bei Kursen zum Glauben (vgl. Wolking/Schweitzer 2015: 69).

Die Ergebnisse der beiden Konfirmandenstudien, die an dieser Stelle nur punktuell aufgenommen werden können, sind im Einzelnen gut zugänglich, weshalb auf die entsprechenden Publikation verwiesen werden kann (bes. Schweitzer et al. 2015; Ilg/Schweitzer/Elsenbast 2009). Zudem werden auch bei den im Folgenden beschriebenen Perspektiven empirische Befunde aufgenommen.

3. Fragen und Perspektiven für die Weiterarbeit

In diesem letzten Abschnitt sollen exemplarisch Fragen und Perspektiven für die Weiterarbeit markiert werden, die sich aus den dargestellten Überlegungen ergeben. Dabei soll deutlich werden, wie das Ziel, Jugendlichen Möglichkeiten der Begegnung mit dem christlichen Glauben zu eröffnen, mit der weiteren Reform der Konfirmandenarbeit konvergiert.

3.1 Vom Konfirmandenunterricht zur Konfirmandenarbeit – die Reform muss weitergehen

Die genannten Untersuchungen zur Konfirmandenarbeit machen deutlich, dass die für die letzten Jahrzehnte bestimmende Reform, die zu Recht als Übergang vom traditionellen Konfirmanden*unterricht* hin zu einer Konfirmanden*arbeit* bezeichnet wird, auch die missionarische Bedeutung dieses Angebots stärkt. Dabei ist die Reform, die sich in vieler Hinsicht an die Jugendarbeit anlehnt und nach jugendgemäßen Arbeitsformen sucht, bereits ein gutes Stück vorangekommen, aber es sind noch keineswegs alle Erwartungen erfüllt. Nach wie vor ist es nur ein Teil der Gemeinden, in denen beispielsweise Praktika angeboten werden, obwohl solche Praktika eine besonders intensive Form der Begegnung mit Gemeinde und Kirche ermöglichen. Insofern muss es das erste Anliegen sein, den Weg hin zu einer zukunftsfähigen, für die Möglichkeiten, Bedürfnisse und Erfahrungen der Jugendlichen offenen Konfirmandenarbeit weiter zu beschreiten.

3.2 Übergänge gestalten am Anfang und am Ende der Konfi-Zeit

Anders als häufig aus der Praxis der Konfirmandenarbeit berichtet wird, trifft es den eigenen Aussagen der Jugendlichen zufolge nicht zu, dass hier in den allermeisten Fällen mit einer Erstbegegnung mit Gemeinde, Kirche oder Glaube stattfindet. Vielmehr berichtet die Mehrheit davon, dass sie in der Kindheit oder im frühen Jugendalter, also vor der Konfi-Zeit, bereits an Angeboten der Kirche teilgenommen hätten (vgl. Schweitzer et al. 2015: 43 ff.). Bislang scheint es nur wenig zu gelingen, an diese Erfahrungen anzuknüpfen. Auch hier gilt jedoch, dass wirksames Lernen nur möglich ist, wenn bereits vorhandene Erfahrungen aufgenommen werden.

Problematisch gestaltet sich auch der Übergang am Ende der Konfi-Zeit. Beispielsweise bringen bei der Befragung deutlich mehr Jugendliche den Wunsch und die Bereitschaft zum Ausdruck, an einer kirchlichen Jugendgruppe teilzunehmen, als solche Gruppen tatsächlich vorhanden sind (vgl. Schweitzer et al. 2015: 103 f.). Es sind auch weit mehr Jugendliche als, anderen Befragungen zufolge (Fauser/Fischer/Münchmeier 2006, Ilg/Heinzmann/Cares 2014), am Ende wirklich teilnehmen. Insofern lohnt es sich, die Zeit nach der Konfirmation noch einmal neu zu bedenken. Den empirischen Befunden zufolge kann dabei in einer ehrenamtlichen Mitarbeit in der Konfirmandenarbeit oder in anderen gemeindlichen Handlungsfeldern eine wichtige Möglichkeit gesehen werden. Im Konfirmandenjahr 2012/2013 waren es, einer Hochrechnung zufolge, nicht weniger als 62.000 Ehrenamtliche, die allein in der Konfirmandenarbeit tätig waren, viele davon selbst noch im Jugendalter (Schweitzer et al. 2015: 156).

3.3 Genauer nachfragen: Wer kommt nicht zur Konfirmandenarbeit?

Insgesamt zeigt die Statistik das Bild einer großen Stabilität und Reichweite der Konfirmandenarbeit. Dennoch ist nicht zu übersehen, dass ein Teil der Evangelischen im entsprechenden Altersjahrgang nicht an der Konfirmandenarbeit teilnimmt. Erfahrungsberichte weisen darüber hinaus auf spezielle Zuspitzungen dieser Problematik in bestimmten Regionen hin, vor allem im städtischen Umfeld. Bislang fehlt es aber noch ebenso an praktischen Versuchen wie an wissenschaftlichen Analysen dazu, wer von der Konfirmandenarbeit nicht erreicht wird.

Wenn Konfirmandenarbeit eine Bedeutung für die Begegnung mit dem christlichen Glauben und insofern auch für die Mission haben soll, besteht die erste Voraussetzung darin, genauer nach diesen Jugendlichen zu fragen – vor Ort und in der Region ebenso wie in der Wissenschaft.

3.4 Sich neuen Herausforderungen stellen: Wer kommt bei der Konfirmandenarbeit zu kurz?

So zu fragen ist noch immer ungewöhnlich. Ist ein Angebot, das sich an alle wendet, nicht gerade das Grundanliegen der Konfirmandenarbeit? Die empirischen Befunde zeigen freilich, dass dieses Ziel nicht ohne Weiteres erreicht wird (vgl. Schweitzer et al. 2015: 199 ff.). Bestimmte Gruppen von Jugendlichen – vor allem aus nicht-gymnasialen Schularten (Hauptschule u. Ä.) sowie aus bildungsfernen Elternhäusern fühlen sich von den Arbeitsformen und Inhalten bei der Konfirmandenarbeit deutlich weniger angesprochen. Ähnliches gilt fast durchweg für Jugendliche, die in ihrer Kindheit keine religiöse Sozialisation erfahren und die auch keine der Konfi-Zeit vorausliegenden Kontakte zur Kirche aufbauen konnten. Soweit Mission so verstanden wird, dass sie insbesondere auch solche Menschen erreichen will, die der Kirche und dem Glauben fernstehen, ist dies ein beunruhigendes Ergebnis. Es sollte dazu führen, vermehrt über Möglichkeiten nachzudenken, diese Zielgruppen zu erreichen. Dass dies auch in anderen missionarisch begründeten Handlungsfeldern wie den Kursen zum Glauben bislang noch wenig gelingt (vgl. Wolking/Schweitzer 2015: 84 ff.), sollte dabei kein Trost für die Konfirmandenarbeit sein.

3.5 Die Lebensrelevanz des christlichen Glaubens erschließen

Noch einmal eigens akzentuiert werden muss an dieser Stelle der oben erwähnte Befund, dass ein erheblicher Anteil der befragten Jugendlichen auch am Ende der Konfi-Zeit eine Relevanz der besprochenen Themen für ihr eigenes Leben nicht erkennen kann. Vielmehr herrscht der Eindruck vor, dass die Inhalte der Konfi-Zeit mit ihrem Leben nur wenig zu tun haben und dass die Kirche überhaupt keine Antworten auf Fragen habe, die den Jugendlichen selbst wichtig sind. Dieser Befund macht deutlich, dass Inhalte für die Arbeit mit Jugendlichen eine hohe Relevanz besitzen. Dies steht der inzwischen verbreiteten, durchaus richtigen These, Konfirmandenarbeit sei vor allem Beziehungsarbeit, keineswegs entgegen. Insbesondere die Erfahrungen in der Gruppe der Gleichaltrigen sind für die Jugendlichen von enormer Bedeutung, und auch die Begegnungen mit den Pfarrerinnen und Pfarrern sowie den Ehrenamtlichen sind ihnen wichtig. Die Ergebnisse machen aber sichtbar, dass die Bedeutung der Beziehungsdimension nicht gegen die inhaltliche Dimension ausgespielt werden darf. Anders ausgedrückt: Beides muss zusammenkommen, positive Beziehungserfahrungen auf der einen und inhaltliche Relevanzerfahrungen auf der anderen Seite.

3.6 Spannungen zwischen Glauben und Wissen klären

Den empirischen Befunden zufolge sind es in Deutschland nur 46 % der Konfirmandinnen und Konfirmanden, die dem christlichen Schöpfungsglauben zustimmen können (vgl. Schweitzer et al. 2015: 296). Im internationalen Vergleich ist dieser Anteil sogar noch relativ hoch – in Schweden, wo dieser Anteil in den an der Studie beteiligten Ländern am geringsten ausfällt, sind es nur noch 22 %. Darin liegt ein Hinweis, dass viele Jugendliche heute – trotz Religionsunterricht in der Schule – nicht in der Lage sind, den Schöpfungsglauben und naturwissenschaftliche Sichtweisen miteinander zu verbinden. Es fehlt an einem komplementären Denken, für das die Notwendigkeit beider Weltzugänge erkennbar wird. In nicht aufgelösten Spannungen zwischen Glauben und Wissen liegt für solche Jugendliche wohl ein nachhaltig wirksames Glaubenshindernis. Schließlich ist der Schöpfungsglaube nicht nur am Anfang der Bibel zentral, sondern für den biblischen Glauben insgesamt.

3.7 Der religiös-weltanschaulichen Pluralität nicht ausweichen

Nur noch kurz erwähnt werden kann an dieser Stelle eine Herausforderung, die den empirischen Befunden zufolge die Jugendlichen weit stärker wahrnehmen als die Pfarrerinnen und Pfarrer. Der christliche Glaube begegnet heute zunehmend einer Vielfalt an christlichen und nicht christlichen sowie religiösen und nicht religiösen Überzeugungen. Deshalb wird es immer wichtiger, den Jugendlichen deutlich zu machen, wie sich dieser Glaube zu anderen Überzeugungen verhält und wie die (Fehl-)Formen von Relativismus und Fundamentalismus zugunsten konstruktiver Umgangsweisen mit der Vielfalt überwunden werden können.

4. Ausblick

Gerade an den letzten beiden Beispielen – Glaube und Wissen sowie christlicher Glaube in der Pluralität – ist noch einmal abzulesen, dass eine verstärkte missionarische Bedeutung der Konfirmandenarbeit weniger von einer missionarisch profilierten Umgestaltung dieses Angebots zu erwarten steht, bei der Bildungsaufgaben hinter denen der Mission zurücktreten, als vielmehr von einer konsequenten Fortsetzung des Weges hin zu einer jugendgemäßen Form der Konfirmandenarbeit. Die inhaltlichen Herausforderungen des Glaubens angesichts modern-gesellschaftlicher Entwicklungen dürfen dabei hinter den sozialen, auf die Gemeinschaft in der Gruppe bezogenen Aspekten nicht aus dem Blick geraten.

Literatur

Böhme-Lischewski, Thomas/Elsenbast, Volker/Haeske, Carsten/Ilg, Wolfgang/ Schweitzer, Friedrich (Hrsg.) (2010): Konfirmandenarbeit gestalten. Perspektiven und Impulse für die Praxis aus der Bundesweiten Studie zur Konfirmandenarbeit in Deutschland (Konfirmandenarbeit erforschen und gestalten 5). Gütersloh: Gütersloher Verlagshaus.

Comenius-Institut (Hrsg.) (1998): Handbuch für die Arbeit mit Konfirmandinnen und Konfirmanden, Gütersloh: Gütersloher Verlagshaus.

EKD/Evangelische Kirche in Deutschland (2012): Konfirmandenarbeit. 12 Thesen des Rates der Evangelischen Kirche in Deutschland. Hannover: Kirchenamt der EKD.

Fauser, Katrin/Fischer, Arthur/Münchmeier, Richard (2006): Jugendliche als Akteure im Verband. Ergebnisse einer empirischen Untersuchung der Evangelischen Jugend. Opladen/Farmington Hills: Verlag Barbara Budrich.

Hausschildt, Eberhard (2007): Praktische Theologie und Mission. In: Christian Grethlein/ Helmut Schwier (Hrsg.): Praktische Theologie. Eine Theorie- und Problemgeschichte, Leipzig: Evangelische Verlagsanstalt. S. 457–509.

Ilg, Wolfgang/Heinzmann, Gottfried/Cares, Mike (Hrsg.) (2014): Jugend zählt! Ergebnisse, Herausforderungen und Perspektiven aus der Statistik 2013 zur Arbeit mit Kindern und Jugendlichen in den Evangelischen Landeskirchen Baden und Württemberg. Stuttgart: Buch + Musik.

Ilg, Wolfgang/Schweitzer, Friedrich/Elsenbast, Volker (2009): Konfirmandenarbeit in Deutschland. Empirische Einblicke, Herausforderungen, Perspektiven. Mit Beiträgen aus den Landeskirchen (Konfirmandenarbeit erforschen und gestalten 3). Gütersloh: Gütersloher Verlagshaus.

Nipkow, Karl Ernst/Schweitzer, Friedrich (Hrsg.) (1991): Religionspädagogik. Texte zur evangelischen Erziehungs- und Bildungsverantwortung seit der Reformation. Bd. 1: Von Luther bis Schleiermacher (Theologische Bücherei 84). München: Kaiser.

Schweitzer, Friedrich (2006): Religionspädagogik (Lehrbuch Praktische Theologie 1). Gütersloh: Gütersloher Verlagshaus.

Schweitzer, Friedrich/Maaß, Christoph H./Lißmann, Katja/Hardecker, Georg/Ilg, Wolfgang (2015): Konfirmandenarbeit im Wandel – Neue Herausforderungen und Chancen. Perspektiven aus der Zweiten Bundesweiten Studie (Konfirmandenarbeit erforschen und gestalten 3). Gütersloh: Gütersloher Verlagshaus.

Vischer, Lukas (1958): Die Geschichte der Konfirmation. Ein Beitrag zur Diskussion über das Konfirmationsproblem. Zollikon: Evangelischer Verlag.

Wolking, Lena/Schweitzer, Friedrich (2015): Erwachsenenbildung und Kurse zum Glauben. Angebotserhebung und -analyse in der Evangelischen Landeskirche in Württemberg. Bielefeld: Bertelsmann.

Wrogemann, Henning (2013): Missionstheologien der Gegenwart. Globale Entwicklungen, kontextuelle Profile und ökumenische Herausforderungen (Lehrbuch Interkulturelle Theologie/Missionswissenschaft 2). Gütersloh: Gütersloher Verlagshaus.

Zimmermann, Johannes (Hrsg.) (2010): Darf Bildung missionarisch sein? Beiträge zum Verhältnis von Bildung und Mission (Beiträge zu Evangelisation und Gemeindeentwicklung 16). Neukirchen-Vluyn: Neukirchener Verlag.

WIE GEHT'S WEITER? ÜBERGÄNGE INS ERWACHSENENALTER

Daniela Mailänder

> *Simone ist 22 Jahre alt. Sie ist auf dem Land aufgewachsen, hat dort christliche Jugendverbandsarbeit kennengelernt und erste Berührungspunkte mit dem christlichen Glauben gehabt. Nach ihrem freiwilligen sozialen Jahr beginnt sie in einer Stadt zu studieren. Sie lebt aber noch bei ihren Eltern, um sich das Geld für die Wohnung zu sparen. Gelegentlich wird sie angefragt, ob sie in der Jugendgruppe als Mitarbeiterin helfen möchte. Aber eigentlich hat sie damit nichts mehr zu tun und lehnt deshalb ab. Weder in einer Gemeinde noch in der Jugendarbeit hat sie Heimat. Der Glaube spielt in ihrem Leben kaum noch eine Rolle.*

So oder so ähnlich begegnet uns eine vielleicht typische Glaubensbiografie einer jungen Erwachsenen. Der vorliegende Beitrag befasst sich mit der Frage, wie junge Erwachsene zum Glauben eingeladen werden können bzw. welche Herausforderungen des Übergangs sich für eine missionarische Jugendarbeit – auch in konzeptioneller Hinsicht – stellen.

1. Junge Erwachsene: Wahrnehmungen und Lebenslagen

Spricht man von der Zielgruppe der jungen Erwachsenen, sind damit häufig die jungen Volljährigen gemeint, die 18, aber noch nicht 27 Jahre alt sind. Gleichzeitig handelt es sich vor allem um eine Lebensweise, die nicht direkt mit dem Alter des jungen Menschen zusammenhängt. So kann die Lebensweise der jungen Erwachsenen mit dem Austritt aus der Schule und bis zur Gründung einer Familie oder einer anderen Form der Etablierung eher als soziologische Kategorie bestimmt werden. Die Lebensphase ist geprägt von der Suche nach Stimmigkeit und einer stabilen Identität für den nächsten Lebensabschnitt und dem Ausbalancieren von Lebensidealen und der gleichzeitigen Realität der komplexen Anforderungen im Leben. Neben Lebensträumen müssen die ersten Erfahrungen des Scheiterns in die eigene Biografie integriert werden (Corsa/Freitag 2014: 171).

Für die Jugendarbeit gilt, dass mit Eintritt ins junge Erwachsenenalter häufig der Kontakt verloren geht. Junge Erwachsene sind entweder als Mitarbeitende integriert oder sie verlieren mangels hoher Identifikation den

Bezug zur Jugendarbeit. Deshalb gilt es, sie als eigene Zielgruppe in den Blick zu nehmen und sie nicht einfach mit Methoden und Konzepten der Jugendarbeit, die die jüngere Altersgruppe anspricht, erreichen zu wollen (Corsa/Freitag 2014: 171).

Zunächst einmal sollen hier die Meinungen und Lebensweisen der jungen Erwachsenen anhand unterschiedlicher Studien dargestellt werden, um später daraus konzeptionelle Überlegungen zu entwickeln.

Vorangestellt sei die Bemerkung, dass es sich bei „den" jungen Erwachsenen selbstverständlich um eine kulturheterogene Gruppe handelt. Betrachtet man die Sinus-Milieus® in Deutschland, fällt auf, dass sich die Zugehörigkeiten zu den unterschiedlichen Milieus junger Erwachsener noch einmal stark von der Altersgruppe der Jugendlichen und denen der Erwachsenen unterscheidet.[1] Dennoch sollen einige grundsätzliche Bemerkungen zur Lebensphase der jungen Erwachsenen gemacht werden:

Ein Großteil der jungen Erwachsenen blickt der Zukunft optimistisch und hoffnungsvoll entgegen, ist politisch engagiert und hat einen reflektierten Umgang mit seinem Konsumverhalten (NEON/forsa 2014). Auf die Frage, ob sie an Gott glauben, antworten 29 % der Befragten damit, dass sie an „irgendeine höhere Macht glauben", 26 % gaben an, an „eine Gottheit zu glauben". 33 % sagen von sich, dass sie an „gar nichts" glauben (NEON 2014). Zu den Lebensidealen gehören nach wie vor Treue, Familie und ein solides Beziehungsnetzwerk. So gaben 49 % der befragten jungen Erwachsenen an, mit 40 Jahren eine Familie mit ein bis drei Kindern und Haus mit Garten haben zu wollen (NEON 2014).

Im 14. Kinder- und Jugendbericht, der zum ersten Mal ein eigenes Kapitel zu „jungen Erwachsenen" enthält, wird einiges zur Lebenslage junger Erwachsener festgestellt. Die Einkommensarmut ist im Alter zwischen 17 und 25 Jahren prekär und in den letzten Jahren zunehmend gestiegen (BMFSFJ 2013: 187). Dies ist durch die länger werdende Phase des Übergangssystems zwischen Schule und Beruf entstanden. So nutzt ein Teil der jungen Erwachsenen die Zeit nach dem Schulabschluss, um ihre schulischen Abschlüsse nachzuholen oder einen Freiwilligendienst zu übernehmen. Der andere Teil der jungen Erwachsenen verliert sich in dieser Phase in weiterer finanzieller Abhängigkeit und Ziellosigkeit. Die Verschiebung ökonomischer Unabhängigkeit nach hinten bringt es mit sich, dass junge

[1] Ich beziehe mich hier auf die Ergebnisse von 2014 zur sozialen Lage und Grundorientierung – Junge Erwachsene, die speziell von Sinus für die Altersgruppe zwischen 20 und 29 auf Grundlage von 4.890 Fällen berechnet wurden. Einzusehen sind diese Ergebnisse bei Reinhold Ostermann, Referent für Konzeptionsentwicklung, Amt für Evangelische Jugendarbeit in Bayern. Deutlich wird dies jedoch auch bei Wippermann/Calmbach 2008.

Erwachsene sehr lange im Elternhaus verbleiben (BMFSFJ 2013: 187 f.). Gleichzeitig hat die Bedeutung der Freiwilligendienste stark zugenommen. Rund 700.000 junge Erwachsene engagierten sich im Jahr 2013 in einem FSJ, FÖJ, IJFD, BFD und „Weltwärts" (BMFSFJ 2013: 240 f.), Tendenz steigend. Die Bedeutung der Freiwilligendienste für die Biografien vieler junger Erwachsener kann deshalb nur unterschätzt werden.

Die Forschung zum Thema Jugend und Religion geht, laut der V. EKD-Erhebung über Mitgliedschaft in zwei kontroverse Richtungen: Die eine Richtung betont den Ansatz der Individualisierungstheorie von Religion und sieht darin die sogenannte „Bastelreligion" vieler junger Erwachsener. Die andere Richtung betont die „kontinuierlich sinkende soziale Relevanz von Religion mit Erreichen der Lebensphase ‚junger Erwachsener'" (EKD 2014: 60). Die Gruppe der jungen Erwachsenen wird demzufolge als diejenige Gruppe ausgemacht, die in Deutschland am wenigsten in christliche Kirchen integriert ist. Die stärkere Distanzhaltung und sinkende Mitgliedschaft in christlichen Kirchen geben Hinweise auf den grundsätzlichen Bedeutungsverlust von Religion für das Leben von jungen Erwachsenen (EKD 2014: 61). Unter jungen Christinnen und Christen zwischen 19 und 29 Jahren treten oftmals Spannungsfelder ans Licht, die durchaus ambivalent zu verstehen sind: Junge Christinnen und Christen wünschen sich zum einen „Selbstbestimmung und klare Vorgaben, altersgemäße Gruppen und ein gutes Miteinander der Generationen, Individualität und Gemeinschaft, Kraft bekommen für den Alltag & soziale Verantwortung wahrnehmen, Wohlfühlen und ökologische Nachhaltigkeit" (Faix 2010: 4).

Diese Erkenntnisse lassen sich zusammenfassend so schildern: Auf die Anforderungen des Jungen-Erwachsenen-Alters reagieren unterschiedliche Gruppen in unterschiedlicher Art und Weise. Während ein Teil der jungen Menschen eine Art Leben auf der „Überholspur" lebt und Übergänge „pünktlich" und „reibungslos" meistert, gibt es den Teil der jungen Erwachsenen, die mit Entschleunigung und Verzögerung reagieren. Das geschieht entweder durch eine selbst gewählte „Auszeit", z. B. bei einem Freiwilligendienst, oder durch eine erzwungene Entschleunigung, die mit Ziellosigkeit und prekären Lebensumständen gekoppelt ist. Diese jungen Erwachsenen leben zum Großteil zu Hause und damit in Lebensumständen, die äußerlich denen von Jugendlichen gleichen. Sie haben wenig Geld zur Verfügung und kämpfen teilweise mit dem Übergang von Schule und Beruf. Hierbei werden die ersten Erfahrungen mit Scheitern gemacht. Junge Erwachsene haben verhältnismäßig konservative Ansprüche an das Leben und wünschen sich eine Familie. Glaube spielt in dieser Lebensphase nur eine kleine Rolle. Aus diesen Überlegungen heraus sollen nun erste konzeptionelle Ansätze entwickelt werden, die die Lebenslagen junger Erwachsener aufnehmen. Diese bleiben bruchstückhaft und holzschnittartig, fördern aber relevante Dimensionen für eine missionarische Arbeit mit jungen Erwachsenen zutage.

2. Konzeptionelle Überlegungen für die missionarische Arbeit mit jungen Erwachsenen

2.1 Glaube im biografischen Prozess

Häufig lebt und entwickelt sich der christliche Glaube mit einer biografischen Verankerung. Religiöse Erziehung in der Familie und deren Haltung zur Kirche prägen entscheidend. Die religiöse Sozialisation in Kindergruppen, Kindergottesdiensten, Jungscharen und Freizeiten sind dabei von entscheidender Bedeutung. Biografisch folgen dann die Teilnahme an der Konfirmandenarbeit und/oder die Teilnahme an der Jugendarbeit. Die einzelnen Schritte im biografischen Prozess können eine Bindung zum christlichen Glauben aufbauen, unterliegen aber auch Abschmelzungen und Distanzierungen. Junge Erwachsene verlieren dann häufig den Bezug zur christlichen Jugendarbeit. Häufig fehlt eine Angebotsstruktur für junge Erwachsene. Damit fehlt nicht nur ein Angebot, sondern die biografische Begleitung bei der Veränderung des persönlichen Glaubens. Missionarische Arbeit mit jungen Erwachsenen sollte das „Erwachsenwerden" des Glaubens mit bedenken. Häufig werden der Kinder- und Jugendglaube übernommen und versucht in die eigene Biografie zu integrieren. Gottesbilder haben sich bis ins junge Erwachsenenalter kaum oder gar nicht weiterentwickelt. Es muss die Aufgabe missionarischer Jugendarbeit sein, einen Glauben zu fördern, der erwachsen wird und offene Fragen bearbeitet. Dazu gehören methodisch die Kleingruppen- und Hauskreisarbeit (vgl. Heberlein in diesem Band). Hier im kleinen Rahmen kann ein authentischer Glaube eingeübt werden, ein kritischer Blick auf die Bibel gewagt werden und das eigene Scheitern im Leben besprochen und seelsorgerlich begleitet werden. Es bedarf hierfür eine ehrliche, seelsorgerliche Begleitung durch andere junge Erwachsene oder Erwachsene. 89,4 % der befragten jungen Christinnen und Christen der dranStudie 19plus äußern, dass sie offen über heikle Themen diskutieren möchten (Faix 2010: 5). Gleichzeitig können so im ehrlichen Dialog junge Menschen für den christlichen Glauben gewonnen werden. Die Lebensphase der jungen Erwachsenen muss daher einzeln bedacht und methodisch von der Jugendarbeit unterschieden werden. Den richtigen Rahmen können die klassische Hauskreis- und Kleingruppenarbeit, christliche Hochschulgruppen sowie die professionelle Begleitung während eines Freiwilligendienstes geben.

2.2 Unterstützung bei der Lebensbewältigung

Die Lebensphase der jungen Erwachsenen ist geprägt von Herausforderungen und Optionen des Übergangs von Schule in ein Studium oder einen Beruf. Es soll die Aufgabe missionarischer Jugendarbeit sein, junge Erwachsene darin zu unterstützen, diese ganz praktischen Herausforderungen zu meistern. Dies geschieht zum Beispiel mit der Einrichtung eines „First contacts" in Großstädten. Junge Erwachsene werden von Gemeinde, CVJM oder Hochschulgruppen bei der Wohnungssuche und den Herausforderungen, die ein Studien- oder Ausbildungsstart in einer neuen Stadt mit sich bringen, unterstützt. Hierbei kann auf ein bestehendes Netzwerk, das der Träger hat, zurückgegriffen werden. Hilfen im Studium oder Unterstützung bei der Ausbildungsplatzsuche können von erwachsenen ehren- und hauptamtlich Mitarbeitenden gegeben werden. Hierbei sind solide Beziehungen und das Angebot von Begleitung, Coaching und Mentoring die entscheidenden methodischen Instrumente. Nur so können Lebensfragen wie Partnerwahl, Auszug aus dem Elternhaus und die finanzielle Abhängigkeit gut begleitet werden. Gerade Modelle von Coaching und Mentoring werden von jungen Erwachsenen gerne angenommen und können prägend für ihr Leben sein. Hierfür braucht es gute Strukturen innerhalb der Träger, Verbände und Gemeinden. Nachdenklich stimmt es deshalb, wenn nur wenige (16,4 %) von befragten jungen Erwachsenen, die eine Anbindung an eine Gemeinde haben, angeben, dass es Mentorenprogramme in ihren Gemeinden gibt (Faix 2010: 9).

2.3 Politische Mitbestimmung

Studien belegen, dass das politische Interesse bei jungen Erwachsenen zunimmt und das politische Engagement steigt (BMFSFJ 2013: 227). Auch dies sollte in der missionarischen Jugendarbeit mitbedacht werden. Um zum einen den Interessen der jungen Erwachsenen gerecht zu werden und zum anderen einen Beitrag zum politischen Prozess zu leisten, sollen direkte Formen der Meinungsbildung und Teilhabe entwickelt und etabliert werden. So werden zum einen die individuellen Einflussnahme ermöglicht und zum anderen entsteht ein breites Übungsfeld, das die Prinzipien der repräsentativen Demokratie vorgibt. So können junge Erwachsene im geschützten Rahmen in Gremienarbeit politische Verantwortung übernehmen und Diskussionskultur und Meinungsbildung einüben. Gerade hierin ist ein Feld zu sehen, das nötig für die Jugendarbeit ist, wofür aber etablierte Mitarbeitende benötigt werden. Durch die politische Mitbestimmung in Jugendausschüssen, Leitungskreisen und Gremien können junge Erwachsene inhaltlich sinnvoll in die Jugendarbeit integriert werden. Dabei lernen sie Verantwortung, Selbstständigkeit und entwickeln ihr demokratisches Verständnis weiter.

2.4 Heimat geben

Gerade in der Zeit des jungen Erwachsenenalters ist eine Beheimatung von entscheidender Bedeutung. Das Elternhaus verliert an Gewicht und Einflussnahme. Einige junge Erwachsene verlassen für einen Freiwilligendienst ihre ursprüngliche Heimat. Gemeinden, CVJMs und andere Träger können so eine Art „Heimatersatz" sein. Laut der dranStudie 19plus fühlen sich bereits jetzt 63 % der jungen Christinnen und Christen zwischen 19 und 29 Jahren ihrer Gemeinde zugehörig (Faix 2010: 3) und fast alle Befragten (98,3 %) erachten es als wichtig, eine geistliche Heimat zu haben (Faix 2010: 6). Hierbei ist auch die Peergroup wichtig. Modelle können entwickelt werden, wie z. B. „Wohnzimmer" in Großstädten oder Einzugsgebieten. Hier findet eine Art offener Treff mit gemeinsamen, geistlichen Impulsen statt. Die Beziehungshaftigkeit solcher Konzepte ist dabei besonders hervorzuheben. Für junge Erwachsene, die z. B. im Ausland sind, wird es von großer Bedeutung sein, wie der Kontakt in die Heimat gehalten werden kann. Hierbei kann auf etablierte Formen zurückgegriffen werden: Segnungsgottesdienste, Rundbriefe, Gebetsdienste usw. Für die Beheimatung spielen auch Coaching, Seelsorge und Mentoring eine herausragende Rolle.

In der Arbeit mit jungen Erwachsenen sollte bewusst sein, dass dies eine Arbeit ist, die Menschen eine bestimmte Wegstrecke über begleitet. Im besten Fall reicht die Arbeit mit jungen Erwachsenen von Austritt aus der Schule bis zur Familiengründung oder sonstiger beruflicher wie finanzieller Etablierung. Es ist eine entscheidende und prägende Zeit, die aber lediglich ein paar Jahre andauert. Gleichzeitig werden hier lebensverändernde Entscheidungen getroffen, die auf den Verlauf der weiteren Biografie erheblichen Einfluss nehmen. Um „Heimat" geben zu können, braucht es im Hintergrund ein tragfähiges und langfristiges Gemeindemodell oder Vereinsstrukturen, sodass die jungen Erwachsenen hier hineinwachsen können.

2.5 Veranstaltungen und Freizeiten

Selbstverständlich verlieren punktuelle Veranstaltungen wie Gottesdienste, Konzerte, Festivals, Partys und Freizeiten nicht an Bedeutung für die Arbeit mit jungen Erwachsenen. Bedenkt man aber die Aussagen, die im Kapitel 1 „Junge Erwachsene: Wahrnehmungen und Lebenslagen" getroffen wurden, müssen diese Angebote jedoch konsequent an den Gegebenheiten und Bedingungen des jungen Erwachsenenalters ausgerichtet sein. Das bedeutet z. B., dass viele der Angebote kostenfrei oder günstig zur Verfügung stehen sollten. Glaubensthemen sollen authentisch und durchaus auch kritisch beleuchtet werden. Themen wie „Zweifel", „Krisen" und „Gottesbilder" liegen oben auf. Vor allem das Studium der Bibel und die gemeinsame Lektüre dieser spielen dabei eine wichtige Rolle. Schlussfolgernd aus den Wahrnehmungen und Lebenslagen junger Erwachsener müssen eigene Zielgruppen in den Blick genommen werden. Es reicht nicht, sie lediglich als Mitarbeitende zu Freizeiten mitzunehmen oder bei der Veranstaltung mitarbeiten zu lassen. In der missionarischen Jugendarbeit wird in Zukunft die Frage oben aufliegen: „Wo führen wir Freizeiten und Veranstaltungen ganz speziell für junge Erwachsene durch?"

3. Fresh X für junge Erwachsene

Die Bewegung „Fresh Expressions of Church" macht es zum Anliegen, kontextuell, missional, lebensverändernd und gemeindebildend neue Wege zu gehen.[2] Eine Fresh X ist eine neue Form von Gemeinde für unsere sich verändernde Kultur, die primär für Menschen gegründet wird, die noch keinen Bezug zu Kirche und Gemeinde haben. In der konsequenten Umsetzung einer Fresh X kann die Zielgruppe der jungen Erwachsenen besonders in den Blick genommen werden und frische Formen von Gemeinde gelebt werden. Neben diesen neuen Formen von Gemeinde braucht es aber auch nach wie vor gute, solide Strukturen, in die junge Erwachsene auch hineinwachsen können. Es braucht für unterschiedliche Gruppen eine unterschiedliche Beheimatung: Für viele junge Erwachsene, die noch keinen Bezug zu Kirche und Gemeinde haben, braucht es neue, frische Formen von Kirche und für viele junge Christinnen und Christen, die für sich auf der Suche nach geistlicher Heimat sind, benötigen wir bewährte Formen von Gemeinden und Verbandsarbeit (vgl. hierzu „Heimat geben").

Fresh expressions of church sollen einer Art geistlichen Reise folgen, die mit genauem Hinhören beginnt:

- Zunächst soll wahrgenommen werden, was in der Lebenswelt der entsprechenden Zielgruppe, hier also der jungen Erwachsenen, passiert. Da es sich um eine soziologische Kategorie handelt, die in sich heterogen ist, braucht es den genauen Blick auf ein bestimmtes Milieu. Dienend kann dann eine erste Aktivität gestartet werden. Hier ist die Frage ausschlaggebend: „Wie können wir jungen Erwachsenen, die einem bestimmten Milieu angehören, dienen?" Könnte das

[2] Eine erweiterte Definition von Fresh X und der vier Merkmale „missional, gemeindebildend, lebensverändernd, kontextuell" online unter: www.freshexpressions.de (Abruf 27.08.2015).

durch die seelsorgerliche Begleitung bei Alltagsfragen passieren oder durch die Vermittlung einer Wohnung oder die zentrale Anlaufstelle für WG-Gesuche?

- Die geistliche Reise führt dann hin zum Bilden einer Gemeinschaft: Eine „Gruppe" entsteht, Beziehungen werden gelebt und man ist verbindlich miteinander auf dem Weg. Dazu braucht es Mitarbeitende, die jungen Erwachsenen im biblischen Sinne dienen wollen und genau hinsehen, was sie brauchen.
- Auf der Grundlage guter Beziehungen kann dann in die Jüngerschaft, die Nachfolge eingeladen werden. Jetzt wird wichtig, wie über Glauben gesprochen wird, ob ein ehrlicher Austausch möglich ist und im Gespräch miteinander vorsichtig abgetastet werden kann, wo man miteinander unterwegs ist, ohne jedoch Grundsätze über Bord zu werfen. Gerade weil junge Erwachsene sich in einer Orientierungsphase befinden, in der erste Krisen in das Glaubensleben integriert werden müssen, sind wir dazu aufgefordert, hier besonders behutsam miteinander in den Dialog zu treten.

Was bedeutet das für unsere Evangelisation und missionarischen Anstrengungen? Wer mit jungen Erwachsenen unterwegs ist, braucht einen langen Atem und muss bereit sein, authentisch Auskunft über seinen Glauben zu geben. Gastfreundschaft und Tischgemeinschaft werden hierbei eine entscheidend Rolle spielen. Wer zum Glauben einlädt, darf sich nicht wundern, wenn Gemeinde entsteht. Hier wird es spannend. Wenn eine dauerhafte Glaubensgemeinschaft (unabhängig von ihrem rechtlichen Status) entsteht, kann Heimat gegeben werden. Darin besteht die große Chance, wenn Fresh X und die Arbeit unter jungen Erwachsenen zusammengedacht werden. Neu ist deshalb an der Fresh X-Bewegung, dass nicht versucht wird, junge Erwachsene, die zum Glauben finden, in die bestehenden Gemeinden zu integrieren, sondern stattdessen neue Formen christlichen Lebens in den Lebenswelten der jungen Erwachsenen entstehen zu lassen. Die Ergebnisoffenheit und dieses konsequente „Hingehen und Bleiben" zeichnet Fresh X aus (Jope/Rempe 2015: 25). Gerade hierin könnte – gerade für die Arbeit unter jungen Erwachsenen – die größte Chance liegen. So können – neben bestehenden Strukturen – neue Gemeinden entstehen, vielleicht an neuen Studienorten, während des Auslandsjahrs, innerhalb des Ausbildungsbetriebes oder eines Sportvereins.

4. Ausblick

Es gilt also genau hinzusehen: Junge Erwachsene sind keineswegs ältere Jugendliche, die mit denselben Methoden und Konzepten wie der bestehenden Jugendarbeit begeistert werden können. Sie stellen eine eigenständige Zielgruppe dar. Ihre Lebenswelt orientiert sich an Optionen und Übergängen, die sie zu bewältigen haben. Missionarische Jugendarbeit sollte hierfür Glaubens- und Lebenshilfe geben. Damit junge Erwachsene Heimat im Glauben finden, braucht es zum einen gute und solide Gemeinde- und Verbandsarbeit *und* frische Formen missionaler Gemeindepflanzungen, die die spezifischen Bedürfnisse und Lebenslagen junger Erwachsener im Blick haben. Es sind Mitarbeitende gefragt, die Beziehungen leben, ihre Zeit investieren und bereit sind, jungen Erwachsenen zu dienen.

Zurück zu Simone. Nehmen wir an, die oben genannten Aussagen werden berücksichtigt. Vielleicht könnte die Glaubensbiografie so ganz anders verlaufen:

Simone wird für ihr freiwilliges soziales Jahr von ihrer Gemeinde in einem Segnungsgottesdienst ausgesandt. Mitarbeitende begleiteten durch regelmäßigen E-Mail-Kontakt das Jahr über. Simone kann ihre Fragen, ihre Zweifel, aber auch das Neuentdeckte an jemanden zu formulieren, stößt auf Verständnis und Begleitung. Am Ort, wo sie ihr freiwilliges soziales Jahr durchführt, gibt es eine kleine Gemeindeinitiative, wo sie in einer ganz eigenen Form, die zu ihr passt, Glauben erlebt. Mit Menschen, die ähnlich ticken wie sie, lernt sie ganz neue – davor noch unentdeckten – Seiten des christlichen Glaubens kennen. Zurück in ihrer Heimat sucht sie sich eine Mentorin, die sie begleitet. In der eigenen Jungen-Erwachsenen-Arbeit der örtlichen Gemeinde bringt sie neue Formen von Gemeindeleben mit ein und gründet – gut begleitet von erfahrenen Mitarbeitenden – mit Gleichgesinnten eine missionale Initiative. Eine kleine Gemeinde entsteht, die eigenständig von Simone und anderen jungen Erwachsenen geleitet und verantwortet wird. Die Gemeinde, aus der Simone ursprünglich kommt, freut sich darüber und unterstützt die noch junge Gemeindepflanze.

Literatur

BMFSFJ (2013) = Bundesministerium für Familie, Senioren, Frauen und Jugend: 14. Kinder- und Jugendbericht. Bericht über die Lebenssituation junger Menschen und die Leistungen der Kinder- und Jugendhilfe in Deutschland. Berlin.

Corsa, Mike/Freitag, Michael (2014): Jung und Evangelisch in Kirche und Gesellschaft. Bericht über die Lage der jungen Generation und evangelische Kinder- und Jugendarbeit. Hannover: aej.

EKD (2014) = Evangelische Kirche in Deutschland: Engagement und Indifferenz. Kirchenmitgliedschaft als soziale Praxis. Hannover: EKD.

Faix, Tobias (2010): Die „dranStudie 19plus“ – Zukunfskompass für Gemeinden. Online unter: www.institut-empirica.de/uploads/1262040380-476444.pdf (Abruf 27.07.2015).

Jope, Rüdiger/Rempe, Daniel (2015): Sterben, um zu leben. Was steckt hinter der Fresh X-Bewegung? In: 3E. echt.evangelisch.engagiert. Das Ideenmagazin für die Kirche (2/2015). Witten: SCM Bundes-Verlag

Kopp, Hansjörg/Hügin, Stefanie/Kaupp, Steffen/Borchard, Inga/Calmbach, Marc (Hrsg.) (2014): Brücken und Barrieren. Jugendliche auf dem Weg in die Evangelische Jugendarbeit. Neukirchen-Vluyn: Neukirchener Aussat.

NEON Magazin (Hrsg.) (2014): Die große forsa-Studie im Auftrag von NEON: Das sind wir! So geht es jungen Deutschen im Jahr 2014. In: NEON 2014 (10). Hamburg: Stern Medien.

Wippermann, Carsten/Calmbach, Marc (2008): Wie ticken Jugendliche? Sinus-Milieustudie U27. Düsseldorf: Verlag Haus Altenberg.

MISSIONARISCHE JUGENDARBEIT IN DER DIGITALEN LEBENSWIRKLICHKEIT

Nathanael Volke

Wir leben in einer Zeit des Wandels – im Zeitalter der digitalen (Online-) Medien. Nahezu ständig sind wir heutzutage in irgendeiner Form mit Medien konfrontiert: Sei es die Radiomusik im Discounter oder der digitale Bilderrahmen im Wartezimmer einer Arztpraxis, die große flimmernde Leuchtreklame am Straßenrand oder der Computer auf der Arbeit, der Fernseher zu Hause im Wohnzimmer oder – und nicht zuletzt – natürlich das Smartphone in der Hosentasche. Oft unterbewusst werden wir durch Medien im Allgemeinen beeinflusst.

Kommunikation, Nachrichtenbeschaffung und Erinnerungshilfe – in allen Bereichen des Lebens vereinfachen uns digitale Dienste und Medien das Leben und sind in den Lebensalltag integriert. Wer mit diesen digitalen Medien nicht umgehen kann oder keinen Zugang zu ihnen hat, wird schnell abgehängt (vgl. Henke/Mogge-Grotjahn/Huster 2012: 548). Das verdeutlichen auch die Ergebnisse der ARD/ZDF-Onlinestudie 2014:[1] knapp 80 Prozent der Menschen in Deutschland sind „online". Und in den letzten 14 Jahren hat sich die Nutzungsdauer des Internets durchschnittlich fast verzehnfacht (von 17 Stunden im Jahr 2000 auf 111 Stunden im Jahr 2014).

Eine andere deutschlandweite Studie beobachtet und erforscht seit 1998, wie Jugendliche Medien nutzen. In dieser Zeit hat vor allem das Internet bei Jugendlichen stetig seinen Einzug gehalten und steht mit 94 % dicht gefolgt vom Handy mit 93 % an der Spitze der regelmäßigen Nutzungshäufigkeit von Medien (MPFS 2014: 11).

Dieser große Bestandteil in der Lebenswirklichkeit von Jugendlichen kann und darf bei der Beschäftigung mit missionarischer Jugendarbeit meiner Meinung nach nicht unberücksichtigt bleiben. Nachfolgend wird zuerst die theoretische Grundlage erörtert, warum Jugendliche in und über Medien missionarisch erreicht werden sollten. Anschließend werden eine praktische Umsetzung und unterschiedliche Möglichkeiten, wie Jugendliche mithilfe von Medien oder über Medien mit dem Evangelium erreicht werden können, kurz umrissen.

---

[1] Online unter: www.ard-zdf-onlinestudie.de/index.php?id=483 (Abruf: 20.08.2015).

1. Medien als Wirklichkeit von Jugendlichen verstehen

Mit dem Smartphone als ständigem Begleiter von Jugendlichen und damit verbunden der Möglichkeit, theoretisch immer und überall digital mit andern zu kommunizieren, verschmelzen Online- und Offlinesein. Kommunikation ist der Internetnutzung Nr. 1 bei Jugendlichen (MPFS 2014: 26). Dabei geht es natürlich nicht um eine lineare Kommunikation wie bei E-Mail. Vielmehr suggeriert die ständige Erreichbarkeit durch mobiles Internet eine non-lineare Echtzeitkommunikation. Reaktion und Aktion stehen in unmittelbarem Zusammenhang. Instant-Messaging-Dienste wie WhatsApp geben ein direktes Feedback. Der Sender bekommt unabhängig von einer geschriebenen Antwort mitgeteilt, welchen Status die Nachricht beim Empfänger hat, und dies auch dann, wenn der Empfänger im Moment des Empfangs der Nachricht nicht antwortet.[2] Damit ist die Trennung zwischen einer Online- und einer Offlinewelt aufgehoben. Denn auch wenn ich gerade nicht aktiv im Internet bin, bieten meine angelegten Profile in Online-Communities die Möglichkeit, mich zu kontaktieren oder sogar mit mir unabhängig von einer direkten Reaktion meinerseits zu interagieren.

Somit wird die Nutzung des Internets und der damit verfügbaren Dienste und Möglichkeiten für viele Jugendlichen zu einem existenziellen Bestandteil des Lebens.

Ausgehend von dem großen Stellenwert der Medien in der Lebenswirklichkeit von Jugendlichen sollen im Folgenden hilfreiche Denkanstöße gegeben werden:

1.1 Die Frage nach der „realen Welt"

Unbestritten hat sich die Mediennutzung von Jugendlichen in den vergangenen 20 Jahren rasant verändert. Alleine am Beispiel der Telefonie lässt sich erkennen, in welcher Geschwindigkeit sich Technologie entwickelt hat: Nämlich von der kabelgebunden Übertragung über die Funkverbindung bis hin zur Übertragung der Kommunikationsinformationen über das Internet (Hartmann 2006). In einer sich so stark wandelnden Gesellschaft ist die Beantwortung der Frage nach was ist Realität und was ist die „reale Welt" deutlich schwieriger.

Jugendliche wachsen mit der Nutzung des Internets auf. Für sie sind die damit verbundenen Möglichkeiten keine Neuerung, sondern Status quo. So werden Menschen auch zu Recht als „Digital Natives" oder mit „Generati-

---

[2] Vgl. online unter: www.whatsapp.com/faq/de/general/20951546 (Abruf: 20.08. 2015).

on Y" bezeichnet, da sie in der digitalen Welt aufwachsen (Günther 2007). Damit stellt sich für Jugendliche nach 1980 eine neue andere Lebenswirklichkeit dar als für die zuvor geborenen (Palfrey/Gasser 2010). Und ich bin der Meinung, dass es in den nächsten 20 Jahren auch weiterhin noch gravierende technische Fortschritte geben wird, sodass Jugendliche immer in einer anderen Lebenswirklichkeit aufwachsen als die zuvor geborenen.

Wenn behautet wird, dass die Nutzung von Medien und Internetdiensten wie Facebook oder anderen Online-Communities nicht die „reale Welt" sei, wird jungen Menschen ein Teil ihres Seins – ihrer Lebenswirklichkeit – abgesprochen. Denn für viele Jugendliche ist die eigene Präsenz im Internet ebenso wichtig – manchmal sogar wichtiger – wie die Präsenz in der „realen Welt". Aus diesem Grund ist die Unterscheidung zwischen einer „realen" Welt und einer „Internetwelt" für die Jugendlichen aus ihrer subjektiven Perspektive nicht nachvollziehbar. Ebenso wenig wie dies für eine Trennung zwischen On- und Offlinewelt gilt. Vielmehr gehen Jugendliche von einer eigenen erlebten Realität aus, anstelle über eine beschreibende Definition den Unterschied – wenn überhaupt vorhanden – darzustellen. Eine Unterscheidung ist aber notwendig. Denn in Deutschland gibt es immerhin noch rund 18,5 Mio. Menschen, die nicht „ins Internet gehen" (Initiative D21 2014: 8). Demnach ist es nicht selbstverständlich, auch nicht bei Jugendlichen, dass jeder die Realität des Internets hat und die Angebote nutzt (Henke/Mogge-Grotjahn/Huster 2012).

Anstelle von ursprünglich „realer Welt" könnte beispielsweise von „Kohlenstoffwelt" gesprochen werden. Kohlenstoff ist ein „Bestandteil aller organischen Verbindungen und daher von zentraler Bedeutung für den Aufbau nahezu aller in Lebewesen vorkommenden Moleküle".[3] Der Begriff „Kohlenstoffwelt" symbolisiert demnach all das, was durch lebendig existierende Moleküle erlebbar ist und haptisch wahrnehmbare Erlebnisse beinhaltet. Im Gegensatz dazu beschreibt der Begriff „Internetwelt" das Vorhandensein von etwas aufgrund von digitalen Informationen.

Erlebnisse in der „Kohlenstoffwelt" werden digital in der „Internetwelt" geteilt. Es findet eine Transformation des Erlebten statt. Denn vorrangig wird in der „Internetwelt" reagiert, in dem Kommentare und Sympathie- oder Ablehnungsbekundungen über Online-Communities gegeben werden. Obwohl das Erlebnis in der „Kohlenstoffwelt" stattfand, bekommt die betroffene Person die Reaktionen darauf hauptsächlich in der „Internetwelt". Die Person steht zwischen zwei Realitäten. Auf der einen Seite wurde etwas eventuell ganz haptisch und molekular erlebt. Auf der anderen Seite erlebt sie das Feedback darauf aber auf digitaler Weise. Vielfältige Angebote fördern

3 Vgl. Spektrum: Biologie. Online unter: www.spektrum.de/lexikon/biologie/kohlenstoff/36596 (Abruf: 24.08.2015)

dieses Verschmelzen der Grenzen. So fordern beispielsweise Kamerahersteller wie „GoPro“ dazu auf, die actionreichen selbst gedrehten Videos oder Bilder in die Online-Community hochzuladen. Dort werden sie von einer riesigen digitalen Gemeinschaft angesehen und kommentiert. Das Erlebnis in der „Kohlenstoffwelt“ bekommt immenses Feedback in der „Internetwelt“. Wenn ein Video dadurch mehrere Millionen Mal angeschaut wurde und Hunderttausende Kommentare bekommt, dann ist dies für die betroffene Person, welche ursprünglich das Erlebnis in der „Kohlenstoffwelt“ hatte, plötzlich ein Erlebnis in der „Internetwelt“. Zwei Erlebnisse konkurrieren quasi. Es wird deutlich, dass nicht nur das Ausgangserlebnis, weil es haptisch in der „Kohlenstoffwelt“ erlebt wurde, exklusiv reale Welt ist. Ebenso sind das Feedback und die Online-Community reale Welt. Insofern kann keine Unterscheidung mehr in Bezug auf die Realität gemacht werden.

1.2 Hilfe bei der Realitätsfindung

Grundvoraussetzung ist meiner Meinung nach die mediale Lebenswirklichkeit der Jugendlichen nicht als deren reale Welt zu verneinen. Es sollte nicht versucht werden das Evangelium anstelle oder parallel zur „Internetwelt“ missionarisch zu verkündigen. Vielmehr sollte es die Aufgabe von missionarischer Jugendarbeit sein, in die Lebensrealität von Jugendlichen zu sprechen und ihnen dort auf passender Weise zu begegnen. Und dann gilt das Hingehen-Prinzip: „Gehet hin und machet zu Jüngern“ (Mt 28,19). Verkündigung hat sich schon immer den neusten bzw. besonderen Technologien und Medien bedient. Bei Mose wurden die Gesetzestexte auf Steintafeln gemeißelt. Ebenso wurden später Schriftrollen als modernes Medium des Bewahrens und Weitergebens von Informationen genutzt. Nicht zuletzt hat sich Martin Luther des Buchdruckes als modernste Kommunikationsform im 15./16. Jh. bedient. Da dadurch die gute Botschaft des befreienden Evangeliums mit der attraktiven und modernen Form des Buchdrucks verbunden wurde, konnten plötzlich unzählige Menschen auf eine neue Weise angesprochen werden. Im Gegensatz zu handgeschriebenen Abschriften ermöglichten die Druckmaschinen mit bewegten Lettern eine viel schnellere Verbreitung und Weitergabe von schriftlichen Informationen und Bibeltexten.

Blickt man in die Missionsarbeit, so haben sich die Medien Radio und Fernsehen bereits in der Verkündigung bewährt. Und auch im Internet finden sich schon erste ansprechende Formen, wie Jugendliche in ihrer Lebenswirklichkeit auf der Suche nach Realität fündig werden können. Denn ganz klar gilt dort der Missionsauftrag auch. Meiner Meinung nach sollten Jugendliche und andere Nutzer genauso wie in der „Kohlenstoffwelt“ an unseren Facebookprofilen und durch unsere Beiträge und Aktivitäten in anderen Online-Communities erkennen, dass wir Christen sind. Jesus selbst sagt: „Ihr seid das Licht der Welt“ (Mt 5,14) und fordert damit seine Nachfolger auf so zu leben, dass andere durch sie Christus erkennen. Wenn von einem ganzheitlichen Lebenswandel ausgegangen wird, dann betrifft das auch den Umgang im Internet. Licht sein – als Christ erkennbar sein – gilt demnach auch in der „Internetwelt“. Genauso wie Jesus im „Kohlenstoff“-Alltag bezeugt wird, sollte er auch im „Internet“-Alltag bezeugt werden. Und das in einer authentischen und zu einer selbst passenden Art.

Des Weiteren brauchen Jugendliche eine Möglichkeit, um auf der von ihnen bevorzugten Weise über Glauben und Christsein (-werden) kommunizieren zu können. Das sind dann nicht gleich die Gesprächsangebote während einer Jugendstunde, sondern vielleicht vielmehr der Chat danach oder der Kommentar auf einen entsprechenden Onlinebeitrag. Und so gibt es Gemeinden, bei denen Gebetsanliegen, Informationen und Einladungen über WhatsApp kommuniziert werden oder Glaubensimpulse direkt aufs Smartphone.[4] Es gibt Internetplattformen, wie „www.Deine-Frage.de“, bei der Teenies ihre Fragen stellen können und daraus Gruppenstundenentwürfe entwickelt werden. Vielfältige Angebote zeigen vereinzelt die Chance auf, was möglich ist, wenn man sich auf die Lebenswirklichkeit der Jugendlichen einlässt und das Evangelium in die Realität der Jugendlichen bringt.

1.3 Die mediale Lebenswirklichkeit

Um zu verstehen, warum digitale und vor allem multimediale Formen Jugendliche heute besser ansprechen als ausliegende Flyer, Gruppenstunden oder klassische Zeltevangelisationen, muss die Realität, in der Jugendliche leben, verstanden werden. Was ist wichtig, wie funktioniert Kommunikation und nach welchen Prinzipien wird zwischen cool und uncool entschieden?

Jugendliche im 21. Jahrhundert leben in einer global vernetzten multimedialen Welt. Vernetzung äußert sich dabei auf verschiedenen Ebenen:

- Weltweite Recherche nach Informationen in speziellen Fachforen oder persönlichen Internet-Blogs.
- Intelligente Gebrauchsgegenstände wie zum Beispiel das Postpaket, welches über das Internet mitteilt, wo es sich gerade befindet und welcher Arbeitsschritt noch nötig ist, bis es zu Hause ausgepackt werden kann.

[4] Vgl. online unter: www.impuls-mission.org/initiativen/impuls-medien/soziale-medien/whatsapp/ (Abruf 20.08.2015).

- Ständige Möglichkeit, um Informationen einzuholen oder abzugeben.
- Medien als Sozialisationspartner (Mikos/Hoffmann/Winter 2009: 9 f.).
- Fernsteuerung diverser Haushaltsgeräte wie Heizung, Kühlschrank und Licht.
- Spiel, Spaß und Unterhaltung auf hohem interaktivem, multimedialen Niveau.
- Personifizierte Werbeanzeigen auf Grundlage der persönlichen Interessen.

Für fast alle Aktivitäten in einer vernetzen Lebenswirklichkeit von Jugendlichen ist das Smartphone zu einer entscheidenden Schlüsselfunktion geworden. Während der Computer/Laptop als Weg das Internet zu nutzen bei Jugendlichen von 2012 bis 2014 um 14 % abgenommen hat, stieg die Nutzung eines Smartphones für Internetangebote um 37 % an (MPFS 2014: 24) . Es ist also klar, dass das Smartphone bei Jugendlichen mehr als nur ein Hilfsmittel zum Telefonieren ist. Vielmehr ermöglicht es die Teilhabe an deren Lebenswirklichkeit.

Wenn das Smartphone mit den damit verknüpften digitalen Möglichkeiten so einen großen Stellenwert in der Lebenswirklichkeit von Jugendlichen einnimmt, dann muss missionarische Jugendarbeit auch auf dieser Ebene geschehen und Angebote für Jugendliche bieten, welche in deren Lebenswirklichkeit hinein spricht.

Schon alleine, dass Jugendliche ihr Smartphone personalisieren (äußerlich mit Cases und diversen Anhängern und innerlich mit Bildschirmfotos oder Klingeltönen) macht die direkte Identifizierung Jugendlicher mit dem eigenen Smartphone deutlich. Die Gefahr besteht, dass das Smartphone zum Schatz wird. Nimmt man den Schatz eines Menschen weg oder ignoriert diesen, dann ist das die wohl ungünstigste Ausgangssituation, um ihn zu erreichen. Besser wäre es, den Schatz und die Kommunikationsplattform als Zugang zum Menschen zu benutzten. Genauso wichtig war und ist es, Bibeln in die jeweilige Sprache der Menschen zu übersetzen, um sie zu erreichen. So ist es möglich, dem Jugendlichen gegenüber Wertschätzung zu geben, da man die Lebenswirklichkeit erst einmal anerkennt und sich auf sie einlässt.

2. Medien als missionarische Hilfsmittel

Wie ist es also möglich, Jugendliche in ihrer Lebenswirklichkeit missionarisch zu begegnen? Der zweite Abschnitt widmet sich mehr der praktischen Umsetzung und unterschiedlichen Möglichkeiten, Jugendliche in der „Internetwelt“ mit dem Evangelium zu begegnen.

Das Internet scheint dem innigen menschlichen Bedürfnis nach Anerkennung und Wahrgenommen-Werden zu entsprechen wie kaum etwas Vergleichbares. So ist beispielsweise die Idee von Facebook, mit „Gefällt mir“ und „Freunden“ eine passende Antwort auf jene anthropologische Grundstruktur. Internetangebote wie Facebook, aber auch andere Technologien, Kommunikationsformen und Apps bieten besonders Jugendlichen die Chance auf ganz neue eigene Art und Weise sich zu verständigen und zu leben. Viele der Angebote sind erfolgreich und „kommen an“, weil sie Bedürfnisse von Jugendlichen besser stillen können als das übliche Umfeld es zu tun vermag. Andere werden von Jugendlichen bevorzugt, weil sie eine Erleichterung und Vereinfachung in ihrem Leben darstellen.

Bei der folgenden Betrachtung kann nur in groben Zügen umrissen werden, warum das ein oder andere Angebot von Jugendlichen bevorzugt wird. Die Erkenntnisse basieren größtenteils auf eigenen Beobachtungen und Erlebnissen in der christlichen Kinder- und Jugendarbeit in den Jahren 2001 bis 2015 oder resultieren aus Gesprächen und Erlebnisberichten von Mitarbeitern bzw. Leitern in der christlichen Kinder- und Jugendarbeit in Deutschland sowie teilweise auch international.

In vielen Fällen der Beispiele werden theologische Anknüpfungspunkte aufgezeigt. Dabei handelt es sich keinesfalls um eine fertige Sammlung bzw. ein ausgearbeitetes missionarisches Konzept. In diesem Beitrag kann lediglich schlaglichtartig ein vielleicht neuer, anderer Blick auf das Verständnis und die Nutzung von Internet und digitaler Kommunikation gegeben werden.

2.1 Facebook: selbst definierte Selbstdarstellung und bedingungslose Annahme

Als größte Online-Community aller Zeiten steht Facebook an einsamer Spitze vor der Konkurrenz. Mit 225 Millionen täglich aktiven Nutzern in Europa[5] ist das ungefähr ein Drittel der Bevölkerung. In Facebook kann der Nutzer sein eigenes Profil anlegen und pflegen. Mit der Möglichkeit der eigendefinierten Selbstdarstellung in Online-Communities und sozialen Netzwerken wie Facebook bekommen Jugendliche ein Werkzeug an die Hand,

---

[5] Vgl. Facebook (2015): Facebook Q1 2015 Results. Online unter: http://tinyurl.com/FB-Quartal-1-2015 (Abruf 20.08.2015)

um in ein Anderssein zu entfliehen. Das schafft ungeahnte Begegnungsmöglichkeiten und hilft dem Jugendlichen, erst mal auf spielerische Weise herauszufinden, was authentisches Leben bedeuten könnte. Grundsätzlich ist das Verlangen, sich zu verändern, positiv zu werten und sogar biblisch: nur indem wir unseren alten Menschen ablegen, können wir Christus ähnlicher werden (Eph 4,22-32). Aber wenn aus dem Anderssein-Wollen ein Anders-sein-Müssen wird, bekommt dies den theologischen Beigeschmack von Werkegerechtigkeit und sozial-psychologisch den von Selbstwertverlust und Identitätserschaffung bzw. -wechsel. Hier birgt sich zweifelsohne eine Gefahr, die dem Jugendlichen bewusst gemacht werden muss. Doch wie wäre es, wenn man an dieser Stelle nicht nur bewahrpädagogisch „alles ist schlecht" vermittelt oder medienpädagogisch die Gefahren und Risiken mit dem Jugendlichen durchexerziert, sondern missionarisch anknüpft?

Die evangelische Theologie hat meiner Meinung nach mit der bedingungslosen Annahme den entscheidenden Anknüpfungspunkt. In Gesprächen mit Jugendlichen kann über die Selbstdarstellung in Facebook und Co. ein guter Bogen geschlossen werden, um auf die Liebe Gottes hinzuweisen. Dieses Gespräch muss natürlich nicht verbal im Jugendkreis mit der ganzen Gruppe geführt werden. Viel leichter kann der Jugendliche in seinem bevorzugten Umfeld – der Online-Community – agieren. Und man wird feststellen, dass viele Jugendlichen sich über ihr Verhalten bewusst sind. Ein Jugendlicher sagte zu mir „Aber ich will doch gut bei meinen Freunden dastehen, darum poste ich halt oft so coole Sachen, damit die viel geliked werden." Er fühlt sich anscheinend besser angenommen, wenn seine Postings – für ihn etwas Wichtiges im Leben – möglichst viele Likes bekommen. Und da er aus sich heraus diese „Gefällt Mir" nicht produzieren kann, nutzt er anderes Material, um damit „gut dazustehen". Bedingungslose Annahme wäre im Bilde gesprochen, wenn er viele „Gefällt Mir" auf seine Person bekäme, ohne dass er diese mit coolen Beiträgen aufpeppen müsste. Denn er ist so, wie er ist, und nicht so, wie er sich darstellt von Gott geschaffen und geliebt. Diese Botschaft bekommt er natürlich nicht automatisch über Facebook vermittelt. Aber genau dort, nämlich in seiner Lebensrealität, will er es in erster Linie erfahren.

Die Zuwendung, welche Jugendlichen ganz selbstverständlich in der christlichen Jugendarbeit entgegengebracht wird, muss sich auch in der digitalen Lebenswirklichkeit widerspiegeln. Dazu gehört meiner Meinung nach, dass

- digitaler Diskussionsraum und Moderation angeboten wird
- Andachten und geistliche Impulse zu Themen gemacht werden, die bei Jugendlichen auf deren Timelines erscheinen und damit im Bezug zu deren Lebenswirklichkeit stehen

- Jugendliche „coole Sachen“ finden, die so ansprechend von Inhalt und Gestaltung sind, dass sie gerne auf Facebook und Co. geteilt werden und eine missionarische Botschaft transportieren
- Jugendmitarbeiter auch über Facebook und Co. ansprechbar sind und dort ihr Christsein ebenso authentisch erlebbar werden lassen wie im Jugendkreis

2.2 Authentisches missionarisches Leben in der „Internetwelt"

Der Knackpunkt bei dem Einsatz von Medien und modernen digitalen Kommunikationsformen für die missionarische Jugendarbeit ist meiner Meinung nach die Authentizität. So wie Paulus und andere urchristliche Missionare das Medium Brief als Kommunikationsform für und während ihren Missionsreisen als sinnvoll entdeckten und einsetzten, ist die Jugendarbeit im 21. Jh. gerade dabei, das Internet als Kommunikationsform für Mission zu entdecken. So wie früher Traktate und Flyer verteilt wurden, um erste Glaubensanstöße zu geben, können heute Bilder und Videos geteilt werden. Es lassen sich schon sehr gute und erfolgreiche überregionale Projekte bzw. Ansätze finden:[6]

- www.jesus-experiment.de/
- www.online-glauben.de/de/
- www.gekreuzsiegt.de/
- www.99seconds.info/
- www.facebook.com/glaubensimpulse
- www.nightlight.de/
- www.startnext.com/yoube (noch im Entstehungsprozess)

Auch wenn diese Aufzählung nicht vollständig ist, fällt beim Betrachten der verfügbaren Angebote auf, dass für Jugendliche aus gemeindefernen Schichten nur wenig bis keine sogenannten unterschwelligen und leicht auffindbaren Angebote in der „Internetwelt“ vorhanden sind. Meiner Meinung nach fehlen aber nicht nur professionell aufgezogene und betreute Projekte, sondern ebenso das alltägliche, einfache und authentische Christsein. Das zeichnet sich nicht dadurch aus, dass jeder Satz „Jesus liebt dich“ beinhaltet, Bekehrungsgeschichten am laufenden Band gepostet werden oder schlecht gestaltete christliche Spruchbilder geteilt werden.

Jesus sagt, dass seine Jünger an der Liebe untereinander erkannt werden sollen (vgl. Joh 13,35). In der Bergpredigt bekommen sie eine praktische

---

[6] Die Auflistung ist keineswegs vollständig. Um den aktuellen Stand der Recherche abzurufen oder die Liste zu ergänzen, bitte https://www.goo.gl/9oIvvK aufrufen.

Ausführung, was das heißt. Jetzt liegt es an jedem selbst, diese Hilfen authentisch in seinem Leben – auch im Internet – zu transferieren. Und vielleicht bedeutet das dann, dass

- traurige und verbitterte Postings von Christen Beachtung bekommen
- ein Gedanke aus der Sonntagspredigt auf Facebook geteilt wird
- man sich in ethische Diskussionen mit seiner christlichen Überzeugung per Kommentar einmischt
- gemeinsame Andachten oder Stille Zeit über Google Hangout gemacht werden
- christlich sozial-diakonische Projekte durch das Teilen deren Berichterstattung unterstützt werden
- Mobbing durch diffamierende Kommentare frühzeitig erkannt und unterbunden wird
- per WhatsApp zur Jugendstunde eingeladen wird
- man zu christlichen Feiertagen auch thematisch etwas postet
- in der Jugendstunde per Hashtag mal über das Smartphone diskutiert wird
- Instagram zur Bilderbibel wird
- Gebetsanliegen der Jugendgruppe in einer geschlossenen Facebookgruppe gesammelt werden

3. Die Kraft christlicher Gemeinschaft und Gottes Offenbarungswille in der digitalen Kommunikation

Wie oben bereits beschrieben, basieren soziale Online-Communities auf dem Grundprinzip des Postens und Teilens. Manchmal passiert es, dass ein einzelner Beitrag plötzlich und unerwartet Tausende von „Likes" erhält und geteilt wird. Ist das nicht ähnlich wie mit dem Glauben, der einem Samenkorn ähnelt, das, wenn es aufgeht, viel Frucht hervorbringt. Warum dieses Vervielfachungsprinzip nicht praktisch ausleben und als geistliche Gemeinschaft auch im Internet aktiv sein? Gott will auch im Internet durch uns präsent sein und durch uns wirken. Davon bin ich fest überzeugt. Moderne Medien bieten ideale Voraussetzungen, um das Samenkorn wachsen zu lassen.

Hilfsmittel wie Foren, Chats und Video- bzw. Audiostreaming ermöglichen theoretisch eine wie noch nie zuvor erreichte vielfältige und schnelle Informationsweitergabe. Immer wieder neu wundere ich mich darüber, warum beispielsweise schlecht produzierte Videos von Predigten oder wenig attraktiv gestaltete christliche Foren so großen Zuspruch erhalten. Dafür gibt es meiner Meinung nach eine bedeutende Erklärung: Der Inhalt ist entscheidend und dadurch wirkt Gottes Geist in den Hörenden und in den Sehenden. Gott will sich auch im Internet Menschen offenbaren. Und dort besonderes Jugendlichen, denn das ist deren Lebenswirklichkeit, in die Gott ebenso vollends eindringen möchte wie in die entlegensten Enden der Erde (vgl. Mt 28,19).

Als Christen leben wir weltweit in einer riesigen Gemeinschaft. Eigentlich ist es Angesicht dessen nicht nachvollziehbar, warum es so wenig Anknüpfungspunkte für Jugendliche im Internet gibt. Doch letztlich ist das Internet ein globaler Anbieter von Informationen, der die räumlichen Grenzen von Orten, Gemeinden und Jugendgruppen sprengt. Und so kann es sein, dass Jugendliche durch etwas geistlich angesprochen werden, das sich räumlich gesehen weit weg befindet. Da sich Christsein und Nachfolge stark in Gemeinschaft zu und mit anderen Christen äußert, daran wächst und stärkt, ist es wichtig, dass Jugendliche in eine christliche Gemeinschaft finden. Dafür werden normalerweise Jugendgruppen und christliche Events angeboten. Diese realisieren sich natürlich an irgendeiner Stelle in der „Kohlenstoffwelt“ und hoffentlich auch bei dem Jugendlichen in der Nähe. Gemeinden, Jugendgruppen und Veranstalter können durch aktive Präsenz in der „Internetwelt“ Jugendliche dafür erreichen. Da reicht es nicht, nur ein veraltetes Facebookprofil zu haben, denn das wird in der Lebenswirklichkeit von Jugendlichen nur wenig Beachtung bekommen.

Gott wurde durch Jesus Mensch und ermöglicht eine persönliche Beziehung zwischen Gott und Mensch. Die persönliche Beziehung äußert sich in der bedingungslosen Annahme und soll im Leben eines Christen sichtbar werden. Nachfolge wird dann praktisch und echt, wenn sie nach außen sichtbar ist, dazu fordert Jesus uns auf. [7] Solange Menschen noch aus Leib, Seele und Geist bestehen und damit in der „Kohlenstoffwelt“ leben, muss sich meiner Meinung nach Christsein auch in dieser Welt realisieren. Genauso wie Christsein authentisch im Internet gelebt werden soll, bleibt auch die Herausforderung als Christ in der „Kohlenstoffwelt“ in Gemeinschaft mit anderen Christen zu leben. Darum ist es wichtig, dass missionarische Jugendarbeit in die „Internetwelt“ hinein spricht, um Jugendliche dort in ihrer Lebenswirklichkeit zu erreichen. Wenn Jugendliche erreicht

---

[7] Jesus spricht von Salz und Licht in der Welt. „Ihr seid das Salz der Erde. Wenn nun das Salz nicht mehr salzt, womit soll man salzen? Es ist zu nichts mehr nütze, als dass man es wegschüttet und lässt es von den Leuten zertreten. Ihr seid das Licht der Welt. Es kann die Stadt, die auf einem Berge liegt, nicht verborgen sein. Man zündet auch nicht ein Licht an und setzt es unter einen Scheffel, sondern auf einen Leuchter; so leuchtet es allen, die im Hause sind. So lasst euer Licht leuchten vor den Leuten, damit sie eure guten Werke sehen und euren Vater im Himmel preisen.“ (Mt 5,13-16)

wurden und sich Gott ihnen durch bzw. in den heute verfügbaren Medien offenbart, dann brauchen sie eine lebendige christliche Gemeinschaft, in der Christsein authentisch in der „Internetwelt“ und in der „Kohlenstoffwelt“ gelebt wird.

Literatur

Günther, Johann (2007): Digital Natives & Digital Immigrants. Innsbruck/Wien: StudienVerlag.

Hartmann, Frank (2006): Globale Medienkultur: Technik, Geschichte, Theorien. Wien: WUV/UTB.

Henke, Ursula/Huster, Ernst-Ulrich/Mogge-Grotjahn, Hildegard (2012): E-exclusion oder E-inclusion? In: Huster, Ernst-Ulrich/Boeckh, Jürgen/Mogge-Grotjahn, Hildegard (Hrsg.): Handbuch Armut und Soziale Ausgrenzung. Wiesbaden: Springer VS. S. 548–566.

Initiative D21 (2014): Digital-Index-2014. Die Entwicklung der digitalen Gesellschaft in Deutschland. Online unter: www.initiatived21.de/wp-content/uploads/2014/11/141107_digitalindex_WEB_FINAL.pdf. (Abruf 20.08.2015).

Mikos/Hoffmann/Winter (2009): Mediennutzung, Identität und Identifikationen: Die Sozialisationsrelevanz der Medien im Selbstfindungsprozess von Jugendlichen. Weinheim: Juventa. S. 9 f.

MPFS 2014 = Medienpädagogischer Forschungsverbund Südwest (Hrsg.): JIM-Studie 2014 Jugend, Information, (Multi-)Media. Stuttgart: mpfs.

Palfrey, John/Gasser, Urs (2010): Born Digital: Understanding the First Generation of Digital Natives. New York: Basic Books.

IV PRAXIS

MISSIONARISCHE GRUPPENARBEIT

Andrea Karcher

Die klassische christliche Jugendgruppe trifft sich einmal pro Woche im Gemeindehaus. Die Teilnehmenden wollen zusammen Zeit verbringen. Sie wollen Gemeinschaft erleben, Spaß haben etwas gemeinsam machen, in der Bibel lesen und etwas über Gott erfahren. Die Leitung oder ein Mitarbeiterteam bereiten für jedes dieser Treffen das Programm vor. Abwechslungsreich und vielfältig soll es sein. Man spielt, kocht oder bastelt zusammen, macht Ausflüge, redet miteinander, singt und beschäftigt sich mit Glaubensthemen. Jugendliche in so einer Gruppe haben in der eigenen Biografie meist schon andere Gruppen in Gemeinde oder Jugendverband besucht. Zunächst eine Kindergruppe, dann die Jungschar, anschließend Jungenschaft oder Mädchenkreis. Wer es geschafft hat, bis zum Jugendkreis durchzuhalten, ist oft schon gefestigt im Glauben. Im Jugendkreis wird, so ist es häufig gewollt, die zukünftige Mitarbeiterschaft für die Jugendarbeit herangezogen.

So oder so ähnlich stellen sich viele Gemeinden und Jugendverbände Gruppenarbeit im Rahmen missionarischer Jugendarbeit vor, mancherorts stellt sie sich auch tatsächlich so dar und war auch vor 10 bis 15 Jahren an vielen Orten Realität. Diese Art von Gruppenarbeit könnte man durchaus als missionarisch bezeichnen. Immerhin möchte sie dazu beitragen, Nachwuchs für die Gemeinde zu gewinnen und junge Menschen im Glauben zu stärken. Gruppenarbeit ist eine sehr wertvolle Form innerhalb der Jugendarbeit, da sie bemüht ist, Beziehungen aufzubauen und langfristig zu halten. Sie schafft Kontinuität und ist über Generationen von Kindern und Jugendlichen hinweg fester Anlaufpunkt im Alltag. Doch wie praktikabel ist diese Form der Gruppenarbeit heute noch? Alltag und Bedürfnisse von Jugendlichen haben sich in den letzten Jahren so sehr verändert, dass das Konzept einer solchen Jugendgruppe kaum noch in ihre Lebenswelt hineinpasst.[1] Das bekommen auch die Gemeinden und Verbände zu spüren und sehen vielerorts die klassische Jugendgruppe infrage gestellt.[2] Die Jugendarbeit reagiert bereits auf diese veränderten

[1] Vgl. Wehmeyer in diesem Band

[2] Wissenschaftliche Erkenntnisse stehen zu dieser Frage noch aus. Im Gespräch mit Fachkollegen/-innen, auf Tagungen und Fortbildungen wird diese Entwicklung jedoch schon seit einigen Jahren diskutiert.

Voraussetzungen. Es entstanden und entstehen momentan neue Formen von Gruppenarbeit.

Der folgende Artikel möchte der Fragestellung nachgehen, wie diese neuen Formen der Gruppenarbeit aussehen können und welchen Ansprüchen und Herausforderungen sie heutzutage gerecht werden müssen. Es wird der Frage nachgegangen, welche missionarischen Modelle es gibt und inwieweit diese nicht nur der Mitarbeitergewinnung dienen, sondern auch das Potenzial haben, solche Jugendliche für den Glauben zu begeistern, die eben nicht die klassische Laufbahn in der Gemeinde hinter sich haben. Wie kann Gruppenarbeit selbst zukunftsfähig werden und gleichzeitig dazu beitragen, dass Kirche zukunftsfähig bleibt?

1. Grundlagen und Geschichte der Gruppenarbeit in Jugendverbänden

Die Gruppenarbeit gehört zu den traditionellen Formen der Jugendarbeit. Hier geht es um Selbstbildung, Lernen, Handeln, gemeinsame Freizeitgestaltung, Beziehungen und Gemeinschaft (vgl. Ostermann/Weingardt 2013: 259). Jugendgruppen basieren von jeher auf Freiwilligkeit. Sie grenzen sich bewusst von Schule und Gesellschaft ab, wollen Freiräume bieten und Gegenpol sein (vgl. Krebs/vom Schemm 2006: 21).

Als die Jugendverbandsarbeit zum Ende des 19. Jahrhunderts entstand, schlossen sich zunächst Gleichaltrige aus ähnlichen Lebenswelten zusammen. Sie wollten einen Gegensatz zur Welt der Erwachsenen bieten. Sie fühlten sich von ihnen unterdrückt und eingeengt. Die Jugendlichen wollten alte Traditionen bewusst aufbrechen. Zu dieser Zeit entstand zum ersten Mal die Idee der *Gruppe als Gemeinschaft* (vgl. Gängler 2002: 581). Hier gab es Raum zur *Selbsterziehung* und für eigene Erlebnisse (vgl. Ostermann/Weingardt 2013: 259). In der Gruppe ging es um *Bildung und Geselligkeit*. Die „Jugend“ als eigene Phase entstand. Jugendliche sahen sich selbst zum ersten Mal als eigene Gruppierung. Orientiert an den Kriegserfahrungen des Ersten Weltkriegs, waren die Gruppen oft in militärischen Strukturen organisiert und hatten als Leitung eine klare Führungspersönlichkeit (vgl. Gängler 2002: 583).

Im Dritten Reich übernahm die Hitlerjugend alle diese Funktionen. Den Jugendgruppen in den christlichen Jugendverbänden, blieb, insofern sie sich nicht aufgelöst hatten, nur noch die *Bibelorientierung*. Nach dem Ende des Zweiten Weltkriegs behielten die Jugendgruppen in Ostdeutschland diese ausschließliche Orientierung bei, denn hier übernahm die FDJ nahezu die gesamte organisierte Freizeitgestaltung von Kindern und Jugendlichen.

Im Westen Deutschlands setzten die Besatzermächte auf *Partnerschaft und Mitbestimmung* der Jugendlichen. Man wollte die kriegsmüden Jugendlichen zu einer neuen, friedlichen Generation heranziehen, die verantwortungsvoll mit sich und ihrem Land umging (vgl. Gängler 2002: 584). In der Folge setzte eine zunehmende Professionalisierung in der Jugendverbandsarbeit ein. Seit den 60er-Jahren wurden auch die Gruppenmitarbeitenden zunehmend pädagogisch ausgebildet. Jugendlichen wollte man in den Gruppen die *Freiheit* geben, *sich auszuprobieren* und *selbst mitzubestimmen und zu gestalten. Soziales Lernen* wurde zum eigenen Lernfeld in den Gruppen der Jugendverbände. Diese Grundlagen findet man bis heute in der verbandlichen Gruppenarbeit (vgl. Ostermann/Weingardt 2013: 360).

Auch vor wenigen Jahr galt noch: Jugendliche nehmen die Jugendarbeit, an der sie sich beteiligen, vornehmlich als Gruppengeschehen wahr. Dabei haben sie ein sehr konventionelles Gruppenbild, wie die aej-Jugendverbandsstudie „Realität und Reichweite" von 2006 deutlich macht: Ein Großteil von ihnen besucht demnach einmal die Woche eine Jugendgruppe in ihrem Jugendverband, die immer zum gleichen Zeitpunkt stattfindet. Dabei trifft zumeist ein fester Kern von Teilnehmenden aufeinander. Die Mitarbeitenden und die Gruppenleitung sind häufig Erwachsene, selten Jugendliche (vgl. Fauser/Fischer/Münchmeier 2006: 99 ff.).

2. Herausforderungen für die Gruppenarbeit

Die o. g. traditionell konventionellen Gruppen kämpfen mittlerweile vielerorts mit einem nicht unerheblichen Teilnehmendenschwund. Die Gründe dafür sind vielfältig und stellen die Jugendverbände vor neue Herausforderungen.

Zum einen ist christliche Jugendarbeit nur einer von vielen Anbietern auf dem Freizeitmarkt der Möglichkeiten. Auch wenn dies schon immer so war, wird die Angebotspalette an Jugendliche in der pluralen Gesellschaft immer größer. Doch Jugendliche wollen heute nicht nur konsumieren. Sie wollen aktiv beteiligt sein. Jugendarbeit darf nicht mehr nur für Jugendliche gemacht werden, sie muss ihnen Raum zur Entfaltung geben (vgl. Krebs/vom Schemm 2006: 19). Christliche Jugendarbeit muss sich auf diesen Perspektivwechsel einlassen, um weiterhin attraktive Angebote bieten zu können und den Bedürfnissen junger Menschen gerecht zu werden.

Hinzu kommt noch, dass Kirche und Glaube im Lebenslauf vieler Jugendlicher kaum noch auftauchen. Der „Erstkontakt" findet im Bereich der evangelischen Kirche heute meist erst im Konfirmandenunterricht statt.

Gruppenarbeit kann also heute viel weniger als früher davon ausgehen, dass Kinder aus der Kindergruppe irgendwann in die Jungschar und anschließend in eine Jugendgruppe wechseln. Teilnehmende müssen völlig neu gewonnen werden und auch an Formen der Gruppenarbeit herangeführt werden.

Gleichzeitig bedeutet dies auch, dass bei biblischen und Glaubensthemen kaum noch Vorerfahrungen vorausgesetzt werden können. Gruppenarbeit muss hier inhaltlich zur Basis zurückkehren.

Die wohl größte Herausforderung ist aber der sich immer mehr verändernde Alltag der Jugendlichen. Schule nimmt in ihrem Leben immer mehr Zeit und Raum ein. Im gleichen Maße sinkt die Bereitschaft der Jugendlichen, sich in regelmäßig stattfindenden Gruppen einzubringen. Hinzu kommt, dass Schule rein zeitlich betrachtet immer mehr in den Nachmittagsbereich vorrückt, einen Zeitraum, in dem viele Angebote der Gruppenarbeit bisher angesiedelt sind. Jugendarbeit wird hier also herausgefordert, neue Zeiten, Räume und auch Orte im Leben der Jugendlichen zu suchen, zu finden und einzunehmen.[3]

3. Missionarische Formen von Gruppenarbeit

Seit den Anfängen der Jugendarbeit haben sich viele verschiedene Formen von Gruppenarbeit entwickelt. Neben der klassischen programmorientierten Gruppenarbeit gibt es mittlerweile beziehungs- und gemeinschaftsorientierte Gruppenarbeit, in der sich Jugendliche treffen, um etwas zusammen zu machen. Es gibt Chöre, Bands oder Theatergruppen, die aufgabenbezogene Gruppenarbeit leisten, Lerngruppen und projektorientierte Gruppenarbeit, bei der das praktische Tun im Vordergrund steht (vgl. Ostermann/Weingart 2013: 360). Die Gruppe ist und war dabei häufig ein Angebot für Jugendliche, die schon in irgendeiner Form Kontakte zur Kirche hatten und sich mit Glaubensthemen auseinandergesetzt haben. In einer Situation, in der diese kirchlichen Vorerfahrungen junger Menschen kontinuierlich weniger werden und es immer seltener biografische Berührungspunkte zu Formen der Jugendarbeit gibt, muss sich Gruppenarbeit auch einer missionarischen Herausforderung stellen. Diese Herausforderung ist eine doppelte: Jugendarbeit muss sich die Frage stellen, wie sie überhaupt noch Jugendliche für Gruppenangebote gewinnen und dann innerhalb dieser missionarisch wirken kann, sodass junge Menschen Interesse am christlichen Glauben finden. Im Folgenden sollen drei Gruppenarbeitskonzepte vorstellt werden, die sowohl für Jugendliche ein attraktives Angebot darstellen als auch missionarische Chancen bieten.

---

3 Vgl. Wehmeyer in diesem Band

3.1 Aktivgruppen

Aktivgruppen sind potenzialorientiert (vgl. Krebs/vom Schemm 2006: 23). Sie wollen eine wirkliche Partizipation von Jugendlichen und mit ihnen ihre Gaben und Talente entdecken, fordern und fördern. Aktivgruppen sollen Jugendlichen Entfaltungsräume bieten und sie herausfordern. Dass Jugendliche sich aktiv engagieren wollen, zeigt schon das dritte Freiwilligensurvey von 2009. Hier geben 36 % der 14- bis 19-jährigen und 34 % der 20- bis 29-jährigen Jugendlichen und jungen Erwachsenen an, dass sie sich freiwillig bzw. ehrenamtlich engagieren. Nur etwa 15 % der 14- bis 30-Jährigen schließen eine ehrenamtliche Tätigkeit generell aus.[4] Jugendliche wollen etwas in der Gesellschaft bewirken können und sich dabei selbst ausprobieren. Sie wollen gebraucht werden und Verantwortung übernehmen. Genau auf diese Bedürfnisse gehen Aktivgruppen ein (vgl. Krebs/vom Schemm 2003: 29). Abgesehen von diesen „Grundgemeinsamkeiten“ können Aktivgruppen sehr unterschiedlich sein. TEN SING[5] als Gruppe, in der Jugendliche eigenständig eine ganze Bühnenshow organisieren, ist genauso Aktivgruppe wie eine Gruppe Jugendlicher, die einen Sponsorenlauf planen und durchführen. Der Vielfalt sind hier keine Grenzen gesetzt.

Was macht Aktivgruppen aber nun zu missionarischen Gruppen? Da ist zunächst einmal ihr Bestreben hervorzuheben, die Jugendlichen auf ihrem Weg der Identitätsfindung zu begleiten, mit ihnen herauszufinden, was sie können, wo ihre Stärken, Schwächen und Grenzen liegen. Aktivgruppen wollen Jugendlichen dabei helfen, zu eigenständigen, selbstbewussten Persönlichkeiten heranzuwachsen, indem sie aktiv und verantwortlich etwas mitgestalten können. Dazu gehört eben auch, eine eigene Glaubensidentität zu entwickeln, sich mit Glaubensthemen auseinanderzusetzen und eigene Standpunkte herauszufinden. Aktivgruppen haben drei Dimensionen:

- OUT verweist auf die Handlungsorientierung der Gruppe und fokussiert das Ergebnis des gemeinsamen Prozesses.
- IN betont den Wert der Beziehung der Jugendlichen zu sich selbst und den Umgang miteinander in der Gruppe.
- UP verdeutlicht die missionarische Perspektive, bei der es um Glaubensauseinandersetzung geht, aber auch das Wertesystem der Grup-

---

[4] BMFSJF (2009) = Bundesministerium für Soziales, Jugend und Familie. Hauptbericht des Freiwilligensurvey 2009. Zivilgesellschaft, soziales Kapital und freiwilliges Engagement in Deutschland 1999–2004–2009. Zusammenfassung. Online unter: www.bmfsfj.de/blaetterkatalog/165944/blaetterkatalog/index.html (Abruf 25.09.2015).

[5] Vgl. Erkenberg/Konstantinidis in diesem Band

pe. Aktivgruppen wollen dabei bewusst auch Jugendliche ansprechen, die noch nicht glauben (vgl. Krebs/vom Schemm 2003: 63 f.).

Aktivgruppen gehen besonders auch in der dritten Dimension (UP) neue Wege zur Gestaltung von Gruppenarbeit. Sie gehen weg von der herkömmlichen Wortverkündigung „Einer redet, alle hören zu", hin zu einem Ansatz, der es allen Jugendlichen ermöglichen soll, sich selbst an dieser Stelle einzubringen und Glauben zu gestalten, selbst zu verkündigen. Dies geschieht dabei nicht unbedingt durch Worte, sondern auch durch Handlungen, und durch eigenes Erleben möchte man den Jugendlichen die Auseinandersetzung mit dem Glauben ermöglichen. Diese Auseinandersetzung kann natürlich auch durch einen Input, den ein/e Jugendliche/-r gestaltet, geschehen, aber es kann eben auch heißen, einen bestehenden Konflikt zu lösen und so Versöhnung zu erleben, eine Aktion für Obdachlose zu planen und dadurch Nächstenliebe ganz praktisch zu leben oder einen Jugendgottesdienst vorzubereiten und sich dabei mit einer biblischen Geschichte oder einem biblischen Vers näher zu beschäftigen (vgl. Krebs/vom Schemm 2003: 147). Dieser Ansatz gibt Jugendlichen die Chance, sich ganz individuell mit Glaubensthemen zu beschäftigen. Jugendliche können sich, aus ihrer Lebenswelt heraus und mit oder ohne Vorerfahrungen, genau dort einklinken, wo sie gerade stehen, wo sie mitmachen können und wollen, oder sie wagen es, sich auf neue Herausforderungen auf ihrem Glaubensweg einzulassen. Sie geben dabei das Tempo vor und können eigenverantwortlich handeln.

3.2 Jugendhauskreise

Hauskreise sind die wohl ursprünglichste Form von missionarischer Gruppenarbeit. Es gab sie schon zur Zeit des Urchristentums und so werden sie uns u. a. in der Apostelgeschichte beschrieben: Sie entstanden oder wurden bewusst gegründet, um sich als Gemeinde regelmäßig zu treffen. Sie fanden mitten in bestimmten Lebensumfeldern statt und waren bewusst darauf ausgerichtet, Menschen aus diesem Umfeld einzuladen und ihnen die Glaubensbotschaft weiterzuerzählen. Sie waren genau dort angesiedelt, wo die Menschen, die man erreichen wollte, lebten. Diese Menschen mussten nicht an einen bestimmten Ort gehen, um etwas über den Glauben zu erfahren. Die Treffen fanden direkt in ihrer Nachbarschaft statt. Neben gottesdienstlichen Elementen gehörten „normale" Formen des Alltagslebens, wie das gemeinsame Essen, zur Zusammenkunft. Die Hemmschwelle, in diese Hauskreise zu kommen, war demnach recht niedrig für Außenstehende und doch war die Atmosphäre privat und vertrauensvoll. Sie lud dazu ein, sich zu öffnen und sich auf die neue frohe Botschaft einzulassen.

Diese Form der Gruppenarbeit wurde seit Beginn der Kirche in den unterschiedlichsten Ausprägungen bis heute praktiziert. Ende des 20. Jahrhunderts erlebte die biblisch überlieferte Form des Hauskreises eine Renaissance.

Die vielen verschiedenen Formen von Hauskreisen, die sich entwickelt haben, waren bis vor einigen Jahren scheinbar Orte, an denen sich ausschließlich Erwachsene trafen. Mancherorts ist seit einigen Jahren jedoch festzustellen, dass Jugendliche aus den Gemeindehäusern mehr und mehr in ihr privates Umfeld wechseln, um sich dort zu treffen, gemeinsam zu essen, sich über ihren Glauben auszutauschen usw. Diese Treffen finden zunächst nicht regelmäßig, fast zufällig statt und ermöglichen oft einen vertrauten, intensiven Austausch. Dort, wo sich dann junge Erwachsene als Mentoren/-innen sehen und ihre eigene Wohnung für solche Treffen anbieten, können regelmäßige Treffen entstehen, die eine hauskreisähnliche Form annehmen. Durch die Kontinuität gelingt es den Mentoren/-innen oft, intensive Beziehungen zu den Jugendlichen aufzubauen und sie in Glaubens- und Lebensfragen zu begleiten (vgl. Westerheide 2013: 364).

Diese Art von Jugendhauskreisen ist in ihrer Form den ursprünglichen Hauskreisen sehr nahe. Sie bietet Jugendlichen die Gelegenheit, sich über Glaubensthemen auszutauschen, ohne dabei in die Kirche oder ins Gemeindehaus gehen zu müssen – Orte, die jungen Menschen eher fremd bzw. befremdlich sind. Auch das eigene Elternhaus ist für Pubertierende nicht unbedingt der beste Ort, um sich zu öffnen. Die Wohnung eines jungen erwachsenen Menschen dagegen, den man „cool" findet oder mit dem man sogar schon ein freundschaftliches Verhältnis pflegt, ist wohl der am besten geeignetste Ort, nah genug an der eigenen Lebenswelt und doch weit genug weg vom Elternhaus zu sein, um sich selbst ausprobieren und seine eigene Sicht der Dinge entwickeln zu können.

3.3 Bildungsangebote als Gruppenarbeit

Nirgendwo sonst kommen so viele Jugendliche in einer Gruppe zusammen ins Gemeindehaus oder in die Kirche, wie zur Zeit ihres Konfirmandenunterrichts. Eine zentrale Frage für Jugend- und Gemeindearbeit ist dabei, wie es gelingen kann, dass nach dieser Konfirmandenzeit zumindest ein Teil dieser Jugendlichen in der Gemeinde bleibt und nicht alle gleich nach ihrer Konfirmation wieder verschwinden. In den letzten Jahren entstanden einige Programme mit Bildungs- bzw. Schulungscharakter, die hier ansetzen: Direkt im Anschluss an ihre Konfirmandenzeit wird den Jugendlichen die Teilnahme an diesem Programm, dass man als eine Art Mischung aus Jugendgruppe und Mitarbeiterschulung beschreiben kann, angeboten. Die Konfirmanden werden damit motiviert, selbst nun nicht mehr Teilnehmende zu sein, sondern Mitarbeitende zu werden. Die Jugendlichen treffen sich wöchentlich oder 14-tägig zum Trainee-Kurs, in dem sie, wie bei einem Mitarbeiterkurs, wichtige pädagogische, psychologische, didaktisch-methodische und eben auch theologische Grundlagen vermittelt bekommen. Diese können sie in ihrer ehrenamtlichen Tätigkeit gleich ausprobieren und andersherum werden Erfahrungen aus dieser Tätigkeit in der Gruppe und mit den Mitarbeitenden reflektiert. Bei vielen Programmen gehört daher die ehrenamtliche Mitarbeit bei anderen Angeboten der Kinder- und Jugendarbeit zum Konzept. Ein wichtiger Aspekt im Konzept des Kurses ist es auch, dass die Gruppe währenddessen zu einer Gemeinschaft heranwachsen soll, auch Spaß und spielerische Aspekte dürfen nicht zu kurz kommen. Letztendlich gehören zu den Kurstreffen auch Andachten und andere Glaubensimpulse, die im Zusammenspiel mit den theologischen Kurseinheiten die Jugendlichen dazu anregen sollen, sich mit Glaubensthemen auseinanderzusetzen. Die Erfahrung mit diesen Konzepten zeigt, dass es gelingt, viele der Teilnehmenden eines Kurses auch im Anschluss als ehrenamtlich Mitarbeitende zu erhalten. Neben Formaten, die direkt an die Konfirmandenzeit anknüpfen, wie z. B. das Konzept von „StartUp“ (Nolte/Teufel 2012), sind andere Programme nicht nur an dieser Übergangsphase orientiert und auch in anderen Settings (z. B. Schule) einsetzbar, wie es z. B. beim Trainee-Programm (Kalmbach/Kehrberger 2014) der Fall ist. Gerade dieses Konzept zeigt auf, wie diese Form der Gruppenarbeit missionarisch wirken kann: Der erlebnis-und praxisorientierte Kurs will den Jugendlichen wichtige Schlüsselqualifikationen vermitteln (Kommunikation, soziale Verantwortung u. v. a. m.), aber sie dazu anregen, über ihre eigene Spiritualität nachzudenken.[6] Den Jugendlichen wird hier deutlich gemacht: Wir trauen euch etwas zu. Wir brauchen euch. Wir bieten euch an, Verantwortung zu übernehmen. Gleichzeitig möchte man den Jugendlichen ermöglichen, vertrauensvolle, dauerhafte Beziehungen zu anderen Mitarbeitenden aufzubauen und Anlaufstelle für Glaubens- und Lebensfragen sein.

4. Fazit

Christliche Gruppenarbeit ist an einem Scheideweg angelangt. Die klassischen Methoden und Konzepte haben sicherlich noch weiter bestand. Die Frage ist jedoch, inwieweit man damit Jugendliche heute und in Zukunft noch erreichen kann und dem Anspruch gerecht wird, sie für den Glauben und für Kirche zu begeistern. Um das zu erreichen, muss christliche Ju-

6 Vgl. www.ejwue.de/arbeitsbereiche/proteens/jugendliche/trainee/ (Abruf 30.09.2015)

gendarbeit bereit sein, neue Wege zu gehen, um die Chance zu bekommen, Jugendliche mit Glaubensthemen in Berührung zu bringen.

Jugendliche müssen zum einen neu an den Raum Kirche bzw. die Räume der Kirche herangeführt werden. Gruppenarbeit sollte deshalb weiterhin in diesen Räumlichkeiten stattfinden. Doch zunächst einmal muss sie die Jugendlichen dort abholen, wo sie die meiste Lebenszeit verbringen, in Schulen, zu Hause oder auch im Internet. Von dort aus kann sich Gruppenarbeit mit ihnen gemeinsam auf den Weg machen, christliche Räume neu kennenzulernen. Auch bei Glaubensthemen dürfen keine Vorerfahrungen mehr erwartet werden. Sicherlich kann man sich über diesen Verlust der religiösen Bildung und Sozialisation beklagen. Man kann es aber auch als Chance sehen, Glaube in einer „frischen unverbrauchten Erde“ säen zu dürfen.

Bei alledem brauchen Jugendliche authentische Bezugspersonen, die nah an ihrer Lebenswelt sind. Das müssen nicht zwingend, aber es dürfen, Gleichaltrige sein. Dies führt uns zum wichtigsten Punkt: Gruppenarbeit muss zu den Wurzeln ihrer Vergangenheit zurück, wenn sie sich auf den Weg in die Zukunft machen möchte. Selbsterziehung, Mitbestimmung, Mitgestaltung, Räume und Freiheiten, sich auszuprobieren, sind allesamt Stichwörter aus der Geschichte der Gruppenarbeit, die heute aber wichtiger sind denn je. Sie entsprechen genau dem, was Jugendliche wollen: Sie wollen dabei sein und mitmachen. Sie wollen gebraucht werden und Verantwortung übernehmen. Für die Leitungen in der Gruppenarbeit liegt hier wohl die größte Herausforderung. Im gleichen Maße, wie sie Jugendliche mehr in den Fokus rücken, müssen sie in den Hintergrund treten. Jugendliche wollen mehr, als nur vom Glauben erzählt zu bekommen. Sie wollen es erleben. Leitungen müssen nicht länger nur vor der Gruppe stehen, sie dürfen die Jugendlichen auf ihrem Glaubensweg (beg)leiten. Hier wird von der Leitung viel Vertrauen erwartet. Vertrauen in die Fähigkeiten der Jugendlichen und Vertrauen in sich selbst, den Jugendlichen dabei helfen zu können, diese Fähigkeiten zu entdecken und zu entwickeln. Aber gerade hier bietet eine eher kontinuierliche Gruppenarbeit die Möglichkeit, eine stabile Vertrauensbeziehung zu jungen Menschen zu entwickeln und sich damit auch das Recht zu verdienen, sie in Lebens- und Glaubensfragen begleiten zu dürfen.

Gruppenarbeit hat so die Chance, dass durch das vertrauensvolle Miteinander Jugendliche Gemeinschaftserfahrungen machen, die sie für ihre Persönlichkeits- und auch Glaubensentwicklung brauchen und die für sie Selbstzweck sind. Allein deshalb ist Gruppenarbeit für christliche Jugendarbeit unaufgebbar (vgl. Corsa 2009: 102), die Formen dürfen und müssen sich jedoch ändern.

Gruppenarbeit heutzutage ist vielfältig. Sie kann viel mehr als die traditionelle Jugendgruppe sein, die sich einmal wöchentlich trifft, um gemeinsam

Zeit zu verbringen, zu reden, Spaß zu haben, zusammen zu essen, zu beten, zu singen und vom Glauben zu hören. Gruppenarbeit kann bildend sein (vgl. Corsa 2009: 104 f.), aufgabenbezogen oder projektorientiert. Sie kann alles gleichzeitig sein oder auch nur ein Teil davon. Und: Gruppenarbeit kann missionarisch sein.

Literatur

Corsa, Mike (2009): „... dass ich einen Ort habe, wo ich Sachen ausprobieren kann". Sichtweisen junger Menschen zur Kinder- und Jugendarbeit. In: Linder, Werner (Hrsg.): Jugendarbeit wirkt. Aktuelle und ausgewählte Evaluationsergebnisse. Wiesbaden: VS Verlag für Sozialwissenschaften/GWV Fachverlage. S. 95–108.

Gängler, Hans (2002): Jugendverbände. In: Schröder, Wolfgang/Struck, Norbert/ Wolff, Mechthild (Hrsg.): Handbuch Kinder- und Jugendhilfe. Weinheim/München: Beltz Juventa. S. 581–594.

Kalmbach, Sybille/Kehrberger, Jürgen (Hrsg.) (2014): Das Trainee-Programm. Kompetenzen trainieren – Jugendliche gewinnen – Engagement fördern. 2. Auflage. Stuttgart: buch+musik.

Nolte, Dietrich/Teufel, Oliver (2012): Start up – Jugendliche gewinnen. Ein Kurs zur Motivation und Qualifikation junger Konfirmierter. Göttingen: Vandenhoeck & Ruprecht.

Ostermann, Reinhold/Weingardt, Martin (2013): Gruppe. In: Kaiser, Yvonne/ Spenn, Matthias/Freitag, Michael/Rauschenbach, Thomas/Corsa, Mike (Hrsg.): Handbuch Jugend. Evangelische Perspektiven. Opladen: Verlag Barbara Budrich. S. 359–363.

Westerheide, Rudolf (2013): Hauskreise für Jugendliche. In: Kaiser, Yvonne/Spenn, Matthias/Freitag, Michael/Rauschenbach, Thomas/Corsa, Mike (Hrsg.): Handbuch Jugend. Evangelische Perspektiven. Opladen: Verlag Barbara Budrich. S. 364–367.

Krebs, Reinhold/vom Schemm, Burkhard (2006): Aktivgruppen. Jugendliche entfalten Talente und entdecken den Glauben. Neukirchen-Vluyn: Neukirchener Aussaat.

Fauser, Katrin/Fischer, Arthur/Münchmeier, Richard (2006): Jugendliche als Akteure im Verband. Ergebnisse einer empirischen Untersuchung der evangelischen Jugend. Opladen: Verlag Barbara Budrich.

OFFENE KINDER- UND JUGENDARBEIT UND MISSION – (K)EIN WIDERSPRUCH!?

Andrea Bolte, Germo Zimmermann

1. Was kennzeichnet die Offene Kinder- und Jugendarbeit?

Im vorliegenden Praxis-Beitrag fragen wir danach, inwiefern innerhalb der Offenen Kinder- und Jugendarbeit (OKJA) missionarisches Handeln – sofern es denn angestrebt wird – möglich ist und zeigen Ideen aus der Praxis für die Praxis auf. Wenn man sich die Frage stellt, inwieweit die Offene Kinder- und Jugendarbeit missionarisch sein kann und/oder sein will, ist es zunächst notwendig, sich die Struktur und die Grundlagen dieses Handlungsfeldes der Kinder- und Jugendarbeit vor Augen zu führen.

1.1 Rechtliche Rahmenbedingungen in Deutschland

Das allgemeine Ziel der Kinder- und Jugendarbeit in Deutschland ist im SGB VIII (Kinder- und Jugendhilfegesetz) definiert und fokussiert die Förderung der individuellen und sozialen Entwicklung von jungen Menschen bis zum Alter von 27 Jahren, die dazu beitragen soll, Benachteiligungen zu vermeiden oder abzubauen (vgl. §1, Abs. 3 SGB VIII). Dazu sind Kindern und Jugendlichen die spezifischen Angebote der Jugendarbeit (Jugendverbandsarbeit, Offene Kinder- und Jugendarbeit etc.) zur Verfügung zu stellen. Diese sollen von den jungen Menschen mitbestimmt und -gestaltet werden und an deren Interessen anknüpfen. Als Ziel wird die Befähigung zur Selbstbestimmung, zu gesellschaftlichem Engagement und Mitverantwortung genannt. Insofern hat die Kinder- und Jugendarbeit auch eine präventive Funktion (vgl. §11, Abs 1 SGB VIII).

Historisch betrachtet lassen sich zwei Handlungsfelder der Kinder- und Jugendarbeit in Deutschland unterscheiden. Die Offene Kinder- und Jugendarbeit einerseits ist aus der Re-Education-Politik der amerikanischen Besatzungsmächte mit ihren „German Youth Activities-Homes" nach dem Zweiten Weltkrieg heraus entstanden, wenngleich es erste städtische Jugendhäuser und -clubs bereits im Kaiserreich und der Weimarer Republik gegeben hat (vgl. Hafeneger 2013: 37; Voigts 2013: 809 f.). Die Projekte, Angebote und Veranstaltungen der Offenen Kinder- und Jugendarbeit sind niederschwellig konzipiert und werden originär in offenen Einrichtungen wie Jugendzentren, Spielmobilen, Abenteuerspielplätzen, Bussen und Jugendtreffs angeboten (vgl. Deinet/Sturzenhecker 2013). Andererseits ist die Jugendverbandsarbeit das zweite große Handlungsfeld der Jugendarbeit. Hier organisiert sich die verbandliche Jugendarbeit, die als „selbstbestimmte und -verantwortete, auf Dauer und Nachhaltigkeit angelegte, wertorientierte, ehrenamtlich organisierte Freizeitgestaltung mit Bildungsangeboten in Gruppen und Settings der organisierten Freizeitgestaltung“ zu verstehen ist (Zimmermann 2014: 33). Aufgrund ihrer Mitgliedschafts- und Gruppenorientierung sowie der damit verbundenen Verbindlichkeit unterscheidet sie sich strukturell von der durch wechselnde Teilnehmer/-innen geprägten Offenen Kinder- und Jugendarbeit (vgl. Sturzenhecker/Richter 2012: 469 f.).

Die Offene Kinder- und Jugendarbeit versteht sich demnach als ein

> „Teilbereich der professionellen Sozialen Arbeit mit einem sozialräumlichen Bezug und einem sozialpolitischen, pädagogischen und soziokulturellen Auftrag. Die Offene Kinder- und Jugendarbeit begleitet und fördert Kinder und Jugendliche auf dem Weg zur Selbstständigkeit. Dabei setzt sie sich dafür ein, dass Kinder und Jugendliche im Gemeinwesen partnerschaftlich integriert sind, sich wohlfühlen und an den Prozessen unserer Gesellschaft mitwirken“ (DOJ 2007: 3).

Insofern grenzt sich die OKJA von Angeboten der Schule und verbandlicher Kinder- und Jugendarbeit dadurch ab, dass sie kostenfrei, ohne Mitgliedschaft oder andere Zugangsvoraussetzungen in der Freizeit von Heranwachsenden genutzt werden kann (vgl. DOJ 2007: 3). Das 3. Gesetz zur Ausführung des Kinder- und Jugendhilfegesetzes in Nordrhein-Westfalen konkretisiert das Handlungsfeld in §12 wie folgt:

> „Offene Jugendarbeit findet insbesondere in Einrichtungen, Maßnahmen und Projekten, Initiativgruppen, als mobiles Angebot, als Abenteuer- und Spielplatzarbeit sowie in kooperativen und übergreifenden Formen und Ansätzen statt. Sie richtet sich an alle Kinder und Jugendlichen und hält für besondere Zielgruppen spezifische Angebote der Förderung und Prävention bereit“ (AG-KJHG – KJFöG NRW §12).

1.2 Räume für Bildung schaffen – vielfältige Angebote ermöglichen

Im Mittelpunkt der Offenen Kinder- und Jugendarbeit steht der offene, frei zugängliche Raum, der „offene Betrieb“. Ein wesentliches Merkmal ist damit auch die „Anspruchslosigkeit“ bzw. „Freiwilligkeit“. Das heißt, dass Kinder und Jugendliche kommen und gehen können, wann sie wollen, dass sie tun und lassen können, was sie wollen, solange sie niemand anderen stören. Wie diese Arbeit gestaltet wird, ist in der Praxis sehr unterschiedlich. In der Regel findet man einen „Café-Bereich", Räume mit großen Spielgeräten, es können Gesellschaftsspiele ausgeliehen werden, es gibt eventuell Computer mit Internet-Zugang. Darüber hinaus gibt es ganz individuelle und den Gegebenheiten angepasste Möglichkeiten, wie z. B. eine Holzwerkstatt, eine Fahrradwerkstatt, einen Probenraum für Bands und Übungsräume für Tänzer, Theaterinteressierte etc. In diesem Sinne ist eine Einrichtung der Offenen Kinder- und Jugendarbeit eine Ressource, die den Kindern und Jugendlichen frei zur Verfügung steht und Räume zur Persönlichkeitsentwicklung anbietet. Angebunden an diesen „offenen Bereich" gibt es zahlreiche Angebote, wie Turniere, Ausflüge, Sport, Kochen, Disco usw., die sich an den Interessen und Bedürfnissen von jungen Menschen orientieren. Ebenso gibt es Angebote, die sich an bestimmte Zielgruppen oder an Kinder und Jugendliche mit besonderen Interessen richten. Hierzu können z. B. Mädchen-/Jungentage, die Sommerfreizeit oder ein Gitarrenkurs zählen.

Eine weitere Form der Angebote zielt auf die Unterstützung von Kindern und Jugendlichen bei besonderen Problemstellungen. In vielen Einrichtungen gibt es eine Hausaufgabenhilfe und/oder eine konkrete Kooperation mit einer Schule, Computerkurse und vielfältige Angebote für die Bewältigung der für viele Jugendliche immer höher werdenden Hürde zwischen Schule und Berufsausbildung. Es wird mit Schulen, Vereinen und mit anderen Einrichtungen der Offenen Kinder- und Jugendarbeit zusammengearbeitet. In manchen Kommunen arbeiten die Einrichtungen auch bei den städtisch organisierten Sozialraumteams mit, die die Belange der Kinder- und Jugendlichen in einem Stadtteil in den Blick nehmen.

Der „offene Betrieb", die daran zugeordneten Maßnahmen mit freizeitpädagogischem Charakter für alle oder für besondere Zielgruppen, Programme zur Unterstützung der Besucher/-innen sowie Kooperationen können somit als feste Bestandteile der offenen Kinder- und Jugendarbeit betrachtet werden.

2. Vielfalt an Einrichtungsformen der Offenen Kinder- und Jugendarbeit

Wenn man sich die unterschiedlichen Einrichtungsformen anschaut, die sich unter dem gemeinsamen Dach „Offene Kinder- und Jugendarbeit" in den vergangenen Jahrzehnten ausdifferenziert haben, kann man eine große Vielfalt ausmachen. Zunächst gibt es inzwischen neben den „klassischen" Jugendzentren zum Beispiel zielgruppenspezifische Einrichtungen, insbesondere Mädchentreffs, Spielhäuser für jüngere Kinder, mobile Angebote wie Spielmobile oder Aktivspielplätze. Daneben gibt es Häuser, die sich auf besondere Angebote konzentrieren, beispielsweise Kultur- oder Medienzentren und Musikwerkstätten. Zudem gibt es Einrichtungen, die stadtteilbezogen arbeiten, und solche, die vor allem in größeren Städten stadtteilübergreifende Angebote offerieren.

Ein weiteres Unterscheidungsmerkmal liegt darin, ob hauptamtliches Personal beteiligt oder die Einrichtung von aktiven Jugendlichen und jungen Erwachsenen selbst betrieben wird (ehrenamtlich und selbst verwaltet). Eine Zwischenform hat sich in den letzten Jahren besonders in ländlichen Gegenden und in kleineren Stadtteilen gebildet: Im Prinzip sind diese Einrichtungen selbst organisiert, die Aktiven werden jedoch regelmäßig von einem Pädagogen oder einer Pädagogin unterstützt und beraten.

Diese Unterscheidungen verweisen auf den grundlegenden Ansatz der Offenen Kinder- und Jugendarbeit, „Ressourcen zur Verfügung stellen". Über Angebote Raum für die Realisierung oder die Entwicklung von Interessen bei Kindern und Jugendlichen zu geben und besondere Zielgruppen zu unterstützen. Sie verweisen aber auch auf ein weiteres Prinzip: Aufgabe und insofern Arbeitsprinzip offener Kinder- und Jugendarbeit ist es, Kindern und Jugendlichen Möglichkeiten zum Engagement zu geben, die sich auf deren Interessen beziehen (Subjektorientierung). Denn das Angebotsspektrum ist prinzipiell „offen", es orientiert sich nicht an einem vorgegebenen Zweck, beispielsweise am Vereinszweck „Fußballspielen", auch nicht an dem Zweck, Mitglieder und/oder Mitarbeiter/-innen zu gewinnen. Alles, was sich aus dem Umgang, der Kommunikation mit den Jugendlichen als mögliches Interesse ergibt, kann und darf prinzipiell aufgegriffen werden. Damit ergeben sich die Inhalte der Offenen Kinder- und Jugendarbeit aus einem Aushandlungsprozess vor allem zwischen Kindern und Jugendlichen auf der einen Seite und den Pädagogen/-innen auf der anderen Seite. Diese Offenheit hat ihre natürlichen Grenzen in den realen räumlichen, personellen, rechtlichen und finanziellen Möglichkeiten der einzelnen Einrichtungen. Oft genug aber auch in den Ansprüchen, die Träger oder Geldgeber geltend machen.

3. Grundprinzipien der Offenen Kinder- und Jugendarbeit

Die wesentlichen pädagogischen Ansätze der Offenen Kinder- und Jugendarbeit beziehen sich im Kern auf nachfolgende Grundprinzipien. Sie bilden eine Grundlage für jede weitere Ausprägung in der Praxis und garantieren die fachliche Grundsubstanz.

- Das *Prinzip der Offenheit* wurde eingangs bereits erwähnt. Das ausdifferenzierte Angebot der Offenen Kinder- und Jugendarbeit ist ein Kennzeichen für dieses Grundprinzip. Das Handlungsfeld konzipiert sich als offenes System, das offen ist für verschiedene Lebensbedingungen, Lebenslagen und Milieus von jungen Menschen. „Offenheit" bezieht sich auf die Zielgruppen und auf die „Anspruchslosigkeit" der Offenen Kinder- und Jugendarbeit gegenüber den Besucher/-innen, also auf den Verzicht darauf, den Besuch einer Einrichtung an einen bestimmten Zweck zu binden. Mit dieser „Anspruchslosigkeit" sind jedoch auch hohe Ansprüche verbunden. Die Kinder und Jugendlichen müssen sich entscheiden, sie müssen sich in diesen Räumen bewegen lernen und müssen selbstständig aktiv werden. Somit ist die Offene Kinder- und Jugendarbeit ein Raum, der zu neuen Erfahrungen nötigt, gerade auch im Blick auf die Kinder und Jugendlichen, die aus ganz unterschiedlichen Milieus und oft auch Kulturen hier aufeinandertreffen. Darin wird auch die Vielfalt der Zielgruppen mit ihren jeweiligen Dienstleistungen, die Angebote und Arbeitsmethoden deutlich. „Offenheit bedeutet auch flexible und unbürokratische Bereitstellung und Gestaltung von Freiräumen" (DOJ 2007: 4).
- Das *Prinzip der Freiwilligkeit* wird in den Angeboten der Offenen Kinder- und Jugendarbeit deutlich. Die Kinder und Jugendlichen kommen freiwillig. Sie können gehen und kommen, sich in Szene setzen, mitmachen oder auch abwarten. Dies ist ein hohes Gut der Offenen Kinder- und Jugendarbeit, das auch aus missionarischen Gründen nicht missbraucht werden darf. Diese freiwilligen Angebote für Kinder- und Jugendliche werden demnach in deren freien Zeit wahrgenommen. Damit unterscheidet sich dieses Handlungsfeld deutlich von Formaten mit Zwangscharakter wie etwa der Schule.[1]
- Das *Prinzip der Partizipation und Selbstorganisation* kennzeichnet in einem doppelten Sinn den Charakter der Einrichtungen der Offenen Kinder- und Jugendarbeit. Zum einen könnten die Einrichtungen z. B. ohne Ehrenamtliche kaum betrieben werden, auch dort, wo hauptamtliches Personal vorhanden ist. Zum anderen prägt solch eine Art von Engagement den Charakter einer Einrichtung. Eine Disco zum Beispiel, die von Jugendlichen selbst vorbereitet und durchgeführt wird, verläuft anders, als wenn der/die Hauptamtliche die

[1] Gleichzeitig vermischt sich in den gegenwärtigen Kooperationen von Offener Kinder- und Jugendarbeit und Schule diese scharfe Trennung von Freiwilligkeit und Zwang spätestens dann, wenn hauptberufliche Jugendleiter verpflichtet sind, Anwesenheitslisten zu führen.

> Verantwortung trägt. Kinder und Jugendliche können und wollen Verantwortung übernehmen, man muss ihnen dazu aber auch die Möglichkeiten der Selbstorganisation einräumen. Mit diesem Ansatz der Beteiligung, Mitbestimmung und Mitwirkung befähigen wir Kinder und Jugendliche, mündige Bürgerinnen und Bürger zu werden. Der Versuch, Jugendliche lediglich als „Handlanger" zu aktivieren, wird scheitern. Ohne handfeste Mitbestimmungsrechte ist solche Mitarbeit kaum tragfähig. Das bedeutet, Zeit, Kraft und Geduld mitzubringen.

Auf Grundlage gegenwärtiger gesellschaftlicher Veränderungen und einer fachlichen als auch methodischen Reflexion sind in den vergangenen Jahren weitere Arbeitsprinzipien entstanden, die heute elementarer Bestandteil der Offenen Kinder- und Jugendarbeit sind (vgl. DOJ 2007: 5). Wesentlich ist hier z. B. die *Lebensweltliche und sozialräumliche Orientierung:* Offene Kinder- und Jugendarbeit orientiert sich an den Bedürfnissen, Lebenslagen und Lebensbedingungen von Kindern und Jugendlichen im Gemeinwesen. Damit ist zunächst gemeint, dass sie selbstverständlich in Anspruch genommen werden kann (an mehreren Öffnungstagen) und dass die einzelnen Angebote in überschaubare Sozialräume eingebettet sind. Ebenso spielen die Bedürfnisse und Interessen der Besucher/-innen eine wesentliche Rolle. Die Mitarbeitenden versuchen die Teilnehmer/-innen in ihren komplexen sozialen Zusammenhängen wahrzunehmen und sie bei der Realisierung eines „gelingenden Alltags" zu unterstützen. Alltag ist dabei mehr als nur das eben Notwendige. Die Kinder und Jugendlichen sollen in die Lage versetzt werden, sich in der ihnen eigenen Welt souverän zu bewegen und zu orientieren. Darüber hinaus lockt die Offene Kinder- und Jugendarbeit die Kinder und Jugendlichen, sich neuen Herausforderungen zu stellen. Sie will ermutigen, sich auch auf neuem Terrain zu bewegen, sich von Neugier und auch Wünschen leiten zu lassen. Die Offene Kinder- und Jugendarbeit allgemein hat die Aufgabe, Kinder und Jugendliche dazu zu ermutigen, Altes zu verabschieden, um Neues kennenzulernen – das kann durch die Person der Mitarbeitenden, in der Auseinandersetzung und durch die Angebote in der Einrichtung geschehen. Damit befähigt sie zur Alltagsbewältigung und zum Erwachsenwerden und hat eine sozialintegrative Funktion (Böhnisch 2013).

Die genannten drei Grundprinzipien beschreiben den besonderen methodischen Zugang der Offenen Kinder- und Jugendarbeit. Dieser Zugang gründet in dem Gefühl und Bewusstsein der Kinder und Jugendlichen, dass sie ernst genommen werden, dass sie angenommen sind, so wie sie sind, dass sie etwas zu sagen haben und wertvoll sind. Mit dieser Grundhaltung ist die Offene Kinder- und Jugendarbeit nahezu prädestiniert dafür, den christlichen Zuspruch Gottes weiterzutragen.

4. Missionarische Chancen in der Offenen Kinder- und Jugendarbeit[2]

Missionarisches und diakonisches Handeln waren in der christlichen Gemeinde von Anfang an eng verbunden. Die griechisch sprechenden Diakone der Urgemeinde (Apg 6) sind zugleich Evangelisten (Apg 8, Philippus): Tische decken, Menschen mit Essen versorgen und das Wort Gottes verkündigen, das gehörte ganz selbstverständlich zusammen. In diesem Sinne ist die Offene Kinder- und Jugendarbeit auf jeden Fall – sofern sie sich seitens des Trägers so versteht und konzipiert – Teil der missionarischen Jugendarbeit. Alle indirekte und mittelbare Mission lebt aber auch davon, dass es die direkte und unmittelbare Kommunikation des Evangeliums gibt. Wie kann das in der offenen Arbeit gelingen?

Ich sehe Mission als die Möglichkeit, Menschen in Kontakt mit der Liebe Gottes zu bringen. Vorbild dafür ist für mich Jesus Christus, der sich sowohl in großen Reden den Menschen zugewandt hat, aber eben auch in der persönlichen Beziehung zu den Menschen zur Nachfolge gerufen hat. Das bedeutet für mich, dass ich beim Thema „Mission" an einzelne Menschen denke, in die man persönlich und individuell „investiert", damit sie sich in ihrer Person angenommen und wertgeschätzt fühlen. Damit besteht ein missionarisches Handeln aus glaubensweckender Verkündigung einerseits und dem diakonischen Handeln andererseits. Aber wie kann Verkündigung geschehen – und wie kommt Gott zur Sprache? Offene Jugendarbeit ist ja nicht per se missionarisch, aber sie bringt viele elementare Voraussetzungen mit, missionarisch wirken zu können. Dass sie missionarisch wirken kann – und damit eine weitere Bestimmung bekommt –, steht und fällt mit der individuellen (Glaubens-)Einstellung, die die Mitarbeiter/-innen mitbringen. Voraussetzung ist meiner Meinung nach also die persönliche Beziehung zu Gott. Die Mitarbeiter/-innen in der missionarischen Offenen Kinder- und Jugendarbeit können schließlich nur das weitergeben, was sie persönlich betrifft. Es ist daher aus der Perspektive missionarischer Jugendarbeit elementar wichtig, dass die Mitarbeiter/-innen sprachfähig über ihren eigenen Glauben und ihre religiöse Praxis sind und diese auch teilen und weitergeben wollen. Damit wird dann die schon geleistete diakonische Verkündigung durch die Kommunikation des Evangeliums erweitert und vervollständigt. Dabei geht es nicht um große Worte und eine brillante Sprachführung. Manchmal reicht ein ehrliches Zeugnis oder ein kurzer Impuls.

Wenn diese verbale Verkündigung dann noch unter den oben genannten

---

[2] Dieser Abschnitt reflektiert das missionarische Handeln in der Offenen Kinder- und Jugendarbeit auf Grundlage der mehrjährigen Erfahrung der Autorin (Andrea Bolte) im CVJM Hagen.

Grundsätzen der Offenen Kinder- und Jugendarbeit erfolgt, dem anderen also Freiraum lässt, ihm nichts aufzwingt, sondern ihm ein Angebot macht, kann sie Früchte tragen, die sich bei den Kindern und Jugendlichen als wichtige Erfahrungen noch über Jahre halten und wichtige Bausteine deren Entwicklung sind. Gerade durch die kontinuierlichen und oft langen Öffnungszeiten werden Mitarbeiter/-innen zu einem Weggefährten (vgl. Zimmermann 2014). Die Leidenschaft für die Kinder und Jugendlichen, die diese Angebote nutzen, ist dafür unabdingbar.

Dem christlichen Menschenbild zufolge sind alle Menschen, auch diese Kinder und Jugendlichen, Gottes Ebenbild. Manches in ihrer Biografie führt dazu, dass diese Grundwahrheit, dieser Schatz des Christentums verschüttet ist – in der Offenen Kinder- und Jugendarbeit wird man damit zu einem „Schatzsucher", der mit den Kindern und Jugendlichen nach diesem Schatz in ihrem Leben sucht, damit ihr Leben eine neue Ausrichtung erfahren kann. Das bedarf seitens der Mitarbeiter/-innen Geduld und ein „großen Herz" für junge Menschen. An den Bedürfnissen der Kinder und Jugendlichen orientiert zu sein, die Selbstbestimmung als wichtigen Baustein zu akzeptieren, erfordert ein großes Repertoire an Formen und Möglichkeiten, über den Glauben ins Gespräch zu kommen.

Die Mitarbeiter/-innen selbst und auch die Kinder und Jugendlichen sollten eingebunden sein in einer Gemeinschaft, die diese Arbeit trägt und wertschätzt, ggf. auch, wenn niemand persönliche Glaubensschritte machen sollte.

Auch sollten Angebote sowohl für die Mitarbeiter/-innen vorhanden sein, in denen sie ihren Glauben leben können, in denen sie sich neu ausrichten können, auftanken können und in denen für sie und ihre Arbeit gebetet wird, ebenso wie für die Kinder und Jugendlichen. Das können z. B. Mitarbeiterkreise, Gebetsfrühstücke, Jugendbibelstunden usw. sein.

Dabei sind immer die Grundprinzipien Freiwilligkeit, Anspruchslosigkeit und Selbstbestimmung im Blick zu behalten, sowohl für die Mitarbeiter/-innen als auch für die Besucher/-innen. Damit ist nicht Beliebigkeit gemeint! Offen heißt nicht ohne Kontur und Prägung. Es geht dabei um grundsätzliche Annahme ohne eine Vorleistung. Es wird auch so sein, dass das christliche Zeugnis der Mitarbeiter/-innen nicht immer auf großes Gehör stoßen wird. Dennoch wird es gehört als ein lebendiges Zeugnis von dem, was man glaubt und warum man handelt. Geduld und Ausdauer sind wichtig und das Gespür für Momente, in denen ein solches Lebenszeugnis passend sein kann. Auch hier geht es um Offenheit und „Zwanglosigkeit", denn auch das alltägliche Handeln im „laufenden Betrieb" ist Ausdruck der Liebe Gottes und wird von den Kindern und Jugendlichen wahrgenommen und kann so die christliche Botschaft – auch ohne Worte – verkündigen. So werden beispielsweise Besucher/-innen der Einrichtung eine wirklich erlebte „Versöhnung" mit einem/r Mitarbeiter/-in bei einem Konflikt sehr wohl als Zeugnis verstehen.

5. Fazit: Offene Kinder- und Jugendarbeit und Mission sind kein Widerspruch

Offene Kinder- und Jugendarbeit birgt eine große Chance für missionarisches Handeln. Sie bringt mit ihren Grundprinzipien elementare Voraussetzungen für ein missionarisches Wirken mit. Dabei ist die Freiwilligkeit ein wichtiger Baustein. Die Kinder und Jugendlichen kommen aus freien Stücken ohne einen Zwang wie z. B. in der Schule, oder im Konfirmandenunterricht zu den Angeboten der Offenen Kinder- und Jugendarbeit. Damit sind sie offen und bereit zuzuhören, wenn sie in ihrer ganz eigenen Art wahrgenommen werden. Wenn man „Mission" als „Sendung" versteht, haben wir die Mission, den Kindern und Jugendlichen mit diesem niederschwelligen und offenen Angebot die Hand zu reichen, damit wir in Kontakt mit ihnen kommen, der es uns möglich macht, sie mit der Liebe Gottes in Berührung zu bringen. Dies vollzieht sich zunächst im Wesentlichen durch hauptberufliche Fachkräfte als Bezugspersonen. Durch ihr Handeln weisen sie auf den hin, der selbst die Liebe ist, können so bezeugen, was sie in ihrem Leben trägt, und zwar in einer Art und Weise, die sowohl zur offenen Arbeit als auch zur Mission Gottes passt: einladend, offen und wertschätzend.

Literatur

Böhnisch, Lothar (2013): Die sozialintegrative Funktion der Offenen Kinder- und Jugendarbeit. In: Deinet, Ulrich/Sturzenhecker, Benedikt (Hrsg.): Handbuch Offene Kinder- und Jugendarbeit. Wiesbaden: Springer VS. S. 3–9.

DOJ (2007) = Dachverband offene Jugendarbeit Schweiz: Offene Kinder- und Jugendarbeit in der Schweiz. Online unter: www.doj.ch/fileadmin/downloads/ueber_Doj/broschur_grundlagen_web.pdf (Abruf 02.10.2015).

Deinet, Ulrich/Sturzenhecker, Benedikt (Hrsg.) (2013): Handbuch Offene Kinder- und Jugendarbeit. Wiesbaden: Springer VS.

Hafeneger, Benno (2013): Geschichte der Offenen Kinder- und Jugendarbeit seit 1945. In: Deinet, Ulrich/Sturzenhecker, Benedikt (Hrsg.): Handbuch Offene Kinder- und Jugendarbeit. Wiesbaden: Springer VS. S. 37–47.

Sturzenhecker, Benedikt/Richter, Elisabeth (2012): Die Kinder- und Jugendarbeit. In: Thole, Werner (Hrsg.): Grundriss Soziale Arbeit. Ein einführendes Handbuch. Wiesbaden: VS Verlag für Sozialwissenschaften. S. 469–476.

Voigts, Gunda (2013): Jugendverbände und die Offene Kinder- und Jugendarbeit. In: Deinet, Ulrich/Sturzenhecker, Benedikt (Hrsg.): Handbuch Offene Kinder- und Jugendarbeit. Wiesbaden: SpringerVS. S. 809–815.

Zimmermann, Germo (2014): Anerkennung und Lebensbewältigung im freiwilligen Engagement. Bad Heilbrunn: Verlag Julius Klinkhardt.

JUGENDGOTTESDIENSTE MIT MISSIONARISCHER KRAFT

Steffen Kaupp

Wenn missionarisches Engagement sich darum bemüht, das Evangelium bestimmten Menschen mit einer bestimmten kulturellen Praxis nahezubringen und verständlich zu machen, dann muss es immer darum gehen, ihre Werte, Gewohnheiten, Bedürfnisse und Wünsche wahrzunehmen. „hingehen" ist das leitende Motiv aller Mission: hingehen, wahrnehmen und verstehen. Dann handeln und verkündigen. Wie gestaltet sich also das Interesse an Gottesdienst bei Jugendlichen konkret?

1. Kreativ: Gestaltungsmerkmale, auf die es ankommt

Die typen- bzw. lebensweltsensible Studie „Brücken und Barrieren" stellt heraus, dass Jugendliche nach einer aufgelockerten abwechslungsreichen und spannenden Gottesdienstfeier, die Spaß macht und auf gute Weise beteiligt, fragen. Dazu gehört auch eine Liedauswahl, die vertraut und populär sein soll. Inhaltlich muss konsequent die Lebenssituation der Jugendlichen verfolgt werden: „Sie wünschen sich [...] Themen, die ganz konkret den Alltag [...] und ihre Interessen betreffen oder aktuelle Geschehnisse aufgreifen" (Kopp et al. 2013: 106).

Eine Umfrage des Landesjugendpfarramtes der Evangelischen Landeskirche in Württemberg (Ulmer 2004) konkretisiert diese Sicht von Jugendlichen auf einen „jugendgemäßen Gottesdienst". Dabei ist das Interesse der Jugendlichen besonders groß an

- orientierenden Inhalten: die Predigt, die nicht viel länger als 10 min gehen sollte, ist dort am gefragtesten (80 %). Dementsprechend folgt an zweiter Stelle das Gebet (60 %).
- Auch ästhetisch-visuelle Elemente weisen hohe Werte auf: das Einspielen von Videoclips (58 %), die Dekoration des Raumes (56 %) sowie farbiges Licht (48 %) werden geschätzt.
- Mitmachaktionen (56 %), aber auch die Wertschätzung des Segens (52 %) belegen den Wunsch nach aktiver Partizipation.
- Popularmusik, von einer Band gespielt (62%), wird bevorzugt: Dabei liegt Hip-Hop (43 %) – wohl als Indiz für den Alltagsbezug – klar vor der Orgel (25 %). Schlusslicht bilden – noch hinter Techno

(19 %) – Anbetungslieder (18 %), bei denen die Befragten wohl keine Vorstellung hatten oder die eben kaum Alltagsbezug aufweisen („Wie kommt man vom himmlischen Thronsaal hinüber zum Alltag?!“).
- Der ideale Ort weist flexible Sitzgelegenheiten auf. Die Kirche (54 %) wird dem Gemeindehaus (32 %) oder Jugendhaus (31 %) vorgezogen. Am liebsten wird am Sonntag gefeiert (72 %), wobei die Startzeit sich altersabhängig zeigt: Jüngere tendieren zum späteren Vormittag, junge Erwachsene zum Sonntagabend.

Die Untersuchung gipfelt in der Aussage: „Jugendliche wollen einen begeisternden ganzheitlichen Gottesdienst feiern, der Begegnungs- und Gemeinschaftserfahrungen ermöglicht“ (Ulmer 2004: 49). Nur wenn Jugendliche sich in dieser Weise willkommen und damit auch wohlfühlen, werden sie Vertrauen fassen und sich öffnen. Eine missionarische Spur.

Als jugendkulturelle Veranstaltungsform weisen Jugendgottesdienste charakteristische Konzeptionsmerkmale und Ressourcen auf, die auf diese Wünsche und Herausforderungen angemessen reagieren lassen (mehrköpfige Verantwortlichkeit, Netzwerkbildung, Teamorientierung, beziehungs- und gemeinschaftsfördernde Elemente, Bandinstrumentierung etc. – vgl. die Ausführungen in Kaupp/Wildermuth 2013: 379–381). Doch da bei Jugendgottesdiensten als wiederkehrenden Ritualen sich Gewohnheiten einschleifen, ist es lohnenswert, die eigene Praxis immer wieder an oben geäußerten Wünschen und Ausführungen abzugleichen und kritisch zu sichten. Zumal sich ja in der Regel ein Mitarbeiterteam als homogene Gruppe zeigt, die ihren eigenen liturgischen Geschmack über die Jahre kultiviert. Nicht selten kommt es so auch zu Verengungen in lebensweltlicher Perspektive und zu einer Verminderung der missionarischen Kraft.

2. Geerdet: lebensweltsensible Einsichten

Gerade der stark geäußerte Wunsch der Jugendlichen nach Alltagsbezug verweist auf eine Schwierigkeit, die direkt die missionarische Kraft des Jugendgottesdienstes beeinflusst: Was Alltag für die Jugendlichen heißt, ist in lebensweltsensibler Perspektive äußerst different. Diese macht nämlich deutlich, dass es *den* Jugendlichen gar nicht gibt: Die Studie „Wie ticken Jugendliche?“ des Heidelberger Sinus-Instituts bildete aus seinen Erhebungen 2012 sieben Lebenswelt-Gruppen für die 14- bis 17-Jährigen, die eine äußerst heterogene und spannungsvolle Jugendkultur beschreiben. Was dem einen Typ gefällt, sagt dem anderen nichts.

Die folgende elementare differenzsensible Kulturenkarte (vgl. Abbildung 1) orientiert sich an den komplexen Aussagen der lebensweltsensiblen Jugendstudien „Brücken und Barrieren“ sowie „Wie ticken Jugendliche?“, vereinfacht diese aber zu einer Art Kompass, der praxisrelevant in Nord-, Ost-, Süd- und West-Richtung bestimmte prägnante Duftnoten setzt und inhalieren lässt.

Abbildung 1: Elementare diffenrenzsensible Kulturenkarte

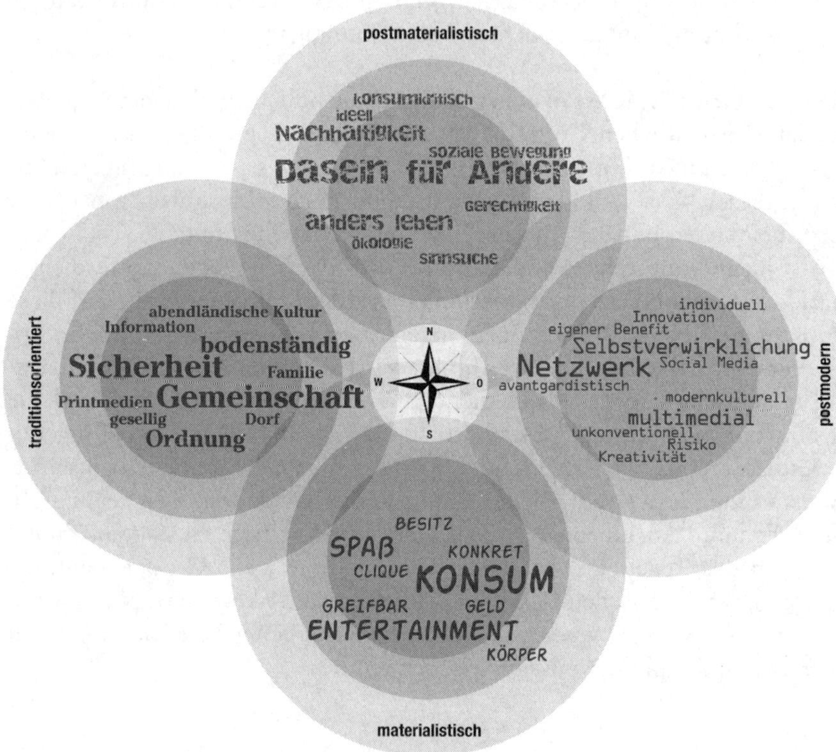

Quelle: eigene Darstellung

Auf dieser Karte können die jeweiligen Mitarbeitenden, die Sprachgewohnheiten, Themen, theologischen Formeln, musikalische, ästhetische und liturgische Vorlieben sowie Werbemedien des eigenen Jugendgottesdienstes sozial verortet werden. Damit lässt sich ein hilfreicher Eindruck gewinnen, für welche sozialen Regionen bzw. Lebenswelten der gefeierte Jugendgottesdienst erreichbar ist bzw. Relevanz hat – kurz: welche missionarische Brückenkraft ihm eignet. Obwohl er jugendgemäß gestaltet sein mag, ist er eben nicht für alle Jugendlichen gleichermaßen ansprechend, sondern zeigt lebensweltliche Konzentrationen.

Nachfolgend werden beispielhaft „liturgische Grundatmosphären“ auf dieser Karte verortet, die in einer Region ansprechend und einladend, in einer anderen eher nichtssagend und abschreckend erfahren werden (vgl. Abbildung 2).

Abbildung 2: Liturgische Grundatmosphären lebensweltorientiert verortet

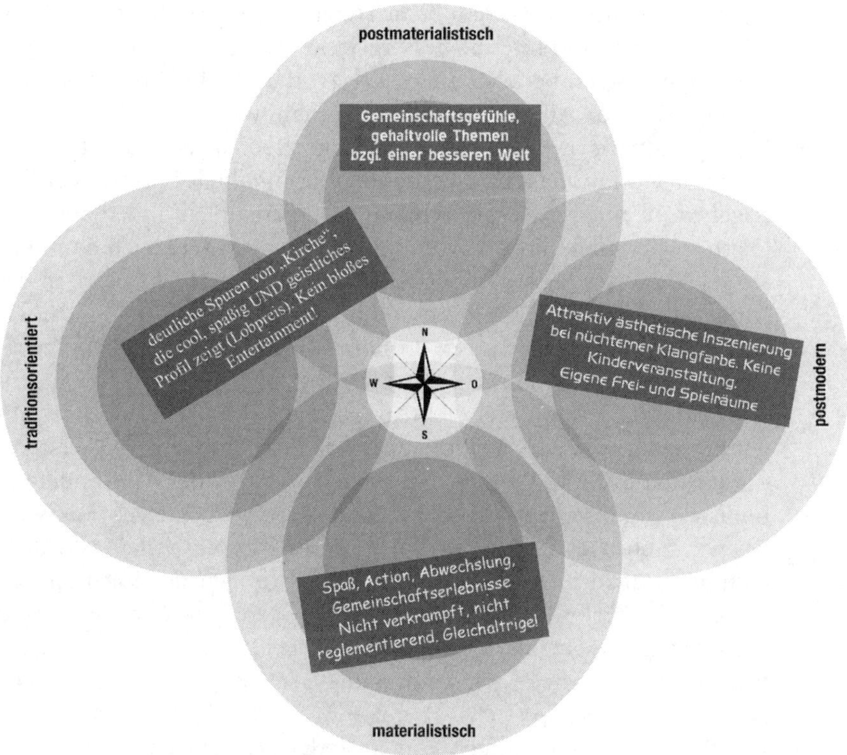

Quelle: eigene Darstellung

Die Abbildung schärft unsere Perspektive: Welchen Sound, welche Klangfarbe zeichnet eigentlich unseren Jugendgottesdienst aus? Woran zeigt sich das genau? Welche Stärken, welche Schwächen haben wir? Wohin können wir damit gut Brücken bauen, wohin eher nicht?

So entdecken wir, für welche Regionen wir und unser Jugendgottesdienst natürliche Andockpunkte und Kontaktflächen bietet, die Beziehungen entstehen lassen, in denen wir dann authentisch zum/zur Zeuge/-in des Evangeliums werden – und für welche nicht.

3. Hilfreich: sechs Türen hinaus ins Weite – Impulse und Empfehlungen für einen missionarischen Aufbruch

- Bevor wir für andere feiern, sollten wir unsere Wahrnehmung der Jugendlichen schärfen – ohne Berührungsängste und sofortige Bewertungen. Am besten dort, wo sie anzutreffen sind: auf dem Spielplatz beim Saufen, im Sportverein beim Treten, in der Schule und in deren AGs, auf der Demo für eine bessere Welt, auf der Skaterbahn. Klingt anstrengend – ist aber eher äußerst reizvoll und hilfreich. Wir studieren jugendlichen Alltag, entdecken hautnah, was sie wie bewegt.
- Die missionarische Kraft des Jugendgottesdienstes wächst, wenn wir seine Gestaltungs- und Verkündigungsinhalte lebensweltsensibel angehen: Wenn schwerpunktmäßig Konfirmanden/-innen mit uns feiern – wie offen, integrativ und alltagsbezogen zeigt sich dann unser Jugendgottesdienst? In der Verkündigung, in den Liedern, in der Moderation, in der Gestaltung und in den Glaubensformeln, die wir benutzen? Singen wir intime Lobpreislieder und/oder eher Chartsongs? (Das Evangelische Jugendwerk in Württemberg hat hierzu ein Liederbuch herausgebracht, dass eine solche lebensweltsensible und integrative Gestaltung auf musikalischem Gebiet unterstützt – Heinzmann/Eißler: 2013.) Schaffen wir es, in der Verkündigung biblische Impulse in Alltagskontexte dosiert einzuspielen, oder wollen wir biblisches Intensivwissen fördern? Thomas Schalla fordert, Glaubensfragen nicht isoliert von den Sinnfragen der Jugendlichen zu sehen: „Wichtig wird dann sein, die Gespräche über Sinn- und Alltagsfragen nicht als Sprungbrett zu den ‚eigentlich' christlichen Themen zu verstehen […], sondern diese selbst als religiöse Themen zu verstehen" (Kopp et al. 2013: 234).
- Die Themenformulierungen von Jugendgottesdiensten lassen schon fragen: Für welche Lebensweltregionen sind Titel wie „SMS – für ich, für mich, für Gott" / „Advent = ure – Abenteuer Advent" / „Eden für Jeden – Paradies – Eintritt frei!" wirklich ansprechend? Wie alltagsbezogen wird die Verkündigung sein oder ist der jugendliche Alltag nur der Aufhänger für das eigentlich zu Sagende? Die Herausforderung gilt, elementare Kernthemen des Glaubens mit den Sinn- und Alltagsthemen der Jugendlichen in Beziehung zu setzen.
  In liturgischer Perspektive können das hohe Gemeinschafts- und Partizipationsbedürfnis fruchtbar gemacht werden: Das Interesse der Jugendlichen an handlungsorientierten und partizipativen Gottesdienstbausteinen sollte berücksichtigt werden und in missionarischer Perspektive erweitert werden. Zum einen: Warum gelegentlich nicht auch in spielerischer Weise zu einer „bewegten Antwort" auf

einen Ruf zum Glauben einladen? Zum anderen sollte die sich anschließende Cateringzeit – womöglich durch kleine Spiel- und Spaßaktionen aufgewertet – konzeptionell mit zum eigentlichen Gottesdienst gezählt werden: Dessen liturgischer Teil dauerte dann max. eine Stunde, sein „geselliger Teil“ mind. eine halbe Stunde.

- Andere Menschen werden zu unseren Jugendgottesdiensten Zugang finden, wenn sie sich dort als willkommen erfahren und auch etwas einzubringen haben. Suchen wir Kooperationen mit anderen Einrichtungen, die unsere Perspektive entscheidend weiten? Denkbar sind Ausstellungen des Kunst-LKs der Schule, die in den Gottesdienst integriert sind; ein kurzer Beitrag der Theater-AG, ein Input des Ghana-AKs, die Vorstellung des Eine-Welt-Ladens, das Mitgestalten einer Gruppe der Jugendmusikschule, die Artistik der Skater usw. Warum nicht so anderen eine Brücke zum Mitfeiern bauen und dabei verständlich auf Augenhöhe mit ihnen das Evangelium teilen?
- Natürlich hilft es auch, wenn der Jugendgottesdienst an dritten Orten (neben Gemeindehaus und Kirche) gefeiert wird: beim Straßenfest-Open-Air, im Freibad, im Fitnessstudio oder sonst wo. Aber Vorsicht: Ohne „Kontextualisierung“, ohne das radikale Ernstnehmen der Situation vor Ort und der mitfeiernden Menschen wird er sich auch dort nur bedingt weltoffen zeigen. Weit charmanter wäre es daher, Jugendgottesdienst-Elemente beim Schul-Gottesdienst, beim Schulfest oder bei der Konfirmandenbegrüßung einzuspielen. So entstünden kleine geistliche Erlebnisräume, die den Radius des Jugendgottesdienstes weiten und ihn zum Salz der Welt machen können.
- Die Einladungsbrücke des Jugendgottesdienst-Teams zur Konfirmandenarbeit hin lässt sich bestimmt auch noch optimieren. In der Konfi-Arbeit sind praktisch alle Lebenswelten noch vertreten: ein Marktplatz! Hier also sollte das Team präsent sein und fröhlich-kreativ einladen. Natürlich auch beim Konfi-Camp. Dabei zählen vor allem authentische Personen, die als „Brief Christi“ (2Kor 3,3) die Herzen erreichen. Ein vertrauensvolles Verhältnis zu Kirchengemeinden und Pfarrern/-innen hilft hier sehr.

4. Mitarbeitende fördern und begleiten

Die bisherigen Ausführungen machen deutlich, dass eine missionarische Weitung von Jugendgottesdiensten gewisse Kompetenzen fordert, die bei den verantwortlichen Mitarbeitenden nicht ohne Weiteres vorausgesetzt werden können. Als Schlüsselkompetenz ist dabei durchaus die weitherzige Zuwendung gegenüber den Eingeladenen im Geiste des Evangeliums zu

entdecken. Doch eben diese steht in Abhängigkeit zur eigenen Persönlichkeitsstruktur und Milieuzugehörigkeit. Nicht selten wird sie dadurch auch begrenzt.
Mitarbeitende sollten durch diverse Fortbildungsangebote und Freiräume unterstützt werden

- in der Fähigkeit zur ehrlichen Selbstreflexion bez. der eigenen Gaben und Grenzen. Dies führt zu einer größeren Freiheit – auch in Bezug auf die eigene Teamfähigkeit. Wo ich um Gaben und Grenzen bewusst weiß, wo ich erkenne, dass ich – milieugebunden – allein nicht alle anderen ansprechen kann, werde ich offener für das Zusammenspiel. Durch ein Miteinander im Team und flexiblere Verantwortlichkeiten erweitern wir die Brücken der Erreichbarkeit gegenüber den jugendlichen Besuchern, die in sich eine heterogene Gruppe darstellen.
- in der Fähigkeit, den Sozialraum vor Ort und die darin existierenden Lebenswelten zu analysieren und angemessen zu verstehen. Nur wenn man weiß, was die Region und die Menschen darin bewegt, kann man diese bewegen. Eine Kultur der Neugier auf das Umfeld würde helfen, Ohren und Augen für deren Motive und Lebensmuster wach zu halten und in einer steten Sprachschule zu bleiben. Aus dem Bereich der interkulturellen Kommunikation helfen Spielübungen und Bewertungsreflexionen, um die eigenen Werturteile nochmals zu hinterfragen. So öffnet sich der Weg vom Beurteilen zum Beachten, von der Abgrenzung zur Umarmung.
- in der Fähigkeit, die eigene Person als öffentliche Person zu begreifen, die im örtlichen Sozialraum präsent ist, indem sie netzwerkt, sich interessiert, zwischen den verschiedenen Welten moderiert und schließlich mit ihnen auch kooperiert. Auch dies ist eine Form des Hingehens, die dem Einladen zum Jugendgottesdienst Türen öffnet.
- in der Fähigkeit, mit Zielen zu arbeiten. Gegenüber sich einschleifenden Gewohnheiten und der Flut der Aufgaben hält das aktive und stete Umgehen mit Zielen wach, auf aktuelle Entwicklungen angemessen reagieren zu können. Nur so bleiben wir mit unserem Feiern auf dem Weg und können so zum Glauben einladen, dass man es versteht. Nicht zuletzt gilt: Wie wollen wir ohne Zielreflexion dankbare Menschen vor Gott bleiben?

An diesen Kompetenzen zu arbeiten, fordert heraus. Freilich. Aber es sind Herausforderungen, die die Entwicklung unserer eigenen Persönlichkeit sowie die missionarische Kraft unseres Feierns befördern. Sich dem zu stellen, bewirkt nicht erst den Segen Gottes, sondern erfährt diesen schon.

Literatur

Calmbach, Marc/Thomas, Peter Martin/Borchard Inga/Flaig Bodo (Hrsg.) (2012): Wie ticken Jugendliche? Lebenswelten von Jugendlichen im Alter von 14 bis 17 Jahren in Deutschland U18. Düsseldorf: Verlag Haus Altenberg.

Heinzmann, Gottfried/Eißler, Hans-Joachim (Hrsg.) (2013): DAS LIEDERBUCH. Glauben – Leben – Lieben – Hoffen. Stuttgart: Verlag Buch und Musik.

Kaupp, Steffen/Widermuth, Bernd (2013): Jugendgottesdienst. In: Kaiser, Yvonne/ Spenn, Matthias/Freitag, Michael/Rauschenbach, Thomas/Corsa, Mike (Hrsg.): Handbuch Jugend. Evangelische Perspektiven. Opladen: Verlag Barbara Budrich. S. 379–381.

Kaupp, Steffen (2015): Gottesdienste einfach anders. Fit fürs Feiern werden. Stuttgart: Verlag Buch und Musik.

Kopp, Hansjörg/Hügin, Stefanie/Kaupp, Steffen/Borchard, Inga/Calmbach, Marc (Hrsg.) (2013): Brücken und Barrieren. Jugendliche auf dem Weg in die Evangelische Jugendarbeit. Stuttgart: Verlag Buch und Musik.

Ulmer, Rolf (Hrsg.) (2004): One of us. Praxisbuch Jugendgottesdienst und Jugendkirche. Stuttgart: Verlag Buch und Musik.

JUGENDFREIZEITEN ALS ORTE GELEBTEN GLAUBENS

Wolfgang Ilg

Freizeiten gelten für viele Menschen (zu Recht) als Inbegriff der Jugendarbeit: Wie unter einem Brennglas verdichten sich bei einer Jugendgruppenfahrt die Gemeinschaftserfahrungen. Alles, was Jugendarbeit ausmacht, ist bei einer Freizeit in besonderer Intensität erlebbar. Der vorliegende Artikel befasst sich mit den Chancen und Gefahren einer missionarisch orientierten Freizeitenarbeit.

1. Charakteristika von Jugendfreizeiten

Freizeiten werden hier verstanden als „mit Gruppen durchgeführte, freiwillige, nicht am Heimatort stattfindende Aktivitäten, die mehr als zwei Tage dauern und deren Zielsetzung über die bloße Organisation eines gemeinsamen Urlaubs hinaus pädagogisch begründet und von Erwachsenen begleitet wird“ (Ilg 2008: 15). Eine prototypische Freizeit dauert ca. ein bis zwei Wochen, umfasst eine Gruppe zwischen 20 und 40 Jugendlichen sowie ein Mitarbeiterteam, das zumeist aus Haupt- und/oder Ehrenamtlichen besteht. Verlässliche Daten über die Anzahl von Freizeitanbietern und die Zahl durchgeführter Fahrten werden erst allmählich verfügbar (BMWi 2014), die Jugendverbände und insbesondere die konfessionellen Träger spielen in diesem Feld seit jeher eine führende Rolle (Seckinger et al. 2009: 23). Fließende Übergänge gibt es zu anderen Arbeitsformen, beispielsweise internationale Jugendbegegnungen, Ferienwaldheime und Stadtranderholungen, Wochen gemeinsamen Lebens, Schullandheime oder sogenannte „Sommerschulen“.

Die Geschichte der Jugendfreizeiten beginnt mit der Entstehung der Jugendarbeit Mitte des 19. Jahrhunderts und spiegelt in den Ausprägungen vom „Wandervogel“ über paramilitärische Kampflager bis hin zu kommerziellen Jugendreisen stets die gesellschaftliche Entwicklung der Zeit (Haese 1994; Friesenhahn/Thimmel 2005). Im aktuellen Kinder- und Jugendhilfegesetz (§ 11 SGB VIII) sind Jugenderholungsmaßnahmen als ein Schwerpunkt der Jugendarbeit fest verankert und werden aus diesem Grund in der Regel auch durch kommunale oder Landeszuschüsse finanziell gefördert. Aktuelle Fachdebatten sind unter anderem gekennzeichnet von der Verhältnisbestimmung zwischen gemeinnützigen und kommerziellen Veranstaltern, von den Potenzialen der Freizeitarbeit als Betreuungsangebot in den Ferienzeiten der Ganztagsschule sowie von Qualitäts- und Zertifizierungsfragen (vgl. Drücker/Fuß/Schmitz 2014). Auch pädagogische Fragen rücken wieder vermehrt in den Fokus, insbesondere weil die inklusive Kraft von Freizeiten für das Miteinander verschiedener Milieus sowie für alltägliche Begegnungen zwischen Jugendlichen mit und ohne Behinderung immer mehr erkannt wird. Aus Sicht der Jugendverbände verweist der Deutsche Bundesjugendring auf die Chance, dass Freizeiten einerseits „Höhepunkt der verbandlichen Arbeit", andererseits für viele Kinder und Jugendliche auch der „Erstzugang zu Aktivitäten der Kinder- und Jugendarbeit" sind (DBJR 2008: 1).

In pädagogischer Hinsicht besteht ein Charakteristikum von Freizeiten in der *Alltagserfahrung im Nicht-Alltäglichen*: Junge Menschen erleben hier in einer Gruppe von Gleichaltrigen das gemeinsame Leben im gesamten Tagesverlauf – allerdings in einem Setting, das aufgrund der Urlaubssituation aus der üblichen Schulwoche hervorgehoben ist. Als kostbarstes Gut, das bei Freizeiten in ganz anderer Weise als zu Hause erlebbar ist, kann die verfügbare *Zeit* angesehen werden: Fernab vom Leistungsdruck der Schule und durchgetakteten Wochenplänen, unter denen auch die Jugendarbeit zu leiden hat (Lange/Wehmeyer 2014), bieten Freizeiten tatsächlich „freie Zeit". Sie werden für Jugendliche dadurch zu einem Experimentierfeld für die eigene Lebensgestaltung und eröffnen Freiräume für das Nachdenken über Grundfragen des Lebens. Die zweite zentrale Komponente, die das Freizeiterleben bestimmt, ist die *Gemeinschaft*: Im Miteinander der für Jugendliche so zentralen peer group werden Beziehungen gestaltet, Freundschaften geschlossen und auch Konflikte ausgetragen. Dieses pädagogische Intensivlabor wird begleitet von Mitarbeitenden, denen nicht nur in organisatorischer, sondern insbesondere in pädagogischer Hinsicht eine Schlüsselrolle zukommt.

In grundlegenden Texten der evangelischen Jugendarbeit werden Freizeiten oftmals als „Gemeinde auf Zeit" bezeichnet (Ilg 2013), das evangelische Profil wird durch spirituelle Angebote, durch Beziehungen und „Erfahrungen gelingenden Glaubens und Lebens" gekennzeichnet (BEJ 2005: 11; vgl. EJW 2014: 8). Weitgehende Einigkeit besteht darin, dass bei evangelischen Freizeiten der christliche Glaube *implizit* erlebbar sein soll, also im gemeinschaftlichen Miteinander, einem respektvollen Blick auf den Einzelnen und einer diakonischen Grundhaltung. Deutlich uneinheitlicher zeigt sich die Praxis im Blick auf *explizite Formen* christlichen Glaubens. Die Spanne reicht hier von Freizeitleitungen, denen schon ein Tischgebet als zu aufdringliche Glaubensäußerung erscheint, bis hin zu Teams, die ihre Freizeit ganz vom missionarischen Ansatz her gestalten und das Programm auf einen emotional inszenierten Bekehrungsabend hin zuspitzen. Konzeptionelle Diskussionen oder entsprechende Veröffentlichungen finden sich allerdings kaum, zumeist wird die Verkündigung bei Freizeiten als Teil einer Verbandskultur tradiert und entsprechend wenig reflektiert.

Wie notwendig ein bewusster Umgang mit den inhaltlichen Aspekten einer Freizeit ist, zeigt sich allerdings daran, dass Freizeiten immer wieder missbraucht wurden, um Jugendliche zu manipulieren und die Sondersituation der Gruppengemeinschaft abseits der elterlichen Einsichtnahme auszunutzen. Neben Aspekten sexueller Übergriffe, die vereinzelt für Schlagzeilen in den Medien sorgen, gehören dazu auch Jugendreiseformate, die sich inzwischen großer Beliebtheit erfreuen: So haben sich einige kommerzielle Reiseveranstalter auf Fahrten spezialisiert, bei denen eine „Bier-Flatrate" vom jungen Kunden hinzugebucht werden kann. Ein eindrücklicher Bericht aus Lloret de Mar beschreibt beispielsweise die Formen der „Trinkanimation", die beim „Abi-Fertig-Urlaub" von Rainbow-Tours das pädagogische Programm der Reiseleiter ausmachen (Parth 2002). Wie subtil eine Freizeitgruppe vom Team der Mitarbeitenden auch außerhalb des eigentlichen Programms beeinflusst werden kann, verdeutlicht ein (in ethischer Hinsicht äußerst fragwürdiges) Experiment, bei dem ein Betreuer-Team des Bezirksamts Kreuzberg bei einer Freizeit mit Geräuschen und Düften eine Freizeitgruppe erfolgreich so manipulierte, dass diese sich regelrecht in eine Traumwelt versetzen ließ (Stenger/Geißlinger 1991). Zweifellos bieten Freizeiten also einen außerordentlich wirksamen Nährboden für gemeinsames Gruppenerleben und Veränderungen des eigenen Lebensstils. Die aufgezeigten Missbrauchsbeispiele verdeutlichen die hohe Verantwortung, die in der pädagogischen Gestaltung dieses Arbeitsfelds liegt. Im Folgenden sollen daher theologische Kriterien für eine verantwortete Form evangelischer Verkündigung bei Freizeiten benannt werden.

2. Theologische Orientierungen

Einer speziellen Theologie bedarf es für das Verhältnis von Freizeiten und Mission nicht, hier gelten die allgemeinen konzeptionellen Überlegungen der Jugendarbeit, wie sie im vorliegenden Handbuch entfaltet werden. Für Freizeiten sind jedoch einige Aspekte von besonderer Bedeutung, die sich auf die speziellen Rahmenbedingungen bei Freizeiten beziehen.

Als ein Charakteristikum von Freizeiten wurde der Zeitfaktor identifiziert. Zeiten der Ruhe, abseits vom alltäglichen Geschehen, finden sich in der gesamten Bibel als Kristallisationspunkte für die Entstehung und Vertiefung des Glaubens. Hier ist einerseits an herausgehobene Phasen der Kontemplation zu denken, wie die biblischen Protagonisten sie freiwillig oder unfreiwillig immer wieder erleben (z. B. Elia in 1Kön 19 oder die Jünger bei der Verklärung Jesu in Mk 9). Das Motiv des Reisens ist häufig mit Wendepunkten in den biografischen Erzählungen der Bibel verbunden (z. B. Noomi, Rut und Orpa in Rut 1, die Flucht des Propheten Jona in Jona 1, das Umherziehen Jesu mit seinen Jüngern, die lebensverändernde Reise des äthiopischen Kämmerers in Apg 8). Das äußerliche Unterwegssein verbindet sich mit inneren Wegstrecken und Wendepunkten, bekommt also eine metaphorische Bedeutung. In den (auch bei jungen Menschen wieder beliebten) Pilgerwanderungen ist etwas von dieser Verbindung des äußeren und inneren Wegs erhalten geblieben.

Die bei Freizeiten für viele Jugendliche eindrückliche Erfahrung von Gemeinschaft entspricht ebenfalls einer Grunderfahrung der jüdisch-christlichen Tradition: Der Mensch ist von der Schöpfung her auf das Miteinander angelegt, „der Mensch wird am Du zum Ich" (Martin Buber). Gerade in einer hochgradig individualisierten und medial inszenierten Lebenswelt können die intensiven Gemeinschaftserfahrungen einer Freizeit etwas von dieser Grundkonstitution des Menschen erlebbar machen. Dies gilt in besonderer Weise für das Miteinander einer christlichen Gemeinschaft, denn auch die christliche Gemeinde ist von Anfang an auf das intensive Miteinander angelegt („Sie blieben aber beständig in der Lehre der Apostel und in der Gemeinschaft und im Brotbrechen und im Gebet", Apg 2,42). Die Kraft und Gefahr der christlichen Gemeinschaft beschreibt Dietrich Bonhoeffer in seinem Buch „Gemeinsames Leben". In seinem viel beachteten Werk geht der Theologe auf Freizeiten mit einem warnenden Hinweis ein: „Wo nicht das alltägliche Leben mit allen Ansprüchen an den arbeitenden Menschen in die geistliche Gemeinschaft hineinragt, dort ist besondere Wachsamkeit und Nüchternheit am Platz. Darum breitet sich ja erfahrungsgemäß gerade auf kurzen Freizeiten am allerleichtesten das seelische Moment aus. Nichts ist leichter, als den Rausch der Gemeinschaft in wenigen Tagen gemeinsamen Lebens zu erwecken" (Bonhoeffer 1987 [1940]: 29).

3. Empirische Befunde

Die wohl beeindruckendste empirische Erkenntnis zu Jugendfreizeiten liegt in ihrer Reichweite – und zwar spezifisch in der Form der Konfirmandenfreizeit. Mehr als 90 % aller evangelischen Kirchengemeinden in Deutschland haben mittlerweile eine Freizeit in das Konfirmandenjahr integriert. Demnach hat fast jeder evangelische Jugendliche über 14 Jahren mindestens eine Freizeit erlebt – und 73 % der Konfirmanden bewerten die Erfahrung ihrer Konfi-Freizeit als positiv (vgl. Schweitzer et al. 2015: 130–153; Saß 2005). Zur Verbreitung von längeren Ferienfreizeiten im Bereich der evangelischen Kirche liegen nur vereinzelt Daten vor. So beziffert die Studie „Jugend zählt" die Teilnahmen bei evangelischen Kinder- und

Jugendfreizeiten in Baden-Württemberg (ohne Konfirmandenfreizeiten) auf jährlich über 73.000 Teilnehmende und über 20.000 Engagements von Mitarbeitenden (Ilg/Heinzmann/Cares 2014: 141). Im Durchschnitt liegt der Betreuungsschlüssel bei diesen Freizeiten bei 3 bis 4 Teilnehmenden pro Mitarbeiter. Das hohe ehrenamtliche Engagement gerade bei Freizeiten ermöglicht eine intensive personale Begegnung zwischen Jugendlichen und ihren Betreuungspersonen. Im Vergleich der Evaluationsergebnisse von über 1.000 Jugendgruppenfahrten wird deutlich, dass ein intensiver Betreuungsschlüssel als einer der entscheidenden Qualitätsindikatoren angesehen werden kann, der mit vielen positiven Rückmeldungen der Jugendlichen einhergeht (Ilg/Dubiski 2015).

Aus Befragungen von Freizeitteilnehmern ist bekannt, dass insbesondere die Aspekte des sozialen Miteinanders für Jugendliche bedeutsam sind, sowohl innerhalb der Teilnehmergruppe als auch zwischen Teilnehmenden und Mitarbeitenden. In einer Studie bei evangelischen Jugendfreizeiten gaben 92 % der Teilnehmenden an, dass sie „bei dieser Freizeit neue Freunde gefunden“ haben, drei Monate nach der Freizeit bestanden bei 77 % solche Freundschaften auch über das Freizeitende hinaus fort. Die Mitarbeitenden werden von den Jugendlichen zumeist als sympathisch erlebt, zwei Drittel der Befragten stimmen sogar der Aussage zu: „Einige Mitarbeiter stellen für mich Vertrauenspersonen dar.“ Dass Freizeiten nachwirken können, wird daran deutlich, dass drei Monate nach Freizeitende 27 % der Jugendlichen die Aussage bejahen „Diese Freizeit hat mein Leben verändert.“ Für die im vorliegenden Artikel fokussierte Frage nach dem Verhältnis von Freizeiten und Mission ist ein weiteres Ergebnis der Freizeitenevaluation von besonderer Bedeutung: Unter den 41 einbezogenen Freizeiten der Studie variierte der Anteil der Jugendlichen, die der Aussage „Der Glaube an Gott ist mir jetzt wichtiger als vor der Freizeit“ zwischen 10 % und 90 %, im Durchschnitt waren es 38 %. Eine nähere Analyse verdeutlicht, dass die Ausprägung dieses Erlebnisbereichs eng mit den Zielsetzungen der Mitarbeitenden korreliert. Demnach ist eine glaubensstärkende Wirkung von Freizeiten nicht nur möglich, sondern hängt in hohem Maße mit den Zielsetzungen der Mitarbeitenden zusammen. Der Freizeitvorbereitung und einer Reflexion im Mitarbeiterteam gerade zu dieser Frage kommt daher eine besondere Bedeutung zu (vgl. Ilg 2005: 69–77; 105; 125–128).

Ein Aspekt, der bei Freizeiten (und auch in der empirischen Beschäftigung) oft zu wenig beachtet wird, ist die Verknüpfung von Freizeiten mit den Jugendangeboten vor Ort. Viele Jugendliche erleben bei Freizeiten erstmals eine Arbeitsform evangelischer Jugendarbeit und bekommen dabei Lust, solche Erfahrungen im Alltag fortzusetzen. In einer Studie zu Übergängen von Freizeiten zu Jugendgruppen bekundeten drei Viertel der befragten Freizeitteilnehmer am Ende der Freizeit das Interesse, sich weiterhin mit anderen Jugendlichen in einer Jugendgruppe zu treffen. In der Praxis gelingt dieser Übergang aber nur selten. Mögliche Modelle bestehen dabei nicht nur in der Teilnahme an einer bestehenden örtlichen Jugendgruppe, auch die Gründung einer Projektgruppe als „Nacharbeit der Freizeit“ oder der fließende Übergang vom Teilnehmer zum Mitarbeiter bei Freizeiten bzw. Konfi-Camps erscheinen als aussichtsreiche Formen der Verknüpfung von Freizeiten und kontinuierlichen Jugendarbeitsformen (Großer/Schlenker-Gutbrod 2006).

4. Prinzipien für die christliche Verkündigung bei Freizeiten

Aus den Charakteristika und den empirischen Erkenntnissen zu Freizeiten wird deutlich, dass Freizeiten in besonderer Weise auf Jugendliche wirken können – dies kann zum Segen genutzt oder auch missbraucht werden. Im Folgenden sollen Kriterien dafür aufgezeigt werden, wie ein missionarisches Anliegen bei Freizeiten theologisch verantwortet umgesetzt werden kann.

Die Stärke der Freizeiten liegt in ihrem Potenzial für Beziehungen. Da der christliche Glaube stets personal vermittelt wird, bieten Freizeiten ein geeignetes Umfeld, um auch den Glauben ins Gespräch zu bringen. Eine Beziehung, die den Menschen in seiner Individualität achtet, versteht sich jedoch nie als Einbahn-Kommunikation. In der Beziehungsgestaltung von Mitarbeitenden und Teilnehmenden bei Freizeiten ist daher darauf zu achten, dass es sich nicht lediglich um die „Vermittlung“ von Inhalten handelt, die den Mitarbeitenden wichtig sind. Vielmehr müssen Gesprächssituationen geschaffen werden, bei denen die Jugendlichen untereinander und mit den Mitarbeitenden so ins Gespräch kommen, dass ihre eigenen Erfahrungen und Lebensdeutungen dabei Raum bekommen. Fragen zu stellen kann hierbei oftmals bedeutsamer sein als vorschnell Antworten zu geben. Im Sinne der Jugendtheologie geht es also nicht nur um Theologie *für* Jugendliche, sondern auch um Theologie *mit* Jugendlichen und um die Theologie *der* Jugendlichen (Schlag/Schweitzer 2012). Ein solcher dialogischer Ansatz im Blick auf die christliche Verkündigung schließt manipulative Formen von vorneherein aus.

Das „personale Angebot“ (ein Begriff, der aus der katholischen Jugendarbeit der 70er-Jahre stammt) stellt bei Freizeiten den wichtigsten Schatz dar und ist so nur durch die große Zahl engagierter Mitarbeitender möglich. Die Schulung und Begleitung dieser Mitarbeitenden erscheinen von zentraler Bedeutung, damit Jugendliche nicht lediglich „animiert“ werden, sondern in ihren Teamern Menschen erleben, denen eine eigene Orientierung in Lebensfragen und zugleich Interesse für andere Lebensorientierungen anzumerken ist. Im Hinblick auf die Verkündigung sollten Mitarbeitende ermutigt werden, sich auch dann mit inhaltlichen Beiträgen einzubringen, wenn sie ihren Glauben als unsicher oder fragwürdig erleben – gerade in solchen authentischen Begegnungen erfahren Jugendliche, dass Glaube nicht das abgehobene Privileg professioneller Verkündiger ist, sondern ganz unterschiedlich erlebt und gestaltet wird. Wenn die Diagnose des ehemaligen Ratsvorsitzenden der EKD Nikolaus Schneider zutrifft, dass „die eigentliche Herausforderung der Kirche [...] die religiöse und weltanschauliche Pluralität" ist (EKD 2014: 7), dann liegt in der pluralen Zusammensetzung eines Mitarbeiterteams nicht nur eine Herausforderung (wie es manchmal von Freizeitleitungen beschrieben wird), sondern auch eine Chance, ins Gespräch über unterschiedliche Weltsichten zu kommen.

Als Form einer zeitlich befristeten „Urlaubsgemeinde" bieten Freizeiten Möglichkeiten nicht nur für implizite Formen des Glaubens, sondern können und sollten auch explizit Programmpunkte beinhalten, in denen der christliche Glaube eine Rolle spielt. Weil Glaube auf Freiheit basiert, ist bei allen Formen darauf zu achten, dass sich die Jugendlichen nicht gegen ihren Willen missionarisch vereinnahmt fühlen. Dazu gehört vor allem Transparenz bei der Freizeitausschreibung. Wenn regelmäßige Andachten und Gottesdienste zum Programm gehören, sollte dies in der Beschreibung deutlich gemacht werden. Bei der Freizeit kann es neben gemeinsamen Pflichtprogrammpunkten (auf die im Sinne des Gruppenerlebens nicht grundsätzlich verzichtet werden sollte) freiwillige Angebote geben, in denen der Glaube hinterfragt, vertieft und erlebt werden kann. So ist beispielsweise denkbar, dass eine Freizeit jeden Tag mit einem gemeinsamen Abendgebet in der Gesamtgruppe abschließt, die Morgenandacht mit Austausch über einen Bibeltext aber freiwillig angeboten wird. Die Balance von evangelischer Erkennbarkeit und Freiheit auch für andere Weltanschauungen wird in einem Grundlagentext der EKD ausdrücklich auch am Beispiel von Freizeiten thematisiert: „Von den Fachkräften in der evangelischen Kindertagesstätte, dem Mitarbeiterkreis einer kirchlichen Freizeit, vom Krankenhausseelsorger oder der christlichen Altenpflegerin darf man erwarten, dass sie von der Hoffnung reden, ‚die in euch ist' (vgl. 1Petr 3,15). Aber niemand soll fürchten müssen, dass er oder seine Angehörigen in solchen Begegnungen um die eigene Religion gebracht werden sollen" (EKD 2015: 56).

Der von Dietrich Bonhoeffer beschriebenen Gefährdung, bei Freizeiten den „Rausch der Gemeinschaft" zu befördern, kann dadurch begegnet werden, dass während einer Freizeit die Alltagsbezüge nicht ausgeklammert werden. Für viele Jugendliche sind die Erfahrungen aus Familie oder Schule auch mit Belastungen verbunden. Eine Ferienfreizeit bietet die Chance, aus dem Abstand heraus neue Perspektiven für den Alltag zu entwickeln. Dazu sollten Mitarbeitende Impulse setzen, die auch die Alltagserfahrungen thematisieren. So kann beispielsweise in Kleingruppen über die Erfahrung mit Geschwistern gesprochen werden, oder eine „Berufsbörse" bietet den Teilnehmern die Möglichkeit, bei den Mitarbeitern ihrer Freizeit etwas über deren Berufsalltag zu erfahren und dadurch eigene Berufsperspektiven zu gewinnen. Solche Alltagsverknüpfungen setzen die Einsicht um, dass Christsein nicht nur ein Hochgefühl für ausgewählte Momente bedeutet, sondern sich auf den Gottesdienst im Alltag (Röm 12) bezieht.

Zur Verkündigung des Evangeliums gehört auch der diakonische Blick: Wenden sich die Freizeiten (schon allein aufgrund der Reiseziele und Kosten) nur an sozial bessergestellte Jugendliche? Welche systematischen Zugangshindernisse gibt es beispielsweise für Jugendliche mit Migrationshintergrund, Menschen mit einer Behinderung oder andere Gruppen, die von der Jugendarbeit häufig nicht erreicht werden? Auch vor Ort kann der diakonische Blick neue Sichtweisen auf die Urlaubsregion mit sich bringen. So sollte bei einer Freizeit in einem wirtschaftlich ärmeren Land auch die soziale Situation vor Ort, beispielsweise eine hohe Jugendarbeitslosigkeit, thematisiert werden. Wer sich am italienischen Badestrand in der Sonne aalt, kann abends auch mit der Frage konfrontiert werden, ob der massenhafte Tod von Flüchtlingen bei der Überfahrt über dieses Meer nicht als Ausdruck einer hinterfragbaren Weltordnung gesehen werden muss.

5. Den Glauben ins Gespräch bringen: Praxisimpulse

Für die Durchführung christlicher Freizeiten gibt es eine Fülle von Praxisbüchern, in denen auch Ideen für Verkündigungsimpulse genannt sind (z. B. Knublauch et al. 2014). Eine reflektierte Ausarbeitung zu den Chancen und Grenzen missionarischer Freizeitenarbeit findet sich jedoch nur selten. Die folgenden Ideen zeigen exemplarisch Möglichkeiten auf, wie die oben genannten Prinzipien für eine verantwortete Verkündigung umgesetzt werden können.

- Wenn eine missionarische Ausrichtung sich tatsächlich darin äußern soll, dass Menschen zum Glauben eingeladen werden, die bislang noch kaum Berührungspunkte damit haben, dann liegt ein entscheidender Aspekt missionarischer Freizeitenarbeit in der Öffentlichkeitsarbeit und der Ansprache neuer Zielgruppen. Mit den klassischen Werbeschienen (Freizeitprospekt im CVJM-Haus, Information im Gemeindebrief) werden in der Regel vor allem christlich sozialisierte Teenager erreicht. Die Möglichkeiten der Ausschreibung im Internet werden mittlerweile von fast allen Freizeitveranstaltern genützt und sorgen für eine theoretisch fast unbegrenzte Reichweite.

Allerdings finden sich Freizeiten damit auf einem Markt wieder, der nicht zuletzt durch eine gute Platzierung in Internet-Suchmaschinen oder durch besonders günstige Preise bestimmt wird. Bislang spielen christliche Freizeitveranstalter ihre strategischen Vorteile bei der Freizeitwerbung noch kaum aus. Als etablierte Jugendarbeitsträger im Gemeinwesen haben sie beispielsweise bei vielen Eltern einen guten Ruf – diese Zielgruppe gerät beim Erstellen von Werbematerialien rasch aus dem Blick. In Anknüpfung an Konfirmandenfreizeiten wäre auch eine intensivere Ansprache ehemaliger Konfirmanden sinnvoll, beispielsweise durch die Vermarktung von Freizeitgutscheinen als Konfirmationsgeschenk. Auch innovative Freizeitenformate könnten neue Zielgruppen erschließen, beispielsweise Freizeiten im Ausland, die das Sprachenlernen als ausdrücklichen Teil des Programms aufnehmen und damit dem (fragwürdigen) Trend der schulbildungsunterstützenden Ferienmaßnahmen nachkommen.

- Dem Mitarbeiter-Team kommt im Blick auf die Verkündigung eine zentrale Rolle zu. Die Vorbereitung auf eine Freizeit erschöpft sich daher nicht in der Erledigung organisatorischer Aufgaben, sondern muss insbesondere theologische und pädagogische Klärungen enthalten: Welches Ziel haben unsere Verkündigungsimpulse bei Freizeiten? Bleibt Raum auch für das gemeinsame Gebet für die Jugendlichen? Bin ich mir der mit meiner Rolle verbundenen besonderen Verantwortung und der Gefahr für deren Missbrauch bewusst? Wie können wir unsere Verschiedenheit, auch in Glaubensfragen, als Bereicherung wahrnehmen und in vielfältige Formen der Verkündigung einfließen lassen? Gelingt es uns, ein ungeschminktes Bild davon zu vermitteln, was christlicher Glaube bedeutet, sodass wir als authentische Christen erlebbar werden? Eine konkrete Möglichkeit, das personale Angebot ausdrücklich zu würdigen, besteht in der Praxis von Mitarbeiter-Interviews, bei denen an jedem Abend ein Team-Mitglied aus seinem Leben berichtet und dabei auch im Blick auf den eigenen Glauben nahbar wird (Ilg 2014). Häufig entstehen gerade aus solchen persönlichen Einblicken in das eigene Leben intensive seelsorgerliche Gespräche mit einzelnen Teilnehmenden. Weil Glaube in erster Linie personal vermittelt wird, wird eine missionarisch orientierte Freizeit auf vielfältige Weise Anstöße für persönliche Gespräche geben.
- Jugendarbeit ist geprägt vom Gedanken der Partizipation, das kann und soll auch für den Bereich der Verkündigung gelten. Dem Ansatz der Jugendtheologie entsprechend sollten Jugendliche nicht nur als Empfänger theologischer Botschaften, sondern auch selbst als Theologen ernst genommen werden. So können Morgenandachten nach einigen Tagen Vorlauf auch in die Verantwortung von Teilnehmenden

gelegt werden, das Mitarbeiter-Interview kann sich am letzten Tag zu einer Talkrunde mit verschiedenen Jugendlichen auf dem Podium ausweiten. Neben solchen Formen, in denen Jugendliche sich vor der ganzen Gruppe zu Glaubensfragen äußern, sollten verschiedene Formen befördert werden, die das direkte Gespräch untereinander in Gang bringen. Kleingruppen, die sich während einer Freizeit immer wieder treffen, bieten hierzu einen geschützten Rahmen. Methoden wie das Kugellager (Teilnehmende stehen sich in einem Innen- und Außenkreis gegenüber und sprechen jeweils zu zweit über eine vorgegebene Frage) eröffnen Gespräche, die oftmals im informellen Teil der Freizeit fortgesetzt werden. Auch in anderen kreativen Formen können Diskussionen entfacht werden, dafür genügt schon ein leeres Plakat mit einer Impulsfrage und einem Kugelschreiber, das an zentralem Ort (oder im Toilettenhäuschen) aufgehängt wird. Da viele Jugendliche aus ihrem Alltag Phasen von Stille und Nachdenken kaum mehr kennen, können Momente gemeinsamer Stille (nicht nur bei Andachten, sondern beispielsweise bei einer Wanderung, evtl. auch einzeln unterwegs im Stil eines Solo) das Nachdenken über Leben und Glauben befördern. Auch erlebnispädagogische Angebote mit einer gut angeleiteten Reflexionsrunde können Gespräche darüber initiieren, was im Leben Halt schenkt oder wie man Vertrauen gewinnt (Lohrer/Oberländer/Wiedmayer 2012).

- Zum Glauben in der Gemeinschaft gehören geistliche Erfahrungsräume, wie sie sich klassischerweise im Gottesdienst verdichten. Bei Jugendfreizeiten können Gottesdienste in ganz unterschiedlichen Formen und unter intensiver Beteiligung der Jugendlichen gestaltet werden. Verbreitet sind Werkstattgottesdienste, bei denen jeder Teil des Gottesdienstes von einer Kleingruppe vorbereitet wird. Bewährt haben sich auch Gottesdienste auf dem Weg (wandernd durch die Natur) sowie Gottesdienste in der örtlichen Kirche, mit denen zugleich ein Signal im Sinne der weltweiten Ökumene gesetzt wird. In die Kategorie der Gottesdienste lassen sich auch die Programmangebote einordnen, bei denen Jugendliche bewusst die Möglichkeit haben, einen (Neu-)Start im Glauben zu wagen. Um solche Möglichkeiten persönlicher „Bekehrung" einerseits einzurichten, andererseits nicht manipulativ zu missbrauchen, bedarf es hier besonders reflektierter Vorbereitung – so muss insbesondere sichergestellt werden, dass durch den Programmablauf keine unangemessene Emotionalisierung befördert wird.
- Von zentraler Bedeutung für die Gesamtatmosphäre einer Freizeit sind (wie bei Jugendlichen durchgehend) die Musik und insbesondere das gemeinsame Singen. Häufig entwickeln sich bei Freizeiten

bestimmte „Kult-Lieder“, die noch beim Nachtreffen auswendig gesungen werden – dazu können durchaus auch christliche Lieder gehören. Eine bewusste Liedauswahl gehört mit zur theologisch verantworteten Freizeitleitung. Damit auch Jugendliche aus nicht christlichem Hintergrund sich musikalisch beheimatet fühlen, gehören gerade bei einem missionarischen Freizeitkonzept säkulare Lieder unbedingt dazu.[1]

- Missionarische Jugendarbeit steht in Zeiten der Pluralität vor besonderen Herausforderungen, denen es offensiv zu begegnen gilt. Christlicher Glaube wird in einer Welt, in der Jugendliche im Alltag einer Vielzahl von Menschen mit einer anderen oder gar keiner Religion begegnen, nur dann plausibel, wenn er interreligiöse Begegnungen nicht scheut, sondern gerade hierfür sprachfähig macht. Auch bei einer Freizeit kann die Pluralitätsfähigkeit (EKD 2014) gestärkt werden, wenn beispielsweise ein islamischer Freizeitteilnehmender die Möglichkeit erhält, auch von seinem Glauben und den damit verbundenen Traditionen zu berichten. Die (oftmals ohnehin vernachlässigten) Chancen der interkulturellen Bildung durch den Aufenthalt in einem fremden Land sollten genutzt und durch interreligiöse Lernerfahrungen ergänzt werden – beispielsweise durch den Besuch einer örtlichen Synagoge oder Moschee.
- Das Leben als Christ ist stets mit christlicher Gemeinschaft verbunden. Wenn das Christsein über den zeitlich klar begrenzten Zeitabschnitt einer Freizeit hinausreichen soll, dann sind Übergangsangebote von der Freizeit in die örtliche Gemeinde- und Jugendarbeit entscheidend. Hier wird sich zeigen, ob der bei einer Freizeit erlebte Glaube auch jenseits der Hochstimmung tragfähig und alltagstauglich ist.

6. Ausblick

Freizeiten als verdichtete Form des Zusammenlebens werden auch zukünftig eine der zentralen Jugendarbeitsformen bleiben. Anders als viele andere Formen der Jugendarbeit sind Freizeiten durch den weiter zu erwartenden Ausbau von Ganztagsschulen nicht gefährdet, weil sie in den Ferien stattfinden. Die Bedeutung von Freizeiten im Gesamtangebot der Jugendarbeit dürfte insofern in den nächsten Jahren eher noch steigen. Angesichts des demografischen Wandels (der in deutlich verschärfter Weise für den evangelischen Bevölkerungsanteil gilt) wird sich die Marktsituation von Freizeiten

[1] Eine gelungene Zusammenstellung aus neuerer Zeit bietet DAS LIEDERBUCH. Online unter: www.das-liederbuch.de (Abruf 20.08.2015).

aber noch weiter verstärken. In pädagogischer Hinsicht bieten jugendverbandlich organisierte Freizeiten durch die hohe Zahl von Ehrenamtlichen ein besonderes Potenzial. Auch für missionarisch orientierte Freizeitenarbeit entscheidet sich eine gelingende Freizeitenarbeit am personalen Angebot – also an Menschen, die sich pädagogisch qualifiziert und theologisch verantwortet für Kinder und Jugendliche einsetzen.

Literatur

BEJ (2005) = Bundesarbeitsgemeinschaft Evangelischer Jugendferiendienste e.V. (BEJ) (Hrsg.): Qualität bei Kinder- und Jugendfreizeiten. Eine Aufsatzsammlung. 3. Auflage. Hannover: BEJ.

Bonhoeffer, Dietrich (1987): Gemeinsames Leben. In: Müller, Gerhard Ludwig/ Schönherr, Albrecht: Dietrich Bonhoeffer Werke. Fünfter Band. München: Christian Kaiser Verlag. Erstauflage 1940.

BMWi (2014) = Bundesministerium für Wirtschaft und Energie (Hrsg.): Grundlagenstudie Kinder- und Jugendtourismus in Deutschland. Online unter: http://www.kinder-und-jugendtourismus.de/wp-content/uploads/Datenblatt-Grundlagenstudie-Kinder-und-Jugendtourismus.pdf (Abruf 20.08.2015).

DBJR (2008) = Deutscher Bundesjugendring: Beschluss zu Kinder- und Jugendfreizeiten. 81. Vollversammlung am 24./25.10.2008 in Berlin.

Drücker, Ansgar/Fuß, Manfred/Schmitz, Oliver (Hrsg.) (2014): Wegweiser Kinder- und Jugendreisepädagogik. Potenziale – Forschungsergebnisse – Praxiserfahrungen. Schwalbach: Wochenschau.

EJW (2014) = Evangelisches Jugendwerk in Württemberg: Qualitätsleitfaden für Freizeiten im Evangelischen Jugendwerk in Württemberg. Online unter: www.ejw-reisen.de/fileadmin/dokumente_reisen/qualitaetLeitfaden/index.html (Abruf 20.08.2015).

EKD (2014) = Evangelische Kirche in Deutschland (EKD) (Hrsg.): Religiöse Orientierung gewinnen. Evangelischer Religionsunterricht als Beitrag zu einer pluralitätsfähigen Schule. Eine Denkschrift des Rates der Evangelischen Kirche in Deutschland. Gütersloh: Gütersloher Verlagshaus. Online unter: www.ekd.de/religionsunterricht (Abruf 20.08.2015).

EKD (2015) = Evangelische Kirche in Deutschland: Christlicher Glaube und religiöse Vielfalt in evangelischer Perspektive. Ein Grundlagentext des Rates der Evangelischen Kirche in Deutschland (EKD). Gütersloh: Gütersloher Verlagshaus. Online unter: www.ekd.de/EKD-Texte/christlicher_glaube.html.

Friesenhahn, Günter J./Thimmel, Andreas (Hrsg.) (2005): Schlüsseltexte. Engagement und Kompetenz in der internationalen Jugendarbeit. Schwalbach am Taunus: Wochenschau-Verlag.

Großer, Achim/Schlenker-Gutbrod, Karin (2006): Verknüpfen. Jugend- und Konfirmandenarbeit, Freizeit- und Gruppenarbeit, Aktivgruppen gründen. Stuttgart: buch+musik.

Haese, Bernd-Michael (1994): Erleben und erfahren. Freizeiten als Methode kirchlicher Jugendarbeit. Marburg: Elwert.

Ilg, Wolfgang (2005): Freizeiten auswerten – Perspektiven gewinnen. Grundlagen, Ergebnisse und Anleitung zur Evaluation von Jugendreisen im Evangelischen Jugendwerk in Württemberg. Bielefelder Jugendreiseschriften Band 7. 2. Auflage. Bremen: IFKA.

Ilg, Wolfgang (2008): Evaluation von Freizeiten und Jugendreisen. Einführung und Ergebnisse zum bundesweiten Standard-Verfahren. aej-Studien 7. Hannover: Arbeitsgemeinschaft der Evangelischen Jugend in Deutschland e.V.

Ilg, Wolfgang (2013): Freizeiten. In: Kaiser, Yvonne/Spenn, Matthias/Freitag, Michael/Rauschenbach, Thomas/Corsa, Mike (Hrsg.): Handbuch Jugend. Evangelische Perspektiven. Opladen: Verlag Barbara Budrich. S. 355–358.

Ilg, Wolfgang (2014): Menschsein sichtbar machen. Inszenierung von Begegnungen in der kirchlichen Jugendarbeit durch Interviews mit Mitarbeitenden. In: Schlag, Thomas/Simojoki, Henrik (Hrsg.): Mensch – Religion – Bildung. Religionspädagogik in anthropologischen Spannungsfeldern. Gütersloh: Gütersloher Verlagshaus. S.602–612.

Ilg, Wolfgang/Dubiski, Judith (2015, in Vorbereitung): Wenn einer eine Reise tut ... Ein Datenbericht aus der Evaluation von Jugendfreizeiten und internationalen Jugendbegegnungen auf der Basis von 28.000 Fragebögen der Jahre 2005 bis 2013.

Ilg, Wolfgang/Heinzmann, Gottfried/Cares, Mike (Hrsg.) (2014): Jugend zählt! Ergebnisse, Herausforderungen und Perspektiven aus der Statistik 2013 zur Arbeit mit Kindern und Jugendlichen in den Evangelischen Landeskirchen Baden und Württemberg. Stuttgart: buch+musik.

Knublauch, Björn/Krohmer, Johanna/Müller, Ingo/Otterbach, Fritz Ludwig (Hrsg.) (2014): Der Freizeitplaner. Freizeiten einfach gut planen, durchführen, nacharbeiten. Stuttgart: buch+musik.

Lange, Mirja/Wehmeyer, Karin (2014): Jugendarbeit im Takt einer beschleunigten Gesellschaft. Veränderte Bedingungen des Heranwachsens als Herausforderung. Weinheim/Basel: Beltz Juventa.

Lohrer, Jörg/Oberländer, Rainer/Wiedmayer, Jörg (Hrsg.) (2012): Sinn gesucht Gott erfahren 2. Erlebnispädagogik im christlichen Kontext. Stuttgart: buch+musik.

Parth, Christian (2002): Kampftrinken an der Costa Brava. Eine Reportage aus Lloret de Mar. In: Jahrbuch für Jugendreisen und internationalen Jugendaustausch 2001. S. 18–21.

Saß, Marcell (2005): Frei-Zeiten mit Konfirmandinnen und Konfirmanden. Praktisch-theologische Perspektiven. Leipzig: Evangelische Verlagsanstalt.

Schlag, Thomas/Schweitzer, Friedrich (Hrsg.) (2012): Jugendtheologie. Grundlagen – Beispiele – kritische Diskussion. Neukirchen-Vluyn: Neukirchener Verlagsgesellschaft.

Schweitzer, Friedrich/Maaß, Christoph H./Lißmann, Katja/Hardecker, Georg/Ilg, Wolfgang (2015): Konfirmandenarbeit im Wandel – Neue Herausforderungen und Chancen. Perspektiven aus der Zweiten Bundesweiten Studie. Reihe Konfirmandenarbeit erforschen und gestalten Band 6. Gütersloh: Gütersloher Verlagshaus.

Seckinger, Mike/Pluto, Liane/Peucker, Christian/Gadow, Tina (2009): DJI-Jugendverbandserhebung. Befunde zu Strukturmerkmalen und Herausforderungen. München.

Stenger, Horst/Geißlinger, Hans (1991): Die Transformation sozialer Realität. Ein Beitrag zur empirischen Wissenssoziologie. In: Kölner Zeitschrift für Soziologie und Sozialpsychologie. Jg. 43 (2). S. 247–269.

JUGENDEVANGELISATION

Karsten Hüttmann

1. Eine Geschichte zum Einstieg

Ignaz Semmelweis wurde 1818 in eine Welt sterbender Frauen hineingeboren, denn in jener Zeit starb ungefähr jede sechste Frau nur kurze Zeit nach der Entbindung ihres Kindes. Semmelweis wollte herausfinden, warum das so ist und ob man daran etwas ändern konnte. So entschied sich der junge Ignaz, Mediziner zu werden. Nach seinem Studium arbeitete er an einem Krankenhaus in Wien und forschte an dem, was man damals Kindbettfieber nannte. Nach einiger Zeit richtete sich sein Augenmerk auf die Arbeitsgewohnheiten seiner Kollegen, denn er machte eine folgenschwere Beobachtung: die meisten der Ärzte an seinem Krankenhaus begannen ihren täglichen Dienst im Leichenschauhaus, wo sie Studenten in Autopsien anleiteten. Unter den Leichen befanden sich auch viele Frauen, die am Kindbettfieber gestorben waren. Von Zeit zu Zeit gingen die Ärzte dann in den Kreißsaal, um dort gebärende Frauen zu untersuchen oder bei der Geburt zu assistieren. Da man zu der Zeit aber noch keine Ahnung von Bakterien und Viren hatte, war es auch nicht üblich, zwischendurch Hände oder Instrumente zu reinigen. Hygiene galt als Zeitverschwendung. So übertrugen die Ärzte Infektionen. Während sie einerseits Kindern bei der Geburt halfen, brachten sie den Müttern andererseits oft den Tod.

Semmelweis vermutete hier einen Zusammenhang und forderte seine Kollegen auf, sich vor dem Betreten des Kreißsaals die Hände mit Chlorkalk zu reinigen, und sofort sank die Sterblichkeitsrate von fast 20 Prozent auf nur noch 2 Prozent.

Trotz dieser Zahlen blieben viele Ärzte skeptisch, denn diese Lösung erschien ihnen zu einfach. Weil er dennoch an seinen Behauptungen festhielt, verlor Semmelweis sogar zwischenzeitlich seinen Job am Krankenhaus. Bei einer Tagung vor Medizinern sagte er: „Dieses Fieber wird verursacht, wenn eine offene Wunde mit krankem, verfaultem Gewebe in Kontakt kommt. Und ich habe gezeigt, dass dies verhindert werden kann. Aber während wir reden und reden, meine Herren, sterben weiterhin Frauen unnötigerweise. Ich bitte sie um nichts Weltbewegendes. Ich bitte sie einfach nur darum, sich zu waschen. Um Himmels willen, waschen sie bitte ihre Hände!" Die Antwort auf diesen Appell war schallendes Gelächter. Im Alter von nur 47 Jahren starb Semmelweis in einer Psychiatrie. Angeblich mit dem Todesröcheln Tausender Frauen in seinem Ohr (Bührke 2012).

Ignaz Semmelweis war ein Evangelist der Medizin. Er hatte etwas entdeckt, das er nicht für sich behalten wollte und konnte. Seine Bemühungen, seine Kollegen zur Umkehr (verändertes Denken und Handeln) zu bewegen, war seine Evangelisation. Er hatte etwas „entdeckt", was er damals wissenschaftlich nicht beweisen konnte, was aber das Leben von Menschen verändern und letztlich retten konnte. Wenige Jahre später, besonders durch Forschungen von Wissenschaftlern wie Louis Pasteur und Robert Koch, konnten seine Theorien endlich auch auf mikrobiologischer Ebene wissenschaftlich nachgewiesen und Ignaz Semmelweis rehabilitiert werden.

2. Einige Gedanken zur Theologie der Jugendevangelisation

Es ist nicht möglich, in der Kürze dieses Aufsatzes eine grundlegende Darstellung einer Theologie der (Jugend-)Evangelisation anzubieten. Dazu verweise ich auf das empfehlenswerte Buch „Theologie der Evangelisation" von Martin Werth (Werth 2010). Dennoch ist es wichtig, einige Grundaspekte herauszustreichen, anhand derer die Relevanz der Evangelisation deutlich werden soll.

Evangelisation ist abgeleitet von dem griechischen Wort *euangelion*, was nichts anderes als „gute Nachricht" bedeutet. Die Vorsilbe *eu* bedeutet „gut". Der Hauptteil des Wortes *angel(os)* meint „Bote" bzw. „Botschaft". Der legendäre Bote Pheidippides, der nach der entscheidenden Schlacht und dem Sieg der Griechen über die Perser ohne Unterbrechung von der Marathonebene nach Athen gelaufen sein soll (42 km), war mit dem Ausruf „*chairete, nikomen!*" in der Stadt angekommen. Auf Deutsch: „Freut euch! Wir haben gesiegt!" Diese Worte, „Freut euch, wir haben gesiegt", wurden von Botschaftern vieler Stadtstaaten des damaligen Griechenlands benutzt. Sie waren also eine Art feststehender Begriff und man nannte sie: „Euangelion", in unsere Sprache übersetzt: Evangelium (Lewis 1996).

Im Römischen Reich wurde dieser Begriff auf das siegreiche und friedenbringende Handeln des Cäsars (im besonderen Cäsar Augustus) bezogen und durch entsprechende Boten im gesamten Römischen Reich als *euangelia* verbreitet (Stuhlmacher 1968).

Aber nicht nur im außerbiblischen Kontext finden sich Hinweise auf Bedeutung und Ursprung des Wortes. Bereits im Alten Testament ist vom Evangelium und dem Evangelisten die Rede: „Wie lieblich sind auf den Bergen die Füße der Freudenboten *[euangelizomenou]*, die da Frieden verkündigen, Gutes predigen *[euangelizomenos]*, Heil verkündigen, die da sagen zu Zion: Dein Gott ist König!" (Jes 52,7) und „Der Geist Gottes des HERRN ist auf mir, weil der HERR mich gesalbt hat. Er hat mich gesandt, den Elenden gute Botschaft *[euangelisasthai]* zu bringen, die zerbrochenen Herzen zu verbinden, zu verkündigen den Gefangenen die Freiheit, den Gebundenen, dass sie frei und ledig sein sollen" (Jes 61,1). Der Apostel Paulus bezieht sich in seinem Brief an die Gemeinde in Rom genau auf diese alttestamentliche Wurzel, wenn er über die Bedeutung evangelistischer Verkündigung schreibt (siehe Römer 10,15).

Evangelisation ist also die Kommunikation oder Weitergabe einer guten, positiven Nachricht. Die Verbform *euangelizo*, was den Akt der Weitergabe einer guten Nachricht bezeichnet, taucht im Neuen Testament 33 Mal auf, vor allem im Lukas-Evangelium, der Apostelgeschichte und den Briefen des Apostel Paulus. Zwei Beispiele:

„Der Geist des Herrn ist auf mir, weil er mich gesalbt hat, Armen *gute Botschaft zu verkündigen*" (Lk 4,18).

„Denn Christus hat mich nicht ausgesandt zu taufen, sondern das *Evangelium zu verkündigen*" (1Kor 1,17).

Mit dem Evangelium, der guten Botschaft, ist in beiden Fällen nicht nur irgendeine positive Nachricht gemeint. Es geht vielmehr um die alles verändernde Nachricht, dass Gott in Jesus Christus als Mensch in diese Welt hineingekommen ist und wir durch seinen Tod (und seine Auferstehung) frei werden von unserer Schuld. In der frühen Christenheit und im Neuen Testament wird dieser politische Begriff aus dem Cäsar-Kult bewusst aufgegriffen bzw. mit den alttestamentlichen Aussagen konfrontiert und neu gedeutet: nicht die Taten des Cäsar, sondern die Taten Christi standen im Mittelpunkt. Auffällig dabei ist, dass die frühen Christen anstelle des plural *euangelia* (die guten Nachrichten), der in entsprechenden Inschriften vorherrschend ist, den Singular *euangelion* verwendeten (die gute Nachricht). So schrieb Paulus den Christen in Korinth:

„Ich erinnere euch aber, liebe Geschwister, an *das Evangelium*, das ich euch *verkündigt* habe ..." (1Kor 15,1).

Und dann fasste er dieses Evangelium zusammen und schrieb von der Sünde des Menschen und dem Tod, der Beerdigung und Auferstehung Christi: „Dass Christus gestorben ist für unsre Sünden nach der Schrift; und dass er begraben worden ist; und dass er auferstanden ist am dritten Tage nach der Schrift" (1.Kor 15,3b+4). Worte übrigens, die offensichtlich schon eine längere Tradition unter den ersten Christen hatten und von Paulus hier zitiert werden („was ich auch empfangen habe" Vers 3a).

Paulus macht darin deutlich, dass das Evangelium wesentliche Bereiche unseres Lebens berührt: Leid, Schuld und Tod. In seiner Menschwerdung teilt Gott das menschliche Leiden, am Kreuz auf Golgatha trägt der menschgewordene Gott die Schuld des Menschen und das leere Grab macht klar, dass der Tod nicht das letzte Wort hat, sondern nicht mehr als nur eine Station zwischen diesem und dem „ewigen" Leben ist. Das ist die gute Botschaft.

Neben dem Verb *euangelizo* gibt es noch weitere Begriffe, die eng mit der Weitergabe dieser Nachricht verbunden sind: *kerysso*, *martureo* und *matheteusate*. Die Tätigkeit eines Presse- oder Regierungssprechers beschreibt *kerysso* vielleicht am besten: er gibt relevante Informationen an Interessierte oder Betroffene weiter. So wie Jesus kurz nach seinem Aufenthalt in der Wüste anfing zu informieren (*keryssein*): „Tut Buße, denn das Himmelreich ist nahe herbeigekommen!“ (Mt 4,17). *Martureo* erinnert an das Wort Märtyrer, also Menschen, die für ihren Glauben gestorben sind, meint aber ursprünglich nichts anderes als Zeuge, also jemand, der seine Beobachtungen weitergibt. So wie Petrus den Tempelpriestern in Jerusalem entgegnet: „Wir können's ja nicht lassen, von dem zu reden, was wir gesehen und gehört haben!“ (Apg 4,20). *Matheteusate* schließlich ist der zentrale Begriff im sog. Missionsbefehl (Mt 28,19–20): „Geht ... und macht zu Jüngern (*matheteusate*).“ Dieses Verb allerdings geht über die reine Weitergabe der guten Nachricht hinaus und deutet die Anleitung zu einem veränderten Leben im Sinne von Jesus Christus an. Dies entspricht sehr stark dem hebräischen Verständnis von Lernen, das weniger von Frontalunterricht als vielmehr von Dialog und Erfahrung geprägt ist (Crenshaw 1998).

Evangelisation hat ihre Wurzeln in dem unbedingten Willen Gottes zur Gemeinschaft mit dem Menschen und seiner Liebe zu ihm: weil Gott die Welt liebt (Joh 3,16), wird Er Mensch, wird das Wort Fleisch (Joh 1,14). Da die Gemeinschaft zwischen Gott und Mensch aufgrund von Sünde grundlegend zerstört ist, zielt die Evangelisation nun auf die Wiederherstellung der Gemeinschaft zwischen Gott und Mensch. In der Praxis knüpft die Evangelisation an den Ruf Gottes nach dem ihm entfremdeten Menschen an: „Mensch, wo bist du?“ (1.Mo 3,9). Im Neuen Testament schließlich „verkörpert“ Jesus diese Suche Gottes: „Der Menschensohn ist gekommen zu suchen und selig zu machen, was verloren ist!“ (Lk 19,10). In seiner Nachfolge und in seinem Auftrag ist die christliche Gemeinschaft, als Leib Christi, nun selbst zum Träger der Evangelisation geworden. Denn: Gott „will, dass allen Menschen geholfen werde und sie zur Erkenntnis der Wahrheit kommen“ (1.Tim 2,4).

Deshalb geschieht Evangelisation zunächst nicht um der Kirche oder der Jugendarbeit willen, sondern: „die Kirche ist hineingenommen in die Mission Gottes. Wir haben den Auftrag, Menschen die Augen zu öffnen für die Wahrheit und Schönheit der christlichen Botschaft“ (EKD 1999).

Jesus ist aber nach dem biblischen Zeugnis nicht nur die „Verkörperung“ der Suche Gottes nach dem Menschen und der Überbringer der guten Nachricht, sondern ist selbst diese gute Nachricht in Person: Gott hat uns mit sich selbst versöhnt – durch Jesus (2.Kor 5,19). Deshalb ist der Glaube an Christus auch zentraler Inhalt der Evangelisation. Durch die Begegnung mit dem auferstandenen Christus und in seiner Nachfolge wird der „wiedergeborene" Mensch (1.Petrus 1,3) nun selbst zum Evangelisten und erzählt von der guten Nachricht, die er erfahren hat (*euangelizo/kerysso*), von den Wirkungen und Wundern Gottes, die er erlebt hat (*martureo*), und zeigt, was es heißt, als „Kind" Gottes (Joh 1,12; 1.Joh 3,1) in dieser Welt zu leben (*matheteusate*). In der Hoffnung, dass dadurch das Leben anderer verändert und letztlich gerettet wird.

3. Jugendevangelisation und Glaubensprozesse

Aufgrund der Komplexität des Themas mag es nicht überraschen, dass es im Verlauf der Geschichte eine Vielzahl von Definitionen von Evangelisation gibt. Viele solcher Definitionen können sich folgendermaßen zusammenfassen lassen: „Evangelisation bedeutet die Verkündigung (Präsentation) vom Leben und Sterben und der Auferstehung Jesu Christi sowie dem Ruf in seine Nachfolge, damit Menschen zum Glauben an Gott kommen und in der Gemeinschaft mit anderen Christen ihm mit ihrem Leben dienen." In der Konkretion bedeutet dies, dass die Form der Verkündigung bzw. Präsentation dabei ganz unterschiedlich aussehen kann und auch unterschiedlich aussehen muss, wenn sie den Menschen und den gesellschaftlichen Vorfindlichkeiten gerecht werden will. So unterschiedlich junge Menschen sind, so unterschiedlich müssen die Formen von Jugendevangelisation sein. Diese vielfältigen Formen sind grundsätzlich erst einmal ergänzend und nicht ersetzend zu verstehen. Was in der einen Jugendarbeit und für bestimmte Jugendliche „nicht funktioniert", muss nicht automatisch auch an anderen Orten und für andere Jugendliche nicht funktionieren. Unsere evangelistischen Bemühungen müssen in Form und Inhalt aber „im Einklang mit den Prinzipien des Evangeliums [geschehen], in uneingeschränktem Respekt vor und Liebe zu allen Menschen", so steht es in der Präambel des Papiers „Mission Respekt – Christliches Zeugnis in einer multireligiösen Welt", das 2011 von Vertretern des ÖRK, der WEA und des Päpstlichen Rats für den interreligiösen Dialog verabschiedet wurde (Mission:Respekt 2011).

Es gibt derzeit keine umfassende Untersuchung darüber, wie junge Menschen im deutschsprachigen Raum zum Glauben kommen. Im Rahmen einer Analyse von über 40 Jugendarbeiten in ganz Deutschland, die ich 2013 zusammen mit meinem Kollegen Bernd Pfalzer durchgeführt habe, sind wir in über 500 Einzelgesprächen mit Mitarbeitenden und Teilnehmenden unter anderem dieser Frage nachgegangen. Die Ergebnisse sind sicherlich nicht repräsentativ, aber trotzdem informativ und richtungsweisend. Eine Auswertung der Analyse unter dem Titel „Was macht Jugendarbeit heute stark" ist erhältlich beim Deutschen Jugendverband „Entschieden für Christus" (EC) e.V. in Kassel (www.ec-jugend.de).

So haben wir den Mitarbeitenden die Frage gestellt, wie Jugendliche in ihrer Jugendarbeit innerhalb der letzten 3 Jahre zum Glauben gekommen sind.

Die fünf am häufigsten genannten Antworten (Mehrfachnennungen waren bei den Antworten möglich) waren:

Abbildung 1: Mitarbeitende über Konversion

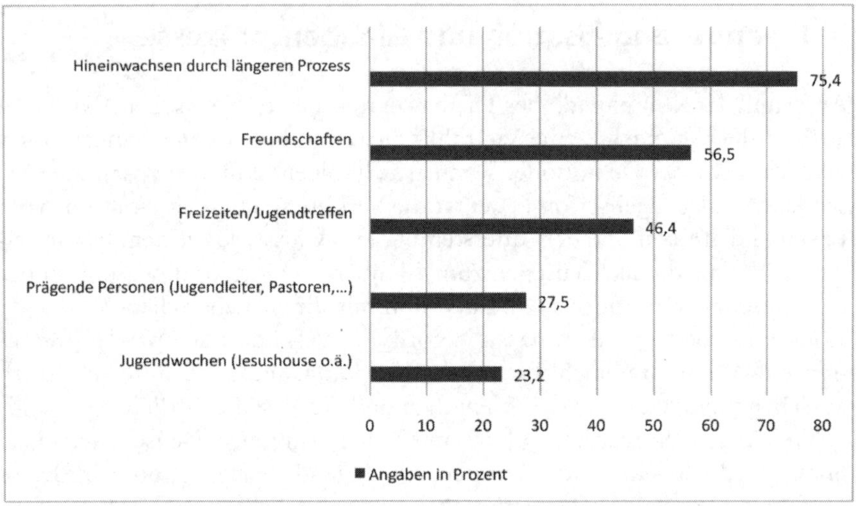

Quelle: eigene Darstellung nach Hüttmann/Pfalzer 2015

Entsprechend haben wir auch Jugendliche in den Jugendarbeiten befragt, wie sie zum Glauben gekommen sind. In der Auswertung waren dabei vor allem die Antworten der Jugendlichen interessant, die angegeben hatten, dass sie nicht christlich-sozialisiert aufgewachsen waren.

Die von ihnen am häufigsten genannten Antworten waren:

Abbildung 2: Teilnehmende über Konversion

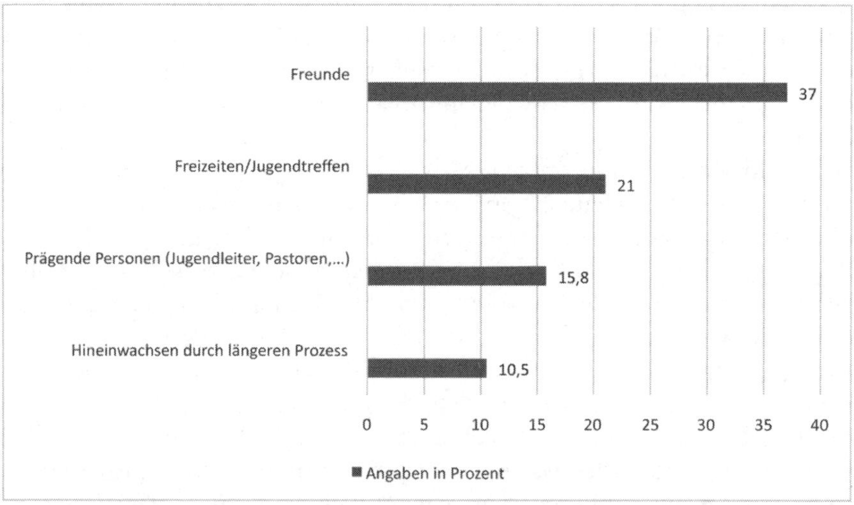

Quelle: eigene Darstellung nach Hüttmann/Pfalzer 2015

Auffallend ist in beiden Fällen der stark relationale Aspekt durch Freunde und prägende Personen. Darüber hinaus ist aber auch eine gewisse Polarität erkennbar zwischen prozesshaften und eher spontanen Glaubensanfängen bzw. -entscheidungen. Eine dritte Auffälligkeit ist die relativ geringe Bedeutung von „klassischer" Jugendevangelisation in Form von Veranstaltungen (Jesushouse, ICH GLAUB'S, Worttransport o. Ä.). Dies gilt zumindest für die Teilnehmenden, auch für Teilnehmende mit christlicher Sozialisation. Mitarbeitende erleben dies deutlich anders und geben an, dass in über 20 % der Fälle Jugendliche im Kontext von Veranstaltungsevangelisationen zum Glauben gekommen sind. Diese Aussage entspricht auch der Wahrnehmung von Organisatoren im Rahmen solcher Jugendwochen: dort „entscheiden" sich nicht wenige Jugendliche für ein Leben mit Jesus und nutzen die entsprechenden Reaktionsmöglichkeiten. Ich deute diese Diskrepanz dahingehend, dass eine entsprechende Reaktion bei einer Jugendwoche als logische Konsequenz einer bereits stattgefundenen inneren (prozesshaften) „Bekehrung" erfolgt. Dementsprechend besteht hier kein wirklicher Gegensatz. Entsprechend gaben bei der Frage danach, welche Evangelisationsangebote sie als besonders wertvoll erlebt haben, knapp 37 % der nicht christlich sozialisierten Jugendlichen „Jugendwochen" an. Erwähnenswert ist an dieser Stelle noch, dass besonders diese Jugendlichen „Jugendgottesdienste" sehr wertvoll erlebt haben (73 % der Befragten). Für detaillierte Einblicke in die Umfrage verweise ich auf die bereits genannte Dokumentation „Was macht Jugendarbeit heute stark?"

Die genannten Beobachtungen aus dem Kontext der Analyse zeigen deutlich, dass Jugendevangelisation beides braucht: Beziehungen und Veranstaltungen, permanente und kontingente Formen. Und es wird auch deutlich, was Rudolf Westerheide in seinem Bericht „... und kein bisschen leise" geschrieben hat: „Evangelisation braucht Worte"! (Westerheide 2014: 7).

Jugendevangelisation braucht Worte, egal, ob gesprochen, geschrieben oder gesungen. Den Glauben (vor) zu leben und diakonisch zu handeln sind wichtige Wegweiser, aber sie ersetzen nicht die Verkündigung Christi, wie Paulus schreibt: „Wie sollen sie aber an den glauben, von dem sie nichts *gehört* haben? Wie sollen sie aber *hören* ohne *Prediger*?" (Röm 10,14).

Damit wird spätestens an dieser Stelle das Spannungsverhältnis von Evangelisation und Mission berührt. Begriffe wie missionarisch (oder zunehmend missional) und evangelistisch werden manchmal synonym benutzt, dabei scheint mir ein reflektierter Gebrauch der Begriffe durchaus relevant, denn nicht alles, was missionarisch ist, ist auch evangelistisch (und sollte es auch gar nicht sein). Kurz gefasst kann man sagen, dass Evangelisation – ebenso wie z. B. Diakonie – eine konkrete Möglichkeit missionarischen Handelns ist. Das besondere an der Evangelisation ist dabei aber die bewusste Zuspitzung auf Jesus Christus und die werbende Einladung, das eigene Leben für Christus „zu öffnen".

An dieser Stelle gibt es aus meiner Sicht noch einigen Nachhol- und Klärungsbedarf, sowohl was das Verständnis und die Praxis missionarischen Handelns betrifft als auch hinsichtlich der Bandbreite jugendevangelischer Formen und Formate, denn die gesellschaftlichen Rahmenbedingungen durchlaufen gerade einen starken Wandlungsprozess: von der Moderne zur Postmoderne, von einer christlichen zu einer nachchristlichen Gesellschaft in den Bereichen Bildung, Familie, Medien und einigen anderen. Dazu kommen der wachsende Anteil von Menschen mit Migrationshintergrund in unserem Land und die Erkenntnisse aus dem Bereich der Milieuforschung. Hier ist es eine permanente Aufgabe, jugendevangelistische Formen zu finden, die zu den jeweiligen Gruppen passen.

Dennoch gibt es einige Grundannahmen, die für alle Gruppen von Jugendlichen als gültig anzunehmen sind und daher für die jugendevangelistische Arbeit geradezu präskriptiv sind. In der Vergangenheit wurde von verschiedenen Theologen und Religionssoziologen auf das Zusammenspiel von „belonging, believing, behaving" und deren Veränderungen in der Gewichtung im Verlauf der Jahrzehnte hingewiesen.[1] Hinter diesen drei Begriffen, übersetzt etwa „dazugehören, glauben, verhalten", verbirgt sich

[1] Siehe z. B. Kreider, Alan: The change of conversion and the origin of christendom; oder Butler Bass, Diana: Christianity after Religion.

eine Art Theorie zur Bedeutung verschiedener Aspekte in der Glaubensentwicklung und Glaubensentscheidung von Menschen.

Für die Vorkriegsgeneration war in weiten Teilen noch eine gewisse „Volksgläubigkeit" vorauszusetzen und so galt hinsichtlich religiösen Erlebens und Empfindens eher die Gewichtung „behave, belong, believe": benimm dich Anständig, geh am Sonntag in die Kirche, was du glaubst – danach wird nicht gefragt. Mit den Kriegs und Nachkriegsgenerationen änderten sich die Gewichtungen. Zuletzt ging bei den sog. Generation Y und Z die Gewichtung tendenziell Richtung „belong, behave, believe": Dazugehörigkeit, Aneignen von Glaubenspraktiken, ein sich entwickelnder Glaube. So geschieht es nicht selten, dass Jugendliche, die sich einer christlichen Gruppe aufgrund von Freundschaften anschließen, anfangen beim Lobpreis mitzusingen, Arme zu heben, zu beten, Bibel zu lesen,... ohne dass sie eine bewusste Glaubensentscheidung getroffen oder sich als Christen bezeichnen würden. Durch das Imitieren und letztlich Aneignen von entsprechenden Praktiken entwickelt und verfestig sich Glaube. Deshalb bevorzugen manche Leute auch den Terminus *become* statt *behave*, um die prozesshafte Veränderung in und durch die Handlungen zu verdeutlichen.

Jugendevangelistisches Handeln hat die Aufgabe, jungen Menschen diesen Weg zu eröffnen und mitzugehen: Zugehörigkeit zu ermöglichen, Glaubenserfahrungen zu vermitteln und Glaubensentwicklungen zu bestätigen und zu verfestigen.

4. Formen jugendevangelistischen Handelns

Es gibt eine ganze Reihe von jugendevangelistischen Angeboten und Formaten, die sich in Ansatz und dadurch bedingt auch in Inhalten und teilweise auch in Absichten unterscheiden. Sie alle aufzuzählen, ist schlicht und ergreifend nicht möglich, u. a. weil immer wieder neue Formate oder Programme entstehen. Dennoch will ich an der Stelle drei Grundformen jugendevangelistischen Handelns aufzeigen. Die meisten Formate oder Konzepte lassen sich eine dieser drei Grundformen zuordnen oder bilden entsprechende Mischformen. Beispielhaft werden in den Ausführungen je Grundform zwei aktuelle Formate erwähnt.

Grundform Nr. 1 ist auf der Ebene der *Begegnung* angesiedelt. Klassisch zu nennen ist hier die Freundschaftsevangelisation. Evangelisation geschieht in dieser Form primär als Zeugnis oder auf apologetischer Ebene. Im Neuen Testament sehen wir diese Form exemplarisch in der Begegnung zwischen Philippus und Nathanael in Joh 1,44+45: „*Philippus aber war aus Betsaida, der Stadt des Andreas und Petrus. Philippus findet Nathanael und spricht zu ihm: „Wir haben den gefunden, von dem Mose im Gesetz und die Propheten geschrieben haben, Jesus, Josefs Sohn, aus Nazareth.*" Daraus entwickelt sich ein Gespräch zwischen den beiden, an dessen Ende eine Begegnung mit Jesus steht.

Die Erfahrungen aus unzähligen Gesprächen mit zumeist jungen, atheistisch geprägten Menschen in Berlin haben Alexander Garth, Dirk Farr und Katja Cramer in dem Buch „*1 zu 1 – glauben.finder*" festgehalten (Farr/Garth/Cramer 2012). Das Buch ist gedacht als eine Art Leitfaden, um Gespräche mit Menschen über den Glauben zu führen. Ein anderes Format, bei dem zunächst die Begegnung im Vordergrund steht, ist der „*Lifeliner*" von Jugend für Christus, einem umgebauten Truck, der zunächst Anziehungs- und Begegnungspunkt ist und darüber Raum für Gespräche schafft.[2]

Grundform 2 ist auf der Ebene der *Auseinandersetzung* angesiedelt. Dies geschieht z. B. in den vielen verschiedenen Glaubenskursen, wo Inhalte des Glaubens erklärt und diskutiert werden. Mal ausgehend von Glaubensinhalten (wie z. B. Glaubensbekenntnissen, christliche Feiertage) oder von allgemeineren Fragen oder Erfahrungen des Lebens.

In der Begegnung zwischen Paulus und Einwohnern von Athen auf dem sog. Areopag lässt sich diese Form wiederfinden: „Weil die Philosophen mehr über die neue Lehre erfahren wollten, nahmen sie den Apostel mit vor den Areopag, den Gerichtshof von Athen. „Was wir von dir hören, ist alles neu und fremd für uns", erklärten sie Paulus. „Wir möchten gern mehr davon wissen."(Apg 17,19+20). Kurz vorher ist von einem Streitgespräch zwischen Paulus und diversen Griechen die Rede (V. 18). Für Streitgespräch steht im griech. Grundtest das Verb *symballo*, was den Aspekt des Diskutierens, Zusammenwerfens (sym = zusammen; ballo = werfen) und gemeinsamen Abwägens beinhaltet.

Ein derzeit noch neueres Projekt in dem Bereich ist „uncover", das in Deutschland über die SMD vertrieben wird. Bei uncover geht es um die konkrete Auseinandersetzung mit der Person Jesus Christus anhand des Lukasevangeliums, soz. mit dem Quellenmaterial. Ziel ist es, anhand der Auseinandersetzung mit den biblischen Texten Jesus „kennenzulernen".[3] Einen anderen Weg geht das Projekt „EMMAUS STREET", herausgegeben von Gottfried Heinzmann (Ev. Jugendwerk Württemberg, ejw) und Andreas Diersen (Christliche Jugenddörfer Deutschland, cjd), erschienen im Neukirchener Verlag (Dierssen/Heinzmann 2014). EMMAUS STREET ist eine Weiterentwicklung von „EMMAUS", einem Glaubenskurs, der in der anglikanischen Kirche entstanden ist. Das Besondere an EMMAUS STREET ist, dass die Ausgangsbasis nicht biblische oder andere christliche Quellen sind, sondern es geht um eine Auseinandersetzung mit lebensrelevanten

2 Jugend für Christus Deutschland: www.jfc-lifeliner.de

3 SMD: uncover.smd.org

Fragen an verschiedenen Alltagsorten, an denen Jugendliche sich aufhalten, um von den dort gemachten Beobachtungen eine Brücke zu geistlichen Fragen zu schlagen. Aber für beide Projekte gilt: Evangelisation geschieht in dieser Form primär dialogisch auf apologetischer Ebene oder in Form von (Kurz-)Verkündigung.

Grundform 3 ist auf der Ebene der *Verkündigung* angesiedelt. Dies geschieht z. B. im Kontext von Jugendwochen oder Jugendgottesdiensten oder auf öffentlichen Plätzen wie z. B. bei Straßeneinsätzen. Dabei steht oft eine evangelistische Predigt im Mittelpunkt, die durch entsprechende Musik, Videos oder andere Elemente unterstützt werden kann.

Als neutestamentliches Vorbild für die evangelistische Predigt gelten vor allem die Predigten von Petrus aus der Apostelgeschichte: „Kehrt um zu Gott!", forderte Petrus sie auf. „Jeder von euch soll sich auf den Namen Jesu Christi taufen lassen, damit euch Gott eure Sünden vergibt und ihr den Heiligen Geist empfangt." (Apg 2, 38) oder „Jetzt aber kehrt um und wendet euch Gott zu, damit er euch die Sünden vergibt. Dann wird auch die Zeit kommen, in der Gott sich euch freundlich zuwendet." (Apg 3,19).

Modellhaft für diese Form steht sicherlich das Konzept der Veranstaltungsevangelisation wie Jesushouse,[4] aus dem heraus sich weitere Formate wie die ICH GLAUB'S-Wochen im Bereich des EC oder die Worttransport-Wochen im Bereich des CVJM entwickelt haben. In bestimmten Kreisen erlebt aber auch die Straßenevangelisation in Formen wie „Summer2go" u. a. in den letzten Jahren eine Art Neubelebung.[5]

Wie bereits gesagt, lassen sich aus den drei Grundformen auch entsprechende Mischformen entwickeln. In seinem aktuellen Konzept versucht z. B. Jesushouse für 2017 die Grundformen 2 und 3 miteinander zu verbinden, bzw. alternativ anzubieten. Außerdem sind die Grundformen nicht scharf gegeneinander abzugrenzen, sondern gehen manchmal fließend ineinander über.

Literatur

Arnoldsheiner Konferenz (1999): Evangelisation und Mission. Ein Votum des Theologischen Ausschusses der Arnoldshainer Konferenz. Neukirchen-Vluyn: Neukirchener Verlag.

Bührke, Thomas (2012): Genial gescheitert. Schicksale großer Entdecker und Erfinder. München: Deutscher Taschenbuch Verlag.

Crenshaw, James (1998): Education in Ancient Israel. New Haven: Yale University Press.

Dierssen, Andreas/Heinzmann, Gottfried (Hrsg.) (2014): EMMAUS STREET – Deine Fragen zum Leben. Neukirchen-Vluyn: Neukirchener Verlag.

4 Pro Christ: prochrist.org/veranstalter/jesushouse-2017

5 http://nolimit.eu/2go-movement/summer2go/

EKD (1999): Kundgebung zum Schwerpunktthema „Reden von Gott in der Welt – Der missionarische Auftrag der Kirche an der Schwelle zum 3. Jahrtausend“. Online unter: www.ekd.de/synode99/beschluesse_kundgebung.html (Abruf 14.08.2015).

Farr, Dirk/Garth, Alexander/Cramer Katja (2012): eins:eins. glauben.finder. Haiterbach-Beihingen: cap-books.

Göttler, Klaus (2009): Für Jesus begeistern – Handbuch Jugendevangelisation. Holzgerlingen: SCM Hänssler.

Hüttmann, Karsten/Pfalzer, Bernd (2015): Was macht Jugendarbeit heute stark. Kassel: Deutscher Jugendverband „Entschieden für Christus“ (EC).

Hüttmann, Karsten/Müller, Christoph/Radler, Isabell/Hochberg, Michael (2014): Evangelisations-Check. Entdeckt euren eigenen Weg der Evangelisation. Online unter: www.keinbisschenleise.de/fileadmin/media/keinbisschenleise/Evangelisations-Check_web.pdf (Abruf 14.08.2015).

Lewis, Sian (1996): News and Society in the Greek Polis. Chapel Hill: UNC Press books.

Mission:Respekt (2011): Das christliche Zeugnis in einer multireligiösen Welt. Online unter: www.missionrespekt.de/fix/files/Christliches-Zeugnis-Original.pdf (Abruf 17.08.2015).

Stuhlmacher, Peter (1968): Das paulinische Evangelium. Teil 1. Göttingen: Vandenhoeck & Ruprecht.

Werth, Martin (2010): Theologie der Evangelisation. 3. Auflage. Neukirchen-Vluyn: Neukirchener Verlag.

Westerheide, Rudolf: Bundespfarrerbericht 2014. Online unter: www.ec-jugend.de/fileadmin/_temp_/2014_03_10_Bundespfarrerbericht_2014_Digital.pdf (Abruf 13.8.2015).

GLAUBENSKURSE FÜR JUNGE MENSCHEN

Jörg Kresse

Die meisten Menschen machen einen Erste-Hilfe-Kurs. Im Urlaub am Meer besucht mancher einen Tauchkurs, einen Surfkurs oder einen Anglerkurs. Als Jugendlicher war ich im Winter beim Skikurs und im Sommer bei einem Tenniskurs. Was war das Ziel? In einem Kurs lerne ich in der Regel eine bestimmte Fähigkeit und wenn ich sie erlernt habe, bekomme ich ein Zertifikat. Ist es mit Glaubenskursen genauso? Erlerne ich hier die Fähigkeit zu glauben oder Christ zu sein? Und bekomme ich am Ende, weil ich es nun kann, dafür ein Zertifikat? Das ist mit Sicherheit nicht der Fall. Ich kann vieles über das Christsein lernen, aber deshalb bin ich am Ende noch nicht Christ. „Glaubenskurs" meint zwar tatsächlich einen Kurs in Sachen Glauben, und doch ist das Wort „Glaubenskurs" so gesehen eher unpassend. Für Jugendliche ist es zudem ein schulischer Begriff, der nicht unbedingt immer positiv besetzt ist. Jugendliche müssen sich in der Schule in vielen, teilweise komplexen Kurssystemen zurechtfinden.

Wir werden das Wort „Glaubenskurs" an dieser Stelle dennoch nicht los. Es ist das weitläufig anerkannte Etikett für eine Schublade, in die viele Veröffentlichungen, Bücher und Seminare hineingesteckt werden. Bei diesen Veröffentlichungen handelt es sich in der Regel um zeitlich begrenzte Angebote, in denen es um die wichtigsten Inhalte des christlichen Glaubens geht.

Aber wer bestimmt, was diese wichtigsten Inhalte sind? Und wie sollte die Art und Weise dieser Angebote sein? Geht es um eine Art Unterricht, vergleichbar mit Jesus und seinen Jüngern? Oder sind es eher Gespräche auf dem Wege, wie bei den Emmausjüngern oder dem reichen Jüngling? Oder geht es um Gespräche unter vier Augen, wie zwischen Jesus und einem Menschen, z. B. Petrus, Nikodemus oder der Frau am Jakobsbrunnen?

Die verschiedenen Angebote, die in diesem Artikel besprochen werden, richten sich jeweils an unterschiedliche Jugendliche und gehen von 3 bis 18 Treffen aus. Sie bestehen zumeist aus einer Reihe biblischer Themen oder einer Sammlung von Alltagsfragen. Die sechs Grundthemen Gott, Jesus, Heiliger Geist, Gemeinschaft, Gebet und Bibel kommen dabei fast immer vor.

Der Ursprung der Glaubenskurse reicht weit in die Geschichte zurück. Grundformen des Glaubens-, Tauf- und später des Konfirmandenunterrichts gibt es schon sehr lange. Sie gehen zum Teil bis auf die frühe Christenheit zurück. Ein weiterer wesentlicher Ursprung findet sich bei Martin Luther. Er schuf mit seinem kleinen Katechismus so etwas wie einen Glaubensunterricht für die Schule und für die Familien. Das Wort vom „Glaubenskurs“ wurde dann aber zuerst im Zusammenhang mit der sogenannten „Nacharbeit“ bei Evangelisationen benutzt. Die Menschen finden in eine Glaubensbeziehung zu Jesus und wollen nun mehr von Glauben, Gemeinde, Bibel und Jesus wissen.

Heute sind Glaubenskurse (und alles, was dazugehört) längst nicht nur Nacharbeit von Jugendwochen, Jugendabenden, Freizeiten und Evangelisationen, sondern ein Werkzeug im Gemeindeaufbau. Das Wort „Kurs“ wurde dabei von verschiedenen Herausgebern und Autoren durch Worte wie „Weg“, „Seminar“ oder „Experiment“ ersetzt. Trotzdem bleibt der Oberbegriff „Glaubenskurs“ bestehen.

1. Warum Glaubenskurse?

Mit Blick auf Jugendliche darf gefragt werden, ob es in den entsprechenden Kirchen oder Gemeinschaften neben den erwähnten Konfirmanden- oder Taufunterrichten denn überhaupt einen Glaubenskurs braucht. Eigentlich werden hier doch die Grundlagen des christlichen Glaubens bereits vermittelt. Die Antwort auf diese Frage lautet dennoch: „Ja“. Denn zum einen besucht bei Weitem nicht jeder Jugendliche in Deutschland einen entsprechenden Unterricht und zum anderen zeigt die Erfahrung, dass Jugendliche je nach Lebensphase und Alter Fragen anders stellen und beantworten. So ist häufig bei 16-jährigen eine andere Offenheit für Glaubensfragen festzustellen als bei 14-jährigen. Außerdem gab es vor 20 Jahren in vielen Kirchengemeinden Vorkonfirmandenunterricht vor der Konfirmandenzeit und Christenlehre (und vergleichbare Angebote) nach der Konfirmandenzeit. Diese zusätzlichen Angebote sind weitgehend verschwunden und haben an vielen Stellen eine Lücke hinterlassen.

Es gibt zwei Hauptimpulse, warum Glaubenskurse heute durchgeführt werden. Zum einen ist es die Nach- oder Weiterarbeit nach einer besonderen Veranstaltung oder einem kirchlichen Unterricht und zum anderen ist ein Kurs selbst eine Möglichkeit, junge Menschen zu erreichen.

1.1 Die Nach- oder Weiterarbeit

Eigentlich ist die sogenannte Nach- oder Weiterarbeit die „eigentliche Arbeit“, schreibt Dr. Roland Werner in einer Veröffentlichung zum Thema Jugendevangelisation (Werner zit. n. Göttler 2009: 153). Immer wieder aber ist zu erleben, dass Veranstaltungen oder Freizeiten mit viel Fantasie, Kreativität und Liebe durchgeführt werden und bei der Nacharbeit dann die Zeit und die Kraft fehlen. Jugendarbeit ist immer Beziehungsarbeit, und die wird vor allem in der Nacharbeit gelebt. Hier findet die persönliche Begleitung von einzelnen Menschen statt. Hier wird die Brücke zwischen der besonderen Veranstaltung und dem gelebten Alltag in Gemeinde, Jugendarbeit und Christsein geschlagen. Wenn diese Brücke fehlt, muss es nicht wundern, wenn Menschen gar nicht in der Gemeinde ankommen.

Aus diesem Grunde ist es sehr wichtig, dass die Nach- und Weiterarbeit schon vor der besonderen Veranstaltung geplant wird. Das bedeutet z. B. für den Konfirmandenunterricht, dass es wertvoll für das Danach ist, wenn Mitarbeiterinnen und Mitarbeiter der Jugendarbeit im Unterricht dabei sind und hier erste Kontakte zu den Jugendlichen knüpfen, mit der Zielsetzung, dass es nach der Konfirmation mit diesen geknüpften Beziehungen weitergeht. Gleiches gilt für Jugendfreizeiten. Hierbei werden Mitarbeitende benötigt, die nach der Freizeit freie Zeit für die Weiterarbeit haben.

1.2 Die Möglichkeit, junge Menschen zu erreichen

Wenn die „Nach- und Weiterarbeit“ die eigentliche Arbeit ist, dann müsste sie sogar ohne die besondere Veranstaltung stattfinden können.

Der Alpha-Kurs oder der EMMAUS-Kurs setzen z. B. sowohl bei den Erwachsenen wie auch bei Jugendlichen (Jugend-Alpha bzw. EMMAUS – dein Weg mit Gott) auf die Wiederholung. Nach dem Abschluss eines Kurses macht es Sinn, dass der Kurs erneut angeboten wird und bisherige Teilnehmende zu Mitarbeitenden oder zu Einladenden werden. Mit der Zeit ziehen so die Kurse spiralförmig immer weitere Kreise. Es wäre auch denkbar, dass eine bereits bestehende Jugendgruppe einer Gemeinde zunächst für sich einen Glaubenskurs durchführt und anschließend andere Jugendliche für einen zweiten Durchgang einlädt.

Das Glaubensexperiment „EMMAUS STREET“ setzt noch vor einem möglichen Glaubenskurs an. Es ist der Versuch, über den Glauben und das Leben ins Gespräch zu kommen. Die Idee „eins:eins – glauben.finder“ baut auf ein Vier-Augen-Gespräch, z. B. in einem Café. „EMMAUS SPORT“ setzt in Sportgruppen und -angeboten an und lädt hier zu weiteren Gesprächen und Vertiefungen.

2. Für wen was? Welche Glaubenskurse gibt es in der Jugendarbeit?

Unterschiedliche junge Menschen aus unterschiedlichen Milieus benötigen unterschiedliche Angebote. Dabei ist eine ganz wichtige Frage, welche Vorkenntnisse in Sachen Glauben und welche Erwartungen die Besucher eines Glaubenskurses haben.

In den letzten Jahren wurde immer mehr der Begriff der Jugendtheologie benutzt. Hierbei wird unterschieden zwischen Theologie „mit" Jugendlichen und Theologie „für" Jugendliche. Dabei handelt es sich um zwei unterschiedliche Ansätze, die auch bei den Glaubenskursen eine Rolle spielen. Einmal wird gemeinsam mit den Jugendlichen der Glauben entdeckt und bei einem anderen Angebot wird ihnen der Glaube vorgestellt.

In den Bereich „Theologie mit Jugendlichen" fällt z. B. „EMMAUS STREET". Dieses Glaubensexperiment arbeitet mit Fragen und somit bestimmen die Antworten der Jugendlichen den Weg. Dabei kann man inhaltlich nicht vorher sagen, wo eine Einheit endet. „Theologie für Jugendliche" wäre z. B. „EMMAUS – dein Weg mit Gott", „Jugend-Alpha" oder auch „G.L.A.U.B.E. – Kompaktkurs in Sachen Christsein". Der inhaltliche Ablauf und das inhaltliche Ziel sind hier klar vorgegeben.

Welche Glaubenskurse gibt es und für wen sind sie gedacht? Nachfolgend zunächst zehn verschiedene Angebote. Sie stellen allenfalls einen überschaubaren Auszug aus dem Sortiment dar, das derzeit auf dem Markt ist. Drei dieser Angebote werden im Anschluss ausführlicher vorgestellt, nämlich „EMMAUS – dein Weg mit Gott", „Jugend-Alpha" und „EMMAUS Street".

2.1 Bei dir

„Bei dir" ist ein erzählender Glaubenskurs für 10- bis 13-jährige Teens. Zwölf ausgearbeitete Einheiten orientieren sich an der Lebenswelt der jungen Jugendlichen. Das Kursprogramm ist in drei Bereiche eingeteilt: Wo gehöre ich dazu? Wie will ich sein? Wie erleben mich andere? Von diesen Alltagsfragen her ergibt sich die Beschäftigung mit den Grundlagen des Glaubens. Die Einheiten sind nach einem Schema aufgebaut: „Start, Story, Zoom, Statement". Der „Start" ist ein Einstieg durch ein Spiel oder eine Aktion. Dann folgt die Erzählung einer biblischen Geschichte. Diese „Story" wird durch „Zoom" unterbrochen. Es wird auf ein Thema „gezoomt" und sich darüber ausgetauscht Danach wird die Geschichte zu Ende erzählt. Die Statements von Jugendlichen schließen die Einheiten ab.

2.2 Ankommen!

„... ankommen!" arbeitet mit Fragen und Impulsen für Jugendliche, die ganz am Anfang ihres Glaubens stehen. Die Themen sind Gott, Jesus, Heiliger Geist, Bibel, Gebet, Gemeinde und Ewiges Leben. Zusätzlich enthält jede Einheit je sieben Bibeltexte für die persönliche Bibellese bis zum nächsten Treffen. Zum Mitarbeitermaterial gehört eine DVD mit vielen Videoclips, die als Einstiege in das jeweilige Thema gedacht sind.

2.3 Durchstarten

„… durchstarten" setzt geringe Vorkenntnisse bei den Teilnehmenden voraus. Es handelt sich um sechs Treffen zu Stichworten und Feiertagen, die Jugendlichen im Alltag begegnen: Weihnachten, Jesus, Karfreitag/Ostern, Pfingsten, Diakonie und Taufe. Zielgruppe sind ältere Jugendliche. Zum Kurs gehören Videoclips auf DVD.

2.4 Weiterkommen

„… weiterkommen!" ist ein Kurs in acht Einheiten, in dem es vor allem darum geht, das Evangelium zu leben. Jeder Teilnehmer geht gemeinsam mit Jesus durch die Räume und Bereiche seines Lebenshauses: Wie sind sie gestaltet und ausgerichtet? Was gehört nicht hinein und was darf Neues hinzukommen? Der Kurs richtet sich an junge Erwachsene und kann als Weiterarbeit von „… durchstarten" oder „… ankommen" eingesetzt werden.

2.5 G.L.A.U.B.E. – Kompaktkurs in Sachen Glauben

„G.L.A.U.B.E." kann als Seminar mit 5–7 Abenden für junge Leute ab 16 oder 17 Jahren durchgeführt werden. Die Schwerpunkte der Abende sind Referate, die durch eine große Anzahl von Bildern und Karikaturen sowie einem Anspiel und einer Gesprächsphase unterstützt werden. Die Basis war der Erwachsenenkurs „Christ werden – Christ bleiben", der inzwischen den Namen „Spur 8" trägt. Die Inhalte sind in einem Buch aufbereitet worden. Für die Seminardurchführung gibt es eine Leiter-CD mit allen Materialien. Die Themen sind Sinn des Lebens, Gott, Schuld, Jesus, Christ werden und im Alltag glauben.

2.6 Jugend-Alpha

„Jugend-Alpha" gibt es inzwischen in mehreren Varianten, je nach Möglichkeiten und Zielgruppe. Acht bis zehn Treffen für junge Menschen zwischen 11 und 20 Jahren, die die Grundlagen des christlichen Glaubens kennenlernen wollen. Der Kurs enthält 15 Vorträge auf der Grundlage des Buches „Fragen an das Leben" von Nicky Gumbel.

2.7 1zu1 – ein:eins – glauben.finder

Der „1zu1: glauben.finder" ist ein Kurs „unter vier Augen" oder eher ein Gesprächsleitfaden. An sechs Treffen diskutieren zwei Personen über die wichtigsten Themen des christlichen Glaubens.

2.8 EMMAUS - dein Weg mit Gott

„EMMAUS – dein Weg mit Gott“ ist der Jugendkurs von EMMAUS. Er richtet sich an Jugendliche zwischen 14–17 Jahren und seine Besonderheit liegt in seiner Flexibilität. Man kann „EMMAUS – dein Weg mit Gott“ an drei Abenden oder an bis zu 18 Abenden durchführen. Die Länge einer Einheit liegt zwischen 20–70 Minuten. Inhaltlich wird zu jedem Thema ein Hauptgedanke entfaltet. Zusätzlich ist ein Buch für ein Mitarbeiterseminar unter dem Titel „EMMAUS: auf dem Weg mit Gott begleiten“ erschienen.

2.9 EMMAUS STREET

„EMMAUS-STREET“ geht wortwörtlich auf die Straße. An verschiedenen Orten (Busbahnhof, Supermarkt, Tiefgarage, Straßenlaterne, ...) sammeln die Teilnehmer und Mitarbeitende Eindrücke und stellen ihre Fragen. Wo eine Einheit inhaltlich endet, ist kaum planbar und es ist auch möglich, eine Einheit über 2–3 Treffen zu entfalten. Insgesamt sind 12 Orte mit Zusatzmaterial ausgearbeitet. Am Ende einer Einheit steht jeweils ein Segensvers. Das Material besteht aus einem Begleitheft und einer Kartensammlung (Mitarbeiterkarte, Teilnehmer-Frage-Karte und Segenskarte).

2.10 EMMAUS SPORT

„EMMAUS SPORT“ besteht in erster Linie aus Impulsen, die sich in vier verschiedene Kategorien einteilen: Übungen erleben (die Einheiten leiten sich aus einer Trainingsübung ab), Spielsituationen (die Einheiten beziehen sich auf echte Spielsituationen), Orte (die Einheiten haben ihren Ausgangspunkt an konkreten Sport-Orten) und Geschichten (Erzählung einer biblischen Geschichte). Die verschiedenen Impulse können oder sollen Auslöser für Gespräche nach dem Sport sein. EMMAUS SPORT ist als Karten-Set konzipiert.

3. Der Inhalt des Kurses – drei unterschiedliche Praxisbeispiele: EMMAUS, Alpha und EMMAUS STREET

Um die Unterschiedlichkeit der verschiedenen Kurse deutlich zu machen, betrachten wir drei verschiedene Angebote etwas intensiver. Dabei wird abschließend kurz beschrieben, wie ein exemplarisches Thema entfaltet wird. Wir greifen dazu jeweils das Thema „Gemeinde und/oder Kirche“ heraus, das in allen drei Angeboten vorkommt.

3.1 Ein Gedanke wird entfaltet: EMMAUS – dein Weg mit Gott

Die Entstehung von „EMMAUS – dein Weg mit Gott" zog sich über mehrere Jahre hin. Nachdem der „Erwachsenen-EMMAUS" immer bekannter wurde, nahm ein Kreis von Jugendmitarbeitern aus verschiedenen evangelischen Kirchen und Verbänden das englische Original „Youth Emmaus" in die Hand. Nachdem die englische Vorlage übersetzt war, wurde der Kurs an 40–50 verschiedenen Stellen in Deutschland erprobt. Mit dem Ergebnissen der Erprobung erarbeitete nun das Team einen deutschen Jugend-EMMAUS. Es wurden Themen gestrichen und andere Themen kamen hinzu. Manche Einheiten wurden völlig verändert und wieder andere orientierten sich weiterhin stark am englischen Original.

Es folgte eine zweite Erprobung. Auch die Ergebnisse dieser zweiten Praxisphase spielten in die Endredaktion mit ein. „EMMAUS – dein Weg mit Gott" wurde also nicht von einigen Menschen geschrieben, sondern ist über eine längere Phase gewachsen. Dabei hatte man stets vor Augen, dass das Thema als 60-min-Einheit, wie auch als 10-min-Schulhof-Pausengespräch funktionieren sollte. Darüber hinaus war es wichtig, dass der Kirche fernstehende Jugendliche EMMAUS verstehen können und dass dieser „Weg mit Gott" überall durchführbar ist. Der Kurs kommt bei Bedarf völlig ohne Technik aus.

Für den Inhalt gibt es eine wichtige Vorgabe: Die Themen müssen nicht in aller Vollständigkeit erarbeitet und erklärt werden. Bei jedem Thema ist *ein* Aspekt wichtig und der wird konsequent in dieser Einheit entfaltet. Dabei können andere weitere wichtige Aspekte zur Seite gelassen werden. Aber dieser *eine* Aspekt soll verstanden und mitgenommen werden.

Bei dem Blick auf das Kapitel „Kirche – was für ein toller Körper" geht es um die Gemeinde als den Leib Christi und die einzelnen Körperteile. Der *eine* wichtige Schwerpunkt in diesem Kapitel ist dabei „das gegenseitige Ergänzen und Unterstützen" innerhalb der Gemeinde. Am Ende steht die Frage im Raum, mit welchem Körperteil sich der einzelne Jugendliche identifizieren und wie er sich für die anderen einbringen kann. Als Methode wird das Turmbauspiel „Jenga" miteinander gespielt. Bereits während des Spieles wird über die Rolle der einzelnen Steine für den gesamten Turm gesprochen.

3.2 Mehr als nur ein Kurs: Jugend-Alpha

Mit dem „Alpha-Kurs" treffen wir auf einen Glaubenskurs-Klassiker aus England. Er wurde Anfang der 90er-Jahre in der anglikanischen Kirche in London entwickelt und erfuhr bald eine schnelle Ausbreitung. Heute bieten über 40.000 Gemeinden weltweit den Kurs regelmäßig an. Nach Deutschland kam Alpha 1994 und wird inzwischen in katholischen, evangelischen und freikirchlichen Gemeinden angeboten.

Der Jugend-Alpha-Kurs ist eine von mehreren Kursvarianten für bestimmte Zielgruppen. Allen Alpha-Kursen liegt eine charismatische Theologie zugrunde. Die Grundinhalte orientieren sich dabei an dem Buch „Fragen an das Leben" von Nicky Gumbel.

Besonders wichtig ist bei Alpha der Rahmen des Kurses, in dem Gemeinschaft, Anbetung und Bitte um den Heiligen Geist dazugehören. Ebenfalls wichtig ist das gemeinsame Essen. Jugend-Alpha ist methodisch ausgereift und bietet viel Material und Service. Die Einheiten knüpfen an der Lebenswirklichkeit der Jugendlichen an und sind jeweils in drei Varianten durchführbar: Media (15–18 Jahre), Aktiv (11–14 Jahre) und Light (kirchenferne Jugendliche und Schüler). Bei der Variante Media kommen Filme, Videoclips und PowerPoint-Präsentationen zum Einsatz. Bei der Variante Aktiv wird mehr Wert auf interaktive Spiele, kleine Experimente und eigenes Erleben gelegt. Die Variante Light versucht vor allem anhand von Geschichten zu elementarisieren. Die unterschiedlichen Varianten können auch untereinander gemischt werden.

Beim Blick auf die Einheit „Welchen Stellenwert hat die Kirche?" legt der Alpha-Kurs bereits bei der Raumgestaltung besonderen Wert auf das Zugehörigkeitsgefühl. Die Vergleiche mit Vereinen und Familien liegen nahe. Es wird daran angeknüpft, wie Jugendliche Kirche und Gemeinde erleben. Anschließend werden fünf Aspekte zum Thema Kirche thematisiert: Volk Gottes, Gottes Familie, der Leib Christi, ein heiliger Tempel, die Braut Christi. Bei der Light-Variante beschränkt sich Alpha auf die Thesen, dass man Teil eines Teams und so Teil der Kirche ist.

3.3 Ein Glaubensexperiment: EMMAUS STREET

EMMAUS STREET ist anders als andere Glaubenskurse, da es schlichtweg gar kein Kurs ist. Der Verlag bezeichnet EMMAUS STREET als „Glaubenskurs to go". Wahrscheinlich setzt dieses Angebot die Vorlage der Geschichte mit den Jüngern auf dem Weg nach Emmaus (Lk 24,13-35) am konsequentesten um. Junge Menschen sind unterwegs und sprechen über ihre Fragen und ihre Zweifel und ihre Erfahrungen.

Bei der Entwicklung von EMMAUS STREET gab es keine Vorlage aus dem Ausland, sondern die Idee, dass es ein Angebot für der Kirche fernstehende Jugendliche geben sollte, die keinerlei Vorerfahrungen oder Berührungen mit Kirche und Glauben haben. Immer wieder wurde bei der Entwicklung überlegt, wie es noch schlichter und noch einfacher gehen könnte. So kamen die Entwickler bei den Grundbedürfnissen der Menschen und jugendrelevanten Orten an. Die Idee ist, dass junge Menschen miteinander einen Ort entdecken und an diesem Ort Lebensfragen stellen. Jede Glaubens- und Lebensfrage wird dabei ernst genommen. Dieses bringt das Problem oder die Chance mit sich, dass nicht planbar ist, wo eine Einheit inhaltlich enden wird. Es gibt im Material einen kurzen Impuls, der aber eigentlich nur vorgetragen wird, wenn er inhaltlich passt. Und es gibt ein Segenswort aus der Bibel, das zumindest einen Zusammenhang zum besuchten Ort hat.

Die ausgesuchten Orte sind z. B. ein Busbahnhof (Ausgangspunkt), ein Fast-Food-Restaurant und ein Lebensmittelladen (Grundbedürfnisse), eine Tiefgarage und eine Straßenlaterne (Sicherheitsbedürfnis), ein Spielplatz und eine Parkbank (soziale Bedürfnisse), eine Einkaufspassage und ein Kino (Ich-Bedürfnis) und eine Kirche und ein Aussichtspunkt (Transzendenz). Die EMMAUS STREET-Mitarbeiter müssen in erster Linie nicht Material und Informationen vorbereiten, sondern sich selbst mit dem Ort und den Teilnehmern auseinandersetzen. Welche Gefühle verbinden sie selbst mit diesem Ort und was hat Jesus wohl mit diesem Ort zu tun? Und so reden Menschen nach einem Busbahnhofbesuch über die Frage, wohin man will, und im Fast-Food-Restaurant stellt man sich der Frage, was im Leben satt macht.

Mit Blick auf das Thema Kirche und Gemeinde werden wir nicht bei dem transzendenten Bedürfnis (Kirche oder Aussichtspunkt) fündig, sondern bei dem sozialen Bedürfnis, das uns bei EMMAUS STREET zu einem Spielplatz und/oder zu einer Parkbank führt. Hier werden die Fragen gestellt: „Warum gibt es diesen Ort?“, „Welche Menschen geben dir (wie bei einer Schaukel) in deinem Leben Schwung?“, „Mit wem würdest du gerne mal (auf dieser Bank) sitzen?“ und „Wen brauchst du in deinem Leben?“.

Was werden Jugendliche auf diese Fragen antworten? Und welche Fragen werden sie selbst an diesem Ort stellen? Wir wissen es nicht und darin liegt das Besondere bei EMMAUS STREET. Vermutlich wird man an einem dieser beiden Orte auch auf das Thema kommen, dass Menschen sich gegenseitig unterstützen sollten. Vielleicht wird man bei der Familie oder den Freunden landen oder aber auch bei dem Wunsch nach verlässlicher Gemeinschaft. Am Schluss steht auf alle Fälle der Segen: „Ich will dich segnen und du sollst ein Segen sein“ (Gen 12,2).

4. Der Rahmen: die Gastfreundschaft, das Essen und die Gemeinschaft

Wie oben erwähnt, passt das Wort „Glaubenskurs“ zu den wenigsten Angeboten. Das liegt auch daran, dass es nicht nur um die Vermittlung von Glaubensinhalten geht, sondern auch um das Erleben von Gemeinschaft und Gastfreundschaft. Beim Alpha-Kurs ist das gemeinsame Essen ein wichtiger Bestandteil eines Abends und auch „EMMAUS – dein Weg mit Gott“ empfiehlt es. Wenn in der Bibel wichtige Glaubensentscheidungen getroffen wurden, waren meist auch Tischgemeinschaft und Essen in der Nähe. Das gemeinsame Essen ist mehr wie nur Nahrungsaufnahme. Es ist ein Stück Leben teilen. Das begegnet uns schon bei Abraham, Lot und im NT bei Zachäus, Maria und Martha oder auch bei den Emmaus-Jüngern, die am Ende mit Jesus an einem Tisch saßen. Die Theologie der Gastfreundschaft hat die Grundlage darin, dass gläubige Menschen Fremden und Unbekannten die Türen öffnen und sie aufnehmen. Genau darum geht es auch bei Glaubenskursen: noch unbekannten Menschen werden Herzen und Türen geöffnet. Gerade bei kleinen Gruppen von 2–5 Personen bietet sich meistens die heimelige Atmosphäre eines Wohnzimmers mehr an als ein anonymes Gemeindehaus. Es muss nicht immer gekocht werden, aber wichtig ist, dass der teilnehmende Jugendliche von uns durch die Raumgestaltung und die Sitzordnung erfährt: „Hier bist du herzlich willkommen! Schön, dass du da bist!"

5. Was kommt nach dem Kurs? Die Rolle der Gemeinde oder der Jugendarbeit

Wie schon beschrieben findet ein Glaubenskurs häufig im Anschluss an eine Jugendwoche, nach einer Freizeit oder als Weiterarbeit nach dem kirchlichen Unterricht statt. Aber was kommt danach und wie können Glaubenskurse in der Gemeinde oder der Jugendarbeit verankert werden?

So wie ein Glaubenskurs die Fortsetzung von Beziehungen zwischen Mitarbeitenden und Teilnehmenden ist, sollten auch nach dem Angebot die Beziehungen weitergehen. In vielen Fällen erleben Jugendliche die Gemeinschaft in einem Glaubenskurs als freundlich und verbindlich. Gleichzeitig erleben sie aber die dazugehörige Kirchengemeinde oft eher als distanziert und fremd. Es fehlen die Übergänge von dem Kurs in die Gemeinde.

„EMMAUS – dein Weg mit Gott" bringt Personen aus der Gemeinde unter dem Stichwort der „Wegbegleiter" an den Kurs heran. Die Wegbegleiter sind gar nicht bei den Einheiten dabei, aber sie beten für den Glaubenskurs und steuern das Essen zu einem Abend bei oder sind sogar Teil der Tischgemeinschaft. Sie übernehmen Fahrdienste und sind eventuell bei den Gottesdiensten im Rahmen des Kurses dabei. Sie laden vielleicht einmal zwei der Teilnehmenden zum Kaffee ein oder bitten diese, ihnen beim Rasenmähen oder Schneeschippen zu helfen, und ganz wichtig: sie gehen einmal mit 1–2 Teilnehmenden zum Gemeindegottesdienst und sprechen anschließend offen und ehrlich mit ihnen über das im Gottesdienst Erlebte.

Darüber hinaus sollten Gemeinden Konzepte entwickeln, wie neue Personen aufgenommen werden können. Gibt es eine wirklich passende Gruppe für die Kursteilnehmer oder wird aus der Kursgruppe ein Jugendhauskreis? Manche Teilnehmenden arbeiten gerne bei einer Kurswiederholung mit. Wir haben schon erwähnt, dass manche Glaubenskurse durch die Wiederholung immer weitere Kreise ziehen und mehr und mehr der Kirche fernstehende Menschen erreichen. Unseren Kirchengemeinden muss klar sein, welch ein Schatz die Teilnehmenden unserer Glaubenskurse sind. Es sind Menschen, die sich auf den Weg gemacht haben, Jesus kennenzulernen.

6. Jugendglaubenskurse – ein kurzes Fazit

Die hier vorgestellten „Angebote aus der Schublade der Jugend-Glaubenskurse“ sind alle gut durchführbar und auch inhaltlich in der Breite der christlichen Kirchen anerkannt. Jungen Christen fehlt häufig die Sprachfähigkeit über den eigenen Glauben. Hierzu leisten Glaubenskurse einen wichtigen und wertvollen Beitrag. Aber gibt es bei Glaubenskursen auch besondere Herausforderungen oder Gefährdungen, die bedacht sein wollen? Ich denke schon. Hier abschließend drei davon:

- Glaubenskurse sind Jugendarbeit und Jugendarbeit ist zuerst und zuletzt Beziehungsarbeit. Mancher Kritiker vermutet bei Glaubenskursen die Gefahr der Manipulation. Diese Gefahr ist nicht von der Hand zu weisen. In der Beziehungsarbeit werde ich nie ganz objektiv oder völlig neutral sein können. Also werde ich auch immer im gewissen Maße manipulieren. Mitarbeitende sind stets mit ihrer ganzen Person und ihrem eigenen Glauben und Zweifel bei der Sache.
- Alle Glaubenskurse wollen über den Glauben ins Gespräch kommen und darüber informieren und sie wollen den Menschen und Jesus zusammenbringen. Dabei ist es wichtig, dass ich junge Menschen nicht in eine bestimmte Richtung dränge oder zwinge, sondern ihnen auch die Freiheit zum „Nein“sagen lasse.
- Wenn Mitarbeitende einen Glaubenskurs durchführen, sollten sie sich sehr intensiv mit den Inhalten auseinandergesetzt haben und ein klares „Ja“ dazu haben. Menschen können nur das weitergeben, was sie selbst empfangen haben.

Literatur

Brant, Jonathan (2005): Jugend-Alpha. Asslar: Gerth Medien GmbH.

Brünjes, Hermann (2006): G.L.A.U.B.E. – Kompaktkurs in Sachen Christsein. Neukirchen-Vluyn: Aussaat-Verlag.

Farr, Dirk/Garth, Alexander/Cramer, Katja (2012): eins:eins glauben.finder. Haiterbach: cap-books.

Göttler, Klaus (2009): Für Jesus begeistern. Kassel: Born-Verlag.

Heinzmann, Gottfried (Hrsg.) (2010): EMMAUS – dein Weg mit Gott. Neukirchen-Vluyn: Aussaat-Verlag.

Heinzmann, Gottfried (Hrsg.) (2010): EMMAUS – auf dem Weg mit Gott begleiten. Neukirchen-Vluyn: Aussaat-Verlag.

Heinzmann, Gottfried (Hrsg.) (2014): EMMAUS STREET. Neukirchen-Vluyn: Aussaat-Verlag.

Heinzmann, Gottfried (Hrsg.) (2015): EMMAUS SPORT. Neukirchen-Vluyn: Aussaat-Verlag.

Kerschbaum, Matthias/Metzger, Antje (Hrsg.) (2015): Bei dir. Stuttgart: buch+musik.

Riewesell, Thorsten/Weiss, Andi (Hrsg.) (2006): ... durchstarten. Kassel: Born-Verlag.

Riewesell, Thorsten/Weiss, Andi (Hrsg.) (2006): ... weiterkommen!. Kassel: Born-Verlag.

Riewesell, Thorsten/Weiss, Andi (Hrsg.) (2008): ... ankommen!. Kassel: Born-Verlag.

SCHÜLERBIBELKREISE – CHANCEN FÜR MISSIONARISCHES CHRISTSEIN AN DER SCHULE

Franz Röber, Jürgen Schmidt

1. Einführung: Wenn Gott zur Schule geht

Von Frère Roger, dem verstorbenen Prior von Taizé, ist als letztes Wort „élagir“ = „ausweiten“ überliefert. Gottes Liebe und Botschaft ausweiten, die Enge überwinden, Binnenmentalität überschreiten (Ebertz/Hunstig 2008: 10). Dies gilt besonders im Hinblick auf die Schulwelt! Neue Räume eröffnen, Gott auch im Säkularen erfahren und bekennen. Die Schülerbibelkreise (SBK) sind im besten Sinne gewagte Weite und gelebte Ökumene. Sie stehen Schülern aller Konfessionen und auch Konfessionslosen offen.

SBKs sind zumeist in Eigeninitiative von Schülern organisierte Pausen- und Freistundentreffs mit einer doppelten Zielrichtung:

- Sammlung der Christen in der Schule zu Gebet, Andacht und Austausch
- Missionarische Arbeit in verschiedensten Formen wie Verteilaktionen, Schulgottesdienste, Schulfestaktionen, Projektwochen, Thementage, Wochenendfreizeit u. a.

1.1 Geschichtlicher Exkurs

Aus dem ersten „Bibelkränzchen“ in Elberfeld im Jahre 1883 erwuchsen die Bibelkreise für Schüler an höheren Schulen Deutschlands. Parallel entstanden Mädchenbibelkreise (MBK). So trafen sich die Schüler als „Bibelkränzchen“ (BK), das neben dem Bibelstudium auch gesellige Spiele, Musik und Literatur zum Inhalt hatte und damit auch Anerkennung von Schulbehörden finden konnte. Die BK-Bewegung, die zu Beginn des 20. Jahrhunderts einen großen Aufbruch im Rahmen der Jugendbewegung erlebte, hatte 1933 über 17.000 Mitglieder. 1934 wurde der „Bund der Schülerbibelkreise“ zwangsweise aufgelöst. Nach dem Zweiten Weltkrieg ging die Arbeit in die Arbeitsgemeinschaft Evangelischer Schüler (aes) über, die überwiegend humanwissenschaftliche und politische Themen in den Mittelpunkt rückte. Die Studentenmission in Deutschland (SMD) und die Schülerarbeit im Evang. Jugendwerk in Württemberg (EJW) nahmen sich der missionarischen Ausrichtung an. Die Anzahl der SBKs liegt derzeit bundesweit bei ca. 600 Gruppen (Stand 2015).

1.2 Start eines Schülerbibelkreises

Die SBKs gründen sich mehrheitlich auf Initiative einzelner junger Christen/-innen an der Schule. Manches Mal geht der Impuls, einen SBK zu gründen, aber auch von einem/-r motivierten Lehrer/-in aus, der/die die Schülerinnen und Schüler begleitet und unterstützt. Die Schülerarbeit der SMD (Schüler-SMD) und die Schülerarbeit des Evangelischen Jugendwerks in Württemberg verstehen sich ebenso als Motivatoren und Begleiter dieser bunten Schülergruppen. Spezielle Arbeitshilfen und Starterpakete erleichtern den Schülern den Beginn einer Gruppe! Eine Unterstützung seitens der örtlichen Jugendarbeit ist sehr wünschenswert, da sich hier hilfreiche Synergien für die eigene Jugendarbeit ergeben können.

1.3 Kurzer Einblick in Arbeitsformen

Betrachtet man die Arbeitsformen der SBKs, so reichen sie von kurzen Andachtsimpulsen, Lobpreis, Gebet und Fürbitte bis hin zur Mitgestaltung an Schul- und Schülergottesdiensten und anderen Schulaktionen. Nicht selten treffen sich SBKs mehrmals in der Woche. Angesichts der kleinen Zeitfenster von maximal 20-minütigen Schulpausen ist es ratsam, sich weitere Begegnungsmöglichkeiten bspw. nach der Schule offenzuhalten. Gemeinsame Wochenenden verstärken das Gemeinschaftsgefühl, vertiefen die geistliche Ausrichtung und stärken das Engagement an der Schule.

Die inhaltliche Zielrichtung eines SBK kann man mit Worten aus der Präambel der Schülerinnen- und Schülerarbeit im EJW umreißen: „Sie ermutigt Jugendliche, sich mit der biblischen Botschaft auseinanderzusetzen und bei der Erneuerung von Welt und Kirche im Geist des Evangeliums mitzuwirken. In diesem Sinne sucht sie mit Jugendlichen nach Antworten auf Fragen, die sich aus der schulischen Situation, aus dem Leben in unserer Gesellschaft und in unserer Welt ergeben“ (interne Ordnung des Evangelischen Jugendwerks in Württemberg).

2. Theologische und pädagogische Begründungen für Schülerbibelkreise

2.1 Theologische Begründungen

Mission ist weder ein Teilbereich des Christseins noch lässt sie sich auf bestimmte Veranstaltungen reduzieren, sondern wer glaubt und Jesus nachfolgt, hat Teil an der Sendung Gottes, seiner Mission, der Missio Dei. Jeder Christ ist zuerst einmal selbst Ziel dieser Mission Gottes: Seiner Liebe, seiner Hilfe, seiner Rettung. Als Empfangender wird er Teil der Mission

Gottes und von Jesus ausgesandt, so wie dieser selbst von Gott gesandt wurde (Joh 20,21).

In Bezug auf die Schule bedeutet das: Jesus bewegt Schule. Ihn interessieren die Menschen, die dort lernen, lehren, arbeiten und leben. Die Menschen an der Schule liegen Jesus am Herzen. Er ist von dem, was an Schulen geschieht und Schüler dort erleben, tief bewegt. Deshalb möchte er an der Schule etwas bewegen. Dazu gebraucht er die Christen an den Schulen. Die Schule ist der Ort, an dem sie Salz und Licht sind (Mat 5,13ff.). Weil Jesus in ihnen lebt, sie bewegt und durch sie wirkt, werden sie zu Menschen, die – von Jesus bewegt – Schule bewegen.

Christsein findet nicht nur am Sonntag statt, sondern auch im Alltag. Die Antwort eines Menschen, der Christ geworden ist, besteht darin, sein ganzes Leben für Gott zu leben (Röm 12,1ff.). Für Schüler bedeutet dies, ihren Glauben nicht nur zu Hause, in der Gemeinde oder der Jugendgruppe zu leben, sondern auch dort, wo sie die meiste Zeit des Tages verbringen: in der Schule. Im Schulalltag muss sich ihr Glaube bewähren und als tragfähig erweisen. In ihrer Klasse sind sie Zeugen für Jesus.

In SBKs treffen sich Schülerinnen und Schüler an ihrer Schule, um sich zu vernetzen und gegenseitig zu unterstützen, ihren Glauben im Schulalltag zu leben. Jesus selbst hat eine besondere Verheißung darauf gelegt, wenn Christen nicht alleine bleiben, sondern sich in seinem Namen gemeinsam treffen (Mat 18,20). Oft kommen die Teilnehmerinnen und Teilnehmer von SBKs aus unterschiedlichen Gemeindehintergründen. So wird etwas von der überkonfessionellen Einheit sichtbar, die sich Jesus wünscht (Joh 17,21).

SBKs werden von Schülerinnen und Schülern vorbereitet und durchgeführt. Sie gestalten Gebetszeiten, halten Andachten und leiten Bibelgespräche. Hier lernen Schülerinnen und Schüler früh, Verantwortung zu übernehmen und selbstständig zu agieren. Dies fördert eigenständiges Christsein und lässt das allgemeine Priestertum der Gläubigen Realität werden (1Petr 2,9).

2.2 Pädagogische Begründungen

SBKs sind Schülerinitiativen. In ihnen und durch sie wird die Selbstwirksamkeit von Schülerinnen und Schülern bereits in jungen Jahren gefördert. Sie lernen Initiative zu ergreifen, sie haben Raum sich auszuprobieren und ihre Kompetenzen zu entwickeln. Dies wirkt prägend für ihre Zukunft und Entwicklung. In SBKs werden die Übernahme von Verantwortung und sozialer Kompetenz geschult sowie diakonisches Handeln eingeübt – Fähigkeiten, die auch beim Engagement in anderen Bereichen positiv zum Tragen kommen (Schülervertretung, Einsatz als Streitschlichter, Mitarbeit in der Gemeinde …).

SBKs stehen allen Schülern der jeweiligen Schule offen. Sie leisten einen Beitrag zur Sinnorientierung und Wertevermittlung. Sie fördern die Sprachfähigkeit, denn die Teilnehmenden sind herausgefordert, auch außerhalb des Religionsunterrichts mit Mitschülern über ihren Glauben ins Gespräch zu kommen. Die oft überkonfessionelle Zusammensetzung von SBKs ermöglicht es, den eigenen Glauben zu reflektieren und von anders geprägten Christen/-innen zu lernen. In der Auseinandersetzung mit Andersglaubenden und Nichtglaubenden kann Dialogfähigkeit eingeübt werden.

3. Chancen und Begrenzungen für Mission

SBKs haben einzigartige Möglichkeiten und stehen zugleich vor besonderen Herausforderungen. Die Schulgesetze ermöglichen Schülerinitiativen, begrenzen aber gleichzeitig, was an Schulen möglich ist. Der plurale Schulkontext fordert Schülerinnen und Schüler täglich zum Bekenntnis ihres Glaubens heraus und überfordert sie nicht selten dabei. Deshalb ist die Unterstützung und gute Begleitung von SBKs notwendig. Gemeindliche Jugendarbeit hat die Situation der Schüler selten im Blick und agiert häufig als Parallelwelt zum Schulalltag.

3.1 Von Schülern/-innen für Schüler/-innen

Das große Plus der SBKs liegt darin, dass sie von Schülern/-innen für Schüler/-innen gemacht werden. Das ist für die missionarische Situation besonders prägend, weil der Glaube nicht von professionellen Hauptamtlichen, sondern von Gleichaltrigen weitergegeben wird; meist im persönlichen Gespräch mit Mitschülern/-innen, manchmal aber auch in missionarischen und diakonischen Aktionen der SBKs an der Schule.

In den SBK lassen sich Mitschüler/-innen einladen, die sonst nie einen Fuß in ein kirchliches Gebäude setzen würden. Eine Aktion an der Schule erreicht viele Jugendliche, zu denen gemeindliche Jugendarbeit keinen Kontakt hat. Wenn es eine gute Verbindung zwischen gemeindlicher Jugendarbeit und dem SBK gibt, entstehen viele positive Synergien. Werden Schülerinnen und Schüler mit diesen Aufgaben und dieser Verantwortung alleine gelassen, führt es nicht selten zur Überforderung. Das liegt auch daran, dass diejenigen, die sich im SBK engagieren, häufig dieselben sind, die auch in Gemeinden Verantwortung übernehmen. Die unterschiedlichen Gemeindehintergründe der SBKler fördern nicht nur ökumenische Weite. Die damit verbundenen Frömmigkeitsprägungen und Missionsverständnisse können auch zu Spannungen führen.

3.2 Gesetzlicher Rahmen

„Bundesweit gültige Rechtsvorschriften, die sich direkt auf das Thema „Mission an der Schule“ beziehen, existieren nicht“ (Metz/Ocker 2012: 23). Indirekt stecken jedoch das Recht auf Religionsfreiheit im Grundgesetz sowie die rechtlichen Rahmenbedingungen des Religionsunterrichts (RU) den Rahmen, wo und wie Religion und Glaube in der Schulwelt erlaubt sind (Metz/Ocker 2012: 23–24). Legt man die im Grundgesetz in Bezug auf das Thema Religion und Glaube an der Schule angesprochene Freiheit (Art. 4 Abs. 1 u. 2) positiv aus, muss die religiöse Erziehung von Kindern und Jugendlichen auch in der Schule möglich sein. Dies kann, neben dem RU, auch durch weitere freiwillige Angebote geschehen. Die Schulgesetze vieler Bundesländer geben Schülerinnen und Schülern das Recht, an der Gestaltung der Bildungs- und Erziehungsarbeit der Schule mitzuwirken, ihre Interessen wahrzunehmen und sich an ihrer Schule in einer Schülergruppe zusammenzuschließen. (vgl. z. B. Schulgesetz für Nordrhein-Westfalen § 42 Abs. 2 und § 45 Abs. 4). Diese Angebote und Schülergruppen sind jedoch immer von der Schulleitung zu genehmigen und dürfen den Schulfrieden nicht stören. In der Praxis bedeutet dies, dass der Direktor die Erlaubnis für einen SBK geben muss und diese auch verweigern kann.

3.3 Glaube im pluralen Kontext

Der plurale und multireligiöse Schulkontext fordert Schülerinnen und Schüler täglich zum Bekenntnis ihres Glaubens heraus. Aus Familie und Gemeinde sind sie in der Regel homogenere Glaubensüberzeugungen, Weltanschauungen, Wertesysteme und Lebensentwürfe gewohnt, als sie sie in der Schule antreffen. Nicht selten nehmen sie dies als Überforderung wahr und reagieren darauf mit Stillschweigen, einzelne z. T. auch mit missionarischem Übereifer, Abgrenzung und Exklusivitätsbewusstsein. Ein SBK kann dabei helfen, den eigenen Glauben zu reflektieren, Sensibilität im Umgang mit Andersglaubenden einzuüben und selbst sprachfähig zu werden. Dazu ist jedoch nötig, dass er gut begleitet wird, die Herausforderungen zum Thema gemacht werden und die Schülerinnen und Schüler im Umgang damit geschult werden.

3.4 Spirituelle Räume der Gotteserfahrung mitten im Schulalltag

SBKs ermöglichen mitten im vom Lehrplan bestimmten Schulalltag, spirituelle Räume der Gotteserfahrung zu schaffen und zu gestalten. Dies können die SBK-Treffen in der Pause sein, aber auch ein Gebetsabend gemeinsam mit den örtlichen Gemeinden oder ein interaktiver Gebetsraum an der Schule (siehe 4.4; 4.5). Wenn dort z. B. deutlich wird, dass der Wert eines Menschen mehr ist als der Durchschnitt seiner Noten und dass er seine Einzigartigkeit und Würde von Gott hat, dann wirkt dies missionarisch.

4. Praxisbeispiele

4.1 Schülerbibelkreise

Kein SBK ist wie der andere! Manche bestehen aus zwei oder drei Schülern/-innen, andere sind bis zu vierzig. Auch unterscheiden sie sich darin, wann sie sich treffen und was sie während ihrer gemeinsamen Zeit machen. Oft findet der SBK während der 15-/20-minütigen Schulpause statt, teilweise auch mehrmals in der Woche. Meistens wird in dieser Zeit für die Schule gebetet, manchmal auch gesungen oder gespielt. Andachten werden entweder von SBKlern/-innen selbst vorbereitet oder aus einem Andachtsbuch vorgelesen und im persönlichen Austausch vertieft.

Weil die Pausen zwischen den Schulstunden oft zu kurz sind, legen viele Schüler/-innen den SBK in die Mittagspause. Dann haben sie 30–45 Minuten Zeit, um entweder eine ausführlichere Andacht zu hören oder auch mal organisatorische Dinge zu besprechen. Dazu gehört beispielsweise das Planen einer gemeinsamen Aktion. Man kann als SBK etwas zusammen unternehmen (z. B. bowlen gehen) oder aber an der ganzen Schule aktiv werden (z. B. Muffins mit Bibelversen verschenken). Solche Aktionen eignen sich nicht nur, die Gemeinschaft innerhalb des SBKs zu stärken, sondern auch, um Mitschülern/-innen etwas Gutes zu tun, sie zum SBK einzuladen und auf Jesus aufmerksam zu machen.

Eine SBK-Woche sieht beispielsweise so aus: Montags treffen sich die SBKler/-innen in der ersten Pause, um für Mitschüler/-innen, Lehrer/-innen, anstehende Prüfungen etc. zu beten. Am Mittwoch findet dann ein längeres Treffen in der Mittagspause statt. Nach dem Beginn mit zwei Liedern hält ein/e SBKler/-in eine kurze Andacht und anschließend wird über die (seit einem Monat geplante) Aktion geredet, die am Freitag stattfinden wird. Nachdem letzte Aufgaben verteilt wurden, wird zum Abschluss gebetet. Am Freitagnachmittag veranstaltet dann der SBK ein Kaffeetrinken für Hausmeister und Reinigungskräfte.

In dieser Woche hatte der SBK viel Spaß und die verschiedensten Beziehungen wurden gestärkt:

1. nach innen (IN), da der SBK zusammen gebetet und die Aktion durchgeführt hat
2. nach oben (UP), da man Zeit mit Gott verbracht hat – im Gebet, beim Singen, im Schulalltag
3. nach außen (OUT), da das Schulpersonal beim Kaffeetrinken auf Gott und den SBK aufmerksam gemacht wurde

4.2 Aktionen

Im Jahresverlauf gibt es viele Gelegenheiten, als SBK aktiv zu werden. Hierzu eine kleine Auswahl von Aktionen:[1]

Weihnachten:

Dieses Fest bietet sich an, auch von SBKs mitgestaltet zu werden. So gibt es z. B. den „kreativen Adventskalender", der die Adventszeit mit besonderen Geschichten, biblischen Erzählungen und Aktionen zu einer besonderen Zeit werden lässt. Die Geschenkaktion „Weihnachten im Schuhkarton" bietet eine besondere Möglichkeit, auch andere Mitschüler für das Füllen der Geschenkkartons zu gewinnen und den Blick für die Not anderer zu weiten.

Ostern:

Dieses Fest könnte Anlass sein, eine Ostereieraktion zu gestalten, bei der bunte Eier vor Schulbeginn versteckt werden. In der ersten großen Pause wird über eine Durchsage zum Suchen aufgerufen. Die Finder erhalten einen kleinen Preis mit einem Bibelvers. Schon die Passionszeit könnte anhand der Aktion „7 Wochen mit" ins Bewusstsein gerückt werden.

Valentinstag:

Selbst weltliche Festtage wie der Valentins-Tag – der Tag der Liebe – können Gelegenheiten sein, eine interessante Aktion für die Mitschüler/-innen zu gestalten und in den SBK einzuladen. Rote Papierherzen und eine kleine Süßigkeit können auf „Gottes Liebe" aufmerksam machen!

Trostpflaster-Aktion:

Gerade die Zeugnistage sorgen bei manchen Schülern für Enttäuschungen und Tränen. Die Trostpflaster-Aktion kann eine willkommene Hilfe sein, die ermutigt und tröstet. Hierzu können Karten mit Pflastern und einem biblischen Mutmach- und Trostwort versehen werden.

Sorry-Aktion:

Für den in Vergessenheit geratenen Buß- und Bettag! Schüler gehen auf andere Mitschüler mit gestalteten Sorry-Karten zu, um ihr Sorry auszudrücken. Die Aktion Sorry soll zeigen, dass Buße nichts mit „Sich-schlecht-fühlen-Müssen" zu tun hat, sondern die Chance bietet, Belastendes loszuwerden und sich mit seinen Mitmenschen zu versöhnen.

---

[1] Weitere kreative Ideen für das ganze Schuljahr im aha!-Heft „SBK in Aktion", zu beziehen unter: www.smd.org/smd/smd-shop/schueler-smd/

Schulfeste mitgestalten:

- *Ein Eistee für deine Frage* – „Was ich die Christen/-innen und Gott schon immer mal fragen wollte ..." unter Beteiligung von interessanten Personen aus der Schule, Gemeinde und Stadt.
- *Kurzfilme* zu einem speziellen Thema sind interessant und können durch Impulsfragen spannend aufbereitet werden. Kreismedienstellen und kirchliche Bildstellen sind hier eine hilfreiche Fundgrube.
- *Kulinarische Angebote* sind auf Schulfesten eine Möglichkeit, sich als SBK schmackhaft mitzuteilen.

Schulgottesdienste mitgestalten:

SBKs sind kein Selbstzweck, sondern sollen sich auch im Schulleben einbringen und zeigen. Dies kann u. a. auch im Bereich der Schul- bzw. der Schülergottesdienste geschehen. Die Zusammenarbeit zwischen SBKs und den Religionslehrern/-innen kann den Blick füreinander weiten und ein interessantes Zusammenwirken für Gottesdienste ergeben. Ein Gottesdienst von Schülern/-innen für Schüler/-innen ist eine Bereicherung für alle. So können z. B. biografische Themen wie „Geschwister-Scholl – die weiße Rose" oder „Dietrich Bonhoeffer" aufgegriffen werden, die auch sonst im Unterricht zur Sprache kommen.

4.3 Wochenenden und Freizeiten

„Alles wirkliche Leben ist Begegnung!" (Martin Buber). Der Schulalltag lässt oft wenig Raum für echte Begegnungen der Schüler untereinander. Das Zeitfenster in der Pause reicht oft für einen kurzen Impuls, ein Gebet, ein Lied. Da braucht es andere Räume, um eine Gemeinschaft wachsen zu lassen! Gemeinsam erlebte Zeiten an Wochenenden und auf Freizeiten sind entscheidende Erlebnisse, die eine Gruppe festigen und intensive geistliche Erfahrungen ermöglichen. SBK-Wochenenden können in speziellen Freizeithäusern durchgeführt werden. Die Schülerarbeit im EJW unterhält hierfür z. B. ein eigenes Freizeitheim „senfkorn", das Schülern/-innen einen sehr preisgünstigen Aufenthalt ermöglicht. Da die Aufsichtspflicht mit einer volljährigen Person gegeben sein muss, kann es hilfreich sein, wenn z. B. Reli-Lehrer/in oder andere ehrenamtliche Mitarbeitende diese Aktionen begleiten. Nicht selten gibt es SBK-Paten, die hier unterstützen können. Eine verkleinerte Variante ist die der Schulhausübernachtung. Dort nehmen die Schüler/-innen ihre Schule als Lebensraum wahr und teilen ihren Glauben.

Schüler-Freizeiten sind besonders prägend für die Teilnehmer. Die Schüler-SMD wie auch andere Jugendverbände bieten sehr gute Freizeitangebote, die junge Menschen für ihr weiteres Leben unendlich bereichern und in der Nachfolge Jesu bestärken können (vgl. Ilg in diesem Band).

4.4 PrayDay – Gebetstag für die Schule

Der PrayDay ist ein Gebetstag für die Schule und findet jedes Jahr am Tag vor dem Buß- und Bettag statt. Er bietet die Möglichkeit, Mitschüler/-innen, Lehrer/-innen und Eltern einzuladen, für schulrelevante Themen zu beten. Es hat sich bewährt, örtliche Gemeinden bei der Gestaltung des PrayDays mit einzubeziehen und dadurch Schule dort zum Thema zu machen. Die Schüler-SMD hat den PrayDay nicht nur initiiert, sondern unterstützt SBKs, Schulen und Gemeinden auch bei der Durchführung und bietet Werbematerial und kreative Gestaltungsvorschläge an (s. www.prayday.de).

4.5 PrayerSpaces – interaktive Gebetsräume

Für einen PrayerSpace (Gebetsraum) wird ein Raum in der Schule für ein paar Tage als kreativer Gebetsraum umgestaltet. Die Schüler dürfen eigenständig die verschiedenen Gebetsstationen erkunden und ausprobieren. Der Besuch erfolgt gemeinsam als Klasse in einer Unterrichtsstunde und/oder freiwillig in den Pausen. Die Gebetsstationen ermutigen Schüler, über sich selbst (ihr Selbstbild und ihre Identität), über ihre Beziehungen (mit Freunden und anderen Menschen aus ihrem Umfeld), über ihren Platz in der Welt (wie sie Gerechtigkeit leben und Verantwortung wahrnehmen) nachzudenken und darüber, was sie fühlen und glauben (s. www.prayerspaces.de).

4.6 Vom SchülerBibelKreis zum SchulBewegerKreis: sehen. beten. konkret handeln

Schulbeweger machen an der Schule das, wozu Jesus sie in Bewegung setzt. Dies kann sehr vielfältig sein, und trotzdem haben wir das, was Schulbeweger tun, in drei einprägsamen Schlagworten zusammengefasst. Sie lauten: sehen, beten, konkret handeln. Dadurch werden Schüler ermutigt, ihre Schule wahrzunehmen, diese Eindrücke mit Gott zu besprechen und dabei herauszufinden, was konkret getan werden kann. In erster Linie geht es um alltägliche Situationen im Klassenzimmer und auf dem Pausenhof und nicht nur um große Aktionen oder Projekte (s. www.schulbeweger.de).

5. Ausblick

Als Initiativen von Schülern/-innen für Schüler/-innen werden SBKs zukünftig vermutlich noch eine größere Rolle spielen als bisher. Die Schulpolitik zeigt, dass die Schule zukünftig nicht mehr nur Lern-, sondern auch Lebensraum für die Schülerinnen und Schüler darstellen wird. Die Ausweitung zur Ganztagsschule und die damit verbundene längere Verweildauer der Schüler wirft die Frage auf, welche sinnvollen Angebote den Lernort zum Lebensort werden lassen. SBKs sind hierbei ein wichtiger Beitrag, das Schulleben bunt zu gestalten, fröhlich den Glauben zu leben, zu teilen und zu bewähren. Da SBKs, anders als z. B. viele Formen von schulnaher Jugendarbeit, nicht von Hauptamtlichen und deren Finanzierbarkeit abhängig sind, können sie nahezu immer und überall entstehen. Wenn örtliche Jugend- und Gemeindearbeit neu entdeckt, dass Schülerinnen und Schüler immer mehr Zeit in der Schule verbringen und die Chancen darin sehen, werden sie nicht nur Kooperationen mit Schulen anstreben und schulnahe Jugendarbeit initiieren, sondern auch die Gründung von SBKs fördern und diese kontinuierlich unterstützen. Diese können ihnen helfen, die eigene Binnenmentalität zu überschreiten und dadurch, im besten Sinne, missionarisch zu wirken.

Literatur

Metz, Heike/Ocker, Markus (Hrsg.) (2012): So macht Jugendarbeit Schule. Wie Gemeinden an Schulen aktiv werden. Kassel: Born-Verlag.

Garschagen, Julia/Stamme, Markus (Hrsg.) (2010): Schulbeweger. Der Kurs. Wenn Jesus Schüler bewegt – Material für Teenager- und Jugendgruppen. Marburg: Verlag der Francke-Buchhandlung.

Ebertz, Michael H./Hunstig, Hans-Georg (Hrsg.) (2008): Hinaus ins Weite. Gehversuche einer milieusensiblen Kirche. 2. Auflage. Würzburg: Echter-Verlag.

aha! Impulse für Christsein, Schule, SBK. Herausgegeben von der Schüler-SMD in Zusammenarbeit mit der Schülerinnen- und Schülerarbeit des EJW. Zu beziehen unter: www.smd.org/smd/smd-shop/schueler-smd/

- SBK mit Vision: Das Trainingskonzept für alle, die mehr wollen (2013)
- Mach mal Pause!: 22 Andachten für SBKs (2013)
- PrayDay: Gebetstag für die Schule (2014)
- SBK in Aktion: Kreative Ideen fürs ganze Schuljahr (2014)
- Schulbeweger: sehen. beten. konkret handeln (2014)
- SBK-Leitung: Basics und mehr (2015)
- Schulgottesdienste (2015)

Weitere Informationen, Material zum Download und eine aktuelle SBK-Übersicht unter:

- schueler.smd.org
- www.schuelerarbeit.de
- www.schuelerbibelkreis.de

MISSIONARISCHE STUDIERENDENARBEIT

Heike Breitenstein, Julia Garschagen

1. Studierende im 21. Jahrhundert

Im Wintersemester 2014/2015 waren rund 2,7 Mio Studierende an deutschen Hochschulen immatrikuliert, so viele wie nie zuvor (Statistisches Bundesamt 2014: 1). Der Altersdurchschnitt liegt an Universitäten bei 23,2, an Fachhochschulen bei 24 Jahren (Ramm et al. 2014: 9).

Für viele ist die Studienzeit eine Übergangszeit zwischen Jugend und Erwachsensein. Mit dem Auszug aus dem Elternhaus, der häufig mit dem Studienbeginn verbunden ist, muss eine erste Eigenverantwortlichkeit erlernt werden, auch wenn viele finanziell noch auf Unterstützung angewiesen sind. Außerdem wird durch die Studienfachwahl eine grundlegende Richtung für den weiteren Lebensverlauf gelegt. In dieser Lebensphase werden eine Reihe existenzieller Fragen aufgeworfen. Für viele ist es eine Zeit der Orientierung – auch in religiösen und weltanschaulichen Fragen.

Die kirchliche Sozialisation der Studierenden ist regional sehr unterschiedlich. Insgesamt scheint die Zahl derer, die über geringe oder keine Kenntnisse des Christentums verfügen, zu steigen. Vermutlich noch stärker als im gesellschaftlichen Umfeld ist an Hochschulen der Relativismus die verbreitete Weltanschauung, vor allem wenn es um die Frage nach Wahrheit geht. Zunehmend sind an Hochschulen Vertreter eines teilweise kämpferisch auftretenden Atheismus zu finden. Dies führt, gemeinsam mit einem verbreiteten Zweifel an den überkommenen Meta-Erzählungen (vgl. Lyotard 1986 [1982]: 112) zu einer starken Skepsis gegenüber der verfassten Kirche, respektive dem Christentum. Demgegenüber steht eine wachsende Sehnsucht nach authentischer Spiritualität. Als Weg zu einer solchen wird der christliche Glaube allerdings selten gesehen.

2. Universität und Religion – wie passt das zusammen?

Anders als in Staaten wie z. B. Frankreich gilt in Deutschland nicht der Laizismus, also die negative Religionsfreiheit, die zu einer Verbannung von Religion aus dem öffentlichen Leben führt, sondern die positive Religionsfreiheit. „Der Staat des Grundgesetzes ist gegenüber der Religion neutral –

aber ihr freundlich zugewandt" (Thomas De Maizière).[1] Art. 4 des Grundgesetzes garantiert die ungestörte Religionsausübung. Dies gilt auch für Hochschulen: Gerade an einer Institution, die zu einem freiheitlichen, offenen Miteinander innerhalb einer multikulturellen Gesellschaft beitragen will, ist das Vorhandensein verschiedener Religionsgruppen von besonderer Notwendigkeit. Nur in der Begegnung können Menschen unterschiedlicher Weltanschauungen, Religionen und Konfessionen in Dialog miteinander treten, voneinander lernen und über ihren eigenen Glauben sprachfähig werden, um so einen exemplarischen Beitrag für ein tolerantes Zusammenleben in einer multikulturellen Gesellschaft zu leisten. Ihrem umfassenden Bildungsauftrag kann die Hochschule nur nachkommen, wenn auch eine so gewichtige Komponente des gesellschaftlichen und persönlichen Lebens wie Religion hier einen Platz hat. Andernfalls wäre eine unwissenschaftliche Verengung auf einige wenige Weltanschauungen zu befürchten. Dabei sind im besonderen Miteinander der Weltanschauungen an der Hochschule Toleranz, Respekt und gegenseitige Wertschätzung von höchster Wichtigkeit für jegliche Art der Studierendenarbeit. Insbesondere eine Studierendenarbeit, die sich in der Nachfolge Jesu Christi sieht, muss von dessen Liebe zum Nächsten jedweder Einstellung und Herkunft geprägt sein und sollte Dialog und Interesse am Fremden fördern (Mission:Respekt 2011).

Die beiden großen Volkskirchen in Deutschland unterhalten an den meisten Universitätsstandorten eine Studierendengemeinde (Katholische Hochschulgemeinde (KHG) bzw. Evangelische Studierendengemeinde (ESG)). Ihnen werden Studierendenpfarrer für die seelsorgliche Begleitung der Studierenden zugewiesen.

Darüber hinaus gibt es an vielen Standorten überkonfessionelle Hochschulgruppen, die von Studierenden selbst geleitet und gestaltet werden. Viele dieser Ortsgruppen gehören einem überregionalen Netzwerk an und werden hier durch Hauptamtliche unterstützt. Zu den bekanntesten und etabliertesten überkonfessionellen Studierendenarbeiten in Deutschland gehören die SMD (Studentenmission in Deutschland e.V.), der Deutsche Christliche Techniker Bund e.V. (DCTB), Campus für Christus e.V., Studenten für Christus e.V. (SfC) und die Navigatoren e.V.

Der Rat Muslimischer Studierender und Akademiker e.V. (RAMSA) ist der Dachverband der muslimischen Studierendenarbeit. Viele dieser Gruppen sind als eingetragene Hochschulgruppen registriert und besitzen damit gewisse Rechte, wie z. B. die Nutzung von Räumlichkeiten an der Hochschule.

ESG, KHG und die jeweiligen überkonfessionellen Hochschulgruppen

---

[1] De Maizière, Thomas (2012): Kirche im Staat. Online unter: www.zeit.de/2012/46/Ministerrede-Maziere-Kirche-Staat (Abruf 30.08.2015).

pflegen an vielen Orten ein fruchtbares Zusammenleben. Trotzdem gibt es Unterschiede in Ausrichtung und Arbeitsweise. Dieser Artikel ist stärker aus Sicht der überkonfessionellen Netzwerk-Arbeiten geschrieben.

3. Handlungsfelder missionarischer Studierendenarbeit

In einer christlichen Hochschulgruppe wird durch verschiedene Formen der Sammlung und Sendung ein Lebensstil der Christusnachfolge eingeübt. Die christliche Studierendenarbeit geschieht in vier Dimensionen: Sie ist glaubensstärkend/seelsorgerlich, dialogisch, apologetisch und evangelistisch tätig.[2]

3.1 die glaubensstärkende/seelsorgerliche Dimension

Eine christliche Hochschulgruppe wird christliche Studierende sammeln, um sie in den besonderen Herausforderungen der Studiensituation im Licht des Evangeliums zu ermutigen und sie für ihren Weg der Nachfolge zu stärken. Dabei nimmt sie die Lebensfragen der Studierenden seelsorglich auf: Wie kann der Ablösungsprozess vom Elternhaus im Licht des Gebots, Vater und Mutter zu ehren (Ex 20,12), gelingen? Was bedeutet es in einem leistungsorientierten System, sich von der bedingungslosen Liebe Jesus Christi her zu verstehen? Wie können Beziehungen und Partnerschaft gestaltet werden? An der Universität wird der Glaube an Jesus Christus auch durch den Dialog mit der Wissenschaft herausgefordert: Dies geschieht z. B. im naturwissenschaftlichen Bereich, aber auch in bioethischen oder pädagogisch-psychologischen Fächern, etwa bei der Frage nach dem zugrundeliegenden Menschenbild. Ein fächerübergreifender Austausch unter christlichen Studierenden ist eine Möglichkeit, herausfordernde Fragen in unterschiedlichen Perspektiven zu beleuchten.

Bei regelmäßigen Gruppentreffen erfolgt z. B. durch Vorträge, Seminare und Diskussionen eine Auseinandersetzung mit wissenschaftstheoretischen, ethischen und biblisch-theologischen Themen. Wissenschaftler, die selbst in diesen Fachbereichen beheimatet sind, leisten eine fundierte inhaltliche Auseinandersetzung, dienen aber auch als Leitbilder für angehende Akademiker und als wertvolle Gesprächspartner. Studierende werden von deren Erfahrungsschatz im akademischen, aber auch im persönlichen Bereich profitieren und sich so schon in der Studienzeit Einblicke in gelebte Christusnachfolge in akademischen Berufen verschaffen. Bibelauslegung, die exegetisch begründet vor dem Hintergrund einer biblischen Theologie

[2] Diese Unterteilung ist übernommen aus Halliday et al. 2014: 9–22.

geschieht und das biblische Wort mit dem universitären, gesellschaftlichen und persönlichen Kontexte ins Gespräch bringt, wird nicht nur Freude am Reden Gottes hervorrufen, sondern Studierenden auch in ihrem eigenen Umgang mit der Bibel schulen.

Durch die Überkonfessionalität einer christlichen Hochschulgruppe findet eine Horizonterweiterung über die eigene – wichtige – Gemeindeprägung hinaus statt. Die Auseinandersetzung mit anderen geistlichen Prägungen kann die eigene Glaubensidentität fruchtbar hinterfragen, sie stärken und um eine ökumenische Weite bereichern.

Studierendenarbeit, die von Studierenden selbst gestaltet wird, befähigt junge Erwachsene in verschiedenen Bereichen: Sie übernehmen Verantwortung für eine Gruppe oder einzelne Aufgaben und entdecken dabei eigene Begabungen: Moderation von Gruppenabenden, Verkündigung, Kleingruppen und Bibelgespräche leiten, Design von Flyern und Plakaten, musikalische Begleitung u. v. m. Wer in einer christlichen Studierendengruppe als Gruppenleiter/-in Verantwortung übernimmt, wird u. a. lernen, für die Vision der Gruppe zu werben und z. T. herausfordernde Gruppenprozesse zu moderieren. Die Studienzeit dient so auch dem Entdecken und Ausbilden von Fähigkeiten, die die im jeweiligen Studienfach erworbenen fachlichen Kompetenzen erweitern und auf berufliches, gesellschaftliches und gemeindliches Engagement vorbereiten.

Bibelgespräche in Kleingruppen, bei denen die Teilnehmer aus unterschiedlichen Konfessionen und Gemeindeprägungen kommen und verschiedene Fächer studieren, führen zu fruchtbaren Auseinandersetzungen mit Bibeltexten. Im Sinne eines mündigen Christseins gilt es, Studierende zu ersten eigenen Erfahrungen in der Verkündigung und Kleingruppenleitung zu ermutigen, sie dabei anzuleiten und Begabungen gezielt zu fördern.

In einer christlichen Hochschulgruppe wird das Gebet stets eine zentrale Rolle spielen. Unterschiedliche Gebetsformen können hierbei eine Rolle spielen: z. B. ein Mittagsgebet in den Räumen der Universität, bei der die örtliche Hochschule, Studierende, Lehrende und hochschulpolitische sowie persönliche Themen vor Gott gebracht werden. Auch ein Gebetsfrühstückstreffen kann Teil gelebter studentischer Spiritualität sein.

Im Rahmen einer christlichen Hochschulgruppe können Studierende weiter Formen der Spiritualität einüben, etwa Zeiten persönlicher Stille, Zweierschaft, Beichte oder den Austausch über Literatur im Bereich Theologie und Spiritualität. Gemeinschaftsfördernd und glaubensstärkend kann zudem eine Wochenendfreizeit der christlichen Hochschulgruppe, etwa zu Semesterbeginn, sein oder das Zusammenleben in einer Wohngemeinschaft.

3.2 die dialogische Dimension

Die zweite Dimension missionarischer Studierendenarbeit ist eine dialogische: Christliche Studierendenarbeit feiert die Wissenschaften als Geschenk Gottes und sieht die akademische Berufung als Gottes Berufung der Studierenden und Lehrenden an der Hochschule. So nimmt sie den besonderen Ort, an dem sie verortet ist, ernst und tritt in einen Dialog mit den verschiedenen Disziplinen. Sie tut dies als Hörende und Lernende, indem sie die christliche Weltanschauung von der Wissenschaft hinterfragen und bereichern lässt. Gleichzeitig leistet sie einen eigenen wichtigen Beitrag, indem sie wissenschaftliche und gesellschaftliche Fragestellungen aufnimmt und eine christliche Perspektive darauf entwickelt. Sie zeigt so auf, welche Bedeutung Christsein für intellektuelles Denken, wissenschaftliches Forschen und das jeweilige Studienfach hat, gestaltet das universitäre Leben aktiv mit und macht Christus zum Gespräch an der Hochschule. Dabei achtet und fördert sie die weltanschauliche Unabhängigkeit der Wissenschaft, weist aber auch auf weltanschauliche Prämissen hin und zeigt, dass weltanschauliche Neutralität nie vollständig möglich ist. Durch den dialogischen Charakter der Studierendenarbeit werden die Ganzheitlichkeit des Evangeliums, seine Verortung mitten in der Welt und seine Relevanz für diese in besonderer Weise deutlich.

Dies geschieht zum einen, indem gesellschafts- und studienfachrelevante Themen aufgegriffen werden und aufzeigt wird, inwiefern der christliche Glaube hier Relevanz haben kann. Neben fachspezifischen Vorträgen, bzw. Fachgruppen, die sich speziell mit den Fragen ihres jeweiligen Studienfaches auseinandersetzen,[3] können z. B. Ausstellungen oder Installationen zu bestimmten Themen, wie z. B. Gerechtigkeit, organisiert und im öffentlichen Raum der Hochschule gezeigt werden. Eine weitere Möglichkeit sind Science-Slams, bei denen Studierende in Kurzvorträgen ihre Forschung präsentieren. Christliche Studierende können hier aufzeigen, wie ihr jeweiliges Forschungsgebiet von einer christlichen Weltanschauung profitiert.

Zum anderen wird Dialog ermöglicht und gefördert, wenn sich christliche Studierende in die Hochschulpolitik einbringen. Dies kann einerseits im persönlichen Rahmen geschehen, indem sich Einzelne aktiv im Allgemeinen Studierenden Ausschuss (ASta) bzw. dem Studentenrat (StuRa)[4] engagieren und hier z. B. christliche Werte einbringen und Diskussionen anregen. Darüber hinaus gibt es an vielen Hochschulen einen Raum der Stille, der allen Studierenden zur Verfügung steht. Hier lohnt es sich, z. B. feste Gebets-

---

[3] So z. B. die Arbeitsgemeinschaft Christlicher Mediziner (ACM) mit eigener Studierendenarbeit für Medizinstudierende, vgl. Studentenmission in Deutschland e.V. Online unter: www.smd.org/akademiker-smd/fachgruppen/mediziner-acm/ (Abruf 15.05.2015).

[4] Die Bezeichnungen variieren je nach Bundesland.

zeiten, Taizé-Gebet oder Kurzimpulse im Hochschulalltag anzubieten. An Hochschulen, an denen es einen solchen Ort nicht gibt, kann eine Initiative dafür ins Leben gerufen werden. Dabei ist es wichtig, dass alle an der Hochschule vertretenen religiösen Hochschulgruppen mit den Verantwortlichen der Hochschule (Rektor, Kanzler) u. a. über Fragen von Gestaltung und Gebrauch eines solchen Raumes beraten. Ein solcher Prozess fördert das gegenseitige Kennenlernen und den interreligiösen Dialog.[5]

3.3 die apologetische Dimension

Missionarische Studierendenarbeit muss sich der intellektuellen Herausforderung an der Hochschule stellen. Anstelle der häufig propagierten Separierung von Glauben und Denken gilt es aufzuzeigen, dass und inwiefern sich Glauben und Denken gegenseitig ergänzen und befruchten. Dabei gehört es zu den Aufgaben, Antworten auf die philosophischen, ethischen und naturwissenschaftlichen Anfragen an den christlichen Glauben zu diskutieren.

Diese „Seelsorge des Denkens" ist zum einen für christliche Studierende wichtig, um ihnen zu helfen, ihren eigenen Glauben zu reflektieren, sich den Anfragen ihres Studiums ehrlich zu stellen und im Glauben erwachsen zu werden.

Für Christen aus der reformatorischen Tradition, die sich an der Schrift als „norma normans" orientieren, werden kritische Anfragen vor dem Hintergrund der Heiligen Schrift durchdacht. Durch neue Herausforderungen im Studium wird das bislang erlernte Bibelverständnis hinterfragt und auf seine Glaubwürdigkeit sowie Tragfähigkeit hin überprüft. Christliche Studierendenarbeit wird deshalb mit Studierenden unterschiedlicher Fachrichtungen um eine Bibelhermeneutik ringen, die Jesus Christus – ihrem Zentrum – entspricht und den Anfragen der Wissenschaft standhält.

Zum anderen helfen gute Argumente Interessierten, Denkbarrieren abzubauen und intellektuelle Glaubenshindernisse aus dem Weg zu räumen. Dass christlicher Glaube gute Gründe hat und blinder Glaube gerade das Gegenteil von evangeliumsgemäßem Glauben ist, ist für viele eine heilsame Entdeckung. In all dem muss sich missionarische Studierendenarbeit der Unverfügbarkeit des Heiligen Geistes, der allein Glauben bewirken kann, und des Geheimnisses des Glaubens demütig bewusst sein.

Wie bereits oben angedeutet, gilt es auch, die Prämisse der neutralen Wissenschaft herauszufordern: Wissenschaft kann nicht völlig neutral sein, weil jeder Wissenschaftler seine Weltanschauung – sie sei theistisch oder atheistisch – mitbringt und diese seine Forschung auf die eine oder andere Weise beeinflusst. Dass Studierende und Lehrende sich der eigenen Weltan-

---

5 Weitere kreative Ideen des Dialogs finden sich in: Halliday et al. 2014.

schauung bzw. den eigenen Weltanschauungen bewusst werden und sie reflektieren, dazu kann die missionarische Studierendenarbeit beitragen und so konstruktiv am Wissenschaftsdiskurs mitwirken.

Der apologetische Dialog kann im öffentlichen Raum der Hochschule, etwa im Hörsaal, z. B. durch Podiumsdiskussionen und Debatten mit Vertretern anderer Weltanschauungen oder durch Vorträge eines Referenten geschehen. Die Themen solcher Vorträge behandeln sowohl existenzielle Themen (z. B. Sinn, Freiheit, Identität) als auch apologetische Fragestellungen (z. B. Theodizee, Wissenschaft und Glaube, Relativismus) und lassen am Ende Raum, um mit den Zuhörern in Dialog zu treten und auf kritische Rückfragen aus dem Publikum einzugehen.

Um Studierenden einen besseren Überblick über zentrale Thema christlicher Weltanschauung zu geben, bietet es sich an, eine Reihe von Vorträgen in einer Woche zu organisieren, sog. Hochschultage. Hier kann tagsüber auf dem Campus zu den Vorträgen eingeladen werden, z. B. durch Kuchenstände, Umfragen oder Freizeitaktionen. So kommen Studierende verschiedener Weltanschauungen auf unterschiedliche Art und Weise miteinander ins Gespräch und können sich austauschen.

Eine andere, auf Längerfristigkeit angelegte Idee, sich den kritischen Anfragen an das Christentum zu stellen, sind sog. Skeptikerstammtische, bei denen sich Christen und Studierende anderer Weltanschauungen regelmäßig zur Diskussion treffen. Häufig führen philosophische oder biblische Texte, Zitate von Gegnern und/oder Befürwortern des Christentums oder kurze Videoclips ins jeweilige Thema des Abends ein und bilden die Grundlage für das Gespräch. Solche Kreise bilden sich besonders nach Hochschultagen oder anderen öffentlichen Veranstaltungen mit Studierenden, die weiter interessiert sind.

3.4 die evangelistische Dimension

Im Neuen Testament wird durchweg der Anspruch vertreten, das Evangelium sei eine universelle Botschaft, die es öffentlich zu verkündigen gilt – unter den Armen und Benachteiligten, auf den Marktplätzen der Mittelschicht, aber gerade auch im philosophischen Diskurs mit der intellektuellen Elite eines Landes. Bekanntestes Beispiel dafür ist die Rede des Paulus auf dem Areopag (Apg 17). Wie der Areopag im Alten Griechenland sind heute Hochschulen der Ort, an dem Ideen und Meinungen diskutiert werden und von wo aus Weltanschauungen ins Land gehen. Hier werden Denken und Charakter der Menschen geprägt, die in Zukunft wichtige Rollen in Politik, Ökonomie, Rechtswissenschaft und Kultur eines Landes spielen und die Gesellschaft so wesentlich beeinflussen werden. Missionarische Studierendenarbeit möchte diese Menschen dazu einladen, Jesus Christus als die Grundlage christlicher Ethik kennenzulernen und den Glauben an ihn als identitäts- und sinnstiftend zu erfahren. Sie ist darum gerufen, fröhlich, ehrlich und voller Respekt vor dem Gegenüber zum Glauben an Jesus Christus einzuladen. Als Arbeit von Studierenden für Studierende tut sie dies in der Konvivenz von christlichen Studierenden mit ihren Kommilitonen, in Kleingruppen und durch öffentliche Verkündigung.

Im universitären Kontext haben christliche Studierende die Möglichkeit, die Liebe Christi weiterzugeben und Kommilitonen und Mitarbeitenden der Universität zu dienen. So kann z. B. eine Kultur der Wertschätzung geprägt werden, indem man etwa eine Dankaktion für die Reinigungskräfte durchführt.

Die Liebe Christi drückt sich auch durch christliche Studierende aus, die in großen, oft unpersönlichen Wohnheimen wohnen und dort für ihre Kommilitonen da sind: Hilfe beim BAFöG-Antrag, Einladungen zum Essen etc. Zudem können von christlichen Studierenden gemeinschaftliche oder inhaltliche Angebote in Wohnheimen organisiert werden. Aus all diesen Kontakten ergeben sich zuweilen Gespräche, etwa über die Frage, aus welcher Motivation heraus sie leben.

Eine große Chance bietet das missionarische Bibellesen. Das Neue Testament, respektive die Evangelien und die Person Jesu Christi, sind in einer Generation, die mit wenig Bibelwissen aufgewachsen ist, neu attraktiv. Für viele Studienfächer (so z. B. Germanistik, Musik, europäische Geschichte) sind Kenntnisse des Neuen Testaments unerlässlich. Der missionarischen Studierendenarbeit kommt hier auch ein Bildungsauftrag zu. Beim gemeinsamen Bibellesen mit Kommilitonen, die ihre unterschiedlichen Meinungen, Weltanschauungen und Interpretationen des Textes einbringen, lernen auch christliche Studierende viel Neues und werden über ihren Glauben sprachfähiger. Um Menschen in die Begegnung mit Jesus Christus zu führen, bieten sich vor allem Jesus-Geschichten aus den Evangelien an. Man nähert sich dem Text gemeinsam mithilfe von Fragen, bei denen es darum geht, wie die einzelnen Personen und Situationen im Text von den Lesenden wahrgenommen und interpretiert werden. Dabei steht das gemeinsame Entdecken des Textes im Zentrum und nicht Vorwissen, „richtig und falsch" oder ein Belehren der Anwesenden. So können sich Studierende ihr eigenes Bild von Jesus Christus machen und ihn (neu) entdecken.[6]

[6] Die SMD startete 2014 gemeinsam mit den Vereinigten Bibelgruppen e.V. der Schweiz (VBG) und der Österreichischen Studentenmission e.V. (ÖSM) das Bibelleseprojekt uncover mit sechs Einheiten zum Lukasevangelium (vgl. Studentenmission in Deutschland e.V. Online unter: www.uncover-smd.org (Abruf 15.05.2015) und Haizmann/Lorch 2009 [1986].

Einen kreativen Zugang zum Evangelium bietet das Markustheater.[7] In einem Rundtheater wird das gesamte Markusevangelium von einem Team einer örtlichen Studierendengruppe aufgeführt. Die Zuschauer erleben die Dynamik der Ereignisse mit und so werden Studierende zu einem unkonventionellen Format der Beschäftigung mit der Bibel eingeladen. Die Auseinandersetzung mit der Person Jesu kann in verschiedenen Nacharbeitsangeboten vertieft werden, etwa dem Angebot, gemeinsam Texte aus dem Markusevangelium zu lesen und sich darüber auszutauschen oder einem Glaubenskurs.

Auch spezielle, von Studierenden gestaltete Gottesdienste, etwa zu Semesteranfang bzw. -ende oder im Advent, sind gute Möglichkeiten, um Kommilitonen einzuladen. Hier bieten sich die Zusammenarbeit mit anderen Hochschulgruppen, Studierendengemeinden und Studierendenpfarrern sowie die Nutzung von Universitätskirchen an.

4. Studierendenarbeit und internationale Studierende

2013/2014 waren 11,5 % der Studierenden an deutschen Hochschulen ausländischer Herkunft,[8] ihre Zahl steigt kontinuierlich[9] auf nunmehr knapp 300.000[10]. Deutschland gehört weltweit zu den beliebtesten Studienorten für internationale Studierende. Häufig gehören sie der Bildungselite ihrer Herkunftsländer an und werden dort Schlüsselpositionen in Politik, Wirtschaft und Gesellschaft übernehmen. Für viele internationale Studierende ist es äußerst schwierig, Kontakt zu Deutschen zu bekommen; auch die Studienfinanzierung und das Zurechtkommen im deutschen Hochschulsystem stellen große Hürden dar. Viele leiden unter kulturellen Herausforderungen und mangelnden Kontakten. Dabei sind viele auf der Suche nach Kontak-

---

[7] Vgl. The Mark Drama. www.themarkdrama.com

[8] Vgl. Statista GmbH (2015): Anteil ausländischer Studierender an deutschen Hochschulen vom Wintersemester 1998/99 bis 2013/14. Online unter: www.de.statista.com/statistik/daten/studie/222/umfrage/anteil-auslaendischer-studenten-an-hochschulen/ (Abruf 11.05.2015).

[9] Allein 2014/15 erhöhte sich die Zahl ausländischer Studienanfänger um 4,5 % (vgl. Büro für analytische Sozialforschung (2015): 4,5 Prozent mehr ausländische Studienanfänger im Studienjahr 2014/2015. Online unter: www.bildungsspiegel.de/bildungsnews/studium-fernstudium/2981-4-5-prozent-mehr-auslaen-dische-studien-anfaenger-im-studien-jahr-2014.html (Abruf 11.05.2015).

[10] Vgl. Statista GmbH (2015): Anzahl der deutschen und ausländischen Studierenden an Hochschulen in Deutschland im Wintersemester 2013/2014 nach Hochschulart. Online unter: www.de.statista.com/statistik/daten/studie/199049/umfrage/anzahl-der-deutschen-studierenden-an-universitaeten-und-fachhochschulen/ (Abruf 11.05.2015).

ten zu deutschen Studierenden, wollen ihre Sprachkompetenzen verbessern und interessieren sich für die europäische Kultur und nicht zuletzt für den christlichen Glauben, der unsere Kultur- und Geistesgeschichte geprägt hat.

Auch hier kann christliche Studierendenarbeit einen wichtigen Dienst leisten. In einer Kultur gelebter Gastfreundschaft wird sich Nächstenliebe zu internationalen Studierenden unterschiedlich entfalten, ihren Schwerpunkt jedoch immer auf persönlichen Beziehungen haben. Interkulturelle Freundschaften zwischen deutschen und internationalen Studierenden sind für beide Seiten ungemein gewinnbringend, auch wenn sie Geduld, Offenheit und Respekt für eine andere Kultur, einen konstruktiven Umgang mit sprachlichen und kulturellen Missverständnissen u. v. m. erfordern. Die Freundschaft zu internationalen Studierenden ermöglicht einen Blick über den eigenen kulturellen Horizont hinaus, einen tiefen Einblick in einen anderen Kulturkreis und ggf. auch das Kennenlernen einer anderen Religion oder Weltanschauung. Die Entwicklung interkultureller Kompetenzen, etwa bei der Kommunikation mit Menschen aus einer sog. Schamkultur, ist für Studierende in einer globalisierten Welt von großem Vorteil. Dabei wird neben dem Wahrnehmen einer anderen Kultur auch der Blick auf die eigene Kultur erweitert: Wie nehmen Menschen aus einem anderen Kulturkreis Umgangsformen in Deutschland wahr? Welchen Eindruck haben sie vom christlichen Glauben, wie sie ihn durch christliche Studierende erleben? Das fordert christliche Studierende heraus, ihren Glauben im interkulturellen, aber auch im interreligiösen Dialog zu verantworten. Für internationale Studierende sind Freundschaften zu Deutschen von großer Bedeutung, um in einem neuen Land und einer neuen Kultur anzukommen: Sie verbessern ihre Sprachkompetenz, bekommen Einblick in WGs und können so vermehrt am klassischen Studentenleben teilnehmen. Wenn deutsche Studierende ihre internationalen Freunde in ihre Familien einladen, etwa zu den Feiertagen, ergibt sich darüber hinaus Einblick in Familienleben. Häufig entsteht durch Freundschaften auch der Kontakt zu einer örtlichen Hochschulgruppe oder einer Gemeinde.

Eine Reihe internationaler Studierender vor allem aus dem globalen Süden versteht sich als Christen. In einem neuen Umfeld verfügen sie oft über keinerlei Kontakte zu christlichen Gemeinden, gerade in kleineren Städten, in denen es keine internationalen Gemeinden gibt. Sie auf eine christliche Hochschulgruppe vor Ort aufmerksam zu machen, etwa durch fremdsprachige Internetauftritte, Flyer und persönliche Einladungen, kann hier enorm hilfreich sein. Auch wenn u. U. gerade zu Beginn sprachliche Herausforderungen bestehen, wird der Austausch mit Christen aus einem völlig anderen Kulturkreis die lokale Hochschulgruppe bereichern und internationalen Studierenden eine geistliche Heimat bieten.

Angebote einer örtlichen Studierendengruppe, die sich speziell an internationale Studierende richten, sind ein weiterer wichtiger Baustein. Regelmäßige Treffen ermöglichen Gemeinschaft, etwa durch gemeinsames Kochen nach internationalen Rezepten, den Austausch über verschiedene Bräuche oder das Feiern christlicher Feste und das Gespräch über deren Bedeutung. Teil dessen könnte auch ein Bibelgespräch sein, nicht zuletzt als Bildungsangebot, um Einblick in eines der prägendsten Dokumente unserer Kultur zu geben. Auch Sprachkurse und Sprachtandems sind mögliche Angebote. „Discover German Culture" ist ein Konzept, das zu Semesterbeginn internationale Studierenden an drei Abenden einlädt, gemeinsam zu essen, Kontakte zu knüpfen und etwas über die deutsche Kultur und den christlichen Glauben zu erfahren.

5. Gemeinde und Studierendenarbeit – wie passt das zusammen?

Eine christliche Hochschulgruppe ist Teil der weltweiten Kirche Jesu Christi: Sie ist Versammlung der Gläubigen, die sich der Kraft des Wortes verdankt (Röm 1,16) und sich im Sinne der missio Dei als Gesandte Gottes in die Welt, hier konkret in die der Hochschule, versteht. Sie ist darum bemüht, die Liebe des dreieinigen Gottes an Studierende weiterzugeben (1Joh 4,16) und das Wort von der Versöhnung unter ihnen aufzurichten (2Kor 5,19). Für junge Christen an der Hochschule ist die Studienzeit eine besondere Möglichkeit, „Studierenden ein Studierender zu sein" (nach 1Kor 9,19ff.). Gegenüber traditioneller Gemeindearbeit liegt die besondere Chance der Studierendenarbeit darin, an der Hochschule, also im direkten Lebensumfeld ihrer Zielgruppe, präsent zu sein und so Geh- statt Komm-Strukturen zu entwickeln. Dadurch kann sie mit Menschen in Dialog treten, die nie in eine christliche Gemeinde kommen würden, sei es, weil sie schlechte Erfahrungen mit Christen gemacht haben, ihnen nie plausible Gründe für das Evangelium genannt wurden oder sie den Glauben schlicht für irrelevant halten.

Trotzdem ist eine christliche Hochschulgruppe keine Gemeinde, da sie weder die Breite gemeindlichen Lebens abdeckt noch regelmäßige Gottesdienste und Kasualhandlungen durchführt. Missionarische Studierendenarbeit ist streng auf ihr Milieu bezogen: Sie wird versuchen, das Evangelium in den studentischen Kontext zu inkulturieren und gleichzeitig die studentische Lebenswelt vom Evangelium her kritisch zu hinterfragen. Sie versteht sich so als verlängerter Arm der Gemeinde in die Hochschulwelt. Christliche Studierendenarbeit kommt aus der Mitte der Gemeinde und führt in diese zurück. Sie will dieser dienen, indem sie in einem besonderen Kontext Aufgaben übernimmt, denen eine Ortsgemeinde aufgrund der erforderlichen Spezialisierung schwerlich nachgehen kann. Deshalb bedarf die Studierendenarbeit immer der Rückbindung an die Ortsgemeinde. Umgekehrt werden Gemeinden von dem, was in christlichen Hochschulgruppen erprobt und erlernt wird, profitieren.

Aus dem Miteinander von christlicher Hochschulgruppe und örtlicher Gemeinde können auch Herausforderungen entstehen: So werden Studierende immer Teil einer örtlichen Gemeinde sein und sonntägliche Gottesdienste besuchen, doch haben diejenigen, die sich in einer christlichen Hochschulgruppe engagieren, oft wenig Kapazität für eine aktive Mitarbeit in einer Gemeinde. Hier ist es wünschenswert, dass die Gemeinde den Dienst dieser Studierenden als den ihrigen ansieht und sie dafür aussendet.

Christliche Hochschulgruppen erleben eine hohe Fluktuation ihrer Mitarbeitenden, da durch die Modularisierung der Studiengänge Hochschulwechsel im In- und Ausland begünstigt werden. Die Unterstützung durch Gemeinden vor Ort und die Anbindung an ein überregionales Netzwerk können hier ein Stück Kontinuität bieten. Gemeinden können christliche Hochschulgruppen etwa durch seelsorgliche Begleitung oder die Bereitstellung von Ressourcen unterstützen. Begleitung kann auch in Fragen von Perspektiv- und Visionsentwicklung, bei gruppendynamischen Schwierigkeiten sowie im Bereich Mitarbeiterschulung hilfreich sein. Auch Kooperationen sind an verschiedenen Stellen äußerst fruchtbar, etwa durch die gezielte Vermittlung internationaler Studierender an Familien, wo sie Gastfreundschaft über das studentische Milieu hinaus erleben (etwa zu Weihnachten) oder auch bei Glaubenskursen.

Die Anbindung an ein überregionales Netzwerk von Hochschulgruppen bietet darüber hinaus die Chance zu Kooperation und Austausch durch überregionale Veranstaltungen und Schulungen und eine Begleitung von mit dem Kontext vertrauten Hauptamtlichen.

Literatur

Haizmann, Martin/Lorch, Johannes (Hrsg.) (2009): Entdecken. Begegnen. Missionarisches Bibellesen. Bibelgespräche in kleinen Gruppen. Marburg: Studentenmission in Deutschland e.V. Erstausgabe 1986.

Halliday, C. Terence/Ramachandra, Vinoth/Choo, Yvonne/Hanyi, Zeng (2014): Engaging the Campus: Faith and Service in the Academy. North Bridge Centre/Singapore: Fellowship of Evangelical Students (FES).

Lyotard, Jean-François (1986): Das postmoderne Wissen. Ein Bericht. Graz/Wien: Böhlau. Erstausgabe 1982.

Mission:Respekt (2011): Das christliche Zeugnis in einer multireligiösen Welt. Online unter: www.missionrespekt.de/fix/files/Christliches-Zeugnis-Original.pdf (Abruf 17.08.2015).

Page, Andrew (2011): Das Markus-Experiment. Jesus kennenlernen mit dem Markus-Evangelium. 3. Auflage. Nürnberg: VTR.

Ramm, Michael/Multrus, Frank/Bargel,Tino/Schmidt, Monika (2014): Studiensituation und studentische Orientierungen. 12. Studierendensurvey an Universitäten und Fachhochschulen. Kurzfassung. Bonn/Berlin: Bundesministerium für Bildung und Forschung.

Statistisches Bundesamt (2014): 2,7 Millionen Studierende im Wintersemester 2014/2015. Pressemitteilung vom 26.11.2014. Online unter: www.destatis.de/DE/PresseService/Presse/Pressemitteilungen/2014/11/PD14_419_213pdf.pdf;jsessionid=59B43E95F45A844AA9C17715788C8D29.cae1?__blob=publicationFile (Abruf 30.08.2015).

JUGENDKIRCHEN UND -GEMEINDEN

Florian Karcher

In den letzten ca. 15 Jahren sind in Deutschland zahlreiche Jugendkirchen und -gemeinden entstanden. Mit ihrem stark auf Jugendkultur ausgerichteten Konzept soll es gelingen, einer veränderten Religiosität von Jugendlichen gerecht zu werden, Jugendliche in ihrer Kultur anzusprechen und sie an Kirche stärker zu beteiligen. Dies geschieht in den unterschiedlichen Jugendkirchen vor allem durch die Ausrichtung der Angebote an der konkreten Lebenswelt der Jugendlichen (Jugendkultur). In diesem Beitrag[1] wird das Konzept von Jugendkirche in seinen unterschiedlichen Ansätzen dargestellt werden. Dazu wird zunächst der Begriff Jugendkirche genauer bestimmt und versucht, die verschiedenen Ansätze innerhalb der Jugendkirchenbewegung zu typisieren. Abschließend wird herausgearbeitet, was das Konzept, und darin insbesondere das missionarische, von Jugendkirchen ausmacht. Außerdem wird auf konkrete Projekte in der Praxis hingewiesen.[2]

1. Definitionsansätze für den Begriff Jugendkirche

Der noch relativ junge Begriff der Jugendkirche wird in Deutschland für zahlreiche Projekte und Einrichtungen verwendet. Die meisten davon haben unterschiedliche Konzepte, Formen und Ziele. Man findet sie in der evangelischen und der katholischen Kirche genauso wie im freikirchlichen Bereich. Eine einheitliche Bestimmung, was der Begriff Jugendkirche meint, ist daher schon aufgrund der konfessionellen Unterschiede schwierig. Die im Folgenden dargestellten Definitionsansätze zeigen unterschiedliche Auffassungen von dem, was unter Jugendkirche verstanden werden kann.

1.1 Das innovativ-räumliche Konzept

Der katholische Religionspädagoge Hans Hobelsberger nennt als wichtigstes Definitionsmerkmal von Jugendkirche den innovativen Charakter. Alle

---

1 Der Beitrag basiert in weiten Teilen auf der Dissertationsschrift des Autors (Karcher 2013), enthält aber auch zahlreiche Aktualisierungen und Ergänzungen.

2 Die Entwicklung von Jugendkirchen und -gemeinden ist mitunter sehr schnelllebig. In diesem Beitrag wird auf Projekte hingewiesen, die zum Zeitpunkt der Abfassung aktuell waren.

Projekte unter dem Titel Jugendkirche ließen sich nach seiner Definition als eigenständige, konzeptionelle Säule von Jugendarbeit bezeichnen. Es sind keine Fortführungen bestehender Konzepte von Jugendarbeit, sondern stets ein Neuansatz, der versucht, auf jugendkultureller Ebene einen religiösen Zugang zu Jugendlichen zu gewinnen. Die Innovation richtet sich vor allem an Jugendliche, die sich in den herkömmlichen Strukturen kirchlicher Jugendarbeit nicht wiederfinden (vgl. Hobelsberger 2006: 99). Darüber hinaus unterscheidet Hobelsberger zwischen *Jugendkirchenbewegung* und *Jugendkirchen*. Unter die Jugendkirchenbewegung fasst er alle Angebote und Projekte, die den genannten innovativ-jugendkulturellen Ansatz verfolgen, wie z. B. Jugendcafés, mobile Angebote usw. Den Begriff der Jugendkirche selbst reserviert er jedoch für Projekte, die dieses Anliegen explizit innerhalb eines konkreten Kirchenraums verfolgen (vgl. Hobelsberger 2006: 100). Das Wort „Kirche" im Begriff der Jugendkirche zielt für ihn also auch auf Kirche als Raum. Dabei ist Hobelsberger wichtig, dass nicht jeder Kirchenraum Jugendkirche sein kann, sondern der Raum dem Projekt dauerhaft zur Verfügung stehen muss und somit den eigenen Bedürfnissen angepasst werden kann: „Alles, was im Rahmen des Projektes geschieht, soll im Kirchenraum geschehen" (Stams 2008: 87). Damit soll eine produktive Begegnung zwischen Jugend- und Kirchenkultur ermöglicht werden. Der Kirchenraum rückt dadurch sowohl in den räumlichen als auch in den inhaltlichen Mittelpunkt der Jugendkirche. Innovativ ist daran auch, dass dieser nicht nur Ort religiöser Erfahrung, sondern auch Ort der Freizeitgestaltungen Jugendlicher wird (vgl. Stams 2008: 87). Wichtig ist vor allem die Möglichkeit zur Aneignung und Gestaltung des Kirchenraums durch Jugendliche (vgl. Hobelsberger 2012: 102 f.). Nur durch diese Aneignung kann es zu einer Verbindung von Jugend- und Kirchenkultur kommen und der Raum zum Konzept werden:

> „Jugendlichen einen Raum zur Verfügung zu stellen, einen Raum im realen wie im übertragenen Sinn, der entgegen der gängigen Kirchenerfahrung Jugendlicher nicht vordefiniert und vorstrukturiert ist, der Offenheit, Vielfalt, Gestaltbarkeit, Flexibilität und Kreativität verspricht, ist der erkennbare Unterschied zu bisherigen Versuchen in der kirchlichen Jugendarbeit, der Entfremdung von jugendlichen Ausdrucksformen des Glaubens und den in Kirche dominierenden ästhetischen Formen Erwachsener zu begegnen" (Hobelsberger 2004: 222).

Es gehört aber ebenso zu diesem Ansatz von Jugendkirche, dass der Raum nicht nur eine jugendkulturelle Aneignung erfährt, sondern dass er auch als Kirche und Gottesraum erkennbar bleibt und weiterhin (auch) als solcher wahrgenommen wird. Dies geschieht zum einen mit der inhaltlichen Auseinandersetzung mit kirchlichen Symbolen und einer jugendkulturellen Interpretation derer im Zuge der Aneignung. Zum anderen wird den Jugendlichen hier nicht nur ein Raum übergeben, sondern mit Angeboten gefüllt, die ihn als Kirche erkennbar machen, z. B. Gottesdienste und andere spirituelle Angebote. Das innovativ-räumliche Konzept ist das vorherrschende Konzept der katholischen Jugendkirchen. Aber auch viele evangelische Projekte verfolgen den innovativen Ansatz „Kirchenraum als Konzept" (vgl. Karcher 2013: 95).

1.2 Jugendkirche als „Containerbegriff"

Gegen ein solches räumlich orientiertes Konzept spricht sich Michael Freitag, Referent der Arbeitsgemeinschaft der Evangelischen Jugend (aej), aus. Für ihn erfasst ein solcher Definitionsansatz nicht die Realität der Jugendkirchenlandschaft in Deutschland. Eine andere allgemein akzeptierte und gültige Definition sieht er jedoch nicht. Jugendkirche ist für ihn daher ein „Containerbegriff mit sehr unterschiedlichen, zum Teil auch widersprüchlichen semantischen Füllungen und Kriterien"(Freitag 2006a: 61). Ebenso wie Hobelsberger schränkt er diesen sehr weiten Ansatz dadurch ein, dass Jugendkirchen sich grundsätzlich durch einen konzeptionellen Neuansatz auszeichnen und längst nicht überall, wo Kirche mit Jugendlichen zu tun hat, von Jugendkirche die Rede sein darf (vgl. Freitag 2006a: 62). Trotzdem ist für ihn gerade die Vielfalt innerhalb der Jugendkirchenlandschaft nicht unbedingt ein Nachteil. Einheitlich inmitten einer Vielfalt von Formen, ist für Freitag jedoch der Beziehungsaspekt von Jugendkirche. „Jugendkirchen setzen Jugendliche und Kirche in Beziehung und sind ansonsten sehr verschieden" (Arthur Fischer, zit. n. Freitag 2006a: 61). Der Begriff Jugendkirche kann nach diesem Verständnis also überall dort verwendet werden, wo sich kirchliche Jugendarbeit konzeptionell und grundsätzlich auf Jugendkultur einlässt. Er ist unabhängig von Räumen oder bestimmten Methoden. Anne Winter benennt im Abschlussbericht des Projekts Jugendkirche in der württembergischen Landeskirche jedoch einige gemeinsame Grundmuster:

- „Jugendkirchen und Jugendgemeinden machen ernst mit dem Sendungsauftrag der Kirche" (Winter 2006: 79): Gemeinsam ist danach allen Jugendkirchen, dass sie den Weg zu den jungen Menschen suchen, die bisher nicht erreicht werden. Sie sind ein Aufbruch hin zu Menschen, denen Kirche fremd geworden ist. Für junge Menschen soll sie Religion erlebbar und erfahrbar machen.
- „Jugendkirchen und Jugendgemeinden überwinden den Graben zwischen Jugendkultur und Evangelium" (Winter 2006: 80): Im Zentrum von Jugendkirche steht die Entschlossenheit, Jugendlichen im

Kontext ihres Lebens zu begegnen und diesen, auch für die Verkündigung des Evangeliums, ernst zu nehmen. „Junge Menschen sollen nicht mehr länger erst meterhohe kulturelle Hürden überwinden müssen, um Gott kennenzulernen, sondern sie sollen Möglichkeiten finden, in ihrer eigenen Lebenswelt Gott zu begegnen" (Winter 2006: 80). Es geht also darum, eine zeit- und jugendgemäße Form der Spiritualität für Jugendliche zu finden.

- „Jugendkirchen und Jugendgemeinden orientieren sich nicht an Parochiegrenzen, sondern an Lebenswirklichkeiten" (Winter 2006: 80): Die Ausrichtung auf Lebenswirklichkeiten, Netzwerke und Beziehungsgeflechte junger Menschen unterscheidet Jugendkirche(n) ganz klar von vielen anderen Angeboten evangelischer Jugendarbeit und ist daher typisch für Jugendkirchen. Sie sehen sich dabei nicht als Ersatz, sondern als Ergänzung zu bestehenden Strukturen, heißt es im o. g. Abschlussbericht.
- „Jugendkirchen und Jugendgemeinden verstehen sich als eigenständige Zentren und Angebote kirchlichen Lebens" (Winter 2006: 80f.): Als weiteres Definitionsmerkmal wird die Eigenständigkeit betont, die sich u. a. auch in der räumlichen Ausstattung niederschlägt. Jugendkirchen sind also nicht die Jugendarbeit einzelner Gemeinden, sondern unabhängige Zentren für Jugendliche.
- „Jugendkirchen und Jugendgemeinden machen jungen Menschen ein heimatstiftendes Angebot" (Winter 2006: 81): Hier betont Winter den dauerhaften Charakter vom Angebot der Jugendkirchen. Es geht nicht darum, jungen Menschen einmalig oder punktuell eine religiöse Erfahrung zu vermitteln, sondern ihnen eine kontinuierliche Begleitung besonders in Glaubensfragen zu bieten. Jugendliche sollen hier Verlässlichkeit, Orientierungshilfe und Annahme erfahren.
- „Jugendkirchen und Jugendgemeinden eröffnen jungen Menschen Freiräume" (Winter 2006: 81): Als letztes Merkmal, das den Containerbegriff Jugendkirche konkretisieren soll, nennt Winter die Möglichkeit zur Mitgestaltung der Jugendkirche durch Jugendliche. Für Jugendkirche ist es bezeichnend, dass junge Menschen sich hier Räume aneignen können, die bisher „tabu" für sie waren. Dies äußert sich ganz praktisch z. B. in der Mitgestaltung der Räume oder der Gottesdienste, aber auch inhaltlich in der Möglichkeit „ihre" Jugendkirche in Leitung, Stil und Ausrichtung mitzugestalten.

1.3 Unterscheidung von Jugendkirchen und Jugendgemeinden

Ein weiterer Definitionsansatz für den Begriff Jugendkirche kann die Unterscheidung zwischen Jugendkirche und Jugendgemeinde sein, den ebenfalls

Anne Winter ins Spiel bringt. Sie erkennt innerhalb der Jugendkirchenbewegung zwei Linien, anhand derer sich die Begrifflichkeiten besser eingrenzen lassen. Winter unterscheidet nämlich zwischen Jugendkirche und Jugendgemeinden (vgl. Winter 2005: 43). Jugendkirchen setzen für sie vor allem an der räumlichen Gestalt von Kirche, dem sakralen Raum, an (vgl. Kap. 1.1). Diese Form von Jugendkirche kommt vor allem in landeskirchlichen (katholischen und evangelischen) Kontexten vor und hat in aller Regel nicht den Anspruch oder die Zielsetzung, eigenständige Gemeinde zu sein, sondern ist ein besonderes Angebot kirchlicher Jugendarbeit im Lebenskontext junger Menschen. Jugendgemeinden setzen hingegen bei der personalen Gestalt der Kirche an. Es geht dabei vor allem um eine Gemeinschaft, die Kirche ist. Jugendgemeinden wollen jungen Menschen eine „geistliche Heimat" bieten und verstehen sich häufig als eigenständige Gemeinde. Im Zentrum dieser steht der eigenverantwortete und regelmäßige Gottesdienst, der für und mit Jugendlichen durchgeführt wird. „Die Jugendgemeinde erlebt sich als eine eigenständige spezifische Form von Kirche-Sein, die sich äußerlich durch das Kriterium Alter und innerlich durch einen spezifischen Frömmigkeitsstil profiliert" (Schwab 2005: 62).

Oft gründen sie sich als eine natürliche Fortführung von Jugendgottesdiensten oder als Initiativen von Gemeinden oder Einzelpersonen. Bei Jugendgemeinden spielt der physische Raum eine geringere Rolle. Es braucht keinen Kirchenraum, sondern kann auch ein Gemeindehaus, eine Turnhalle oder ein Ladenlokal sein. Jugendgemeinden entstehen, laut Winter, vor allem im freikirchlichen Bereich und weniger in Landeskirchen, weil solche Gemeindeformen hier häufig keine anerkannte Organisations- und Rechtsform finden. Sie „sind aus theologisch-geistlicher Sicht Gemeinden, Ort der Verkündigung und der leibhaften erfahrbaren Gegenwart Gottes, aber sie sind es nicht im kirchenrechtlichen Sinne [...]" (Kohler 2012: 59). Das Format der Jugendgemeinde steht daher auch in der Kritik: Es stellen sich Fragen nach den altersmäßigen Grenzen von Jugendgemeinden oder danach, ob Jugendgemeinden selbstständig Kasualien verwalten sollen und dürfen.

Gemeinsam ist Jugendkirchen und Jugendgemeinden das Anliegen, Kirche in der Lebenswelt Jugendlicher sein zu wollen und jungen Menschen eigene Bereiche zur Verfügung zu stellen, in denen sie ihre Religiosität zum Ausdruck bringen können. Es stellt sich jedoch die Frage, wie lange die Unterscheidung von Jugendkirche und Jugendgemeinde noch trennscharf ist. Es ist zu vermuten, dass in Jugendgemeinden früher oder später die Frage nach dem Raum auftaucht, genauso wie Jugendkirchen, die nach und nach eine gewisse Eigendynamik entwickeln, Jugendlichen Auskunft darüber geben müssen, zu welcher Gemeinde sie denn nun gehören.[3]

---

3 In diesem Beitrag wird meist auf die Nennung beider Ausprägungen verzichtet und

2. Modellkategorien von Jugendkirche

Dass Jugendkirche nicht gleich Jugendkirche ist, sollte in der bisherigen Darstellung deutlich geworden sein. Das zeigt sich auch in der Praxis. Die verschiedenen Konzepte und Modelle, die dort zur Anwendung kommen, sollen im Folgenden kategorisiert werden, um die Kernanliegen der verschiedenen Ansätze deutlich zu machen. Eine Kategorisierung kann nicht immer trennscharfe Unterscheidungen treffen und alle ausdifferenzierten Merkmale von Jugendkirchen in Deutschland berücksichtigen. Dennoch ermöglicht sie ein Orientierungsmuster, anhand dessen aufgezeigt werden kann, welche Wege sich für die missionarische Jugendarbeit daraus ergeben können. Die Auflistung der Modelle kann daher keinen Anspruch auf Vollständigkeit erheben, spiegelt aber durchaus den größten Teil der Jugendkirchenlandschaft in Deutschland wider.

2.1 Kirchenraum als Jugendkirche

Jugendlichen wird ein eigener Kirchenraum, entweder ganz oder zur Teilnutzung überlassen. Der sakrale Raum mit seinen religiösen Symbolen ist dabei wichtiger Bestandteil des Konzeptes. Die Jugendlichen bekommen die Möglichkeit, diesen Raum nach ihren eigenen kulturellen und stilistischen Vorstellungen zu gestalten und ihrem individuellen Lebensgefühl so Ausdruck zu verleihen. Diese „Raumaneignung“ ist ein wichtiger Bestandteil eines solchen Konzepts von Jugendkirche. Daneben sind Grundprinzipien wie Subjektorientierung und Partizipation weitere konzeptionelle Ansätze, die das Konzept „Kirchenraum als Jugendkirche“ mitbestimmen. Hobelsberger bringt diesen Ansatz auf den Punkt: „Kirchenräume in jugendkultureller Ästhetik zu gestalten, sie für Aneignung freizugeben, sie zum Raum für symbolisch-ästhetische Glaubenskommunikation anzubieten und darin jugendkulturelle „Codierungen“ des christlichen Glaubens zu inspirieren und bedeutsam zu machen, ist Anliegen der Jugendkirche“ (Hobelsberger 2012: 103). Die Angebote innerhalb des Kirchenraumes werden in der Regel von ehrenamtlichen Mitarbeitern/-innen und den Jugendlichen selbst unter Anleitung von Hauptamtlichen gestaltet. Sie erstrecken sich auf die unterschiedlichsten Bereiche, wie Konzerte, Events, offene Treffs, aber ebenso Gottesdienste, Gesprächsgruppen und Seelsorgeangebote (vgl. Freitag 2006a: 63 f.). Dabei ist die Verbindlichkeit der Teilnahme und Mitge-

sind dort, wo von Jugendkirchen allgemein die Rede ist, auch Jugendgemeinden gemeint. Dies geschieht zum einen aus Gründen der Lesbarkeit, aber auch weil nach Ansicht des Autors die Unterscheidung schwierig und auch konzeptionell zu überdenken ist.

staltung an dieser Form von Jugendkirche unterschiedlich. Viele solcher Jugendkirchen haben gemeindeähnliche Strukturen, leben also verbindlichere Formen der Gemeinschaft, verstehen sich aber in der Regel nicht als eigenständige Gemeinde (vgl. Schäfer 2006: 14). Innerhalb der katholischen Jugendarbeit findet sich fast ausschließlich diese Form von Jugendkirche.[4]

2.2 Jugend-Kultur-Kirchen

Eine besondere Form der Jugendkirchen als räumliches Angebot sind die Jugend-Kultur-Kirchen. Der Schwerpunkt liegt hier fast ausschließlich auf dem kulturellen Angebot für Jugendliche. Die Jugend-Kultur-Kirchen dienen dabei als Veranstaltungsort für Konzerte und Events, die sich an den jugendkulturellen und szeneorientierten Gegebenheiten orientieren. Obwohl sie auch Gottesdienste veranstalten, verfolgen sie primär kein missionarisches oder gemeinschaftsbildendes Ziel (vgl. Freitag 2006a: 64). Sie sind religiöse Jugendkulturzentren in kirchlichen Räumen und Trägerschaften. Die Begegnung mit Religion geschieht schwerpunktmäßig durch den Kirchenraum und seine Symbolik.[5]

2.3 Jugendkirchen als eigenständige Gemeinden

Unabhängig von Kirchenräumen gibt es Jugendkirchen, denen es in erster Linie darum geht, Jugendlichen eine dauerhafte „geistliche Heimat“ zu bieten. Jugendkirche ist hier als ein personales Angebot zu verstehen. Eine Gruppe von Jugendlichen mit hohem Zuwachs entwickelt dabei eigene Gemeindestrukturen mit zentralen Elementen, wie regelmäßigem Gottesdienst (oft als Ausgangspunkt der Jugendgemeinde), Gemeindeleitung und ein Angebot an Gruppen. Der Schwerpunkt liegt auf der jugendgemäßen Verkündigung und jugendgemäßen Ausdrucksformen für den Glauben (vgl. Freitag 2006a: 64 f.). Diese Form der Jugendkirche ist nicht auf einen bestimmten Raum angewiesen, sondern konstituiert sich aus der Zusammenkunft der Jugendlichen, z. B. in Ladenlokalen oder Räumen anderer Gemeinden. Mit nur wenigen Ausnahmen finden sich solche Jugendkirchen häufig im freikirchlichen Bereich (z. B. Jesus Freaks). Aufgrund der selbstbestimmten Strukturen und teilweise fehlender Anbindungen an übergeordnete Orga-

---

[4] So z. B. die Jugendkirche TABGHA des Bistums Essen, vgl. www.jugendkirche-oberhausen.de (Abruf 01.09.2015).

[5] Ein Beispiel hierfür ist die Jugendkirche sanktpeter in Frankfurt am Main, vgl. www.sanktpeter.com (Abruf 01.09.2015): Hier finden schwerpunktmäßig kulturelle Veranstaltungen und Partys mit bis zu 1000 Jugendlichen im Sakralraum der historischen Peterskirche statt.

nisationen sind sicher zahlreiche solcher Gemeinden in Deutschland nicht als Jugendkirchen erfasst. Es gibt jedoch auch viele Jugendkirchen, die sich zwar nicht als eigenständige Gemeinde bezeichnen, aber durchaus solche Strukturen aufweisen. Insofern gibt es auch Mischformen zwischen dieser und der in 2.1 dargestellten Kategorie. Einige dieser Jugendkirchen bzw. -gemeinden stehen vor der Herausforderung einer älter werdenden Zielgruppe und entwickeln sich zu Gemeinden für junge Erwachsene bzw. Familien weiter.[6]

2.4 Jugendkirchen als Tochtergemeinden

Als weitere Form der Jugendkirchen sind die Tochtergemeinden oder Abspaltungen verschiedener anderer Gemeinden zu nennen. In Gemeinden (auch wieder vorwiegend im freikirchlichen Bereich) mit einer sehr lebendigen Jugendarbeit kommt es mancherorts dazu, dass Gemeinden ihre Jugendarbeit in die Form einer eigenen Gemeinde überführen. Häufig ist auch hier der regelmäßige Gottesdienst die zentrale Veranstaltung. Die Verbindung solcher Jugendkirchen zu ihren Muttergemeinden kann sehr unterschiedlich sein. Manche nutzen die räumlichen und personellen Ressourcen der Muttergemeinde, andere wiederum bekommen eigene Räumlichkeiten und Leitungsstrukturen. Fast allen gleich ist jedoch die finanzielle und institutionelle Abhängigkeit von der Muttergemeinde (vgl. Freitag 2006a: 65). Inhaltlich lässt sich diese Form von Jugendkirche mit den unter 2.3. vorgestellten Formen vergleichen. Langfristiges Ziel ist hierbei jedoch häufig die Integration in die Muttergemeinde.[7]

2.5 Jugendkirchen als Gemeindegründungen

Mit einem klaren missionarischen Selbstverständnis und dem Ziel, kirchenferne Jugendliche zu erreichen, werden in Deutschland, häufig auch von ausländischen Gemeinden initiiert, Jugendkirchen als eigenständige Gemeinden gegründet. Die Betonung der geistlichen Gaben (Charismen), einer bibeltreuen Verkündigung und die starke Ausprägung einer Lobpreis- und Anbetungskultur sind häufig kennzeichnend für diese Form der Jugendkirchen. Trotz oder gerade aufgrund ihres offensiven missionarischen und ein-

---

[6] So z. B. die Junge Kirche Berlin, vgl. www.junge-kirche-berlin.de (Abruf 01.09.2015), oder die Tragwerk-Gemeinde in Dresden, vgl. www.kraftwerk-dresden.de (Abruf 01.09.2015).

[7] Exemplarisch kann hier die Jugendgemeinde des Weigle-Haus in Essen genannt werden, die sich zwar mit ihrer „Muttergemeinde" die Räumlichkeiten teilt, aber eigene ständige Strukturen hat, vgl. www. weigle-haus.de/jugendgemeinde (Abruf 01.09.2015).

deutigen (zumeist auch evangelikalen) Profils gelingt es ihnen, lebensweltnahe Angebote für Jugendliche zu schaffen und so einen hohen Zulauf zu erreichen (vgl. Freitag 2006a: 65). Beispielhaft sind hier die icf-Gemeinden („international christian fellowship", www. www.icf.church/de/location/), die sich von der Schweiz ausgehend in Deutschland an einigen Standorten etabliert haben. Nicht alle dieser Gemeindegründungen bleiben Jugendkirchen, sondern entwickeln sich mit dem Alter ihrer Mitglieder zum Teil zu altersübergreifenden Gemeinden.

2.6 Mobile und zeitlich begrenzte Jugendkirchen

Eine besondere Form der Jugendkirchen sind sicher solche, die mobil oder zeitlich begrenzt sind. Als einzige Form können sie kein dauerhaftes Angebot für Jugendliche sein. Trotzdem teilen sie ihr Anliegen, Evangelium in jugendgemäßer Form zur Sprache zu bringen, mit den anderen Jugendkirchen. Mobile Jugendkirchen gibt es als Jugendkirchen „on Tour", die von Gemeinde zu Gemeinde wandern, oder auch als aufblasbare Jugendkirche aus Gummi, wie z. B. das Kinder- und Jugendpfarramt der Evangelischen Kirchen in Mitteldeutschland (vgl. Kappelt/Münnich 2005: 88 f.). Zeitlich begrenzte Jugendkirchen sind regelmäßig wiederkehrende oder einmalige Angebote, die Jugendkultur und Evangelium verknüpfen wollen.

3. Merkmale und Eigenschaften von Jugendkirchen

Auch wenn und gerade weil bereits deutlich geworden ist, wie vielfältig sich Jugendkirchen in Deutschland darstellen, sollen nun zentrale Merkmale und Eigenschaften herausgearbeitet werden. Solche allgemeinen Erkennungsmerkmale können, gerade in Ermangelung einer eindeutigen Definition, dazu beitragen, dass diese Form missionarischer Jugendarbeit besser erfassbar und nachvollziehbar wird. Ohne Zweifel werden dabei verschiedene Merkmale auf einige Modelle mehr und auf andere weniger zutreffen. Für einen Großteil der deutschen Jugendkirchen treffen sie jedoch zu und kennzeichnen diese.[8]

3.1 Jugendkirche ist ein Angebot für Jugendliche

Obwohl der Begriff „Jugendkirche" dies eigentlich schon deutlich machen sollte, erscheint es notwendig zu betonen, dass es sich dabei um ein

[8] Eine ausführliche Liste der Jugendkirchen im deutschsprachigen Raum findet sich auf www.jugendkirchen.org.

Angebot handelt, das sich exklusiv an Jugendliche richtet. Durch dieses Merkmal besteht die Möglichkeit, Jugendkirche von anderen modernen Gemeindeformen, wie Fresh X[9]-Gemeinde, die ja durchaus ähnliche Strukturen und Formen vorweisen können, abzugrenzen. Es kann festgehalten werden, dass eine Jugendkirche durchaus gleichzeitig eine Fresh X-Gemeinde sein kann, aber eben nicht sein muss. Mit der Ausrichtung auf Jugendliche lassen sich Jugendkirchen auch auf die Besonderheiten dieser Lebensphase ein. Ihr Angebot richtet sich an eine Gruppe von Menschen, die mitten in einem Identitätsfindungsprozess stecken, die dabei sind, sich von bisherigen Sozialisationsinstanzen (z. B. Eltern) abzulösen, die sich stark an den Menschen in ihrer Umgebung orientieren (peer-groups) und sich allgemein in einer psychologischen, aber auch physiologischen Veränderungssituation befinden. Darüber hinaus müssen sich Jugendkirchen mit der gesellschaftlichen Situation von Jugendlichen auseinandersetzen. Jugendlichen wird eine Fülle von unterschiedlichen Lebensstilen angeboten, aus denen sie wählen dürfen und müssen (vgl. Hempelmann in diesem Band). Die Zielgruppe der Jugendlichen besteht selbst aus einer großen Bandbreite an jugendkulturellen Stilen. Jede Jugendkirche wird individuell klären müssen, ob sie sich einem oder mehreren dieser jugendkulturellen Stile verschreibt oder versuchen möchte, möglichst viele Stile anzusprechen. Sie wird damit auch zum Anwalt der Jugend und von Jugendkultur innerhalb der gesamten Kirche. Mit der alleinigen Ausrichtung auf Jugendliche vertritt Jugendkirche letztlich auch ein Konzept, das sich sehr speziell auf Zielgruppen ausrichtet und sich von einem eher universalistischen Ansatz löst.

3.2 Jugendkirchen verwirklichen den Sendungsauftrag der Kirche

Die Ausrichtung auf die spezielle Zielgruppe zeigt auch, dass es fast allen Jugendkirchen ein Anliegen ist, Menschen mit der Botschaft des Evangeliums und dem, wofür Kirche steht, zu erreichen und sich als „missionarisch" zu erkennen zu geben. Sie nehmen dabei häufig gerade die jungen Menschen mit in den Blick, die bisher nicht erreicht wurden. „Sie [die Jugendkirchen] finden sich nicht länger damit ab, dass viele junge Menschen der Kirche bereits den Rücken gekehrt haben" (Winter 2006: 90), sondern versuchen das, was Kirche zu sagen hat, unter Jugendlichen ins Gespräch zu bringen. Es ist dabei Anliegen der meisten Jugendkirchen, das Evange-

[9] Fresh X steht für „Fresh Expressions of Church" und bezeichnet eine Bewegung (ursprünglich aus England stammend) neuer Gemeindeformen, die sich stark am Kontext konkreter Menschen orientiert und mit ihnen gemeinsam Gemeinde bauen will, vgl. www.freshexpressions.de (Abruf 01.09.2015).

lium nicht nur anzudiskutieren, sondern junge Menschen auch dafür zu begeistern. Die Intensität und praktische Umsetzung der missionarischen Ausrichtung ist dabei von Jugendkirche zu Jugendkirche unterschiedlich. Während sie sich bei der einen im Abbau von Vorurteilen gegenüber Kirche und Glauben und im Vorleben von christlichen Werten zeigt, legen andere Wert auf konkrete Verkündigung biblischer Inhalte und Bekehrungsaufrufe. Auch wenn die konkrete Füllung von „Mission" in den Jugendkirchen völlig unterschiedlich aussieht, wird deutlich, dass sich Jugendkirche in den meisten Fällen die Begegnung Jugendlicher mit dem Glauben zur gemeinsamen Aufgabe gemacht hat. Michael Freitag formuliert daher zugespitzt: „Jugendkirchen sind ‚Räume', in denen junge Menschen Gott erfahren können und sollen. Oder sie sind keine Jugendkirchen" (Freitag 2006b: 146). Bei einer Befragung von Jugendlichen, die in Jugendkirchen aktiv sind (Karcher 2013), gaben 69,8 % an, dass ihnen Themen wie Glaube, Religion oder Gott im Kontext der Jugendkirche wichtig (33,7 %) oder sogar sehr wichtig (36,1 %) sind (vgl. Karcher 2013: 165).

Die Form der Spiritualität, die eine Jugendkirche dabei lebt, kann sehr unterschiedlich sein. Freitag (2006b) unterscheidet folgende spirituelle Ausrichtungen: raumbezogene Spiritualität, meditativ-liturgische Spiritualität, lebensweltbezogene Spiritualität sowie Lobpreis und Worship. Darüber hinaus gibt es zahlreiche weitere Formen von Spiritualität, die in einzelnen Jugendkirchen eine Rolle spielen. Zu nennen sind u. a. Formen aus der charismatischen Bewegung oder dem Pietismus. Viele Jugendkirchen kombinieren verschiedene Spiritualitätsformen, auch wenn oftmals eine gewisse spirituelle Ausrichtung zu erkennen ist. Diese Vielfalt an spirituellen Ausdrucksformen verdeutlicht noch einmal die Erfüllung des Sendungsauftrags der Kirche. Jugendkirchen nutzen vielfältige Wege, um Jugendlichen spirituelle Erfahrungen zu ermöglichen (vgl. Freitag 2006b: 141).

3.3 Jugendkirchen sind an Beziehung orientiert

Für fast alle Jugendkirchen spielt die Einteilung von Gemeindebezirken (Parochien) keine Rolle. Auch im freikirchlichen Kontext haben Jugendkirchen in der Regel keine regionale Zuteilung. Jugendkirche kann daher nicht als einfache Fortsetzung klassischer Jugendarbeit einer örtlichen Parochiegemeinde verstanden werden. Jugendkirchen richten sich also nicht nach zufälligen räumlichen oder sozialen Gegebenheiten, sondern haben erkannt, dass Beziehungsnetzwerke für Jugendliche eine weitaus größere Rolle spielen als formale Zuteilungen (Winter 2006: 91). Dies zeigt sich in vielen Jugendkirchen. Nicht selten finden sich Jugendliche, die eine „weite Anreise" in Kauf nehmen, um die Angebote der Jugendkirche zu nutzen.

Durch die Unabhängigkeit von Parochien sind Jugendkirchen auch nur bedingt in Konkurrenz zu den Ortsgemeinden zu sehen. Sicherlich gibt es aber auch Reibungspunkte und auch -verluste. Jugendkirchen wollen jedoch keineswegs Ersatz für die Gemeinde vor Ort sein, sondern lediglich Ergänzung. Sie können auch gar nicht das breite Spektrum an Aufgaben wahrnehmen, das die Ortsgemeinden erfüllen. Sie bündelt vielmehr Energien, um sie für Jugendlichen einzusetzen. „Beide Orte kirchlicher Jugendarbeit – Ortsgemeinde und Jugendkirche – sind also jeweils für sich sinnvoll und geboten“ (Pohl-Patalong 2005: 27).

3.4 Jugendkirchen orientieren sich an den Lebenswelten Jugendlicher

Als gemeinsame Leitfrage der Jugendkirchen formuliert Anne Winter: „Wie können wir junge Menschen, die in ihrer eigenen Kultur leben [...], erreichen und die Verkündigung des Evangeliums mit der modernen Jugendkultur, mit ihrer Lebenswelt, verknüpfen“ (Winter 2006: 91). Jugendkirchen machen sich also auf den Weg hin zu den Jugendlichen. Sie versuchen das aufzunehmen, was sie interessiert und was sie prägt. Beim Betreten einer Kirche kommen Jugendliche oftmals in eine ihnen völlig fremde Welt. Jugendkirchen wollen dies ändern und Kirche in der Welt der Jugendlichen beheimaten. „Junge Menschen sollen nicht mehr länger erst meterhohe kulturelle Hürden überwinden müssen, um Gott kennenzulernen, sondern sie sollen Möglichkeiten finden, in ihrer eigenen Lebenswelt Gott zu begegnen“ (Winter 2006: 91).

Jugendkirchen setzen also bei Jugendkultur an. Jugendkultur ist jedoch genauso differenziert wie Jugend selbst. Die Jugendkultur in Deutschland ist eine unüberschaubare Landschaft von verschiedenen Stilen, Milieus, Szenen, Subkulturen und Gruppierungen, die höchst unterschiedlich und ausdifferenziert sind. Hier liegt sicher auch die Begründung für die Unterschiedlichkeit der Jugendkirchen insgesamt. Wer sich an der Lebenswelt Jugendlicher orientieren will, muss äußerst flexibel, spontan und kreativ sein, um sich aktuellen Strömungen anpassen zu können. Die Unterschiedlichkeit der Jugendkirchen zeigt das gemeinsame Merkmal – nämlich die Lebensweltorientierung. Lebensweltorientierung erfordert von den Jugendkirchen insbesondere die Auseinandersetzung mit drei Bereichen, die für fast alle jugendkulturellen Strömungen äußerst relevant sind (vgl. Ulmer 2006: 120):

- Musik ist für den größten Teil der Jugendlichen die zentrale Ausdrucksmöglichkeit ihrer Kultur. Sie gehört untrennbar zu ihrer Lebenswelt.

- Außerdem prägen Medien die Lebenswelten Jugendlicher stark. Handys, Videoclips, Fernsehen, Internet usw. sind fest in ihrem Alltag platziert.
- Viele jugendkulturelle Szenen entwickeln auch eine eigene Sprache. Aber auch übergreifend gibt es so etwas wie eine Jugendsprache, die jedoch ständigen Veränderungen unterliegt.

Dass Lebensweltorientierung ein allgemeines Merkmal der Jugendkirchen ist, zeigt sich eben auch daran, dass fast alle Jugendkirchen in den genannten Bereichen Musik, Medien und Sprache versuchen, den Jugendlichen gerecht zu werden und kreative Ideen zu entwickeln, um sich an diesen Schwerpunkten, aber auch an anderen Bereichen der Lebenswelt Jugendlicher, zu orientieren. Das kommt bei den Jugendlichen an: Im Rahmen der o. g. empirischen Studie gaben 89,2 % aller Befragten an, dass ihre Jugendkirche überwiegend oder sogar sehr jugendgemäß ist (vgl. Karcher 2013: 170). Offensichtlich gelingt es Jugendkirchen vielerorts, Jugendliche in ihrer Lebenswelt „abzuholen" und so für sie attraktiv zu sein, und zwar mit den für Jugendlichen relevanten Lebensweltbereichen: Musik (83,1 %), Freizeitgestaltung/Aktivitäten (73,5 %) und Lebensthemen (63,9 %) (Karcher 2013: 171).

3.5 Jugendkirchen sind beteiligungsoffen

Jugendkirchen wollen kein Konsumangebot sein. In fast allen Jugendkirchen sind die Jugendlichen nicht nur als Konsumenten eingeladen, sondern sogar aufgefordert, „ihre" Jugendkirche auf allen Ebenen mitzugestalten. Sie bekommen die Möglichkeit, die Räume, Inhalte und Angebote mitzubestimmen. In der Untersuchung evangelischer Jugendkirchen in Deutschland gaben sowohl die Träger der Jugendkirchen als auch die jugendlichen Nutzer eindeutig mehrheitlich an, dass Jugendkirche sehr viele oder viele Möglichkeiten zur Mitgestaltung biete (vgl. Karcher 2013: 161). Dem entspricht auch die Leitungsstruktur vieler Jugendkirchen. Oftmals sind Jugendliche auch in Leitungsaufgaben eingebunden. Leiter/-innen, wie z. B. Hauptamtliche oder Pfarrer/-innen, verstehen sich mehr als Coach, als Trainer/-in als Leiter/-in im Hintergrund. Hinter dieser Struktur stecken wichtige Erkenntnisse:

Durch die Partizipation der Jugendlichen steigt auch die Identifikation. Je mehr Jugendliche Kirche mitbestimmen dürfen, umso mehr wird es auch ihre Kirche. Jugendkirche ist daher in erster Linie Kirche von Jugendlichen für Jugendliche (vgl. Schwab 2006: 39). Gleichzeitig wird es damit auch einfacher, Jugendkirche lebensweltorientiert zu gestalten, denn mit den Jugendlichen holt man sich schließlich die Experten in Sachen Jugendkultur

„ins Haus". Darüber hinaus erfahren Jugendliche durch die Gestaltungsmöglichkeiten, die ihnen geboten werden, Wertschätzung und Vertrauen. Die Vermittlung dieser Werte ist zutiefst christlich und erhöht die Identifikation mit der Jugendkirche weiter. Die Beteiligung hat für die Jugendlichen auch einen persönlichkeitsbildenden Faktor. Sie werden hier aus der Konsumentenrolle, die sie in vielen Bereichen ihres Lebens einnehmen, herausgeholt und aktiviert, selbst etwas zu tun und zu gestalten. Die Fähigkeit des aktiven, gestalterischen Handelns, aber auch die Entdeckung und Entfaltung der eigenen Fähigkeiten und Gaben, fördern die Persönlichkeit der Jugendlichen und befähigen sie, aktiv an der Gesellschaft zu partizipieren. Nicht zuletzt ist Jugendkirche mit ihrem beteiligungsoffenen Konzept auch theologisch reflektiert. Anne Winter fasst es in einem Satz zusammen: „Über das ‚Priestertum aller Gläubigen' wird hier nicht diskutiert – hier wird es einfach gelebt" (Winter 2005: 37).

3.6 Gottesdienst als Merkmal?

Während es bei den bisherigen Merkmalen eher um die konzeptionell-strukturelle Ebene ging, soll nun ein Aspekt der konkreten Praxis diskutiert werden. Es geht dabei um die Frage, ob ein Gottesdienst konstitutiv für Jugendkirche ist. Gottesdienst wird mit unterschiedlicher Regelmäßigkeit und vor allem mit unterschiedlichen Absichten in den Jugendkirchen gefeiert. Für einige Jugendkirchen ist der Gottesdienst eines ihrer verschiedenen Angebote (wenn auch immer ein besonderes). Er wird in größeren Abständen (etwa monatlich) im Stile eines Events gefeiert und soll bewusst nicht in Konkurrenz zum sonntäglichen Hauptgottesdienst in den Gemeinden treten. Er ist konzeptionell zu vergleichen mit Gottesdiensten, die schon seit Langem von Gemeinden oder Kirchenkreisen gelegentlich oder in größeren Abständen unter dem Stichwort „Jugendgottesdienst" veranstaltet werden. Andere Jugendkirchen sehen den wöchentlichen Gottesdienst als zentrales Treffen und Kernangebot der Jugendkirche.

Insofern stellt sich die Frage, ob der Gottesdienst grundlegendes Merkmal von Jugendkirchen ist. Die o. g. Studie konnte in diesem Zusammenhang erhellende Erkenntnisse liefern: Es zeigt sich, dass alle befragten Jugendkirchen in (unterschiedlich) regelmäßigen Abständen einen Jugendgottesdienst anbieten (vgl. Karcher 2013: 137) und er auch für die Jugendlichen zum Kernangebot gehört. Er ist für sie mit 80,5 % das meistgenutzte Angebot der Jugendkirche (vgl. Karcher 2013: 155 f.). Es kann also festgehalten werden, dass regelmäßig stattfindende Jugendgottesdienste ein wesentliches Merkmal der Jugendkirchen sind.

4. Fazit: Jugendkirchen als Angebot und Vorbild missionarischer Jugendarbeit

Jugendliche bekommen in den Jugendkirchen und -gemeinden Freiräume: Sie dürfen die Themen ihrer Lebenswelt mitbringen und aktiv in die Gestaltung von Angeboten, Inhalten und Formen der Jugendkirche einbringen. Durch die Beteiligungsoffenheit kann ihre (Jugend-)Kultur Teil der Kultur sein, die in der Jugendkirche gelebt wird. Gleichermaßen sind Jugendkirchen aber auch vom christlichen Glauben geprägt und gestaltet, diesen durch die Aufnahme jugendkultureller Formen aus. Jugendkirche interpretiert Glaube sozusagen auf jugendkultureller Ebene und findet Formen und Formulierungen, die zur Kultur der Jugendlichen gehören. So bekommen Jugendkirchen die Chance, Glauben zur Sprache zur bringen, und zwar auf einer Ebene, auf der Jugendliche dies verstehen. Dabei geschieht ein wechselseitiger Prozess:

Abbildung 1: Glaube und Jugendkultur in Jugendkirchen

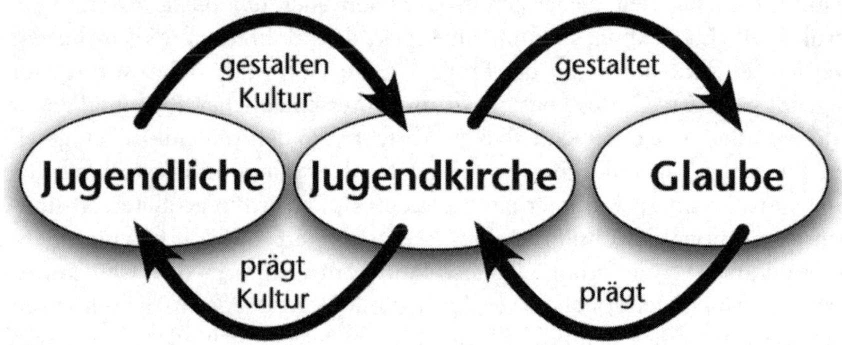

Quelle: Karcher 2013: 175

Jugendkirchen sind demnach in der Lage, Inkulturation von Glaube in Jugendkultur zu leisten. Sie nehmen dabei eine Mittlerrolle zwischen der kirchliche Tradition und jugendlicher Lebenswelt ein. Sie unterstützen die Jugendlichen, für sie angemessene Formen des Glaubens und der Spiritualität zu finden, und verhelfen gleichzeitig dem Glauben zu einer neuen Relevanz im Leben Jugendlicher.

Die Stärke dieser Form missionarischer Jugendarbeit liegt daher in der besonderen Nähe zur Lebenswelt, die nur durch konsequente Beteiligung der Jugendlichen selbst gelingt. Dies kann auch anderen Konzepten missionarischer Jugendarbeit zum Vorbild dienen. Darüber hinaus ermöglichen Jugendkirchen und -gemeinden durch ihr kontinuierliches Angebot, Jugendlichen eine schrittweise Annäherung an den christlichen Glauben und können so behutsam dazu einladen. Sie finden damit eine Antwort auf die offenen Fragen anderer Angebote missionarischer Jugendarbeit, wie z. B. Jugendevangelisationen, Freizeiten oder Glaubenskurse, die permanent vor die Herausforderung der Nachhaltigkeit gestellt sind. Während bei diesen Angeboten die missionarische Verkündigung (nicht nur im Sinne einer Wortverkündigung) eher punktuell ist und oftmals keine Angebote der Nacharbeit zustande kommen, möchten Jugendkirchen und -gemeinden Jugendlichen langfristig eine „geistliche Heimat" bieten. Darüber hinaus ist auf das ökumenische Potenzial der Jugendkirchen hinzuweisen. Die Jugendkirchenbewegung wird im deutschsprachigen Raum ökumenisch getragen und ermöglicht einen regen Austausch (auch auf wissenschaftlicher Ebene) über die Entwicklung der Jugendkirchen in den jeweiligen Konfessionen. Mancherorts entstehen sogar ökumenische Jugendkirchen bzw. -gemeinden.[10]

Literatur

Freitag, Michael (2006a): Immer anders Evangelische Jugendkirchen. Ein Überblick über die evangelische Landschaft und ihre Jugendkirchen. In: Freitag, Michael/Scharnberg, Christian (Hrsg.): Innovation Jugendkirche. Hannover/Kevelaer: Lutherisches Verlagshaus/Butzon und Becker. S. 61–89.

Freitag, Michael (2006b): Zwischen Jugendhaus und Tempel. Jugendkirchen als Erfahrungsräume für Spiritualität. In: Freitag, Michael/Scharnberg, Christian (Hrsg.): Innovation Jugendkirche. Hannover/Kevelaer: Lutherisches Verlagshaus/Butzon und Becker. S. 129–146.

Hobelsberger, Hans (2004): Jugendkirchen. Auf der Suche nach jugendkulturellen Ausdrucksformen des Glaubens. In: Lebendige Seelsorge 2004 (4). S. 222–228.

Hobelsberger, Hans (2006): Jugendkirchen in der Diskussion. Anmerkungen zu zentralen Aspekten. In: Freitag, Michael/Scharnberg, Christian (Hrsg.): Innovation Jugendkirche. Hannover/Kevelaer: Lutherisches Verlagshaus/Butzon und Becker. S. 99–106.

Hobelsberger, Hans (2012): Fokus Kirchraum: „Räume aneignen". In: Freitag, Michael/Hamachers-Zuba, Ursula/Hobelsberger, Hans: Lebensraum Jugendkirche. Institution und Praxis. Hannover: Lutherisches Verlagshaus. S. 100–107.

Kappelt, Sabine/Münnich, Ricklef (2005): Kirche wird beweglich. In: das baugerüst 2005 (5). S. 88–89.

Karcher, Florian (2013): Jugendkultur und Religionspädagogik am Beispiel evange-

[10] Aktuell sei auf die ökumenische Jugendgemeinde in Göttingen verwiesen, vgl. www.jugendgemeinde-goettingen.de (Abruf 02.09.2015): Hier sind, neben dem CVJM als Träger, Gemeinden verschiedener Konfessionen Kooperationspartner: evangelisch-lutherische, evangelisch-reformierte und katholische Gemeinden, aber auch die Freie evangelische Gemeinde, die Landeskirchliche Gemeinschaft und die Baptisten-Gemeinde.

lischer Jugendkirchen in Deutschland. Bielefeld: Universitätsbibliothek Bielefeld. Online unter: http://d-nb.info/1050577191/34 (Abruf 27.08.2015).

Pohl-Patalong, Uta/Lauther-Pohl, Maike (2005): Kirchliche Jugendarbeit aber wo? Zum Verhältnis von Jugendkirchen und ortsgemeindlicher Jugendarbeit. In: das baugerüst 2005 (3). S. 20–27.

Schäfer, David (2006): Die jungen Wilden. Storys über Jugendkirchen, emerging churches und Gemeindegründer. Wuppertal: R.Brockhaus.

Schwab, Ulrich (2005): Das hier ist meine Kirche! Zur konzeptionellen Entwicklung von Jugendkirchen und Jugendgemeinden. In: das baugerüst 2005 (3). S. 58–64.

Stams, Elisa (2008): Das Experiment Jugendkirche. Die ersten Jahre der Jugendkirche TABGHA in Oberhausen. Eine exemplarische Fallstudie zur Problematik jugendpastoraler Neuorientierung. Stuttgart: Kohlhammer.

Ulmer, Rolf (2006): Wie sind Jugendkultur und Liturgie in Einklang zu bringen. In: Freitag, Michael/Scharnberg, Christian (Hrsg.): Innovation Jugendkirche. Hannover/Kevelaer: Lutherisches Verlagshaus/Butzon und Becker. S. 120–124.

Winter, Anne (2006): Jugendkirchen und Jugendgemeinden. Das PROJEKT JUGENDKIRCHE in Württemberg – Abschlussberichte. Online unter: www.a-m-d.de/gemeindepflanzen/download/Jugendkirche_Wue_Abschlussbericht.pdf (Abruf 02.09.2015).

Winter, Anne (2005): Ein starkes Stück Kirche. Das PROJEKT JUGENDKIRCHE in Württemberg – Zwischendokumentation. Online unter: www.a-m-d.de/gemeindepflanzen/download/Zwischendokumentation_Proj_Jugendkirche_Wue.pdf (Abruf 02.09.2015).

MUSISCH-KULTURELLE MISSIONARISCHE JUGENDARBEIT AM BEISPIEL TEN SING

Robert Erkenberg, Vassili Konstantinidis

Im Bereich der missionarischen Jugendarbeit gibt es zahlreiche Arbeitsformen, Projekte und Konzepte, die ihren Ansatz im Bereich der musisch-kulturellen Interessen von Jugendlichen wählen. Darunter fallen christliche Tanzgruppen und Musicalarbeit mit Kindern und Jugendlichen genauso wie missionarisch motivierte Graffiti- oder Bandprojekte. Neben der musisch-kulturellen Ausdrucksform (Gesang, Tanz, Kunst o. a.) unterscheiden sich solche Angebote vor allem in der Richtung der missionarischen Orientierung. Einige Formen haben eher eine missionarische Auswirkung im Fokus. Die im Rahmen des Angebots erarbeitete Form soll dabei selbst missionarisch wirken. So erarbeiten zahlreiche christliche Bandprojekte Texte und Melodien, die dem Hörer die christliche Botschaft näher bringen soll. Andere Formen verfolgen stärker eine missionarische Binnenorientierung. Missionarisches Handeln geschieht hier nicht in erster Linie nach außen, sondern nach innen und adressiert die beteiligten Jugendlichen. In der gemeinsamen Arbeit im Musisch-Kulturellen soll die Botschaft diejenigen erreichen, die sich damit auseinandersetzen. Ein Konzept, welches vor allem diesem Ansatz folgt, ist die TEN SING-Arbeit. Sie soll in diesem Beitrag exemplarisch vorgestellt werden

1. Strukturen von TEN SING

1.1 Bedeutung, Zielgruppe und Ursprung

TEN SING ist eine Wortschöpfung aus dem norwegischen Nomen tenåring (dt. Teenager) und dem englischen Verb singing (dt. singen). TEN SING stammt ursprünglich aus Norwegen, ist aber mittlerweile europaweit etabliert und weltweit verbreitet. Diese Jugendarbeit richtet sich im Kern an Teenager, also 13- bis 19-Jährige, auch wenn die Offenheit für Teilnehmende jeden Alters besteht. Das Durchschnittsalter liegt zwischen 16 und 17 Jahren (vgl. Ilg/vom Schemm 2005: 3). Anders als der Name vermuten lässt, geht es nicht ausschließlich ums Singen. Zwar spielt der Gesang eine zentrale Rolle, aber TEN SING ist eine Jugendarbeit mit weit mehr Ausdrucksformen als dem Gesang. Jugendliche können sich hier ebenso in den Bereichen Theater, Tanz, Gestaltung und weiteren Formen ausprobieren.

TEN SING entstand 1967 im norwegischen Bergen durch den Jugendpfarrer Kjell Grønner, der inspiriert von der Sing-Out-Bewegung TEN SING startete. Aus der anfänglichen Chorarbeit entwickelten sich schnell mittlerweile etablierte Elemente wie Band, Tanz oder Theater. Fast 20 Jahre blieb TEN SING in Norwegen beheimatet, bis 1986/87 der Funke auch nach Deutschland übersprang. Durch den Einsatz der Projektgruppe TEN SING-Norway, die anhaltend regelmäßig durch Deutschland touren, entstanden 28 TEN SING-Gruppen in Deutschland. Mit dem Fall der Mauer wurde TEN SING erfolgreich in die ehemalige DDR und viele weitere osteuropäische Länder exportiert.[1] Im Zuge dieser Bewegung hielten die Norweger das TEN SING-Prinzip auch erstmals im KKC-Modell[2] fest.

TEN SING in Deutschland ist als Jugendarbeit in den CVJM-Gesamtverband in Deutschland e.V. eingegliedert. Ähnlich der Struktur des CVJM ist auch TEN SING in verschiedenen Arbeitskreisen von der Ortsgruppe über regionale Arbeitskreise, die Arbeitskreise (oder auch Fachausschüsse genannt) der Landesverbände bis hin zum Arbeitskreis TEN SING Deutschland organisiert (vgl. Dudczig 2004: 61). Europaweit organisiert sich TEN SING in der European TEN SING group (ETS). Durch die CVJM-Anbindung existiert keine spezielle Konfessionszugehörigkeit. Jedoch sind ca. 3/4 der Jugendlichen evangelischer Konfession (vgl. Ilg/vom Schemm 2005: 3).

1.2 Gruppenstruktur, Inhalte und Ziele

Der Kern von TEN SING ist der Chor, der sich in (meist) wöchentlichen Treffen zusammenfindet. Dabei geht es aber nicht nur ums Singen, sondern auch darum, sich als Gruppe zu treffen, zu spielen, Andachten zu hören oder Aktionen zu machen. Das Ziel ist es, innerhalb eines Jahres eine Bühnenshow auf die Beine zu stellen, bei der die verschiedensten Elemente von den Liedern über die Moderation bis hin zur Dekoration von den Jugendlichen stammen. TEN SING versteht sich nicht ausschließlich als Chorarbeit. Neben dem Chor sind die Teilnehmenden in verschiedenen Workshops engagiert. Klassischerweise sind das Band, Tanz und Theater. Je nach Gruppe können dabei aber auch weitere Workshops entstehen, die auf der Bühne stehen, die Show unterstützen oder ihren Teil zu den regelmäßigen Treffen beitragen. Diese Workshops sind Ausdruck der Freiheit, die die TEN SINGer in der Gestaltung ihrer Gruppe und ihrer Show haben. Es kann dabei gut sein, dass sich die Teilnehmenden in mehreren Workshops engagieren und an vielen Stellen der Show in unterschiedlichen Funktionen auf der Bühne stehen. Die Anleitung erfolgt hierbei auch durch die TEN SINGer

---

1 Vgl. Geschichte von TEN SING auf www.tensingland.de (Abruf 14.08.2015).

2 Eine genauerer Erläuterung dieses Konzepts folgt.

selbst. Den Teilnehmenden wird zugetraut, sich selbst auszuprobieren und neue Kompetenzen an sich zu entdecken. Ob die Gruppe aus zwölf Teilnehmenden mit drei kleinen Workshops besteht oder aus 80 Jugendlichen, die sich in zehn Workshops engagieren – der Kern einer Gruppe besteht aus dem Chor.

Organisiert wird die Gruppe dabei meist von einem Leitungsteam, das sich aus den verschiedenen Leitenden der Workshops zusammensetzt. Das Leitungsteam organisiert das ganze TEN SING-Jahr, das neben den wöchentlichen Treffen und der Show auch aus Probenwochenenden, kleinen Auftritten und gemeinschaftlichen Aktionen besteht. Da TEN SING basisdemokratisch ist, nehmen sehr viele Jugendliche in unterschiedlichem Maße Verantwortung wahr. Über die Hälfte der TEN SINGer engagiert sich drei bis fünf Stunden pro Woche für ihre TEN SING-Gruppe (vgl. Ilg/vom Schemm 2005: 7). Die Mitarbeit beginnt bei TEN SING sehr früh (mit 13/14 Jahren) und erreicht ihren Höhepunkt mit 16 Jahren (vgl. Ilg/vom Schemm 2005: 5). Bei diesem hohen Engagement ist die Anzahl der Mitarbeitenden bei TEN SING sehr hoch. Einige Gruppen werden zusätzlich durch hauptamtlich Mitarbeitende unterstützt. Zum großen Teil sind die Gruppen allerdings ehrenamtlich organisiert. Die konkrete Organisation und der Aufbau der Gruppe können sich in der Praxis stark unterscheiden.

Das vordergründige Ziel von TEN SING ist es, eine Show von Jugendlichen auf die Beide zu stellen und sie auf der Bühne vor Publikum zu präsentieren. Gleichzeitig geht es aber auch darum, dass Jugendliche ihre Fähigkeiten entdecken, sie ausbauen und diese dann gezielt einsetzen. 89 % stimmen der Aussage zu, dass sie bei TEN SING neue Stärken an sich entdeckt haben (vgl. Ilg/vom Schemm 2005: 9). Ein weiteres Ziel ist es, Jugendliche auf niederschwelliger Basis zum Glauben einzuladen. TEN SING will einen Raum gestalten, in dem Jugendliche den Glauben für sich entdecken, und zwar auf eine selbstbestimmte sich aneignende Art und Weise.

1.3 Überregionale Vernetzung

Überregional finden für die Ortsgruppen jährlich Seminare statt, die, ganz nach dem TEN SING-Prinzip, von TEN SINGern ehrenamtlich organisiert sind. Das bundesweite Seminar ist dabei das TEN SING-Dassel-Seminar, das vom Arbeitskreis TEN SING Deutschland verantwortet und für alle Gruppen in Deutschland angeboten wird. Das Anliegen ist es hierbei, positiv in die Gruppen auszustrahlen. Die Teilnehmenden sollen Impulse und Motivation für ihre Gruppen mit nach Hause nehmen. Gleichzeitig geht es aber auch um Kompetenzerwerb für die Arbeit in der Gruppe. Dabei werden die Teilnehmenden von erfahrenen Leitenden in den verschiedenen Workshops, für die sie sich entschieden haben, geschult. Neben den spezifischen Anforderungen für die Workshops stehen aber auch Leitungskompetenz, Reflexionsfähigkeit und Organisation auf dem Programm. Neben den Lerneinheiten tragen die Teilnehmenden entsprechend ihres Workshops alle einen Teil zur gemeinsamen Abschlussshow bei. Dementsprechend sind neben dem obligatorischen Spaßprogrammen und Andachten auch gemeinsame Chorproben wesentlicher Bestandteil. Dieses Prinzip findet in verschiedenen Seminaren der CVJM-Landesverbände (Westbundseminar, TEN SING-Ostwerk-Seminar, Sachsenseminar, life'n'rhythm-Seminar etc.) grundsätzlich auch Anwendung. Zusätzlich gibt es das TEN SING-Home-Seminar, das für alle TEN SINGer in Deutschland stattfindet, sich aber vor allem mit dem christlichen Schwerpunkt von TEN SING beschäftigt. Hier kommen die TEN SINGer zusammen, die das geistlich-missionarische Anliegen der TEN SING-Arbeit in ihren Gruppen voranbringen wollen, und können Kompetenzen und Methoden erlernen, die ihnen dabei helfen, aber gleichzeitig auch ihren eigenen Glauben vertiefen.[3]

Neben den Seminaren ist TEN SING regelmäßig bei großen Veranstaltungen und Events aktiv. Anliegen ist hier neben der Vernetzung verschiedener Gruppen auch die Präsenz von TEN SING nach außen. Vor allem auf dem Deutschen Evangelischen Kirchentag ist TEN SING mit einem eigenen TEN SING-Bereich, Gruppenkonzerten, Streetteams, einem Messestand und vielem mehr vertreten. Neben den anreisenden Gruppen, die mehrere Konzerte auf allen möglichen Bühnen des Kirchentags spielen, gibt es meist ein großes Team an ehrenamtlichen Mitarbeitenden, die auch Großkonzerte organisieren. Neben dem Kirchentag ist TEN SING ebenso regelmäßig auf dem Christival oder beispielsweise dem europäischen YMCA-Festival vertreten. Zudem gibt es auch immer wieder kleine regionale TEN SING-Aktionen wie Konzertnächte, Freizeiten oder Touren. Erwähnenswert ist außerdem das Europäische TEN SING-Festival, das 2011 in Ziegenhain in Deutschland stattfand.

Außer den Aktionen entstehen sporadisch Projekte aus oder mit der TEN SING-Idee. Erwähnt werden soll hier die TEN SING-Starter-Crew, die als Projektgruppe nach dem Vorbild der Norweger ein Jahr lang TEN SING-Gruppen in Deutschland gegründet und mehrere regionale Nachahmer gefunden hat. Ebenfalls erwähnt werden soll das TEN SING-Chinaprojekt, das 2014 TEN SING in Chengdu in China gegründet hat.

Aktuell findet die TEN SING-Idee auch im Bereich der Arbeit mit Kindern Anwendung. Unter dem Begriff TEN SING-Kids gibt es mehrere TEN SING-Gruppen in Deutschland, die auf verschiedene Art und Weise die TEN SING-Idee mit Kindern umsetzen. Zumeist sind hier die Teilnehmer

[3] Vgl. CVJM Gesamtverband e.V.: Seminare. www.tensingland.de/index.php?id=369 (Abruf 26.07.2015).

der „großen" TEN SING-Gruppe Anleitende für die Kinder und erarbeiten mit ihnen ein Programm, das im Rahmen der TEN SING-Show mit auf die Bühne gebracht wird.

Ein weiteres Projekt, das TEN SING auf neue Art und Weise umsetzt, ist TEN SING@School. Hierbei wird versucht, ähnlich wie beim Seminar, das TEN SING-Jahr auf eine kurze Zeit zu komprimieren. Der Ansatz verfolgt hierbei nicht primär die Gründung einer neuen TEN SING-Gruppe oder die Einladung in eine bestehende. Vielmehr wird versucht, den Grundgedanken von TEN SING innerhalb eines begrenzten Zeitrahmens in der Schule umzusetzen.

2. Konzept: Von KKC zu 5C

Wie schon erwähnt, wurde das Konzept von TEN SING erstmals Ende der 80-Jahre formuliert, als TEN SING von Norwegen nach Deutschland exportiert werden sollte. TEN SING Norway war herausgefordert, das TEN SING-Konzept zu fassen, um es in Deutschland präsentieren zu können. Für den Export nach Deutschland wurde TEN SING mit dem KKC Modell beschrieben. Die Buchstaben stehen hierbei für die Begriffe Kultur, Kreativität und Christus (norw. KKK – Kultur, Kreativitet, Kristus). Dieses Modell wurde weiterentwickelt und beschreibt die deutsche TEN SING-Arbeit mittlerweile als 5C-Modell. Die 5 Cs stehen hierbei für die Begriffe culture, creativity, competence, care und christ. Damit lässt sich die Grundlage der TEN SING-Arbeit beschreiben.

Culture: Oft besteht in der christlichen Jugendarbeit eine Kluft zwischen christlicher und weltlicher (Jugend-)Kultur. TEN SING versucht diese Kluft zu überwinden. Dabei ist es nicht das Bestreben, bestehende Jugendkultur für christliche Botschaften zu adaptieren. Vielmehr finden die Formen von Jugendkultur innerhalb der Arbeit Raum (vgl. Sawatski 1994: 117/118). Die Themen der Konzerte, die Lieder, die Tänze und Theaterstücke entstehen direkt aus der Lebenswelt der Jugendlichen heraus. Die Jugendlichen werden ernst genommen, weil sie ihre Musik, ihre Sprache – eben ihre ganze Kultur – einbringen können (vgl. Dudczig 2004: 68). Deshalb kommen auch immer wieder Themen zur Sprache, die die Jugendlichen beschäftigen. So wie sich Jugendkultur verändert, verändert sich auch TEN SING. Aber auch die einzelnen TEN SING-Gruppen können sich stark voneinander unterscheiden, je nachdem, welche Jugendkultur vorherrschend ist. Nicht zuletzt fühlen sich TEN SINGer manchmal auch als eine eigene Form von Jugendkultur, mit eigener Sprache, Ritualen oder Verhaltensweise (vgl. Dudczig 2004: 68). Jugendkultur wird bei TEN SING aktiv verarbeitet. Dadurch ist TEN SING bunt, abwechslungsreich und stetig im Wandel.

Creativity: Der Mensch, als von Gott dem Schöpfer zu seinem Ebenbild geschaffenes Wesen, besitzt ebenso schöpferische Kraft. Jeder Mensch ist in der Lage, mit seiner Kreativität Neues, nie da Gewesenes zu erschaffen. Inwieweit unser heutiges Schulsystem oder unsere Konsumkultur noch echtes kreatives Handeln anregt, bleibt fraglich. Bei TEN SING sollen die Jugendlichen dazu herausgefordert werden, kreativ zu handeln. TEN SING lebt davon, dass Jugendliche eigene Ideen einbringen und umsetzen. So entsteht innerhalb der Jugendkultur der Jugendlichen nicht nur etwas Neues, das dann auf die Bühne gebracht wird, sondern die Jugendlichen lernen dadurch auch mit eigenen Problemstellungen kreativ umzugehen. Schöpferisches Handeln setzt sich dann von einem Chorsatz oder einem Theaterstück in das Leben der Jugendlichen fort. Bei TEN SING entdeckt man so Potenzial, findet Räume zur eigenen Entfaltung und verschiebt die gedachten Grenzen des eigenen Handelns.

Competence: Für TEN SINGer steht im Verlauf eines TEN SING-Jahres stets die große Show als Ziel vor Augen. Eigentlich ist bei TEN SING aber der Weg dahin das Ziel. Will man die eigene Jugendkultur auf die Bühne bringen und kreativ entwickelte Ideen umsetzen, braucht man das entsprechende Know-how dazu. TEN SING steckt voller Herausforderungen. Neben dem Gitarrensolo und der Sprechrolle beim Theaterstück können das aber auch die Herausforderungen des Miteinanders in der Gruppe oder der Leitung eines Workshops sein. Bei TEN SING soll ein vertrauensvoller Rahmen bestehen, in dem diese Kompetenzen ausprobiert und erlernt werden können. Jeder soll die Chance bekommen, Verantwortung zu übernehmen und seinen Teil beizutragen. Auch wenn am Ende nicht jeder Ton stimmt, zählt die Erfahrung. Dass jungen Menschen in diesem Maße etwas zugetraut wird, entspricht meist nicht den Erfahrungen ihres bisherigen Lebens. Das Vertrauen, dass ihnen entgegengebracht wird, lässt sie als Person wachsen, auch wenn es natürlich herausfordernd ist. Aufgrund dieser Grundhaltung ist auch klar, warum die Professionalität der Show am Ende zweitrangig ist. Trotzdem entwickeln viele TEN SING-Gruppen bei ihren Konzerten eine beeindruckende Professionalität, die für neue Teilnehmer wiederum attraktiv ist. TEN SING lädt an dieser Stelle ganz klar zum Nacheifern ein.

Care: Dass sich Jugendliche Schritte wagen und neue Dinge ausprobieren, braucht eine Atmosphäre von Vertrauen und Zuwendung. Care als Grundsatz von TEN SING könnte man mit Fürsorge oder Füreinander-da-Sein übersetzen. Das Gruppengefühl ist bei TEN SING sehr wichtig. Viele Freundschaften werden geschlossen, weil man Gleichgesinnte findet. Dabei sind die Probleme der Jugendlichen nicht ausgeblendet oder verdrängt. TEN SING ist nicht nur der Raum, wo der Alltag vergessen werden soll, sondern vor allem auch der Raum, wo all das zur Sprache gebracht werden darf, was die Jugendlichen alltäglich bewegt. Wenn die Jugendlichen in dem besonderen Klima der Gruppe persönlich wachsen, hilft ihnen das auch, Probleme anzugehen; dafür werden sie gestärkt. Sicherlich gibt es ganz gruppentypische Vorgänge, in denen Jugendliche aufgrund ihrer Unterschiedlichkeit in Konfliktsituationen geraten, aber TEN SING will offen für jeden und jede sein, junge Menschen in ihrem Wesen annehmen und wertschätzen. Das ist die Grundhaltung, die auch Neuankömmlingen entgegen schlägt.

Christ: TEN SING versteht sich als christliche Jugendarbeit, die sich aber auch an Jugendliche richtet, die keine Nähe zum christlichen Glauben haben. Dabei geht es nicht vorrangig darum, auf welche Art Glaube transportiert wird. Zwar gibt es in vielen Gruppen wöchentlich auch eine Andacht, christliche Lieder auf den Konzerten oder Beiträge zu Gottesdiensten, aber bei TEN SING ist der Glaube tiefer verwurzelt. TEN SING will ein Beispiel sein, wie Christen miteinander leben. Jeder gläubige TEN SINGer ist ein lebendiges Beispiel für Glauben und muss dazu diesen Glauben nicht unbedingt nach außen tragen (vgl. Dudczig 2004: 69). Glaube oder Konfessionszugehörigkeit sind auch keine Zugangsvoraussetzung für TEN SING. TEN SING ist dabei weder ein attraktives Lockmittel in eine christliche Welt noch eine Jugendarbeit explizit nur für Christen (vgl. Sawatski 1994: 119). TEN SING will Glauben kreativ neu gelebt sehen und ist offen dafür. 77 % der befragten einer Evaluation stimmen der Aussage zu, dass man bei TEN SING erlebt, was Christsein heißt (vgl. Ilg/vom Schemm 2005: 11).

3. Missionarisches Handeln in musisch-(jugend-) kultureller Jugendarbeit

Es ist auf den ersten Blick verwunderlich, dass Musik nicht explizit in das Konzept von TEN SING hineingeschrieben worden ist. Das liegt nicht daran, dass Musik nicht mit C beginnt, sondern vielmehr, dass Musik eher der Katalysator dieses Konzepts ist. TEN SING funktioniert nicht ohne Musik. Musik ist ein großer Teil von Jugendkulturen. Musik machen ist kreativ und fordert heraus. Musik verbindet Menschen und spricht emotional an. 82 % der befragten TEN SINGer geben an, dass die Musik bei TEN SING im Wesentlichen ihrem Geschmack entspricht (vgl. Ilg/vom Schemm 2005: 10).

TEN SING ist aber auch eine Jugendarbeit. Das Ziel ist es, junge Menschen anzusprechen, ihnen etwas zuzutrauen, damit sich Potenziale entfalten, Personen wachsen und Glaube gelebt wird. Dadurch, dass Jugendliche mit ihren Fähigkeiten auch mal an ihre Grenzen kommen, kombiniert mit den Lebensthemen, die die Jugendlichen aus dem Alltag mitbringen, ist TEN SING auch persönlichkeitsbildend. Im Prozess auf eine Show hin werden Themen wie Identität und Selbstannahme automatisch angesprochen und reflexiv angegangen. TEN SING bietet eine Atmosphäre, in der Jugendlichen sie selbst sein können (vgl. Ilg/vom Schemm 2005: 10).

Auch wenn das „Christus-C" nicht der Mittelpunkt von TEN SING ist, hebt es sich von den anderen Cs hervor, nur weil TEN SING zur Jugendarbeit des CVJM gehört. Die christlichen Werte, die in der Gruppe in den Themen Wertschätzung und Feedback gelebt werden und die Einladung den Glauben kennenzulernen, legitimiert TEN SING als missionarisch nach innen gerichtete Jugendarbeit. Jugendliche bekommen wichtige Anstöße zum Nachdenken und kommen näher an den Orts-CVJM oder die Orts-Kirchengemeinde (vgl. Ilg/vom Schemm 2005: 11). TEN SING ist somit eine musikalische Jugendarbeit, die missionarisch nach innen tätig ist. Dabei gelingt es dieser Form von Jugendarbeit missionarisches Handeln in einer offenen und freiheitlichen Atmosphäre zu implementieren, bei der die Jugendlichen mit ihren Interessen und Lebensthemen im Mittelpunkt stehen und durch den hohen Grad an Partizipation implizit und explizit zu Trägern des Evangeliums für andere werden.

Dies wird deutlich in der Vision und dem Credo, welche sich die TEN SING-Arbeit in Baden-Württemberg selbst gegeben hat.

Credo: *„TEN SING weckt in jungen Menschen Leidenschaft, ist für viele ein Lebensgefühl und ermöglicht spannende Entdeckungen und Begegnungen mit Gott. Die Kraft und die Ausstrahlung dieser Jugendarbeit wächst durch eine lebensbejahende Offenheit gegenüber der Wirklichkeit von Jugendlichen, ihrer Musik, ihrer Sprache, ihrer Kreativität und ihrer Lebensentfaltung. Diese Dynamik wird geprägt von der Liebe Gottes zu jedem Menschen."*[4]

Vision: *„Heute für morgen jungen Menschen viel zutrauen. Erleben, wie Potenzial und Glaube wächst. Damit die Welt nicht so bleibt, wie sie ist. Deswegen TEN SING."*[5]

Literatur

Dudczig, Manuel (2004): Die Chance des Mediums Musik in der außerschulischen Jugendarbeit. Untersucht am Konzept von TEN SING Deutschland. Online unter: www.tensingland.de/fileadmin/_migrated/content_uploads/diplarbeit_dudczig_02.pdf (Abruf 26.07.2015).

[4] Evangelisches Jugendwerk in Württemberg: TEN SING Vision & Credo. www.ejwue.de/arbeitsbereiche/proteens/ten-sing/ten-sing/ten-sing-vision-credo (Abruf 26.07.2015)

[5] Evangelisches Jugendwerk in Württemberg: TEN SING Vision & Credo. www.ejwue.de/arbeitsbereiche/proteens/ten-sing/ten-sing/ten-sing-vision-credo (Abruf 26.07.2015)

Ilg, Wolfgang/vom Schemm, Burghard (2005): Evaluationsbericht TEN SING. Online unter: http://download.disdan.de/Evaluationsbericht_TS.pdf (Abruf 26.07.2015).

Ilg, Wolfgang/vom Schemm, Burkhard (2007): TenSing: Empirische Perspektiven auf eine musisch kulturelle Jugendarbeit mit „Do-it-yourself"-Zuschnitt. In: Ilg, Wolfgang/Weingardt, Martin (Hrsg.): Übergänge in der Bildungsarbeit mit Jugendlichen. Empirische Studien zu den Nahtstellen von Jugendarbeit, Schule und Freizeit. Weinheim/München: Juventa. S.29–56.

Sawatzki, Andreas (1994): Theologische Aspekte PAUL TILLICHS und ERNST LANGES im Hinblick auf sozialpädagogische Grundlagen kirchlicher Jugendarbeit, dargestellt am Beispiel von TEN SING. Online unter: www.das-tensingseminar.de/uploads/media/diplarbeit_sawatzki_02.pdf (Abruf 26.07.2015).

SPORTMISSIONARISCHE JUGENDARBEIT

Carolin Münch

1. (Un)bewegte Jugend

Der Sport hat ein gutes Image. Er hat schon immer Menschen verschiedenen Alters begeistert, sei es als Überlebensstrategie, im Wettkampf oder heute oftmals zur Optimierung der Gesundheit. Ausreichend Bewegung stärkt das Herz-Kreislauf-System, schult die Koordination, beugt Krankheiten vor, verbessert die Leistungsfähigkeit und fördert die Kompetenzentwicklung. Sportvereine haben viele Mitglieder, Fitnessstudios sprießen aus dem Boden und laufend entstehen neue Trendsportarten.

In regelmäßigen Abständen werden Deutschlands Jugendliche allerdings von den Medien als Sportmuffel deklariert, die ihre Sportschuhe gegen Laptop, Playstation und Smartphone eingetauscht hätten und nebenbei ihre Gesundheit und Leistungsfähigkeit gefährdeten. Fragt man die junge Generation jedoch selbst, entsteht ein differenzierteres Bild.

Im Rahmen der bundesweiten Kinder- und Jugendgesundheitsstudie (KIGGS) wurde die Zielgruppe interviewt und festgestellt, dass 84 % der Jugendlichen im Alter von 11 bis 17 Jahren mindestens einmal pro Woche sportlich ins Schwitzen kommen, 54 % dreimal oder sogar häufiger (vgl. Lampert et al. 2007: 639).

Die Studie „Health Behaviour in School Aged Children 2009/10" fand nur 5,3 % Jugendliche vor, die gar keinen Sport treiben. Bereits gesundheitswirksam aktiv (d. h. mind. 2 h Sport/Woche) sind fast 73 % der 15-jährigen Jungen, allerdings nur 57 % der Mädchen. 31 % der Jugendlichen sind mindestens vier Stunden pro Woche sportlich aktiv. Allerdings wurde festgestellt, dass Jugendliche aus wohlhabenderen Familien häufiger Sport treiben als solche aus ärmerem Umfeld. Mädchen ab 15 Jahren verbringen in der Woche ca. zwei Stunden weniger Zeit mit Sport als Jungen. Besonders wenig Sport treiben Mädchen mit Migrationshintergrund, bei Jungen mit Migrationshintergrund zeigte sich bezüglich der Häufigkeit des Sporttreibens kein Unterschied zu Gleichaltrigen ohne Migrationshintergrund (HBSC-Team Deutschland 2011).

Auch wenn sich offenkundig nicht alle Jugendlichen ausreichend bewegen, Übergewicht und motorische Einschränkungen nicht von der Hand zu weisen sind und das deutsche Bildungssystem trotz kompetenzorientierter Wende noch zu verkopft arbeitet, spielt der Sport in der Lebenswelt Jugendlicher nach wie vor eine große Rolle. Viele von ihnen treffen sich meist im Verein oder informell zum Sport, um sich auszupowern, Spaß zu haben, sich fit zu halten, sich zu vergleichen und ihre Grenzen zu testen. Auch die Praxis der christlichen Jugendarbeit zeigt, dass Sportangebote gut angenommen werden.

Wenn Kirche und christliche Werke im Sport mitwirken, stellt sich die Frage, wie in die Welt des Jugendsports wesentliche Fragen des Glaubens und Lebens passen und wie genau das sportliche Setting genutzt werden kann, um Jugendliche für diese Themen zu sensibilisieren. Es ist zu überlegen, wie christliche Träger neben „klassischen" Sportvereinen den Jugendsport gestalten und welche Ziele sie damit verfolgen.

Im Artikel wird aufgezeigt, welche Rolle die Kirche und ausgewählte christliche Jugendverbände im Sport eingenommen haben, wie sportmissionarische Jugendarbeit heute praktisch umgesetzt wird und was sie erreichen kann.

2. Einblick in die Entstehung sportmissionarischer Jugendarbeit

Die Parallelentwicklung des Sports und der protestantischen Kirche beschreibt gleichermaßen Annäherung und Distanz. Auch wenn die Achtung des Körpers – entgegen der z. B. im Puritanismus und Pietismus existierenden Leibfeindlichkeit von Christen – seinerzeit erst durch den Kampf gegen das Christentum wiederentstand, gab es zu allen Zeiten Menschen verschiedener Strömungen, die Sport und Christus ernst nahmen und zu verbinden versuchten. Viele nutzten den Sport, um für den Dienst für Gott fit zu werden, andere wiederum achteten darauf, nicht zu viel Sport zu treiben, um genug Zeit zum Retten vieler Seelen zu haben, was sie als ihren Auftrag ansahen.

Einen Durchbruch erlebte der Sport seit Einführung des Schulsports durch evangelische Theologen. Zwei von ihnen, die bekannten Turnväter GutsMuths und Jahn, näherten sich dem hebräisch-biblischen ganzheitlichen Menschenbild wieder an, verbanden den reformatorischen Protestantismus mit Pädagogik und Sport, auch wenn sie streckenweise bei der dichotomischen Leib-Seele-Einheit bzw. im Ideal einer vaterländischen Turnreligion stecken blieben. GutsMuths prägte die Theorie und Praxis des Sports in Schule und Verein entscheidend. Jahn hielt bei Turnfahrten Andachten und sprach Gebete. Viele seiner Turner waren Predigthörer bei dem Theologen und Religionsphilosophen Friedrich Schleiermacher. Jahn prägte den Wahlspruch der Turner „frisch, frei, fröhlich und fromm", dessen Begriffsanordnung nicht zufällig ist, sondern eine Steigerung aufzeigt, und wollte eine Gleichmäßigkeit der menschlichen Bildung wiederherstellen.

Sein Zeitgenosse George Williams gründete 1844 in London die erste Young Men's Christian Association (YMCA/CVJM) und brachte die christliche Sportarbeit und somit auch die sportmissionarische Jugendarbeit weiter ins Rollen.

Bereits kurz nach der Gründung des CVJM-Weltbundes 1855 wurde die Notwendigkeit von Turnhallen und Schwimmbädern deutlich. Man debattierte über die besten Mittel, wie weltliche junge Männer angeworben werden könnten. Die „christliche Turnhalle" sollte als „Lockmittel und Schutzwall gegen den sittlichen Verfall der Jugendlichen" (Geldbach 1975: 179) dienen.

Auch die Sportarten Basketball (1881, James Naismith, YMCA-College Springfield/USA) und Volleyball (1895, William C. Morgan, ebd.) wurden im CVJM erfunden. 1890 hatte der Arzt und Lehrer am Springfield College Luther Halsey Gulick das rote gleichseitige CVJM-Dreieck auf biblischer Grundlage (5Mose 6,5; Mk 12,30; 1Kor 6; 15,19) entwickelt, welches die Ganzheitlichkeit des Menschen mit Körper, Geist und Seele als Einheit symbolisiert. Gulick hatte den Sport positiv christianisiert; er galt nicht mehr nur als „Lockmittel" für junge Leute, sondern wurde zum integralen Bestandteil im Gesamtgefüge der CVJM-Arbeit. Der YMCA war die erste Organisation in der Welt, die den Gedanken der Einheit des Menschen in die Tat umsetzte.

1926 wurde der sog. „Eichenkreuz-Verband für Leibesübungen" innerhalb der evangelischen Jünglingsbündnisse Deutschlands gegründet. Die Sportarbeit des CVJM – in einigen Mitgliedsverbänden nach wie vor mit dem Titel Eichenkreuz-Sport, jedoch seit 2006 zumeist CVJM-Sport genannt – ist eine der vielfältigen Formen missionarischer Jugendarbeit des CVJM (vgl. Geldbach 1975: 46–186).

Grundlage des CVJM-Sports ist die Pariser Basis von 1855 sowie das Selbstverständnis des CVJM-Sports, in das die Visionen für den CVJM-Sport des Sportforums in Dassel 2007 Eingang gefunden haben.

Neben dem CVJM sieht auch die Kirche weiterhin die Chancen der Sportarbeit. Dies drückt sich z. B. im bereits 1964 gegründeten Arbeitskreis für Kirche und Sport der Ev. Kirche in Deutschland aus, welcher die Bereiche Kirche, Sport und Gesellschaft inhaltlich und personell verbindet und mit verschiedenen Gruppierungen und Zielgruppen des Sports zusammenarbeitet.[1] Ebenfalls etablierten sich weitere christliche Jugendverbände erfolgreich im Sport.[2]

---

1 Vgl. www.ekd.de/kirche-und-sport/

2 In den folgenden Kapiteln wird punktuell auch auf deren Entwicklung eingegangen.

3. Praxis der sportmissionarischen Jugendarbeit

Die stetige Neu- und Weiterentwicklung von sportmissionarischen Projekten und Initiativen verschiedener Träger, die sportmissionarische Jugendarbeit in ihren Leitlinien verorten und praktizieren, begeistert. Im Folgenden finden sich ausgewählte Beispiele, die insbesondere mit ihren Zielen, Zielgruppen und besonderen Stärken skizziert werden.

3.1 Der Christliche Verein Junger Menschen e.V. und der CVJM-Sport

Der heutige CVJM-Sport in Deutschland umfasst nationale und internationale Sportveranstaltungen sowie Bildungsarbeit. 43.000 Sportler, davon 25.000 Jugendliche und junge Erwachsene, sind in 890 CVJM-Vereinen im CVJM-Gesamtverband in Deutschland mit Sitz in Kassel aktiv.[3]

3.1.1 Übungsleiter-Lehrgänge im Breitensport

Bei Aus- und Fortbildungsangeboten im Breitensport können interessierte Mitarbeiter/-innen und Übungsleiter/-innen personale, soziale, fachliche, motorische und geistliche Kompetenzen (weiter-)entwickeln und in ihren (Sport-)Gruppen und bei Veranstaltungen vor Ort einsetzen. Der CVJM-Gesamtverband ist als Verband mit besonderer Aufgabenstellung Mitglied im Deutschen Olympischen Sportbund (DOSB) und kann die C-Lizenz als Basis-Lizenzstufe ausgeben und verlängern. Z. B. bieten einige CVJM-Landesverbände sowie das CVJM-Kolleg, die Fachschule für Theologie und Sozialpädagogik des CVJM-Bildungswerks gGmbH, den Lehrgang an.[4]

Übungsleiter-Ausbildung Breitensport *C-Lizenz (CVJM-Westbund e.V.)*

Ziel: Motorische, pädagogische, didaktische und theologische Qualifizierung von Übungsleitern/-innen; Abschluss mit praktischer und schriftlicher Prüfung zum Lizenzerwerb

Zielgruppe: sportlich Interessierte und Mitarbeiter/-innen ab 16 Jahren

Beschreibung: Die Teilnehmer/-innen besuchen 120 Lehreinheiten, die von den CVJM-Bundessekretären/-innen für Sport und externen Trainern/-innen gestaltet werden und auf zwei Wochen und drei Wochenenden modular aufgeteilt sind. Inhalte sind z. B. die Analyse und Begründung der Inhalte des Breitensports, Erlebnispädagogik, zielgruppengerechte Planung von Sportangeboten, Sporttrends, Gesundheitssport, Ethik und Verantwor-

---

[3] Vgl. CVJM-Sport. Online unter: www.cvjm.de/arbeitsbereiche/sport/ (Abruf 30.08.2015).

[4] Ebenso führt z. B. der katholische Sportverband Deutsche Jugendkraft (DJK) Übungsleiter-Lehrgänge durch.

tung im Sport und Sportdidaktik. Ebenfalls gibt es Einheiten zu „Verkündigung im Sport“, welche zum einen in sog. „Power-Hours“ (interaktive biblische und sportliche Themeneinheiten) und Sportimpulsen während der Sporteinheiten erlebt wird. Zum anderen gestalten die Teilnehmer/-innen die Abendandachten in der Sporthalle oder in Outdoor-Settings mit, gründen ein Musikteam und Erarbeiten ihre Übungsstunde mit integriertem Verkündigungsteil für die praktische Lehrprobe. Ein besonderes Highlight für die Gruppe ist die Gestaltung eines Tages für und mit den Gefangenen in der JVA Siegburg, wo neben verschiedenen Sportturnieren auch ein Gottesdienst sowie ein Abschlussimpuls zu einer Fragestellung zu Sport, Glaube und dem Leben gehört.

Besondere Stärke: Der Umfang der Ausbildung und das gemeinsame Wohnen auf Zeit in der CVJM-Jugendbildungsstätte Wuppertal ermöglichen intensives Zusammenarbeiten und eröffnen neben den offiziellen Lerneinheiten Raum für informelles Lernen. Der ständige Wechsel von Theorie und Praxis motiviert und zeigt transparent Umsetzungsideen für die eigene Arbeit auf. Nebenbei wird die persönliche Fitness trainiert und erlernt, wie Sport in den Alltag integriert werden kann.

3.1.2 Move it – die Übungsleiter-Assistenten/-innen-Schulung (CVJM-Westbund e.V.)

Ziel: Motivation der Teenager zur Mitarbeit im Sport und zur Teilnahme am Lizenzlehrgang

Zielgruppe: Sportlich Interessierte ab 14 Jahren

Beschreibung: Dieser seit 2010 durchgeführte Wochenendlehrgang bildet Übungsleiter-Assistenten/-innen aus und kann ein Basismodul des C-Lizenz-Lehrganges ersetzen. Ausgewählte Themen des o. a. Lizenz-Lehrganges werden zielgruppengerecht behandelt, sodass Neugier auf weitere Inhalte entstehen kann. Auch hier gibt es „Power-Hours“ und Sportimpulse zum Erleben und Mitgestalten.

Besondere Stärke: Die Schulung wird ebenfalls in Kooperation mit Schulen, z. B. im Rahmen einer AG, durchgeführt, wodurch auch glaubensferne Jugendliche erreicht werden, die den CVJM noch nicht kennen. Sie bekommen die Möglichkeit, selbst neue Sportspiele zu entwickeln und diese z. B. in „bewegten Pausen“ für ihre Mitschüler/-innen auf dem Schulhof anzubieten.

3.1.3 CVJM-Hockey-Starter-Projekt (CVJM-Westbund e.V.)

Ziel: Der CVJM-Sport-Gedanke wird mit dem Bewegungstrend Floorball zu interessierten CVJM-Vereinen gebracht und soll zu nachhaltiger Gründung von CVJM-Hockey-Gruppen führen.

Zielgruppe: Vereine, Gruppen und Schulen mit Jugendlichen ab 14 Jahren

Beschreibung: Auf Initiative des CVJM-Hockey-Kompetenzteams, bestehend aus Ehrenamtlichen und einem Bundessekretär für Sportarbeit des CVJM-Westbundes, wurde von 2009–2014 die erste Phase des Projekts durchgeführt. Interessierte können das Kompetenzteam mitsamt Hockey-Equipment für eine Wochenendaktion buchen, zu der ein Schuleinsatz mit Sporteinheiten gehört, bei dem Schüler ab 14 Jahren auch zum weiteren Programm im CVJM vor Ort eingeladen werden. Dazu gehören weitere Trainingseinheiten, biblische Abendimpulse, ein Sportler-Gottesdienst sowie ein gemeinsamer Programmabend. Lebensnah und ansprechend sind auch die zwischendurch spontan stattfindenden „Inputs to go“ während der CVJM-Hockey-Spielphasen. Ein Gedanke oder eine Fragestellung, resultierend aus einer Spielsituation, wird vom Trainer aufgenommen und bei einem kurzen Spielstopp auf den Punkt gebracht. Anfang 2015 begann das CVJM-Hockey-Starterprojekt 2.0, bei dem die Mitarbeiter/-innen-Teams in zwei Kompetenzzentren (Regionen Ruhrgebiet und Hessen-Siegerland) ehrenamtlich geleitet und die Einsätze koordiniert werden (vgl. Götz o. J.).

Besondere Stärke: Das Projekt ist als Unterstützungsservice und Investition in die Ortsvereine auf Nachhaltigkeit angelegt, bietet Raum für sportlergerechte Verkündigungsformen und kooperiert mit Schulen und dem Floorball Verband Deutschland e.V.

3.1.4 Volleyballcamp im YMCA Niger

Ziel: Stärken der Partnerschaft und Austausch von Erfahrungen in der Sport- und Verkündigungsarbeit

Zielgruppe: Jugendliche und junge Erwachsene aus dem CVJM Schlesische Oberlausitz e.V. und dem YMCA Niger

Beschreibung: Ein Beispiel für die internationale Breiten- und Leistungssportarbeit des YMCA ist die bestehende Partnerschaft zwischen dem CVJM Schlesische Oberlausitz, dem Nationalverband YMCA Niger und dem CVJM-Gesamtverband in Deutschland, aus der die Campidee entstand und sich folglich insgesamt 16 deutsche und nigerianische Teilnehmer/-innen auf dem Universitätsgelände in Niamey einfanden. Die Nigerianer erlebten während der neun Tage ihre ersten Volleyballeinheiten und konnten das Gelernte bald z. B. für das Training von Kinder-/Jugendgruppen anwenden. An jedem Campmorgen gab es eine „Stille Zeit“ und bei den Sporteinheiten ließen sich christliche Werte erleben und austauschen. Auch in persönlichen Gesprächen waren die Themen der Stillen Zeit immer wieder präsent. Außerdem gab es zwei Begegnungen mit einer deutschen Missionarin, die in Niamey lebt.

Nach dem Camp haben einige Volleyballtrainings in Niger stattgefunden, in 2014 konnte ein jugendlicher nigerianischer Sportler mit dem hauptamtlichen Leiter des YMCA Niger zu einer Begegnung nach Deutschland reisen und dort missionarische Sportarbeit erleben.

Besondere Stärke: Neben der in Niger bereits gut laufenden – auch missionarischen – Fußballarbeit konnte die Motivation gestärkt werden, auch andere Sportarten für die missionarische Jugendarbeit zu etablieren. Die internationale Begegnung ermöglicht interkulturelles Lernen und die gezielte Förderung von einzelnen Jugendlichen.[5]

3.1.5 CVJM bewegt – Die Bewegungskampagne des CVJM-Gesamtverbandes in Deutschland[6]

Ziel und Zielgruppe: „CVJM bewegt will von Mai 2015 bis Mai 2016 tausend CVJM-Vereine, ihre Mitglieder und Besucher nachhaltig in Bewegung bringen und sie gleichzeitig mit anderen CVJM-Vereinen oder anderen (Sport-)Vereinen, Kirchengemeinden, Verbänden usw. vernetzen. Mit der Kampagne wollen wir Wege aufzeigen, das Evangelium ganzheitlich zu verkünden und eigene Grenzen und Grenzen zu anderen Menschen zu überwinden.

Wir wollen die sportmissionarische Arbeit des CVJM stärken, den Vereinen neue Begegnungsräume eröffnen und die CVJM-Sportarbeit intern und extern bekannter machen" (CVJM Gesamtverband e.V. 2014: 23).

Beschreibung: Nach der ersten CVJM-bewegt-Phase mit Beginn im Herbst 2010 auf dem Jugendkongress in Fellbach/bei Stuttgart ist im Juni 2015 CVJM bewegt 2.0. unter dem Motto „Kommt raus – wir wollen mit euch spielen!" unter der Schirmherrschaft von Bundesgesundheitsminister Hermann Gröhe in Berlin gestartet.

Als Einstiegsmöglichkeit der Vereine in die Kampagne boten sich die CVJM-bewegt-Aktionstage an, bei denen zahlreiche Aktionen und Projekte vor Ort Menschen ganzheitlich mit Körper, Geist und Seele in Bewegung gebracht haben. Im Vorfeld wurden Ideen und Material entwickelt, wie z. B. der SPORTLON (Sportturnier mit verschiedenen Sportarten ohne Schiedsrichter, zu dem sich Gruppen gegenseitig einladen, gemeinsam Sport treiben und sich kennenlernen), die CVJM-bewegt-Team-Challenge (eine Art Fitnesstest für Teams) und das Ideenheft mit Bewegungsideen für alle Altersgruppen und Bewegungsräume.

Besondere Stärke: Die Kampagne ist langfristig und nachhaltig angelegt und erlangt zunehmend Bekanntheit. Die Inhalte sind für alle Altersgruppen anpassbar und bieten eine große Umsetzungsvielfalt, mit der auch kirchenferne Menschen erreicht werden und sich unterschiedliche Personengruppen vernetzen können.

---

5 Ich bedanke mich bei Sarah Simmank, Mitarbeiterin im CVJM Schlesische Oberlausitz e.V., für die Informationen zu diesem Projekt.

6 http://cvjm-bewegt.de/

3.2 Evangelisches Jugendwerk in Württemberg (EJW)

Das EJW ist die Dachorganisation für die evangelische Jugendarbeit in Württemberg und arbeitet selbstständig im Auftrag der Evangelischen Landeskirche in Württemberg. Es fördert die evangelische Jugendarbeit in 51 Bezirksjugendwerken und Gemeinden. Das EJW ist Mitglied des CVJM-Gesamtverbandes.

Der Eichenkreuz-Sport als Ansatzpunkt für Begegnung und Gemeinschaft unter Gottes Wort ist im EJW in vielfältiger Form etabliert. Statt früher Turnen und Leichtathletik sind heute stärker Teamsportarten wie Handball, Fußball, Volleyball und Indiaca, aber auch Ski- und Snowboardangebote, gefragt.

Eichenkreuz (EK) Württemberg fördert den Breitensport und unterstützt bewegungsorientierte Initiativen der CVJM-Vereine und der evangelischen Kirchengemeinden. EK Württemberg ist Teil des Eichenkreuz-/CVJM-Sport Deutschland. Die ökumenische Offenheit drückt sich z. B. durch die partnerschaftliche Zusammenarbeit mit dem katholischen Sportverband Deutsche Jugendkraft (DJK) aus.[7]

EMMAUS SPORT – Dein Leben in Bewegung

Ziel: Gruppenleiter/-innen können die vom EJW herausgegebene zielgruppengerechte Arbeitshilfe EMMAUS SPORT (Heinzmann 2015) zur Verkündigung im Sport nutzen und bekommen eine Hilfestellung, sich der Herausforderung, Glauben im Sport zu leben, zu stellen.

Zielgruppe: Mitarbeiter/-innen in der Konfirmanden-, Jugend- und Sportarbeit und Teenager ab 13 Jahren

Beschreibung: Mit der Arbeitshilfe in Form von robusten Kärtchen kann ein niederschwelliger „Glaubenskurs“ für Jugendliche angeboten werden, dessen Bestandteile Umsetzungsentwürfe für Andachten, Gedanken und Einstiegsfragen sind. Echte Lebensfragen stehen dabei genauso im Mittelpunkt wie die Erfahrungswelt des Sports, z. B.: Wie gehst du mit Misserfolgen um? Was erfrischt dich? Woran orientierst du dich?

Die 40 Impulse verteilen sich auf vier Kategorien:

- Übungen erleben: Die Einheiten leiten sich aus einer Trainingsübung ab.
- Spielsituationen aufgreifen: Die Einheiten beziehen sich auf echte Spielsituationen.
- Orte besuchen: Die Einheiten haben ihren Ausgangspunkt an konkreten Orten, wie z. B. Dusche, Trainerbank, Rasenplatz.

[7] Vgl. EJW: Eichenkreuzsport im ejw. Online unter: www.ejwue.de/arbeitsbereiche/eichenkreuz-sport/ (Abruf 30.08.2015).

- Geschichten erzählen: Die Einheiten entstehen aus der Erzählung einer biblischen Geschichte.

Besondere Stärke: Das Reden über Gott kann auf natürliche Weise in Bewegung kommen. EMMAUS SPORT ermöglicht Gespräch statt Monolog. Es geht darum, zunächst einmal Fragen zu stellen, statt Antworten auf Fragen zu geben, die niemand gestellt hat. Die Teilnehmer/-innen sollen zu eigenständigem Denken ermutigt werden und tragfähige Antworten auf ihre Fragen finden (CVJM-Gesamtverband e.V. 2015).

3.3 SRS e.V.[8]

Die christliche Sportorganisation SRS e.V. mit Sitz in Altenkirchen wurde 1971 von Helmfried Riecker unter dem damaligen Namen „SPORTLER RUFT SPORTLER" als Abteilung des Missionswerkes Neues Leben gegründet und ist seit 1987 ein eigenständiger eingetragener Verein im Sportbund Rheinland. Unter dem Motto „Für Sport. Für Menschen. Für Gott." setzen sich die ca. 50 hauptamtlichen und 700 ehrenamtlichen Mitarbeiter/-innen auf nationaler und internationaler Ebene dafür ein, dass Menschen im und durch Sport in allen Lebens- und Wettkampfsituationen und in ihrem persönlichen Glauben an Jesus Christus gefördert und begleitet werden. Ein besonderes Augenmerk liegt auf dem Profi- und Hochleistungsbereich und auf der Förderung von sportlichen Talenten. SRS sieht im Zusammenspiel von Körper, Psyche und Geist einen Schlüssel für erfolgreichen Sport und erfolgreiche Persönlichkeitsbildung. Der Verein ist aktives Mitglied der European Christian Sports Union (ECSU) und der International Sports Coalition (ISC).

Grundsätzlich gibt es zwei Konzepte, denen SRS in verschiedenen Sportarten folgt und die auch im Jugendsportbereich greifen.

3.3.1 SRS als Dienstleister – Beispiel: SRSfußballschulen[9]

Ziel: Unterstützung von gemeindlicher Jugendarbeit durch SRS als Belebung der Jugendarbeit zum aktiven Gemeindewachstum

Zielgruppe: fußballbegeisterte Kinder oder Jugendliche

Beschreibung: Die seit über zehn Jahren deutschlandweit jährlich ca. 20-mal stattfindenden 5-tägigen mobilen Trainingscamps für die Sportarten Fußball, Tischtennis und Hip-Hop können christliche Gemeinden für ihre Zielgruppe buchen.

Die Fußballschulen haben einen strukturierten Tagesablauf, bei dem sich zwei Bibeleinheiten mit Fußballtraining in Kleingruppen abwechseln. Wei-

---

[8] www.srsonline.de/home

[9] www.srsonline.de/srsfussballschule

tere Elemente der Woche sind das gemeinsame Essen, Spaßspiele, besondere Aktionen und ein Ausflugstag. SRS plant mit der Gemeinde vor Ort den Ablauf und kümmert sich bei der Durchführung um Material und Programm (Training in Theorie und Praxis sowie biblische Themeneinheiten/Andachten). Die Gemeinde-Mitarbeiter/-innen vor Ort können sich nach ihrem Ermessen in das Programm einbringen. Die SRS-Trainer arbeiten im Programm stets mit sportbegeisterten Mitarbeiter/-innen der Gemeinde zusammen. Lizenzierte Trainer/-innen, die alle Christen/-innen sind, fördern die Teilnehmer/-innen entsprechend ihres sportlichen Leistungsniveaus und erzählen durch Andachten und ihr eigenes Verhalten von Jesus. Die Teilnehmer/-innen sollen die Möglichkeit erhalten, selbst eine persönliche Beziehung zu Jesus aufzubauen. Werte wie Teamgeist, Freundlichkeit, Ausgeglichenheit, Gemeinschaft und Kameradschaft sollen erlebt und entwickelt werden.

Besondere Stärke: Durch eine Zusammenarbeit mit Sportvereinen kann eine Brücke zu gemeindefernen Jugendlichen und Eltern geschlagen werden. Die Eltern werden über die Teilnehmer/-innen erreicht. Ein tägliches Stehcafé und ein Abschlussspiel Eltern gegen Kinder am Ende bietet viel Raum für Gespräche, durch die neue Beziehungen zwischen Gemeindemitgliedern und Glaubensfernen entstehen können. Gemeinden, die selbst (noch) nicht die Manpower für ein qualitatives sportmissionarisches Angebot haben, bekommen Support von SRS.

3.3.2 SRS als Veranstalter – Beispiel: JugendSportArena

Ziel: Jugendliche können in Freizeitatmosphäre mit dem Wort Gottes erreicht werden und auf hohem sportlichem Niveau trainieren. Sie können sich in ihrem Sport weiterentwickeln und ihre Fragen zu Glauben und Leben stellen. SRS legt Wert auf das Zusammenspiel von Professionalität in Verkündigung und Sport und möchte vermitteln: Wer sich für Sport begeistert, kann und darf auch Christ sein und umgekehrt.

Zielgruppe: sportinteressierte Jugendliche aus ganz Deutschland

Beschreibung: Die JugendSportArena (in Bayern und Rheinland-Pfalz) ist ein besonderes Trainingscamp mit mehreren Sportarten (Basketball, Beachvolleyball, Fußball Jungen/ Fußball Mädchen, Handball, Laufen, Mountainbike, Streetdance, Tennis, Tischtennis, Triathlon, Flagfootball, Ultimate Frisbee) oder dem Fokus auf einer Sportart sowie Musik, sportgeistlichen Inputs und einem bunten Rahmenprogramm. Die Jugendlichen können Mitsportler/-innen kennenlernen und neue Freundschaften schließen. Lizenztrainer/-innen, Sportwissenschaftler/-innen und Leistungssportler/-innen sowie Physiotherapeuten/-innen kümmern sich während der Woche um die jungen Menschen. Der christliche Glaube steht auf dem Camp im Mittelpunkt und zeigt sich z. B. in Andachten, Abendmeetings und Themengesprächen.

Besondere Stärke: Die Jugendlichen trainieren effektiv und bekommen gleichzeitig Raum für persönliche Veränderung, sodass sie nach dem Camp meist selbstbewusster nach Hause gehen. Authentizität bei Glaubensfragen wird gewährleistet, indem die sportlichen Leiter/-innen auch die geistliche Leitung der Woche übernehmen.[10]

3.3.3 JUMP – Ein Jahr. Im Team. Für Gott.[11]

Ziel: Das Jahresprogramm JUMP bieten SRS und der CVJM-Landesverband Baden seit 2012 in Kooperation an, um Akzente in der missionarischen Sportarbeit zu setzen und auf die große Nachfrage nach FSJ und Freiwilligendiensten zu reagieren.

Zielgruppe: junge Leute von 18–25 Jahren

Besondere Stärken: Besonders markant sind die fünf Schwerpunkte der Arbeit von JUMP:

Missional: Das Team wird geschult, um sportmissionarische Aktivitäten in Deutschland durchzuführen. Junge Menschen werden mitten in ihrem Lebensumfeld und in ihrer Unterschiedlichkeit im Blick auf Herkunft, Bildung und Kultur erreicht. Die JUMPler/-innen wirken vor Ort, in Vereinen, CVJM-Gruppen, Gemeinden, sozialen Brennpunkten, bei Schuleinsätzen und in Beziehungen. Es werden Veranstaltungen und konkrete Projekte initiiert, bei denen junge Menschen in Bewegung kommen und der Botschaft von Jesus Christus begegnen.

Sportlich: Die Teilnehmer/-innen finden durch den Sport Brücken und Wege zu den Jugendlichen in ihrer Umgebung.

Teamorientiert: Die 5–10 Teilnehmer/-innen leben in einer Wohngemeinschaft und lernen, gemeinsam zu leben, glauben, arbeiten und Sport zu treiben.

Innovativ: Das Team entwickelt eine ergebnisoffene Sportmission mit innovativen Methoden.

Nachhaltig: Etwas Bleibendes soll vor Ort in Bewegung gebracht werden.

3.4 DJK-Sportverband e.V. Katholischer Bundesverband für Breiten- und Leistungssport

Der DJK-Sportverband mit Sitz in Düsseldorf und heute etwa 507.000 Mitgliedern in 1.200 Vereinen wurde als „Deutsche Jugendkraft“ vom katho-

---

10 Vielen Dank an Alexander Zöller, Abteilungsleiter von SRSjugendsport, für die Auskunft zur Jugendarbeit von SRS; vgl. SRS: JugendSportArena Süd. Online unter: www.srsonline.de/events/camps/jugendsport/jugendsportarena-sued (Abruf 30.08.2015).

11 www.jump.srsonline.de/index.php?id=1148

lischen Jugendseelsorger Carl Mosterts im Rahmen des Katholikentages 1920 gegründet. Die DJK sieht Motivation als die Art und Weise, wie Jesus Christus jedem Menschen Ansehen und damit Respekt und Vertrauen schenkt. Der Sport „um der Menschen willen" prägt sich z. B. aus in Individual- und Mannschaftssport, Training und Wettkampf, Gemeinschaft, Lebenshilfe, Feiern und Brückenschlag zwischen Völkern und Kulturen. Das Kürzel DJK wird inhaltlich verschieden gefüllt, z. B. so:

D – wie Dienst an Menschen, die sich zu Sport, Spiel und Bewegung zusammenfinden,

J – wie ja zur Jugend, die – als Kundschafter einer neuen Zeit – Gemeinschaft und Geborgenheit erleben und Verantwortung tragen will und soll,

K – wie Kraft zum Bekenntnis des christlichen Glaubens, eingebunden in eine kraftvolle Kirche.

Die DJK ist als Verband mit besonderer Aufgabenstellung Mitglied im DOSB. Als Bundesverband unterstützt die DJK ihre Landes- und Diözesanverbände sowie Vereine im Bereich der Jugendarbeit v. a. durch Arbeitsmaterial und (überregionale) Sportangebote.[12]

3.4.1 Vollwertsport – Werte leben im Sport

Die Homepage www.vollwertsport.de mit den Slogans „Weil Du WERTvoll bist" und „Sportvereine sind WERTvoll!" möchte Hilfen anbieten, diesen Wert zu erkennen und Werte im Sport erlebbar zu machen. Das Projektteam des DJK-Landesverbandes NRW möchte eine Chance bieten, dass „insbesondere auch junge Menschen ihren Werterucksack packen können und dass Werte im Sport als Kompass für das Leben dienen können" (www.vollwertsport.de). Die Plattform mit Werte-Materialien und der Möglichkeit zum Netzwerken findet Unterstützung z. B. durch den Arbeitskreis Kirche und Sport, den DOSB und die Trainerakademie Köln.

3.4.2 Arbeitshilfen für Übungsleiter/-innen und Mitarbeiter/-innen im Sport

Vielfältige und qualitative Arbeitshilfen und Impulsbroschüren bieten Vorschläge, wie Bewegung und Glaubensinhalte verbunden werden können. Zwei Beispiele finden sich hier:

- *„Trimm dich für die Seele" – Impulsbroschüre der DJK Sportjugend*
  Die Impulsbroschüre liefert Ideen für Übungsleiter/-innen im Jugendsport, wie einfache körperliche Übungen mit wenig Materialaufwand

---

12 Ein Dank gilt auch Pascal Priesack, Jugendbildungsreferent in der DJK, für die Auskunft zum sportmissionarischen Engagement der DJK. Vgl. DJK Sportjugend 2013; DJK-Sportverband: Wir über uns. Online unter: www.djk.de/1_wir_ueber_uns/frame_wir_ueber_uns.htm (Abruf 30.08.2015).

mit kurzen Gedanken, Geschichten, Gedichten oder Gebeten verbunden werden können. Die Einheit zwischen Körper und Geist soll spürbar werden, Bewegung und Besinnung gehören in der DJK zusammen (DJK Sportjugend 2013).

- *Advent bewegt – Bewegter Adventskalender der DJK Sportjugend und Adveniat*[13]
  Das Lateinamerika-Hilfswerk Adveniat und die DJK Sportjugend haben 2014 gemeinsam einen Adventskalender herausgegeben. Darin verbinden sich spirituelle Impulse, u. a. aus Lateinamerika, mit sportlichen Übungen, die man selbst oder auch mit Gruppen durchführen kann. Besonders für junge Leute eignet sich die kostenfreie Advents-App, mit der man jeden Tag ein Türchen auf dem Smartphone öffnen kann.

3.4.3 Interkulturelle Fußball-Stadtmeisterschaft (DJK-Diözesanverband Köln)

Ziel: Mit verschiedenen Religionen, Kulturen und Mentalitäten, die an diesem Tag zusammenkommen, sich kennenzulernen und auszutauschen, geht es um mehr als fußballerisches Können, sondern um Dialog.

Zielgruppe: fußballbegeisterte Jugendliche

Beschreibung: Am Jugend-Hallenfußballturnier in Köln können verschiedene Religionsgemeinschaften teilnehmen. Unter dem Motto „Kirche kickt. Dein Gegner. Dein Partner." werden Stadtmeisterschaft und DJK-Kreismeisterschaften traditionell am Nationalfeiertag parallel ausgespielt. Ein thematischer Mittagsimpuls, Verpflegung und motivierende Moderation leisten ihren Beitrag zum Programm.

Besondere Stärke: Das interkulturelle Zusammenleben unter jungen Leuten und deren Familien in Köln wird gefördert.[14]

3.4.4 Pilgern auf dem Jakobsweg (Diözesanverband Augsburg[15]/Arbeitskreis Kirche und Sport)

Ziel: Die Teilnehmerinnen erleben das Pilgern in der Gruppe und erreichen gesteckte inhaltliche und geografische Ziele.

Zielgruppe: pilgerinteressierte Jugendliche und Erwachsene

Beschreibung: Zwei Wochen sind die Pilger pro Jahresetappe auf dem Jakobsweg unterwegs.

---

13 www.djk-sportjugend.de/2014/11/advent-bewegt-bewegter-adventskalender-der-djk-sportjugend-und-adveniat/

14 Vgl. DJK-Sportverband DV Köln: Rückblick zur 5. interkulturellen Stadtmeisterschaft und DJK-Kreismeisterschaften. Online unter: www.djkdvkoeln.de/?pageID=55 (Abruf 30.08.2015).

15 www.djk-dv-augsburg.de

Besondere Stärke: Die täglichen Wanderungen von 20–40 km bieten Zeit für sich selbst, stetiges Gehen, Impulse, Gebet und Schweigen, Gespräch, Begegnung – denn „Begegnung braucht Bewegung". Das Unterwegssein ermöglicht, dem Sinn des Lebens nachzuspüren.

4. Merkmale sportmissionarischer Jugendarbeit

Wie in anderen Bereichen der Jugendarbeit ist auch in der Sportarbeit die Vielfalt der Träger ein wichtiger Schlüssel, um junge Menschen aus verschiedenen Milieus, mit verschiedenen Interessen, motorischen und kognitiven Voraussetzungen zu erreichen. Vielfältige Methoden in Sport und Verkündigung spiegeln unterschiedliche Schwerpunktsetzungen und Ausrichtungen der Verbände wider. Mit den folgenden zehn Punkten lässt sich jedoch im Wesentlichen die gemeinsame Motivation für sportmissionarische Jugendarbeit beschreiben.

1. Sportmissionarische Jugendarbeit sieht, bildet und fördert den Menschen ganzheitlich als Einheit von Körper, Geist und Seele. Junge Menschen können personale, soziale, fachliche, motorische und geistliche Kompetenzen (weiter-)entwickeln. Dazu werden Settings arrangiert, die kognitives, affektives und (psycho-)motorisches Lernen fördern.
2. Dieses Lernen mit „Kopf, Herz und Hand" ermöglichen ehrenamtliche und hauptamtliche Übungsleiter/-innen und Mitarbeiter/-innen im Breiten- und Leistungssport sowie in der Jugendarbeit, welche sportpädagogisch und theologisch aus- und fortgebildet werden. Bereits Jugendliche können als Übungsleiter/-innen Verantwortung übernehmen und in ihrer Lebenswelt selbst zu Akteuren werden.
3. Der Sport ist nicht Mittel zum Zweck, das Evangelium zu predigen, sondern ein wesentlicher Bestandteil der Jugendarbeit, der die Ganzheitlichkeit des Menschen berücksichtigt und zum Einsatz bringt.
4. Durch kreative, innovative und jugendgemäße Methoden werden Räume geschaffen, in denen Jugendliche das Angebot Gottes, der Trainer ihres Lebens zu sein, auf ganz unterschiedliche Weise hören und erleben können.
5. Die Begriffe aus der Welt des Sports sowie der Bibel bieten viele Anknüpfungspunkte an aktuelle Lebensfragen, wie solche nach Sinn und Ziel des Lebens, nach Sieg und Niederlage, nach erfolgreicher und wertschätzender Teamarbeit, Kompetenzen von Leitungsperso-

nen und Trainern/-innen, Leistung, Fairness, Grenzerfahrungen, Gesundheit und Körperlichkeit sowie nach der Endlichkeit des Lebens hier auf der Erde.
6. Jugendliche lernen, die Menschenwürde in Training, Spiel und Wettkampf zu achten und für christlich-ethische Werte einzutreten.
7. Sie erhalten Orientierung im Leben durch vertrauensvolle Beziehungen der Sportler/-innen, Mitarbeiter/-innen und Trainer/-innen untereinander und können Fragen und Zweifel äußern.
8. Jugendliche können in Wort und Tat als Empfangende und Verkündigende der Botschaft Gottes agieren.
9. Bereits der Apostel Paulus beschreibt unseren Körper als „ein[en] Tempel des Heiligen Geistes" (1Kor 6,19). Die Jugendlichen können lernen, sich selbst mit ihrem Körper und ihren Fähigkeiten anzunehmen und beides wertzuschätzen. Sie können Verantwortung für ihre eigene und die Gesundheit anderer übernehmen und sich für diese einsetzen.
10. Die sportmissionarische Jugendarbeit ist offen für Jugendliche jeglicher Herkunft, Kultur, Religion und Glaubenseinstellung.

5. Fazit

Die aufgezeigten Angebote sportmissionarischer Jugendarbeit können ermutigen, sowohl bewährte Wege weiterzugehen als auch neue kreative Methoden und Projekte zu entwickeln. Hierzu braucht es kompetente Übungsleiter/-innen und Mitarbeiter/-innen, die ihre Rolle in Teilen anders füllen, als es Trainer in säkularen Sportvereinen zu tun gewohnt sind. Übungsleiter/-innen in christlichen Verbänden sind Trainer/-innen, Verkündiger/-innen, Seelsorger/-innen, Wegbegleiter/-innen und manchmal auch Sozialarbeiter/-innen zugleich. Kirchengemeinden und beispielsweise der CVJM als Verband mit besonderer Aufgabenstellung im DOSB führen die Sportarbeit als eine Sparte neben vielen anderen. Vorteilhaft ist dabei, dass der Sport ebenfalls als Querschnittsangebot in vielfältigen Bereichen wie Jugendgruppen, Freizeiten, Camps, Projekttagen, Schuleinsätzen, sogar Gottesdiensten u. a. sichtbar wird. Jedoch ist es im Gegensatz zu den allermeisten säkularen Sportvereinen nach wie vor leider nicht selbstverständlich, dass Mitarbeiter/-innen, die Sportangebote in diesen Kontexten oder auch reine Sportveranstaltungen durchführen, als Übungsleiter/-innen und Trainer/-innen ausgebildet sind. Die Chancen einer soliden Ausbildung sollten stärker bekannt gemacht werden, damit Sportangebote an Professionalität gewinnen und überall qualitativ, sicher und ganzheitlich gestaltet werden können.

Auf diese Weise kann Sport mehr bieten als körperliche Bewegung. Erlebnisse im Sport ermöglichen, dass – aus Sicht der Jugendlichen oftmals berechtigte Vorurteile gegenüber Kirche oder christlichen Verbänden abgebaut werden und Glaube als etwas Aktuelles und Greifbares erlebt werden kann. Besonders niederschwellige Sportangebote können kirchenferne Jugendliche und/oder Jugendliche aus bildungsfernem Umfeld erreichen. Jugendliche mit Migrationshintergrund beherrschen von Beginn an die „Sprache des Sports". Hier zählen nicht primär sprachliche Kenntnisse, sondern motorische und soziale Kompetenz. Der passiven Konsumhaltung wird entgegengewirkt, Wissen, Fähigkeiten und Fertigkeiten können aktiv angeeignet werden. Besonders für Mädchen in der Pubertät ist es wichtig, sich in geschütztem Rahmen sportlich auszuprobieren, Selbstbewusstsein aufzubauen und den Wert ihrer ganzen Person zu entdecken. Sie lernen ihren Körper wahr- und anzunehmen, ihre Leistungsfähigkeit einzuschätzen und dem Körperkult der Medien angemessen zu begegnen.

Eltern erkennen häufig den Sinn von sportlicher Betätigung ihrer Kinder und ermöglichen ihnen die Teilnahme, auch wenn Kirche und Religion keine Rolle in ihrem persönlichen oder im Familienleben spielen. Ebenso dürfen auch muslimische Jugendliche häufiger zu Sportangeboten christlicher Träger kommen als zu „klassischen" Jugendgruppen.

Die ganzheitliche Kompetenzförderung im christlichen Sport beantwortet die Frage, „wohin" im Sport gebildet wird. Es wird nicht ausschließlich zu guten Leistungen, Titeln oder Pokalen (aus)gebildet, sondern Menschen werden unterstützt auf ihrem Weg, ihre ganze Persönlichkeit weiterzuentwickeln. Dabei sind die Sportler/-innen nicht nur gemeinsam auf dem Weg einer Joggingrunde, einer Mountainbike-Tour oder eines Lebensabschnitts, sondern können erfahren, dass es ein tragfähiges Ziel gibt, das sie nicht ins Leere laufen lässt.

Junge Menschen können durch Sport begeistert und im wahrsten Sinne des Wortes vom Geist Gottes in Bewegung gebracht werden. Einen Rahmen dafür können die verschiedenen christlichen Jugendbewegungen mit ihren vielfältigen und trägerspezifischen Wegen bilden.

Literatur

CVJM-Gesamtverband e.V. (Hrsg.) (2014): CVJM Informationen 2014 (2).

CVJM-Gesamtverband e.V. (Hrsg.) (2015): Ideenheft CVJMbewegt. Wuppertal.

CVJM-Sportforum in Dassel (2007): Paper. Vision für die CVJM-Sportarbeit. Dassel. Unveröffentlichtes Dokument.

DJK-Sportjugend (Hrsg.) (2013): Trimm dich für die Seele. Impulse mit Übungen. 2. Auflage. Online unter: www.djk-sportjugend.de/wp-content/uploads/2014/07/Trimm-Dich-f%C3%BCr-die-Seele.pdf (Abruf 06.09.2015).

DJK-Sportverband Diözesanverband Trier e.V. (Hrsg.) (2009): Ideensammlung für den DJK-Sport. Texte-Gespräche-Gebete. 2. Auflage. Trier.

DJK-Sportverband Diözesanverband Trier e.V. (Hrsg.) (2012): Werteorientierte Arbeit im Sport: DJK setzt Zeichen – Akzente für mehr Menschlichkeit im und durch Sport. Trier.

Geldbach, Erich (1975): Sport und Protestantismus. Geschichte einer Begegnung. Wuppertal: Brockhaus.

Götz, Andreas (o. J.): CVJM-Hockey-Starter-Projekt. Ein Projekt des CVJM-Westbundes. Konzeption. Wuppertal. Unveröffentlichtes Dokument.

Götz, Andreas (Hrsg.) (2009): Das bewegt. Ein Andachtsbuch nicht nur für Sportler. Witten: Brockhaus.

Heinzmann, Gottfried (Hrsg.) (2015): EMMAUS SPORT dein Leben in Bewegung. Neukirchen-Vluyn: Neukirchener Aussaat.

HBSC-Team Deutschland (2011): Studie Health Behaviour in School-aged Children – Faktenblatt „Sportliche Aktivität bei Kindern und Jugendlichen". Bielefeld: WHO Collaborating Centre for Child and Adolescent Health Promotion.

Lampert, Thomas/Mensink G. B. M./Romahn, N./Woll, A. (2007): Körperlich-sportliche Aktivität von Kindern und Jugendlichen in Deutschland. Ergebnisse des Kinder- und Jugendgesundheitssurveys (KiGGS). In: Bundesgesundheitsblatt (50). S. 634–642. Online unter: http://edoc.rki.de/oa/articles/relsecOPHagsg/PDF/29Z1rP6o7dbw.pdf (Abruf 06.09.2015).

SRS (o. J.): SRS-Imagebroschüre. Online unter: www.srsonline.de/fileadmin/user_upload/bilderpool/allgemein/Imagebroschuere.pdf (Abruf 12.05.2015).

Thielicke, Helmut (1976): Sport und Humanität. Tübingen: Wunderlich Verlag.

ZWISCHEN BEGEISTERUNG UND ERNÜCHTERUNG – WAS LEISTEN EVENTS FÜR DIE MISSIONARISCHE JUGENDARBEIT?

Florian Karcher

Große Events sind aus dem Bereich der christlichen Jugendarbeit kaum noch wegzudenken. Festivals, Konzerte, Kongresse und andere Großveranstaltungen sind besondere Anziehungspunkte für junge Menschen und werden von fast allen christlichen Organisationen und Kirchen regelmäßig veranstaltet. Sie unterscheiden sich von den säkularen Angeboten in diesem Bereich durch einen deutlichen Bezug zu christlichen Themen und Formen. Hier geht es nicht nur um Musik oder das „Party-Machen", sondern bei christlichen Events werden z. B. in Wortverkündigungen und Gottesdiensten christliche Inhalte kommuniziert und ein Raum für spirituelle Erfahrungen eröffnet. Dieser Beitrag zeigt auf, was solche christlichen Events für Jugendliche trotz oder gerade wegen der Unterschiede zu säkularen Großveranstaltungen attraktiv macht und warum diese wichtiger Teil missionarischer Jugendarbeit sind. Es wird ein Überblick über einige für Deutschland zentrale Events gegeben und auch auf die Gefahren und Herausforderungen hingewiesen, die Events für junge Menschen unter Umständen bergen.

1. Was leisten christliche Events und Großveranstaltungen

Events stellen für Jugendliche häufig eine Kontrasterfahrung zum Alltag der missionarischen Jugendarbeit dar. Die zentrale Fragestellung ist daher, ob christliche Events und Großveranstaltungen eine Konkurrenz oder eine Ergänzung für die Jugendarbeit vor Ort darstellen. Der katholische Religionspädagoge Hans-Georg Ziebertz meint: „Für die Organisation kirchlicher Jugendarbeit ist es nicht unerheblich, welche Bedeutung die ‚Eventisierung' der Religion für Jugendliche hat. Während für solche Ereignisse Massen zu begeistern sind, hat es die klassische wöchentliche Gruppenstunde schwer, junge Leute zu binden."[1] Im Folgenden wird dazu die Wirkung solcher Veranstaltungen analysiert und in den Kontext missionarischer Jugendarbeit gestellt.

1 www.idw-online.de/de/news51138 (Abruf 10.09.2015)

1.1 Events ermöglichen die Erfahrung von Masse und Gemeinschaft

Ein ganz zentrales Element der Events ist die Erfahrung von Masse. Bereits schon weniger als hundert Menschen, die z. B. in einem kleinen Raum dicht gedrängt vor einer Bühne stehen, machen diese Erfahrungen möglich. Man sieht um sich herum viele andere, hat engen Körperkontakt und bildet gewissermaßen eine Einheit mit derselben Ausrichtung (vgl. Gerhardt 2008: 205). Es entsteht dadurch bei Events eine besondere Gruppendynamik und ein Gemeinschaftsgefühl, und zwar trotz weitgehender Anonymität der Teilnehmenden untereinander (vgl. Bauer 2010: 162). Dieses Erleben von Gemeinschaft hat eine zentrale Bedeutung für den Kontext der missionarischen Jugendarbeit. Das Gefühl der Gemeinschaft und des Nicht-allein-Seins bildet eine Gegenerfahrung zum religiösen Alltag von Jugendlichen. Jugendliche, die sich für den Glauben interessieren, sich mit religiösen Themen auseinandersetzen oder sich gar selbst als Christinnen oder Christen bezeichnen, erleben sich im Alltag oftmals als Minderheit. In der Schule, im Freundeskreis und oft sogar in der eigenen Familie gehören sie zu den wenigen, die dafür Interesse haben. Daran ändert auch die Zugehörigkeit zu einer christlichen Jugendgruppe o. Ä. nichts. Auch wenn sie hier mit ihrer Glaubensauseinandersetzung nicht allein sind, erleben sie sich in der Minderheit und marginalisiert (vgl. Hunold/Engelfied-Rave 2007: 120). Die Auseinandersetzung mit dem Glauben findet an den Rändern ihres Alltags statt und steht nicht im Mittelpunkt dessen. Bei christlichen Events wird diese Erfahrung nun umgekehrt. Hier erleben sich die Jugendlichen als Teil einer großen Gruppe und zelebrieren den Glauben gemeinsam. Im Rahmen einer Studie zum Weltjugendtag[2] drückt ein Teilnehmer diese Erfahrung so aus:

„Für mich hat er [der WJT] den Sinn, dass die Jugend, also wir, die Jugend sehen, dass wir einfach nicht alleine sind, gerade hier in Deutschland. Ich sag´ mal, in vielen Ländern ist es vielleicht schon noch so, dass sie wissen, ok, da ist die Pfarrei einfach sehr stark und man ist kein Außenseiter und da ist einfach festzustellen, man ist kein Außenseiter, sondern man ist ein ganz kleines Glied in dieser einfach bombastischen riesigen Kette, die einfach alle zusammenhalten. Gerade hier jetzt eine Million Menschen treffen aufeinander und sagen, hier wir kommen, um gemeinsam zu feiern und Gottesdienst zu feiern, das ist für mich bombastisch (Interview Pascal)" (zit. n. Hunold/Engelfied-Rave 2007: 117).

Hier wird deutlich, wie solche Events Jugendlichen die Möglichkeit bieten, sich als Teil einer Masse von Gleichgesinnten und einer großen Glaubensgemeinschaft wahrzunehmen und dies sogar hautnah zu erfahren. Events können insofern die christliche Identität und auch die alltägliche Glaubenspraxis stärken (vgl. Forschungskonsortium WJT 2007: 85 ff.).

[2] Eine kurze Darstellung dieses Events erfolgt im Kap. 2.3.

Events gelingt es eben oft, diese Massenerfahrung nicht nur kognitiv erfassbar, sondern auch sinnlich erfahrbar zu machen. Der Körperkontakt, die Dynamik einer solchen Masse, gemeinsame Gesänge und Sprechchöre machen diese Form des Dazugehörens praktisch erfahrbar. Auch solche Erfahrungen sind in der Alltagswelt wenig oder weniger intensiv vorhanden. Hinzu kommen zahlreiche Symbole und Erkennungszeichen: Kreuze, christliche T-Shirts, Bibeln oder zum Gebet erhobene Hände, auch sie signalisieren Zugehörigkeit (vgl. Karcher 2014: 8 f.).

Am christlichen Glauben interessierte Jugendliche machen im Alltag von Gemeinde und Jugendarbeit häufig noch eine zweite Marginalisierungserfahrung. In vielen Gemeinden und christlichen Gemeinschaften erleben sie sich als eine Minderheit der Jungen, denen eine Mehrheit der „Alten" gegenübersteht. Bei Gemeindeveranstaltungen, wie z. B. den Gottesdiensten, machen sie die Erfahrung, dass sie als Jugendliche im christlichen Kontext stets eine Minderheit sind und deshalb auch in Fragen der Gestaltung und kulturellen Ausdrucksformen solcher Veranstaltungen zurückstecken müssen. Auch hier relativieren Events diese Erfahrung. Bei Jugendevents erleben sie nicht nur eine Masse an Menschen, die sich für den Glauben interessieren, sondern auch eine Masse an jungen Menschen. Und auch bei Events, die nicht nur Jugendliche als Zielgruppe haben, sind sie, durch die hohe Teilnahmequote anderer Jugendlicher, keine klar erkennbare Minderheit. Dies hat dann auch Auswirkungen auf die Gestaltung und kulturellen Ausdrucksformen bei diesen Events (siehe unten).

1.2 Events stellen eine Verdichtung in Glaubensdingen dar

Christlicher Glaube steht im Mittelpunkt des Geschehens bei christlichen Events und Großveranstaltungen, um ihn dreht sich zwar nicht alles, aber dennoch vieles. Glaube und spirituelle Erfahrungen verdichten sich dort. Sie prägen nicht nur das „Programm" des Events, sondern auch den Tagesrhythmus und oft auch die Gespräche der Jugendlichen untereinander. „Durch ihr besonderes Setting, die Programmelemente, aber auch durch selbst organisierte Aktionen und ungeplante Kommunikation bilden Großveranstaltungen einen Ort der *Verdichtung von sozialer und religiöser Erfahrung*" (Freitag 2012: 347, Herv. i. O.). Deutlich wird dies oft auch außerhalb des Programms. Bei vielen mehrtägigen Großevents, wie z. B. den ev. Kirchentagen, gehören Jugendgruppen, die in öffentlichen Verkehrsmitteln oder an öffentlichen Orten dezidiert christliche Lieder singen, oft zum Gesamtbild. Hier wird deutlich, wie das Christliche zum selbstverständlichen Bestandteil des Alltags der Jugendlichen wird und dies auch selbstbewusst nach außen kommuniziert werden kann. Was sonst im Alltag nur punktuelle und gelegentlich an Glaubensauseinandersetzung und -erfahrung geschieht, wird hier auf einen kurzen Zeitraum komprimiert und deshalb als besonders intensiv erlebt. Events bieten also den Rahmen für besondere Glaubenserfahrungen, die so im Alltag nur selten möglich sind. Die Erfahrung von Zugehörigkeit (vgl. 1.1) und die Verdichtung von Glaubensthemen führen dazu, dass Jugendliche eine erweiterte Sprachfähigkeit über den eigenen Glauben erwerben. Events bieten ihnen einen geschützten Rahmen, in dem sie mit anderen über ihren Glauben, ihre Einstellungen und spirituellen Erfahrungen reden können, ohne Gefahr zu laufen, diskriminiert oder belächelt zu werden.

1.3 Dominanz von Jugendkultur

Events spielen natürlich nicht nur im christlichen Kontext eine Rolle, sondern sind ein ganz zentrales Element von Jugendkultur. Schon die Anfänge der Jugendbewegungen in Deutschland (z. B. das Meißner-Fest im Jahr 1913) waren als Events geprägt. Heute finden jährlich zahlreiche Festivals, Konzerte, Conventions, Messen und andere Veranstaltungen in kleineren oder größeren Formaten statt. Auch hier geht es darum, sich als Masse zu erfahren: als Masse einer konkreten Jugendkultur, z. B. beim Wave-Gothic-Treffen in Leipzig oder eben auch als Masse junger Menschen mit einem ähnlichen Interesse allgemein. Dabei sind klassische Formen des Events mittlerweile feste Ausdrucksform von Jugendkultur geworden: Bühnen, Light-Shows, laute Musik, Armbändchen oder andere Erkennungszeichen, auffallende oder ähnliche Kleidung sowie gemeinsame Rufe und Bewegungen. Diese Formen werden als jugendtypisch bewertet und gehören zur Kultur von Jugendlichen dazu.

Christliche Events haben nun die Chance, an diese jugendkulturellen Ausdrucksformen anzuknüpfen. Sie bieten den Jugendlichen die Chance, sich mit christlichem Glauben in genau den Formen auseinanderzusetzen, die ihnen vertraut und wichtig sind. Auch Jugendliche, denen Glaube fremd ist, wird hier entgegengekommen, denn auch ihnen sind diese Ausdrucksformen bekannt. Es ist hier anders als z. B. im Gottesdienst, in dem glaubensferne Jugendliche mit einer Kultur (Musik, Liturgie, Sprache, Symbolik) konfrontiert werden, mit der sie zunächst nichts anfangen können. Die Eventkultur hingegen ist ihnen vertraut und ermöglicht aktive Teilnahme. Natürlich gelingt dies auch anderen Formen der Jugendarbeit. Doch Events greifen auf kulturelle Ausdrucksformen von Jugendlichen zurück, die sehr weit verbreitet sind und gleichzeitig die vorher dargestellte Massenerfahrung ermöglichen. *So schlagen Events eine Brücke zwischen Jugendkultur und christlichem Glauben. Sie schaffen jugendgemäße Formen der Auseinandersetzung mit Glauben und ermöglichen zumindest durch die Formen Außenstehenden Teilhabe.* Im Interview zu o. g. Studie sagt eine junge Teilnehmerin: „Ich meine, ich bin ja auch Messdiener, und da kommt man sich bei uns in Trier schon manchmal ein bisschen dämlich vor. Dann gucken einen Leute dann so an, so, was bist du denn für eine. Dass man sieht, es gibt wirklich genug ‚coole' Leute, die deswegen trotzdem an Gott glauben (Interview Selina)" (zit. n. Hunold/Engelfied-Rave 2007: 117).

Für sie leistet das Event eine jugendkulturelle Aufwertung des Images ihres Glaubens. Ronald Hitzler bezeichnet solche Events daher als Hybrid-Events und macht damit deutlich, dass Jugendliche eben einerseits religiöses Interesse an den Inhalten der Events haben, aber andererseits auch wegen ihrer attraktiven, jugendkulturellen Formen daran teilnehmen. Christliche Events versuchen mit einer Mischung aus profan-jugendkulturellem Fest und christlicher Feier den Fokus auf eine gemeinschaftsstiftende Gottesverehrung zu setzen, verbunden mit der Hoffnung, dass diese Gemeinschaft auch im Alltag junger Menschen bestehen bleibt (vgl. Hitzler 2011: 23 ff.).

2. Überblick über wichtige christliche Events für Jugendliche

Alleine im deutschsprachigen Raum gibt es unzählige kleinere und größere christliche Events. Sie werden als Konferenz, Festival, Jugendtage oder auch ganz anders bezeichnet, können aber aufgrund der Zahl der Teilnehmenden, der Formen der Inszenierung, des erlebnisorientierten Charakters und der zeitlichen Begrenzung des Ereignisses als Event indentifiziert werden. Einige werden im Folgenden exemplarisch dargestellt.

2.1 Christival

Eines der wichtigsten christlichen Events für Jugendliche ist sicher das *Christival*. Dieser Kongress wird seit 1976 regelmäßig durchgeführt und von einem Verein getragen, dem zahlreiche christliche Jugendverbände angehören. Die Teilnehmerzahlen der bisherigen Kongresse lagen zwischen 22.000 und 40.000 Jugendlichen. In der Konzeption des Christivals sind fünf Aspekte wesentlich:

- „Jesus: Das Christival orientiert sich an Jesus Christus, durch den Gott auf diese Erde kam und der Namensgeber des Kongresses ist.
- Bibel: Es erkennt die Bibel als normbildende Quelle des Glaubens und Lebensgestaltung an. Die Auseinandersetzung mit der Bibel und ihre Relation zu unserer heutigen Kultur nimmt während der Veranstaltung eine besonders wichtige Stellung ein.

- Missionarisch: Das Christival bestärkt junge Christen und Christinnen in ihrem gesellschaftlichen und diakonischen Auftrag.
- Netzwerk: Das Christival ist ein Netzwerk mit einem breiten theologischen Spektrum. Es zeichnet sich durch seine Vielfalt aus.
- Ehrenamt: Der Kongress lebt von der Beteiligung freiwilliger Mitarbeiter und Mitarbeiterinnen."[3]

Das Programm des Christivals ist vielfältig und besteht aus Gottesdiensten, Konzerten, Workshops und Seminaren, Freizeitaktivitäten und anderen Aktivitäten. Daneben hatten die bisherigen Kongresse aber auch immer eine „Aktion für die Stadt" im Programm, die sozial-missionarischen Charakter hatte. So wurden 2002 in Kassel mehrere Tausend VHS-Kassetten mit einer Verfilmung des Lebens Jesus verteilt.[4]

2.2 Willow-Creek-Konferenzen

In den letzten Jahren spielen die Veranstaltung von Willow Creek im Bereich der christlichen Events und Großveranstaltungen eine zunehmende Rolle. In enger Verbindung mit der Mega-Church Willow Creek in Chicago pflegt Willow Creek Deutschland ein Netzwerk an Gemeinden und veranstaltet Kongresse sowie andere Veranstaltungen mit dem Ziel, dass „Kirchen und Gemeinden zu Orten werden, wo durch die erlösende Kraft Christi sich Leben verändern und sie immer umfassender zur Hoffnung für die Welt werden".[5] Neben verschiedenen anderen Formaten (z. B. Leitungskongressen) finden regelmäßig Kongresse statt, die sich an junge Leute richten. Dies ist insbesondere der *Jugendplus-Kongress*. Hier kommen mehrere Tausend Jugendliche aus ganz Deutschland für ein Wochenende zusammen und erleben in sog. „Sessions" mehrere Vorträge und eine professionelle Lobpreisband. Die Redner/-innen kommen häufig von der Willow Creek Gemeinde in Chigaco oder anderen Gemeinden und Projekten des Willow Creek Netzwerks und werden daher meistens aus dem Englischen übersetzt. Auch die Band oder anderen Acts sind meist aus den USA, was den Kongressen ein internationales Flair verleiht. Neben einer Messefläche beschränkt sich das Programm im Wesentlichen auf die Wortverkündigung und intensiven Lobpreis. Die Willow Creek-Kongresse zeichnen sich vor allem durch eine sehr professionelle Logistik aus. Das Publikum ist durchaus gemischt: Jugendliche aus verschiedenen Freikirchen, Jugendverbänden und auch aus landeskirchlichen Gemeinden nutzen das Angebot dieser Kongresse. Neben dem Jugendplus-Kon-

---

3 www.christival.de/#infos (Abruf 10.09.2015)

4 www.christival.de

5 www.willowcreek.de/ueber-willow-dch/vision/ (Abruf 10.09.2015)

gress veranstaltet Willow Creek Deutschland auch den *Kinderplus-Kongress* (ehem. Promiseland-Kongress), der sich an Mitarbeitende in der christlichen Arbeit mit Kindern richtet. Auch hier nehmen viele Jugendliche, die in ihren Gemeinden und Verbänden ehrenamtlich tätig sind, teil.[6]

2.3 Kirchentage und Weltjugendtage

Als Großveranstaltung, die sich nicht nur an Jugendliche richtet, an der aber mehrere Tausend Jugendliche teilnehmen, sind die *evangelischen Kirchentage* als wichtige Events für die missionarische Jugendarbeit zu nennen. Hier gibt es zahlreiche Veranstaltungen, Bibelarbeiten, Konzerte, Workshops und andere Formate speziell für Jugendliche. In den letzten Jahren wurden viele dieser Angebote im „Zentrum Jugend" gebündelt. Daneben gibt es eine Reihe anderer Veranstaltungsorte, die sich auf Jugendliche spezialisieren (z. B. der Treffpunkt TEN SING). Der Kirchentag zeichnet sich inhaltlich vor allem dadurch aus, dass er große Teile des inhaltlichen und theologischen Spektrums der evangelischen Landeskirche widerspiegelt.[7]

Ein allein schon zahlenmäßiges Megaevent stellt der *Weltjugendtag* der Katholiken dar, dem es gelingt, bis zu einer Million junger Christen und Christinnen, zumeist katholischer Konfession, aus aller Welt zu erreichen. 2005 fand dieses Großereignis auch in Deutschland statt.[8]

2.4 Events einzelner Verbände, Werke und Kirchen

Viele Jugendorganisationen oder Kirchen führen, teils regelmäßig, teils sporadisch, Events und Festivals für Jugendliche durch. Hier können nur einige wenige exemplarisch vorgestellt werden.

- Das *Freakstock*-Festival gilt als das größte christliche Musikfestival Europas und bietet vor allem Konzerte christlicher Bands, daneben aber auch Workshops. Veranstaltet wird es von den Jesus Freaks[9]. Von 2009 bis 2014 fand das Festival auf dem Gelände der Koptischen Kirche statt.

---

[6] Weitere Infos zu Willow Creek und den genannten Kongressen online unter www.willocreek.de (Abruf 10.09.15).

[7] Vgl. www.kirchentag.de (Abruf 12.09.2015)

[8] Vgl. www.wjt.de (Abruf 12.09.2015)

[9] Die Jesus Freaks verstehen sich als Erweckungsbewegung junger Christen. In Anlehnung an die charismatischen »Jesus-People« der 60er- und 70er-Jahre in den USA versuchen sie bei ihren Treffen, traditionelle Gottesdienstformen wie Predigt, Taufe und Abendmahl in ihre Lebenswelt zu übersetzen – unter anderem über Rock-, Punk-, aber auch Pop- und Gospel-Musik.

- Schon seit 1948 findet fast jährlich das *Pfingstjugendtreffen* als Veranstaltung des Diakonissenmutterhauses Aidlingen statt. In den letzten Jahren nahmen teilweise rund 10.000 junge Leute aus ganz Deutschland teil. Mit Gottesdiensten, Musik und Seminaren möchte die Veranstaltung junge Christinnen und Christen im persönlichen Glauben stärken.[10]
- Als großes Festival hat sich auch die *Christmas Rock Night* (CRN) in der christlichen Eventszene etabliert. Sie wird seit 1980 vom CVJM Ennepetal Rüggeberg e.V veranstaltet und erreicht mittlerweile 1.500 Jugendliche aus Deutschland und Europa. Es findet jährlich in der Weihnachtszeit statt. Im Mittelpunkt stehen die Konzerte christlicher Rockbands. Dazwischen gibt es aber auch Impulse, Interviews, Gebetsangebote und einen abschließenden Gottesdienst.[11]
- Erstmalig in 2008 wurde das evangelische *Jugendfestival EVA* in Dresden rund um die Frauenkirche durchgeführt. An der Erstauflage nahmen 25.000 Jugendliche teil, die folgenden Veranstaltungen waren deutlich kleiner. Veranstalter sind die Arbeitsgemeinschaft der Evangelischen Jugend in Deutschland und die Evangelisch-Lutherische Landeskirche Sachsens. Ziel ist es, dass Jugendliche die Frauenkirche und vor allem ihre Botschaft kennenlernen und sie in ihre Jugendgruppen und Gemeinden tragen.[12]
- Das Gemeindejugendwerk (gjw) führt in regelmäßigen Abständen (i. d. R. alle zwei bis drei Jahre) das *Bundesjugendtreffen der Baptisten* durch. Dieses Event ist stark inhaltlich auf ein Thema ausgerichtet und möchte mit geistlichen Impulsen in Bibelarbeiten, mit Seminaren, Gottesdiensten und Seelsorgeangeboten bewusst die Möglichkeit zu Gottesbegegnungen geben. In den letzten Jahren nahmen jeweils rund 1.500 Jugendliche daran teil.[13]
- Weitere regelmäßige Events und Festivals sind: „Loud and Proud“ Festival des CVJM-Kreisverbands Westerwald (www.lap-festival.de), „Jugendpfingstkonferenz“ des Jugendforums Wiedenest (www.jugendforumwiedenest.de), „Younify – die EJW Convention“ des Evangelischen Jugendwerks in Württemberg (www.ejw-younify.de), oder der „PLUS“ Kongress junger Erwachsener des Jugendverbandes Entschieden für Christus (EC) und die Studien- und Lebensgemeinschaft TABOR (www.plus-treffen.de).[14]

---

10 Vgl. www.jugendtreffen-aidlingen.de (Abruf 12.09.2015)

11 Vgl. www.christmasrocknight.de (Abruf 12.09.2015)

12 Vgl. www.evlks.de/aktuelles/themen/14895_9377.html (Abruf 12.09.2015)

13 Vgl. www.facebook.com/BUJU.de/ (Abruf 12.09.2015)

14 Die Liste ist unvollständig und gibt nur einen exemplarischen Überblick. Zur weite-

2.5 regionale und sonstige Events

Neben den großen, meist deutschlandweiten Events finden unzählige kleinere und regionale Events verschiedener Träger statt. Hierzu zählen sog. Jugendtage und Jugendkirchentage, aber auch groß angelegte Lobpreiskonzerte bekannter christlicher Bands wie Hillsong. Auch für Konfirmanden werden zunehmend Events organisiert, wie z. B. der KonfiVent der Kurhessischen Landeskirche, an dem im Jahr 2014 3.500 Konfirmanden teilnahmen.[15]

Zudem entwickeln sich in Deutschland zunehmend Organisationen und Agenturen, die sich auf die Durchführung christlicher Events für unterschiedliche Zielgruppen, darunter auch Jugendliche, spezialisiert haben und teils sogar kommerziell betrieben werden. So können beispielsweise bei der Internetplattform cvents (www.cvents.de) Eintrittskarten für zahlreiche christliche Events, Konzerte und Festivals erworben werden.

3. Gefahren und Herausforderung von Events

Auch wenn Events von Jugendlichen überwiegend positiv wahrgenommen werden, müssen sie – auch hinsichtlich der Konsequenzen für andere Formen missionarischer Jugendarbeit – kritisch in den Blick genommen werden. Deswegen wird im Folgenden auf einige Gefahren solcher Großveranstaltungen eingegangen und auf daraus resultierende Herausforderungen für die Jugendarbeit hingewiesen.

3.1 Gewollte oder ungewollte Effekte der Massenpsychologie

Der im Abschnitt 1.1 dargestellte Aspekt der Massenerfahrung birgt Gefahren. Auch bei christlichen Events wirken die Effekte der Massenpsychologie, die durchaus als problematisch zu beurteilen sind. Massen neigen dazu, eine Konformität zu entwickeln. Menschen in Massen stehen in der Gefahr, die eigene reflektierte Meinung der vermeintlich mehrheitlichen Überzeugung der Masse unterzuordnen, mit ihr konform zu gehen. So finden kritische Stimmen nicht nur aus akustischen Gründen in der Masse kaum Gehör, sondern auch deshalb, weil sie bewusst oder unbewusst nicht geäußert werden.

---

ren Übersicht sei auf diverse Übersichten christlicher Veranstaltung im Internet und auf die Umfrage von Marie-Christin Regehr online unter www.promikon.de/fileadmin/templates/NL_Dateien/Umfrage_Auswertung_christliche_Musiklandschaft.pdf (Abruf 12.09.2015) verwiesen.

15 Vgl. https://ekkw.de/media_ekkw/service_lka/KonfiVent_Intranet.pdf (Abruf 12.09.2015)

Dieses Phänomen kann daher dazu führen, dass Jugendliche bei christlichen Events Dinge mitmachen oder Inhalte unterstützen, von denen sie sich in anderen Situationen normalerweise distanzieren würden. Unterstützt wird dies häufig durch das Setting: Ein nach vorne auf die Bühne ausgerichtetes Auditorium, bewegende Musik und Lichteffekte tragen dazu bei, dass die Teilnehmenden in eine Art „Tunnel" geraten und so noch weniger reflektieren, was da um sie herum und auch mit ihnen geschieht. Diese Effekte bergen zum einen die Gefahr, dass Jugendliche gegen ihre Überzeugung denken und handeln, aber zum anderen auch beispielweise getroffene Glaubensentscheidungen nach dem Event recht schnell an Wert verlieren, weil sie im Affekt getroffen wurden. Darüber hinaus birgt die Massensituation die Gefahr der bewussten Manipulation durch die zentralen Akteure.

Diese Gefahren gilt es sowohl von Veranstalterseite wie auch z. B. Mitarbeitenden, die Jugendgruppen zu Events begleiten, zu reflektieren und geeignete Maßnahmen zu treffen, diesen Effekten entgegenzuwirken. So kann z. B. ein Reflexionsgespräch in einer Kleingruppe dazu beitragen, das Erlebte bewusster zu verarbeiten. Von Veranstalterseite können partizipative Formen, wie Gesprächsphasen, aber auch der Verzicht auf zu viele (technische) Effekte dafür Sorge tragen, dass die Jugendlichen aus den teilweise tranceähnlichen Zuständen immer wieder herausgeholt werden.

3.2 Konsumhaltung und Verinselung des Glaubens

Die Verdichtung von Glauben bei solchen Events kann unter Umständen dazu führen, dass Jugendliche ihre Auseinandersetzung mit dem Glauben auf die Teilnahme an solchen Events reduzieren. Sie nehmen daran als Konsumenten teil und transferieren hier gewonnene Einsichten und übernommene Inhalte nicht auf ihren Alltag. Events werden dann zu Urlaubsinseln des Glaubens, die im Leben der Jugendlichen weitgehend isoliert bleiben. Dies kann nicht im Interesse missionarischer Jugendarbeit sein. Wenn Glaube als eine lebensumfassende Dimension mit weitreichenden Konsequenzen für das Alltagsleben verstanden wird, dann darf er sich nicht nur an einigen wenigen Punkten im Leben Jugendlicher entzünden. Events bergen zudem die Gefahr, dass alltägliche Glaubenserfahrung im Kontext intensiver und emotionaler Erlebnisse bei Events für Jugendliche an Wert verliert. „Wenn das Außergewöhnliche zur internalisierten Norm für den Alltag und seine alltäglichen Vollzüge und Erfahrungen wird, verliert der Alltag seinen Wert, das „normale" Erleben wird reizlos" (Freitag 2008: 9). Hier wird deutlich, dass Events immer nur ein Teil missionarischer Jugendarbeit sein dürfen und sowohl kontinuierliche als auch weniger emotionale Angebote unerlässlich sind, um Jugendliche in ihrer Glaubensentwicklung zu unterstützen und so Glaube wirklich lebensverändernd und -wirksam werden kann.

„Dazu zählen beziehungsorientierte Arbeit in kontinuierlichen Gruppen und die personale Verlässlichkeit, die Möglichkeit gemeinsamen Handelns (Projekte) und die individuelle lebensthematische Passung und der Bezug zu Alltagsrealitäten Jugendlicher" (Freitag 2013: 349).

Gleichsam fordert der christliche Glaube auch zur Aktivität heraus. Er ist nach außen gerichtet und hat eine missionarische und auch diakonische Intension. Glaube ist nie nur für sich selbst, sondern stets auch für andere. Deshalb sollten Jugendliche bei Events nicht nur in der Konsumentenrolle belassen werden, sondern auch zu Aktivitäten herausgefordert werden. Eine gute Möglichkeit, die viele Events bieten, ist die Möglichkeit der ehrenamtlichen Mitarbeit. Beispielhaft ist dafür das hohe Engagement der christlichen Pfadfindergruppen bei den evangelischen Kirchentagen. Aber auch sozial-missionarische Aktionen, wie sie im Rahmen des Christivals stattfinden, sorgen dafür, dass auch bei Events Glaube nicht nur in der Rolle von Konsumenten er-, sondern aktiv ge-lebt wird.

3.3 Inflation des Erlebens

Eine weitere Gefahr der Events liegt im Gefälle zwischen dem Erleben während des Events und dem Alltagserleben Jugendlicher. Dies gilt nicht nur in quantitativer (siehe 2.2), sondern auch in qualitativer Hinsicht. Das intensive Erleben lässt andere Erfahrungen verblassen und als weniger relevant erscheinen. Es entsteht ein Erwartungshorizont nach Emotionen, wie z. B. Ekstase, Spannung, Entspannung und „sich wohlfühlen" (vgl. Hitzler 2011: 14). So kann für Jugendliche eine Jagd nach intensiven religiösen Erfahrungen beginnen, die sie von einem Event zum nächsten treibt, um den Glauben „spüren" zu können. Gleichzeitig werden die vielen kleinen Glaubenserfahrungen im Alltag immer blasser oder werden gar nicht mehr als solche wahrgenommen. Nach und nach verlieren dann auch die emotionalen Erlebnisse der Events an gefühlter Intensität und das Bedürfnis nach der Spürbarkeit des Glaubens bleibt zunehmend unerfüllt.

Der Kontrast zum Alltag betrifft auch das Gemeinschaftsgefühl. Die Vergemeinschaftung bei solchen Events geschieht situativ und ist damit auch auf die Situation beschränkt. „Sie stellen einen Vergemeinschaftungstypus eigener Art und eigenen Rechts dar" (Gerhardt 2008: 206). Gemeinschaften und insbesondere Glaubensgemeinschaften basieren jedoch auf eher dauerhaften und verbindlichen Beziehungen. Winfried Gerhardt spricht daher bei Events auch von „Gemeinschaften ohne Gemeinschaft" (Gerhardt 2008). Events stellen durch die besondere Intensität daher die Qualität der kleineren und weniger spektakulären Gemeinschaften infrage. Diese sind es jedoch, die junge Menschen brauchen, um sich in Lebens- und Glaubensfragen zu entwickeln und dabei Begleitung zu erfahren.

4. Fazit: Events als ein wichtiger Baustein missionarischer Jugendarbeit

Events leisten einen wichtigen Beitrag zur missionarischen Jugendarbeit. Sie sorgen dafür, dass junge Menschen sich in ihrer Auseinandersetzung mit dem Glauben nicht alleine fühlen. Jugendliche erleben bei Events, dass es viele andere Menschen in ihrem Alter gibt, die sich gleiche oder ähnliche Fragen stellen. Darüber hinaus werten Events das Gesamtbild von missionarischer Jugendarbeit, von Kirche und Gemeinde, enorm auf. Durch die jugendkulturellen Formen tragen sie dazu bei, dass Jugendlichen ein attraktiveres und moderneres Bild von Glaubensgemeinschaften vermittelt wird. Events sind insofern eine wichtige Brücke zwischen Glaube und Jugendkultur. Ein weiterer wichtiger Aspekt ist der hohe Wert an Erfahrungen, die Events ermöglichen. Sie sind Orte, an denen Glaube und Kirche sinnlich erlebt werden können – gerade das ist ihre Stärke. Diese Wahrnehmungen und Erfahrungen sind für missionarische Jugendarbeit bereichernd:

- Jugendlichen, die gerade erst am Anfang ihrer Glaubensauseinandersetzung stehen, bietet sich hier ein attraktives und jugendgemäßes Bild des Glaubens. Es korrigiert vielleicht bereits vorhandene, eher negative Bilder von Kirche und Christentum. Events können dann dazu beitragen, dass Jugendliche sich auf weiteres Fragen einlassen und für den Glauben öffnen.
- Jugendliche, die sich bereits längere Zeit im Kontext missionarischer Jugendarbeit bewegen, erfahren durch dieses Format Stärkung im Glauben und können weitere Glaubenserfahrungen machen. Durch den hohen Erfahrungsbezug, die gesteigerte Emotionalität und die Vergemeinschaftung sind große und kleine Events oftmals auch Anlass für sie, eine bewusste Glaubensentscheidung zu treffen.[16]
- Angesichts eines komplexer werdenden Alltags von Jugendlichen[17] bieten Events die Möglichkeit, komprimierte Glaubenserfahrungen zu machen, die sich vielleicht in anderen Formen missionarischer Jugendarbeit für sie nicht mehr bieten. Dort, wo eine regelmäßige Auseinandersetzung mit dem Glauben nur noch eingeschränkt möglich ist, können Events wichtige Wegmarken in der Glaubensbiografie junger Menschen sein.

Auf die Gefahren, die Events eben auch mit sich bringen, wurde bereits hingewiesen. Im Zentrum der berechtigten Kritik stehen sicherlich die

[16] Die Gefahr dessen wird im Folgenden ebenfalls reflektiert.
[17] Vgl. den Beitrag von Wehmeyer in diesem Band.

verhältnismäßig hohe Gefahr der Beeinflussung bzw. Manipulation und der starke Kontrast der Eventerfahrung zum Alltagserleben. Dies stellt die Berechtigung von christlichen Events jedoch nicht grundsätzlich infrage, sondern macht deutlich: Sie sind ein wichtiger Baustein missionarischer Jugendarbeit, brauchen aber unbedingt die Ergänzung durch andere Formen. Jugendliche brauchen Orte und Gelegenheiten, ihre Eventerfahrungen zu reflektieren und mit ihren Alltagserfahrungen in Relation zu bringen. Sie brauchen kontinuierliche Begleitung, um einen mündigen und stabilen Glauben zu entwickeln, der auch in schwierigen Alltagssituationen standhält. Deshalb ist missionarische Jugendarbeit in der Pflicht, Events im Bewusstsein dieser Verantwortung zu planen und zu nutzen.

Literatur

Bauer, Katrin (2010): Jugendkulturelle Szenen als Trendphänomene. Geocaching, Crossgolf, Parkour und Flashmobs in der entgrenzten Gesellschaft. New York/ Münster: Waxmann.

Forschungskonsortium WJT (2007): Megaparty Glaubensfest: Weltjugendtag. Erlebnis – Medien – Organisation. Wiesbaden: VS Verlag.

Freitag, Wolfgang (2013): Events und Großveranstaltungen. In: Kaiser, Yvonne/ Spenn, Matthias/Freitag, Michael/Rauschenbach, Thomas/Corsa, Mike (Hrsg.): Handbuch Jugend. Evangelische Perspektiven. Opladen: Verlag Barbara Budrich. S. 346–349.

Freitag, Wolfgang (2008): Festivalisierung des Glaubens? Eventkultur und Ästhetisierung. Online unter: www.evangelische-jugend.de/fileadmin/user_upload/aej/ Glaube_und_Leben/Downloads/11_91_21_Eventkultur_und_AEsthetisierung. pdf (Abruf 10.09.2015).

Gerhardt, Winfried (2008): Gemeinschaften ohne Gemeinschaft. Über situative Event-Vergemeinschaftungen. In: Hitzler, Ronald/Honer, Anna/Pfadenhauer, Michaela (Hrsg.): Posttraditionale Gemeinschaften. Theoretische und ethnografische Erkundungen. Wiesbaden: VS Verlag. S. 202–213.

Hitzler, Ronald (2011): Eventisierung – Drei Fallstudien zum marketingstrategischen Massenspaß (Otto-von-Freising-Vorlesungen der Katholischen Universität Eichstätt-Ingolstadt). Wiesbaden: VS Verlag.

Hunold, Jörg/Engelfried-Rave, Ursula (2007): Doing Religious Culture. Aneignung und Politisierung religiöser (Sinn-)Angebote auf dem Weltjugendtag 2005. In: Göttlich, Udo (Hrsg.): Arbeit, Politik und Religion in Jugendkulturen. Weinheim/ München: Juventa. S. 117–131.

Karcher, Florian (2014): Eventkultur und Jugendarbeit. Was leisten christliche Events? In: Unter uns. Zeitschrift des Evangelischen Jugendwerks Württemberg 2014 (4). S. 8–9.

ERLEBNISPÄDAGOGIK IM CHRISTLICHEN KONTEXT – CHANCEN UND HERAUSFORDERUNGEN FÜR EINE MISSIONARISCHE JUGEND

Germo Zimmermann

In den vergangenen Jahrzehnten hat die Handlungsmethode der Erlebnispädagogik einen regelrechten Boom erfahren. Dabei kommen erlebnispädagogische Aktivitäten wie Klettern, Kanufahren, Bogenschießen, Outdoor-Cooking, Hiking, kooperative Abenteuerspiele, Hoch- und Niedrigseilgärten, Orientierungsläufe und Wildnistouren sowie Winteraktivitäten (Schneeschuhwandern, Iglubau usw.) in verschiedenen Arbeitsfeldern der Kinder- und Jugendarbeit zum Einsatz. „In Freizeit- und Bildungsangeboten von Verbänden, Vereinen, kirchlichen Institutionen oder Trägern der Jugendhilfe spielt die Erlebnispädagogik eine wichtige Rolle. Dies gilt ebenso für die offene Kinder- und Jugendarbeit, für Jugendzentren, Spielmobile, Abenteuerspielplätze oder zeitlich begrenzte Einzelprojekte wie etwa die Ferienspielstadt“ (Paffrath 2013: 167). Längst ist dieser Trend auch in der konfessionellen Jugendarbeit angekommen, wie die beiden Bände „Sinn gesucht, Gott erfahren“ (AK EP ejw 2005; Lohrer/Oberländer/Wiedmayer 2012) oder das Praxisbuch „Erlebnispädagogik und Spiritualität“ (Muff/Engelhardt 2007) verdeutlichen. Dabei befasst sich die aktuelle Diskussion in Theorie und Praxis einerseits mit der Frage, ob und inwiefern durch Angebote der Erlebnispädagogik im christlichen Kontext solche spirituellen Erfahrungen initiiert werden können, die den persönlichen Glauben wecken bzw. vertiefen (vgl. Pum/Pirner/Lohrer 2011; Royer 2003). Andererseits wird ausgelotet, welche Chancen in einer Verknüpfung von erlebnispädagogischen Aktionen und einer erfahrungsbezogenen Verkündigung liegen könnten (vgl. Lohrer 2013: 343).[1]

Der vorliegende Beitrag befasst sich mit dem Einsatz von Erlebnispädagogik in der missionarischen Jugendarbeit und gibt zunächst einen einführenden Überblick über die theoretischen Grundlagen der modernen Erlebnispädagogik, stellt dann den Ansatz einer Erlebnispädagogik im christlichen Kontext vor und verdeutlicht die Chancen und Herausforderungen für die missionarische Jugendarbeit anhand einer exemplarischen Übung, bevor ein abschließendes Fazit resümierend die Erkenntnisse zusammenfasst.

---

[1] Ich danke Stefan Westhauser (Institut für Erlebnispädagogik der CVJM-Hochschule) für seine konstruktiven Hinweise zu diesem Beitrag.

1. Historische und theoretische Grundlagen der Erlebnispädagogik

Die praxisbezogene Handlungsmethode der Erlebnispädagogik hat bisher noch keine allgemein anerkannte konsensfähige Theorie entwickelt. Einigkeit herrscht jedoch über die theoretischen Stränge, die das Konzept des handlungsorientierten Lernens befruchtet haben. Neben Platon (427–347 v. Chr.) gelten Rousseau (1712–1778), Pestalozzi (1746–1827), Thoreau (1817–1862), Dilthey (1833–1911), Dewey (1859–1954) und schließlich Hahn (1886–1974) als Wegbereiter der Erlebnispädagogik. Sie alle haben aus unterschiedlichen Perspektiven der Philosophie, der Sozial- oder Reformpädagogik die Erlebnispädagogik beeinflusst. Die heutige Heterogenität der Erlebnispädagogik hat sich jedoch erst im 20. bzw. 21. Jahrhundert entwickelt (vgl. Heckmair/Michl 2008: 16 ff., Michl 2009: 20 ff.).

1.1 Definition und Ziele der Erlebnispädagogik

Eine Definition, was den Kern der modernen Erlebnispädagogik ausmacht, haben Heckmair und Michl (2008: 115) vorgelegt:

> „Erlebnispädagogik ist eine handlungsorientierte Methode und will durch exemplarische Lernprozesse, in denen junge Menschen vor physische, psychische und soziale Herausforderungen gestellt werden, diese jungen Menschen in ihrer Persönlichkeitsentwicklung fördern und sie dazu befähigen, ihre Lebenswelt verantwortlich zu gestalten."

Auch der Bundesverband Individual- und Erlebnispädagogik e.V. (BE) formuliert eine in der „Erlebnispädagogik-Szene" allgemein anerkannte Definition:

> „Wir arbeiten mit einem pädagogischen Konzept zielorientiert und bevorzugt in der Natur oder dem naturnahen Raum vorrangig an der Förderung von Selbst- und Sozialkompetenz."[2]

Dieses Lernen vollzieht sich häufig in Gemeinschaft sowie in „naturnahen oder pädagogisch unerschlosseneren Räumen" (Heckmair/Michl 2004: 102). Die handlungsorientierte Methode grenzt sich bewusst von „Nervenkitzel-Aktionismus und der eskalierenden Suche nach dem Kick nach immer mehr und fantastischeren Erlebnissen ab" (Lohrer 2013: 343). Vielmehr sollen Sozial- und Selbstkompetenzen erlernt und Selbstwirksamkeitserfahrungen sowie Vertrauen in die eigenen Fähigkeiten ermöglicht

[2] www.bundesverband-erlebnispaedagogik.de/be/index.php Abruf (28.08.2015).

werden. Die Überwindung von Ängsten, die Weiterentwicklung der eigenen Persönlichkeit und die Förderung von Handlungsperspektiven der Lebensbewältigung gelten als weitere Ziele im Lernprozess.

1.2 Strukturmerkmale und Grundprinzipien der Erlebnispädagogik

Im Laufe der Weiterentwicklung und Professionalisierung der Erlebnispädagogik haben sich verschiedene Grundprinzipien entwickelt. Diese gelten in unterschiedlicher Ausprägung für die verschiedenen Angebote der Erlebnispädagogik:

- Das Lernmodell „Learning by doing", das bis auf Aristoteles zurückgeht, ist kennzeichnend für die *Handlungsorientierung* innerhalb der Erlebnispädagogik. Anders als in der Schule (Lehrerzentrierung) gilt es, durch die Angebote Erfahrungsräume zu eröffnen, in denen handlungsorientiertes und erfahrungsbezogenes Lernen ermöglicht werden kann (Heckmair/Michl 2008: 54 f.).
- Erlebnispädagogische Ansätze betonen multiperspektivisch das Lernen mit Kopf, Herz und Hand und fördern damit auf diese Weise die *Ganzheitlichkeit*, also das kognitive, affektive und aktionale Lernen eines Menschen (vgl. Zimmermann 2015: 204).
- Dieses Lernen hat unter dem Prinzip der *Freiwilligkeit* („challenge by choice") zu erfolgen, bei dem die Teilnehmenden selbst entscheiden können ob, und wenn ja, in welcher Intensität sie am Programm teilnehmen. Denn unter Zwang und Druck lassen sich Lern- und Bildungsprozesse nicht adäquat realisieren (vgl. Klawe/Bräuer 1998: 62).
- Insofern ist das Handeln in der Gruppe durch die *Eigenverantwortung und Partizipation* bzw. die *Gruppenselbststeuerung* („trial and error") eines jeden Einzelnen bestimmt. Die Teilnehmenden bringen sich mit ihren Ideen und Kompetenzen aktiv in den Lernprozess mit ein (vgl. Reiners 1995: 75).
- Dabei werden pädagogische Arrangements („Settings") initiiert, die Erlebnisse und Lernen in *Situationen mit Erlebnis- und Ernstcharakter* eröffnen und für die Teilnehmenden eine *Herausforderung* darstellen. Das Ziel dieser Settings besteht darin, Lernen außerhalb der Komfortzone zu ermöglichen (s. u., vgl. Uzelmaier 2005: 16 ff.).
- Vergleichbar der Kinder- und Jugendarbeit ist eine strikte *Subjektorientierung* (Orientierung am Individuum) als ein weiteres Grundprinzip der Erlebnispädagogik zu nennen, da die Förderung der Autonomie und Mündigkeit der Teilnehmenden sowie deren Subjektwerdung als Ziel einer umfassenden Persönlichkeitsbildung gelten (vgl. Grümme 2011: 101).

- Erlebnispädagogische Angebote sind einem Höchstmaß an *Sicherheit* verpflichtet. Eine Vielzahl von Sicherheitskonzepten und -standards, hilfreichen Publikationen und spezifischen Weiterbildungen zeugt von der besonderen Verpflichtung der Erlebnispädagogik, sich um die Sicherheit der Teilnehmenden zu kümmern (vgl. Michl 2009: 15 f.). Dass die aktuellen *rechtlichen Rahmenbedingungen* des jeweiligen Landes eingehalten werden, ist selbstverständlich.

Eine *Nachhaltigkeit* der erlebnispädagogischen Angebote wird angestrebt. Dazu bedarf es einer Reflexion der Aktionen, damit aus den Erlebnissen Erkenntnisse und Erfahrungen erwachsen, die in den Alltag der Teilnehmenden transferiert werden können (vgl. Zimmermann 2015: 215).

Diese Grundprinzipien verwirklichen sich methodisch in den „pädagogischen, kompetenz- und ressourcenorientieren Angebote[n]“ der Erlebnispädagogik, die in „nicht alltäglichen Herausforderungen, Wagnissen, [dem] Einsatz verschiedener Medien und der Natur als bevorzugtem Lern- und Erfahrungsraum“ zum Ausdruck kommen (Lohrer 2013: 344).

1.3 Vom Erlebnis zur Erkenntnis: Reflexions- und Lernmodelle

Von erlebnispädagogischen Angeboten ist nach Michl (2009: 19) erst dann zu sprechen, „wenn nachhaltig versucht wird, die Erlebnisse durch Reflexion und Transfer pädagogisch nutzbar zu machen. Klettern, Schlauchbootfahren oder Segeln sind Natursportarten, die viel Freude und Sinn vermitteln. Sie bleiben aber lediglich eine Freizeitbeschäftigung, wenn sie um ihrer selbst willen durchgeführt werden“. Insofern kommt der Reflexion der Ereignisse und Eindrücke, die durch die Übungen initiiert werden, eine besondere Bedeutung zu. Die nachfolgende Grafik verdeutlicht dies in der Metapher einer Waage (vgl. Abbildung 1). Damit aus den Ereignissen und Eindrücken der erlebnispädagogischen Angebote (linke Waagschale) ein Transfer in den Alltag gelingen kann, bedarf es einer Reflexion. Zunächst verarbeiten die Teilnehmenden ihre Eindrücke individuell zu Erlebnissen, die je nach kulturellem Hintergrund, Alter, Religion, Lebenserfahrung usw. ganz unterschiedlich sein können. Damit diese nachhaltig in den Alltag transferiert werden können, muss die rechte Waagschale gefüllt werden. Kreative Reflexionsmethoden sowie das Mitteilen und Diskutieren in der Gruppe können helfen, aus den subjektiven Erlebnissen Erfahrungen werden zu lassen, die sich im Alltag verankern lassen. Demnach gilt: „Ohne bewusste Reflexion keine Erfahrung, nur Erlebnis“ (Grümme 2011: 114). In der Erlebnispädagogik braucht es daher beides: Aktion und Reflexion.

Abbildung 1: Waage der Erlebnispädagogik

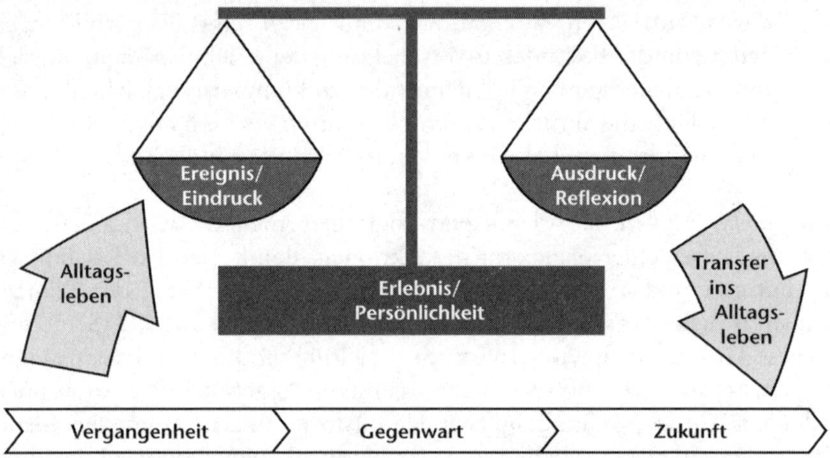

Quelle: eigene Darstellung nach Michl 2009: 10

Klassischerweise werden drei Modelle zur Reflexion der Erlebnisse differenziert: Der *„The mountains speak for themselves"-Ansatz* reflektiert die Erlebnisse nicht oder nur spontan. Hier soll die Situation („die Berge") für sich selbst sprechen. Der Erlebnispädagoge greift demnach nicht in das Erlebnis ein und deutet es nicht. Beim *„Outward Bound plus"-Modell* werden im Anschluss an die Übung die individuellen Erlebnisse in der Gruppe reflektiert. Und im *„Methaphorischen Modell"* wird versucht, das pädagogische Arrangement „isomorph" zur Alltags- und Lebenssituation der Teilnehmenden zu gestalten, damit Parallelen zwischen dem Handeln in der Übung und dem eigenen Leben deutlich werden. Damit dies gelingt, werden Geschichten, Metaphern oder Beispiele gewählt, die das Erleben rahmen (vgl. Zimmermann 2015: 214).

Darauf aufbauend hat Simon Priest ein sechsstufiges Modell entwickelt, das sich in zwei Teile unterscheiden lässt. Die ersten drei Modelle fokussieren eine Reflexion im Anschluss an die Aktion. Die letzten drei Modelle setzen bereits vor, während und nach der Übung an (vgl. Heckmair/Michl 2008: 119):

- Handlungslernen pur *(„learning and doing")* ist identisch mit dem „The mountains speak for themselves"-Modell.
- Beim kommentierten Handlungslernen *(„learning by telling")* fasst der Erlebnispädagoge im Anschluss an die Übung die einzelnen Lernziele und Entwicklungsschritte zusammen und erklärt (als Experte), wie die Teilnehmenden die Erfahrungen im Alltag nutzen können.

- Demgegenüber ist beim Handlungslernen durch Reflexion *(„learning through reflection")* das gemeinsame Nachdenken und Diskutieren über die Aktion im Vordergrund. Durch gezieltes Fragen sollen die Teilnehmenden ermutigt werden, ihre Gefühle zu äußern und mehr über sich und die anderen Gruppenmitglieder zu erfahren.
- Direktives Handlungslernen *(„direction with reflection")*: „Wurden bei den vorherigen Modellen die Erfahrungen *hinterher* ausgewertet, werden jetzt mögliche Entwicklungsrichtungen bereits *vor* der Aktivität thematisiert; während der Aktivität sollen dann die Dispositionen praktisch erprobt werden" (Heckmair/Michl 2008: 120; Herv. i. O.).
- Das metaphorische Handlungslernen *(„reinforcement in reflection")* soll dazu anregen, eine Verhaltensveränderung bereits vor bzw. während der Aktion zu bewirken. Dazu werden den Teilnehmenden im Vorfeld die Aktion „isomorph" – also analog zu deren Lebenswirklichkeit – dargestellt. Das Modell ist vergleichbar mit dem „Metaphorischen Modell".
- Das indirekt-metaphorische Handlungslernen *(„redirection before reflection")* kommt nur äußerst selten zum Einsatz, etwa, wenn Teilnehmende eine Übung aufgrund der Schwierigkeit der Aufgabe oder gruppendynamischen wie kommunikativen Herausforderungen nicht eigenständig lösen können. Es werden einzelne Lösungsmöglichkeiten aufgezeigt, die ein Setting schaffen, in dem die Gruppe erfolgreich ist.

Luckner und Nadler haben mit dem *Lernzonenmodell* ein Modell vorgelegt, das den Prozess des Lernens anhand unterschiedlicher Zonen verdeutlicht (vgl. Abbildung. 2). Die *Komfortzone* im Inneren des Modells stellt für den Teilnehmenden keine herausragende Herausforderung dar. Sie vermittelt Sicherheit, Geborgenheit, Ordnung, Bequemlichkeit, Entspannung und Genuss. Die mittlere Lernzone, als *Wachstumszone* bezeichnet, stellt für den Teilnehmenden eine besondere Herausforderung dar, die das bestehende Wissen oder die bestehenden Erfahrungen infrage stellt oder modifiziert. Abenteuer, Unbekanntes, Unsicherheit, Probleme, Herausforderungen, Unerwartetes, Risiko und Unplanbares kennzeichnen das Lernen in dieser Zone. Bei dem äußeren, als *Panikzone* bezeichneten Lernfeld setzt eine Blockade im Lernen ein, da die Sicherheit für die Lernenden nicht garantiert ist. Notfall, Verletzung, objektive Gefahr und Unfall verhindern Lernen und können das Gegenteil bewirken.

Abbildung 2: Das Lernzonenmodell

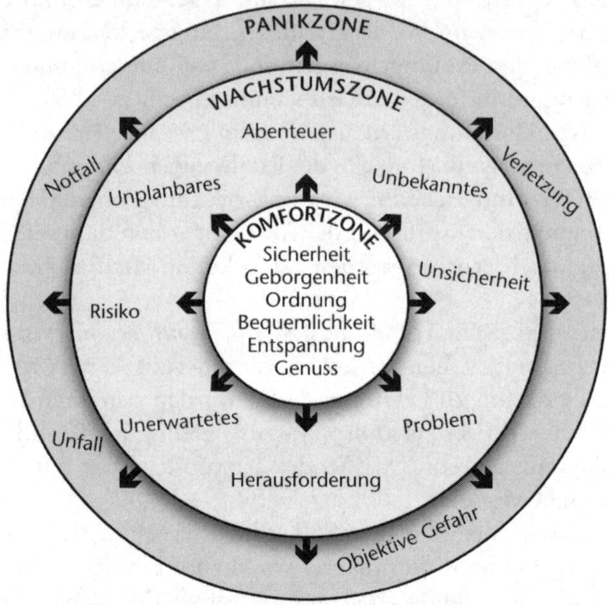

Quelle: Eigene Darstellung nach Michl 2009: 40 und Nadler/Luckner 1997: 29

Darüber hinaus gibt es weitere Lernmodelle wie etwa das Johari-Fenster, das Flow-Modell, die Aktions- und Reflexionswelle oder den erlebnisorientierten Lernzyklus (ausführlich: Michl 2009: 37 ff.; Paffrath 2013: 52 ff.)

2. Die religiöse Dimension des Lernens in der Erlebnispädagogik

Heckmair und Michl verweisen darauf, dass es unterschiedliche Dimensionen des Lernens innerhalb der Erlebnispädagogik gibt. Sie differenzieren zwischen einer anthropologischen, sozialen, ökologischen sowie persönlichkeitsbildenden und therapeutischen Dimension. Darüber hinaus nennen sie aber auch die religiöse Dimension des Lernens, die durch Erlebnispädagogik aktiviert werden kann. Sie schreiben:

> „Die Erlebnispädagogik ist der archimedische Punkt der Pädagogik, weil sie uns aus unserem Raum- und Zeitverständnis hinausführen kann. Sie bringt uns lebensfeindliche Räume nahe wie Berge, Felsen, Höhlen, Schluchten, wildes Wasser. […] Wer solche Lebensräume aufsucht, sich von den Menschen und der Zivilisation kurzzeitig verabschiedet, kann

sich auf Wege und Weisen einlassen, über Sinn und Bedeutung des Lebens nachzudenken, und sich auf die Suche nach Gott begeben" (Heckmair/Michl 2008: 125).

2.1 Aktuelle Ansätze

Innerhalb der christlichen Jugendarbeit und Religionspädagogik gibt es unterschiedliche Vorschläge, wie Erlebnispädagogik genutzt werden kann, um „Glaube erfahrbar" zu machen und „ein behutsamer Zugang zu Gott möglich werden kann" (Muff/Engelhardt 2011: 23). In der aktuellen Literatur lassen sich vier Ansätze unterscheiden:

- Schindler nennt seinen Ansatz der Erlebnispädagogik in der kirchlichen Jugendarbeit *„erlebnismystagogische"* Jugendarbeit. Dieses Konzept vollzieht sich in fünf Phasen (Erleben, Wahrnehmen, Austauschen, Feiern, Aufbrechen), wobei in der Phase des Feierns – „theologisch der Lobpreis an Gott, dessen Gegenwart erspürt wurde" – das zentrale Moment des Ansatzes liegt (Schindler 2000: 200).
- Royer verfolgt mit seiner *christuszentrierten Erlebnispädagogik* und dem *„upward Bound"-Modell* das Ziel, ganzheitliche Erfahrungen – er differenziert zwischen dem körperlichen, mentalen, sozialen und geistlichen Bereich – zu erleben und „die Teilnehmer auf den hinzuweisen, der all das Erlebte und Gesehene überhaupt erst möglich gemacht hat – auf Gott" (Royer 2003: 21, 33).
- Muff und Engelhardt haben in ihrem Buch *„Spiritualität und Erlebnispädagogik"* ihre Erfahrungen aus der Praxis der katholischen Religionspädagogik und Jugendarbeit vorgestellt und damit auf die Möglichkeit einer Verknüpfung von Erlebnispädagogik und spirituellen (hier: christlichen) Erfahrungen in der Praxis hingewiesen (Muff/Engelhardt 2007).
- Das evangelische Jugendwerk Württemberg (ejw) hat den Ansatz einer *„Erlebnispädagogik im christlichen Kontext"* entwickelt. Die beiden Praxisbücher „Sinn gesucht – Gott erfahren" führen in das Modell ein und bieten eine Fülle verschiedener Übungen aus der Praxis (AK EP ejw 2005; Lohrer/Oberländer/Wiedmayer 2012).

Gemeinsam ist diesen Ansätzen, dass sie auf ein dezidiert christliches Menschenbild rekurrieren. „Jeder Mensch ist einzigartig und ein Geschöpf Gottes. In jedem Menschen, unabhängig von seinem Erscheinungsbild, spiegelt sich Gott wider" (Muff/Engelhardt 2007: 15). Diese Gottesebenbildlichkeit („imago dei") bildet die Grundlage des pädagogischen Handelns in der christlichen Jugendarbeit (vgl. Zimmermann 2014: 183).

2.2 Erlebnispädagogik im christlichen Kontext: Räume für mehrdimensionale Erfahrungen schaffen

Im Folgenden soll nun am Beispiel der Erlebnispädagogik im christlichen Kontext expliziert werden, welche Chancen und Herausforderungen sich für eine missionarische Jugendarbeit ergeben. Zunächst ist unter Erlebnispädagogik im christlichen Kontext ein pädagogischer Ansatz zu verstehen, „der sich damit beschäftigt, wie durch erlebnispädagogische Erfahrungen Glaubensprozesse unterstützt und initiiert werden können" (Löffler 2012: 31). Es gilt, Erfahrungsräume zu schaffen, die die religiöse Dimension des Lernens ermöglichen und den Teilnehmenden die Chance geben, sich mit existenziellen Fragen des Lebens (Was gibt meinem Leben Sinn? Was gibt mir Halt und Orientierung? usw.) auseinandersetzen zu können. Diese „aktive, religiöse Suche nach der inneren Mitte" kann als Spiritualität bezeichnet werden und beschreibt „die bewusste Beschäftigung mit solchen Sinn- und Wertfragen und die Suche nach tragfähigen Antworten, die besonders die Auseinandersetzung mit der eigenen Existenz betreffen. Im Kontext der christlichen Religionen – und in Abgrenzung zu verschiedenen esoterischen Formen der Spiritualität – ist eine vertiefte Beziehung zu Gott bzw. der Zugang zu einer letztendlichen, absoluten Wirklichkeit zentraler Bestandteil einer spirituellen Suche" (Muff/Engelhardt 2011: 23, 24). Dennoch ist Spiritualität nicht als eine ausschließliche Form von „Geistlich- und Frömmigkeit" zu verstehen. Sie bezieht sich immer auf die Korrelation von Gotteserfahrung und Weltverantwortung. Sie hat eine horizontale und eine vertikale Perspektive: Die der Gottes- und Nächstenliebe, insofern ist sie auch immer rückgebunden an die Gruppe bzw. Gesellschaft. Zudem ist im Rahmen einer Erlebnispädagogik im christlichen Kontext das Grundprinzip der Freiwilligkeit („challenge by choice") zentral, d. h., dass als Ziel der Übungen lediglich darin bestehen kann, „günstige Bedingungen zu schaffen, in denen die Teilnehmer spirituelle Erfahrungen machen können. Keinesfalls kann es das Ziel der aufgeführten Übungen sein, jemandem die eigene Weltanschauung, Moral oder Religion aufzudrängen" (Muff/Engelhardt 2007: 17).

2.3 Drei Erfahrungsdimensionen der Erlebnispädagogik im christlichen Kontext

Die Autoren des EJW differenzieren drei Erfahrungsdimensionen einer Erlebnispädagogik im christlichen Kontext, die jeweils unterschiedliche Teile der Persönlichkeit betreffen. Im Kern geht es in diesem mehrdimensionalen Ansatz darum zu bestimmen, welche Erfahrungsdimensionen durch eine erlebnispädagogische Aktion eröffnet werden können:

- Die erste Dimension bezeichnet die *Dimension der menschlichen und zwischenmenschlichen Erfahrung*. Im Vordergrund steht hier das konkrete Verhalten bzw. Empfinden des jeweiligen Teilnehmenden und die Frage, wie aus individueller Perspektive mit Herausforderungen, Ängsten, Frustration, Schwierigkeiten und Konflikten, aber auch den eigenen Fähigkeiten umgegangen wird. Dies bleibt eingebunden in die zwischenmenschlichen Erfahrungen der Gruppe und zielt auf konkretes (diakonisches) Handeln. „Die Teilnehmenden werden sich ihrer Gaben und Fähigkeiten bewusst und sind in der Lage, diese Ressourcen auch in ihrem Alltag zu aktivieren" (Pum 2005: 48; vgl. Roth 2005: 36; Roth 2012: 13).
- Als zweite Dimension nennen die Autoren *die Dimension der spirituellen Erfahrung*, bei der die Teilnehmenden sich mit existenziellen Fragen des Lebens befassen: „Diese zweite Dimension führt uns zu Fragen, die uns im tiefsten Innern in unserem Mensch-Sein betreffen. Fragen, denen wir im Alltag lieber aus dem Weg gehen" (Roth 2005: 37). Hier besteht die Chance, sich auf die Suche nach möglichen Antworten zu begeben. Dies gilt insbesondere dann, wenn bei Teilnehmenden durch die erlebnispädagogische Übung eine „echte Betroffenheit" entsteht, die eine ernsthafte Auseinandersetzung mit solchen Lebensfragen ermöglicht (vgl. Roth 2005: 37 f.; Pum 2005: 49; Roth 2012: 13).
- Die dritte Dimension, bezeichnet als *Dimension der christlichen Glaubenserfahrung*, baut auf der zweiten Erfahrungsdimension auf und versucht den Teilnehmenden aus einer christlichen Perspektive Antworten auf deren Sinn- und Glaubensfragen zu geben bzw. anzubieten (vgl. Roth 2005: 38 f.; Roth 2012: 14). „Dadurch, dass Gott als eine Deutungsmöglichkeit für menschliche Erfahrungen im Raum steht und benannt wird, kann eine Offenheit für Glaubenserfahrungen entstehen" (Pum 2005: 49).

Auch für die Erlebnispädagogik im christlichen Kontext ist die Reflexion der Erlebnisse und Erfahrungen zentral. Denn pastoraltheologisch wird das erlebnispädagogische Handeln „erst durch die Interpretation der Erlebnisse vom christlichen Glauben her interessant. Ohne diese Interpretation hätten wir es hier mehr oder weniger mit tief greifenden, vieldimensionalen Erlebnissen bei einem Abenteuermarsch zu tun, die man eben auch auf Selbsterfahrungstrips in Wochenendseminaren für gestresste Manager finden kann", wie Grümme (2011: 98) zusammenfasst. Religiöses Lernen ist insofern kein Ergebnisprodukt, das durch Erlebnispädagogik hergestellt werden kann, „sondern ein Entwicklungsprozess, eine Ahnung, dass es mehr gibt als das vor Augen Stehende, eine Sehnsucht nach einer

Kraft, die mein Leben trägt" (Muff/Engelhardt 2007: 17). Glaube durch Erlebnispädagogik zu lernen, ist unmöglich, denn Gott ist unverfügbar. Dass Menschen jedoch von Gott angesprochen werden und Antworten auf ihre Lebensfragen – auch durch Ereignisse, Erlebnisse und Erfahrungen der Erlebnispädagogik – erhalten können, zählt zu den grundlegenden Überzeugungen des Christentums.

3. Chancen und Herausforderungen für eine missionarische Jugendarbeit

Am Beispiel einer erlebnispädagogischen Übung sollen nun die Chancen und Herausforderungen der Erlebnispädagogik im christlichen Kontext für eine missionarische Jugendarbeit dargestellt werden.

3.1 Exemplarische Übung: Schilfmeerdurchquerung

Die Übung „Schilfmeerdurchquerung" wurde ursprünglich von Gilsdorf/Kistner (2001: 85) als „Die Welle" beschrieben. Für die Erlebnispädagogik im christlichen Kontext hat sie Lohrer fruchtbar gemacht und transferiert (Lohrer 2011: 171 f.).

Rahmen

Die Übung eignet sich als Vertrauensübung und kann mit Teilnehmenden ab 8 Jahren bei einer Gruppengröße von 15–25 Personen durchgeführt werden. Es wird kein Material benötigt. Die Übung dauert etwa 30 Minuten und es ist auf die Konzentration der Teilnehmenden zu achten.

Aufbau der Übung

Die Gruppe der Teilnehmenden wird geteilt. Die Teilnehmenden stellen sich im Abstand einer Armlänge gegenüber auf und bilden auf diese Weise eine Gasse (Schmuck und Uhren ablegen!). Durch Ausstrecken der Arme wird die Gasse geschlossen. Der Startpunkt liegt für je einen Teilnehmenden etwa 10 Meter in Fluchtrichtung der Gasse. Hinter der Gasse muss ausreichend Platz zum Auslaufen bestehen (keine Wand/Baum etc.).

Verlauf

Auf Abfrage der Bereitschaft und Startsignal durch die Gruppe läuft der Teilnehmende los. Kurz vor Erreichen der Gasse reißen die Mitspielenden ihre Arme kurzfristig hoch und öffnen die Gasse. Die Spannung, so Lohrer (2011: 171), „wird bei dieser Übung durch zwei kritische Entscheidungen erzeugt:

- Die Mitspielenden müssen ihre Arme auf jeden Fall rechtzeitig hochreißen, um die Laufenden nicht zu treffen. Andererseits sollten sie das so lange hinauszögern, wie es ihnen als sicher erscheint, sodass der Eindruck entsteht, auf eine geschlossene Wand zuzulaufen."
- Die Laufenden können die Geschwindigkeit selbst bestimmen (Gehen, Laufen, Sprinten).

Transfer- und Reflexionsmöglichkeiten
Es bieten sich, je nach Altersklasse, unterschiedliche Möglichkeiten der Reflexion und des Transfers an. Lohrer empfiehlt das „indirekt-metaphorische" Handlungslernen und erzählt zu Beginn die biblische Geschichte der Schilfmeerteilung (Exodus 13) als Frontloading. Die Gasse wird so zum „Schilfmeer", das sich teilt. Damit die Teilnehmenden in die Handlung mit einbezogen werden, rufen die Läufer „Ich sitze in der Falle" und fragen auf diese Weise die Bereitschaft der Gruppe ab. Die Gruppe antwortet „Hab keine Angst!" und die Übung beginnt. Für ältere Teilnehmende hat Oberländer die Erfahrung gemacht, die Übung ohne spezifisches Frontloading und biblische Erzählung zu rahmen. Er plädiert dafür, im Anschluss an die Übung jedem Läufer eine Spruchkarte mit einem Bibelwort („Ich bin der Weg", „Die Angst meines Herzens ist groß", „Darum werft euer Vertrauen nicht weg, welches eine große Belohnung hat" etc.) zu überreichen, welches die Reflexion einleitet (vgl. Löffler 2012: 62).

Für die Teilnehmenden wurde durch die Übung erfahrbar, dass sich dort ein Weg öffnet, wo zuvor eine Barriere gewesen ist. Den Weg zu gehen, sich zu trauen, auf das Schilfmeer zuzulaufen, bedeutet ein Wagnis. Dabei kann die Haltung der Mitspielenden ganz unterschiedlich sein (schützend mit den Händen vorm Gesicht, langsam gehend, mit lautem Geschrei und rennend usw.). Hier bietet sich ein Referenzrahmen für die sich anschließende Reflexion.

In der Reflexion empfiehlt es sich, anknüpfend an die drei Erfahrungsdimensionen der Erlebnispädagogik von offenen Fragen zur Selbst- und Gruppenwahrnehmung in der ersten Dimension der menschlichen und zwischenmenschlichen Erfahrung („Wie ging es dir? Was war schwer/leicht für dich? Was hast du erlebt? Welche Gefühle hattest du?") über geschlossenere Fragen im Blick auf die zweite spirituelle Erfahrungsdimension („Was bedeutet das Bibelwort im Blick auf deine Erlebnisse?", „Was hat das mit deiner Spiritualität/deinem Glauben zu tun?") und geschlossene Fragen auf ein konkretes Glaubensthema hin („Welche Art von Vertrauen/Gnade/Liebe/ wünscht sich Gott für uns?") in der Dimension christlicher Glaubenserfahrung die Reflexion zu vertiefen. Auf diese Weise kann gewährleistet werden, dass die Teilnehmenden sich zunächst mit ihren eigenen Erlebnissen, Gefühlen und Fragen einbringen können. Durch das Hören der Erlebnisse anderer Teilnehmender entsteht eine Vielfalt von Wahrnehmungen, die durch eine vertiefende und auf christliche Inhalte resp. Werte ansprechende Konkretion hin reflektiert werden kann. „Dieser methodische Ansatz lässt allen Teilnehmenden den Raum, sich da einzubringen, wo sie es können und wollen“ (Roth 2012: 15).

3.2 Chancen und Möglichkeiten

Erlebnispädagogische Übungen und Aktionen im christlichen Kontext bieten die Chance einer erfahrungsbezogenen Verkündigung, die nicht in der Theorie verhaftet bleibt, sondern durch die individuellen Erlebnisse einen Anknüpfungspunkt bietet, der in den Alltag transferiert werden kann. Im Sinne des Doppelcharakters einer Erlebnispädagogik im christlichen Kontext (Gottes- und Nächstenliebe) können christliche Werte im sozialen Miteinander vermittelt werden (erste Erfahrungsdimension). Gleichzeitig können erlebnispädagogische Settings spirituelle Erfahrungsdimensionen eröffnen, indem Räume für existenzielle Lebensfragen geschaffen werden, die in der Gruppe und individuell behutsam nicht alltägliche Themen reflektieren. Bei der Suche nach Antworten können Menschen, die Gott noch nicht kennen, (neu) angesprochen werden und u. U. wertvolle Impulse und erste Antworten erhalten, die sie auf dem Weg zu einem eigenen Glauben an Gott begleiten. Die Dimension der christlichen Glaubenserfahrung ist dann möglich, wenn die Teilnehmenden bereits ihr Leben – bei aller Brüchigkeit und Prozesshaftigkeit des Glaubenslebens – mit Gott gestalten. Sie haben am ehesten die Chance, ihren eigenen Glauben durch die Aktionen zu reflektieren, zu vertiefen und infrage zu stellen. Hilfreich ist in diesem Zusammenhang eine „hohe Strukturähnlichkeit“ der Erlebnisse zu den biblischen Erzählungen oder Grundwahrheiten (Vertrauen, Alleinsein, Gemeinschaft erfahren, Vergebung, Licht und Dunkelheit usw.; Roth 2005: 39). Insofern bleibt eine Erlebnispädagogik im christlichen Kontext voraussetzungsvoll.

3.3 Grenzen und Herausforderungen

Eine entscheidende Voraussetzung für religiöse Lernprozesse erfahrungsorientierter Religionspädagogik ist die Offenheit der Teilnehmenden für die Auseinandersetzung mit der eigenen Spiritualität und die Fähigkeit, die eigenen Glaubensüberzeugungen zu reflektieren bzw. zu versprachlichen. Neben dieser persönlichen und inneren Einstellung ist die Biografie des Teilnehmenden mit ausschlaggebend für das religiöse Lernen, wie Muff und Engelhardt explizieren: „Glaube ich überhaupt an einen persönlichen Gott oder ein höheres Wesen? Welche Erfahrungen habe ich mit Glauben und Religionsgemeinschaften – nicht zuletzt in der eigenen Familie – bisher gemacht? In welchem Rahmen, mit welchen Menschen bin ich in der Natur unterwegs? Was stört mich, was lenkt mich ab? Diese und ähnliche Einflüsse können ein Naturerlebnis zu einer spirituellen Erfahrung werden lassen – oder eben auch nicht" (Muff/Engelhardt 2011: 32). Darüber hinaus bildet die Fachlichkeit des Personals in religionspädagogischer wie erlebnispädagogischer Perspektive eine wichtige Voraussetzung. So besteht bspw. „die Gefahr, dass erlebnispädagogische Übungen, die ein großes Potenzial zu Veränderung, zum Lernen oder zur Persönlichkeitsentwicklung in sich tragen, als einfache Spiele in der allgemeinen Gruppenarbeit ‚verbraucht' werden" (Zimmermann 2015: 215). Ebenso stellt sich berechtigt die Frage nach einer Manipulation oder einer Instrumentalisierung für fremde (eigene) Zwecke: „Die Geschichte der evangelischen Jugendarbeit zeigt, wie schnell erlebnisorientierte Methoden der Jugendarbeit, z. B. Zeltlager und Lagerfeuer, Wimpel und gemeinsame Lieder, durch eine menschenverachtende Ideologie missbraucht werden können. Deshalb muss sich jeder, der Elemente der christlichen Erlebnispädagogik einsetzt, um seiner selbst willen kritischen Fragen stellen, diese reflektieren und Antworten darauf finden" (Heinzmann 2012: 10).

4. Fazit und Schluss

Erlebnispädagogische Übungen haben das Potenzial für religiöses Lernen und die Entwicklung einer eigenen Spiritualität bzw. eines persönlichen Glaubens an Gott, Räume zu schaffen, die solche Prozesse initiieren. Dabei sollen die Teilnehmenden durch die gemachten Erlebnisse und die Reflexion der eigenen Gefühle, Wahrnehmungen und Fragen befähigt werden ihre eigenen subjektiven Glaubensdeutungen zu entwickeln. Eine solche subjektorientierte Religionspädagogik, die sich erlebnispädagogischer und erfahrungsbezogener Methoden bedient, steht stets vor der Herausforderung, „eine Verhältnisbestimmung von subjektiver Erfahrung und objektivierbarer Reflexion vorzunehmen. Hierbei stellt sich dann immer auch die Frage nach der Wirklichkeit und Wahrheit, die Frage nach äußeren Verifikationsmöglichkeiten der inneren Interpretationen" (Lohrer 2011: 159). Religiöse Erfahrungen sind und bleiben unverfügbar; durch erlebnispädagogische Aktionen im christlichen Kontext können jedoch religiöse Erfahrungsräume eröffnet werden, die die Auseinandersetzung mit dem eigenen Glauben fördern, vertiefen und im Vertrauen auf das Handeln Gottes auch wecken.

Literatur

AK EP ejw (2005) = Arbeitskreis Erlebnispädagogik im Evangelischen Jugendwerk in Württemberg (ejw) (Hrsg.): Sinn gesucht – Gott erfahren. Erlebnispädagogik im christlichen Kontext. Neukirchen: Aussaat-Verlag.

Grümme, Bernhard (2011): Vom Erlebnis zur Erfahrung – Anmerkungen zur Erlebnispädagogik aus der Sicht eines alteritätstheoretischen Erfahrungsbegriffs. In: Pum, Viktoria/Pirner, Manfred/Lohrer, Jörg (2011) (Hrsg.): Erlebnispädagogik im christlichen Kontext. Religionspädagogische Perspektiven. Bad Boll: Evangelische Akademie. S. 95–118.

Heckmair, Bernd/Michl, Werner (2004): Erleben und Lernen. Einführung in die Erlebnispädagogik. München: Reinhardt.

Heckmair, Bernd/Michl, Werner (2008): Erleben und Lernen. Einführung in die Erlebnispädagogik. München: Reinhardt.

Heinzmann, Gottfried (2012): Vorwort. In: Lohrer, Jörg/Oberländer, Rainer/Wiedmayer, Jörg (Hrsg.): Sinn gesucht – Gott erfahren. 2. Erlebnispädagogik im christlichen Kontext. Stuttgart: buch+musik. S. 9–10.

Klawe, Willy/Breuer Wolfgang (1998): Erlebnispädagogik zwischen Alltag und Alaska. Praxis und Perspektiven der Erlebnispädagogik in den Hilfen zur Erziehung. Weinheim: Juventa-Verlag.

Lohrer, Jörg/Oberländer, Rainer/Wiedmayer, Jörg (2012) (Hrsg.): Sinn gesucht – Gott erfahren 2. Erlebnispädagogik im christlichen Kontext. Stuttgart: buch+musik.

Lohrer, Jörg (2013): Erlebnispädagogik. In: Kaiser, Yvonne et al. (Hrsg.): Handbuch Jugend. Opladen: Barbara Budrich. S. 343–345.

Löffler, Samuel (2012): Christliche Erlebnispädagogik zwischen Mythos und Realität. Eine Darstellung und Untersuchung von Erlebnispädagogik im christlichen Kontext. Bachelor-Thesis an der Evangelischen Hochschule Ludwigsburg. Online unter: urn:nbn:de:0295-opus-920 (Abruf 17.08.2015).

Luckner, John/Nadler Reldan (1997): Processing the Experience: Strategies to Enhance and Generalize Learning. Dubuque: Kendall/Hunt Publishing Co.

Michl, Werner (2009): Erlebnispädagogik. München: Reinhardt (UTB).

Muff, Albin/Engelhardt, Horst (2007): Erlebnispädagogik und Spiritualität. München: Reinhardt-Verlag.

Muff, Albin/Engelhardt, Horst (2011): Erlebnispädagogik und Spiritualität – konzeptionelle und praktische Ansätze. In: Pum, Viktoria/Pirner, Manfred/Lohrer, Jörg (2011): Erlebnispädagogik im christlichen Kontext. Religionspädagogische Perspektiven. Bad Boll: Evangelische Akademie. S. 23–47.

Paffrath, Hartmut (2013): Einführung in die Erlebnispädagogik. Augsburg: Ziel-Verlag.

Pum, Oliver (2005): Neue Dimensionen erschließen – Reflexion erlebnispädagogischer Aktionen im christlichen Kontext. In: Arbeitskreis Erlebnispädagogik im Evangelischen Jugendwerk in Württemberg (ejw) (Hrsg.): Sinn gesucht – Gott erfahren. Erlebnispädagogik im christlichen Kontext. Neukirchen: Aussaat-Verlag. S. 46–51.

Pum, Viktoria/Pirner, Manfred/Lohrer, Jörg (2011) (Hrsg.): Erlebnispädagogik im christlichen Kontext. Religionspädagogische Perspektiven. Bad Boll: Evangelische Akademie.

Reiners, Anette (1995): Erlebnis und Pädagogik. Didaktik, Methodik und Wirkungsmodelle der Erlebnispädagogik. Augsburg: Ziel-Verlag.

Roth, Karin (2005): Drei Erfahrungsebenen – Dimensionen in der Erlebnispädagogik. In: Arbeitskreis Erlebnispädagogik im Evangelischen Jugendwerk in Württemberg (ejw) (Hrsg.): Sinn gesucht – Gott erfahren. Erlebnispädagogik im christlichen Kontext. Neukirchen: Aussaat-Verlag. S. 34–40.

Roth, Uwe (2012): Einführung. In: Lohrer, Jörg/Oberländer, Rainer/Wiedmayer, Jörg (Hrsg.): Sinn gesucht – Gott erfahren 2. Erlebnispädagogik im christlichen Kontext. Stuttgart: buch+musik, S. 13–15.

Royer, Hans Peter (203): Nur wer loslässt wird gehalten: Christuszentrierte Erlebnispädagogik. Holzgerlingen: SCM Hänssler.

Schindler, Michael (2000): Erlebnispädagogik in der kirchlichen Jugendarbeit. In: Katechetische Blätter Jg. 125 (3). S. 199–203.

Uzelmaier, Gerhard 2005: Definition und Grundlagen der Erlebnispädagogik. In: Arbeitskreis Erlebnispädagogik im Evangelischen Jugendwerk in Württemberg (ejw) (Hrsg.): Sinn gesucht – Gott erfahren. Erlebnispädagogik im christlichen Kontext. Neukirchen: Aussaat-Verlag. S. 14–21.

Zimmermann, Germo (2014): Anerkennung und Lebensbewältigung im freiwilligen Engagement. Bad Heilbrunn: Verlag Julius Klinkhardt.

Zimmermann, Germo (2015): Der Körper als Ressource in der (offenen) Kinder- und Jugendarbeit. In: Wendler, Michael/Huster, Ernst-Ulrich (Hrsg.): Der Körper als Ressource in der Sozialen Arbeit. Wiesbaden: Springer VS. S. 203–218.

VERZEICHNIS DER AUTORINNEN UND AUTOREN

Andrea Bolte, Hagen, Jg. 1969, verheiratet, eine Tochter, CVJM-Sekretärin, Dipl.-Sozialpädagogin, Diakonin, tätig im Fachbereich Jugend und Soziales der Stadt Hagen, Kontakt: a.bolte@online.de

Heike Breitenstein, Hamburg, Jg. 1985, Theologin, tätig als Regionalreferentin der Hochschul-SMD für die Region Nord-West, Kontakt: heike.breitenstein@smd.org

Robert Erkenberg, Gütersloh, Jg. 1989, Religionspädagoge und Sozialarbeiter (B. A.), tätig als Jugendreferent im CVJM Gütersloh e.V., Kontakt: robert.erkenberg@cvjm-guetersloh.de

Pastor Michael Freitag, Hannover, Jg. 1953, verheiratet, Theologe, tätig als Leiter des Referates für Theologie und Jugendsoziologie bei der Arbeitsgemeinschaft der Evangelischen Jugend in Deutschland e.V. (aej), Kontakt: michael.freitag@evangelische-jugend.de

Julia Garschagen, Köln, Jg. 1983, Theologin, tätig als Regionalreferentin der Hochschul-SMD für die Region NRW Süd, Kontakt: julia.garschagen@smd.org

Dr. Rüdiger Gebhardt, Jg. 1968, Pfarrer der Ev. Kirche Kurhessen-Waldeck, Professor für Kirchliche Handlungfelder und Rektor der CVJM-Hochschule, Kontakt: gebhardt@cvjm-hochschule.de

Andreas Getfert, Kassel, Jg. 1959, verheiratet, eine Tochter, Gymnasiallehrer, tätig als stellvertretender Direktor und Praxisdozent am CVJM-Kolleg und als Praxisbeauftragter im internationalen Studiengang Human Development an der CVJM-Hochschule, Kontakt: agetfert@cvjm-kolleg.de

Dr. Heinzpeter Hempelmann MA, verheiratet, zwei Kinder, Professor für Systematische Theologie und Religionsphilosophie an der Evangelischen Hochschule Tabor, Professor für Systematische Theologie und Kulturhermeneutik an der Internationalen Hochschule Liebenzell, Wissenschaftlicher Direktor von Tangens. Institut für Kulturhermeneutik und Lebensweltforschung, Kontakt: hphempelmann@gmx.de, Homepage: heinzpeter-hempelmann.de, Blog: hempelmanntangens.wordpress.com

Dr. Patrik C. Höring, Jg. 1968, verheiratet, zwei Kinder, Dr. theol. habil., Professor für Katechetik und Didaktik des Religionsunterrichts an der Phil.-Theol. Hochschule der Steyler Missionare in Sankt Augustin, Kontakt: p.hoering@pth-augustin.eu

Dr. Ernst-Ulrich Huster, Jg. 1945, verheiratet, zwei Kinder, zwei Enkelkinder, Politikwissenschaftler, Professor an der Evangelischen Fachhochschule Rheinland-Westfalen-Lippe in Bochum und an der Justus-Liebig-Universität Gießen, Kontakt: Ernst-Ulrich.Huster@t-online.de

Karsten Hüttmann, Kassel, Jahrgang 1971, verheiratet, drei Töchter, Studium der Theologie am Theol. Seminar St. Chrischona, Leiter des Referats für missionarisch-programmatische Arbeit im CVJM-Gesamtverband Deutschland, Kontakt: huettmann@cvjm.de

Dr. Wolfgang Ilg, Sindelfingen, Jg. 1973, verheiratet, vier Kinder, Dipl.-Theol. und Dipl.-Psych., tätig als Landesschülerpfarrer im Evangelischen Jugendwerk in Württemberg, wissenschaftlicher Mitarbeiter an der Universität Tübingen und freiberuflich im Bereich Evaluation, Kontakt: wolfgang.ilg@gmx.net

Dr. theol. Karsten Jung, Waldshut, Jg. 1977, verheiratet, drei Kinder, Professor für

Religions- und Gemeindepädagogik an der CVJM-Hochschule Kassel, Kontakt: kjung@cvjm-hochschule.de

Andrea Karcher, Habichtswald, Jg. 1981, verheiratet, zwei Kinder, Dipl.-Sozial- und Religionspädagogin, mehrere Jahre tätig als Jugendreferentin und im Elementarbereich, verschiedene Lehraufträge an CVJM-Hochschule und CVJM-Kolleg, z. Zt. in Elternzeit, Kontakt: andrea.karcher@gmx.de

Dr. Florian Karcher, Kassel, Jg. 1982, verheiratet, zwei Kinder, Dipl.-Sozial- und Religionspädagoge, tätig als Dozent am CVJM-Kolleg und als Leiter des Instituts für missionarische Jugendarbeit an der CVJM-Hochschule, Kontakt: karcher@cvjm-hochschule.de

Steffen Kaupp, Winterbach, Jg. 1964, verheiratet, drei Kinder, Pfarrer und geistlicher Begleiter, tätig auf einer Sonderpfarrstelle für „Alternative Gottesdienste" und „Milieusensible Jugendarbeit" im Evang. Jugendwerk in Württemberg, Kontakt: steffen.kaupp@ejwue.de

Vassili Konstantinidis, Kassel, Jg. 1983, verheiratet, ein Kind, Religionspädagoge und Sozialarbeiter (B. A.), tätig als Referent für Freiwilligendienste und missionarische Jugendarbeit beim netzwerk-m e.V., Kontakt: konstantinidis@netzwerk-m.de

Sarah Koyyuru, Stuttgart, Jg. 1987, Religions- und Gemeindepädagogin, tätig als Landesreferentin am Evangelischen Jugendwerk in Württemberg für Jugendarbeit in Gemeinden anderer Sprache und Herkunft, Kontakt: sarah.koyyuru@ejwue.de

Jörg Kresse, Heidenheim, Jg. 1969, verheiratet, drei Kinder, Diakon, Gemeindepädagoge und Gemeindetrainer, tätig als Leitender Jugendreferent im Ev. Jugendwerk Bezirk Heidenheim, Kontakt: kresse@ejhdh.de

Cordula Lindörfer, Erfurt, Jg. 1982, verheiratet, zwei Kinder, Master of Theology, Referentin im CVJM-Landesverband Thüringen, Kontakt: c.lindoerfer@cvjm-thueringen.de

Carolin Münch, Jg. 1981, Jugend- und Gemeindereferentin, tätig als Praxisdozentin an der CVJM-Hochschule, Übungsleiterin und Erwachsenenbildnerin; Kontakt: muench@cvjm-hochschule.de

PD Dr. Nils Neumann, Bern, Jahrgang 1975, verheiratet, eine Tochter, tätig als Dozent für Neues Testament an der Universität Bern, Kontakt: nils.neumann@theol.unibe.ch

Daniela Mailänder, Nürnberg, Jg. 1982, verheiratet, zwei Kinder, Dipl.-Sozialpädagogin, tätig als Referentin für Fresh X und „mittig" in LUX – Junge Kirche Nürnberg, Kontakt: d.mailaender@ejn.de

Michael Pohlers, Frankfurt am Main, Jg. 1989, verheiratet, B.A. Religions- und Gemeindepädagogik/Soziale Arbeit, Masterstudent an der Uni Heidelberg im Bereich Bildungswissenschaften mit Schwerpunkt Organisationsentwicklung, Kontakt: michael.pohlers@gmx.de

Franz Röber, Nagold, Jg. 1957, verheiratet, zwei Kinder, Dipl.-Religionspädagoge, tätig als Landesreferent der Schülerarbeit im EJW. Kontakt: franz.roeber@ejwue.de

Jürgen Schmidt, Marburg, Jg. 1976, verheiratet, zwei Kinder, Theologe (M. A.), tätig als Leiter der Schüler-SMD, Kontakt: juergen.schmidt@smd.org

Stephanie Schwarz, Dettingen/Teck, Jg. 1971, Diakonin, tätig als Landesreferentin im Evangelischen Jugendwerk in Württemberg für Schülerinnen- und

Schülerarbeit/"Schritte gegen Tritte"/Mädchenarbeit/Glaubenskurs EMMAUS, Kontakt: stephanie.schwarz@ejwue.de

Dr. Friedrich Schweitzer, Jg. 1954, verheiratet, drei Kinder, Professor an der Evangelisch-theologischen Fakultät der Universität Tübingen, Kontakt: Friedrich.Schweitzer@uni-tuebingen.de

Dr. Ulrike Treusch, Gießen, Jg. 1971, Professorin für Historische Theologie an der Freien Theologischen Hochschule, 2007–2014 Dozentin und Professorin an CVJM-Kolleg und CVJM-Hochschule, Kassel. Kontakt: treusch@fthgiessen.de

Nathanael Volke, Kassel, Jg. 1987, verheiratet, ein Kind, Kultur- und Medienpädagoge (B. A.), Leiter des Referats für Kommunikation beim CVJM-Gesamtverband in Deutschland e. V., Kontakt: mail@nathanaelvolke.de

Martina Walter, Wuppertal, Jg.1962, ledig, Dipl.-Pädagogin, tätig als Dozentin an der Evangelistenschule Johanneum, Kontakt: walter@johanneum.net

Dr. Karin Wehmeyer, Dortmund, Jg. 1981, Dipl.-Pädagogin, wissenschaftliche Mitarbeiterin an der technischen Universität Dortmund am Insitut für Sozialpädagogik, Erwachsenenbildung und Pädagogik der frühen Kindheit, Kontakt: Karin.Wehmeyer@tu-dortmund.de Arbeits- und Forschungsschwerpunkte: Jugendforschung und Sozialpädagogik, vor allem Kinder- und Jugendarbeit, außerschulische Jugendbildung, Methoden der Sozialforschung, Sozialraumforschung.

Ingmar Wendland, Mainz, Jg. 1972, verheiratet, drei Kinder, Jugendreferent und Theologe, tätig als Hausmann und Autor, Promotionsprojekt über ev. Jugendarbeit, Kontakt: Smilinguido@web.de

Dr. Germo Zimmermann, Kassel, Jg. 1983, Dipl.-Sozial- und Religionspädagoge, tätig als Professor für Soziale Arbeit an der CVJM-Hochschule und als wissenschaftlicher Leiter des Instituts für Erlebnispädagogik der CVJM-Hochschule. Kontakt: Zimmermann@cvjm-hochschule.de, www.institut-ep.de